중국 출토문헌의 새로운 세계

고대 동아시아의 원형을 찾아서

동아시아출토문헌연구회 편

중국 출토문헌의 새로운 세계
고대 동아시아의 원형을 찾아서

엮은이 동아시아출토문헌연구회 편

펴낸이 최병식

펴낸날 2018년 8월 20일

펴낸곳 주류성출판사

서울특별시 서초구 강남대로 435 (서초동 1305-5)

TEL | 02-3481-1024 (대표전화) • FAX | 02-3482-0656

www.juluesung.co.kr | juluesung@daum.net

값 25,000원

잘못된 책은 교환해 드립니다.

ISBN 978-89-6246-357-6   93910

일러두기

1. 중국의 인명, 지명 표기는 현행 외래어 표기법과 국립
   국어원 용례에 따랐습니다. 단, 1911년 신해혁명을 기
   준으로 그 이전의 지명, 인명은 우리말 한자음 그대로
   표기했습니다.

2. 본문에 실린 도판 자료는 사전에 저작권자의 양해를
   구했으며, 미처 저작권자를 찾지 못한 일부 자료에 대
   해서는 저작권자가 확인되는 대로 저작권법의 해당
   사항을 준수하겠습니다.

중국 출토문헌의
새로운 세계

고대 동아시아의 원형을 찾아서

동아시아출토문헌연구회 편

주류성

이 책을 내면서

"백지장도 맞들면 낫다"라는 경구를 실감한 10년이었다. 그런데 사실 그 "백지장"이 바위산임을 알게 된 10년이기도 했다. 이 책은 중국 고대 출토문헌이라는 바위산에 매료된 한국의 우공(愚公)들이 그 산을 미동이라도 시켜보려고 분투한 지난 10년 동안의 작은 성과다. 동아시아출토문헌연구회(http://cafe. daum.net/gomoonza)는 2008년 4월 7일 단국대에서 첫 모임을 가진 후 현재까지 매달 둘째 주 토요일에 갑골문과 청동기 금문(金文), 초간(楚簡) 등을 윤독하고 있다.

20세기 후반 이래 중국 고고학은 "점입가경"이라는 말이 맞을 정도로 새로운 문물들을 쏟아내고 있다. 바야흐로 고대 중국 연구의 황금시대를 도래케 한 그 문물들의 핵심에는 갑골문과 청동기 금문, 초간 등 출토문헌이 자리한다. 북송(北宋)시대 『고고도(考古圖)』(1092년)의 출간에서 그 연원을 찾을 수 있는 중국의 금석학과 고문자학은 1899년 갑골문의 발견으로 날개를 달았고, 1970년대 이래 본격적으로 도래한 간백(簡帛)의 시대로 말미암아 학술계를 요동시키고 있다.

다양한 점복의 내용을 새긴 갑골문과 다방면에 걸친 개인의 업적뿐만 아니라 공적인 기록까지 담은 청동기 금문은 상주(商周) 시대 이해를 위한 보고이다. 상 시대에 성행한 갑골문이 고문자 연구의 맏형으로 길잡이 역할을 한다면, 서주 시대에 꽃피운 금문은 더욱 복잡하고 풍부해진 용례로 그 연구의 허리 역할을 한다고 볼 수 있을 것이다. 초간으로 대표되는 전국시대 죽간 단계에 이르면 최소한 두 가지 측면에서 이전 것들과 다른 양상이 두드러진다. 첫째, 갑골문과 금문이 일정한 문헌의 양식으로 의도되지 않은 것과 달리, 상당수의 전국시대 죽간은 그 자체가 완결성을 갖춘 한 편의 문헌을 이룬다. 둘째, 삼경(三經: 『시경』, 『서경』, 『주역』)의 일부를 제외하고 갑골문과 금문의 동시대 문헌이 존재하지 않는 것과 대조적으로, 전국시대에는 제자백가서를 비롯한 다양한 문헌들이 출간되었다. 이러한 문헌들이 기원전 213년 진시황의 분서(焚書)를 겪으며 소실되었거나 그 원래 모습을 상실했음은 주지의 사실이다.

따라서 전래문헌을 통해 2천수백년 동안 구축되어온 고대 중국에 대한 기존의 여러 면모들은 새롭게 세상의 빛을 본 당대의 죽서(竹書)들로 인해 재조명되어야 할 상황에 처해 있다. 특히 1990년대 발견된 궈뎬초간(郭店楚簡)과 상하이박물관장전국초죽서(上海博物官藏戰國楚竹書: 이하 상박초간), 2008년과 2009년, 2015년 각각 그 모습을 드러낸 칭화대학장전국죽간(清華大學藏戰國竹簡: 이하 칭화간)과 베이징대학장서한죽서(北京大學藏西漢竹書), 안후이대학장전국죽간(安徽大學藏戰國竹簡) 등은 정리 과정을 거치며 중국 학술사의 서장을 다시 쓰도록 추동하고 있다.

이와 관련하여 중국 고문자학계의 최고 석학인 푸단(復旦)대학 추시구이(裘錫圭) 교수는 2013년 광밍

일보(光明日報)에 발표한 글에서 좀 더 구체적으로 다음의 세 가지 측면에 주목한 바 있다. 첫째, 새롭게 출토된 문헌들은 구제강(顧頡剛)이 주창한 의고(疑古) 사조에 경도된 이전의 학자들이 선진(先秦) 고서(古書)의 진위와 연대에 대해서 지나치게 회의적이었음을 입증해주고 있다. 물론 그 입증이 오늘날의 지나친 신고 경향을 담보해주는 것도 아니다. 둘째, 새롭게 출토된 문헌들은 고서의 체제와 원류, 그 형성 과정에까지 새로운 인식을 제공한다. 셋째, 새롭게 출토된 문헌들은 대체로 한대(漢代)에 오늘날의 모습을 갖춘 불완전한 고서의 교감(校勘)과 해독에 기여하고 있다.[1]

이렇듯 21세기에 들어 더욱 강화되고 있는 중국 출토문헌 연구 열풍이 중국을 넘어 전 세계로 확대되고 있음은 불문가지이다. UCLA의 고고학자 로타 본 팔켄하우젠(Lothar von Falkenhausen)은 수년 전 국내에 번역된 책에서 고대 중국을 오늘날 학문세계의 가장 역동적인 연구 분과 중 하나로 꼽은 바 있다.[2] 특히 중국의 학술 전통에서 자유로운 서양이나 일본 학자들은 나름대로의 방법론을 제시하며 출토문헌 연구에 활발히 동참하고 있다. 국내에서도 열악한 상황임에도 불구하고 동아시아출토문헌연구회가 그 흥미진진한 세계에 함께 하며 실력을 쌓아가고 있음에 안도한다.

사실 백수십년 전까지 우리 선조들에게 고대 중국은 지식의 원천으로서 찬양의 대상이었다. 국가 정책의 전례 대부분이 그 문헌들 속에 있었다. 19세기 중반 이래 중국의 몰락과 침체기를 거치며 오랫동안 우리 선조들의 뇌리를 장악해온 보편문명으로서 고대 중국은 서구문명에 그 자리를 내준다. 그 서구문명의 일종인 민족주의가 지난 세기 후반 한국인들의 뇌리를 장악하여 중국 고대문명은 자연스럽게 망각과 경시 혹은 무시의 대상으로까지 전락하고 만다.

그렇지만 현재 우리는 세계화라는 구호마저 이미 식상하게 들릴 정도로 하나가 되어가는 시대를 살아가고 있다. 동아시아 고대에 대한 탐구 역시 세계적 추세에 맞게 중원을 비롯한 그 본류로 다시 향할 때가 된 것은 아닐까. 서양 사람들이 자신들 문화의 원류를 그리스나 로마 문명에서 찾는 것처럼, 그 탐구가 한국을 비롯한 동아시아 문명 형성의 체계적 이해를 위한 핵심 열쇠임을 부인할 수 없을 것이다. 다만 19세기까지 우리 선조들이 전래문헌이 그린 세계에 빠져있었다면, 21세기의 학도들은 출토문헌이 재구성하는 새로운 고대 동아시아 상으로 눈을 돌려야 한다. 이 책에 굳이 "고대 동아시아의 원형을 찾아서"라

---

1   裘錫圭,「出土文獻與古典學重建」,『光明日報』 2013年 11月 14日 11版.
2   로타 본 팔켄하우젠 저/심재훈 역,『고고학 증거로 본 공자시대 중국사회』(세창출판사, 2011), 66쪽.

는 부제를 붙인 이유도 후자가 그 원형에 더욱 가까이 다가가는 방법일 거라는 확신 때문이다.

본 연구회의 구성원들은 문사철은 말할 것도 없고 서예와 고고학 등 다양한 분야에 걸쳐있다. 요즘 강조되고 있는 이른바 학제간 연구가 출토문헌을 매개로 저절로 이루어지고 있는 셈이다. 한 가지 흥미로운 사실은 정확한 해독이 생명인 출토문헌 읽기 자체가 워낙 복잡하고 지난한 작업인지라 계급장이 저절로 떼어진다는 점이다. 아무리 연로한 교수라도 특정 분야에 대해 자기보다 많이 아는 소장 연구자에게 배움을 청할 수밖에 없는 상황에 익숙해져야 한다. 실력만이 권위를 부여하는 진정한 학문의 민주화가 이루어지는 장인 것이다.

2017년 8월 정기 모임에는 오랜만에 원년멤버인 중국 산둥대학(山東大學)의 이승률 교수까지 참석했다. 뒤풀이에서 그가 가져온 쓰촨(四川)의 바이주(白酒) 루저우라오자오(瀘州老窖)를 돌려 마시며 필자는 본 연구회 시작 10주년을 자축하는 이 책을 낼 것을 제안했다. 모두 흔쾌히 동의해주었다. 각자 본 연구회에서 발표했거나 연구회의 취지에 부합하는 논문 한 편씩을 12월 말까지 제출하기로 했다. 성시훈, 김석진 선생이 원고의 수합과 교정에 힘써주었다.

모두 16편이 모였는데 초간 관련 연구가 7편, 진간(秦簡)이 1편, 금문 7편, 갑골문 1편이었다. 상당수의 연구가 앞에서 제기한 고대 중국 "다시 쓰기"를 실천하고 있다. 논문들을 주제별로 검토하니 다음과 같은 세 부류로 나눌 수 있었다.

첫째, 고문자의 해독과 관련된 연구 5편을 I부 "고문자의 해독과 해석"으로 묶었다. 모두 고문자 연구 입문에 유용한 지침이 되는 심도 있는 글이다. 1장 김석진(金錫珍)의 연구는 선진 고문자 '사료연구'의 중요성을 조명하고, 칭화간 사서(史書)『계년(繫年)』을 사례로 그 연구 방법론을 추구한 것이다. 기존의 연구들을 토대로 저자 나름대로의『계년』에 대한 역주 방법론까지 제시하고 있다. 김석진은 현재 단국대 박사과정에서『계년』의 역주와 함께 사학사적 의의를 구명하는 학위논문을 준비 중이다. 2장을 서술한 김혁(金赫)은 푸단대학에서 "갑골문의 형체와 분류"를 주제로 박사논문(2016년)을 작성한 국내의 드문 갑골학자이다. 이 책에 실린 논문도 박사논문의 연장선상에서 갑골문 '중(中)자'의 다양한 이체자형(異體字形)을 분석하고, 그 글자가 만들어진 조자원리(造字原理)를 미시적으로 탐구한 것이다.

3장 박재복(朴載福)의 논문은 이미 기물의 명칭에서부터 다양한 견해가 제시된 한 명문을 세밀하게 분석하여 〈화유비정(盉攸比鼎)〉으로 비정했다. 나아가 그 제작 연대를 서주 후기 여왕(厲王) 32년으로 추정하며 그 기물을 제작한 화유비라는 인물의 내력까지 추적했다. 베이징대학(北京大學)에서 "선진시대 복법(卜法) 연구"로 박사학위(2008년)를 받은 박재복은 국내에서 드문 중국 출토문헌 전문 서예가이기도 하다. 4장을 쓴 김정남(金正男)은 푸단대학에서 "전국시대 서류(書類) 출토문헌과 전래본『상서(尚書)』문자 차이 비교 연구"로 박사학위(2015년)를 받았다. 본 장에서도 자형이 아직 고정되지 않았던 전국문자의 특성상 필사자의 의도에 따라 기존의 판본을 조정한 사례를 토대로 선진시기 유교 경전이 형성되는 과정의 일단을 추적했다. 역시 푸단대학에서 "중국고대 초(楚) 지역 출토문헌 음운 연구"로 박사학위(2015년)를 취득한 한경호(韓炅澔)는 5장에서 춘추시대 청동기인 〈채후신반(蔡侯申盤)〉 명문을 꼼꼼하게 역주했다. 특히 그 명문의 통가(通假) 현상을 파악하기 위해 음운학적 측면에 초점을 맞추었다.

둘째, 출토문헌과 전래문헌을 비교한 연구 6편을 II부 "출토문헌과 전래문헌의 이중주"로 묶었다. I부에 실린 연구들이 원 자료 자체에 충실했다면 II부의 연구들은 주로 각각의 출토문헌과 대응되는 전래문헌과의 상관관계를 검토한 것이다. 6장 심재훈(沈載勳)의 연구는『계년』의 발견이 촉발시킨 주 왕실 동천기(東遷期)를 둘러싼『사기(史記)』등 전래문헌과의 모순을 절충한 것이다. 새로운 출토자료의 발견이 기존 사서에 내재한 미스터리를 해소시켜주면서도 새로운 미스터리를 낳고 있다. 심재훈은 시카고대학(The University of Chicago)에서 중국고대사 전공으로 박사학위(1998년)를 받았다. 성균관대학에서 "출토문헌을 중심으로 한 선진시대『상서』의 사상적 특징 연구"로 박사학위(2016년)를 받은 성시훈(成始勳)은 7장에서 칭화간『부열지명(傅說之命)』을 전래문헌의 인용문 및 위고문『상서』「열명(說命)」과 비교분석했다. 전국시대 유통되던 문헌의 원형과 그 자의적 인용 등을 통해 그 문헌이 유교 사상서로 재구축되는 과정뿐만 아니라 위고문『상서』의 성격까지 살펴볼 수 있었다. 8장 신세리(申世利)의 연구는 칭화간『명훈(命訓)』과 그 내용 및 형식이 유사한 전래본『일주서(逸周書)』「명훈(命訓)」편의 비교를 통해 출토본의 문헌학적 가치를 확인하는 동시에 출토문헌과 전래문헌의 관계 또한 살펴본 것이다. 신세리는 타이완사범대학(國立臺灣師範大學)에서 "전국시대 초간 대사(代詞)연구"로 박사학위(2015년)를 받았다.

이승률(李承律)은 9장에서『예기(禮記)』「중용(中庸)」편과 궈뎬초간『성자명출(性自命出)』의 사상을 비교분석했다. 두 문헌 모두 '사람의 마음을 얻는 정치'를 이상으로 삼고 있지만, 그 본질적 지향점이 상당히 달랐음을 제시하고 있다. 이승률은 도쿄대학(東京大學)에서 "궈뎬초묘죽간의 유가 사상 연구"로 박사학위(2001년)를 받았다. 역시 도쿄대학에서 "출토문헌『주역(周易)』연구"로 박사학위(2008년)를 받은 원용준(元勇準)은 10장에서 전국시대『주역』의 모습을 상박초간『주역』무망(亡妄)괘를 중심으로 살펴보았다.

상박초간본과 현행본 사이에 적지 않은 이문(異文)이 존재하며, 이를 통해 점서였던『주역』이 유교의 경전이 되어가는 과정의 일단을 추적할 수 있었다. 11장에서 방인(方仁)은 춘추시대의 서례(筮例)들이『연산(連山)』과『귀장(歸藏)』같은 "하상지구법(夏商之舊法)"에 속한다는 정약용(丁若鏞)의『춘추관점보주(春秋官占補註)』에서의 주장을 검토했다. 출토자료의 출현으로 말미암아 정약용의 주장에 취약점이 노출되었음을 지적한다. 방인은 서울대학에서 "태현(太賢)의 유식(唯識)철학 연구"로 박사학위(1995년)를 받았다.

셋째, III부 "출토문헌이 그리는 고대 중국"은 출토문헌을 활용한 사례연구 5편으로 구성했다. 대부분이 청동기 금문을 활용한 것들로 국내에 연구자가 극히 드문 서주 시대에 속하는 연구여서 인상적이다. 12장 빈동철(賓東哲)의 연구는 유가 철학이 '천(天)'과 '상제(上帝)'의 두 개념에 윤리적 색채를 가미하기 이전, 상주시대의 출토 문헌에 나타나는 두 단어의 함의와 변천 과정을 추적한 것이다. 두 용어가 유가 경전 속에서 동일한 의미로 간주되기 이전 그 지위와 역할이 서로 달랐음을 주장한다. 박재복과 마찬가지로 서예가이기도 한 빈동철은 인디애나대학(Indiana University)에서 "중국 출토문헌 서법 연구"로 박사학위(2014년)를 받았다. 김정열(金正烈)은 13장에서 그동안 자료 부족으로 연구가 미흡했던 서주시대 동이(東夷) 문제를 다루었다. 청동기 금문과 출토 유물 등 최신의 자료를 활용하여, 서주 왕조와의 상호관계 속에서 관찰되는 동이의 존재 양상과 그 사회의 정치적, 사회적 발전 맥락을 살펴본 것이다. 김정열은 숭실대에서 중국고대사로, 중국사회과학원 고고연구소(考古研究所)에서 중국고고학으로 박사학위(2000년, 2007년)를 받았다.

베이징대학에서 서주시대 군사사 연구로 박사학위(2016년)를 받은 이유표(李裕杓)는 14장에서 서주 후기 〈작백정(柞伯鼎)〉 명문의 전쟁기사를 검토했다. 이를 통해 작백이라는 인물의 '기외봉군(畿外封君)'적 특징, 즉 군사적 목적보다 '왕기'와 '변역(邊域)' 사이에서 교통을 확보할 목적으로 책봉되었을 가능성을 제시했다. 15장 민후기(閔厚基)의 연구는 서주 후기 〈래반(逨盤)〉 등의 금문을 토대로 전래문헌 기록이 소략하여 부각되지 않은 선국(單國) 혹은 선족(單族)의 역사를 재구성한 것이다. 기존의 이해와 달리 단(檀)과는 명확히 구분되는 선 일족이 샨시성(陝西省) 바오지(寶鷄)와 허난성(河南省) 멍진현(孟津縣) 일대에 각각 존재했을 것으로 추정했다. 민후기는 연세대에서 "중국 고대 작제(爵制) 연구"로 박사학위(2004년)를 받았다. 마지막 16장은 푸단대학에서 중국고문자학으로 박사학위(2007년)를 받은 김신주(金信周)의 서주 약제(約劑) 명문 연구이다. 당시의 송사(訟事)나 계약의 내용을 담고 있는 약제 명문에는 교역이나 소송이 완료된 후에 그 최종 결과를 확인시켜줌과 동시에 향후 발생할 수 있는 분쟁을 방지하기 위한 '석

(析)', '요(繇)', '서(誓)', '전(典)' 등 법적 장치들이 등장한다. 이 연구에서는 이것들의 구체적 의미와 기능, 목적에 대해 살펴보았다.

대부분의 글들이 국제학계에서도 충분히 통용될만한 수준 있는 연구여서 뿌듯하다. 중국 출토문헌에 관심 있는 독자들은 이 책을 중국 고문자학 입문서로서 뿐만 아니라 출토문헌을 활용한 전문 연구서로도 유용하게 활용할 수 있을 것이다. 이 책이 국내 중국 출토문헌에 대한 이해와 저변확대에 기여할 수 있길 희망한다.

"10년이면 강산도 변한다"는 속담은 상당히 일리가 있는 것 같다. 본 연구회가 걸음마를 떼고 소년기에 접어든 지난 10년 동안 함께 공부하던 소장 연구자 여러 명이 중국 고문자 관련 연구로 국내외 대학들에서 박사학위를 받았다. 대학원 과정 중에 있는 연구자들도 몇 명 있으니 작은 성공은 거둔 셈이다. 힘든 과정을 학문에 대한 열정 하나로 버텨온 연구회 회원들이 자랑스럽다. 이 모임이 앞으로 어떻게 변해갈지는 아무도 모른다. 더 실력을 쌓아 가리라는 큰 소망을 안고 지난 10년 동안의 즐거웠던 시간들을 반추하니 행복하다. 회원들 모두 같은 마음일 것이다.

본 연구회가 지속적으로 유지되는 데는 동북아역사재단 소규모연구지원의 힘이 컸다. 재단에 감사드린다. 어려운 출판 상황에도 시장성에 아랑곳하지 않고 기꺼이 이 책을 멋있게 출간해준 주류성출판사에 깊은 경의를 표한다.

2018년 4월 21일
필진을 대신하여 심재훈 씀

| 목차 |

이 책을 내면서 • 4

I부 ● 고문자의 해독과 해석

1. 선진 고문자 사료연구: 칭화간 『계년(繫年)』을 예시로

   • 김석진 • 15

2. 갑골문 '중(中)'자의 이체자형(異體字形) 및 조자본의(造字本義)에 관한 문자학적 고찰

   • 김혁 • 55

3. 〈화유비정(盉攸比鼎)〉의 특징과 명문의 새로운 해석 • 박재복 • 67

4. 고문자 자형으로 본 전국시대 유가 경전 해석학의 면모: 칭화간 『상서(尙書)』류 문헌을 예시로

   • 김정남 • 87

5. 채후신반(蔡侯申盤) 역주 • 한경호 • 99

II부 ● 출토문헌과 전래문헌의 이중주

6. 전래문헌의 권위에 대한 새로운 도전: 칭화간 『계년』의 주 왕실 동천 • 심재훈 • 123

7. 문헌의 원형과 인용, 그리고 재창조: 칭화간 『부열지명(傅說之命)』 중(中)의 내용과 사상적

   경향을 중심으로 • 성시훈 • 151

8. 「명훈(命訓)」편의 출토본과 전래본 비교연구: 제1~7죽간 고석을 중심으로

  • 신세리 • 177

9. 『예기(禮記)』「중용(中庸)」과 귀덴초간『성자명출(性自命出)』의 성정론(性情論)·정치론(政治論)

  비교연구 • 이승률 • 211

10. 『주역』의 세계, 출토문헌을 통해 보다: 상박초간(上博楚簡)『주역』亡(无)忘(妄)괘를

  중심으로 • 원용준 • 235

11. 정약용의『춘추관점보주(春秋官占補註)』의 '하상지구법(夏商之舊法)'설에 대한 비판적 고찰:

  출토역학자료의 관점에서 본『연산(連山)』·『귀장(歸藏)』의 서법(筮法) • 방인 • 255

III부 ● 출토문헌이 그리는 고대 중국

12. 고대 중국의 '천(天)'은 '상제(上帝)'와 동일한 개념인가? • 빈동철 • 273

13. 출토자료를 통해 본 서주시대의 동이 • 김정열 • 297

14. 작백정(柞伯鼎) 명문에 보이는 전쟁과 작백(柞伯)의 '기외봉군(畿外封君)'적 지위

  • 이유표 • 337

15. 주대(周代) '선(單)' 족·국의 위치와 세계(世系)의 재구성 • 민후기 • 357

16. 서주 '약제(約劑)' 명문에 보이는 분쟁 방지 목적의 법적 장치 • 김신주 • 379

1부

고문자의
해독과 해석

1

선진 고문자 사료연구*

– 칭화간『계년(繫年)』을 예시로 –

김 석 진 (단국대)

1. 선진 고문자 사료연구의 동향과 의의

'물질'과 '언어'에 대한 깊고도 다각적인 이해는 역사학에서 필수적이다. 역사 연구는 주로 과거의 물질 자료와 언어 자료를 다루기 때문이다. 특히 역사 연구자는 인간이 남긴 물질과 언어의 '흔적'이 '과거의 그 시점'에 어떠한 '의미'를 가졌는지에 지대한 관심을 둔다. 그래서 과거의 흔적을 탐색해서 '사료'를 발굴하고, 발굴한 사료를 해독하고 분류하고 정제해서, 그 사료의 '시대적 의미'를 찾고 그 시대를 그린다. 이를 '역사가의 탐색', '사료연구(사료해독·비판 연구)', '역사연구(사료해석 연구)'라 할 수 있다. (〈그림 1〉 참조)[1]

학술사를 통해 보면 새로운 자료의 발견은 종종 신구(新舊) 자료에 대한 '(재)비판'과 '(재)해석'을 추동

---

* 본고에서 취하는 선진(先秦) 고문자(古文字) 자료의 범주는 선진 진(秦)과 전한(前漢) 초 조기예서(早期隸書) 즉 과도기 금문자(今文字) 자료는 포함하지 않는 좁은 의미의 고문자 자료이다. 여기에는 상(商)과 서주(西周)시기의 갑골문(甲骨文)·청동기 금문(金文), 춘추전국(春秋戰國)시기의 금문·도장문자(璽印文)·도기문자(陶文)·화폐문자(貨幣文)·옥석기문자(玉石文)·죽간백서문자(簡帛文) 등이 해당된다. (黃德寬,『古文字學』上海: 上海古籍出版社, 2015, 1~3쪽) 본고의 전체적인 논지는 선진시기 고문자 자료 전반을 염두에 둔 것이지만, 사실상 주요한 전개는 전국시기에 초점이 맞추어져 있다. 이는 필자의 연구 대상『계년』이 전국시기 고문자 자료이기 때문이지만, 그렇기 때문에 이 글의 일부 관점은 상·서주·춘추시기 고문자 자료(甲骨文, 金文 등) 전반에까지 그대로 적용하기에는 어려운 면이 있음을 알려둔다.

1 東京大學敎養學部歷史學部會 編,『史料學入門』(東京: 岩波書店, 2006), 3쪽의 그림을 기반으로 재구성한 것이다.

<그림 1> 역사학과 과거 정보의 흐름

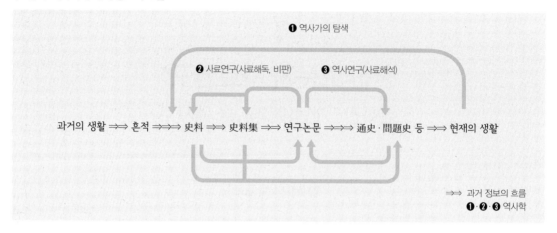

해 왔는데,[2] 현재 고대중국학 특히 선진(先秦)시기 역사 분야 역시 이러한 경향이 뚜렷하다. 우선 새로운 문자 자료의 검증, 분류, 해독, 연구방법론과 같은 기초 작업에 집중하는 '사료연구'가 양적으로 크게 증가하였다. 뿐만 아니라, 그것들을 실시간으로 공유하고 논의할 수 있는 세계적인 온라인 공간의 활성화는 이 분야 연구의 외연 확장과 질적인 향상을 재촉하고 있다.[3] 한편 고대중국학의 '역사연구'는 새로운 문자자료와 물질자료를 기반으로 해서 기존 연구사의 관점과 주제를 갱신해가고 있는데,[4] 예를 들면 고대중국에서 문자와 문헌의 성격, 문헌이 전래된 사회적 맥락, 다양한 지적(知的) 유파(流派)의 정체와 같은 주제에 관심이 모아지고 있다.[5]

2　고대중국 자료의 주요 발견과 학술사적 의미에 대한 간명한 정리는 裘錫圭, 「出土文獻與古典學重建」, 『出土文獻』 第4輯 (上海: 中西書局, 2013), 1~18쪽; 李守奎, 『古文字與古史考: 清華簡整理研究』 (上海: 中西書局, 2015), '叢書前言' 2~3쪽을 참조할 수 있다.

3　온라인상의 연구성과와 각종 논의는 다음의 경로를 통해 접근할 수 있다. 簡帛網站(武漢大學簡帛研究中心)(http://www.bsm.org.cn), 復旦大學出土文獻與古文字研究中心網站(http://www.gwz.fudan.edu.cn), 清華大學出土文獻研究與保護中心網站(http://www.tsinghua.edu.cn), 清華大學confucius2000網站(http://www.confucius2000.com).

4　先秦-秦漢 역사분야의 자료와 연구경향에 대해서는 殷周秦漢時代史の基本問題編輯委員會(松丸道雄·古賀登·永田英正·尾形勇·佐竹靖彦) 編, 『殷周秦漢時代史の基本問題』 (東京: 汲古書院, 2011); Endymion P. Wilkinson, *Chinese History : A New Manual*, 〔Cambridge, MA: Published by the Harvard University Asia Center for the Harvard-Yenching Institute: Distributed by Harvard University Press, 1998/2015(4th edition)〕, 655~728쪽을 참조할 수 있다.

5　先秦·秦漢 시기의 새로운 출토문헌 자료를 기반으로, 1990년대 중반 이래 아시아와 구미의 다수 연구자들은 '문헌(text)·서적(book)·문식성(literacy)의 정체', '저자와 문헌의 관계', '서사(writing)의 주체와 목적', '철학적 학파(school) 혹은 전통(tradition)의 정체', '관념(ideas)의 유포 방식', '고대의 다양한 관념(철학적 관념을 포함)의 서사와 활용'과 같은 문제에 깊은 관심을 쏟고 있다. 로타 본 팔켄하우젠 저/심재훈 역, 『고고학 증거로 본 공자시대 중국사회』 (서울: 세창출판사, 2011), 46쪽. 이러한 주제 연구의 일례로, 네덜란드 브릴(Brill) 출판사의 '중국 문헌사 연구(Studies in the History of Chinese Texts)' 프로젝트의 '고대중국 문헌 연구' 성과를 들 수 있다. *Statecraft and Classical Learning : the Rituals of Zhou in East Asian history* (2010); *Philosophy on Bamboo : text and the production of meaning in early China* (2012); *The*

선진(先秦) 고문자(古文字) 사료를 기반으로 하는 각 종의 역사연구에서 그것의 기반이 되는 사료연구는 긴요한 작업이다. 이는 세계의 선진 연구사에서도 잘 나타난다. 19세기 말 갑골문(甲骨文)의 발견 이후 지금까지 주요 자료의 발굴과 정리를 주도하고 있는 중국은 말할 것도 없고, 특히 구미와 일본의 경우 1950년대 이후 꾸준하게 고대중국의 주요 출토문헌(전래문헌 포함) 자료에 대한 사료연구를 축적하고 있다. 1990년대 까지는 갑골문과 금문(金文) 연구가, 90년대 후반 이후는 간백문(簡帛文) 자료에 대한 연구가 틀을 갖추어 가고 있다. 이들 사료연구는 크게 두 분야로 나누어 볼 수 있다. 하나는 주요 출토문헌의 서사매체와 문자에 대한 총체적인 개설과 분류 작업이고,[6] 다른 하나는 개별 자료의 해독과 주석 그리고 연구방법론에 관한 탐색이다.[7] 구미는 매체와 방법론에 관한 연구가 눈에 띄고 일본은 해독 연구가 돋보이지만,[8] 양자 모두 출토문헌 자료에 대한 각자의 방법론과 해석을 구축해가고 있다는 점이 더욱 중요하다. 그리고 90년대 이후 출간된, 선진문헌을 다루는, 주요한 역사연구에서 상기의 사료연구가 중요한 참고가 되고 있음은 주지의 사실이다. 결국 사료연구의 질적·양적인 향상을 통해 역사연구의 수준을 제

Embodied Text : establishing textual identity in early Chinese manuscripts (2013); *The Mozi as an Evolving Text : different voices in early Chinese thought* (2013); *The Huainanzi and Textual Production in Early China* (2014); *Confucius Beyond the Analects* (2017); *Origins of Chinese Political Philosophy : Studies in the Composition and Thought of the Shangshu* (2017); *The Wenzi : Creativity and Intertextuality in Early Chinese Philosophy* (2018). 관련 정보는 http://www.brill.com/publications/studies-history-chinese-texts를 참조할 수 있다.

6 주요한 성과로는 島邦男, 『殷墟卜辭研究』 (1958), 『殷墟卜辭綜類』 (1967); 貝塚茂樹·伊藤道治, 『甲骨文字研究 (3册)』 (1980); 林巳奈夫, 『殷周時代靑銅器の研究 -殷周靑銅器綜覽 一 (2册)』 (1984), 『殷周時代靑銅器紋樣の研究 -殷周靑銅器綜覽 二』 (1986), 『春秋戰國時代靑銅器の研究 -殷周靑銅器綜覽 三』 (1989); 江村治樹, 『春秋戰國秦漢時代出土文字資料の研究』 (2000); David N. Keightley, *Sources of Shang History* (1978); Edward L. Shaughnessy, *Sources of Western Zhou history* (1991); Edward L. Shaughnessy (ed), *New Sources of Early Chinese history* (1997); Constance A. Cook & Paul R. Goldin (eds), *A Source Book of Ancient Chinese Bronze Inscriptions* (2016); Donald Harper & Marc Kalinowski (eds), *Books of Fate and Popular Culture in Early China: The Daybook Manuscripts of the Warring States, Qin, and Han* (2017).

7 주요한 연구로는 白川靜, 『金文通釋』 1-56輯 (1962-84); 松丸道雄·高嶋謙一 編, 『甲骨文字字釋綜覽』 (1993); 池田知久 外, 『郭店楚簡の研究』 1-7 (1999-2006); 谷中信一 外, 『出土文獻と秦楚文化』 1-10 (2004-2017); 池田知久 外, 『上海博楚簡の研究』 1-6 (2007-2012); Sarah Allan & Crispin Williams (eds), *The Guodian Laozi: proceedings of the International Conference, Dartmouth College, May 1998* (2000); Ken-ichi Takashima & Paul L-M Serruys, *Studies of Fascicle Three of Inscriptions from the Yin Ruins* (2 vols) (2010); Alvin P. Cohen & Donald E. Gjertson & E. Bruce Brooks (eds), *Warring States Papers: Studies in Chinese and Comparative Philology 1-2* (2010-2016); Scott Bradley Cook, *The Bamboo Texts of Guodian: a study & complete translation* (2 vols) (2012); Edward L. Shaughnessy, *Unearthing the Changes: Recently Discovered Manuscripts of the Yi Jing (I Ching) and Related Texts* (2013).

8 출토문헌과 함께 先秦 연구의 중요한 자료인 전래문헌의 자료비판(서지·문헌·개념) 성과도 특기할 만하다. 구미의 Michael Loewe (ed), *Early Chinese Texts: A Bibliographical Guide* (1993); David R. Knechtges & Taiping Chang (eds), *Ancient and Early Medieval Chinese Literature -A Reference Guide 1-4* (2010-14); 일본의 60년대 鎌田正의 『左傳』 연구, 松本雅明의 『尙書』, 『詩經』 연구 등, 80년대 이후 吉本道雅의 전래문헌 연구(先秦·秦漢 주요 문헌 20여종에 대한 연구) 등이 있다. 고대중국의 사상과 문화 용어에 대해서는 溝口雄三·丸山松幸·池田知久 編, 『中國思想文化事典』 (2001).

고하고 있을 뿐 아니라 이 분야의 접근 장벽을 낮추어 연구의 지속가능성을 담보해주고 있는 것이다.

한국에서도 80년대 이후, 고대중국 연구에 있어, 새로운 출토자료의 중요성과 필요성은 꾸준히 언급되어 왔다.[9] 실제로 90년대 이후 세계의 고대중국학계가 확연히 출토자료 연구를 중심으로 진행되면서, 발맞추어 한국에서도 출토문헌에 대한 관심과 관련 역사연구가 크게 증가하였다. 하지만 상대적으로 출토문헌에 관한 사료연구, 특히 선진 고문자 자료에 관한 기초연구는 큰 주목을 받지 못했는데, 이는 아마도 사료연구를 역사연구의 당연한 전제로 보아 개인 연구자의 기본역량에 맡겼던 경향 때문 인 듯하다. 그러나 기존 연구사에서 간취할 수 있듯이, 사료연구는 장기간에 걸쳐 개인 혹은 집단연구 형태로 그 성과를 축적해 가고 있기 때문에 하나의 특화된 연구 분야로 볼 필요가 있다.

물론 국내에서도 90년대 후반부터 중국 출토자료에 관한 일련의 개설들이 꾸준히 소개되었고,[10] 최근에는 일부 출토문헌에 대한 독자적인 정리까지 나오는 등[11] 사료연구에 대한 관심과 필요성은 지속적으로 강조되고 있다.[12] 그러나 상대적으로 선진 고문자 자료를 이용하는 역사연구를 실질적으로 도와주고 연구의 진입장벽을 낮추어 줄 수 있는 연구방법론, 해독(역주),[13] 해제, 사전(事典)·사전화(辭典化)[14] 같은 사료연구는 여전히 미진한 상황이다. 이러한 작업이 중요한 이유는 선진 출토문헌의 중국 저본(底本)과 세계 각 연구자들의 주요한 사료연구를 '정확하게' 그리고 '비판적으로' 비교하고 검토할 수 있는 기반과 방법론을 제공해 줄 수 있기 때문이다. 나아가 이를 바탕으로 각 분야 연구자들이 자신이 다루는 고문자 자료에 대한 '탄탄한 자기 사료화'를 구축해나간다면 이어질 역사연구의 수준 또한 한층 높아질 것은 분명해 보인다. 이하에서는, 이러한 문제의식 아래, 새로운 선진 고문자 자료 『계년(繫年)』을 일례로 그 사료연구

---

9   고대중국 연구에서 새로 출토된 자료의 활용과 중요성에 대해서는, 일례로 '歷史學會' 기획으로 출간된 '한국의 고대중국 硏究史' 관련성과를 살펴볼 수 있는데, 1982년 이성규(「韓國의 中國史研究 三十年 -先史時代에서 唐末까지-」, 역사학회 편 『現代韓國歷史學의 動向: 1945-1980』)를 시작으로 최근까지의 『역사학보』 '회고와 전망' '중국 고대' 부분에서 빠짐없이 지적되고 있다.

10 주요한 개설서로 李學勤 著/임형석 譯, 『잃어버린 고리–신出土文獻과 중국고대사상사』 (1996); 임형석, 『중국 간독시대, 물질과 사상이 만나다』 (2002); 도미야 이타루 지음/임병덕 옮김, 『목간과 죽간으로 본 중국 고대 문화사』 (2005); 리쉐친 지음/심재훈 옮김, 『중국 청동기의 신비』 (2005); 데이비드 N. 키틀리 지음/민후기 옮김, 『갑골의 세계: 상대(商代) 중국의 시간, 공간, 공동체』 (2008); 朱淵淸 지음/김경호 옮김, 『중국 出土文獻 자료와 학술 사상』 (2010); 진혈 著/하영삼·나도원·김영경 譯, 『상주금문』 (2011); 왕우신·양승남 외 지음/하영삼 옮김, 『갑골학 일백 년』 (2011); 왕귀웨이 원저/후핑성, 마웨화 교주/김경호 역주, 『간독(簡牘)이란 무엇인가? 이천년전 지하로부터의 메시지』 (2017) 등이 있다.

11 이승률, 『죽간·목간·백서, 중국 고대 간백자료의 세계 1』 (서울: 예문서원, 2013).

12 가장 최근의, 先秦史 연구에서 기초연구(사료연구)의 필요성에 대해서는 심재훈, 「갈 길이 먼 소수 정예의 발버둥 -한국의 先秦史 연구」, 『동양사학연구』 133 (2015), 38~43쪽을 참조할 수 있다.

13 몇몇 先秦 출토문헌 역주 성과물도 출간되고 있다. 마승원 주편·정리주석/최남규 역주, 『상해박물관장전국초죽서 孔子詩論』 (2012); 마승원 주편·진패분 정리주석/최남규 역주, 『상해박물관장전국초죽서 緇衣』 (2012); 마승원 주편·복모좌 정리주석/최남규 역주, 『상해박물관장전국초죽서 性情論』 (2012); 왕휘 著/곽노봉 譯, 『商周金文』 (2014); 荊州市博物館 편저/최남규 역주, 『곽점초묘죽간』 (2016).

14 최근에 일부 古文字 정보를 담은 辭典이 출간되었다. 하영삼, 『한자어원사전』 (2014).

의 가능성을 탐색해보고자 한다.

2. 칭화간『계년』의 비판적 해제

지난 2011년 공개된 청화대학소장전국죽간〔淸華大學藏戰國竹簡, 이하 '칭화간(淸華簡)'으로 줄임〕
『계년(繫年)』은 기존에 알려지지 않은 고대중국의 역사문헌이다.[15] 『춘추(春秋)』와『죽서기년(竹書紀年)』그
리고『좌전(左傳)』으로 대표되는 선진 사학사(史學史)에 새로운 자료가 등장한 것이다. 전국시대 고문자
로 기록된 이 문헌은 무엇보다 선진시기에 실재했던 '역사 쓰기'의 생생한 자료라는 점 때문에 많은 연구
자들의 관심을 모으고 있다. 이러한 관심을 반영하듯 자료가 공개되고 지금까지 수 백편의 연구가 발표되
었다.[16] 특히 이 역사서의 성격을 구명하려는 연구는 수십 종에 달하고 있는데, 후술하겠지만,『계년』의 내
용과 체제는 그만큼 논쟁적이다. 이중 삼중의 해독을 거쳐야하는 '선진 고문자 자료'이기 때문에 더욱 그
러하다. 필자 역시 장기적으로『계년』의 문헌 성격을 탐색하는 작업을 기획하고 있다. 그러나 본고는, 앞
에서 언급했듯이,『계년』의 성격에 관한 연구는 아니다. 여기에서 주목한 부분은,『계년』성격연구를 위한
기반연구로서,『계년』사료연구의 가능성과 방법론 탐색이다. 이에 따라 먼저,『계년』사료연구의 1단계
로서, 이 문헌을 전체적으로 조망할 수 있는 해제를 작성해보고자 한다. 이는『계년』의 형태와 내용에 대
해 종합적으로 묘사하고, 선행연구를 비판적으로 검토하여 몇 가지 추가연구의 가능성을 살펴보려는 것
이다. 그리고 이 해제를 토대로,『계년』과 같은 선진 고문자 자료의 사료연구, 특히 해독과 역주에 관한
필자 나름의 관점과 방법을 제시해보고자 한다.

1)『계년』의 형태와 내용

『계년』은 2008년 7월 중국 청화대학이 입수한 일군의 죽간 문헌 중 1편이다.[17] 전체 138매의 죽간에

---

15 『繫年』이 수록된 자료는 淸華大學出土文獻研究與保護中心 編·李學勤 主編,『淸華大學藏戰國竹簡 (貳)』(上海: 中西書局, 2011)이다.

16 국내에서도 이미 몇 편의 연구가 출간되었다. 심재훈,「전래문헌의 권위에 대한 새로운 도전 : 淸華簡『繫年』의 周 왕실 東遷」,『역사학보』221 (2014); 이유표,「西周 金文에 보이는 '秦夷'와『繫年』의 '商奄之民'」,『동양사학연구』135 (2016); 김병준,「칭화간(淸華簡) 〈계년〉(繫年)의 비판적 검토 -진(秦)의 기원과 관련하여」,『인문논총』제73권 제3호 (2016); 방윤미,「西周初衛의 封建관련『繫年』기록 검토」,『서울대 동양사학과논집』제40집 (2016); 김석진,「'짓고 추려서 엮은' 周王室의 역사 이야기―淸華簡『繫年』1章 譯註―」,『중국고중세사연구』46집 (2017).

17 淸華簡은 完簡(형체가 온전한 죽간, 1700~1800매)과 斷簡(일부 훼손된 죽간, 800~700매)을 합해 2496매이다. 2010년부

3786자가 기록되어 있는데,[18] 이는 전국(戰國) 초나라 계통(楚系) 서적류 죽간(書籍簡)[19] 단일 문헌으로는 가장 많은 죽간수량이고 내용분량이다.[20] (〈그림 2〉 참조)

〈그림 2〉 『계년』(竹書의 전체 모습, 뒷면)[21]

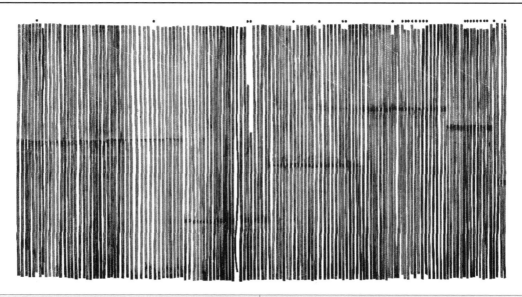

| 뒤집은 모습으로, 맨 왼쪽이 1호간 맨 오른쪽은 138호간이다 | '·' 표시는 결손 부분이 있는 죽간이다 |

터 2017년까지 모두 7책이 정리·출판되었다. 공표된 문헌은 전체 37편(淸華簡 전체 예상편수 70여편 중), 778매(완간 기준) 죽간이다. 淸華簡의 입수경위와 정리과정, 형태와 내용 등에 대한 상세한 소개는 김석진, 「중국 淸華大學 소장 戰國시대 竹簡」, 『목간과 문자』 7 (2011), 169~191쪽; 劉國忠, 『走近淸华簡』, (北京: 高等教育出版社, 2011), 35~64쪽 참조. 淸華簡 수량에 대한 최신 정보는 李守奎, 『古文字與古史考: 淸華簡整理研究』, '叢書前言' 1쪽.

18 淸華大學出土文獻研究與保護中心 編·李學勤 主編, 『淸華大學藏戰國竹簡 (貳)』, 135쪽, 203쪽; 부호로 표지된 合文(두 글자 이상의 결합)과 重文(한 글자의 반복)을 모두 셈하면 3875자가 된다. 李守奎, 『古文字與古史考: 淸華簡整理研究』, '叢書前言' 4쪽.

19 先秦 죽간 문헌은, 특히 자료의 양이 가장 풍부한 戰國 楚지역 簡册의 경우, 그 내용에 따라 文書(각종 행정·사법 문서), 卜筮禱祠記錄(점복·제사 관련 기록), 遣册(喪葬 의례 관련 기록), 書籍類(사상·역사 등의 기록)로 나뉜다. 陳偉, 『楚簡册槪論』 (武漢: 湖北教育出版社, 2012), 3~5쪽; 특히 이승률, 『죽간·목간·백서, 중국 고대 간백자료의 세계 1』, 275~526쪽에 상세하다.

20 기존 書籍簡에서는 郭店楚簡 『性自命出』 67매, 上博楚簡 『周易』 (잔존 수량)58매, 『容成氏』 (잔존수량)53매, 『曹沫之陳』 65매가 최대 수량이었다. 文書簡 중에는 包山楚簡 『受幾』가 대략 60매, 喪葬簡에서는 '曾侯乙墓簡'에서 車馬와 兵器 등을 기록한 간책이 약 120매로 최대 수량이다. 陳偉, 『楚簡册槪論』, 7쪽 참조. 아직 공간되지는 않았으나, 최근에 『계년』을 능가하는 楚나라 죽간 서적류 문헌 2종이 소개되었다. 중국 安徽大學 소장 楚簡의 역사류 문헌 『楚史類』 2편의 수량은 각각 약300매(8400여 글자), 약140매(5100여 글자)로 기존 楚系 죽간 문헌의 최대 수량을 크게 상회한다. 黃德寬 2017, 「安徽大学藏战国竹简概述」, 『文物』 2017年 9期 (2017), 54~55쪽 참조.

21 그림 자료는 肖芸曉, 「淸華簡收捲研究舉例」, 『出土文獻』 第7輯 (2015), 173쪽을 옮겨 실은 것이다.

각 죽간의 길이는 44.6~45cm,[22] 너비는 0.5~0.6cm 이고,[23] 두께는 대략 0.1~0.15cm로 추정된다.[24] 죽간의 뒷면에는 한자로 된 번호와 빗금형의 각선이 있어 죽간의 순서를 파악하기가 쉽다. 문자의 기록 방향은 위에서 아래, 문헌 내용의 진행 방향과 문서의 편철 방향은 오른쪽에서 왼쪽,[25] 그리고 문헌 전체는 오른쪽에서 왼쪽으로 말았던(收捲) 것으로 보인다.[26] 이상을 조합해보면, 당시『계년』의 외관은, 펼쳤을 때 전체 너비 82cm 가량의 직사각형 모양, 그리고 말았을 때는 지름 6cm 가량의 두루마리 모습으로 일반 성인이 한 손에 쥘 수 있는 크기였을 것이다. (〈그림 3〉 참조) 이러한『계년』의 물리적 정보는, 기원전 3~4세기경 전국시대 초(楚)지역에서 4천자 내외의 문자를 기록한 문헌이 한 권의 죽간 책(竹書)으로 유통되고 있음을 보여주는 최초의 실물 증거가 된다.[27]

"계년(繫年)"이라는 문헌 제목은 청화대학의 최초 정리팀이 붙인 것으로 원래 죽간에는 없다. 정리자의 설명에 따르면, 문헌에 다수의 '연대기록(紀年)'이 존재하고 '문체(文字體例)'와 일부 내용이 서진 시기(西晉, 266년~316년) 급총(汲冢) 출토『죽서기년』과 비슷하기 때문에 그 제목을 본 따 "계년"으로 명명한 것이라 한다.[28] 문자의 보존 상태는 대부분 양호하지만, 손상된 일부 죽간에는 결손된 글자도 있다.[29] 문헌의 전체 내용은 모두 23개 章으로 나뉘며, 이는 각종 부호(ㄴ, ▬)와 여백을 통해 표지된다.

『계년』은 간책(簡册)의 내용 상, 서적류 죽간(書籍簡) 아래 '역사류' 문헌으로 분류된다.[30] 그 내용의 시

---

22 淸華大學出土文獻研究與保護中心 編·李學勤 主編,『淸華大學藏戰國竹簡 (貳)』, 135쪽.

23 필자가 저본 도판(죽간 본래 크기 도판 原大圖版)을 측정한 값이다.

24 『繫年』각 죽간의 두께에 대한 공식적인 정보는 없다. 다만 戰國시대 죽간의 형태를 분석한 한 연구에 따르면, 비슷한 시기 楚 지역의 죽간의 두께는 보통 0.1~0.2cm 내외이다. 程鵬萬,『簡牘帛書格式研究』, 吉林大學博士論文 (2006), 211~228쪽; 여기서는 기존 楚簡 중에서,『繫年』과 죽간의 길이와 너비가 비슷한 上博楚簡『周易』의 죽간 두께가 0.12cm 내외임을 참조하여『繫年』의 죽간 두께를 0.1~0.15cm로 추정하였다.『周易』의 죽간 두께는 馬承源 主編,『上海博物館藏戰國楚竹書 (三)』(上海: 上海古籍出版社, 2003), 133쪽 참조.

25 편철의 방향은 138매 각 죽간에 남아있는 편철용 홈의 흔적(契口)이 오른쪽에 있음을 통해 추측할 수 있는데, 이는 첫 번째 죽간에서부터 왼쪽 방향으로 차례로 마지막 죽간까지 편철했음을 보여준다.

26 『繫年』에는 파손되거나 다른 죽간 글자의 먹물이 묻어 있는 경우가 있는데(105호간에서 138호간 사이에 집중되어 있다 〈그림 2〉, 〈그림 3〉 참조), 몇몇 연구에 따르면, 이러한 현상이 나타나는 죽간은 두루마리 형태로 말았을 경우 주로 바깥 부분에 해당된다. 왜냐하면 문헌을 매장 했을 때 땅의 압력을 가장 많이 받는 부분은 두루마리의 바깥쪽이기 때문이다. 이러한 가설에 따라, 죽간의 후반부에 결손과 침색이 집중되어 있는『繫年』의 경우, 1호간부터 말아서 138호간이 맨 바깥쪽 마지막 죽간이 되었을 가능성이 높다. 즉 죽간 말기 방향은 오른쪽에서 왼쪽이 된다. 肯芸曉,「淸華簡收捲研究擧例」, 173~176쪽; 賈連翔,『戰國竹書形制及相關問題研究』(上海: 中西書局, 2015), 226~227쪽.

27 『繫年』의 시대와 지역성에 대해서는 아래 각주 59), 60)에 상술하였다.

28 淸華大學出土文獻研究與保護中心 編·李學勤 主編,『淸華大學藏戰國竹簡 (貳)』, 135쪽.

29 손상으로 인해 缺字가 생긴 죽간은 63호간(7字 결자 추정), 64호간(12자), 65호간(19자), 105호간(1자)이다. 淸華大學出土文獻研究與保護中心 編, 李學勤 主編,『淸華大學藏戰國竹簡 (貳)』, 285~286쪽.

30 중국 학계에서는 대개 '史書類' 혹은 '春秋類'로 분류하고 있다. 楊博,「簡述楚系簡帛典籍的史料分類」, "簡帛網站(武漢大學簡帛研究中心, 2013년 1월 17일)"; 魏慈德,『新出楚簡中的楚國語料與史料』(臺北: 五南圖書, 2014), 10~14쪽.

〈그림 3〉 『계년』 형태 추정도 (필자 구성)

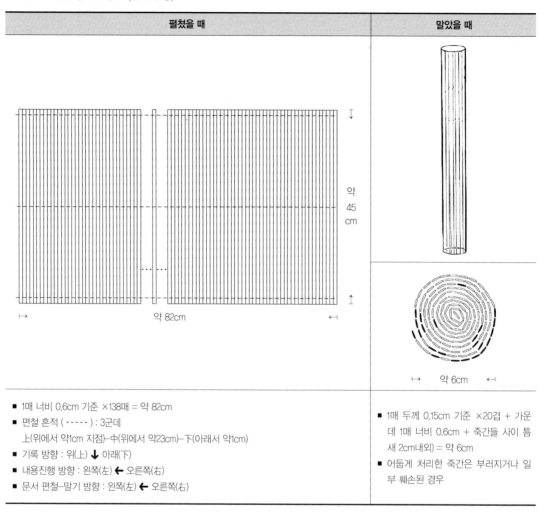

펼쳤을 때	말았을 때

- 1매 너비 0.6cm 기준 ×138매 = 약 82cm
- 편철 흔적 (-----) : 3군데
  上(위에서 약1cm 지점)–中(위에서 약23cm)–下(아래서 약1cm)
- 기록 방향 : 위(上) ↓ 아래(下)
- 내용진행 방향 : 왼쪽(左) ← 오른쪽(右)
- 문서 편철–말기 방향 : 왼쪽(左) ← 오른쪽(右)

- 1매 두께 0.15cm 기준 ×20겹 + 가운데 1매 너비 0.6cm + 죽간들 사이 틈새 2cm내외 = 약 6cm
- 어둡게 처리한 죽간은 부러지거나 일부 훼손된 경우

대 범위는 서주(西周) 초에서부터 전국(戰國) 전기까지이다. 제1~4장은 서주 시기(특히 서주 말기) 왕실과 제후국의 사적(事跡)을 다루고 있는데, 주로 주 왕실의 쇠락과 진(晉)·정(鄭)·초(楚)·진(秦)·위(衛)와 같은 춘추(春秋) 초기 지역 정치체의 역사를 기술하고 있다. 제5장 이하 23장까지는 춘추 전기에서 전국 전기(楚悼王, 기원전 401~381 재위)까지의 역사 사건(史事)을 초(楚)나라와 진(晉)나라의 형세 위주로 기록하고 있다.[31] (〈표 1〉 참조)

---

31   清華大學出土文獻研究與保護中心 編·李學勤 主編,『清華大學藏戰國竹簡 (貳)』, 135쪽; 李學勤,「清華簡『繫年』及有關古史問題」,『文物』2011年3期 (2011), 70~74쪽.

〈표 1〉 『계년』 23장 주요 정보[32]

章	죽간	내용의 시기		연대 紀年	주요 정치체	주요 내용
1	1-4호간	서주 ~ 춘추	기원전 약 1046~789년	周王	周	西周 초기와 말기를 배경으로, '千畝(지명) 제사'改廢의 연원과 西周의 흥쇠
2	5-12		약 780~678	周王	周, 晉, 鄭	西周-春秋 이행기의 周왕실 혼란과 멸망 그리고 晉·鄭·楚의 대두
3	13-16		약 1042~770		秦	西周 초 武王·成王의 克商 정황; 秦의 始原과 발전
4	17-22		약 1040~629	周王	衛	西周 초 成王·周公의 분봉, 특히 衛康叔 분봉 이후 '帝丘'로의 천도까지 衛의 역사
5	23-30	춘추 ~ 전국	약 684~680		楚	楚文王의 北進: (최후에 楚文王의 부인이 되는) '息嬀'를 화제로 楚의 蔡·息 잠식 과정
6	31-40		약 660~635	晉公	晉	晉獻公 사망 후, 군주 계승 문제('驪姬'의 계략)에서부터 시작된 晉의 내부 혼란과 이후 '重耳(晉文公)'의 등극까지 晉의 역사; 秦의 晉 내정(군주 廢立) 개입과 晉·秦 관계의 변화, 晉·秦의 우호
7	41-44		약 633~632	晉公	晉	晉(연합)·楚(연합) '城濮 전쟁'의 시말과 晉文公의 패권('賤土의 맹약')
8	45-49		약 630~627	晉公	晉	晉·秦의 鄭 포위 이후 鄭의 계책으로 晉·秦 이반; 晉·秦의 '殽 전쟁'과 秦의 패퇴; 秦·晉 대립 본격화와 秦·楚 우호 시작
9	50-53		약 620		晉	晉襄公 사망 후 어린 세자(靈公) 즉위를 두고 晉 내부 혼란, 晉襄公 부인의 대부들에 대한 호소와 靈公 즉위
10	54-55		약 620~615	晉公	晉	秦康公의 '雍子(晉의 公子)'옹립 실패로 인한 晉·秦 관계 악화와 전쟁의 발발
11	56-60		약 617~594	楚王	楚	楚 주도 '厥貉의 회맹'(宋 공격 준비), 宋 '華孫'의 계책과 일시 평화; 楚臣 '申伯'사망 사건으로 楚의 宋 포위, 宋의 항복
12	61-62		약 600	楚王	楚	楚 주도 '廬의 회맹'(鄭 불참)과 楚의 鄭 침공, 晉(연합)의 鄭 구원 전쟁 중 晉成公 사망
13	63-65		약 597		楚	楚의 鄭 공격과 晉의 구원, 晉·楚의 화평과 전쟁 재발, 楚의 승리
14	66-73		약 592~589	晉公	晉	晉의 사신 '駒之克(郤克)'이 齊에서 모욕을 당한 사건을 중심으로 晉·齊의 충돌과 晉의 승리
15	74-84		약 599~505	楚王	楚	楚·吳의 관계 변화: 吳의 복종 → 晉·吳 연대 ['少𦈡(夏姬)와 (楚의 신하)申公 일화'] → 吳의 세력 강화 → 楚 제압
16	85-90		약 584~574	楚王	楚, 晉	楚의 鄭 공격과 晉(연합)의 鄭 구원; 楚·晉의 화평 시기와 충돌의 재발
17	91-95		약 557~548	晉	晉	晉(연합)의 楚 공격 중 齊의 이탈; 晉의 내란('欒盈의 난')과 晉(연합)의 齊 제압
18	96-103		약 546~491	楚王, 楚公	晉, 楚	晉·楚를 중심으로 두 차례 평화 회담('弭兵大會')과 이후의 국제형세; 晉의 내란('范氏와 中行氏의 禍')과 이에 따른 제후국의 이반
19	104-107		약 541~493	晉公	楚	楚와 蔡 관계 변화: 蔡의 복속 → 배반 → 멸망 → 蔡縣 설치
20	108-113		약 585~430	晉公	晉	晉과 吳·越의 관계의 변화: 晉·吳 우호 → 吳·越 분쟁 → 晉·齊 분쟁 → 晉·越 우호
21	114-118	전국	약 421~420	楚王	楚	宋의 내란으로 촉발된 楚와 晉(三晉)의 전쟁; 晉·楚의 대립 본격화
22	119-125		약 404~403	楚王	晉, 越, 齊	三晉 연합과 齊 연합의 대립과 회맹; 三晉·齊의 전쟁과 齊의 패배
23	126-138		약 400~396	楚王	楚	楚와 鄭, 晉의 충돌; 鄭의 쇠퇴; 楚의 中原 공략 시도(楚와 晉, 齊 전쟁)

---

32 『繫年』 각 장의 내용을 기반으로, 陳民鎮, 『淸華簡《繫年》研究』, 煙台大學碩士論文 (2013), 10~12쪽과 侯文學·李明麗, 「淸華簡《繫年》的敘事體例 核心與理念」, 『華夏文化論壇』 第8輯 (2012), 287~288쪽; Yuri Pines, "Zhou History and Historiography: Introducing the Bamboo manuscript Xinian", T'oung Pao 100-4-5 (2014), 290~293쪽을 참조하여 재구성하였다.

『계년』은 선진 역사류 문헌으로 세 가지 중요한 의미를 가진다. 우선 절대연대를 추정할 수 있는 25건 이상의 기년(紀年) 정보를 담고 있다.[33] 이는 선진 출토문헌 중 매우 드문 경우로, 기존의 전래문헌 역사서(史書)의 연대 기록과 비교할 수 있는 귀중한 자료이다. 두 번째로, 이 문헌에 수록된 수십 종의 역사적 내용(사건, 인명, 지명 등)과 텍스트 체계, 서술 방식, 문체 등은 기존의 『춘추』·『좌전』·『죽서기년』·『사기(史記)』 등의 문헌과 비교할 수 있는데,[34] 이는 『계년』이 선진시기 '역사 쓰기'의 양상을 살펴볼 수 있는 좋은 재료가 될 수 있음을 의미한다. 마지막으로 지금까지 전혀 알려지지 않은 새로운 사건에 대한 정보가 존재하는데, 주로 『계년』 20~23장의 내용이 여기에 해당된다.[35] 이는 기존 자료의 공백기였던 전국 전기 역사에 관한 정보로, 말할 것도 없이 중요한 사료가 된다.[36] 물론 이상은 모두 어디까지나 표면적인 정보에 불과하며, 그 사료적 가치는 각 분야의 검증을 기다리고 있다.

2) 『계년』 연구 동향

2011년 12월 『계년』 출간 이후 현재까지 340여 편의 관련 연구가 발표되었다.[37] 『계년』 연구는 그 양만큼이나 주제도 다양하지만 대체로 크게 두 가지 범주로 분류할 수 있다. 통상 선진 출토문헌의 연구는 문헌의 판독과 해독 그리고 복원을 목표로 하는 1차연구와 이를 토대로 텍스트의 각종 정보를 분석하는 2차연구로 나눌 수 있는데,[38] 『계년』 연구도 이러한 경향이 뚜렷하다.

현재까지 『계년』의 1차연구는 전체의 약 45%를 차지하고 있다. 이들은 대개 문헌 자체의 형태와 내용

---

33 기년의 대다수는 '某王某年', '某公某年'의 王侯紀年 방식이다.

34 『繫年』과 기존의 전래본 역사서를 비교한 주요 연구로는 魏慈德 「《淸華簡·繫年》與《左傳》中的楚史異同」, 『東華漢學』 17期 (2013); 吉本道雅, 「淸華簡繫年考」, 『京都大學文學部研究紀要』 52 (2013); 藤田勝久, 「『史記』の年代学と淸華簡「楚居」「繫年」」, 『愛媛大学法文学部論集』 35 (2013); 劉光勝, 『淸華簡「繫年」與「竹書紀年」比較研究』 (上海: 中西書局, 2015); 許兆昌, 『「繫年」, 「春秋」與「竹書紀年」的歷史敍事』 (上海: 中西書局, 2015); 侯文學·李明麗, 『淸華簡「繫年」與「左傳」敍事比較研究』 (上海: 中西書局, 2015) 등이 있다.

35 『繫年』 1장에서 19장까지 내용의 대부분은 전래문헌과 비교 가능하다. 吉本道雅, 「淸華簡繫年考」, 5~73쪽; 王屹塁, 「出土簡帛史料價値芻議—以淸華簡《繫年》爲例」, 『常熟理工學院學報』 2014年1期 (2014), 113~116쪽.

36 李學勤, 「《繫年》出版的重要意義」, 『邯鄲學院學報』 第23卷 增刊 (2013), 15~16쪽.

37 紙面(offline) 자료와 온라인 자료를 합친 수량이다. 온라인상의 연구는 다음의 경로를 통해 입수한 것이다. 簡帛網站(武漢大學簡帛研究中心)(http://www.bsm.org.cn/), 復旦大學出土文獻與古文字研究中心網站(http://www.gwz.fudan.edu.cn/), 淸華大學出土文獻研究與保護中心網站(http://www.tsinghua.edu.cn/), 淸華大學confucius2000網站(http://www.confucius2000.com/), 簡帛研究網站(http://www.jianbo.org/), 華東師範大學中國文字研究與應用中心網站(http://www.wenzi.cn/).

38 연구자에 따라 1차연구는 "초보정리연구", "본문 확정", "문자 고석" 등으로, 2차연구는 "심화(深入)정리연구", "내용 고찰", "내용 연구" 등으로 부른다. 張顯成, 『簡帛文獻學通論』 (北京: 中華書局, 2004), 447~463쪽; 이승률, 『죽간·목간·백서, 중국 고대 간백자료의 세계 1』, 35~46쪽; 宋華强, 『新蔡葛陵楚簡初探』 (武漢: 武漢大學出版社, 2010), 16~21쪽.

을 파악하기 위한 각종의 분석인데, 특히 기록된 고문자(古文字)의 자형을 판독하고 의미를 해독하는 연구가 주를 이룬다. 한편 『계년』의 1차연구를 기반으로 하는 2차연구는 전체의 약 55%에 해당하는데, 문헌의 성격과 성서(成書)시기, 문헌에 기록된 편년·사건·지리·제도 등에 대한 고찰이 이어지고 있다. (〈표 2〉 참조)

〈표 2〉 『계년』 연구 현황 (2017년 12월, 필자 수합 기준)

종이본(紙面, offline)			전자판(網上, online)			
학위논문	단행본	연구논문	復旦大學出土文獻與古文字研究中心	武漢大學簡帛研究中心	Confucius 2000	淸華大學出土文獻研究與保護中心
16(편)	12	187	50	56	12	5
215			123			

1차연구		『계년』의 해독(텍스트 외형과 해독 연구)	148편 / 44%
2차연구		『계년』의 文獻史的 연구(문헌의 성격과 成書시기)	52편 / 15%
		『계년』의 각종 역사적 내용 연구	101편 / 30%
		기타 연구	37편 / 11%
	합계		338편 / 100%

　　『계년』의 1차연구는 현재까지 150여 편이 발표되었다. 이러한 수치는 『계년』이 단일 문헌으로는 가장 많은 고문자를 담고 있음을 고려하면 그렇게 많은 양은 아니다.[39] 다만 『계년』의 물리적 외형과 문자의 보존 상태가 양호한 점, 처음 보이는 글자(初見字)와 문자 형태를 판독할 수 없는 글자(不識字)가 적다는 점 등을 감안한다면 일면 이해 가능한 수량이다. 그럼에도 이 문헌의 일부 내용을 좌우할 수 있는 수십 글자의 해독은 아직 논의 중에 있고, 문헌의 외형에 나타나는 여러 특징에 대한 분석도 필요함을 생각한다면, 『계년』의 1차연구는 여전히 부족해 보인다.

　　2차연구의 경우, 『계년』의 내용을 바탕으로 서주 말기, 서주–춘추 교체기(東遷시기), 춘추 시기, 전국 시기의 사건·인물·제도·지리 등을 규명하는 다양한 연구들이 나오고 있다. 이들 2차연구의 주제는 대체로 개별적이고 분산되어 있어 일정한 범위로 묶기는 어렵지만, 가장 관심을 모으고 있는 주제는 『계년』의 성격에 관한 연구이다. 이는 『계년』을 어떠한 역사서로 볼 것인가에 대한 논의로, 연구사는 대략 세 가지 관점으로 요약할 수 있다. 우선 『계년』의 서술 체제를 기존 중국 역사기술 방식과 대비시키는 것으로 주로

39　단적인 비교로 『繫年』(전체 3875자, 단일자 638자) 문자 수량의 15분의 1(단일자 기준 5분의 1) 수준에 불과한 淸華簡 『保訓』(전체 232자, 단일자 135자; 2009년 공표)의 경우, 필자가 파악하는 한, 현재까지 1차연구의 수량이 약 120편에 달한다.

'편년체(編年體)'와 '기사본말체(紀事本末體)'가 강조되고 있다.[40] 다음으로『계년』을 전래본 역사서들과 직간접으로 비교하는 것으로『죽서기년』,『춘추』,『좌전』,『국어(國語)』,『사기』등과의 연계성 혹은 유사성에 집중한다.[41] 마지막은 현재 존재하지 않는 역사류 문헌으로 파악하는 입장인데, 일실된 특정 문헌에 비정하거나,[42] 전혀 새로운 유형의 역사서로 보는 관점이다.[43]

3)『계년』연구의 새로운 관점

(1) 외형과 내용 정보를 종합하는 '역주'의 필요성

현재까지 발표된『계년』1차연구의 95% 이상은 해독 연구에 집중되어 있다. 이는 1차연구의 기본이, 문헌의 '내용'을 파악하기 위한, 개별 문자의 자형 판독과 의미 해독임을 고려한다면 당연한 현상이다. 그러나 한편으로 이러한 치우침은『계년』텍스트의 '외형'에 대한 연구가 상대적으로 부족함을 보여준다.

주지하듯이『계년』과 같은 전국시기 죽간 자료의 길이와 넓이는 그 텍스트의 중요도나 장르를 구분해 주기도 하고, 편철의 흔적과 죽간 끝의 모양 등은 손상된 텍스트를 복원하는 단서가 되기도 한다. 또한 죽간 앞뒷면의 문자 (부호 포함)의 수량과 크기 그리고 배치, 죽간 뒷면의 빗금(劃線) 따위는 텍스트를 제작하는 과정을 반추하거나 '저자(혹은 필사자)—독자—텍스트'의 관계를 시사해 주기도 한다.[44]

예를 들어, 전국 초간(楚簡)이나 진간(秦簡) 그리고 한간(漢簡)에서 종종 보이는 죽간 뒷면 빗금 현상

---

40 許兆昌·齊丹丹,「試論清華簡《繫年》的編纂特點」,『古代文明』第6卷 第2期 (2012); 廖名春,「淸華簡《繫年》管窺」,『深圳大學學報 (人文社會科學版)』第29卷 第3期 (2012); 侯文學·李明麗,「清華簡《繫年》的敘事體例 核心與理念」,『華夏文化論壇』第8輯 (2012); 羅運環,「淸華簡《繫年》體裁及相關問題新探」,『湖北社會科學』2015年第3期 (2015).

41 李學勤,「由清華簡《繫年》論《紀年》的體例」,『深圳大學學報 (人文社會科學版)』第29卷 第2期 (2012); 小澤賢二,「中國古代における編年史料の系譜」, (淺野裕一, 小澤賢二 著)『出土文獻から見た古史と儒家経典』(2012); 吉本道雅,「清華簡繫年考」 (2013); 藤田勝久,「『史記』の年代学と清華簡「楚居」「繫年」」(2013); 肖鋒,「再看《春秋》筆法—以清華簡《繫年》與《春秋》經傳對國君死亡事件的記錄爲視角」,『西南交通大學學報 (社會科學版)』第15卷 第6期, (2014).

42 문헌의 구체적인 내용은 알 수 없으나 그 성격의 대강이 다른 전래문헌에 언급된 경우이다.『鐸氏微』,『志』, 汲冢『國語』등과 같이 문헌의 제목만 전승된(存目) 텍스트가 주목받고 있다. 陳民鎭,「《繫年》"故志"說——清華簡《繫年》性質及撰作背景芻議」,『邯鄲學院學報』第22卷 第2期 (2012); 陳偉,「清華大學藏竹書《繫年》的文獻學考察」,『史林』2013年1期 (2013); 劉全志,「論清華簡《繫年》的性質」,『中原文物』2013年第6期 (2013).

43 선별한 전쟁사를 중심으로 春秋시기 정세를 개관한 교육용 문헌〔朱曉海,「論清華簡所謂《繫年》的書籍性質」,『中正漢學研究』20期 (2012)], 고위관리의 외교활동을 위한 교육용 혹은 정보성 역사서〔淺野裕一,「史書としての淸華簡『繫年』の性格」,『出土文獻から見た古史と儒家経典』, (2012); Pines, "Zhou History and Historiography: Introducing the Bamboo manuscript Xinian" (2014), 군주에게 교훈적인 정보를 제공하기 위한 역사서〔孫飛燕,『淸華簡《繫年》初探』(上海: 中西書局, 2015)]로 파악하는 견해 등이 있다.

44 죽간 문헌의 형태론적 특징과 연구에 대해서는 張顯成,『簡帛文獻學通論』; 이승률,『죽간·목간·백서, 중국 고대 간백자료의 세계 1』; 賈連翔,『戰國竹書形制及相關問題研究』등을 참조할 수 있다.

의 경우, 죽간의 초기 제작 과정의 일부를 보여준다. 이러한 빗금은 죽통형의 대나무를 여러 조각으로 길게 자르기 전, 즉 죽간 제작의 '1단계'에서 죽통 둘레를 새김용 칼(夾刻刀)로 그은 선이다. 이렇게 한 이유는, 기본적으로 어떤 하나의 죽통에서 만들어진 수십 개 죽간이 서사 매체로서 서로 균질함을 표시해주기 위해서였다. 왜냐하면 이렇게 표시된 죽간은 하나의 대나무에서 만들어졌으므로,[45] 그 순서에 따라 기록하게 되면, 완성된 전체 죽책(竹册)의 모습이 더욱 가지런했기 때문이다. 그리고 이는 자연스럽게, 죽간의 순서를 표지하는 기능도 더해주게 된다.[46] (〈그림 4〉 참조)

〈그림 4〉 『계년』 죽간 뒷면 빗금의 제작과 양상 (『계년』 1호간~25호간)[47]

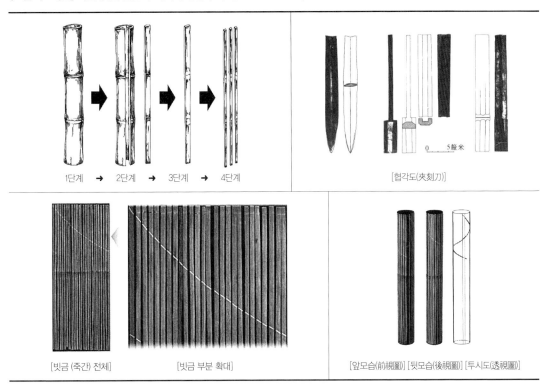

현재 『계년』의 외형에는 주목할 만한 부분이 여럿 있다. 지금까지 나온 전국시기 죽간 문헌 중, 단일문헌으로는 최대인 138매의 죽간을 1권의 책으로 편철했다는 점, 여기에 죽간의 뒷면에 빗금형의 선과 죽

---

45 죽간 뒷면의 '획선'과 함께 '대나무 마디 위치의 균일함'을 통해서도 동일한 대나무 사용 여부를 알 수 있다. 〈부록 1〉의 죽간 '뒷면'의 '외형', '원형태기록', '외형정보'를 참조.

46 보다 상세한 논의는 賈連翔, 『戰國竹書形制及相關問題硏究』, 82~102쪽.

47 그림 자료는 賈連翔, 『戰國竹書形制及相關問題硏究』, 69, 72, 93, 99쪽을 옮겨서 재구성한 것이다.

간 번호가 적혀 있다는 점, 그리고 일정한 맥락의 부호들이 문자와 함께 사용되고 있다는 점 등이 그것이다. 이러한 외형상의 특징에 대한 탐구는 『계년』이라는 텍스트가 만들어지는 과정뿐만 아니라 그 문헌의 성격을 파악하는데도 도움을 줄 수 있다. 하지만 아쉽게도 현재까지 이 죽간 문헌의 외형에 대한 연구는 단 3종에 불과하고,[48] 그나마도 『계년』 외형의 일부 특징만을 다루고 있기 때문에 이 분야의 추가 연구가 필요한 상황이다.

95%에 달하는 기존의 '해독 연구'에 대해서도 다르게 접근해 볼 여지가 있다. 현재까지 『계년』 해독 연구의 대부분은 몇몇 문제적 글자나 문장 단위에 집중되어 왔다. 이는 문자 단위를 기본으로 하는 고문자학 연구의 당연한 경향이라고 할 수도 있다. 그러나 한편으로 기존의 단편적인 해독 연구를 종합하고 『계년』 전체를 파악할 수 있는 본격적인 '역주(譯註)' 연구도 필요한 시점이 된듯하다. 현재 몇 종의 역주가 나와 있지만,[49] 『계년』의 일부만을 다루거나, 역주의 체계가 뚜렷하지 않거나, 문헌의 외형정보를 결여하고 있는 등 기반연구로서 효용이 부족해 보인다. 더욱이, 기존의 해독 연구를 포함해서, 고문자 해독에 대한 접근법,[50] 해독 방법론,[51] 그리고 용어 사용[52]과 같은 문제들에 대한 관점이 불분명하고 제각각이라는 점은 해당 연구의 가독성과 신뢰도를 떨어뜨리고 있는 듯해 아쉽다. 요컨대 고문자 사료에 대한 분명한 접근법과 방법론을 기반으로 하면서도, 『계년』의 외형과 내용에 대한 정보를 함께 다루는 역주 연구가 필요해 보인다. (후술)

(2) 시간과 공간 맥락 속의 역사서 『계년』

현재, 『계년』 2차연구의 최대 관심사는 이 문헌의 성격에 관한 것이다. 연구자들이 『계년』의 성격에 주목하는 가장 큰 이유는 이 문헌이 선진시기에 실존했던 새로운 역사 문헌이기 때문이다. 물론 기존의 선진 출토문헌 중에서도, 과거의 사건이나 전설을 다루거나 『국어』, 『일주서(逸周書)』의 일부로 보이는 역사류 문헌은 이미 상당량 존재한다.[53] 그러나 『계년』과 같이 기년 정보를 포함하면서 연대순에 따라 주요

---

48 竹田健二,「劃線小考: 北京簡『老子』と淸華簡『繫年』とを中心に」,『中国研究集刊』 57, 大阪大学中国学会 編, 2013; 肖芸曉,「淸華簡收捲研究舉例」; 賈連翔,『戰國竹書形制及相關問題研究』의 일부.

49 현재 『繫年』의 역주(전체역주 + 부분역주)는 5종에 불과하다. 蘇建洲·吳雯雯·賴怡璇,『淸華二《繫年》集解』 (臺北: 萬卷樓, 2013); 陳民鎮,『淸華簡《繫年》研究』, 煙台大學碩士論文 (2013); 小寺敦,「淸華簡『繫年』譯注(第一~第四章)」,『出土文獻と秦楚文化』 第8號, 出土資料と漢字肯文化研究會 編, (2015); Oilvia Milburn, "The Xinian: An Ancient Historical Text from the Qinghua University Collection of Bamboo Books," *Early China* 39. (Berkeley, Calif. : Society for the Study of Early China, 2016); 小寺敦,「淸華簡『繫年』譯注·解題」,『東洋文化研究所紀要』, 第170冊 (2016).

50 예를 들면, 문자 해독에 대한 기호중심적 접근과 (음성)언어중심적 접근이 있다.

51 예를 들면, 古文字 형태의 옮겨쓰기(轉寫) 문제, 용례 채택의 우선순위에 대한 입장 차이가 있다.

52 예를 들면, 연구자들마다 異體字, 用字法, 표의문자, 상형문자 등의 용어에 대한 이해가 불분명하고 다르다.

53 戰國 楚簡 자료를 중심으로, 현재까지 약 65종 이상의 先秦 역사류 출토문헌이 발견되었다. 김석진,「戰國 楚簡 역사류 연

한 사건을 기록한 경우는 매우 드문데,[54] 이는 우리가 알고 있는 전래본 『춘추』, 『죽서기년』과 같은 역사서들의 기본 포맷이기도 하다. 더욱이 『계년』은 『좌전』, 『국어』, 『사기』와 같은 '이야기식' 구조까지 갖추고 있어서 그야말로 본격적인 역사서술이라고 할 만하다. 그럼에도 『계년』의 구체적인 형식과 내용은 이들 역사서 중 어떤 것과도 유사하지 않다. 바로 이 점 때문에 수십 종의 관련 연구가 나오고 있는 것이다. 앞서 소개했듯이, 기존의 연구들은 다양한 관점을 기반으로 나름의 방법과 논거를 가지고 있지만, 여기에도 몇 가지 문제는 있어 보인다.

우선 『계년』 성격 연구의 일부는 『계년』의 1차연구에 대한 충분한 검토가 부족한 상황에서 성급하게 논의를 진행하고 있음이 눈에 띈다. 예를 들어, 『계년』을 또 다른 칭화간(淸華簡) 『초거(楚居)』와 묶어서 전래문헌에 이름만 언급된 초(楚)나라의 역사서 『도올(檮杌)』로 본다든지,[55] 『춘추』와 『논어(論語)』에 나오는 제나라 환공(齊桓公) 패업의 일이 『계년』에서 빠진 것을 근거로 이 문헌이 공자(孔子) 학단의 전승이 아니라든지,[56] 등은 『계년』의 극히 일부 특징만을 들어서 이 문헌의 성격을 속단한 것이다.[57] 이러한 얕은 추론은 138매 3천 8백여 자에 달하는 이 문헌의 내용과 외형에 대한 총체적 검토가 선행되지 않은 경우에 언제든 나올 수 있다. 주지하듯이, 어떤 문헌의 성격을 파악하는데 그 문헌 전체의 내용과 외형에 대한 기본 검토는 반드시 필요하기 때문이다. 이중 삼중의 해독을 거쳐야하는 『계년』과 같은 고문자 자료는 더욱 그러하다.

『계년』 성격 연구에서 보다 아쉬운 부분은 대부분의 연구가 활용하고 있는 논거와 관점이 '전래본 역사서'와 '전통적 역사 기술 방식'의 맥락에 치중되어 있다는 점이다. 물론 이러한 작업은 현재 우리가 알고 있는 『좌전』, 『국어』, 『죽서기년』과 같은 고대중국의 역사서들에 비추어 『계년』을 조명할 수 있기 때문에 분명 의미가 있다. 그럼에도 불구하고, 이러한 연구들에서 입론의 근거로 채용하고 있는 선진시기 역사서

구 試論」, 『중국고중세사연구』 제48집 (2018) 참조.

54 비슷한 요소를 가진 先秦 역사류 출토문헌으로, '睡虎地秦墓竹簡'의 『編年記』가 있다. 이 문헌은 기원전 3~4세기 秦나라의 큰 사건(주로 전쟁)과 한 개인(문헌의 작성자와 그 집안)의 간단한 내력을 연대순으로 담고 있다. 이 문헌의 형식은 "秦始皇 3년, 卷에서 전투가 벌어지다. 8월에 喜가 史로 발탁되다. 三年, 卷軍. 八月 喜揄史."와 같은 방식으로, 매년 秦王의 기년을 적고 이어서 2자에서 15자내외의 짧은 기록을 더하고 있는데, 경우에 따라 기년만 있고 관련 내용은 없는 부분도 있다. 이러한 형식을 통해 볼 때, 『編年記』는 『繫年』과는 달리 일종의 '(국가의 간단한 年譜를 기반으로 하는) 개인의 간략한 연보' 성격의 역사류 문헌이라고 볼 수 있다. 『編年記』에 대한 보다 상세한 정보는 수호지진묘죽간정리소조 편/윤재석 역주, 『수호지진묘죽간 역주』 (서울: 소명출판, 2010), 25~56쪽 참조.

55 劉建明, 「《繫年》的性質及各章標題試擬—《繫年》出版一周年劄記」, Confucius2000(2012년12월18일).

56 楊坤, 「跋淸華竹書《繫年》」, 簡帛網(2015년4월16일).

57 첫 번째 연구와 관련해서, 淸華簡 『楚居』편은 『繫年』과는 죽간의 형태와 내용구성이 완전히 달라서, 두 문헌을 하나의 문헌으로 보는 1차연구는 없다. 두 번째 추론에 대해서는, 『春秋』나 『論語』에 나오는 특정 사건이 『繫年』에 없다는 이유로 이 문헌과 孔子 학단의 연관성을 논하는 것은 매우 단순한 접근이다. 더욱이 이러한 관점으로는 『春秋』와 『論語』에서 언급한 다른 역사 사건이 『繫年』에도 다수 존재한다는 점은 설명할 수 없다.

의 대부분이 한나라 혹은 당나라(漢唐代) 이후에야 판본이 확정되거나, 변형을 거쳐 전래된 문헌이라는 점을 유념해야 한다.[58] 더욱이 전래본 텍스트는 그 지역성 또한 명확히 알 수 없다. 이는 기원전 3~4세기경,[59] 전국시기 초나라 지역에서 유통된[60] 『계년』과 이들 전래문헌을 '문자나 문장 단위로 직접 비교'하는 것이 매우 어려운 작업임을 의미한다. 결국 전래본 선진 역사서들에 대한 면밀한 서지학적 검토와 문헌 비판을 거치지 않는다면, 자칫 『계년』의 성격에 대해 시대착오적인 결과를 도출할 가능성이 있다. 따라서 필자는 『계년』의 성격 구명을 위한 중요한 작업 중의 하나가 그 문헌과 시공간적으로 근접한 기원전 300년 전후의 출토문헌 역사서들을 귀납적으로 비교분석하는 것이라 생각한다.

현재까지 발견된 선진-진한 시기의 역사류 문헌은 수십 종에 달한다.[61] 특히 이들은 『계년』과 거의 동

---

58 이들 문헌에 대한 기본적인 서지와 문헌비판 정보는 Michael Loewe(ed), *Early Chinese texts : a bibliographical guide*, (Berkeley, Calif.: Society for the Study of Early China: Institute of East Asian Studies, University of California, Berkeley, 1993)의 각 항목을 참조.

59 『繫年』의 成書시기에 대해서는, 이견이 있지만, 대체로 상한은 기원전 370년 전후, 하한은 275년경으로 추정한다. 상한의 주요한 근거는 문헌 내용이 楚悼王(기원전 401~381)에서 끝나고,(李學勤, 「淸華簡『繫年』及有關古史問題」, 2011) 마지막 두 장의 내용의 구체성과 '諡號' 사용양상이 당시의 관점에 가깝다는 점(Pines, "Zhou History and Historiography: Introducing the Bamboo manuscript Xinian", 2014), 『繫年』의 문자 형태와 書風이 전국 중기의 楚簡자료와 유사하다는 점(郭永秉, 「淸華簡《繫年》抄寫時代之估測 -兼從文字形體角度看戰國楚文字區域性特徵形成的複雜過程」, 『文史』116輯 (2016)) 등이다. 한편 이 문헌의 成書 하한과 관련해서는 『繫年』이 속한 淸華簡 죽간의 시대성이 근거가 될 수 있다. 2008년 12월에 이루어진 淸華簡(글자가 없는 잔편) AMS C14 연대 측정과 樹輪校正 결과에 따르면, 죽간의 연대는 B.C. 305±30(335년~275년), 즉 戰國 중기 후단에서 후기의 전단에 해당하는 것으로 나타났다. 이는 이 문헌의 하한이 270년대까지 내려 갈 수도 있음을 의미한다. 淸華簡의 물리적 분석에 의한 연대측정은 成軻, 「爲先秦古簡科學算命」, 『新知客』2009年8期 (2009), 51~55쪽 참조.

60 『繫年』의 楚 지역성에 대해서는, 기록된 문자 형태의 대부분이 楚文字 계통이라는 점(李學勤, 「淸華簡『繫年』及有關古史問題」, 2011; 郭永秉, 「淸華簡《繫年》抄寫時代之估測 -兼從文字形體角度看戰國楚文字區域性特徵形成的複雜過程」), 내용의 대부분은 楚와 직·간접적 연관을 가지며, 楚의 내부 혼란(예를 들면, 반란 사건)은 감추고 타국은 기록했다는 점, 楚王의 죽음에 의례적으로 상위의 어휘("卽世")를 사용했다는 점 등이 이를 뒷받침한다.(Pines, "Zhou History and Historiography: Introducing the Bamboo manuscript Xinian" (2014), 297~298쪽) 한편 『繫年』이 속해 있는 淸華簡의 지역성에 관해서도, 淸華簡의 불투명한 입수경로와 일부 反例 때문에 淸華簡 전체를 楚지역으로 확정하는 데는 한계가 있지만, 입수과정에 개입한 내부자들이 공개하는 정보와 죽간 자체가 보여주는 여러 단서의 귀납을 통해 戰國 楚簡으로 파악하는 견해가 우세하다. 특히 淸華簡의 정리과정에서 몇 가지 단서가 발견됐는데, 기재된 字體 대부분이 기존 戰國 楚나라 계통의 문자와 유사하다는 점, 함께 입수된 유물(죽간을 담았던 것으로 보이는 상자) 역시 楚나라 양식을 하고 있다는 점, 그리고 楚나라의 역사, 기원전설, 역대 도읍지 등을 기록한 죽간이 다수 포함되어 있다는 점이 그것이다. 이러한 증거들은 淸華簡이 戰國시기 楚나라 영내에 하장되었을 가능성을 높여주고 있다.(김석진, 「중국 淸華大學 소장 戰國시대 竹簡」, 174쪽) 본고에서는 『繫年』 자체의 楚 지역성 증거와 淸華簡의 방증을 따라, 이 문헌을 戰國시대 楚나라 지역에서 유통된 문헌으로 본다.

61 ①安徽大學 소장 楚簡의 『楚史』류 2종·古事類 2종; ②慈利楚簡(戰國 楚)의 『國語』류·『逸周書』류 문헌; ③淸華簡(戰國 楚)의 『繫年』·『楚居』·書類·古事類 문헌 이십여 종과 郭店楚簡(戰國 楚), 上博楚簡(戰國 楚)의 古史類·傳說類 문헌 이십여 종; ④睡虎地秦簡(戰國 秦, 舊楚지역)의 『編年記』; ⑤馬王堆帛書 (前漢, 舊楚지역)의 『春秋事語』·『戰國縱橫家書』등이 있다.

시기 혹은 1~2세기 전후의 문헌이다. 무엇보다 비슷한 초나라 지역의 문자 환경과 지역성을 공유한다. 그리고 이러한 요소는, 이들 문헌과『계년』의 전후사정을 파악하는 작업이 '전국시대 초지역의 역사서로서『계년』의 성격을 가늠하는 유용한 접근이 될 수 있음을 시사한다. 결국 이러한 작업의 요점은『계년』이라는 문헌이 유통되고 있던 시점, 즉 기원전 300년 전후 전국 초 지역의 문자 운용양상을 파악하고『계년』의 문헌 성격을 그 양상 속에서 위치시키는 것이다. 그리고 이러한 분석을 바탕으로, 전래된 역사서들과『계년』을 비교해 나간다면 고대중국 사학사(史學史)에서 이 문헌의 종합적인 위치를 비정할 수 있을 것이다.

고대중국 사학사에서『계년』이라는 새로운 출토 문헌이 가지는 의미는 분명 중요하다. 그리고 이 텍스트의 성격을 구명하는 작업은 현재 우리에게 남겨진『춘추』,『죽서기년』,『좌전』,『국어』,『사기』와 같은 전래본 선진─진한 역사서들의 성격을 이해하는데 도움을 줄 수도 있다. 그러나 선진 출토문헌으로서『계년』의 성격연구를 위해서는, 우선 이 문헌과 관련된 선진─진한 출토·전래문헌 용례의 축적과 텍스트의 형태론적 정보에 관한 충실한 사료연구가 필요하다. 그리고 여기에『계년』과 가까운 시기·장소의 유사 문헌들이 보여주는 맥락을 확보해 나가는 작업이 요구된다.

3. 칭화간『계년』해독과 역주의 방법론

필자가 기획한『계년』사료연구(역주)의 목표는 텍스트의 외형과 내용에 대한 주요 정보를 확보하고 각 문자의 해독 과정을 정리하는 것이다. 그리고 이는『계년』2차연구의 기초를 다지는 작업이 될 것이다. 물론 이러한 방향성은 위에서 분석한 비판적 해제를 통해 도출된 것이다. 이하에서는 고문자 자료『계년』의 역주에 대한 본고의 네 가지 기본 관점과 방법을 제시해보고자 한다.

1) 고문자 해독에 대한 언어중심적 접근

필자는 '문자의 정의(범주)'에 있어서 '언어중심적 접근'을 지지한다. 언어학과 문자학에서 '문자'의 범주에 대한 세 가지 입장이 있다. ① 하나는 '인간의 언어(특히 음성언어)를 시각적 기호로 표시한 체계'로, ② 하나는 '인간의 언어나 생각 등을 시각적으로 표시한 일정한 기호'로 문자를 정의한다. 한편 일부 연구는, ②의 관점이 확장된 입장을 보여주는데, ③ '시각적인 속성을 가지고, 인간의 의사소통에 관련된 것이라면 "쓰인 것" 모두를 문자'로 본다. 이는 인간의 '의사소통'을 '생각이나 메시지를 주고받는 과정'으로 좁히지 않고 '각종 기호를 수단으로 이어지는 인간 행위의 통합'으로 파악하는 것으로, 이에 따라 문자의 범위를 단지 언어(음성언어)와 관련된 기호로 제한하지 않는 관점이다. ①, ②는 대체로 (음성)언어와 문자의 관련성을 인정하는 '언어중심'의 관점이고 ③은 문자를 언어보다는 '기호'의 관점에서 접근하려는 '기호중심'의 관점이다.[62]

이들 세 입장의 차이는, ①과 ②는 문자가 표시하는 것에 '(언어를 중심으로 하되) 언어 외의 것'을 포함하느냐 여부이고, ①, ②와 ③은 문자를 언어성을 중심으로 접근할지, 기호성의 범위로 확대할 지에서 나뉜다. 그리고 이러한 관점 차이에서 '문자'와 관련된 여러 개념과 용어의 혼동 그리고 해독에 대한 논쟁이 생기기도 한다.[63] 모든 입장이 나름의 전통을 형성하고 있지만, 일반적으로 현대 언어학과 문자학에서는 ①의 입장을 중심으로 '문자'에 접근한다. 왜냐하면, 위에서 살폈듯이, 문자의 여러 '범주'에서 그 교집합은 '언어'이기 때문이다. 더욱이 역사상의 문자들 대부분이 1차적으로 그 (음성)언어와 뚜렷한 관련을 맺고 발달했다는 데에는 큰 이견이 없다.[64]

중국 문자학에서도 이러한 관점의 차이가 있다. 우선 중국 전통 문자학(小學)의 바이블이라고 할 수 있는 사전류(字書) 『설문해자(說文解字)』가 등장한 한대 이후 지금까지, 이른바 '육서론(六書論)'을 기반으로 하는 문자에 대한 이해가 큰 줄기로 이어지고 있다. 육서론은 문자 자체의 구성요소로서 형태(象形)와 의미(指事, 會意) 그리고 소리(假借)에 대한 인식을 분명히 했다는 점에서 중요한 의의를 가진다. 그러나 문자가 (음성)언어와 밀접하게 관련되어 있다는 점에는 큰 관심을 두지 않았다. 오히려 육서론의 입장에서 보면, 문자(漢字)는 그 자체로 하나의 완전한 기호이며 그 기호(字形)는 대체로 고정된 소리(字音)와 의미(字意)를 가지게 되는데, 이러한 관점은 대략 ②와 ③의 어느 지점에 위치한다고 볼 수 있다.

이러한 관점의 연장선에서, 20세기부터 본격화된 한자의 문화성이나 종교성에 기반한 고문자 해독 연구들이 있다. 이는 문자에 대한 관점에서 ②에 집중한 것이다. 현재 하나의 전통을 이루고 있는 '문화문자학(文化文字學)'이나,[65] 갑골문과 청동기 금문 연구에 한 획을 그었던 시라카와 시즈카(白川靜, 1910~2006), 쉬진숑(許進雄, 1941~) 등의 고문자 해독은 이러한 경향을 대표한다. 이들은 언어와 문자의

---

62 각각의 참고 서지는, ①, ②에 대해서는 Gelb/연규동 옮김, 『문자의 원리』, 1963(원어)/2013(한국어), 12쪽; Sampson/신상순 옮김, 『세계의 문자체계』, 1985(1판)/2000, 32~33쪽; Peter T. Daniels & William Bright (eds), *The World's Writing Systems*, 1996, 1~2쪽; Fischer/박수철 옮김, 『문자의 역사』, 2001/2010, 12~14쪽; Coulmas/연규동 옮김, 『문자의 언어학』, 2003/2016, 19~43쪽; 김하수 · 연규동, 『문자의 발달』, 2015, 1~14쪽. ③에 대해서는 로이 해리스/윤주옥 옮김, 『문자를 다시 생각하다』, 2000/2013, 203~266쪽. 한편 '문식성(literacy)' 분야에서 문자언어와 음성언어의 속성과 관계에 대한 다양한 관점과 문자(쓰기)의 범주에 대한 논의는 데이빗 바튼 지음/김영란 · 옥현진 · 서수현 옮김, 『문식성: 문자언어 생태학 개론』, 2007(2판)/2014, 142~204쪽을 참조할 수 있다.

63 문자 관련 각종 용어의 혼동에 대한 유용한 안내는 배보은, 『문자론 용어와 문자 분류 체계에 관한 연구』, 경남대학교 박사학위 논문 (2013); 연규동, 「문자의 종류와 개념에 대한 새로운 이해」, 『국어학』 72 (2014), 155~181쪽을 참조할 수 있다.

64 주 62) ①, ②의 서지 참조.

65 예를 들면, 劉志成/임진호 · 김하종 옮김, 『문화문자학』, 2003/2011.

관계, 한자의 용자(用字, 언어의 문자화) 방식 등에 대해서 잘 알고 있었지만, 한자 탄생(고안)에 대한 관점을 종교·문화적인 맥락에 두었기 때문에 고문자 해독에 있어서 '표의 원리'와 '문자 형태(字形)의 상형성'에 주목했다.[66] 거기에 이른바 '표의문자(表意文字) 체계로서 한자'라는 오래된 인식이 문자의 해독에 있어 용례의 귀납보다는 '상징적 해석'이나 '연역적 추론'과 같은 방법에 힘을 실어 주었음은 물론이다. 그리고 이러한 고문자 해독의 일부는 독창적인 관점과 시사점을 제공해주기도 했다.

그러나 중국 고문자학의 역사(古文字學史)에서 ②의 경향은, 한자의 연구가 대체로 80년대까지 언어학이나 문자학으로서의 방법론과 전문성을 갖추지 못한 상황에서, 출토문자 자료의 양적확보가 부족했던 연구 환경의 산물로 볼 수 있다. 즉, 일정한 양의 고문자 용례의 귀납을 통한 해독이 어려운 상황에서 기존의 고대중국에 관한 맥락 연구(민족지학, 인류학, 종교학, 전통사학 등)에 의지해 문자의 의미를 역추적 했던 것이다. 이는 곧 문자의 '용례' 자체보다는 '맥락'에 집중했음을 의미하는데, 결국 이러한 방식의 고문자 해독에서는 추론의 위험이 더욱 높아질 수밖에 없다. 때문에 현재의 많은 고문자 연구자는 ②의 방법론에 매우 조심스럽다.

한편 중국 문자학의 역사에서, 문자에 대한 ①의 관점은 초보적이지만 한대 이전부터 보이기 시작한다.[67] 전한의 마왕두이백서(馬王堆帛書) 『계사(繫辭)』에서는 글과 말의 연관성을 언급하였고,[68] 당나라(唐代) 공영달(孔穎達, 574~648)에 이르러 이러한 관점은 보다 분명해진다.[69] 특히 청나라(淸代) 진례(陳澧, 1810~1882)와 같은 학자는 '인간의 사고가 (음성)언어로 표출되며, 언어의 기록이 문자'라는 근대적인 ①의 관점을 표명하기도 하였다.[70] 이들은 기본적으로 '문자가 (음성)언어를 표시한다'는 관점을 견지했다.

---

66 시라카와 시즈카(白川靜)/윤철규 옮김, 『漢字의 기원』, 1970/2009, 25~28쪽, 46~50쪽; 許進雄/영남대 중국문학연구실 옮김, 『중국고대사회』, 1984/1993; 許進雄/조용준 옮김, 『중국 문자학 강의』, 2009(수정판)/2013.

67 필자가 파악하는 한, 이러한 관점은 『易』과 관련된 문헌인 『繫辭』에서 가장 먼저 보인다. 『繫辭』는 늦어도 戰國 말 혹은 前漢 초에 성립되었을 것으로 보는 것이 중론이다. Michael Loewe (ed), *Early Chinese Texts: A Bibliographical Guide*, 221쪽.

68 '馬王堆漢墓帛書' 『繫辭』, 「26下」: "글은 말을 모두 (나타내지) 못하며, 말은 뜻을 모두 (나타내지) 못한다. 書不盡言, 言不盡意." 裘錫圭 主編, 『長沙馬王堆漢墓簡帛集成 (參)』(北京: 中華書局, 2014), 72쪽.

69 『尙書正義』, 「尙書序」: "또한 말은 뜻의 소리이고, 글은 말의 기록이니, 이러므로 말을 두어서 뜻을 소리로 내고, 글을 만들어 말을 기록하였다. 且言者, 意之聲, 書者, 言之記, 是故存言以聲意, 立書以記言." 〔漢〕孔安國 傳·〔唐〕孔穎達 疏/廖名春·陳明 整理, 『尙書正義』卷第一 (北京: 北京大學出版社, 2000), 1쪽.

70 『東塾讀書記』, 「十一 小學」: "대개 천하 사물의 모습은, 사람이 눈으로 볼 수 있으면 마음속에서 그 뜻을 알 수 있다. 뜻으로 그것을 표현하려고 하면 곧 입으로 소리를 내게 된다 …… 소리는 다른 곳으로 전달될 수 없고, 다른 시간에 남겨질 수 없는데, 이럴 때에 그것을(소리) 기록하니 문자가 되었다. 문자라는 것은, 뜻과 소리의 흔적인 것이다. 문자가 없을 때는, 소리로 사물의 이름을 지었고, 문자가 생기게 되자, 문자로 사물의 이름을 지었다. 이 때문에 문자를 일컬어 '名'이라고 하는 것이다 蓋天下事物之象, 人目見之, 則心有意. 意欲達之, 則口有聲. ……聲不能傳於異地, 留於異時, 於是乎書之爲文字. 文字者, 所以爲意與聲之跡也. 未有文字, 以聲爲事物之名; 既有文字, 以文字爲事物之名, 故文字謂之名也." 〔淸〕陳澧 著/楊志剛·錢鍾書 校點, 『東塾讀書記: 外一種』(香港: 三聯書店, 1998), 228쪽.

다만 문자와 언어가 계속해서 변화해왔다는 통시적인 시각이 부재했기 때문에, 고대중국어를 반영하고 있었던 선진 전래문헌의 해석에 대해서 통찰력을 갖기는 어려웠다.

언어와 문자가 변한다는 관점은 명나라(明代) 진제(陳第, 1547~1617)에서부터 맹아를 보여,[71] 중국 전통 문헌학(小學, 漢學)의 최고 수준을 이루었던 청대 고증학(考證學 혹은 考據學) 단계에서 확실해진다. 이른바 절동(浙東) 학파, 절서 오파(浙西 吳派)와 환파(皖派)로 일별되는 고증학의 핵심은 고대 한자(古漢字)의 소리(上古音)에 대한 각성이었다.[72] 이들은 고대중국의 한자(漢字)와 한어(漢語)가 밀접한 관련을 맺고 있으며, 한어의 소리는 고정된 하나의 발음으로 전해진 것이 아니라 변해왔다는 역사언어학적 관점을 인지하였다. 그리고 이를 통해 고대 문헌의 문자 해석을 문자의 형태(字形)가 아닌 문자의 발음(字音) 중심의 방법론으로 전환하게 된다. 이는 (古音에 기반한 문자로 기록된) 고대 텍스트의 시간적 장애를 고대의 발음(古音) 연구를 통해 극복하면서, 고한자 텍스트의 해독 가능성을 비약적으로 높인 것이다.[73] 다만 당시의 연구는 전래문헌을 위주로 할 수 밖에 없는 자료의 시대적 한계가 있었다.

19세기까지의 고증학과 소학의 기반아래, 20세기 초 갑골문이 본격적으로 소개되고 상주(商周)시기 새로운 금문자료가 축적되면서 '중국 고문자학'이라는 근대적 학문이 시작된다. 최초의 갑골문 연구와 문자학 이론 정리를 담은 손이양(孫詒讓, 1848~1908)의 『계문거례(契文舉例)』(1904년)와 『명원(名原)』(1905년)을 필두로 뤄전위(羅振玉, 1866~1940), 왕궈웨이(王國維, 1877~1927), 궈모뤄(郭沫若, 1892~1978), 위싱우(于省吾, 1896~1984), 탕란(唐蘭, 1901~1979) 등이 고문자 해독에 일가를 이루었다. 이들은 고증학 전통과 소학의 방법 그리고 전래문헌 용례에 대한 탁월한 장악력을 바탕으로 새로운 고문자 자료들을 해독해갔는데,[74] 이들 연구는 대체로 ①, ②의 관점이 혼용된 경우를 보여준다.

중국 고문자학 역사에서 ①의 관점을 기반으로 하는 본격적인 연구는 50년대 천멍자(陳夢家,

---

71 陳第는 언어의 역사적 변화에 관심을 보였다. 『毛詩古音考』, 「毛詩古音考自序」: "(언어는) 대개 시대적으로 옛날과 오늘날의 (차이가) 있고, 지역적으로 남북의 (차이가) 있으며, 글자에는 변화가 있었고 발음에는 변이가 있었다 蓋時有古今, 地有南北, 字有更革, 音有轉移." 〔明〕陳第 著/康瑞琮 点校, 『毛詩古音考 屈宋古音義』 (北京: 中華書局, 2011), 7쪽.

72 고증학에 대한 전반적인 소개는 濱口富雄, 「考據學」, 미조구찌 유조 외 엮음/김석근·김용천·박규태 옮김, 『중국 사상 문화 사전』 (서울 : 책과함께, 2003/2011), 743~754쪽을 참조할 수 있다.

73 이러한 관점은 스웨덴의 漢學者(sinologist) 칼그렌(Bernarld Kalrgren, 1889~1978)의 학술에서 빛을 발한다. 칼그렌은 고대중국 언어의 소리 연구에 일가를 이루고 이를 토대로 각종의 중국문헌 연구를 쏟아내는데, 특히 (비교)역사음운학의 방법을 통해 淸代 고증학자들이 접근하기 어려웠던 古漢字(上古音)의 음소 단위 소리를 정리 해냄으로써 고대중국 문자의 실제적 소리를 구현할 수 있게 되었다. 칼그렌의 학술에 대해서는 David B. Honey, *Incense at the Altar: Pioneering Sinologists and the Development of Classical Chinese Philology* (New Haven: American Oriental Society, 2001), 104~110쪽 참조.

74 중국 전통 文字學과 古文字學의 역사, 용어, 인물 전반에 대해서는 中國大百科全書總編輯委員會·語言文字編輯委員會, 『中國大百科全書-語言·文字』, 1988. [한국어역: 전광진 편역, 『중국문자훈고학사전』 (서울: 東文選, 1993)], 2~41쪽, 155~178쪽 참조.

1911~1966)의 '문자론'에서 부터이다.[75] 세계의 여러 고대문자들과 마찬가지로, 고대중국의 문자(漢字)가 그 언어(고대중국어)와 밀접한 관련을 가진다는 '언어–문자학적 접근'이 본격화되는 것이다. 여기에 70년대 이후, 상대 갑골문과 주대 금문 자료를 모은 일련의 자료집들이 만들어지고,[76] 무엇보다 문자의 공백기였던 춘추전국(특히 전국) 시기의 새로운 문자자료들까지 축적됨으로써[77] 고대중국 문자는 그 변화와 특징을 읽어낼 수 있는 일정한 양적 용례를 확보할 수 있게 되었다. 이는 고문자의 해독에서 문자의 형태, 소리, 의미에 관한 출토 문헌 자체 용례의 귀납이 가능해졌음을 의미한다. 이러한 연구 환경 속에서 언어를 문자로 표기하는 방식(用字法)을 분석하는 방법론이 더해져, 80년대 추시구이(裘錫圭, 1935~) 단계에 이르러서 '중국 고문자학'에 대한 일정한 이해가 정립되게 된다.[78]

요컨대 필자는 문자의 범주 문제에서 ①의 관점을 따른다. 이에 따라 중국 고문자의 해독에 있어서도 '문자언어(문자)는 음성언어(말)가 각종의 용자법(用字法, 말을 문자로 전환하는 방식)을 통해 시각기호(문자)화 된 것이다'라는 '언어중심적' 해독 관점을 지지한다.[79] (〈그림 5〉 참조)

〈그림 5〉 문자의 성립과 해독

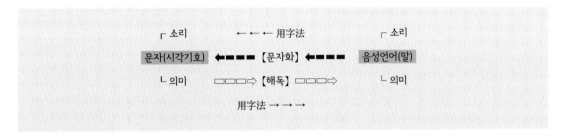

75 陳夢家, "第2章 文字", 『殷墟卜辭綜述』 (北京: 中華出版, 1956/1988), 55~83쪽.

76 郭沫若 主編·中國社會科學院歷史研究所 編, 『甲骨文合集 (全13冊)』 (上海: 中華書局, 1978~83); 中國社會科學院考古研究所 編, 『殷周金文集成 (全18冊)』 (上海: 中華書局, 1984~2001).

77 각종의 戰國文字 자료, 특히 楚나라 簡帛과 秦簡의 발견이 이어졌다.

78 중국 古文字學은 裘錫圭의 『文字學槪要』(北京: 商務印書館, 1988/2013 修訂本)에서 일단의 완성을 본다. 언어중심적 漢字 연구에 관한 專論 성격의 이 책은 동아시아 각국과 歐美에 널리 알려져 있다. 대만 번체판(1995年, 『文字學槪要』, 許錟輝 校訂), 영어판(2000年, *Chinese Writing,* translated by Gilbert L. Mattos and Jerry Norman), 한국어판(2001年·2010年 (개정판), 『중국문자학의 이해』, 이홍진 譯), 일본어판(2004年, 『文字學槪要 前編』, 2007년, 『文字學槪要 後編』, 稻田大学中国古籍文化研究所文字学研究班 訳)으로 각각 번역되었다. 그렇지만 여전히 '한자의 성질'과 '중국 고전의 해독' 문제에 있어서 '(음성)언어중심' 관점과 '기호중심'의 입장은 공존하고 있다. 중국학에서 漢字와 문헌 해독에 관한 양자의 평행에 관해서는 최정섭, 「중국연구에 되돌아온 문헌학」, 『Aporia Review of Books』 Vol.2-No.8, 2014 (http://www.aporia.co.kr/bbs/board.php?bo_table=rpb_community&wr_id=82)를 참조할 수 있다.

79 이러한 입장의 대표적 논저로는 林澐, 『古文字研究簡論』, 1986; 裘錫圭, 『文字學槪要』, 1988/2013(修訂本); 大西克也·宮本徹 編著, 『アジアと漢字文化』, 2009.

고문자 해독을 언어중심적인 관점에서 접근하기 위해서는, 우선 한자가 어떤 문자 체계인지에 대한 이해가 필요하다. 문자 체계의 분류는 '하나의 문자가 대응하는 (음성)언어의 세부요소(단위)가 무엇인지'를 살피는 것인데,[80] 이에 따르면 한자는 기본적으로 '형태소–음절 문자 체계'가 된다. 이는 '하나의 문자가 음성언어의 1음절(소리)과 1형태소(의미)를 동시에 나타내는' 문자 체계로서,[81] 한자를 사용하는 사람들은 (어떤 문맥에서) 하나의 한자를 보면 하나의 음절과 형태소를 가진 한어(漢語) 아무개(某)를 떠올릴 수 있음을 의미한다.[82]

예를 들어 '人'이라는 문자를 살펴보자. 갑골문 시대의 '人'은 '🧍' 형태였다.[83] 그런데 이는 그저 사람의 모습이나 개념을 부호화 한 것, 즉 단순한 '표의문자(개념부호; ideogram)'가 아니다.[84] '🧍'이라는 문자는 그것이 탄생한 시점의 고대중국인이 사용했던 '사람'이라는 의미(1형태소)와 "*njin 〔닌〕[85]이라는 소리(1음

---

80 '문자체계'를 분류할 때 몇 가지 기준이 있지만, 현재 언어학과 문자 연구 분야에서 가장 유용하고 널리 받아들여지고 있는 기준은 '문자가 (음성)언어의 어떤 요소(단위)를 반영하는가'이다. 본고는 이러한 관점을 기반으로 하는 다니엘스의 분류를 기본으로 한다. 다니엘스는 '문자 1단위가 음성언어의 어떤 세부 요소에 대응하는가'에 따라 역사상의 모든 문자를 여섯 가지로 구분한다. Peter T. Daniels & William Bright (eds), *The World's Writing Systems*; Peter T. Daniels, "Writing Systems", *The Handbook of Linguistics*, 2001. 용어와 분류의 수에서 약간의 차이는 있지만 Sampson(『세계의 문자체계』, 1985/2015 2nd edition)과 김하수·연규동(『문자의 발달』, 2015)도 '언어 단위'에 따라 문자를 구분한다. 언어의 단위(요소)에 대해서는 아래 〈그림 12〉, 각주 121)을 참조하라.

81 1960년대 Chao(Yuen Ren Chao, *Language and Symbolic Systems*. New York: Cambridge University Press, 1968, 102~105쪽)가 처음으로 한자의 '형태소-음절 문자 morpheme-syllable writing' 성격을 언급한 이후, DeFrancis(John DeFrancis, *The Chinese Language*. Honolulu: University of Hawaii Press, 1984, 125~126쪽)에서 "형태소음절적 morphosyllabic"으로 정의하였다. 중국 학계에서는 '語素-音節 文字'라고 한다(裘錫圭 著/이홍진 역, 『중국문자학의 이해』, 1988/2010, 41쪽; 許嘉璐·王福祥·劉潤清 主編/이홍진·이우철·정영지·배득성 공역, 『중국 언어학 현상과 전망』, 1996/2010, 129쪽; 王寧 主編/홍영희·이우철·이경숙·정연실 譯, 『한자학의 誕生과 發展』, 2001/2009, 22쪽). 최근 국내에서도 박종한·양세욱·김석영(『중국어의 비밀: 한국인을 위한 중국어 사용설명서』, 서울: 궁리, 2012, 54~60쪽)에 의해 한자의 형태소-음절 문자 성격에 대한 적절한 설명이 이루어졌다.

82 물론 漢字에는 연면어, 의성어, 음역어와 같은 소수 예외의 '다음절-1형태소 문자'가 존재한다. 박종한·양세욱·김석영, 『중국어의 비밀: 한국인을 위한 중국어 사용설명서』, 60쪽.

83 '🧍'은 『甲骨文合集』 23번; 그 외 '🧍'(合集 26898), '🧍'(合集 28012) 등의 형태가 있다. 좀 더 다양한 갑골문 '人' 용례는 劉釗 主編, 『新甲骨文編 (增訂本)』 (福州: 福建人民出版社, 2014), 473~474쪽을 참조할 수 있다.

84 '漢字의 표의문자 통념과 환상'에 대해서는 윌킨슨(Wilkinson, *Chinese History : A New Manual*. 2015, 32~33쪽), 샘슨(Sampson/신상순 옮김, 『세계의 문자체계』, 202~204쪽), 뒤르샤이트(크리스타 뒤르샤이트 지음/김종수 옮김, 『문자언어학』, 서울: 유로서적, 2004(3판)/2007, 112~114쪽), 노만(Norman/全廣鎭 譯, 『중국언어학총론』, 서울: 東文選, 1988/1996, 90쪽)을 참조할 수 있다.

85 '*'는 중국어 上古音의 再構音(추측 복원한 발음) 표지이다. 여기서는 상고음(商 후기~기원전 221)을 IPA(국제음성기호, International Phonetic Alphabet)로 표기하였다. "〔닌〕"은 발음에 대한 이해를 돕기 위해 '국제음성기호와 한글대조표'(국립국어원 외래어표기법 http://www.korean.go.kr/front/page/pageView.do?page_id=P000105&mn_id=97)를 활용하여 한국어로 바꾼 것이다. 이하에서 한국어 발음은 생략한다. 본고의 상고음은 鄭張尙芳(『上古音系』, 上海: 上海教育, 2013) 재구음 체계를 따른다. '🧍(人)'의 상고음은 鄭張尙芳, 『上古音系』, 452쪽.

절)를 가진 특정한 말을 '🚶'이라는 기호로 표기한 것이다. 당시의 사람들은 '🚶'이라는 기호(字形)를 통해 의미(字意)로서는 '사람'을 소리(字音)로서는 '*njin'을 떠올리기로 약속한 것이다. 그리고 바로 이 지점에서, '문자 체계'를 나누는 기준이 되는 '하나의 문자에 대응하는 언어 단위가 무엇인지'를 따지게 되면, '🚶'는 갑골문 시대 언어에서 '사람'이라는 의미를 가진 1음절로 된 1단어를 나타내는 '단어-음절 문자'가 된다.[86] 그런데 그 1단어는 곧 1형태소에 해당하므로 결국 이 문자는 '형태소-음절 문자'가 되는 것이다.[87] (〈그림 6〉참조)

〈그림 6〉고한자(古漢字)의 문자체계와 문자화 과정 ('🚶'의 예)

의미(1형태소: 사람)		의미(1형태소: 사람)
古漢字 🚶 ◄---- ['의미' '사람'을 활용한 문자 '🚶'] ◄---- 古漢語 某		
소리(1음절: *njin)		소리(1음절: *njin)
형태소+음절 표기	언어의 '의미'활용(用意방식)	단음절 언어
문자체계	用字法	(음성)언어유형

이어서 '🚶'의 문자화 과정에서 사용된 방법, 즉 용자법을 살펴보자. '🚶'은 사람이 옆으로 서 있는 모습을 본뜬 기호로서 '상형방식'으로 만들어졌다. 그렇다고 이 문자를 '상형문자'라고 하면 곤란하다. '상형'은, 말을 문자화 할 때, 그 말의 '의미'요소를 활용한 '용의(用意)방식' 용자법의 하나일 뿐이기 때문이다.[88] '🚶'이라는 한자는 '사람'이라는 '의미'와 '*njin'이라는 '소리'를 가졌던 한어의 어떤 (음성) 단어의 '의미' 부분인 '사람'을 활용하여 만들어 진 것이다. 따라서 우리는 '🚶'을 '용의방식' 한자라고 부를 수 있다. 그리고 위에서 정리한 '문자체계'와 용자법을 함께 종합해보면, 결국 '🚶'은 '용의방식으로 만든 형태소-음절 한

---

86 경우에 따라, 한자를 단어-음절 문자(단어문자, 표어문자, logogram) 체계로 보기도 한다. 블룸필드/김정우 옮김, 『언어 ②』, 파주: 나남, 1933/2015, 16~18쪽; Yule/노진서·고현아 옮김, 『(율이 들려주는) 언어학 강의』, 서울: 케임브리지, 2006(3rd)/2009, 23쪽; Fischer/박수철 옮김, 『문자의 역사』, 227~229쪽; 大西克也·宮本徹 編著, 『アジアと漢字文化』, 2쪽 ; 大西克也, 「출토자료를 통해서 본 중국 고대의 문자와 언어」, 『죽간·목간에 담긴 고대 동아시아』 (서울: 성균관대학교 출판부, 2011), 219~221쪽 참조.

87 단어-음절 문자와 형태소-음절 문자는 '의미-음성 표기적'이라는 점에서 기본적으로 동일한 속성이지만, 한자가 대응하는 언어의 세부요소 측면에서 본다면 '단어'보다는 '형태소'가 보다 적확하다.

88 이는 곧 '상형문자'라는 용어가, 하나의 문자가 언어의 어떤 세부요소와 대응하는가를 따지는, '문자 체계'의 일종이 될 수는 없음을 의미한다. 다시 말해 (거의) 모든 한자를 '형태소-음절 문자'라고 부를 수는 있지만 '상형문자'라고 할 수는 없는 것이다. 결국 '상형문자'라는 용어는 문자체계의 분류에 혼동을 줄 수 있으므로 사용에 주의를 기울일 필요가 있다.

자'가 된다. (〈그림 6〉 참조) 이러한 원리와 마찬가지로, 한자 체계 속에는 말의 '소리'를 활용한 '용음(用音) 방식으로 만든 형태소—음절 한자', 말의 '의미'와 '소리'를 함께 활용한 '용의음(用意音)방식으로 만든 형태 소—음절 한자' 등이 존재한다. 현대 중국의 대표적인 고문자 학자 추시구이는 이러한 관점으로 한자를 '표의자(表意字, 用意방식)', '표음자 혹은 가차자 (表音字, 假借字, 用音방식)', '형성자(形聲字, 用意音방식)' 등으로 나누어 설명한다.[89]

고한자(古漢字)는 음성언어를 문자로 전환하는 방식(用字法)에 있어서, 수메르 문자, 이집트 문자, 마 야 문자와 같은 세계의 초기 문자체계와 공통점을 갖는다.[90] 그것은 말(음성언어)의 의미를 활용하는 용의 방식(예를 들면, 그림부호·개념부호·象形·指事·會意·表意), 소리를 활용하는 용음방식(예를 들면, 레부스 rebus 원리·假借·表音) 그리고 의미와 소리를 동시에 활용하는 용의음방식(예를 들면, 의미한정 기호·소 리한정 기호·形聲)이다. (〈그림 7〉 참조) 초기 문자체계에서 이러한 용자법이 모두 사용된 것은 음성언어 (口語)상의 어휘를 최대한 문자화하기 위해서였다. 특히 말의 의미를 활용하기 어려운 추상성 어휘나 고 유명사 그리고 대명사, 전치사 따위의 기능어를 문자화할 때에 용음방식과 용의음방식은 매우 효과적이 었다.[91] 때문에 고대의 모든 초기 문자체계는 이러한 세 가지 방식을 기반으로 각자의 언어를 문자화하였 던 것이다.[92] 따라서 이들 문자의 해독에 있어서 용자법을 파악하는 것이 매우 중요하다. 그 유명한, 프랑 스의 샹폴리옹이 로제타석을 해독해 낼 수 있었던 가장 큰 이유는 바로 '이집트 성각문자(聖刻文字)가 용 의방식과 용음방식을 모두 사용'하고 있음을 알아냈기 때문이었다.[93]

---

89 裴錫圭/이홍진 역,『중국문자학의 이해』, 16~28쪽, 205~371쪽.

90 용어의 차이는 있지만, 말의 문자화 방식에 대한 논의는 Gelb/연규동 옮김(『문자의 원리』, 110~135쪽); 裴錫圭/이홍진 역 (『중국문자학의 이해』, 16~28쪽); 김하수·연규동(『문자의 발달』, 30~61쪽)을 참조할 수 있다.

91 일례로 일인칭 대명사 '我'를 들 수 있다. 갑골문 시대의 '我'는 ▨(合集, 10950)'의 형태였다. '▨'라는 문자는 그것이 기록된 시점의 고대중국인이 사용했던 '우리'라는 의미와 *ŋaalʔ'(鄭張尙芳,『上古音系』, 493쪽)이라는 소리를 가진 특정한 말을 '▨'라는 기호로 표기한 것이다. 문자체계상으로 '▨'는 '우리'의 의미(1형태소)와 *ŋaalʔ'의 소리(1음절)를 동시에 반영하고 있으므로 '형태소-음절 문자'가 된다. 그런데 이 글자의 문자화 방식은 앞의 '人'의 用意방식'과는 다르다. '▨'의 형태는 '톱니 형 날을 가진 자루가 긴 무기의 모습을 본뜬' 기호로서, 이 문자가 보여주는 표면적 의미는 '어떤 무기'이다. 그런데 이 기호 는 갑골문 시대에 '무기의 일종'을 나타내는 문자로 쓰이지 않고, '우리'라는 의미의 1인칭 대명사로 사용되었다. 이러한 用字 방식은 추상적인 의미를 가져서 본뜨기 어려운 일인칭 대명사를 문자화하면서 고안된 것이다. 즉, 당시에 '우리'라는 의미를 가진 말을 '用意방식'으로는 문자화하기 어려웠기 때문에 그 말의 '소리'를 이용한 것이다. 그리고 이는 당연히 '우리'라는 의 미를 가진 말의 소리(*ŋaalʔ)와 '▨'와 같은 형태의 '무기'를 의미하는 말의 소리가 서로 같거나 매우 비슷한 점을 이용한 것 이다. 결국 이러한 과정을 이해하면, '▨'를 '假借방식' 보다 넓게는 '用音방식으로 만든 형태소-음절 문자'라고 부를 수 있다.

92 수메르문자, 이집트문자, 漢字, 마야문자와 같은 초기 문자들의 문자화 방법에 대해서는 Peter T. Daniels, "Writing Systems", 2001, 44~53쪽; Fischer/박수철 옮김,『문자의 역사』, 45~46쪽, 229~230쪽, 293~294쪽; 스테판 로시니/정재곤 옮김,『이집트 상형문자, 읽기와 쓰기』(서울: 궁리, 1989/2005), 18~23쪽을 참조할 수 있다.

93 샹폴리옹의 삶과 이집트문자 해독과정에 대해서는 레슬리 앳킨스·로이 앳킨스/배철현 옮김,『문자를 향한 열정』(서울: 민 음사, 2000/2012); 스테판 로시니/정재곤 옮김,『이집트 상형문자, 읽기와 쓰기』, 10~18쪽을 참조할 수 있다.

<그림 7> 용자법을 통한 음성언어의 문자화

한자의 문자 속성에 대해, 위와 같은 언어중심적 관점(<그림 6>)과 대비할 수 있는 좋은 예가 동아시아에서 전통적으로 이야기 하는 한자의 3요소 구성론(<그림 8>)이다.

<그림 8> 한자에 대한 전통적 이해 ('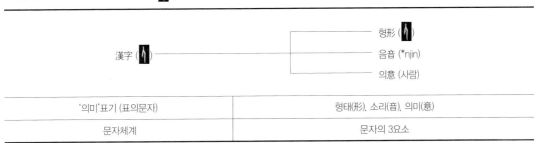'의 예)

'의미'표기 (표의문자)	형태(形), 소리(音), 의미(意)
문자체계	문자의 3요소

이 두 모식을 비교해보면, 우선 <그림 6>의 관점에서 '▲'이라는 한자(字形)는 "사람"이라는 형태소와 "*njin"이라는 음절을 가진 고대중국어의 단어를 표기한 문자'가 되고, <그림 8>에 따르면 '▲이라는 한자는 "▲"이라는 형태와 "사람"이라는 의미와 "*njin"이라는 소리로 구성된 문자'가 된다. 둘 모두 '▲'이라는 한자가 형태(形)·소리(音)·의미(意)를 가지고 있음을 보여준다. 그런데 현대의 '언어중심적 관점'에서 분명히 드러난 한자와 고대중국어와의 관계가 '전통적 이해'에서는 나타나지 않는다. 왜냐하면 전통적 관점에서는 '문자(漢字) ▲'이 '형태(形) ▲'과 등치되어 버리기 때문인데, 이렇게 되면 문자와 언어의 관계를 적확하게 파악하기 어려울 뿐만 아니라 '문자는 곧 형태(기호)이다'라는 오해를 불러일으키기 쉽다.[94]

그렇다면 고문자의 해독에서 언어중심적 관점이 왜 중요한가. 전국 시기 고문자 자료를 예로 그 이유를 살펴보자. 현재까지의 증거에 따르면, 기원전 3~4세기 고대중국의 초(楚)나라 지역에서 '운율적 언어

---

[94] 裵錫圭/이홍진 역,『중국문자학의 이해』, 197쪽; 大西克也·宮本徹 編著,『アジアと漢字文化』, 2쪽.

(韻文)를 의미하고 '*hljɯ'[95]라는 소리를 가진 단어 '시(詩)'를 나타내는 문자는 詩[䛦], 唛, 𧮫, 𠰷, 時, 𡭔, 時 등이 사용되었다.[96] 흥미로운 현상은 이들 7종 '詩'자가 '寺 *ljɯs'[97]를 공유하는 것 빼고는 구성요소가 모두 다르다는 점이다.[98] 이는 당시 초나라 지역에서 '운문'의 의미를 가지는 단어를 문자로 표기할 때, 단지 '詩'라는 고정된 하나의 문자만 사용한 것이 아니라, 그 단어의 소리 '寺 *ljɯs'를 '공약수'로 취한다면, 구성요소가 서로 다른 다양한 문자가 쓰일 수 있었음을 보여준다. 즉, 고정된 표기가 없는 것이다. 문자화 방식(用字法) 역시, 단어의 소리와 의미를 모두 이용한 용의음방식('詩', '唛', '𧮫', '𠰷', '時')과 소리만 활용한 용음방식('寺', '時')이 함께 나타난다. (〈그림 9〉 참조) 이는 우리가 손쉽게 생각하는, '운문'을 의미하는 문자는 '詩'라는 형태로 고정되고, 그것의 용자법은 '言'이라는 의미요소와 '寺'라는 소리요소가 합쳐진 '형성(形聲, 用意音)' 방식이라는 전통적 이해와는 다르다. 따라서 우리가 전국 시기의 '詩', '寺', '時', '唛', '𧮫', '𠰷', '時'와 같은 고문자와 맞닥뜨렸을 때, 이들을 전통적 관점에 따라 고정된 形(형태)·音(소리)·意(의미)의 일대일 대응관계로 해독하거나 단순히 '詩'라는 '어떤 대표 문자의 형태적 이체자(異體字)'로 판단해서는 곤란하다. 결국 위의 고문자들은 어떤 요소를 활용하느냐에 따라 다른 의미를 나타내는 문자로 활용될 수 있고, 여기서는 '*hljɯ'라는 소리와 '운문'의 의미를 가진 '고대중국어 단어의 이체자'로 쓰이고 있다는 점을 파악하는 것이 해독의 관건이 된다.

〈그림 9〉 선진 고문자의 속성과 용자법 ('詩'의 예)

의미(1형태소: 운문)	詩, 唛, 𧮫, 𠰷, 時	의미(1형태소: 운문)
│	단어의 의미요소 '말(言), 입(口)'과 소리요소 '*ljɯs(寺)' 동시에 활용	│
古漢字		古漢語 某
	寺, 時	
│	단어의 소리요소 '*ljɯs(寺)' 활용	│
소리(1음절: *hljɯ)		소리(1음절: *hljɯ)
형태소+음절 표기	用意音방식, 用音방식	단음절 언어(단어)
문자체계	用字法	(음성)언어유형

---

95 '詩'의 상고음은 鄭張尙芳, 『上古音系』, 475쪽.

96 이상 자형 용례는 大西克也(「출토자료를 통해서 본 중국 고대의 문자와 언어」, 224~225쪽)의 정리와 黃德寬 主編, 『古文字譜系疏證』(北京: 商務印書館, 2007), 93~96쪽을 따른 것이다. 자형의 출처와 文例는 아래 〈표 4〉를 참조하라.

97 '寺'의 상고음은 鄭張尙芳, 『上古音系』, 474쪽.

98 앞에서 제시한 '詩' 문자 용례 ( )안의 옮겨쓰기 형태를 살펴보면, 공통 요소가 '寺' 혹은 그 생략형('𠰷', '𧮫')임을 알 수 있다. 연구자에 따라, '之 *tjɯ'(鄭張尙芳, 『上古音系』, 566쪽)를 공통 요소로 보는 경우도 있다(大西克也, 「출토자료를 통해서 본 중국 고대의 문자와 언어」, 226쪽). 음운학적으로 '詩'는 '寺', '之'와 주요 모음(*jɯ)을 공유하지만 주요자음(*l)까지 고려한다면 '詩'는 역시 '之'보다는 '寺'와 가깝다. 따라서 본고에서는 '寺'를 공통요소로 본다.

40 중국 출토문헌의 새로운 세계 고대 동아시아의 원형을 찾아서

선진시기 고문자의 중요한 특징은 불안정한 표기와 다양한 용자법이다. 한자는 상대에서 전국 후기까지, 은허(殷墟) 안양(安陽)을 중심으로 하는 제한된 문자문화의 범위가 서주시기에 들어 점차 넓어지다가 춘추전국 시기에 크게 확대된다. 그러나 이러한 문자문화의 외연 확장 이면으로, '제한된 문자 수량'과[99] '지역에 따른 문자 운용의 다양성'이라는 실상이 있었다.[100] 특히 물질문화와 지적활동이 활발해지는 전국시대는 기존 문자 수량의 확대 필요성이 커지면서 다양한 문자들이 크게 증가하게 된다. 그러나 이에 반해 정형화된 문자 규범은 갖추어지지 못한 경우가 많았고, 더욱이 지역 정치체의 활성화로 인해 문자 사용의 지역적 다양성(불일치) 또한 심화되었다.[101] 그러다가 진한 시기 정치적인 통합 이후가 되면, 비로소 한자는 대량의 자형을 확보하고 비교적 고정된 문자사용 규범을 만들어 가게 된다.[102]

〈그림 10〉 한자의 문자 속성과 문자화 방식

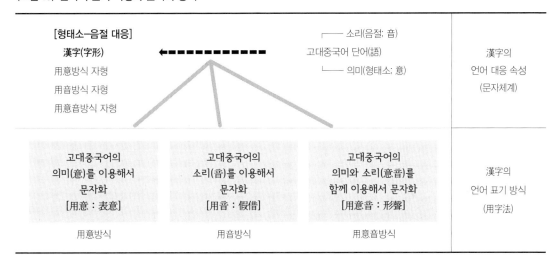

---

99 漢字의 수량은 商代에서 春秋시기까지 대체로 5천자 내외를 유지하다가 戰國시대부터 漢代까지 꾸준히 증가하여 1만자 내외에 도달한다. 先秦과 秦漢이후 漢字 수량의 차이에 관한 정리는 윌킨슨(Wilkinson, *Chinese History : A New Manual*, 36~38쪽)을 참조.

100 先秦시기의 불완전하고 가변적인 문자운용 상황에 대해서는 裘錫圭/이홍진 역, 『중국문자학의 이해』, 87~134쪽; 大西克也 · 宮本徹 編著, 『アジアと漢字文化』, 31~37쪽, 67~114쪽; 大西克也, 「출토자료를 통해서 본 중국 고대의 문자와 언어」, 226~230쪽 참조.

101 戰國시대 각 지역 혹은 개인의 用字 차이에 대해서는 周波, 『戰國時代各系文字間的用字差異現象研究』, 復旦大學博士論文, 2008; 大西克也, 「秦の文字統一について」, 『中國新出資料學の展開 -第四回日中学者中国古代史論壇論文集』, 2013, 130~134쪽 참조.

102 秦代 문자통일의 맥락과 이후 한자의 역사적 전개 과정에 대해서는 裘錫圭/이홍진 역, 『중국문자학의 이해』, 499~503쪽; 大西克也, 「秦の文字統一について」, 134~143 참조. 앞서 예시한 '운문'을 의미하는 문자 역시 漢代에서부터 '詩' 형태로 고정된다. 李學勤 主編, 『字源』(天津: 天津古籍, 2013), 170쪽.

〈그림 11〉 고한자(고문자)의 해독

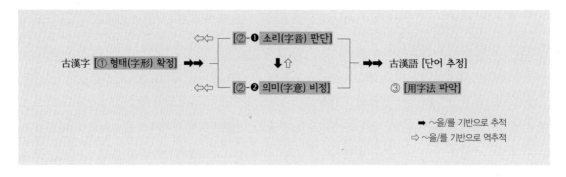

〈표 3〉 고문자 해독 방법[103]

단계	방법	주요 공구
① 字形 확정	甲骨文, 金文, 簡帛文 등의 출토 字形 자료를 바탕으로, 전래문헌의 자형 자료를 귀납한다	출토·전래문헌 자형 자료집과 용례집
	역사비교의 관점에서 字形 용례를 확보·비교하고, 古文字의 字形을 구조적으로 분석한다 =〉'字形비교', '部件분석'	
	이상의 증거에 따라 해당 古文字가 어떤 형태인지 확정한다	
②-❶ 字音 판단	上古音의 규칙(음운학)을 이해한다	중국 음운학 (上古音) 연구서와 用音(가차) 용례집
	기존자료(출토·전래문헌)의 用音(단어의 소리 활용, 假借) 용례를 방증으로 삼는다 =〉'用音분석'	
	이상의 증거에 따라 확정된 字形의 발음을 판단한다	
②-❷ 字意 비정	출토자료 내의 語義 용례를 바탕으로, 전래문헌의 語義 용례 자료를 귀납한다	출토·전래문헌 字書들과 의미 용례집
	귀납된 어의 용례를 바탕으로, (출토자료)역사비교와 (전래문헌)문헌비교를 통해 글자의 의미를 추적한다 =〉'출토자료 역사비교', '문헌비교'	
	어법을 살피고 앞뒤 글자·상하 문장의 문맥을 파악한다 =〉'語法적용', '文例파악'	
	이상의 증거에 따라 확정된 字形의 의미를 비정한다	
③ 用字法 파악	이상의 과정을 기반으로 '고대중국어'가 '고대 한자'로 '전환되는 방식(用字法)'을 파악한다	

---

103 이 방법론은 李學勤/하영삼 옮김,『古文字학 첫걸음』, 1985/1991, 18~195쪽; 林澐/윤창준 옮김,『中國古文字 研究方法論』, 1986/2004, 64~222쪽; 裘錫圭/이홍진 譯,『중국문자학의 이해』, 1988/2010(개정판), 15~47쪽, 205~403쪽; 陳煒湛·唐鈺明/강윤옥 옮김,『중국 古文字학의 이해』, 1988/2005, 66~82쪽; 何琳儀,『戰國文字通論』, 1989/2003(訂補)/2017(訂補), 319~371쪽; 松丸道雄,「古文字"解讀"の方法—甲骨文字はなぜ讀めたのか」,『月刊 しにか』9, 1998, 19~24쪽; 大西克也·宮本徹 編著,『アジアと漢字文化』, 2009, 23~30쪽; 黃德寬,『古文字學』, 2015, 18~35쪽을 참조하여 재구성한 것이다.

요컨대 고정된 형태(形)·소리(音)·의미(意)의 일대일 대응관계로 문자를 해독하는 전통적인 관점으로는 선진 고문자에 접근하기 어렵다. 당시의 다양하고 불안정한 문자 현상을 이해하기 위해서는 '하나의 언어(말)가 여러 방식을 통해 여러 문자로 표기된다'는 언어중심적 관점이 필요하다. 그리고 이러한 시각이 전제되었을 때, 선진 시기 고문자의 다양한 이체(異體) 현상의 맥락을 읽어내기가 수월해 진다. 따라서 한자의 문자 속성과 문자화 방식(用字法)을 파악하는 작업은 고문자 해독의 중요한 바탕이 될 수 있다. (〈그림 10〉 참조)

이상의 관점에 따라, 필자는 고문자 해독을 다음과 같은 과정으로 판단한다. ① 먼저 우리에게 남겨진 문자의 형태(字形)를 확정한다. 이때는 우선 축적된 고문자 형태에 대한 기존 용례를 귀납하여, 이를 바탕으로 자형(字形)을 비교하고 '부건(部件, 한자의 기본 구성요소)' 단위로 분석한다.('부건'에 대해서는 후술) ②-❶ 확정한 자형의 소리(字音)와 ②-❷ 의미(字意)를 판단하고 비정한다. 이때 역시 우선은 축적된 고문자의 소리와 의미 용례를 귀납하여, 이를 바탕으로 기존(출토·전래문헌) '소리'자료의 용음(用音, 假借) 용례 등을 살피고 기존(출토·전래문헌) '의미'자료를 비교·분석하되 어법(語法)과 문례(文例)를 고려한다. ③ 이상은 결국 고한자(古漢字)로 문자화된 고한어(古漢語)의 의미와 소리를 역추적하는 작업임을 인지하고, 이때 사용된 용자법을 파악한다. (〈그림 11〉, 〈표 3〉 참조)

2) '직사(直寫)'를 통한 고문자 '형태' 용례의 확보

필자는 고문자 자료의 해독에 있어서 '문자 형태의 보존'이 중요하다고 본다. 주지하듯이 고문자 해독의 출발점이자 거의 유일한 단서는 남겨진 문자의 형태이다. 문자의 형태를 어떻게 확정하느냐에 따라 그 해독이 달라질 수 있는 것이다. 특히 선진 고문자는 하나의 단어(말)에 해당하는 여러 문자(기호)가 존재하는 '일사다자(一詞多字)'와 하나의 문자(기호)를 다른 모양으로 쓰는 '일자다체(一字多體)' 현상이 빈번하다.[104] (〈표 4〉 참조) 전자는 언어를 문자로 전환하는 방법(用字法)이 다양했음을, 후자는 하나의 문자(형태)의 표준적 쓰기(正字法)가 정해지지 않았음을 의미한다. 때문에 다양한 고문자 형태의 용례를 얼마나 많이 축적하고 변별할 수 있는지가 해독의 기초이며 관건이 될 수 있다.

---

[104] 先秦 고문자의 다양한 용자법과 철자법에 대해서는, 西周 金文의 경우 田煒, 『西周金文字詞關系研究』 (上海: 上海古籍出版社, 2016), 戰國 楚簡의 경우 陳斯鵬, 『楚系簡帛中字形與音義關係研究』 (北京: 中國社會科學, 2011)을 참조할 수 있다.

〈표 4〉 고문자의 '일사다자', '일자다체' 현상 (戰國 楚簡 예시)

古文字의 특징	예시	용례
一詞多字 (用字法 차이)	'詩'의 多字	寺(⿱㞢又) [, 从又㞢(之)聲][105] (郭店楚墓竹簡, 이하 '郭店'–緇衣3호간)[106]
		時(⿰日⿱㞢又) (, 从日⿱㞢又(寺)聲) (郭店–性自命出15)[107]
		吱(⿰口⿱㞢又) [, 从口⿱㞢又(寺)聲] (郭店–六德24)[108]
		詩(⿰言⿱㞢又) (, 从言⿱㞢又(寺)聲) (郭店–語叢一38)[109]
		訔(⿱㞢言) [, 从言㞢(寺)聲] (上博博物館藏戰國楚竹書, 이하 '上博1책–性情論8)[110]
		吉(⿱㞢口) [, 从口㞢(寺)聲] (上博1–紂衣2)[111]
		⿰口寺(⿰口⿱㞢又) (, 从口⿱㞢又(寺)聲) (上博5–季庚子問於孔子7)[112]
一字多體 (正字法 차이)	'不'의 多體	不 (, 郭店–老子丙1)
		丕 (, 郭店–老子丙13; , 清華大學藏戰國竹簡, 이하 '清華2–繫年91)
		不 (, 郭店–老子甲29; , 清華2–繫年102)
		不 (, 郭店–老子甲7; , 清華2–繫年1)

고문자의 다양한 형태를 가능한 그대로 해서체화(楷書化)하여 종이 위로 옮기는 작업이 '직사(直寫)'이다. 중국 학계에서는 "엄식예정(嚴式隸定)",[113] 구미와 일본에서는 "Direct Transcription", "직사(直

---

105 '从又㞢(之)聲'은, '寺(⿱㞢又)'라는 글자가 '又'를 의미(형태)요소로 취하고 '㞢(之)'를 소리요소로 취한다는 뜻이다.

106 "⿱㞢又(詩)員(云): 情(靖)共(恭)尒(爾)立(位), 好氏(是)貞(正)植(直)." 荊門市博物館 編, 『郭店楚墓竹簡』(北京: 文物出版社, 1998), 129쪽.

107 "時(詩)箸(書)豊(禮)樂, 亓(其)司(始)出皆生…" 荊門市博物館 編, 『郭店楚墓竹簡』, 179쪽.

108 "雚(觀)者(諸)吱(詩)箸(書)則亦才(在)壴(矣)." 荊門市博物館 編, 『郭店楚墓竹簡』, 188쪽.

109 "⿰言⿱㞢又(詩)所以會古含(今)之恃…" 荊門市博物館 編, 『郭店楚墓竹簡』, 194쪽.

110 "訔(詩)箸(書)豊(禮)藥(樂), 丌(其)司(始)出也, 並生於…" 馬承源 主編, 『上海博物館藏戰國楚竹書(一)』(上海: 上海古籍出版社, 2001), 230쪽.

111 "⿱㞢口(詩)員(云): 靜龏(恭)尒立(位), 𡢁(好)是正植(直)" 馬承源 主編, 『上海博物館藏戰國楚竹書(一)』, 176쪽.

112 "夫吱(詩)也者, 㠯(以)等(誌)君=(君子)㞢=(之志)." 馬承源 主編, 『上海博物館藏戰國楚竹書(五)』(上海: 上海古籍出版社, 2005), 212쪽.

113 '예정(隸定)'은 古文(篆書)을 今文(隸書)으로 옮겨 적는다는 의미로 '隸古定'의 준말이다. 漢代 이후에 생성된 용어이다. 李學勤/하영삼 옮김, 『古文字학 첫걸음』, 187쪽.

寫)"라고도 한다.[114] 일반적으로 직사는 한자의 각 문자를 이루는 '요소(components)'를 기준으로 한다. 한 자는 의미를 가지는 단위를 기준으로 보면, '心'과 같은 단일 요소의 독체자(獨體字)와 '思(心+田)'와 같은 복합 요소의 합체자(合體字) 형태가 있다. 특히 합체자와 관련된 용어로, 주요한 분류 요소 글자를 '부수(部首)'라고 하며, 통상 좌우 양쪽의 요소를 구분 없이 '편방(偏旁)'이라고 한다. 또한 각 구성요소를 분리하여 의미요소의 '형방(形旁)'과 소리요소의 '성방(聲旁)'으로 나누기도 하고, 각 구성 요소를 의미나 소리 결정 성분과 상관없이, 좀 더 세분한 것을 '부건(部件)'이라고 부른다. 예를 들면, 합체자 '蟑'의 경우에 부수는 '虫', 편방은 '虫'과 '章', 형방은 '虫', 성방은 '章' 마지막으로 부건은 '虫', '立', '日', '十'이 된다.

필자의 『계년』 역주에서는 '부건'을 직사의 기본단위로 삼고자 하는데, 그 이유는 다음과 같다. 고문자(古文字, 古漢字)의 '형태'는 금문자(今文字, 今漢字)와는 차이가 뚜렷하다. 여기서 글자의 '형태'라 함은 글자의 '디자인(書體)'과 '구조(字構)' 그리고 '세부 모양(字體)'을 의미한다.[115] 예를 들어, 『논어』의 한 구절 "學

---

114 1959년 호주의 문헌학자 바너드는 宋代 이후 중국 金文 자료의 신빙성과 연구자들의 해독과정을 비판적으로 논의하면서 金石學의 새로운 연구방법을 제안한다. 그 중 하나가 기존 金文 연구서들의 '楷書 轉寫 Modern Character Transcription' 방법이 古文字의 원 형태를 제대로 보존하지 못하는 문제점을 지적하고, 이를 보완하기 위해 원 문자의 '直寫 Direct Transcription'를 주장한 것이다. 이후 일본 東京大學의 마츠마루가 갑골문 연구(『甲骨文字字釈綜覽』)에서 이 개념을 적극 도입하였고, 여기에 그의 동료 스즈키가 이른바 'MCT(Modern Character Transcription)', 'DT(Direct Transcription)' 라는 용어에 대한 구체적인 내용과 방법을 보완하였다. 그리고 현재까지 일본 東京大學을 중심으로 하는 연구에서 보이듯 (예를 들면, 李承律 2005), 출토문헌의 해독-역주에 있어서 4단계 구분[原文 ➡ 釋文(자형판정) ➡ 釋讀(의미확정) ➡ 注釋] 과 '直寫'를 강조하고 있다. 한편 구미에서는, 1998년 미국의 다트머스 대학에서 열린 한 出土文獻 학회에서 워싱턴 대학의 언어학자 볼츠는 郭店楚簡 『老子』 연구를 사례로 중국학계의 '隷定(불완전한 直寫) 관행이 '성급한 오독'을 낳을 수 있음을 지적하면서 ① 원 문자를 최대한 直寫하여 옮길 것, ② 直寫하여 옮긴 문자와 의미를 풀어서 비정한 문자는 서로 다른 두 개의 항으로 분리할 것을 주장하였다. 그 후 콜로라도 대학의 문헌학자 리히터는 이 방법을 보다 구체화하여 古文字 해독을 '원 문자 Original character' ⇒ '직사 Direct transcription' ⇒ '자형유추 Analogy' ⇒ '의미확정 Reading' 4단계로 진행할 것을 제안하였다. 이상은 바너드(Barnard, Noel, 「New Approaches and Research Methods in Chin-Shih-Hsüeh.」, 『東洋文化研究所紀要』 19, 東京: 東京大學東洋文化研究所, 1959), 마츠마루(松丸道雄・高嶋謙一, 『甲骨文字字釋綜覽』, 東京: 東京大學出版會, 1993; 松丸道雄, 「漢字形成期の字形」, 『月刊 しにか』 5, 東京: 大修館書店, 1995), 스즈키(鈴木敦, 「甲骨文字における"文字域"の設定-『甲骨文編』の檢討を通じて-」, 『茨城大学人文学部紀要(コミュニケーション学科論集)』 1, 水戸: 茨城大学人文学部紀要編集委員会, 1997; 鈴木敦, 「甲骨文字を解讀する」, 『月刊 しにか』 10, 東京: 大修館書店, 1999), 볼츠(Boltz, William, "The Study of Early Chinese Manuscripts: Methodological Preliminaries." *The Guodian Laozi : proceedings of the International Conference, Dartmouth College, May 1998,* ed. Sarah Allan and Crispin Williams. Berkeley, Calif.: Society for the Study of Early China and Institute of East Asian Studies, University of California, 2000.), 리히터(Richter, Matthias. "Suggestions Concerning the Transcription of Chinese Manuscript Texts-Research Note." *International Research on Bamboo and Silk Documents: Newsletter* 國際簡帛研究通訊. 3.1., 2003.), 李承律 2005(李承律, 「上海博物館藏戦国楚竹書『容成氏』訳注(上)」, 『出土文献と秦楚文化』 第二號, 東京: 東京大學文學部東洋史研究室, 2005.)를 참조. 한편 중국학계의 '嚴式隷定'과 '寬式隷定'에 대한 상세한 소개는 李慧楠, 《古文字詁林》隷定字研究』, 渤海大學碩士論文, 2013을 참조할 수 있다.

115 본고에서는 古文字의 형태 즉, 字形과 관련된 용어로 '書體', '字構', '字體'를 구분해서 사용하였다. 書體는 문자의 전체적인 '디자인'의 차이, 字構는 하나의 문자에서 (그 자체로 소리와 의미를 가질 수 있는) 개별 구성요소의 차이, 字體는 쓰기 과정에서 발생할 수 있는 (그 자체로 소리와 의미를 가질 수 없는) 추가 필획(飾筆)이나 필체(書風)의 차이를 의미한다.

而時習之"의 금문자를 기원전 3~4세기 전국 초나라 지역에서 사용된 고문자와 비교해보자.

〈표 5〉 '學而時習之' 금·고문자의 형태와 직사[116]

❶ 戰國 楚文字(古文字)			
❷ 古文字 直寫 해서화	學而斅習之	學而旹習之	學开夒習之
❸ 현행 楷書(今文字)	學而時習之		

위 〈표 5〉의 ❶행은 최근까지 축적된 초나라 계통(楚系) 고문자 가운데 "學而時習之"에 해당하는 글자를 조합한 것이다.[117] 그리고 ❷행은 이들 고문자를 부건 단위로 직사한 것으로 이들을 ❸의 현행 해서체 금문자와 비교해보면 몇 가지 분명한 차이를 발견할 수 있다.

우선 전국 초문자 3종은 현행 "學而時習之"와 전체적인 디자인, 즉 서체가 다르다. 이는 통상 전서체 (篆書體)와 해서체(楷書體, 隸書 단계) 혹은 고문자와 금문자의 차이라고 하는데, 주지하듯이 한자의 역사 (漢字史)에서 전서(篆書)시대와 예서(隸書)시대의 구분은 '비선형(非線形)'에서 선형(線形)으로 상형성(象形性)에서 비상형성(非象形性)으로의 변화'를 특징으로 하는 디자인의 획기이다.

두 번째로, 초문자 3종에서 일부 글자는 금문자와 구성요소가 다르다. 즉 자구(字構)의 차이가 있다. 가령 금문자 '學'의 경우 '臼+爻+宀+子'와 같은 4종 부건으로 이루어지는데, 해당 고문자의 ❶ '孯(臼+子)'은 2종 부건, ❷ '孯(臼+丨+子)'은 3종 부건으로 이루어져 금문자 '學'과는 글자의 구성요소가 다르다. 구체적으로 ❶은 '爻'가 없고 ❷는 '爻' 대신 '丨'이 들어가 있는 형태이다. 또한 금문자 '而' 역시 고문자 ❸ '开(开)'와는 구조적 차이가 있으며, 금문자 '時'의 경우도 고문자 ❷ '旹(之+日)'와는 '又(寸)'의 유무(有無) 차이가 있다. '習' 역시 고문자 ❶ '習(羽+日)', ❷ '習(羽+自)', ❸ '習(羽+日)' 각각의 아랫부분 구성요

---

116 集字한 楚文字의 출처는 다음과 같다. 孯(上博3-中弓23), 孯(郭店-老子乙3), 孯(郭店-性自命出8); 不(郭店-老子丙4), 禾(郭店-老子甲17), 开(郭店-性自命出7); 旹(郭店-性自命出15), 旹(上博5-三德1), 旹(上博2-容成氏16); 習(望山楚簡-1호묘 죽간 88), 習(郭店-語叢三13), 習(上博1-性情論7); 之(上博1-紂衣13), 之(郭店-六德46), 之(上博2-民之父母7).

117 필자가 파악하는 한, 현재까지 발견된 先秦 楚系 문자의 총 수량은 16만 5천자 내외로 추산된다. 구체적으로, 郭店楚簡과 包山楚簡을 포함한 楚簡 14종 약 5만 글자[陳偉 等著, 『楚地出土戰國簡册[十四種]』(北京: 經濟科學出版社, 2009), "前言" 1~3쪽], 上海博物館所藏楚簡(1437매) 약 3만 5천 글자, 淸華大學所藏竹簡(약 2500매) 약 4만 5천 글자, 安徽大學所藏竹簡 (1167매) 약 3만 글자, 帛書(2종) 약 1천 글자, 楚系 金文 4천 2백여 글자[劉彬徽·劉長武, 『楚系金文彙編』(武漢: 湖北教育 出版社, 2009)] 정도이다. 이중 아직 공개되지 않은 자료를 제외하고, 戰國 簡帛 문헌을 기준으로, 그 字形이 '식별 가능한' 楚系 문자의 수량은 대략 10만 글자 내외인 듯하다.

소가 금문자와는 완전히 다르다.

마지막으로, 초문자 3종에서 일부 글자는 쓰기 과정에서 나타나는 세부적 모양, 즉 자체(字體)가 다르다. 예를 들면, 고문자 ❷의 𦥑(臼+丨+子)과 ❸의 𦥑(臼+亻+子)은 글자의 기본 구성요소는 같지만, ❷의 '丨'과 ❸의 '亻'의 모양이 서로 다르다. 여기서 ❸의 '亻'은 '人'이 아니라, ❷의 '丨'에 '의미'나 '소리'와 상관없이 더해진 필획(飾筆) 'ノ'이 추가된 형태이다. 이밖에도 ❶의 而(而)와 ❷의 𠂆(一+而)의 더해진 필획의 차이, ❶의 𣂤(屮+日(左下)+又)와 ❸의 𣂤(屮+日(中)+又)에서 '日'의 위치 차이가 있다. 또한 ❶의 屮와 ❷의 屮와 ❸의 屮는 모두 '屮(之)'를 쓴 것으로, 4획으로 이루어지는 기본 구조는 같지만 필획의 위치와 조합된 모양이 각각 다르다.

이렇듯 고문자의 형태적 다양성은 금문자의 양상과는 많이 다르다. 글자의 디자인에서부터 구성, 세부 요소까지 여러 차이가 존재하는 것이다. 특히 문자의 구성 요소 중, 해당 글자의 의미나 소리와는 직접적인 관련을 갖지 않는, 부건 단위에서부터 차이가 나는 다양한 이체자가 존재한다.

'문자와 쓰기의 역사'에서, 다양한 이체자(異體字)는 '필기 방식'의 자료에서는 언제든 나타날 수 있는 현상이다. 그래서 금문자(楷書) 단계에서도 각종의 이체자는 당연히 존재한다. 그러나 금문자 단계의 이체자는 대체로 일정한 시대(시간)와 지역(공간)의 차이가 반영된 것으로, 이른바 '정자(正字)'라고 하는 '표준글자'를 어느 정도 확정할 수 있고 이체자 역시 시대와 지역에 따라 구분되는 경우가 많다. 그런데 선진 고문자의 경우, 초계(楚系) 고문자의 사례처럼, 비슷한 시기(기원전 4~3세기)에 가까운 공간(長江 중하류 일대 楚 지역)에서 사용된 글자라고 해도 자구(字構)와 자체(字體)가 서로 다르고 표준글자도 확정하기 어려운 경우가 빈번하다.[118] 결국 우리가 선진 고문자 자료를 해독할 때, 후한시기(後漢代) 『설문해자』(기원후 100년경)의 540부수(편방) 체계나 명대(明代) 『자휘(字彙)』(1615년)의 214부수(편방)와 같은 금문자 단계의 '부수'나 '편방' 개념을 기준으로 고문자의 형태를 파악하려 한다면 부합하지 않는 부분이 많을 수밖에 없다. 때문에 고문자의 형태 분석은 '부건' 단위를 기준으로 접근할 필요가 있는 것이다.

요컨대 고문자 해독의 최우선 단계는 당시의 다양한 자형을 파악하는 것이다. 그리고 이는 고문자의 다양한 자구와 자체에 대한 용례의 축적을 통해 가능하며, 그 출발은 위 〈표 5〉 ❷행과 같은 고문자의 부건 단위 직사 작업이라고 할 수 있다.

---

118 先秦 시기 古文字 異體字의 역사적 양상은, 대체로 甲骨文 시기에 불안정하고 다양했던 異體字들이 西周 金文 시기에 점차 안정화되다가, 春秋戰國 시기 들어 다시 크게 불안정하고 다양화된다. 大西克也·宮本徹 編著, 『アジアと漢字文化』, 36~38쪽, 60~63쪽, 106~114쪽 참조.

3) 텍스트의 외형과 내용 정보의 동시 확보

고문자 자료의 '사료연구'에서 각 문자를 중심으로 한 '내용' 정보의 확보는 당연한 작업이다. 마찬가지로 자료의 외형에 대한 정보 수집 역시 필수적이다. 이는 금한자(今漢字)의 전래문헌 자료, 특히 종이본 텍스트의 사료연구 작업에서 판본의 규격, 제본 방식, 편집 특징 따위의 텍스트 외형에 대한 정보를 축적하는 것이 중요한 것과 마찬가지다. 일찍이 판본학이 존재한 이유이다.

선진 고문자는 골재(甲骨), 금석재(金玉石), 목재(竹木), 섬유재(帛) 같은 다양한 매체에 서사되었다. 각 매체는 내구성, 문자 용량, 제작방식, 서사방식 심지어 기재된 내용의 문체까지도 차이가 있을 수 있다.[119] 때문에, 본고의 2장 3절에서 죽간 문헌의 사례를 들어 강조했듯이, 고문자 텍스트를 연구할 때 그 외형이 보여주는 각종의 정보를 수집하고 분석하는 작업은 텍스트의 제작 시기, 서사와 편집의 의도, 실제 내용의 함의 등을 파악하는데 도움을 줄 수 있다.

선진시기 주요 출토문헌의 실물은 대부분 중국에 있고, 그것들을 정리하고 출간하는 주체도 거의 중국 연구자이다. 때문에 혹자는 우리와 같은 외부 연구자가 가지는 자료 접근성의 한계를 지적할 수도 있다. 출간된 사진자료와 보고를 통해야만 텍스트 외형에 대한 정보를 얻을 수 있다는 것이다. 그러나 현재 대부분의 내부 연구자 역시, 유물의 보존을 위한 각 종의 처리와 격리로 인해, 간접자료를 기반으로 연구를 진행하고 있다. 더욱이 손상되었거나 너무 미세한 실물일 경우, 오히려 사진자료의 첨단성(예를 들면, 적외선 촬영)과 용이성(예를 들면, 확대축소)이 인간 감각(예를 들면, 시력)의 한계를 뛰어넘기도 한다. 결국 텍스트의 외형에 대한 정보를 충실히 쌓는 작업은 가능하며 긴요하다.

따라서 필자는 고문자 자료의 사료연구(특히 역주)에서 해당 자료의 외형에 대한 정보를 정리하는 작업이 매우 중요하다고 본다. 그리고 이는, 『계년』과 같은 죽간문헌의 예를 든다면, 저본의 사진을 축소해서 게시하고 각 죽간의 길이와 너비, 편철흔적, 문자와 부호의 수량과 크기 그리고 죽간 뒷면의 문자나 빗금 같은 특이사항에 대한 정보를 확보하는 작업이 될 것이다. 〈부록 1 참조〉

4) 텍스트와 시·공간이 가까운 용례의 우선순위

고문자 자료 해독의 핵심적인 과정은 기존 용례를 찾고 선택하는 작업이다. 해독의 1단계에서 이루어지는 문자의 형태 확정 과정에서는 형태적 유사성이 높은 용례를 찾아야 하며, 문자의 발음을 판단할 때

---

119 주지하듯이 甲骨文, 청동기 金文, 竹簡文, 帛書文 등은 서사 양상과 텍스트의 성격에서 서로 차이가 있다. Wilkinson, *Chinese History : A New Manual*, 681~687쪽, 689~695쪽; 大西克也·宮本徹 編著, 『アジアと漢字文化』, 31~38쪽, 53~65쪽, 69~89쪽 참조.

는 확정한 자형에 해당하는 기존 상고음 용례를 취사선택해야 한다. 그리고 마지막으로 문자의 의미를 비정할 때는, 형태가 유사하고 소리가 가까운 기존 문자 용례를 수합하여 어법과 문맥에 맞는 의미를 채택하게 된다. 그리고 이 모든 과정에는 전래문헌과 출토문헌 등의 각종 용례가 이용된다.

　　사실 어떤 용례를 근거로 삼을지는 결국 해독자의 선택에 달려있지만, 역시나 연구자 다수가 인정하는 큰 원칙은 '해당 문자(텍스트)와 시·공간이 가까운 용례의 가치가 높다'는 점이다. 이는 문자가 시대와 공간에 따라 변하고 다르게 사용된다는 기본 원칙을 따르는 관점이다. 주지하듯이 '언어'와 '문자'는 변한다. (음성)언어는 문법과 어휘항목에서 변화가 일어나는데, 모든 문법 분야, 즉 음운적·형태적·통사적·의미적 변화를 거듭한다. 문자 역시 말의 변화에 일정하게 반응하며, 말 보다는 느리지만, 그 소리와 의미에서 일정한 변화를 거듭하고, 부호 자체의 변화(字形의 변화), 말을 부호로 옮기는 방식(用字法)의 변화가 발생한다.[120] 이 때문에 어떤 문자(텍스트)를 해독하고자 할 때, 해당 문자(텍스트)와 시·공간적으로 가까운 용례일수록 그 가치가 높다고 볼 수 있는 것이다.

　　요컨대 고문자 사료연구에서, 해독에 이용하는 용례에 대해 우선순위를 지정하는 작업은 요긴하다. 그리고 이는 곧 일정한 기준 없이 자의적으로 용례를 채택하여 시대착오적인 해독에 도달할 가능성을 줄일 수 있는 첫 걸음이 될 수 있다. 따라서 '해당 문자(텍스트)와의 시·공간적 접근도 중시'라는 기본 원칙 아래, 필자가 진행할 『계년』의 역주 연구에서는 다음과 같은 '용례의 우선순위'를 두고 증거를 채택하고자 한다. 이는 물론 『계년』과의 시·공간적 접근도를 기준으로 한 것이다.

　　① 『계년』과 칭화간(淸華簡) 용례 ≧ ② 전국초간(戰國楚簡) 용례 〉③ 춘추(春秋)·전국(戰國)·진한(秦漢) 출토문헌 용례 ≧ ④ 상(商), 서주(西周) 출토문헌 용례 〉⑤ 전사고문(傳抄古文, 漢 이후 전해지는 先秦文字 자료, 예를 들면 『설문해자』의 선진문자, 石經古文 등) 용례 ≧ ⑥ 선진(先秦)−진한(秦漢) 전래문헌 용례 〉⑦ 선진−진한 비(非)문자 자료 등의 순서이다.

　　이상 본고에서 검토한, 고문자 사료연구와 『계년』 역주 방법론의 요점은 다음과 같다. 우선 선진 고문자(문자언어−문자−字)와 고대중국어(음성언어−단어−詞)가 밀접한 관계를 가진다는 언어학 관점에 따라, 문자가 만들어지는 과정과 방식(用字法)을 이해한다. 이러한 관점을 기반으로 『계년』 고문자 해독의 제1단계로 '다양한 고문자 형태를 직사(가능한 그대로 옮겨쓰기)하여 문자 형태에 대한 정보를 축적한다. 그리

---

120 언어와 문자의 변화에 대해서는 Yule/노진서·고현아 옮김, 『(율이 들려주는) 언어학 강의』, 204~251쪽; Victoria Fromkin·Robert Rodman·Nina Hyams/성낙일·박의재 옮김, 『현대 영어학 개론』 (서울: Cengage Learning Korea, 2011(9판)/2011), 570~621쪽; E. M. 릭커슨·배리 힐튼 엮음/류미림 옮김, 『언어학에 대한 65가지 궁금증』 (서울: 경문사, 2012(2판)/2013), 38~42쪽; 로버트 로렌스 트래스크/변진경 옮김, 『언어학』 (파주: 김영사, 2000/2006), 88~95쪽 참조.

고 여기에, 고문자 문헌의 외형과 내용정보를 동시에 확보하여 '텍스트에 대한 총체적 이해'를 제고한다. 마지막으로 고문자 해독의 근거가 되는 각종 용례를 채택함에 있어서 '해당 고문자 자료와 시공간이 가까운 자료'를 기준으로 그 우선순위를 분명히 한다. 그리고 이상은 결국 고문자를 해독할 수 있는 용례와 증거를 최대한 확보하고, 문자 해독 과정에서 발생할 수 있는 오류와 착오를 최소화하기 위한 것이다.

4. 필연의 만남, 사료연구와 역사연구

고대중국의 문헌을 다루는 연구자에게, 근래에 지속되고 있는 새로운 자료의 출현은 설레지만 한편으로 부담스러운 일이다. 필자 역시 그러했다. 『계년』이라는 새로운 역사문헌의 등장은, 역사 분야의 한 연구자로서 필자를 흥분하게 했지만, 기존 선진 역사류 문헌에 대한 파악조차 제대로 되지 못한 상황을 직시하게 해주었다. 더욱이 고문자로 기록된 이 문헌을 어떻게 해독할지에 대한 문제에 부딪히면서 자료에 대한 기대감은 곧 중압감으로 바뀌었다. 이러한 상황에서, 결국 필자가 선택한 『계년』의 연구 방법은 '차근차근'이었다. 언어와 문자에 대한 고민에서부터 시작해서 고한자(古文字)의 성격에 대한 이해, 고문자 해독의 관점과 방법론에 대한 입장 정리 그리고 『계년』의 해제와 역주 연구의 기획까지 조금은 느리지만 차근히 짚어가고 싶었다.

역사연구에 이용하는 언어 자료는 구술성 자료와 문자성 자료가 주를 이룬다. '말'과 '문자'를 다루는 것이다. 말과 문자에서 그 '의미'의 기본 단위는 '단어'이다. 그래서 역사연구는 단어 단계에서 시작하는 경우가 많다. 그런데 잘 알다시피 단어의 사용과 의미는 시대마다 다르다. 때문에 모든 역사 연구자들은 각 시대에 사용된 단어를 수집하고 그것의 정확한 의미를 파악하고자 끊임없이 노력한다. 그러나 그 작업의 방대함 때문에 시대와 전공을 구분하기도 하고, 그 난해함 때문에 각종 사전의 힘을 빌기도 한다. 그런데 단어를 다루는 사전들은 단어의 구성요소가 되는 형태소와 음절 그리고 음소와 음성을 연구하는 언어학의 성과들을 담고 있다. 때문에 언어 사료를 활용하는 역사연구는 언어학에 자주 귀를 기울이게 된다.

이는 선진 고문자 자료를 이용하는 역사연구에서도 마찬가지이며 더욱 빈번하다. 선진 고문자 자료의 해독은 '고한자(古漢字) → 금한자(今漢字) → 현대중국어(→ 현대한국어)'로 전환하는 작업이다. 그런데 선진 고문자는 우리가 일반적으로 아는 한자(今文字, 隸書를 前身으로 형성된 楷書 범위)와는 형태(字形), 소리(字音), 의미(字意), 문자 표기 방법(用字法), 문장의 구성 방식(統辭論) 등에서 많은 차이가 있다. 이러한 이유로 현재 선진 고문자의 해독 작업은 주로 문자학(문자의 형태와 의미 연구)과 언어학(문자의 소리 연구) 분야에서 전문적으로 그리고 1차적으로 이루어지고 있다. 물론, 단어 단위 이상의 언어자료를 다루는, 역사학이나 철학 등의 분과에서도 종종 고문자 해독에 중요한 맥락과 아이디어를 제시하지만, 이는 어디까지나 문자·언어학 방면에서 1차적으로 수행한 해독 작업에 대한 2차적인 피드백에 가깝다. 더욱이 이들 분과에서 제시한 맥락과 아이디어의 기반이 고문자 자료였다고 한다면, 결국 역사 연구자는 자신이 이용한 사료의 신빙성과 정확성을 기하기 위해 문자·언어학의 성과에 다시 관심을 둘 수밖에 없는 것이다.[121] (〈그림 12〉 참조)

〈그림 12〉 언어의 구성 단위와 선진 고문자 자료의 연구

음성자질 ➔ 음소 (자모음) ➔	음절 ➔ 형태소 ➔	단어 ➔ 구 ➔ 절 ➔ 문장 ➔ 이야기
음성학과 음운학 (字音)	문자학 (字形, 字意)	역사, 철학, 문학 등의 연구

　　모든 역사연구에서와 마찬가지로, 선진시기 역사(先秦史) 연구의 첫 번째 과업 역시 사료를 해독하고 비판하는 사료연구임은 자명하다. 그럼에도 불구하고 현재 이 분야 역사 연구자들이 보조분야로서 언어학과 문자학을 향유하면서 직접 고문자 사료를 해독하고 비판하는 일은 매우 힘들고 지루한 것이 사실이다. 그러나 역사 연구자는 '사료를 토대로 말해야 하는 숙명'을 잘 알고 있기 때문에, 결국 스스로 사료를 검토하고 자신의 버전을 구축하고 싶은 욕구도 충만하다. 1차연구에 대한 강한 의지가 있는 것이다. 그리고 이는 곧 선진 고문자 자료를 어떻게 '사료비판'하고 '자기 사료화(史料化)'할 것인가에 대한 방법론의 고민으로 이어진다.

　　『계년』과 같은 고문자 자료의 완전한 해독과 복원이란 사실상 불가능한 작업일지도 모른다. 그러나 '최선의 해독'은 가능할 수 있으며, 그 기반은 충실한 사료연구 작업이 될 것이다. 아직은 설익고 엉성한 필자의 방법론적 탐색이, 앞으로 이어질 『계년』의 역주 연구를 통해, 영글어 갈 수 있기를 희망한다.[122]

121　모든 언어에서는 음성자질, 음소(자모음), 음절과 같은 소리 단위가 결합되어 의미 단위인 형태소를 이루고 형태소가 결합되어 (혹은 그 자체로) 단어가 되고 단어는 결합되어 구와 문장을 이룬다. Victoria Fromkin·Robert Rodman·Nina Hyams/성낙일·박의재 옮김, 『현대 영어학 개론』, 48쪽 참조. 〈그림 12〉에서 언어 요소의 배치는 소리단위에서 의미단위로의 확장을 보여준다. 先秦 古文字의 연구에서 음성학(phonetics)과 음운학(phonology)은 문자 소리의 발성적 특징과 소리 단위의 조합에 대해 연구하고, 문자학(paleography)은 문자 형태의 귀납과 확정을 통해 의미를 추정한다. 역사, 철학 등의 분야에서는 古文字의 단어 단위에서부터 이야기 단위까지를 이용한다. 음영 처리한 부분은 인접한 분야가 모두 활용하는 언어 요소이다.

122　최근 필자의 『계년』 역주 연구 1종이 출간되었다. 김석진, 「'짓고 추려서 엮은' 周王室의 역사 이야기—淸華簡『繫年』1章 譯註—」, 『중국고중세사연구』 제46집 (2017).

【외형 (外形)】

〔뒷면〕				〔앞면〕			

| 1호간 | 2 | 3 | 4 | 4 | 3 | 2 | 1호간 |

【원형태 기록 (直寫錄文)】

〔뒷면〕(빗금, 대나무 마디, 죽간 번호)

1호간	2	3	4	
				1행
				2
				3
				4
				5
				6
				7
				8
				9
				10
				11
				12
				13
一	二	三	厶	14
				15
				16
				17
				18
				19
				20
				21
				22
				23
				24
				25
				26
				27
				28
				29

〔앞면〕(直寫한 문자와 부호)

4	3	2	1호간	
王	孑	千	箭	1행
昱	豐	蚤	周	2
訇	東	匕	耒	3
袁	王	叀	王	4
帝	于	反	監	5
战	战	蘭	耀	6
弗	龍	邑	蘭	7
畎	白	豐	王	8
大	咮	敔	乂	9
世=	大	天	不	10
又	十	下	骰	11
九	又	辇=	帝=	12
季	羿	東=	禋	13
戎	季	王	祀	14
子	東	大	不	15
大	王	瘩	窓	16
战	坐	于	孑	17
周	爐=	周	此	18
白	王=	卿	帝	19
于	卽	李	战	20
千	大	菁	匕	21
蚤	戠	文	爒	22
㇄	白	冥	祀	23
	咮	寀	帝=	24
	豐	弗	天	25
여	于	又	禍	26
백	宋	于	夕	27
	爐	氏	乂	28
		屮	臼	29

【외형 정보 (外形情報)】

죽간 번호	1	2	3	4
죽간 길이	44.8cm	45.0	44.8	45.0
죽간 너비 (최소/최대)	(0.5/0.6cm)	(0.5/0.6cm)	(0.5/0.6cm)	(0.5/0.6cm)
편철 (흔적)	3군데	3군데	3군데	3군데
비고	뒷면에 빗금·죽간 번호·대나무 마디 흔적	좌동	좌동	좌동
문자 수량 (앞면/뒷면)	(29자/1자) 重文부호 2	(29/1) 合文부호 1 重文부호 2	(28/1) 重文부호 2 專名부호1	(22/1) 合文부호 1 章 종결 부호 1
문자 크기	(세로/가로) 0.5~0.9cm / 0.2~0.6cm			

이 글은 『중국고중세사연구』 제42집에 게재한 「先秦 古文字 사료연구에 관한 一考 - 淸華簡 『繫年』 해제와 譯註 방법론-」 (2016)을 수정 보완한 것이다

2

갑골문 '중(中)'자의 이체자형(異體字形) 및 조자본의(造字本義)에 관한 문자학적 고찰

김 혁 (연세대)

1. 서론

은허(殷墟) 갑골문이 1899년 왕의영(王懿榮)에 의해 발견된 이래, 118년이라는 시간이 흘렀고 수많은 연구자들의 노력을 통하여 문자학과 언어학, 역사학, 고고학 등의 분야에서 적지 않은 연구 성과를 거두었다. 특히 문자 고석(考釋)에 있어서도 상당한 성취가 있었지만, 학계에서 공인된 석독(釋讀)은 전체 갑골문자의 절반에도 못 미쳐 여전히 해결해야할 의난자(疑難字)가 태반인 상황이다. 그러면 이러한 미해독 글자, 즉 고문자(古文字)의 의난자를 어떻게 해독해나가야 할 것인가? 필자는 반드시 자형(字形)을 고문자 고석의 근본적 출발점으로 삼아야한다고 생각한다. 일찍이 푸단대학(復旦大學) 류자오(劉釗) 교수는 그의 저서 『고문자구형학(古文字構形學)』에서 자형 위주(以形爲主)의 문자 고석 원칙을 논한 바 있다.

고문자를 고석하는 근본원칙은 '형(形)'을 위주로 하는 것이며 자형(字形)으로부터 출발하는 것이다. 문자는 형(形), 음(音), 의(義) 3요소로 구성되는데, 하나의 글자를 식별하는 과정은 '형'으로부터 '음'으로, 그리고 다시 '음'으로부터 '의'로 도달하는 과정일 수밖에 없다. '형'이 첫째로서 선결해야할 조건이며, 오직 '형'의 문제를 먼저 해결한 후에야 비로소 '음'과 '의'의 문제를 논할 수 있다. '형'에 대한 해석이 옳다면 문제의 과반을 해결했다고 봐도 무방하며, 만일 '형'에 대한 해석에 잘못이 있다면, 다음으로 이어지는 '음'과 '의'에 대한 해석은 더더욱 정확할 수가 없다. 고문자의 고석은 미해독 고문자와 이미 알고 있는 후대 문자와의 비교를 통하여, 이 둘 사이의 연결고리를 찾아내는 것이다. 고문자를 고석하는 과정은 자형비교의 과정이라고도 할 수 있다. 고문자 가운데 그 수많은 글자들을 지금 우리가 알 수 있는 이유는, 자형비교를 통하여 이미 알고 있는 글자들과의 연결고리를 찾아냈기 때문이다.[1]

이러한 자형 위주(以形爲主)의 고석 원칙을 기반으로 한다면, 나아가서 고문자 자형의 구형(構形), 즉 글자의 구성성분을 과학적으로 명확히 분석하는 것이 전제되어야 할 것이다. 필자는 박사학위논문을 갑골문의 형체(形體)에 대한 분류와 분석이라는 주제로 집필하였는데, 갑골문 가운데 이체자형이 많으면서 복사(卜辭)에 자주 출현하는 상용자(常用字) 위주로 엄선하여 유조(類組)[2]와 용법에 따른 자형차이를 연구한 바 있다. 본 논문은 내 연구 작업의 일환으로서 고고유형학(考古類型學)을 참고하여 갑골문 '중(中)'자의 구형을 분류하고 분석하며, 용법과 유조에 따른 자형차이를 고찰하고, 동시에 '中'자의 조자본의에 대해서도 문자부호관(文字符號觀)에 입각하여 논의를 진행하고자 한다.

2. 갑골문 '중(中)'자의 이체자형에 대한 분류와 분석

고문자 자형에 대한 분류는 고고유형학의 이론을 이용할 수 있다. 고고유형학이라는 것은 고고실물자료에 대한 과학적 귀납과 분류 및 분석을 통하여 비교하고 연구하는 고고학의 한 방법론이다. 유물의 형태 대조, 그리고 이를 통하여 유물의 변화규율, 논리적 발전순서 및 상호관계를 탐구하는 것으로서 일정한 형태를 지녔고, 또 일정한 시간의 경과를 거친 모든 고고유물들에 대해서는 유형학의 연구를 진행할 수 있다.[3] 고문자 자형 역시 필획(筆劃)과 편방(偏旁)을 분해한 후, 같은 글자의 이체자형에 대하여 구성성분의 공통특징에 따라 '유형(類型)'이라는 분류단위로 귀납해낼 수 있다. 본 논문의 연구대상인 갑골문 '中'자의 이체자형을 주요 구성성분에 의거하여 분류하면, 크게 A류( ), B류( ), C류( ), D류( ), E

---

1 劉釗, 『古文字構形學』(修訂本) (福州: 福建人民出版社, 2011), 228~229쪽.

2 유조(類組)라는 개념은 갑골문을 분류하는 기준으로서 류(類)는 자체류(字體類)를, 조(組)는 정인조(貞人組)를 의미한다. 갑골문을 분류할 때, 정인조보다 자체(字體) 스타일이 더욱 중요한 분류의 기준이기 때문에, 보통 조류(組類)라 하지 않고 유조(類組)라는 용어를 사용한다. 구체적으로 예를 들면, 정인조가 '빈(賓)'인 그룹은 자체류에 따라서 빈조일류(賓組一類), 빈조전빈류(賓組典賓類), 빈조삼류(賓組三類)로 나눌 수 있다. 갑골문의 분류에 대한 연구는 단행본으로 출판된 黃天樹의 박사논문을 참고할 것. 黃天樹, 『殷墟王卜辭的分類與斷代』(簡體版) (北京: 科學出版社, 2007).

3 고고유형학에 관한 이론은 다음 저서들을 참고할 수 있다. 俞偉超, 『考古學是什麼』(北京: 中國社會科學出版社, 1996). 欒豐實·方輝·靳桂雲, 『考古學理論·方法·技術』(北京: 文物出版社, 2002). (英)科林·倫福儒, 保羅·巴恩, 『考古學理論·方法與實踐』(北京: 文物出版社, 2004). Molly Raymond Migon著, 金庚澤 譯, 『考古學의 理論과 方法論』(서울: 주류성출판사, 2006).

류() 등 5가지 유형으로 나눌 수 있다. 이 5가지 유형 가운데 B류와 C류는 B1형(), B2형(), C1형(), C2형()으로 다시 세분할 수 있다. 이와 같이 '中'字의 形體를 분류하면 아래와 같다.

A류

『合』13357

빈조전빈류(賓組典賓類)[4]

『合』35347

황류(黃類)

B류

B1형

『合』13375

빈조전빈류(賓組典賓類)

『合』32846

역조이류(歷組二類)

『合』28569

하조이류(何組二類)

『合』27884

역무명간류(歷無名間類)

『合補』13169正

황류(黃類)

『屯』2320

무명류(無名類)

B2형

『合』32982

역조이류(歷組二類)

C류

C1형

『合』7569反

빈조삼류(賓組三類)

『合』22587

출조이류(出組二類)

『花』75

화동자복사(花東子卜辭)

C2형

『合』32214

사력간류(師歷間類)

『合』32226

사력간류(師歷間類)

---

4   본 논문에서 갑골문 유조를 구분하는 기준은 왕복사(王卜辭)의 경우 황톈수의 분류법을, 빈조복사(賓組卜辭)의 세분화는 사키가와 타카시(奇川龍)의 분류법을, 비왕복사(非王卜辭)는 지앙위삔(蔣玉斌)의 분류법을 따른다. 黃天樹, 『殷墟王卜辭的分類與斷代』. 奇川龍, 『賓組甲骨文分類硏究』(上海: 上海古籍出版社, 2011). 蔣玉斌, 『殷墟子卜辭的整理與硏究』(吉林: 吉林大學博士學位論文, 2006).

D류

『合』20908   『合』21302   『合』14868

사조소자류(師組小字類)   사조소자류(師組小字類)   사빈간류(師賓間類)

E류

『合』20587   『合』3261   『合』6174

사조비필류(師組肥筆類)   사조소자류(師組小字類)   빈조전빈류(賓組典賓類)

『英』2367   『合』32498   『合』28124

하조일류(何組一類)   역조이류(歷組二類)   무명류(無名類)

『合』21565   『合』21879   『合』22215

자조(子組)   원체류(圓體類)   부녀류(婦女類)

  갑골복사(甲骨卜辭)에서 '中'자는 입중(立中)의 '中', '가운데', '중(仲)', '인명', '지명' 등 다섯 가지 의미를 지닌다. '입중(立中)'은 깃발을 세워 군중을 모은다는 뜻으로, 여기서 '中'은 단순한 깃발이 아닌 군중을 집합시키기 위한 중심(中心)의 의미가 강조된 깃발로 이해해야할 것이다.[5] '가운데'의 의미는 좌중우(左中右)의 {中}을 나타내고, '중(仲)'은 '중종(仲宗)', '중정(仲丁)', '중자(仲子)'의 {仲}을 나타낸다.[6] 그리고 어떤 복사의 유조이든 대체로 {中}, '인명', '지명'의 의미를 나타낼 때는 A–D류의 자형을 사용하고, '仲'의 의미를 나타낼 때는 E류의 자형을 사용하는데, 이처럼 다른 이체자형을 사용하여 다른 용법을 나타내는 현상을 이체분공(異體分工)이라 부른다. 이러한 이체분공의 원칙은 각수(刻手)가 글자를 새길 때, 의도적으로 행하는 일종의 서사습관인데, 반드시 예외가 없는 것은 아니지만 기본적으로 일관성 있게 구별하여 서사한다.[7]
  먼저 A류의 자형을 보자. 갑골문 '中'의 A류는 바람에 나부끼는 깃발을 형상화한 글자로 『合』

---

5 黃天樹,「非王卜辭中"圓體類"卜辭的研究」,『黃天樹古文字論集』(北京: 學苑出版社, 2006), 102쪽.

6 본 논문은 문자와 어휘(詞)를 구별하는 부호로서 추시구이(裘錫圭)의 『文字學槪要』의 방식을 따라 중괄호({})를 사용하여 어휘(詞)를 표기한다. 裘錫圭,『文字學槪要』(修訂本)(北京: 商務印書館, 2014).

7 추시구이는 일찍이 『문자학개요(文字學槪要)』에서 문자분화(文字分化)의 방법에 대하여 설명할 때, 이체자분공(異體字分工)이라는 용어를 사용한 적이 있다. 추시구이의 논의는 주로 후대 문자의 분화현상을 다룬 것으로서 갑골문자의 이체분공과는 다소 거리가 있다. 본 논문에서 말하는 갑골문 내에서의 이체분공은 왕쯔양(王子楊)이 그의 박사논문에서 전문적으로 다룬바 있다. 왕쯔양의 논문은 2013년 중서서국(中西書局)에서 단행본으로 출판되었다. 裘錫圭,『文字學槪要』(修訂本), (北京: 商務印書館, 2014), 214~217쪽. 王子楊,『甲骨文字形類組差異現象研究』, (上海: 中西書局, 2013), 149~170쪽.

13357), (『合』35347) 등으로 서사한다.[8] A류는 빈조전빈류복사, 황류복사에 출현하며 立中의 '中'과 {中}을 나타낸다. 그 문례(文例)는 다음과 같다.

(1) 癸卯卜, 爭貞: 翌☒[立][9], 亡風. (癸卯일에 균열을 내고, 爭이 점치기를: 다음……깃발을 세워 군중을 집합시키면 바람이 불지 않을 것이다.[10])

丙子☒允亡[風]. (丙子일에…과연 바람이 불지 않았다.) 『合』13357(빈조전빈류)

(2) 不雉(失)衆. 王占曰: 引吉. (中軍의 部隊가 많은 무리를 잃지 않을 것이다. 왕이 점괘를 보고 말하였다. 매우 길하다.) 『合』35347(황류)

B1형의 자형은 A류의 자형에 직사각형 또는 타원형의 부호를 추가하여 (『合』13375), (『屯』2320) 등으로 서사한다. B1형은 빈조, 하조이류, 황류, 역조, 역무명간류, 무명류복사에 출현하며, 모두 입중의 '中' 또는 {中}을 나타낸다. 무명류복사는 B1형으로 '인명'을 나타내기도 한다. 그 문례는 다음과 같다.

(3) 辛卯卜, 永貞: 王惠立, 若. (辛卯일에 균열을 내고 永이 점치기를: 왕이 깃발을 세워 군중을 집합시키면 순조로울 것이다.) 『合』7363正(빈조전빈류)

(4) 日[11]其雨. (정오에 아마도 비가 올 것이다.) 『合』29790(하조이류)

(5) 戍有(𢦏). (中戍部隊가 적을 멸할 것이다.) 『屯』2320(무명류)

(6) 戊辰卜: 在犬告鹿, 王其射, 亡災, 擒. (戊辰일에 균열을 냈다: 지역에 있는 犬官 中이 사슴의 출현을 알려왔는데, 왕이 가서 활을 쏘면, 재난 없이 포획할 수 있을 것이다.) 『合』27902(無名類)

---

8 필자는 갑골문 '中'자를 깃발을 형상화한 상형자(象形字)로 본다. '中'자의 조자본의에 관한 문제는 뒤에서 구체적으로 논의할 것이다.

9 '立中'의 의미에 관하여는 단순히 깃발을 세워 군중을 모은다는 설, 그리고 깃발을 세워 바람을 측정하는 '풍향기', 깃발을 세워 해의 그림자를 측정하는 '해시계' 등의 설이 있다. 于省吾, 『甲骨文字詁林』, (北京: 中華書局, 1999), 2935~2943쪽.

10 갑골문 '명사(命辭)'를 의문문으로 보는 것에 대하여 서양의 David N. Keightley, Paul L-M.Serruys, David S.Nivison, Edward L.Shaughnessy 등의 연구자들이 문제를 제기한 이래 대륙 학계에도 리쉐친(李學勤), 추시구이 등 고문자학자들이 이에 대하여 심도 있는 논의를 진행한 바 있다. 필자 역시 '명사'를 의문문이 아닌 평서문으로 볼 것에 동의하며, 본 논문에서 인용하는 모든 갑골복사의 '명사'를 평서문으로 번역하였다. 갑골문 '명사'의 성질에 대한 자세한 내용은 추시구이의 논문을 참고할 것. 裘錫圭, 「關於殷墟卜辭的命辭是否問句的考察」, 『裘錫圭學術文集』第1卷(上海: 復旦大學出版社, 2012), 309~337쪽.

11 갑골문에서 중일(中日)은 낮 시간의 한가운데로 '정오(正午)'의 시간을 의미한다. 黃天樹, 「殷代的日界」, 『黃天樹古文字論集』(北京: 學苑出版社, 2006), 173~176쪽.

B2형의 자형은 B1형의 자형 가운데 직사각형 부호에 깃발을 표시하는 필획을 중복 추가하여 🗿(『合』32982)으로 서사한다. B2형은 역조이류복사에 출현하며 {中}을 나타낸다. 그 문례는 다음과 같다.

(7) 🗿牧于義, 攸侯🗿(由)鄙.(中牧은 義지역에 있고, 攸侯는 변경지역을 담당한다.)『合』32982(역조이류)

C1형의 자형은 B1형의 자형에서 깃발을 나타내는 필획을 하나씩 생략하여 🗿(『合』22587), 🗿(『花』75) 등으로 서사한다. C1형은 빈조삼류, 출조이류, 화동자복사에 출현한다. 빈조삼류복사는 C1형으로 {中}과 '지명'을 나타내고, 출조이류복사는 '인명(貞人名)'을 나타내며, 화동자복사는 C1형으로 {中}과 {仲}을 나타낸다. 그 문례는 다음과 같다.

(8) 丙申卜, 貞: 肇馬左右🗿人三百. 六月. (丙申일에 균열을 내고 점치기를: 騎馬部隊 좌중우 총 300명을 준다. 6월에.)『合』5825(빈조삼류)

(9) 🗿示. (中이 공납하였다.)『合』7569反(빈조삼류)

(10) 乙亥卜, 🗿貞: 日: 其侑于丁, 惠三牢. (乙亥일에 균열을 내고 中이 점치기를: 侑제사를 武丁에게 드리는데, 제사용 소 3마리를 사용한다.)『合』23059(출조이류)

(11) 甲子卜, 貞: 妃🗿周妾不死. (甲子일에 균열을 내고 점치기를: 中周의 첩이 죽지 않을 것이다.)『花』321(화동자복사)

C2형의 자형은 B2형과 마찬가지로 C1형의 형체 가운데 직사각형 부호에 깃발을 표시하는 필획을 중복 추가하여 🗿(『合』32214), 🗿(『合』32226) 등으로 서사한다. C2형은 사력간류복사에 출현하며 立中의 '中'을 나타낸다. 그 문례는 다음과 같다.

(12) 甲寅卜: 立🗿. (甲寅일에 균열을 냈다: 깃발을 세워 군중을 집합시켜라.)『合』32214(사력간류)

D류의 자형은 B, C류의 자형에서 하단 필획을 생략한 것으로 🗿(『合』20908), 🗿(『合』14868) 등과 같이 서사한다. 한 가지 주목할 것은 '🗿'의 주요편방이 '㫃(🗿, 🗿, 🗿)'이라는 점이다. 이는 갑골문 '中'자 조자의도(造字意圖)의 포커스가 '깃발'에 있다는 것의 좋은 방증이 된다.[12] D류는 사조소자류, 사빈간류복

---

12 B1형의 자형 가운데 🗿(『合』5807)도 보인다.

사에 출현한다. 사조소자류복사는 D류로 {中}을 나타내고, 사빈간류복사에서는 {仲}을 나타낸다. 그 문례는 다음과 같다.

(13) 乙卯卜: 丙辰雨. 余: 食人雨. 羞◆日雨. (乙卯일에 균열을 냈다: 丙辰일에 비가 올 것이다. 내가 점쳐 말하길: 오전에 비가 올 것이다. 정오에 가까운 시간에 비가 왔다.)『合』20908(사조소자류)[13]

(14) 丁卯卜: 翌庚辰侑于大庚至于◆丁. (丁卯일에 균열을 냈다: 다음 庚辰일에 侑제사를 大庚부터 中丁에 이르는 조상신들에게 드려라.)『合』14868(사빈간류)

E류의 자형은 주요편방에서 깃발을 나타내는 필획을 생략하고 깃대만 남겨 ◆(『合』20587), ◆(『合』28124) 등으로 서사한다. E류는 거의 모든 유조의 복사에 출현하며 대부분 {仲}을 나타낸다. 사조, 사빈간류, 무명류복사에서는 종종 {中}을 나타내기도 하며, 빈조전빈류복사에서는 '지명'을 나타내기도 한다. 구체적인 문례는 다음과 같다.

(15) 乙亥卜, 自: 于◆子用牛. (乙亥일에 균열을 내고 自가 점치기를: 仲子에게 제사를 지내는데 소 한 마리를 써라.)『合』20025(사조소자류)

(16) [丙午卜], 貞: 翌丁未酒◆丁, 易(賜)日. (丙午일에 균열을 내고 점치기를: 다음 丁未일에 中丁에게 酒제사를 드리면 해가 나올 것이다.)『合』6174(빈조전빈류)

(17) 戊子卜: 其又歲于◆己王賓. (戊子일에 균열을 냈다: 侑제사와 歲제사를 仲己에게 드리는 데, 왕이 儐導하는 형식으로 드려라.)『合』27394(역무명간류)

(18) 癸亥卜: ◆子又入, 往來唯若. (癸亥일에 卜균열을 냈다: 仲子가 다시 들어오는데, 오고 감에 순조로울 것이다.)『合』21566(자조)

(19) 惠◆泉先◆. (中麓지역을 먼저 ◆하라.)『合』28124(무명류)

(20) ◆示. (中이 공납하였다.)『合』9968臼(빈조전빈류)

이상 갑골문 '中'자를 형체의 특징에 따라 A-E류로 분류하고 문자학적으로 분석하였다. 그리고 위에서 살펴본 바와 같이 갑골복사의 다른 유조에 따라 사용하는 자형의 유형이 다른데, 이는 다른 각수들의 각기 서로 다른 서사습관의 반영이라 할 수 있다. 또한 서로 다른 용법에 따라 다른 字形을 사용하는 이체

13 『合』20908의 철합(綴合)은 쑹야핑(宋雅萍)의 철합 '『合』20537(『乙』349)+『乙』8'과 펑위상(彭裕商)의 철합 『合』20771(『乙』305)+『合』20908(『乙』402), 이 두 조(組)를 다시 지앙위삔이 철합하여 완성되었다. 蔣玉斌,「甲骨新綴35組(更新第十三組)」(中國社會科學院歷史研究所先秦史研究室, 2012년, 2월, 22일).

분공현상도 살펴볼 수 있었다. 위에서 고찰한 내용을 다시 정리하면 아래와 같다.

　　사조복사는 D, E류의 자형을 사용하는데, D류로 {中}을 나타내고, E류로 {中}, {㫃}을 나타낸다. 사빈간류복사 역시 D, E류의 자형을 사용하는데, D류로 {㫃}을 나타내고, E류로 {中}, {㫃}을 나타낸다. 빈조전빈류복사는 A류, B1형, E류의 자형을 사용하는데, A류, B1형으로 立中의 '中' 또는 {中}을 나타내고, E류로 {㫃}, '지명'을 나타낸다. 빈조삼류복사는 C1형, E류의 자형을 사용하는데, C1형으로 {中}, '지명'을 나타내고, E류로 {㫃}을 나타낸다. 출조이류복사는 C1형의 자형을 사용하는데, C1형으로 '인명(貞人名)'을 나타낸다. 하조, 역무명간류복사는 B1형, E류의 자형을 사용하는데, B1형으로 {中}을 나타내고, E류로 {㫃}을 나타낸다. 황류복사는 A류, B1형의 자형을 사용하며, 모두 {中}을 나타낸다. 사력간류복사는 C1형의 자형을 사용하여 立中의 '中'을 나타낸다. 역조복사는 B1형, B2형, E류의 자형을 사용하는데, 역조일류복사는 B1형으로 {中}을 나타내고, 역조이류복사는 B1형, B2형으로 立中의 '中' 또는 {中}을 나타내며, E류로 {㫃}을 나타낸다. 무명류복사는 B1형, E류의 자형을 사용하는데, B1형으로 {中}, '인명'을 나타내고, E류로 {中}, {㫃}을 나타낸다. 비왕복사 가운데 화동자복사는 C1형의 자형을 사용하여 {中}을 나타내고, 자조, 원체류, 부녀류복사는 E류로 {㫃}을 나타낸다.

3. 갑골문 '中'자의 조자본의 및 자형변화

　　갑골문 '中'자의 조자본의에 관하여는 여러 가지 설이 있는데, 대표적인 것이 탕란(唐蘭)의 깃발설, 원샤오펑(溫少峰), 위엔팅둥(袁庭棟)의 해시계설, 황더콴(黃德寬)의 풍향계설, 톈수성(田樹生)의 건고(建鼓)설 등이다.[14] 위에서 살펴본 바와 같이 갑골문 '中'자의 기본형이 '⬚'이라는 것과 '⬚'의 자형, 그리고 立中의 '中'이 군중을 집합시키는 깃발의 용법으로 사용되는 점으로 볼 때, '中'자의 상형 대상이 깃발 또는 이와 유사한 사물과 관련이 있을 것이라는 점은 배제할 수 없을 것이다.[15] 따라서 해시계, 풍향계, 건고의 주장을 하는 학자들 모두 이러한 점을 기본전제로 각자의 주장을 펼치고 있다.

　　탕란 이외의 학자들이 주장하는 해시계, 풍향계, 건고등은 모두 ⬚, ⬚, ⬚, ⬚, ⬚, 中 등의 字形에 보이는 '○' 또는 '□'의 형체에 대한 해석이다. 그러나 갑골문, 금문 등 고문자에서 볼 수 있는 자형 또

14　唐蘭, 『殷墟文字記』(北京: 中華書局, 1981), 48~54쪽. 溫少峰, 袁庭棟, 『殷墟卜辭研究─科學技術篇』(成都: 四川省社會科學院出版社, 1983), 14~16쪽. 黃德寬, 「卜辭所見"中"字本義試說」, 『文物研究』 1988-3, 112~117쪽. 田樹生, 「釋中」, 『殷都學刊』, 1991-2, 1~5쪽.

15　금문(金文)에도 '中'자의 자형으로 ⬚ 중부정(中婦鼎, 集成 041714), ⬚ 중작비기치(中作妣己觶, 集成 126482), ⬚ 작부정유(⬚作父丁卣, 集成 105332) 등이 보인다.

는 한 자형의 구성성분을 반드시 어떠한 사물의 상형 또는 도상(圖象)으로 이해해야하는 것은 아니다. 그리고 '●' 또는 '□'과 같이 비교적 추상적인 부호의 경우, 어떤 구체적인 사물의 반영이라고 해석한다면 그 어떤 수많은 근거를 가지고 논리적으로 설명을 하더라도 '●' 또는 '□' 보다 구체적인 형체가 새롭게 출현하지 않는 이상, 이들은 결국 난무하는 추측에 그치고 말 것이다. 사라 알란(艾蘭)은 2012년 푸단대학에서 개최한 중국고문자연구회 제19차 회의(中國古文字硏究會第十九屆年會)에서 「試論甲骨文的 "中"字」라는 논문을 발표했는데, 그는 황더콴의 풍향계설을 기반으로 한 걸음 나아가 '□'을 '지구'를 추상화한 도상이라는 주장을 펼쳤다.[16] 필자는 고문자 자형에 대하여 행해지는 모든 문자학적 근거 보다는 상상력에 근거한 신화적 해석을 경계하며, 갑골문 '中'자의 '●', '□'에 대하여 문자부호관에 입각하여 새로운 해석을 시도하고자 한다.

탕란은 '中'자에 관하여 아래와 같이 논하였다.

中은 깃발이 네 개인 형식을 가장 이른 것으로 삼는다. 따라서 🙰이 가장 오래된 형태이다. 위에서 아래로 드리운 직선의 한 가운데 항상 하나의 점을 더하는데, 쌍구법(雙鉤法)으로 쓰면 🙰과 🙰의 자형이 된다. 🙰의 자형을 가장 많이 사용하는데, 🙰을 생략하여 변형된 자형이 곧 ✦이다.[17]

필자는 탕란이 언급한 직선의 한 가운데 점, 크게 윤곽을 드러내며 만들어진 '●'을 좀 더 구체적으로 해석하여, '가운데'라는 의미를 강조하기 위한 문자의 지사부호(指事符號)로 봐야한다고 생각한다. 먼저 🙰(『合』32226)의 형체를 자세히 살펴보자. 모든 갑골문 '中'자의 자형 중에서, '🙰'의 중간부분에 더해진 부호 '🙰'이 가장 원형에 가까운 형체일 것이다. 이는 고문자 중에 가장 원시적 형태를 많이 유지하고 있고, 상형성(象形性)이 농후한 상대금문(商代金文)의 자형에서 명백히 확인할 수가 있다.

(集成 7215)

(集成 6213)

16 艾蘭, 「試論甲骨文的"中"字」, 『中國古文字硏究會第十九屆年會散發論文合集』(上海: 復旦大學出土文獻與古文字研究中心, 2012), 2~6쪽.

17 唐蘭, 『殷墟文字記』(北京: 中華書局, 1981), 53쪽: "中以四斿爲最夙, 故以🙰爲最古. 凡垂直之線, 中間恒加一點, 雙鉤寫之, 因爲🙰衆🙰形, 而🙰形盛行, 由以省變, 遂爲✦形矣."

'█'의 중간부분 '●'은 분명히 '중간', '가운데'의 의미를 강조하기 위해 더해진 단순한 지사부호일 가능성이 많다. 이는 동일한 방식으로 조자된 '刃'자, '厷'자와의 비교를 통하여 입증할 수 있다. 다음은 '刃'자와 '厷'자의 상대금문, 갑골문 자형이다.

刃: █(集成 7023), █(集成 1450), █(『合』21051), █(『合』5475)
厷: █(集成 5055), █(『合』13679), █(『合』1772正)

刃의 '●'은 칼날을 강조하기 위해 더해진 지사부호이고, '厷'의 '●'은 팔뚝을 강조하기 위해 더해진 지사부호이다. 이와 마찬가지로 '█'과 '█'의 중간부분에 더해진 '●'도 역시 상중하(上中下)의 '中', 좌중우(左中右)의 '中' 즉 '가운데'라는 의미를 강조하기 위해 더해진 지사부호일 것이다. 이는 '해시계', '풍향계', '건고', '지구' 등의 견해보다, 적어도 문자학적 측면에서는 믿을 수 있는 근거를 가진 해석이라고 할 수 있을 것이다. 만일 '해시계', '풍향계', '건고', '지구' 등으로 본다면, '█'의 '○', '█'의 '□', '█'의 '◇' 등 다양한 변형들에 대해서는 어떻게 설명할 것인가? 이러한 문제가 제기되었을 때, '○', '□', '◇' 등을 어떤 특정 사물을 상형한 것이 아닌, 단순한 문자의 지사부호로 보는 것이 더욱 설득력을 가진다고 할 수 있을 것이다.

그리고 '█'의 자형이 이미 초기의 갑골문, 금문 시대에 존재할 수 있었던 것 역시 '가운데'라는 의미를 강조하는 부호 '○'이 있기 때문에 펄럭이는 깃발의 상징인 여러 필획들을 생략할 수 있었을 것이다. 따라서 '中'자의 조자본의는 군중을 모으기 위한 수단으로 쓰인 '깃발'을 모티브로 하여 상형한 후, 자형의 한 가운데에 '中間'의 의미를 강조하기 위한 지사부호를 더하여 만들어진 글자라고 볼 수 있다. 이상의 '中'자에 대한 자형분석 및 조자본의 고찰을 통하여 '中'자의 자형변화과정을 도식으로 나타내면 아래와 같다.

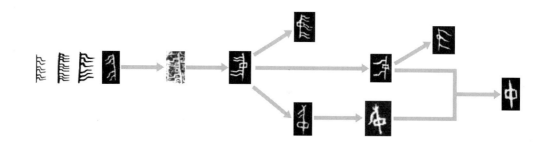

4. 결론

본 논문은 갑골문 '中'자를 연구대상으로 하여 '中'자의 이체자형들을 고고유형학 이론을 참고하여 분류하고, 유형별로 분류된 자형들에 대하여 문자학적 분석을 진행하였다. 또 이러한 세밀한 자형분류와 자형분석을 통하여 '中'자의 조자본의에 대하여도 문자부호관에 입각하여 새로운 해석을 시도하였다.

'中'자의 이체자형에 대한 분류와 분석을 통하여 다른 각수, 즉 다른 복사유조에 따라서 사용하는 자형이 다르다는 것을 보다 자세히 확인할 수 있었고, 또 다른 자형을 사용하여 다른 용법을 나타내는 이체분공현상도 구체적으로 살펴볼 수 있었다. '中'자의 조자본의는 군중을 모으는 역할을 하는 '깃발'을 모티브로 하여 여기에 '中間', '가운데'를 뜻하는 지사부호 '●'을 더하여 만든 글자라는 것을 갑골문 '' 과 상대금문 '', 그리고 '刃', '玄' 두 글자와의 비교를 통하여 증명하였다. 그러나 이러한 해석 역시 보다 많은 문자학적 증거가 필요한데 현재까지 출토되어 볼 수 있는 고문자 자료 가운데 '', '' 등의 자형은 소수에 불과한 실정이다. 앞으로 더 많은 고문자 출토자료(出土資料)를 통하여 새로운 증거들이 보충되기를 기대한다.

이 글은 같은 제목으로 『中國學論叢』 52집 (2016)에 게재한 논문을 수정 보완한 것이다.

3

〈화유비정(鬲攸比鼎)〉의 특징과 명문의 새로운 해석

박 재 복 (경동대)

1. 머리말

최근 중국 전역에서 새로운 고고 발굴 자료들이 끊임없이 발견되고 있다. 특히, 전국시기의 초간(楚簡)과 진한(秦漢)의 간독(簡牘) 자료들이 새롭게 발견됨에 따라 전래문헌의 한계를 극복하고 보다 더 상세하게 당시의 실제정황을 파악할 수 있게 되었다. 이로 인해 최근 고문자학 뿐만 아니라 역사·문학·철학·문화예술 등의 각 분야에서 이러한 출토자료에 천착하여 많은 성과물들이 발표되고 있다.

이러한 학문적 열기는 송대와 청대에도 있었으니, 그것은 바로 금석학(金石學)과 고증학(考證學)의 성행이었다. 진시황이 분서갱유를 단행하였지만 한대 이후로 중국 각지에서 상주(商周)시기의 청동예기(靑銅禮器)가 빈번하게 발견되었고 이러한 자료에 당시의 지식층들이 열광하였음은 자명한 사실이다. 이러한 문자자료는 전래문헌과의 비교분석을 통해 이전의 학문분야를 더욱 치밀하게 하는 결과를 가져오게 되었다. 그 일례로, 청대에 고증학이 성행하여 실사구시적인 학문태도로 경학(經學)이 더욱 발전하였을 뿐만 아니라 자서류(字書類)가 대거 집필되고 서예에서도 첩학(帖學)보다 비학(碑學)을 중시하게 되었다.

고대 중국에서는 예제(禮制)를 상당히 중시하였는데, 그 대표적인 산물로 상주시기의 청동예기를 들 수 있다. 특히 서주시기의 청동예기에는 장편의 명문이 새겨져 있는데, 이러한 내용은 당시의 여러 정황을 그대로 전해주고 있는 진귀한 자료라고 할 수 있다. 따라서 본고에서는 그동안 논의가 되기는 하였지만 좀 더 구체적인 논증이 필요한 〈화유비정(鬲攸比鼎)〉이란 기물에 관심을 갖게 되었다.

〈화유비정〉은 전래된 기물이다. 원래 육심원(陸心源, 1834~1894), 단방(端方, 1861~1911) 등이 소장하였다가 현재는 일본 구로카와문화연구소(黑川文化研究所)에 소장되어 있다. 완원(阮元, 1764~1849)의 『적고재종정이기관지(積古齋鐘鼎彝器款識)』를 필두로 여러 저록에 소개되었고,[1] 일부 저록에서 명문내용을 간략히 고석하고 있기는 하지만 명문내용을 본격적으로 분석한 것은 궈모뤄(郭沫若)의 「역유종정(兩攸从鼎)」(1935)과 양수다(楊樹達)의 「역유종정발(兩攸从鼎跋)」(1942)을 들 수 있다. 궈모뤄는 앞부분에 명문내용을 예정(隷定)[2]하고 '이태실(徲大室)', '여멱아전목(女覓我田牧)', '괵려(虢旅)', '방(放)'을 해석하였지만 지금의 시각에서 보면 상당수의 논점에 문제가 있다. 양수다도 일부 논점에 문제가 있기는 하지만 당시의 상황에서 비교적 상세하게 논증하였다고 할 수 있다. 상주시기의 금문을 선별하여 전문적으로 고석한 시라카와 시즈카(白川靜)의 『금문통석(金文通釋)』(1971), 마청위안(馬承源)의 『상주청동기명문선(商周青銅器銘文選)』(1988), 홍자이(洪家義)의 『금문선주석(金文選注釋)』(1988), 왕후이(王輝)의 『상주금문(商周金文)』(2006) 등에는 전체 명문을 예정하고 주요 글자들에 대한 역주를 달아 놓았다. 본 기물의 명문을 전문적으로 다룬 소논문으로는 류환(劉桓)[3], 양셴창(楊現昌)[4], 왕징(王晶)[5]의 논고를 들 수 있다. 이상 선행연구에 대한 연구 성과는 제3장 〈화유비정〉의 명문 해석과 역주부분에서 구체적으로 논증하기로 한다.

따라서 본고는 선행연구의 명문에 대한 여러 이견을 정리함과 동시에 새로운 각도에서 명문을 예정하고 현대어역과 역주를 진행하고자 한다. 특히, 자형분석을 통해 그동안 다양하게 불리던 기물의 명칭을 정립하고, 청동기의 기형과 문양, 명문의 내용과 서풍을 토대로 본기물의 연대를 확정하고, 자형을 근거로 '화(⿰馬攵)'자를 새롭게 해석해 보고자 한다.

---

1. 白川靜은 여러 저록과 선행연구를 종합하여 그 전래과정을 간략히 소개하고, 본 명문이 수록된 저록들을 다음과 같이 소개하고 있다. 器影: 『陶齋』 1·40, 『叢考』 2·164, 『大系』 圖22, 『日本』 4·314. 銘文: 『積古』 4·31, 『全上古』 12, 『攈古』 3-2·18, 『奇觚』 2·15, 『周存』 2·21, 『叢考』 2·164, 『小校』 3·28, 『三代』 4·35, 『書道』 79, 『二玄』 344, 『集成』 5·2818. 考釋: 『拾遺』 中·13, 『韡華』 乙中·54, 『大系』 考127, 『文錄』 1·28, 『文選』 上2·17, 『厤朔』 4·33, 『積微居』 28, 白川靜『通釋』 29·627. (白川靜, 『金文通釋』, 京都: 白鶴美術館, 1971, 627쪽.)

2. 漢代에는 전국 각지에서 戰國시기의 古文으로된 문서들이 다량으로 출토되었다. 당시의 학자들은 이러한 古文자료들을 당시에 통용되던 예서로 바꾸는 작업을 시행하였는데, 이를 '隷定'이라고 한다. 즉, 전서를 예서로 바꾸어 쓰는 것을 가리키는데, 현재 고문자학계에서는 고문을 해서로 바꾸는 것도 '隷定'이라고 한다.

3. 劉桓, 「兩攸比鼎銘新釋」, 『故宮博物院院刊』 2001-4, 14~16쪽.

4. 楊現昌, 「攸比鼎銘文淺釋」, 『山東教育學院學報』 2008-1, 37~39쪽.

5. 王晶, 「兩攸比鼎銘文集釋及西周時期土地侵占案件審理程序初探」, 『農業考古』 2013-1, 48~52쪽.

2. 기물의 특징과 화(鬲)에 대한 재인식

1) 기물의 특징

(1) 기물의 명칭

관건이 되는 글자에 대한 학자들의 의견차이로 본 기물의 명칭은 그동안 다양하게 불려져 왔다. 그 일례로, 육심원은 〈역비정(鬲比鼎)〉이라 하고,[6] 완원과 단방은 〈역유종정(鬲攸从鼎)〉이라 하고,[7] 유체지는 〈역유비정(鬲攸比鼎)〉이라 하고,[8] 쉬중수(徐中舒)는 〈과유종정(鍋攸从鼎)〉이라 하고,[9] 궈모뤄는 〈역유종정(鬲攸从鼎)〉이라 하고,[10] 양수다는 〈역유종정(鬲攸从鼎)〉이라 하고,[11] 시라카와 시즈카는 〈역유종정(鬲攸從鼎)〉이라 하고,[12] 뤄푸이(羅福頤)는 〈역종정(鬲從鼎)〉이라 하고,[13] 마청위안은 〈역종정(鬲从鼎)〉이라 하고,[14] 홍자이는 〈역유비정(鬲攸比鼎)〉이라 하고,[15] 왕후이는 〈역유비정(鬲攸比鼎)〉이라 하고,[16] 양셴창은 〈유비정(攸比鼎)〉이라고 하였다.[17] 현재까지도 그 명칭에 대해 통일되지 못하고 있는 실정이다. 첫 번째 글자는 아래에서 구체적으로 고증된 자형과 같이 '화(鬲)'자로 예정하도록 한다. 초기의 저록과 논문에서 '종(从)' 혹은 '종(從)'으로 예정되었던 글자는 본 명문에서는 'ㄳㄳ'와 'ㄱ'로 쓰여 있다. 측면으로 서있는 사람의 자형이 모두 오른쪽으로 향하게 되어 있고 다리부분이 조금 굽어있다. 또한 어떤 것은 두 사람이 아니라 한사람만 표현해 놓았기 때문에 '종(从:ㄳㄱ)'자의 일반적인 서사방식과는 확연히 구별된다. 따라서 본고에서는 '비(比)'자로 예정하도록 한다.

'화(鬲)'와 관련된 기물로 〈화비수(鬲比盨)〉(25년)와 〈화비궤개(鬲比簋蓋)〉(32년)가 보이는데, 이들 기물에는 작기자(作器者)를 '화비(鬲比)' 혹은 '비(比)'로만 표기되어 있다. 그러나 본 기물에서는 앞부분에는

6 陸心源,『奇觚室吉金文述』,『金文文獻集成(13)』(北京: 線裝書局, 2005), 163쪽.

7 阮元,『積古齋鐘鼎彝器款識(4)』(北京: 中國書店, 1996), 311쪽.
   端方,『陶齋吉金錄』,『金文文獻集成(8)』(北京: 線裝書局, 2005), 248쪽.

8 劉體智,『小校經閣金文拓本(影印本)』(廬江劉氏小校經閣, 1935), 3·28.

9 徐中舒,「再論小屯與仰詔」,『安陽發掘報告』第3期 (北京: 京華印書局, 1931), 537쪽.

10 郭沫若,『兩周金文辭大系圖錄考釋』(上海: 上海書店出版社, 1999), 圖22·錄118·考127.

11 楊樹達,「鬲攸从鼎跋」『積微居金文說(增訂本)』(北京: 中華書局, 1997), 12쪽.

12 白川靜,『金文通釋』(京都: 白鶴美術館, 1971), 627쪽.

13 羅福頤,『三代吉金文存釋文』(香港: 問學社, 卷四(737), 1983), 12쪽.

14 馬承源 主編,『商周青銅器銘文選(三)』(北京: 文物出版社, 1988), 296쪽.

15 洪家義,『金文選注釋』(南京: 江蘇教育出版社, 1988), 346쪽.

16 王輝,『商周金文』(北京: 文物出版社, 2006), 226쪽.

17 楊現昌,「攸比鼎銘文淺釋」, 37쪽.

'화비'라 하고 중간에는 조상의 이름 앞에 쓰여 '비'라고만 하고 뒷부분에는 '화유비(鬲攸比)'라고 표기하고 있다. 아마도 '화비'가 '유위목(攸衛牧)'과의 소송에서 승소하여 이미 '유(攸)'땅을 돌려받았기 때문에 '화유비'라고 호칭하였을 것으로 추정된다. 따라서 본 기물의 명칭을 〈화유비정(鬲攸比鼎)〉으로 비정하도록 한다.[18]

(2) 기물의 연대

단방의 『도재길금록(陶齋吉金錄)』에 의하면, 이 기물의 높이는 15.8촌(寸)이고, 입구 직경 17.5촌이고, 복부 직경은 15.6촌이다. 귀의 높이는 4.4촌이고 활(闊)은 4.4촌이다. 몸체는 반구형(半球形)을 띠고 복부는 비교적 깊어 분(盆)과 유사하다. 가장자리가 꺾인 2개의 세워진 귀[折沿雙立耳]와 둥근 바닥을 한 3개 발굽모양의 다리[圜底三蹄足]로 되어 있다. 구연(口沿)의 아래에는 크고 작게 서로 사이하는 중환문(重環紋)[19]이 장식되어 있고 그 아래에 볼록한 현문(弦紋) 2줄이 둘러있다.

〈그림 1〉 화유비정과 유사한 청동기물

| 鬲攸比鼎 | 毛公鼎 | 善父吉父鼎 |

궈모뤄는 본 기물의 문양이 〈모공정(毛公鼎)〉과 동일한 거푸집으로 만든 것 같다고 하면서 본 기물의

---

18 〈鬲比盨〉(25년)와 〈鬲比簋蓋〉(32년)를 만든 作器者도 〈鬲攸比鼎〉과 동일인일 가능성이 크다. 다만 그 명문에 전자는 '鬲比'라고만 되어 있기 때문에 '鬲比'라고만 명명하고, 후자는 '鬲攸比'를 강조하여 양자를 분류하고자 한다. 그리고 본고에서는 여러 저록과 선행연구에 보이는 본 기물의 다양한 명칭을 모두 〈鬲攸比鼎〉으로 교정하여 기술하도록 한다.

19 王世民은 '橫鱗紋'이라고 하였다. 또한 본 기물의 전체높이를 46.3cm라고 하였다.(王世民·陳公柔·張長壽, 『西周靑銅器分期斷代研究』, 北京: 文物出版社, 1999, 47쪽.)

연대를 여왕 말년의 기물로 비정하고 있다.[20] 왕스민(王世民)은 서주시기 정(鼎)을 5형(型)으로 분류하고, 〈화유비정〉을 〈양기정(梁其鼎)〉, 〈함황보정을(函皇父鼎乙)〉, 〈모공정〉, 〈차정을(此鼎乙)〉, 〈산정(山鼎)〉과 같이 Ⅴ형[球腹蹄足鼎] 2식(式)[21]으로 분류하였다.[22] 주펑한(朱鳳瀚)은 서주시기의 청동기를 5기로 나누고 본 기물을 제5기로 분류하였다. 제5기는 여왕(厲王)·선왕(宣王)·유왕(幽王)에 해당된다. 기물의 모양과 문양의 양식으로 〈화유비정〉, 〈선부산정(善夫山鼎)〉, 〈백대축추정(伯大祝追鼎)〉, 〈대정갑(大鼎甲)〉, 〈차정갑을(此鼎甲·乙)〉, 〈송정(頌鼎)〉, 〈오호정(吳虎鼎)〉, 〈마정(趞鼎)〉, 〈양기정〉, 〈함황보정을〉, 〈모공정〉 등을 같은 유형으로 분류하였다.[23]

〈표 1〉 화유비정과 관련된 기물의 연대비교표

	馬承源	朱鳳瀚	彭裕商	劉啓益	王世民	비 고
鬳攸比鼎	厲王	厲王	宣王	宣王	厲王	
鬳比盨	厲王	厲王	宣王	宣王	厲王	
毛公鼎	宣王	宣王	宣王	宣王	宣王	
此鼎(乙)	厲王	厲王	宣王	宣王	宣王	
梁其鼎	夷王 혹은 厲王	厲王	厲王		후기전단계	
函皇父鼎(乙)	幽王	厲王	宣王	厲王	후기전단계	

서주 후기에는 장편의 명문이 자주 발견되는데,[24] 본 기물도 명문이 100여자로 비교적 길뿐만 아니라 완전한 연월과 역일을 기록해 놓았다. 또한 명문의 내용 중에 '주강궁이태실(周康宮𢎥大室)'이 보이는데, 이는 〈오호정〉과 〈차정〉의 '주강궁이궁(周康宮𢎥宮)'과 같은 것으로 이들 기물과 연대가 비슷할 것으로 추정된다. '이(𢎥)'자에 대해 당란(唐蘭)은 '이태실(𢎥大室)'을 '이왕(夷王)'의 태실(太室)이라고 하였으니, '이(𢎥)'는 곧 '이왕'을 가리킨다. 따라서 본 기물은 주나라 이왕 이후의 것임을 알 수 있다.

---

20 郭沫若, 「毛公鼎之年代」『郭沫若全集考古編(第5卷)』(北京: 科學出版社, 2002), 297쪽(619). 郭沫若 이외에도 容庚, 董作賓, 唐蘭 등 대다수의 학자들이 厲王시기의 기물로 비정하고 있다.

21 立耳와 鱗紋 혹은 사이에 크고 작은 橫鱗紋이 가로로 둘러있다.

22 王世民·陳公柔·張長壽, 『西周靑銅器分期斷代研究』(北京: 文物出版社, 1999), 41~47쪽.

23 朱鳳瀚, 『中國靑銅器綜論(中)』(上海: 上海古籍出版社, 2009), 1309~1328쪽.

24 현존하는 청동기 중에서 명문 내용이 가장 많은 것은 모두 이 시기에 속한다. 그 일례로 〈毛公鼎〉은 32행 499자이고, 〈散氏盤〉은 19행 357자이다. 청동기는 대부분 조상을 추모하기 위한 禮器 형태로 만들어졌으나 그 명문의 내용은 官職을 冊命하는 것 이외에도 玁狁과 淮夷와 같이 주변 이민족과의 대립과 정벌에 관한 내용이 다수를 차지한다.(馬承源, 『中國靑銅器』. 上海: 上海古籍出版社, 2003, 429쪽.)

총원쥔(叢文俊)은 〈화유비정〉의 명문은 가로와 세로의 선으로 구획을 하고서 그 안에 글씨를 써 넣었고, 자형은 정돈되어 있지 못하지만 전서의 운용이 능숙하여 서사의 생동감이 풍부하다고 하였다.[25]

이영철은 서주 후기 명문의 풍격에 중요한 변화가 있다고 하면서 이 시기의 명문을 크게 '정돈하여 꾸민 자체풍격'과 '개성화된 풍격'으로 구분하였다. 화(鼒)와 관련된 기물인 〈화비수〉를 여왕시기로 비정하고 '개성화된 풍격'으로 분류하여 자형과 글자배열에 여유가 있으며, 순박하고 꾸밈이 없어 구속되지 않은 형태를 띠고 있기 때문에 사람들이 갈구하는 질박한 경계에 이르렀다고 평가하고 있다.[26]

이상과 같이 기물의 특징, 명문의 내용, 서풍의 분석을 통해 본고에서는 〈화유비정〉을 서주 후기 여왕시기로 비정하고, 본 명문에 보이는 '삼십이년(三十二年)'을 근거로 본 기물을 여왕 32년에 제작된 것으로 추정한다.[27]

2) 화(鼒)의 자형분석 및 그 의미

본 기물을 만든 사람의 족씨(族氏)는 명문에서 '鼒', '鼒', '鼒', '鼒'와 같은 자형을 하고 있다. 이미 기물의 명칭에서 언급하였듯이 육심원은 '역(鬲)'으로, 완원·단방·유체지는 '역(鬲)'으로, 쉬중수는 '과(鍋)'로, 궈모뤄와 시라카와 시즈카는 '역(鬲)'으로, 양수다·마청위안·왕후이는 '역(鬲)'으로, 뤄푸이는 '역(噐)'으로 각각 다르게 예정하고 있다. 대부분의 저록에서는 구체적인 설명이 없어 그 근거를 확인할 수 없다. 따라서 본고에서는 일부 학자들의 예정과 고석을 중심으로 자형을 분석하여 그 문제점을 지적하고, 이상적인 예정과 그 의미에 대해 새롭게 고증해 보고자 한다.

먼저 '역(鬲)'으로 해석하는 것에 대해 논의해 보면, 전래문헌에서 '역(鬲)'은 『의례』「사상례」에 "하축(夏祝)은 남은 밥을 끓여 죽을 만드는데, 서쪽 담장 밑에서 두 솥[二鬲]을 사용한다", "관인(管人)이 섬돌에 올랐으나 당에는 오르지 않은 상태에서 쌀뜨물을 받아 부뚜막에서 끓이는데, 중력(重鬲)을 사용한다"[28]라고 하는 내용에서 처음으로 확인할 수 있다. 『설문』「역부(鬲部)」에 "역(鬲)은 정(鼎)에 속하는 것이다"라 하였고, 『이아』「석기(釋器)」에 "정(鼎)이 관족(款足)인 것을 역(鬲)이라 이른다"라고 하였는데, 곽

---

25 叢文俊, 『中國書法全集·商周金文』(北京: 榮寶齋出版社, 1997), 223쪽.

26 李永徹, 『殷商西周甲骨文與金文的書藝術研究』(北京大學 博士學位論文, 2000), 87~90쪽.

27 한편, 劉啓益은 초창기에는 厲王의 '三十一年'으로 비정하였으나 이후에 개정하여 宣王의 '三十二年'(769 B.C.)으로 비정하였고(劉啓益, 『西周紀年』廣州: 廣東教育出版社, 2002, 388~389쪽), 馬承源은 厲王의 '三十一年'(848 B.C.)이라고 추정하였고(馬承源 主編, 『商周青銅器銘文選(三)』, 296쪽), 王輝도 厲王의 '三十一年'(847 B.C.)으로 보았지만 그 연도는 다르게 추정하였다.(王輝, 『商周金文』北京: 文物出版社, 2006, 227쪽)

28 『儀禮』「士喪禮」: "夏祝鬻餘飯, 用二鬲于西牆下.", "管人盡階不升堂, 受潘, 煮于垡, 用重鬲."

박(郭璞)의 주에 "굽은 다리이다"[29]라고 하였다.『사기』「태사공자서(太史公自序)」에 "실제로 그 소리에 맞지 않는 것을 관(窾)이라 이른다"라고 하였는데,『사기색은(史記索隱)』에 관(窾)의 음은 관(款)이다.『한서』에는 관(款)이라 썼는데, 관(款)은 공(空)이다"[30]라고 하였다.『한서』「교사지(郊祀志)」에 "정(鼎)이 공족(空足)인 것을 역(鬲)이라 한다"라고 하였는데, 소림(蘇林)의 주에 "역(鬲)의 음은 역(歷)이다. 다리의 중간이 비어 채워지지 않은 것을 역(鬲)이라고 한다"[31]라고 하였다. 곧 '관족(款足)'은 '속이 빈 다리[空足]'을 의미한다[32] 그러나 실제로 정(鼎) 중에도 속이 빈 다리를 한 것도 있기 때문에 이것으로는 양자의 구별이 명확하지 않다. 고고유물을 통해보면, 상주시기에는 청동으로 된 역(鬲) 뿐만 아니라 토기로 된 것도 자주 보이는데, 쑤빙치(蘇秉琦)는 정은 반구형의 복부와 3개의 다리가 분리되며, 역은 복부와 족부를 나누기 어렵다고 하였는데,[33] 매우 일리가 있는 말이다.

『좌전』「양공(襄公)」4년에 "미(靡)가 유력씨(有鬲氏)에게로 도망갔다"[34]라고 하였는데, 양보쥔(楊伯峻)의 주에 "'유력씨'는 부락의 이름이다.『속산동고고록(續山東考古錄)』에 의거하면, 그 지역은 지금의 산동성 더저우시(德州市)에서 동남쪽으로 25리 떨어진 곳에 위치한다"라고 하였다.[35] 또한『광운(廣韻)』에서는 "역(鬲)은 성으로 은나라 말기의 현인인 교력(膠鬲)의 후예이다"[36]라고 하였다. 일부 학자들은 여전히 '역(鬲)'으로 예정하고 전래문헌에 보이는 '유력씨' 혹은 '교력'과 결부하려는 경향이 있다. 그러나 서주시기 금문에 보이는 '역(鬲)'자의 자형은 '𩰊', '𩰊'과 같은 형태로 본 명문에 보이는 '𩰖'의 자형과는 확연히 구분된다. 따라서 이상과 같이 '역(鬲)'자로 이해하는 것은 문제가 있다.

다음으로 '과(鍋)'로 해석하는 것을 살펴보고자 한다.『설문』「역부」에 "진나라의 토부(土鬴)를 '𩰖'라고 한다. '역(鬲)'으로 구성되었고 '과(乎)'가 소리를 나타낸다. '과(過)'라고 읽는다"라고 하였는데, 단옥재(段玉裁)의 주에 "요즈음 속자로 '과(鍋)'라고 쓴다. 흙 가마란 질그릇에서 나온 것이다"[37]라고 하였다. 왕념손(王念孫)은『광아소증(廣雅疏證)』「석기(釋器)」에서 '鬲'를 '과(鍋)'로 해석하였다.[38] 왕궈웨이(王國維)는 「산씨반고석(散氏盤考釋)」에서 "허신(許愼)이 진나라에서는 토부(土鬴)를 '𩰖'라 한다고 하였는데, 〈화비궤〉,

---

29 『爾雅』「釋器」: "鼎款足者, 謂之鬲." 郭璞 注: "曲脚也."

30 『史記』「太史公自序」: "實不中其聲者, 謂之窾." 『索隱』: "窾音款, 漢書作款, 款空也."

31 『漢書』「郊祀志」: "鼎空足曰鬲" 蘇林 注: "鬲音歷, 足中空不實者, 名曰鬲也."

32 朱鳳瀚, 『古代中國青銅器』(天津: 南開大學出版社, 1994), 74쪽.

33 蘇秉琦, 「陝西省寶雞縣鬪鷄臺發掘所得瓦鬲之研究」『蘇秉琦考古學論述選集』(北京: 文物出版社, 1984), 96쪽.

34 『左傳』「襄公」四年: "靡奔有鬲氏."

35 楊伯峻, 『春秋左傳注』(北京: 中華書局, 1981), 937쪽.

36 『廣韻』: "鬲, 姓, 殷末賢人膠鬲之後."

37 『說文』「鬲部」: "𩰖, 秦名土鬴曰𩰖. 从鬲乎聲. 讀若過." 段玉裁 注: "今俗作鍋. 土釜者, 出於匋也."

38 王念孫, 『廣雅疏證』(北京: 中華書局, 1983), 219쪽.

〈화유비정〉, 〈산씨반(散氏盤)〉는 모두 관중(關中)에서 출토된 기물이다. 진나라의 말도 또한 그 지역의 고어에서 유래하였을 것이니, 아마도 관중에는 이러한 말과 이러한 글자가 있었을 것이다"[39]라고 하였다. 쉬중수는 〈화유비정〉과 〈화비수〉에 보이는 '鬲'를 '과(鍋)'자로 보면서 도력(陶鬲)의 입구 옆에 '손잡이[耳]'가 1개(혹은 2개) 있는 것은 '과(鍋)'이고 없는 것은 '역(鬲)'이라고 하였다.[40] 한편, 왕후이는 〈작책맥방준(作册麥方尊)〉에서 '鬲'로 예정하고, 『여씨춘추』「맹동기(孟冬紀)·이보(異寶)」에 "오자서가 오나라에 이르렀다"라고 하였는데, 고유(高誘)의 주에 "과(過)는 지(至)와 같다"[41]라고 하였다는 것을 근거로 동사로 보아 '과(過)'로 읽고 '이르다[至]'라는 의미로 이해하고 있다.

마지막으로 '鬲', '鬲', '鬲', '鬲', '鬲'으로 예정한 것들을 살펴보기로 하자. 본 명문에 보이는 '鬲'의 자형은 '鬲(鬲)'과 '◀'로 구성되어 있다. 쉬중수는 도력(陶鬲)의 입구 옆에 '손잡이[耳]'가 있는 것으로 이해하고 있지만 '◀'는 손잡이가 아니라 관(管)의 형태로 된 '주둥이[流]'로 보아야 한다. 선행 연구에서 '鬲'와 '鬲'는 주둥이의 입구를 강조하여 '역(鬲)'과 '구(口)'를 구성요소로 하였고, '鬲', '鬲', '鬲'는 길게 나온 주둥이를 다리처럼 인식하여 '역(鬲)'과 '치(亐)'를 구성요소로 하였다. 주둥이 모양을 '입구[口]'의 형태로 인식할 수도 있

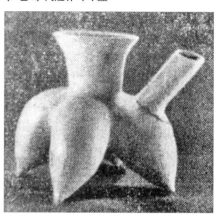

〈그림 2〉 尙莊유적의 盉[42]

지만 이보다는 길게 나온 주둥이를 다리와 연관시켜 '치(亐)'를 그 구성요소를 하는 것이 더욱 적절하다. 또한 자형이 온전한 형태인 역(鬲)의 견부(肩部)에 첨가된 것이기 때문에 본고에서와 같이 '화(鬲)'로 예정하는 것이 더욱 타당하리라고 본다.

선행연구에서는 이상의 여러 자형과 같이 모두 '역(鬲)'에 '주둥이[流]'로 구성되어 있음을 인식하면서도 그 의미는 여전히 '역(鬲)' 혹은 '과(鍋)'로 해석하려 하고 있다. 그러나 이러한 해석에는 모두 문제가 있다. 앞에서 이미 언급하였듯이 '화(鬲)'와 '역(鬲)'의 자형은 확연하게 구분된다. '역(鬲)'은 상 후기와 서주시기의 갑골문과 금문에 모두 확인되는 반면, '화(鬲)'는 서주시기 금문에서만 확인된다. 모두 족씨로 사용되었지만 그 용법이 다르게 사용되고 있음을 확인할 수 있다.

---

39 王國維, 「散氏盤考釋」 『古史新證-王國維最後的講義』 (北京: 淸華大學出版社, 1996), 98쪽.

40 徐中舒, 「再論小屯與仰韶」 『安陽發掘報告』 第3期 (北京: 京華印書局, 1931), 537쪽.

41 『呂氏春秋』 「孟冬紀·異寶」: "伍員過于吳." 高誘 注: "過, 猶至也."

42 발굴보고서에서는 盉(M25:11)가 출토된 M25를 尙莊문화 제1기로 분류하고, 大汶口문화 계통으로 신석기시대 大汶口 무덤의 중기에 해당된다고 하였다.(山東省博物館·聊城地區文化局·荏平縣文化館, 「山東荏平縣尙莊遺址第一次發掘簡報」, 『文物』 1978-4, 35~45쪽.)

단옥재와 왕념손의 주에서와 같이 청대에는 '화(鬲ᵂ)'를 '과(鍋)'로 이해하고 있다. 그러나 이과(二鍋)를 이용한 백주(白酒)에 대한 기원은 현재 3개의 학설이 존재하는데,[43] 가장 빠른 것도 북송 이후이기 때문에 시대를 고려하지 않고 '과(鍋)'자로 고증하려는 것에는 상당한 문제점을 드러낼 수밖에 없다. 곧, 송대 이전에는 백주를 증류하는데 사용하는 이과가 없었기 때문에 다른 기물에서 '鬲ᵂ'의 자형을 찾아야 할 것이다. 현재까지 출토된 고고유물을 통해보면, 그 형태가 '역(鬲)' 혹은 '언(甗)'과 유사하면서 중간에 주둥이가 있는 기물로 상주시기 자주 보이는 '화(盉)'라는 기물의 기형에 주목할 필요가 있다.

〈그림 3〉 선진시기 화(盉)의 기형

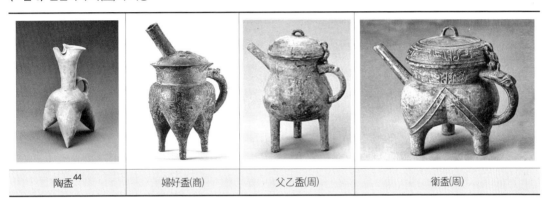

| 陶盉[44] | 婦好盉(商) | 父乙盉(周) | 衛盉(周) |

신석기에서 상 초기의 화(盉)는 대부분 뚜껑 윗부분에 주둥이가 있기 때문에 '봉정화(封頂盉)'라고 불린다. 도화(陶盉)는 산둥지역 다원커우(大汶口)와 룽산(龍山) 문화에서 유행하였던 '도규(陶鬹)'에서 유래되었을 것으로 추정된다.[45] 청동으로 된 화(盉)는 상 초기에 출현하여 상 후기와 서주시기에 상당히 성행하였다. 상 후기의 일부 화(盉)에서는 주둥이가 경부(頸部) 혹은 견부(肩部)에 설치하였는데, '화(鬲ᵂ)'의 자형은 상 후기에서 서주 중기에 보이는 화(盉)의 형태에서 그 형상을 본떠서 만든 글자로 추정된다.

'화(盉)'자는 '화(鬲ᵂ)'와 마찬가지로 은상시기 갑골문에는 보이지 않고, 서주시기 금문에서 처음으로 등

---

43 『宋史』「食貨志」의 "臘釀蒸鬻, 候夏而出"을 근거로 北宋시기에 白酒가 처음으로 만들기 시작하였다는 학설; 1975년 河北 靑龍縣에서 청동제 燒鍋로 만든 술이 발견되었는데, 그 주조연대는 최소 金 世宗의 大定年間(1161~1189년)보다 늦지 않기 때문에 南宋시기에 처음 만들어졌을 것으로 추정하는 학설; 明 李時珍 『本草綱目』의 "燒酒非古法也, 自元時始創, 其法用濃 酒和糟如甑, 蒸令氣上, 用器承取滴漏, 凡酸敗之酒, 皆可蒸燒."에 의거하여 元代에 처음 만들어졌다는 학설이 그것이다.

44 이 陶盉는 하남성 偃師 二里頭유적에서 출토되어 현재 중국사회과학원 고고연구소에 소장되어 있는 기물이다. 盉의 전형적인 특징은 管 형태의 주둥이 [流]가 있는 것인데, 이 기물은 陶盉의 형태가 陶鬹에서 유래되었음을 보여주는 전형적인 것이다.

45 封頂盉에 대해서는 杜金鵬의 「封頂盉研究」(『考古學報』1992-1, 1~33쪽)와 朴載福의 「武父乙盉에 관한 소고」(『考古學探 究』제3호, 2008, 3~4쪽)를 참조하기 바란다.

장한다. 화(盉)의 용도에 대해 그동안 다양한 의견이 제기되었다. 『설문』「명부(皿部)」에 "화(盉)는 조미하는 것이다. '명(皿)'으로 구성되었고 '화(禾)'가 소리를 나타낸다"[46]라고 하였는데, 왕궈웨이는 화(盉)는 준(尊)에 있는 술과 물[玄酒]을 받아 섞어서 작(爵)에 부을 때에 사용하는 기물이라고 하였다.[47] 마청위안도 왕궈웨이의 의견을 견지하기는 하지만 서주시기에 화(盉)와 반(盤)이 세트로 등장하여 이(匜)와 반(盤)의 조합에서와 같이 화(盉)가 이(匜)의 역할을 대신하는 것에 주목하여 화(盉)는 본래 물을 담아서 술과 섞어서 농도를 조절하는데 사용하였고, 반드시 화(盉) 안에서 술과 물을 혼합한 후에 작(爵)에 붓지는 않았을 것으로 추정하였다.[48] 주펑한은 서주시기의 무덤에서 출토되는 화(盉)와 반(盤)의 조합에 주목하여 주기(酒器)보다는 수기(水器)로 사용되었음을 견지하고 있다. 상 후기에는 화(盉)가 그리 유행하지 않았고, 서주 초기에는 화(盉)와 반(盤)의 조합이 극히 드물다. 그러나 서주 중기에 이르러 무덤에서 화(盉)와 반(盤)의 조합을 쉽게 발견할 수 있으며, 문양도 유사하고 명문도 같은 것이 있음을 확인할 수 있다. 서주 후기에 들어 이(匜)와 반(盤)의 조합이 유행하여 화(盉)가 점차 이(匜)로 대체되었으니, 화(盉)와 이(匜)의 쓰임과 용도가 같았을 것으로 추정된다.[49] 곧 서주시기에 반(盤)과 같이 조합으로 등장하는 '화(盉)'는 수기(水器)로 주로 사용되고 있음을 확인할 수 있다. 서주 후기 이후 중원지역에서는 이(匜)와 반(盤)의 조합이 유행하여 화(盉)가 사라지기 시작하였지만 주변지역에서는 춘추전국시기까지도 계속해서 사용하고 있음을 확인할 수 있다.

자형으로 보면, '화(鬲)'자는 '화(盉)'라는 기물의 형상을 하고 있기 때문에 '화(盉)'의 초문(初文)일 가능성이 높다. '화(鬲)'는 '역(鬲)'과 '치(乎)'로 구성된 상형자이며, '화(盉)'는 '명(皿)'으로 구성되었고 '화(禾)'가 소리를 나타내는 형성자이다. 곧 역(鬲)과 유사한 기물의 견부(肩部)에 관(管)의 형태로 된 '주둥이[流]'가 있는 '화(盉)'라는 기물은 서주시기에 자주 보이는데, 이 기물의 형상을 그대로 본뜬 '화(鬲)'자가 먼저 출현하여 족명(族名, 혹은 지명)으로 사용되었을 것이다. 어쩌면 '화(盉)'를 잘 만들거나 주로 사용하였던 민족이었기 때문에 그 기물로서 족명을 삼았을 수도 있다. 점차 한자가 분화되는 과정에서 형성자인 '화(盉)'가 새롭게 만들어져 이러한 기물의 명칭으로 통용되었기 때문에 '화(鬲)'자는 족씨로만 사용되다가 점차 사용되지 않았을 것으로 추정된다.

따라서 본고에서는 '𣎴'를 '화(鬲)'로 예정하고 '화(盉)'의 초문으로 비정하도록 한다. 상주시기에는 기물과 관련된 족명 혹은 국명이 자주 보이는데, '화(鬲)'도 그중 일례에 해당된다.

---

46 『說文』「皿部」: "盉, 調味也. 从皿禾声."

47 王國維, 「說盉」『觀堂集林(一)』(北京: 中華書局, 1999), 151~153쪽.

48 馬承源, 『中國青銅器』, 242쪽.

49 朱鳳瀚, 『古代中國青銅器』, 135~136쪽.

3. 〈화유비정〉의 명문 해석과 역주

이상과 같이 〈화유비정(爵攸比鼎)〉과 관련된 주요 내용을 구체적으로 고증해 보았다. 다음은 그 명문(銘文)의 내용에 대해 논증해 보기로 한다.

육심원과 궈모뤄 등이 '괵려(虢旅)'와 '자손(子孫)' 4글자에 중문(重文) 부호가 있다고 한 이후로 대부분의 학자들이 구체적인 부연설명 없이 〈화유비정〉의 명문을 모두 10행 102자로 소개하고 있다. 그러나 본 명문을 자세히 관찰해 보면, 그 중에 98자는 글자를 한 자씩 새긴 것이고, 중문부호는 '괵려(虢旅)'에는 없고 '자손(子孫)' 2자에만 있기 때문에 본기물의 명문은 실제로 100자라고 하여야 할 것이다.

〈그림 4〉 화유비정 명문의 탁본과 모본[50]

1) 명문의 새로운 예정과 현대어역

명문의 주요 내용은 '화비(爵比)'와 '유위목(攸衛牧)'간에 '유(攸)'땅을 두고 벌어진 소송에 관한 것이다.

---

50 탁본은 中國社會科學院考古硏究所, 『殷周金文集成』5·2818 (北京: 中華書局, 1984~1994)에서 발췌하였고, 모본은 張桂光, 『商周金文摹釋總集』(北京: 中華書局, 2010), 431쪽의 2818을 토대로 탁본의 글자 배열과 똑같게 수정하였다.

탁본과 모본을 바탕으로 매 글자들을 새롭게 예정한 다음에 한국어로 현대어역을 하고 주요 글자들의 역주를 다음과 같이 진행하고자 한다.

(1) 명문의 새로운 예정

佳(唯)卅(三十)又(有)二年三月初吉壬辰, 王才(在)周康宮徲(夷)大(太)室, 𤔲(盄)比㠯(以)攸衛牧告于王, 曰: "女(汝)𡨄(捋)我田牧, 弗能許𤔲(盄)比." 王令(命)眚(省), 史南㠯(以)即號旅, 迺事(使)攸衛牧誓曰: "敢弗具(俱)付𤔲(盄)匕(比), 其且(助)射(謝)分田邑, 劓(則)殺." 攸衛牧劓(則)誓. 比乍(作)朕皇且(祖)丁公·皇考叀(惠)公障(尊)鼎. 𤔲(盄)攸比其𧵦(萬)季(年)子子孫孫永寶用.

(2) 명문의 현대어역

오직 〈여왕(厲王)〉 32년 3월 초길(初吉) 임진(壬辰)일에, 왕이 주(周) 강궁(康宮) 이왕(夷王)의 태실(太室)에 있으니, 화비(𤔲比)가 왕에게 유위목(攸衛牧)을 고소하여 말하기를, "당신[攸衛牧]이 우리 농지를 탈취해 목(牧)으로 만들고서 화비에게 〈농지를 돌려준다고〉 대답하지 않았다"라고 하였다. 왕이 조사해보라고 명하자 사남(史南)은 이 일로써 괵숙려(虢叔旅)에게 교부(交付)해 주니, 이에 유위목으로 하여금 맹세하게 하여 말하기를, "감히 화비에게 모두 주지 않거나 장차 조세와 배상금(혹은 사죄)을 내고 전읍(田邑: 농지와 읍락)을 나누지 않으면 죽임을 당할 것이다"라고 하였다. 유위목은 이에 맹세하였다. 비(比)는 나의 황조 정공(丁公)과 황고 혜공(惠公)의 존귀한 정(鼎)을 만드노라. 화유비(𤔲攸比)는 장차 만년토록 자자손손 영원히 보배롭게 사용할지어다.

2) 주요 글자에 대한 고석

본 명문의 내용을 임의적으로 6단락으로 나누어 원문과 번역 그리고 주요 글자에 대한 역주를 진행하도록 한다.

(1) 佳(唯)卅(三十)又(有)二年三月初吉壬辰, 王才(在)周康宮徲(夷)大(太)室,

오직 〈여왕(厲王)〉 32년 3월 초길(初吉) 임진(壬辰)일에, 왕이 주(周) 강궁(康宮) 이왕(夷王)의 태실(太室)에 있었다.

① '추(佳)'는 문장의 맨 앞에 쓰이는 어기사(語氣詞)로, '유(唯)'자와 통한다. 서주 초·중기의 기물에서는 대부분 '추(佳)'로 썼으며 서주 초기 소왕(昭王)시기의 기물인 〈여정(旟鼎)〉과 〈소준(召尊)〉 등에 이미

'유(唯)'자로 쓰고 있으나 이러한 용례는 극히 드물고 서주 중기 이후 차츰 '유(唯)'자로 쓴 용례가 자주 보인다. 전래문헌에서는 '유(維)' 혹은 '유(惟)'로도 쓴다.

② '우(又)'는 상주시기 갑골문과 금문에서 모두 확인된다. 갑골문에서는 이미 '우(又)', '유(有)', '우(佑)'라는 의미로 쓰고 있으며, 여기에서는 전래문헌에 자주 보이는 '또[有]'라는 의미로 쓰였다.

③ '𢆶'는 현재 '31년(三十一年)'과 '32년(三十二年)'으로 보려는 두개의 학설이 존재한다. 곧 전자는 완원, 마청위안, 왕후이와 같은 학자들이 주장하는 것으로 위의 숫자를 '일(一)'자로 보는 견해이고, 후자는 궈모뤄, 양수다와 같은 학자들이 주장하는 것으로 이 두 글자를 합문(合文)으로 보아 '32년'으로 예정하려는 견해이다. 명문은 모두 10행 100자이다. 1~9행까지는 좌우로 정렬된 네모 칸 안에 기본적으로 한 글자씩 배치하여 한 행에 10자씩 쓰여 있는데, 유독 '𢆶'만은 한 칸 안에 상하의 간격 없이 쓰여 있다. 따라서 상당수의 학자들이 연(秊: 年)자의 맨 위 필획을 합문으로 인식하여 '이년(二年)'으로 보고 있다. 〈화비궤개〉의 명문내용과 서사방식도 기본적으로 같은데, 아마도 2행의 '왕(王)'자를 맨 위에 쓰려는 의도에서 이렇게 배열하였을 것으로 추정된다. 한편, 10행에는 상하 간격이 불규칙하게 7자가 쓰여 있는데, 그중 자손(子孫) 2개에는 중문부호가 있다.

④ '왕(王)'은 제2장 기물의 연대에서 이미 고증한 것과 같이 본고에서는 '여왕(厲王)'으로 비정한다.

⑤ '강궁(康宮)'은 서주시기 강왕(康王)을 제사지내는 종묘(宗廟)이다. 궈모뤄는 '이(㝗)'를 동사로 보았지만 왕후이는 '지(遟: 遲)'라고 하였다. '이태실(㝗大室)'을 당란은 이왕(夷王)의 태실(太室)이라고 하였으니, '이(㝗)'는 곧 '이왕(夷王)'이다. 〈오호정〉에 '강궁이실(康宮㝗室)'이라고 하였는데, 이는 곧 '강궁이태실(康宮㝗太室)'이다.

(2) 𤕤(盉)比㠯(以)攸衛牧告于王, 曰: "女(汝)𢦏(捋)我田牧, 弗能許(盉)比."

화비(𤕤比)가 왕에게 유위목(攸衛牧)을 고소하여 말하기를, "당신[攸衛牧]이 우리 농지를 탈취해 목(牧)으로 만들고서 화비(𤕤比)에게 〈농지를 돌려준다고〉 대답하지 않았다."라고 하였다.

① '화비(𤕤比)'는 앞에서 이미 고증하였듯이 본 기물을 만든 사람의 이름이다.

② '이(㠯)'는 곧 '이(以)'이다. 왕후이는 현대 중국어의 '……을[把]'과 같다고 하였다.

③ '위목(衛牧)'은 완원이 지명이라고 하였지만 양수다는 '유위목(攸衛牧)'을 인명이라고 하였으니, '유(攸)'는 지명이고, '위(衛)'는 그의 성씨이고, '목(牧)'은 그의 직책이다.

④ '고(告)'에 대해 양수다는 '송(訟)'과 같은 의미라고 하였다. 금문 중에서 "○가 ○으로 ○에게 고한다.(某以某告于某)"라는 구절은 소송에 자주 사용되는 말이다. 그 일례로 〈오사위정(五祀衛鼎)〉에 "위(衛)가 방군 여(厲)를 정백(井伯)에게 고소하였다"라 하고, 〈홀정(曶鼎)〉에 "홀(曶)이 광계(匡季)를 동궁(東

宮)에게 고소하였다"[51]라고 하였다. 첫 번째 '모(某)'는 원고이고, 두 번째 '모(某)'는 피고이고, 세 번째 '모(某)'는 소송을 판결하는 주체이다. 곧 본 명문에서 화비(鬲比)는 원고이고, 유위목(攸衛牧)은 피고이고, 여왕(厲王, 虢旅가 담당함)은 판결자이다.

⑤ '여(女)'는 '여(汝)'와 같으니, 여기에서는 '유위목'을 지칭하고, '아(我)'는 '화비' 본인이다.

⑥ '𤔲'자는 윗부분의 '조(爫)'는 분명하지만 아랫부분은 뚜렷하게 보이지 않아 그동안 학자들의 해석에서 이견이 존재하였다. 육심원은 '난(𠂤)'으로 예정하였고, 양수다는 '위(爲)'라는 의미가 있다고 하였다. 손이양은 '부(孚)'로 예정하여 '부(俘)'로 가차되니, 『광아』 「석고(釋詁)」에서 '부(俘)'는 '취하는 것[取]'이라고 하였다. 궈모뤄, 장야추(張亞初), 왕후이 등은 '멱(覓)'으로 예정하고 '구하다[求]'라는 의미가 있다고 하였다. 양셴창은 '율(𤔲)'로 예정하고 '취하다[取]'라는 의미로 해석해야 한다고 하였다. 『설문』에 "율(𤔲)은 다섯 손가락으로 잡는 것이다. '위아래의 두 손[𡥭]'으로 구성되고 '일(一)'이 소리를 나타낸다."라고 하였는데, 린이광(林義光)의 『문원(文源)』에 "일(一)은 소리요소가 아니다. 율(𤔲)은 날(捋)의 고문으로 취한다는 뜻이다. 조(爪)와 촌(寸)으로 구성되어 있다"[52]라고 하였다. 본 기물과 기본적으로 같은 내용인 〈화비궤개〉에는 '𤔲'로 되어 있는데, 이는 〈사동정(師同鼎)〉의 '𤔲'과 〈초궤(楚簋)〉의 '𤔲'와 자형이 대동소이하다. 따라서 본고에서는 양셴창과 같이 '율(𤔲)'로 예정하고 '날(捋)'의 초문으로 해석하도록 한다.

⑦ '전목(田牧)'은 그동안 끊어 읽기에 이견이 존재하였다. 궈모뤄는 '목(牧)'은 마땅히 위의 '전(田)'자와 서로 연결하여 읽어야 하며, 그 뜻은 '전야(田野)'라고 하였으나 양셴창은 본 명문의 내용은 화비와 유위목이 농지로 인해 생긴 소송이고, 유위목이 경계하는 말인 '장차 조세를 내고 전읍을 나누지 않으면 죽임을 당할 것이다[其且(祖)射分田邑, 則殺.]'이라는 구절로 보면, 전읍(田邑)이 서로 연결되어 '전야(田野)'가 아닌 '농전(農田)'을 의미한다고 하였다. 양수다도 '전목(田牧)'을 연결하여 읽어야 하며, '목(牧)'은 '사(司)'의 뜻으로 농지를 담당하는 관리라고 하였다. 그러나 이는 '여위아전목(女(汝)爲我田牧)'으로 '율(𤔲)'자를 '위(爲)'자로 잘못 예정한데서 기인한다고 양셴창은 지적하고 있다. 마청위엔도 '전목(田牧)'을 연결하여 전(田)과 목(牧)의 땅이라고 하였다.

왕후이는 선행연구에서 대부분 '목(牧)'자를 앞 구절에 연결하여 끊어 읽었는데, 타당하지 않다. 마땅히 "당신이 우리 농지를 점거하고, 목이 화비에게 허락하지 않았다[女(汝)覓我田, 牧弗能許比.]"와 같이 '전(田)'자 뒤에서 끊어 읽어야 한다. 앞 구절은 유위목이 화비의 토지를 점령하였음을 의미하고, '목(牧)'은 다음 구절의 주어가 된다고 하였다.

한편, 류환은 양수다가 '전목(田牧)'을 주목(舟牧, 『예기』 「월령」에 보임)의 용례를 들어 설명하고 있는

---

51 〈五祀衛鼎〉: "衛以邦君厲告于井伯", 〈曶鼎〉: "曶以匡季告東宮."

52 『說文』: "𤔲, 五指持也. 从𡥭一聲." 林義光 『文源』: "一非聲. 𤔲, 捋之古文, 取. 从爪从寸."

것에 대해, '주목(舟牧)'은 아마도 '소목(小牧)'에 속하는 것이다. 그러나 본 명문에서 화비와 유위목은 왕에게 직접 소송하는 것으로 볼 때 이들은 제후 등급에 해당되기 때문에 양수다의 설은 성립되기 힘들다. '여멱아전목(女覓我田牧)'는 '당신은 나 화비(爵比)의 농지를 색취(索取)하여 당신의 목(牧)을 담당하는 관할로 삼았다.'라는 의미라고 하였다. '목(牧)'자를 다음 구절의 주어로 하면 앞 구절의 '여(女: 汝)'와 중복되기 때문에 본고에서는 귀모뤄, 양수다와 같이 '전목(田牧)'을 연결하고, '전목'의 의미는 류환의 의견에 따라 해석하도록 한다.

⑧ '허(許)'에 대해 양수다는 『설문』 「언부(言部)」를 인용하여 '듣는 것[聽][53]이라 하였고, 왕후이는 '허락하는 것'이라고 하였다.

(3) 王令(命)眚(省), 史南目(以)即虢旅, 酒事(使)攸衛牧誓曰:

왕이 조사해 보라고 명하자 사남(史南)은 이 일로써 곽숙려(虢叔旅)에게 교부(交付)해 주니, 이에 유위목(攸衛牧)으로 하여금 맹세하게 하여 말하기를,

① '영(令)'은 '명(命)'자와 통한다. '추(隹)'자와 같이 서주 초중기의 기물에서는 대부분 '영(令)'으로 썼으며, 서주 중기이후 차츰 '명(命)'자로 쓰기 시작하였다.

② '생(眚)'은 『석명』 「석천(釋天)」에 '살피는 것[省]이라 하고, 『설문』 「미부(眉部)」에 '성(省)'은 '보는 것[視]이라고 하였다. 『이아』 「석고(釋詁)」에 '성(省)'은 '살피는 것[察]이라고 하였고, 『논어』 「학이(學而)」에 "나는 날마다 세 가지로 내 몸을 살핀다"[54]라고 하였다. 마청위안은 '성(省)'으로 가차된다고 하였고, 왕후이는 '성(省)'으로 읽고 '검사(檢査)', '심사(審査)'라는 뜻이라고 하였다.

③ '남(南)'은 여왕(厲王)의 사관(史官)으로, 남(南)은 그의 이름이다.

④ 즉(即)에 대해 왕후이는 '나아가는 것[就]이라 하고, 양수다는 '교부(交付)'라는 뜻이 있다고 하였다.

⑤ '괵려(虢旅)'는 인명이니, 곧 〈괵숙려종(虢叔旅鐘)〉에 보이는 '괵숙려(虢叔旅)'이다. 육심원과 귀모뤄가 괵려(虢旅)에 중문부호가 있다고 한 이후로 대다수의 학자들이 '사남은 이 일로써 괵려에게 나아가니, 괵려가 이에 유위목에게 맹세하게 하여 말하기를[史南(以)即虢旅, 虢旅酒事(使)攸衛牧誓曰]'로 보고 있다. 본 명문을 자세히 관찰해 보면, '괵(虢)'자의 오른쪽 하단과 '여(旅)'자의 왼쪽 하단에 '일(一)'과 같은 가로 획이 1개가 있는 것처럼 보인다. 그러나 본 명문의 내용과 기본적으로 같은 〈화비궤개〉에는 확실히

---

53 『說文』「言部」: "許, 聽也." 段玉裁 注: "聽從之言也. 耳與聲相入曰: 聽, 引伸之, 凡順從曰: 聽."

54 『論語』「學而」: "吾日三省吾身."

중문부호가 보이지 않는다. 따라서 이 획은 중문부호라고 할 수 없다.

(4) "敢弗具(俱)付罰(盉)匕(比), 其且(助)射(謝)分田邑, 劓(則)殺."

"감히 화비(罰比)에게 모두 주지 않거나 장차 조세와 배상금(혹은 사죄)을 내고 전읍(田邑: 농지와 읍락)을 나누지 않으면 죽임을 당할 것이다."라고 하였다.

① '감(敢)'은 본 기물에서 이미 훼손되어 정확하게 무슨 글자인지 알 수 없다. 우성오, 궈모뤄, 장아초 등은 모두 '아(我)'자로 보았지만 본 기물과 같은 내용인 〈화비궤개〉에는 명확하게 '감(敢)'자로 되어 있다. 따라서 이 글자는 '감(敢)'자임에 의심의 여지가 없다.

② '비(匕)'는 앞의 내용으로 보아 '비(比)'자로 '화비(罰比)'를 지칭한다.

③ '차(且)'에 대해 크게 '조(祖)', '저(沮)', '조(租)', '조(助)'로 해석하는 4개설이 존재한다. 첫째, 육심원은 처음으로 '조(祖)'로 예정하였다. 양셴창은 '차(且)'자는 갑골문과 금문 중에서 '조(祖)'자로 읽으며, 뒤에 '시(示)'가 첨가되었다. 따라서 본 명문에서 '차(且)'자는 여전히 '조(祖)'자로 읽고 '사(射)'자는 인명이 되며, 화비(罰比)의 선조이다. 〈선정(善鼎)〉의 "조부의 기치(旗幟)를 하사하니, 의례행사에 사용하라[賜汝乃祖旗, 用事]"와 〈대우정(大盂鼎)〉의 "조부인 남공의 기치를 하사하노라[賜汝祖南公旗]"와 같은 금문의 기록에 의하면, 하사품의 앞에 종종 선조의 이름을 쓰는 경우가 있는데, 이는 특별한 의미가 있는 것이다. 이 구절은 "내가 만일 화비의 선조인 사(射)에게 나누어 준 전읍(田邑)을 전부 돌려주지 않으면 사형에 처할 것이다."라는 의미이다. 그러나 만약 '조사(祖射)'가 화비의 선조라고 한다면, 다음 구절의 '황조정공(皇祖丁公)'과 같이 상나라의 유풍을 따라 간지를 사용하였을 가능성이 높다. 그러므로 이러한 견해는 받아들여지기 힘들다.

둘째, 마청위안은 '차(且)'는 '저(沮)'로 가차되고 '역(射)'은 '염(厭)'으로 가차되니, '저염(沮厭)'은 '손훼(損毁)'하는 뜻이다. 곧 서약을 훼손한다는 의미라고 하였다. 그러나 '차사(且射)'를 '저염(沮厭)'으로 볼 수 있는지는 좀 더 검토할 필요가 있다.

셋째, 궈모뤄와 양수다는 '차사(且射)'를 '조사(租謝)'로 보아 '조(租)'는 '전부(田賦)'로, '사(謝)'는 '전재(錢財)'로 풀이하였다. 우성오는 '차(且)'라고 예정하고 해석하지는 않았다. '차(且)'를 '조(租)'로 읽는 용례는 금문에 보이지 않고, 『좌전』「선공(宣公)」15년의 '초세묘(初稅畝)'와 같이 전래문헌에도 '세(稅)'가 먼저 출현하였고, '조(租)'의 출현은 비교적 늦다.

넷째, 왕후이는 '조(助)'라고 읽는다. 『광운』에 '조(助)'는 '더하는 것[益]'이라 하고, 『주역』「계사전」에 "하늘이 돕는 것이 순(順)이다."[55]라고 하였다. '조사(助射)'는 '더욱 취한다[益取]', '많이 취한다[多取]', '크

---

55   『周易』「繫辭傳」: "天之所助者, 順也."

게 취한다[大取]'라는 말과 같다. 『관자』「백심(白心)」에 "도란 조금 취하면 복을 조금 얻고, 크게 취하면 복을 크게 얻는다."[56]라고 하였으니, '기조사분전읍(其助射分田邑)'은 마땅히 '유위목의 전읍(田邑)을 더 많이 나누어야 한다'라는 말이다. 류환은 '차(且)'는 곧 '조(助)'로 '적(籍)'자와 통한다. 『맹자』「등문공상」에 "하후씨는 50묘로 공(貢)을 쓰고, 은인은 70묘로 조(助)를 쓰고, 주인은 100묘로 철(徹)을 쓰니, 그 실제는 모두 1/10이다. 철(徹)은 통한다는 뜻이고, 조(助)는 빌린다는 뜻이다."[57]라고 하였다. 그러나 금문에서 아직 '차(且)'를 '조(助)'로 쓰는 용례가 보이지 않는다.

한편, '사(謝)'자에 대해 양수다는 '전재(錢財)'로 보고 있는데, 류환은 '사죄(謝罪)'로 해석하였다.

이상과 같이, 현재 이 부분은 여러 견해들이 있지만 이들 모두 명료하게 해석하지 못하고 있는 실정이다. 앞으로 관련된 새로운 자료가 발견되어 좀 더 명확히 해석되길 바란다.

④ '𢼸'에 대해 육심원은 '도(敎)'로 예정하였으며, 귀모뤄는 '방(放)'자로, 양수다는 '수(殊)'자로, 마청위안은 '징(懲)'으로, 리링(李零)은 '파(播)'로 보았지만 모두 본 글자의 자형과는 거리가 있다. 추시구이, 장야추, 왕후이 등은 '살(殺)'자로 해석하였는데, '살(殺)'자는 춘추시기의 〈경호(庚壺)〉에는 '𣏌'로 쓰여 있고, 〈삼체석경(三體石經)〉에는 '𣏌', '𣏌'로 쓰여 있으니, 그 자형이 서로 비슷하기 때문에 '살(殺)'로 해석하는 것이 더욱 타당해 보인다. 『설문』「살부(殺部)」에 '살(殺)'은 '죽이는 것[戮]'이라고 하였다.

(5) 攸衛牧劓(則)誓. 比乍(作)朕皇且(祖)丁公·皇考叀(惠)公障(尊)鼎.

유위목(攸衛牧)은 이에 맹세하였다. 비(比)는 나의 황조 정공(丁公)과 황고 혜공(惠公)의 존귀한 정(鼎)을 만드노라.

① '즉(劓)'은 곧 '즉(則)'자로 고문자에서 '정(鼎)'과 '패(貝)'자는 종종 혼용되었다. 양센창은 '즉(則)'은 일반적으로 '내(乃)' 혹은 '취(就)'로 해석된다. '즉서(則誓)'는 곧 '이에 맹세한다.'라는 의미이다. 『대대례기(大戴禮記)』「하소정전(夏小正傳)」에 '즉(則)'은 '다하는 것[盡]'이라고 하였으니, 우성오는 '즉서(則誓)'는 '맹세를 끝마치다[畢誓]'라는 뜻이라고 하였다.

② '비(比)'는 '화유비(𣪏攸比)'를 지칭하니, 자신의 조상 앞에 자신을 지칭하기 때문에 이름인 '비(比)'만 쓴 것이다.

③ '사(乍)'는 곧 '작(作)'이다.

④ '차(且)'는 곧 '조(祖)'로 '황조(皇祖)'는 돌아가신 할아버지를 가리킨다. 황조는 상대의 유풍과 같이

---

56 『管子』「白心」: "道者, 小取焉, 則小得福, 大取焉, 則大得福."

57 『孟子』「滕文公上」: "夏后氏五十而貢, 殷人七十而助, 周人百畝而徹, 其實皆什一也. 徹者, 徹也, 助者, 藉也."

간지를 사용하여 '정공(丁公)'이라 하였다.

⑤ '혜(叀)'는 곧 '혜(惠)'이다. '혜공(惠公)'은 돌아가신 아버지[皇考]이다. 할아버지와 달리 주대의 풍습을 따라 호칭한 것이 주목할 만하다.

⑥ '존(障)'은 곧 '존(尊)'이니, '존귀하다'라는 의미이다.

(6) 鬲ₚ(盉)攸比其儥(萬)秊(年)子子孫孫永寶用.
화유비(鬲ₚ攸比)는 장차 만년토록 자자손손 영원히 보배롭게 사용할지어다.

① '화유비(鬲ₚ攸比)'는 〈화비궤개〉의 명문에 "화비기만년(鬲ₚ比其萬年)"이라고만 되어 있는데, 쟈오광셴(趙光賢)은 이를 근거로 '유(攸)'자는 연문(衍文)이라고 하였다. 왕국유는 앞 문장에서는 '화비(鬲ₚ比)'라 하고 여기서는 '화유비(鬲ₚ攸比)'라고 하였는데, '화(鬲ₚ)'은 본래 지명이었고, 비(比)는 씨(氏)이다. 유위목(攸衛牧)에게 유(攸)땅을 돌려받았기 때문에 '화유(鬲ₚ攸)'를 씨(氏)로 겸용하였다고 하였다. 곧 앞부분에 '화비'라고만 하고, 뒤에 '화유비'라고 일컬은 것은 화비가 이번 소송에서 이겨 '유(攸)'땅을 획득하였기 때문에 이를 기념하기 위해 '화유비(鬲ₚ攸比)'라고 호칭하였을 것이다.

② 왕후이는 '🅰'자를 '매(邁)'로 예정하고 있으나 좀 더 정확하게 예정한다면 '만(儥)'으로 하고 '만(萬)'으로 해석해야 한다.

③ '🅱'은 대부분 선행연구에서 '연(年)'으로 직접 예정하였지만 '연(秊)'으로 예정하는 것이 더욱 정확한 표현이다. '연(秊)'은 '화(禾)'와 '인(人)'으로 구성되어 잘 익은 벼를 운반하는 형상을 본뜬 글자이다. 매년 1번씩 곡식을 수확하기 때문에 점차 1년이라는 의미로 쓰이게 되었다.

④ '자(子)'와 '손(孫)'자 뒤에는 각각 중문부호가 있어 '자자손손(子子孫孫)'으로 읽는다.

4. 맺음말

〈화유비정〉이 언제 어디에서 발견되었는지 정확하게 알 수는 없지만 최소한 청 후기에는 이미 발견되어 육심원, 단방과 같은 금석수집가에 의해 소장되었을 것으로 추정된다. 이후 여러 저록에서 탁본과 관련내용을 일부 소개하였고, 이 기물의 명문에 대한 구체적인 연구는 양수다에 의해 처음으로 진행되었다고 할 수 있다.

본기물의 명칭은 〈역비정(鬲ₚ比鼎)〉, 〈역유종정(鬲攸从鼎)〉, 〈역유비정(鬲攸比鼎)〉, 〈과유종정(鍋攸从鼎)〉, 〈역유종정(鬴攸从鼎)〉, 〈역유종정(鬲攸从鼎)〉, 〈역유종정(鬲攸從鼎)〉, 〈역종정(鬲從鼎)〉, 〈역종정

〈鬲从鼎〉〉, 〈역유비정(鬲攸比鼎)〉, 〈역유비정(鬲攸比鼎)〉, 〈유비정(攸比鼎)〉 등과 같이 다양하게 불려져 왔다. 현재까지도 그 명칭에 이견이 존재하여 본고에서는 그 자형의 구체적인 분석을 통해 〈화유비정(鬲攸比鼎)〉으로 비정하였다.

기물의 연대에 대해 선행연구에서는 대체로 여왕·선왕·서주 후기로 분류하고 있다. 따라서 본고에서는 기물의 기형과 문양, 명문의 내용과 서풍을 토대로 〈화유비정〉을 서주 후기 여왕 32년에 제작된 기물로 추정하였다.

본 기물을 만든 사람의 족씨인 '鬲'의 해석에도 '역(鬲)', '과(鍋)', '역(鬲)', '역(鬲)', '역(鬲)', '역(鬲)' 등으로 다양하게 이해하고 있었다. 본고에서는 선행연구의 문제점을 일일이 지적하고, 자형을 근거로 '화(鬲)'자로 예정하였다. 또한 현재 고고학적으로 출토된 상주시기 기물의 기형들과의 비교를 통해 이 글자가 '화(盉)'의 초문임을 새롭게 증명해 내었다.

〈화유비정〉의 명문은 모두 10행에 98자가 쓰여져 있는데, 그중에서 '괵려(虢旅)'에는 중문부호가 없고 '자손(子孫)' 2자에만 중문부호가 있기 때문에 실제로 명문은 100자에 불과함을 피력하였다. 명문의 주요 내용은 '화비(鬲比)'와 '유위목(攸衛牧)' 간에 '유(攸)'땅을 두고 벌어진 소송에 관한 것이다. 본고에서는 선행연구의 성과를 토대로 '화(鬲)'와 관련된 기물인 〈화비수〉(25년)와 〈화비궤개〉(32년)의 명문내용과 비교를 통해 매 글자들을 새롭게 예정하고 한국어로 현대어역을 진행하였다. 또한 관건이 되는 주요 글자들에 대한 역주를 진행하여 본 명문의 정확한 내용을 파악하고자 노력하였다.

화비는 여왕에게 유위목을 고소하고, 여왕은 사남(史南)과 괵숙려(虢叔旅)에게 이 일을 담당하게 하였다. 화비는 유위목과의 소송에서 승소하여 이미 '유'땅을 돌려받았기 때문에 '화유비'라는 호칭을 사용하고, 이를 기념하기 위해 돌아가신 할아버지 정공(丁公)과 아버지 혜공(惠公)을 위한 존귀한 정을 만들게 되었을 것으로 추정된다.

본 명문은 서주시기 토지와 관련된 소송에 관한 정보를 제공해 주는 좋은 자료이다. 특히, 황조(皇祖)는 상대의 유풍과 같이 간지를 사용하여 '정공(丁公)'이라 하고, 황고(皇考)는 주대의 풍습을 따라 '혜공(惠公)'이라고 하는 호칭에 대해 주목할 필요가 있다. 어쩌면 화비의 조상은 상나라 계통으로 서주 초·중기에는 은유민(殷遺民)으로 상의 풍습을 계승해 오다가 아버지 때에 와서 주나라 방식으로 시호를 바꾸어 완전히 서주에 동화되었을 것으로 추정된다.

이 글은 같은 제목으로 『문화와 예술연구』 제1집 (2013)에 게재한 논문을 수정 보완한 것이다.

4

고문자 자형으로 본 전국시대 유가 경전 해석학의 면모:
칭화간 『상서(尙書)』류 문헌을 예시로

김 정 남 (한양대)

1. 들어가며

춘추시기 공자로부터 시작된 유가(儒家)는 한대(漢代) 이후로 "대일통(大一統)", "존군보민(尊君保民)"을 기초로 하는 통치 사상을 제기하면서 중국 역대 통치 사상의 주도적 역할을 담당해왔다. 유가의 발전 과정 중에서 경학은 중요한 지위와 가치를 지닌다. 유가학파의 모든 학술 활동은 일찍부터 경전(經典)을 기초로 두었다. 유가는 경전을 학습하고 해석하며 후대에 전수했던 학파이다. 구체적으로 말하면 여기에서 말하는 경전은 주로 "육경(六經)"을 지칭한다. 공자는 일찍부터 육경 위주의 경전에 대해 많은 해석과 설명을 남겼고 더 나아가 내용을 교정했다. 전국시기에 접어들면서 그의 제자들은 이러한 기초 위에 유가를 특징짓는 "경학"을 창조해낸다.

"경학"의 연구 방식은 두 가지로 구분하는데 하나는 경전에서 도출된 형이상학적 사상 체계 담론이고 또 다른 하나는 경전 문구와 어휘에 대한 해석이다. 전자는 한대 이후로 발전했고 후자는 공자시기에 이미 존재했다. 경전 문구와 어휘 해석은 경학 연구의 첫 단계이므로 모든 시대마다 그 나름의 경전 해석 방식이 있어 왔다.

전국시기 또한 당시의 경전 해석 방식이 있었다. 왕중장(王中江)은 이를 "국부(局部)" 혹은 "전체"로 표현했다. 전자는 경전의 일부분에 대한 해석을 말하고 후자는 경전의 전체적인 개념에 초점을 맞추어 진행하는 해석 작업이다. 최근 들어 각종 출토문헌이 발굴되면서 이와 동시에 복원 및 정리 작업도 진행

I부 • 4. 고문자 자형으로 본 전국시대 유가 경전 해석학의 면모　**87**

하[1]고 있는데, 다행스럽게도 전국시기 출토문헌에서 전국시기 경전 해석의 구체적인 정황을 찾아볼 수 있게 되었다. 우선 초간 자료 중에서 관련 내용을 살펴보자.

2000년에 발표된 상박초간(上博楚簡) 『공자시론(孔子詩論)』은 현존하는 중국 최초의 시학(詩學) 이론 저작이다. 이 자료는 시에 대한 총체적 평론부터 풍(風), 아(雅), 송(頌)의 내용과 각 특징에 대해 정련된 키워드로 개괄했다. 그리고 구체적인 작품의 평론까지 기술하는데 유가학파의 시교(詩敎) 및 악교(樂敎) 연구에도 상당히 중요한 의의를 가진다.[2] 이 자료에 바로 위에서 언급한 각종 해석이 기술되어 있다. 예를 들어 1호간 "공자 가로되, 시는 숨긴 본심이 없고 음악은 숨긴 감정이 없으며 문장은 숨긴 뜻이 없다.(孔子曰, 詩亡隱志, 樂亡隱情, 文亡隱意)"는 『시(詩)』를 개괄하는 평론이다. 2호간 "송(頌)은 공평한 덕을 말한다. 대부분 '후(後)'를 언급한다. 그 음악은 침착하면서도 완만하고 그 노래는 명확하면서 쉽고, 그 생각은 깊고 심원하니 지극하구나! 대아(大雅)는 크고 훌륭한 덕이다. 대부분……(頌, 平德也, 多言後, 其樂安而遲, 其歌申而易, 其思深而遠, 至矣! 大雅, 盛德也, 多言……)" 또한 "송(頌)", "대아(大雅)", "소아(小雅)", "국풍(國風)"에 대한 평론이다. 이에 반하여 8호간 "『십월』은 비평에 능한 것이다. 「우무정」 「절남산」 모두 상류층의 덕이 쇠한 것을 말한다. 왕과 공이 치욕스럽게 생각한다. 「소민」은 의심이 많은 것으로 다른 사람이 하는 말에 자신의 의도와 맞지 않음을 언급한 것이다.(「十月」善譬言. 「雨無正」「節南山」皆言上之衰也, 王公恥之, 「小旻」多疑矣, 言不中志者也)"는 구체적인 작품에 대한 개괄적 평론이며, 16호간 "나는 「갈담」으로 처음을 존중하는 시를 보았다. 백성의 품성은 본래 그런 것으로 아름다움을 보면 반드시 그 근본을 돌이켜보고자 한다.(吾以葛覃得祗初之詩. 民性固然, 見其美必欲反其本.)"는 개별 작품을 상세하게 평론한 내용이다. 이 밖에도 궈뎬초간(郭店楚簡) 『성자명출(性自命出)』에서 『시(詩)』, 『서(書)』, 『예(禮)』, 『악(樂)』의 의의에 대한 간략한 개괄도 볼 수 있는데 관련 기술은 다음과 같다.

『시』, 『서』, 『예』, 『악』은 그 시작은 모두 사람으로부터 생겨났다. 『시』는 의도가 있어 행한 것이며 『서』는 의도가 있어 말한 것이며 『예』, 『악』은 의도가 있어 행동한 것이다. (『詩』 『書』 『禮』 『樂』, 其始出皆生于人. 『詩』有爲爲之也, 『書』有爲言之也, 『禮』 『樂』有爲擧之也.)

궈뎬초간 『육덕(六德)』에 나열된 문헌은 『시』, 『서』, 『예』, 『악』 외에도 두 가지 문헌이 더 있는데 바로 『역(易)』, 『춘추(春秋)』이다.[3] 궈뎬초간 『어총일(語叢一)』에서도 『시』, 『역』, 『춘추』 세 문헌에 대한 해석이 있다.

1   王中江, 『簡帛文明與古代思想世界』 (北京: 北京大學出版社, 2011年 3月), 333쪽.

2   劉信芳, 『孔子詩論述學』 (合肥: 安徽大學出版社, 2003年 1月), 3쪽.

3   궈뎬초간 『六德』 "『詩』 와 『書』 를 보아도 이러한 내용이 있고, 『禮』 와 『樂』 을 보아도 이러한 내용이 있으며, 『易』 과 『春秋』 를 보아도 이러한 내용이 있다.(觀諸詩書則亦在矣, 觀諸禮樂則亦在矣, 觀諸易春秋則亦在矣.)"

『시』는 이전과 지금의 본심을 모은 것이며『역』은 천도와 인도를 모은 것이며『춘추』는 이전과 지금의 일들을 모은 것이다. (『詩』所以會古今之志也者, 『易』所以會天道人道也, 『春秋』會古今之事也.)

이상 제시한 인용문에서 전국시기에 이미 여섯 가지 전적의 "정형화"가 진행되었고 당시에 이미 전적에 대한 해석이 이루어졌음을 알 수 있다.

이와 같은 경전 해석은 개괄적 평론 및 구체적인 작품 해석뿐만 아니라 어법, 음운, 문자 분석을 통해 자신의 해석 관점을 제기하기도 한다. 더욱이, 유가학파의 발전 과정에서 전국시기는 과도기적 단계에 해당한다. 다시 말하면, 공자가 제창한 "술이부작(述而不作)"을 계승하고 동시에 사학의 흥성에 따라 제자들 또한 자신의 학술 관점을 드러내는데『한비자(韓非子)』「현학(顯學)」에서 언급한 새로운 국면이 바로 이것이다.[4] 이러한 상황에서 그들은 경전의 해석방식과 해석 관점에 따라 각기 다른 발전 과정을 거치는데, 필자는 바로 문자를 토대로 경전을 해석한 정황이 있었을 것으로 추측하고 있다. 본고는 칭화간『상서(尙書)』류 문헌을 예시로 전국문자 자형 이론을 통해서 그 당시 유가 경전 연구자가 고문자 자형을 통해 각 경전을 해석하려했던 정황에 대해 분석해보려고 한다.

우선 전국문자 자형의 특징에 대해 주목할 필요가 있다. 허린이(何琳儀)는『전국문자통론(戰國文字通論)』에서 전국문자 형태 변화에 대해 다음과 같이 언급했다.

전국문자 형태 변화를 연구하기 위해서는 지역 간의 연관성에 주목해야할 뿐만 아니라 시기 간의 관련성도 주목해야 한다. 전국문자는 은주문자(殷周文字)를 계승하고 진한문자(秦漢文字)에 영향을 미친 과도기적인 문자이다. 따라서 전국문자의 특징 또한 은주문자와 진한문자와의 동일성이나 유사성에서 살펴봐야 한다. 이와 같은 역사적 안목으로 분석한다면 전국문자는 은주문자의 연속이라 할 수 있다. 은주문자의 형체 변화 규칙, 예를 들어 간화, 변화, 이화 등은 전국문자의 형체 변화와 대략적으로 일치한다. 단지 지역 차이로 인해서 이와 같은 변화가 더욱 더 급격하게 표출될 뿐이다.[5]

---

4 『韓非子』「顯學」: "세상에 드러난 학파는 유가와 묵가이다. 유가에서 최고는 공구이다. 묵가의 최고는 묵적이다. 공자가 사망한 후로부터, 자장의 유가가 있고 자사의 유가가 있고 안씨의 유가가 있고 맹씨의 유가가 있고 칠조씨의 유가가 있고 중량씨의 유가가 있고 손씨의 유가가 있고 악정씨의 유가가 있다. 묵자가 죽은 후로부터 상리씨의 묵가가 있고 상부씨의 묵가가 있고 등릉씨의 묵가가 있다. 따라서, 공자와 묵자 후는 유가는 여덟 개로 갈라지고 묵가는 서로 떨어져 세 부류가 되었으니 취하고 버리는 것이 서로 반대가 되어 달라지고 모두 자신을 진정한 공자·묵자라고 하니 공자와 묵자는 다시 살아날 수 없는데 장차 누가 후세의 학문을 관정하게될 것인가? (世之顯學, 儒墨也. 儒之所至, 孔丘也. 墨之所至, 墨翟也. 自孔子之死也, 有子張之儒, 有子思之儒, 有顔氏之儒, 有孟氏之儒, 有漆雕氏之儒, 有仲良氏之儒, 有孫氏之儒, 有樂正氏之儒. 自墨子之死也, 有相里氏之墨, 有相夫氏之墨, 有鄧陵氏之墨. 故孔墨之後, 儒分爲八, 墨離爲三, 取舍相反不同, 而皆自謂眞孔墨, 孔墨不可復生, 將誰使定世之學乎?")

5 何琳儀, 『戰國文字通論』(南京: 江蘇教育出版社, 2003年1月), 202쪽.

이상의 진술을 토대로 전국문자 자형은 변화가 아주 빠른 속도로 진행된 고문자 변천 과정의 한 단계였음을 알 수 있다. 최근 출토된 전국시기 자료 분석을 통해서도 대부분의 전국문자 구조는 은주 시기로부터 변화된 것임을 확인할 수 있다. 따라서 허린이는 "위로는 은주문자를 계승하고 아래로는 진한문자 시대를 연 과도문자이다"라고 했다. 이와 동시에 더욱 더 엄밀하게 표현하기 위해서 원시 자형의 기초 위에 구분 기호를 더하였다. 이와 같은 "구분 기호"는 "의부(義符)"가 되기도 하고 "성부(音符)"가 되기도 하며 "수식 필획"이 되기도 한다.[6] 이 현상은 전국 시기 중에 더욱 더 두드러지게 나타났으며 위에서 "이와 같은 변화가 더욱 더 급격하게 표출"된다고 한 원인은 바로 여기에 있다.

전국문자의 이와 같은 특징은 경전해석의 측면에서 볼 때 아주 유용한 표현 수단이 될 수 있다. 유가 학파는 전국 시기 자형이나 전국 시기 이전 자형, 또는 전국 시기에 형성된 특수 자형을 통해서 각 경전에 대한 해석 관점을 표출했을 가능성이 크다. 아래 2절에서 칭화간『상서』류 문헌을 통해서 자형 구조 중 반영된 경전 해석의 면모들을 살펴보도록 한다.

2. 자형 구조를 통해 본 경전 해석의 면모

1) 원형 구조 유지

여기에서 말하는 "원형 구조"는 경전의 최초 판본에 쓰인 자형 구조이다. 칭화간『상서』류 문헌은 편찬 시기가 전국 시기이지만 서주문자(西周文字) 자형이 쓰인 사례를 일부 찾아볼 수 있다. 이런 현상은 주로 허사, 대명사와 관련된 자형에 집중적으로 나타난다. 현재까지 발표된 전국시기 간백(簡帛) 자료 중 이와 같은 자형 구조가 나타난 적은 없다.

(1) 迺

전국 시기 문헌 중 '내(迺, 이에)'를 쓴 사례는 아주 적다. 이 자형은 주로 갑골문, 서주금문에 쓰였고, 현재 발굴된 초간(楚簡) 자료에서는 쓰인 사례가 없다. 『이아(爾雅)』「석고(釋詁)」에서 "郡, 臻, 仍, 迺, 侯는 乃로 풀이한다. (郡臻仍迺侯, 乃也)"로 의미 간의 관련성을 언급한 바 있으며『경전석사(經典釋詞)』에서도 "乃는 於是와 같다. 글자는 간혹 迺로도 쓴다. (乃, 猶於是也. 字或作迺.)"로 '迺'를 '乃'의 이체자로 언급했다. '迺'와 '乃'의 용법은 동일한 부분이 많다. 초간 '乃'는 주로 순접(順接) 역할을 하는 접속사로 쓰며 그

---

6 劉釗,『古文字構形學』(福州: 福建人民出版社, 2006年1月), 234~238쪽.

밖에도 인칭 대명사나 시간 부사로도 쓴다. '迺'는 칭화간 『상서』류 문헌에서 9번 출현하는데 앞뒤 상황을 서로 연결해주는 "그런 후에", "그래서" 등으로 풀이한다. 이 용법은 초간 '乃'와 동일하면서 갑골, 청동기 금문의 자형과 동일한 구조를 갖추고 있다. 이와 관련 있는 고문자 자형을 간략한 표로 제시해보면 다음과 같다.

	갑골문	서주 청동기 금문	칭화간
자형	🔸『合集』18126 🔸『合集』28174 🔸『屯』271 🔸『懷』1430	🔸대우정(大盂鼎, 『集成』2837) 🔸오사위정(五祀衛鼎, 『集成』2832) 🔸사장반(史牆盤, 『集成』10175) 🔸농유(農卣, 『集成』5424)	🔸『傅説之命下』4호간 🔸『皇門』9호간 🔸『保訓』8호간 🔸『程寤』1호간

따라서 칭화간 '迺'는 "원형 구조 유지"의 한 사례로 볼 수 있다.

(2) 劦

『윤고(尹誥)』 2호간 "劦"는 최초 정리자가 '劦'로 예정하고 '협(協, 돕다)'으로 읽었다. 갑골문 '劦'은 '協'의 원형이다. 예를 들면 『합집(合集)』20283의 '劦', 『합집』14295의 '劦'이 바로 '劦'이며 『합집』16109의 '劦', 『합집』22798의 '劦'는 '口'를 추가한 자형이나 이 역시 '劦'이다. 그러나 갑골문에서 이보다 더 유사한 자형은 '劦'이다. 『합집』7의 '劦', 『합집』29232의 '劦'과 『회특씨등수장갑골집(懷特氏等收藏甲骨集)』337의 '劦'는 2호간 '劦'과 기본상 동일하다. '劦'와 관련하여, 위싱우(于省吾)는 "'劦'자 구조 분석을 통해 '耒'와 '力'로 구성된 자형의 기원과 '犬'과 '口'로 구성된 금문 '器'의 유래도 밝혀졌다. 따라서 '劦'의 본의는 '견(犬, 개)'으로 '뢰(耒, 쟁기)'를 지키는 것이며 양자는 유기적으로 연계되어 있다. 갑골문과 상대(商代) 금문 모두 '劦'이나 '劦'으로 "협조"를 표현했으며 이 자형은 '協'과 고금자(古今字) 관계이다."라고 했다.[7]

게다가 우치창(吳其昌)은 "쟁기 세 개로 구성된 '劦'은 본래 劦에서 변형된 것인데 쟁기를 본뜬 자형이다. 이후에 '力'으로 변형된다"[8]라고 하였다. 이로부터 알 수 있듯이, '劦'의 윗부분 '力'은 실제로 '耒'에서 파생되었다.

2호간 '劦'는 서주 청동기와 춘추전국시대 청동기 중의 '協', 전초고문(傳抄古文)의 '協'과 유사하다. 관

---

7   于省吾, 『甲骨文字釋林』(北京: 中華書局, 2009年9月), 258쪽.
8   吳其昌의 의견은 古文字詁林編撰委員會, 『古文字詁林』 第十册 (上海: 上海教育出版社, 1999年12月), 48쪽에서 인용했다.

련 자형은 아래와 같다.

	청동기 금문	전초고문(傳抄古文)
서주 시기	🔶(『集成』181) 🔶(『集成』247) 🔶(『集成』257) 🔶(『新收』1607)	🔶『集篆古文韻海』5·38
춘추 시기	🔶(『集成』198) 🔶(『集成』196) 🔶(『集成』267) 🔶(『集成』268) 🔶(『集成』270) 🔶(『集成』277) 🔶(『新收』1616)	🔶『汗簡』5·65 🔶『古文四聲韻』5·21 🔶『汗簡』6·75
전국 시기	🔶(『集成』171)	

'🔶'의 윗부분 '🔶'는 '耒' 3개로 구성됐다. 형태상으로 볼 때, '🔶'는 '力'과 '肉'로 구성됐으나 위 표에서도 볼 수 있듯이 '🔶'는 고문자 '耒'가 변형된 것이며 서주 금문의 '耒'와 갑골문이 아주 유사하다. 『合集』8213의 "🔶"와 『合集』3415中의 "🔶" 모두 서주 금문 '耒'와 아주 유사하다. 또한, 춘추 금문 '耒'는 적지 않은 이체자가 존재한다. 춘추 금문 '耒'는 이전 자형보다 복잡해졌다. 하단부의 쟁깃날을 본뜬 부분이 '肉'으로 변화한다. 『新收』1616의 '耒'는 윗부분과 아랫부분이 분리되었다. 이후에 '耒'의 윗부분이 '力'으로 변하였고 아랫부분은 '肉'으로 변한다. 심지어 『集成』270·277의 '耒'는 아랫부분만 남아있다. 전초고문 "🔶" 또한 동일한 구조이다. "🔶"는 윗부분이 변형된 '力'으로 구성된 자형이다.

이로부터 2호간 '🔶'도 '耡'로부터 유래된 자형으로 추측할 수 있다.

2) 서주시기 통가자 활용[9]

위성우는 "고문자를 연구하는데 각 한자 본래의 형태, 소리, 의미 세 요소의 상호 관계에 주의를 기울여야 하며, 아울러 각 한자와 같은 시대 다른 한자와의 관계 및 그 한자가 다른 시대로 변화 발전하면서 맺는 또 다른 한자와의 관계까지 주의를 기울여야 한다"[10]라고 했다. 각 한자의 형, 음, 의와 마찬가지로 같은 시대의 통가 용례와 그 변화 과정도 주의 깊게 살펴야 한다는 뜻이다. 설령 다른 시기의 문헌에서 동일한 한자가 있다고 해도 그 독법 또한 시대의 차이로 인해서 변화가 발생하기도 한다. 그래서 통가 현상

---

9 엄격히 말해서 통가현상은 자음과 관련 있다. 하지만 필자가 여기에서 통가자를 제시한 이유는 고문자 구형 분석에 결정적인 역할을 하기 때문이다. 따라서 필자는 통가자를 고문자 구형의 한 부분으로 귀속시켜 논의해보고자 한다.

10 于省吾, 『甲骨文字釋林』, 서문(序文).

은 일종의 시대성을 지니고 있다.

경전 전수 과정 중, 해석자가 채용한 통가 용례 또한 자신의 해석관점이 반영될 가능성이 있다. 만약 해석자가 "전승"의 태도를 보였다면 그 문헌이 만들어진 시기의 통가 용례 역시 전승의 대상이다. 이와 같은 가설을 토대로 다시 문헌의 통가 용례를 본다면 문헌에 반영된 문자 운용 상황과 해석자의 관점을 이해할 수 있을 것이다. 칭화간『상서』류 문헌의 용례는 전국 시기 통가 습관과 차이가 있다. 다른 초간과 비교하면 칭화간『상서』류 문헌 중에서 서주 시기의 통가 용례를 발견할 수 있다. 아래 몇 가지 구체적인 사례들이 바로 그런 예이다.

(1) 甹

『황문(皇門)』1호간 '𡕢'는 '口'가 부수이며 '甹'이 성부인 자형이다. 정리자는 '병(屏, 병풍)'으로 읽었는데 타당한 해석이다. '甹'를 포함한 "甹朕立"는 전래본『일주서(逸周書)』「황문」에서 "據屏位 (왕위를 보호하는 자리에 두다)"이다. '甹'과 '屏'의 통가 관계는 서주 금문에서 이미 출현한 바 있다. 모공정(毛公鼎,『集成』02841)의 "甹朕位", 번생궤(番生簋,『集成』04326)와 반궤(班簋,『集成』04341)의 "甹王位", 사장반(史牆盤,『集成』10175)의 "上帝降懿德大甹 (하느님이 큰 덕을 내려주어 크게 보호해주다)"의 '병(甹, 말이 빠르다)'은 모두 '병(屏, 병풍)'으로 읽는다. 이는 죽간의 "甹朕立"와 동일하다.

바오산초간(包山楚簡) 197호간 '𡵅', 199호간 '𡴆', 201호간 '𡴅'과『황문』1호간 '𡕢'는 동일하므로 마찬가지로 '甹'로 예정한다. 125호간 '𡳉'는 '甹'로 예정한다. 거링초간(葛陵楚簡) 零416호간 '𡶊'는 '餠'로 예정한다. 하지만 이 자형들은 모두 '빙(聘, 찾아가다)'으로 읽는다. 전국말기 십년이양령장필극(十年洱陽令張定戟)에 새겨진 '甹'도 '병(甹, 말이 빠르다)'으로 읽는다.[11] 이 통가 용례들과 서주 금문의 용례는 확실히 차이가 나므로 서주 시기의 통가 습관을 이어받았다고 볼 수 있다.

(2) 眀

『정오(程寤)』1호간 '𥃭'는 '白'과 '月'으로 구성된 자형으로 정리자는 '패(霸, 우두머리)'로 읽었다. 출토문헌과 전래문헌 중에 '白'이나 '白'으로 구성된 자형이 '霸'와 통가되는 용례를 볼 수 있다. 오왕광감(吳王光鑒,『集成』10298)의 "오월 음력 16일 후 첫 번째로 맞이하는 길한 庚일에(唯王五月, 既字白期, 吉日初庚)"의 "既字白期"에 대해 궈모뤄(郭沫若)는 "'白'은 바로 '伯'이며 '霸'와도 통한다. '字'와 '孳'도 통하며, '生'으로 풀이할 수 있다. '既字白期'는 바로 '既生霸期'이다."라고 했다. 그 밖에도 마왕두이백서(馬王堆帛書)『전국종횡가서(戰國縱橫家書)』「위연왕장(謂燕王章)」의 "則莫若招霸齊而尊之(그렇다면 제를 패자로 초빙하

---

11 "十年, 洱陽令張定, 司寇甹相, 左庫工師董棠, 治明無鑄戟." 인용문은『文物』1990년 7기 40쪽의 그림 4를 참고.

고 그를 높이는 것만 못합니다)."는『전국책(戰國策)』「연책일(燕策一)」에서 "則莫如遙伯齊而厚尊之"라고 쓰여 있다.[12] 주목할만한 점은 서주 시기 금문의 '🔲'(『集成』02813)는 '帛'을 성부로 삼는 쌍성자(雙聲字)라는 사실이다. '帛' 또한 '白'이 상부인 자형이다. 따라서 '白'으로 구성된 '🔲'을 '패(霸, 으뜸)'로 읽는데 문제될 점은 없다. 이 용례 또한 서주시기 통가 용례를 그대로 계승했다.

(3) 堇

정리자는『정오(程寤)』3호간 '🔲'을 '근(勤, 부지런하다)'으로 읽었다. 자형 구조로 볼 때 칭화간『정오(程寤)』6호간 '🔲', 칭화간『금등(金縢)』11호간 '🔲'과 동일하다. 하지만 통가 습관으로 볼 때 칭화간『금등(金縢)』11호간 '🔲'만 동일하다. 서주 금문 '堇'는 상당수가 성부가 '堇'인 형성자와 통가된다. 예를 들어, 호종(龢鐘,『集成』260)의 '🔲'는 '근(覲, 알현하다)'으로 읽으며 선부산정(善夫山鼎,『集成』2825)의 '🔲'는 '근(瑾, 아름다운 옥)'으로 읽는다. 모공정(毛公鼎,『集成』2841)의 '🔲'는 '근(堇, 진흙)' 그대로 읽으며 사십이년래정(四十二年逨鼎)의 '🔲'는 '근(勤, 부지런하다)'으로 읽는다.[13] 전국시기 이전의 용례를 본다면, '堇'은 '근(勤, 부지런하다)', '근(覲, 알현하다)', '근(瑾, 아름다운 옥)', '근(謹, 삼가다)' 등으로 읽으며 '艮'으로 구성된 자형과 통가하는 용례는 없다. 전국시기 초간에서 비로소 '堇'과 '艮'의 통가 용례를 볼 수 있다. 상박초간『주역(周易)』22호간 '堇'은 '간(艱, 어렵다)'으로 읽으며 상박초간『삼덕(三德)』7호간 '堇'은 '한(限, 한정짓다)'으로 읽는다.『정오(程寤)』6호간 '🔲' 또한 '근(根, 뿌리)'으로 읽는다. 이 용례들은 의심할 여지없이 전국시기 통가 용례이다.『정오(程寤)』3호간 '堇'는 서주 시기 통가 습관에 근거하여 해석한다. 위에 든 용례를 통해 알 수 있듯이 비록 자형은 일치하나 통가 습관의 관점에서 볼 때 이 용례는 서주 시기 통가 습관을 계승하였다.

3) 전조자(專造字)

천쓰펑(陳斯鵬)은 전국 초(楚) 지역 간백 자료의 용례를 통해서 "전조자(專造字)"에 대해 소개했다. 내용은 아래와 같다.

특정 의미라도 일반적으로 사용하던 자형으로 표현했으나 특정 의미나 상황을 표현, 강조하기 위해서 새로운 자형을 만들기도 했는데 이러한 자형을 "전조자"라고 한다. 만약 "일반적으로 사용하던 자형

---

12 王輝,『古文字通假釋例』(北京: 藝文印書館, 1993年8月), 335쪽.

13 사십이년래정(四十二年逨鼎) 관련 자형은 鍾柏生·陳昭容·黃銘崇·袁國華,『『新收』殷周青銅器銘文暨器影彙編』(臺北:藝文印書館, 2006年4月), 543쪽에서 인용.

으로 표현"을 강조하지 않으면 본 자형과 뒤섞여 모호해지며 비교할 점도 없어지는데다가 "새로운 자형을 만든다"는 특성을 발견할 수 없다. 이미 존재하는 자형은 고문자 자료를 기준으로 해야지 후대의 자전이나 서사 습관으로만 설명해서는 안 된다.

이 중 주의할만한 부분은 "특정 의미나 상황을 표현, 강조하기 위해서"인데, 이 점은 해석 행위와 밀접한 관련이 있으며 자연 발생적인 이체자와는 완전히 다르다. 사실, 자료의 내용과 이체자 의부(義符) 사이에 특별한 상관성은 없다. 하지만 이와 같은 자형은 대부분 "의부 추가" 방식을 통해서 만들어지므로 전조자 중의 의부는 문헌의 내용을 토대로 추가하거나 변환된다. 구체적으로 말하면 해석자의 견해에 따라서 이미 존재하는 자형에 관련 의부를 추가하거나 기존의 의부를 변환한다. 관련 용례는 아래와 같다.

(1) 詻

『황문』1호간 '詻'는 'ㅁㅁ'과 '各'으로 구성된 자형이며, 정리자는 '격(格, 격식)'으로 읽었다. 『일주서』「황문」(이하 전래본) 또한 '格'으로 쓰여 있다. '格'은 전래본『상서』, 『일주서』에서 빈번하게 등장하는 용례로 '지(至, 이르다)', '래(來, 오다)'로 풀이한다. 갑골문, 서주 청동기 금문, 백서(帛書) 중에서도 어렵지 않게 찾아볼 수 있다. 이와 같은 출토문헌의 '格'은 '各'으로 쓰여 있다. 칭화간『윤지(尹至)』, 『기야(耆夜)』, 『부열지명(傅說之命)』에도 '各'으로 쓰여 있다. 1호간 '詻'는 이와 다르게 'ㅁㅁ'을 추가했다. 'ㅁㅁ'는 『설문해자(說文解字)』「훤부(ㅁㅁ部)」에서 "놀라 부르는 것이다. 두 개의 口로 구성되었다. 讙과 같이 읽는다(驚嘑也. 从二口. 讀若讙)."으로 풀이했다. 소리와 의미로 본다면 '格'과 관련이 없다.

사실, 『설문해자』「훤부」에 수록된 '훤(ㅁㅁ)' 관련 부속자는 'ㅁㅁ'이 부수인 자형이 아니다. 예를 들면 '單', '嚴'의 'ㅁㅁ'는 자형의 일부분이 변형된 것이다. '單'의 갑골문은 '單'(合9572), '單'(合28116)으로 윗부분이 'ㅁㅁ'으로 변형된 것이다. 번생궤(番生簋, 『集成』04326) '嚴' 괵조종(虢弔鐘) '嚴'은 '嚴'의 서주 금문 자형으로 윗부분이 '吅'이 'ㅁㅁ'으로 변형된 것이다.[14] '嚴'의 변천 과정은 '嚴→嚴→嚴→嚴'으로 'ㅁㅁ'는 자형 중 포함된 여러 개의 '口'가 생략되어 만들어졌다.[15] 따라서 1호간 '詻'의 윗부분 또한 'ㅁㅁ'이 아니다.

위에서 제시한 용례 중, 특별히 주의해야할 자형은 '嚴'의 고문자 자형이다. 추시구이(裘錫圭)는 '吅'은 한 사람이 몇 개의 입을 가진 모습을 본뜬 것으로 "말이 많다"를 표현한다고 했다. 嚴은 '吅'을 의부로 가지며 그 본뜻은 『설문해자』「언부(言部)」에 수록된 '함(諴)'과 상당히 비슷하다. '吅'과 '言'의 함의는

---

14 裘錫圭, 「說'吕','嚴'」,『裘錫圭學術文集』甲骨文卷 (上海:復旦大學出版社, 2012年 6月), 155~159쪽.

15 李旭昇,『說文新證』(福州:福建人民出版社, 2012年12月), 102쪽.

밀접한 관련이 있으므로 의미가 비슷한 의부에 속한다. 게다가 "말이 많다"와 "과장하다"는 의미상 아주 가깝다. 『사기(史記)』「일자열전(日者列傳)」"무릇 점치는 자는 말을 많이 하고 심하게 과장하며 사람의 마음을 얻는다(夫卜者多言誇嚴以得人情)"에서 "말이 많다(多言)"와 "심하게 과장하다(誇嚴)"의 역할이 비슷한 점을 확인할 수 있다. '嚴'의 "장엄한", "엄숙한"은 "말이 많다", "과장하다" 등의 본뜻에서 파생된 것이다.[16]

이로부터 추측해보건대, 1호간 '𡍗'의 두 '口'는 '昊'의 생략형이며, "장엄", "엄숙"을 뜻한다. 1호간 '𡍗'는 동사이며 행위의 주체는 주공(周公)이다. 주공은 서주 초기 유명한 정치가이며 춘추시기 이후로 역대 군주, 학자의 존경을 받아온 인물이다. 따라서 칭화간『황문』의 작자는 그 당시 기본 자형인 '㭭'을 토대로 '昊'의 생략형을 더해서 상당히 큰 권위를 부여했다. 이 '𡍗'과 "오다"의 '格'은 이체자 관계이면서 권위를 부여한 자형으로 볼 수 있다.

이 밖에도 상박초간『삼덕』15호간 '𢓜' 또한 1호간 '𡍗'과 동일한 자형이다. 정리자는 '㭭'으로 예정하고 '恪'으로 읽었다. '恪'은 '敬'으로 풀이할 수 있다. 전래본『상서』「반경(盤庚)」"천명에 공손하게 근신하다(恪謹天命)"에 대해 손성연(孫星衍, 1753~1818)이 "恪, 敬也."로 해석했다.[17] 『일주서』「상훈(常訓)」"아홉가지 덕이 순수해지고 공손해진다(九德純恪)"에 대해 주우증(朱右曾, 19세기)은 '恪'을 '敬'으로 풀이한다고 했다.[18] '昊'로부터 파생된 "장엄", "엄숙"과 밀접한 관련성이 있다. 상박초간『삼덕』15호간 '恪'과 '嚴'이 연이어 사용하는데 그 의미도 유사하다.[19] 게다가, 혜동(惠棟, 1697~1758)은 '恪'은 '格'의 고문(古文)이라고 했다.[20] 왕인지(王引之, 1766~1834) 또한 '恪'을 '格'으로 읽었다.

따라서 '𡍗', '格', '恪' 세 자형은 모두 "장엄", "엄숙"과 관련이 있으며 서로 통할 수 있다.

(2) 俟

『황문』11호간 '俟'은 '人'으로 구성되고 '矣'를 성부로 가진 자형으로 정리자는 '疑'로 읽었다. 전래본은 '狂'이다. 푸단대학교 강독회는 정리자의 의견을 수정하여 '癡'로 읽었으며 전래본 "狂夫"와 상응한다고 했다. 또한 이를 근거로 "狂夫"에 대한 잘못된 주석을 바로 잡았다.[21] 상대(商代) 금문과 서주 금문의 '疑'

---

16   李天虹,「由淸華簡《皇門》"古(從老)門"談上博簡《姑成家父》的"強門"」(簡帛網, 2012年 7月 4日).

17   孫星衍,『尚書今古文注疏』(北京: 中華書局, 1986年 12月), 223쪽.

18   黃懷信等校注,『逸周書彙校集注(修訂本)』(上海: 上海古籍出版社, 2007年 3月), 53쪽.

19   상박초간『삼덕』15호간: "하늘을 우러러보며 군주를 섬기니 엄숙하고 공경한 자세로 필히 믿음을 얻을 것이다. 굽어보며 지리를 관찰하면서 농사에 힘쓰고 경계한다(仰天事君, 嚴恪必信, 俯視【地理】, 務農敬戒)."

20   黃懷信等校注,『逸周書彙校集注(修訂本)』, 278쪽.

21   復旦讀書會,「淸華簡《皇門》硏讀札记」(復旦大學出土文獻與古文字硏究中心, 2011年 1月 5日).

는 일반적으로 의치(㺇觶, 『集成』6480)의 '', 백의부궤(伯㺇父簋, 『集成』3887)와 같이 ''는 '牛', '矢', '止'로 구성됐다.[22] 전국문자 '疑'는 기본적으로 '矣'를 성부로 삼으며 이와 관련된 이체자를 확인할 수 있다. 궈뎬초간『존덕의(尊德義)』, 상박초간『조말지진(曹沫之陣)』의 '矣', 궈뎬초간『어총이(語叢二)』, 상박초간『종정을(從政乙)』에서는 '心'과 '矣'로 구성된 이체자도 있다. 또한 상박초간『주역(周易)』은 '頁'과'矣'로 구성된 이체자도 있는데 모두 '疑'로 읽는다. 11호간 ''의 좌측 구성 요소 '人'은 다음 글자인 '夫'의 영향을 받아 '矣'에 '人'을 추가했다. "俟夫"는 "의심이 많은 사람" 또는 "어리석은 사람"의 뜻이므로 ''는 자형 구조 중 "~한 사람"의 의미를 표현하다. 따라서 이 자형은 전국 시기에 형성된 전조자로 볼 수 있다.

(3) 忝

『황문』13호간 ''는 '心'과 '元'으로 구성된 자형이다. 상박초간『공자시론』14, 19호간과『왕거(王居)』4호간, 『이송(李頌)』1호간 뒷면에서도 같은 자형을 볼 수 있으며 모두 '원(愿)'으로 읽는다. 하지만 정리자는『황문』의 ''을 '원(元)'으로 읽었다. 전래본『황문』은 "원덕(元德)"은 없으며 '元'만 있다. "元德"은 전래본『상서』「주고(酒誥)」에서 볼 수 있다. 서주 금문에서도 같은 용례가 있는데 역방정(曆方鼎, 『集成』2614) "원덕을 찬양하다(肇對元德)", 번생궤(番生簋, 『集成』4326) "번생은 위대한 선조의 크나큰 원덕을 본받지 않을 수가 없었다(番生不敢弗帥型皇祖考丕丕元德)"이다. 이 외에도 "명덕(明德)", "의덕(懿德)", "정덕(正德)" 등의 표현이 있다.[23] 주대(周代)는 정치 이념으로서의 "덕"을 아주 중시했기 때문에 당시 문헌에 '덕'과 관련된 표현을 어렵지 않게 찾을 수 있다. 『황문』의 '元'은 청대(淸代)까지 '대(大)'로 읽었다. 강성(江聲, 1721~1799)을 필두로『주역』「문언(文言)」의 "元은 선함의 으뜸이다(元者, 善之長也)."를 근거로 '선(善)'으로 해석했다.[24] 장술조(莊述祖, 1751~1816) 또한 "元, 善也"라고 했다.[25]

위에 제시한 해석에 근거하면 칭화간의 '元'은 형이상학적 관점을 지니고 있다. 따라서, 『황문』의 필사자는 '元'의 원시 형태에 '心'을 더해서 새로운 전조자 "忝"을 만들었다.

---

22 '㺇'는 '疑'의 고문 형태로 졸고에서 잠정적으로 '의'로 읽는다.

23 양기종(梁其鐘, 『集成』187) "梁其肇帥型皇且祖考秉明德", 산씨반(散氏盤, 『集成』10175) "上帝降懿德大屏", 대우정(大于鼎, 『集成』2837) "今我唯即型于文王正德".

24 顧頡剛·劉起釪, 『尚書校釋譯論』(北京:中華書局, 2005年1月), 1400쪽.

25 顧頡剛·劉起釪, 『尚書校釋譯論』, 559쪽.

3. 결론

　『상서』류 문헌은 표면적으로는 여전히 원본을 전승하려고 하지만 필사본의 문자는 작자의 해석 관점을 갖추고 있다. 그 관점은 "전승"과 "해석" 두 가지 범위로 구분할 수 있다. "원형 구조 유지", "서주 시기 통가자 활용"은 "전승"의 영역에 속하며, "전조자"는 "해석"의 영역에 속한다. 문자 구조를 중심으로 원본을 해석하는 방식은 현재까지 우리가 알고 있는 유가학파의 "경전해석"과 일치하는 점이 있다. 졸고에서는 칭화간 『상서』류 문헌의 일부분만을 논의 대상으로 삼았다. 만약 더 많은 출토자료를 대상으로 고찰한다면 문자 구조를 중심으로 원본을 해석하려 했던 유가학파의 경전 해석에 대해 더 많은 정보를 얻을 수 있을 것이라 기대한다.

이 글은 『中國語文學論集』第87號에 게재한 「從古文字構形看戰國儒家經典解釋學的面貌 – 以淸華簡『書』類文獻爲例」(2014)을 한국어로 번역하고 일부 수정해 작성한 것이다.

5
채후신반(蔡侯申盤) 역주

한 경 호 (성균관대)

범례

1. 표기에 대하여

1) 본 논문에 사용된 모든 음성기호는 특별한 인용이 없는 한 2005년에 개정된 IPA를 기준으로 하였다.

2) 중고음 및 현대 중국어 방언의 음운 혹은 음성의 표기에는 다음과 같은 성조부호가 사용되었다.

   음평(陰平): ꜀□, 양평(陽平): ꜁□, 음상(陰上): ꜂□, 양상(陽上): ꜃□, 음거(陰去): □꜄, 양거(陽去): □꜅, 음입(陰入): □꜆, 양입(陽入): □꜇

   단, 음양(陰陽)의 대립이 존재하지 않는 방언(중고음 포함)에 대해서는 음조(陰調)를 기준으로 표기하였다.

3) 재구음의 표시에 있어 **는 『시경(詩經)』시대(기원전 11세기)의 상고음(上古音)을 말하며, *는 한경호(韓炅澔)[1]에서 재구한 동한시대(東漢時代) 음운체계이다. 중고음 체계에는 특별한 표기를 하지 않았다.

---

1   韓炅澔,『中古音의 前舌母音化』(成均館大中文科碩士論文, 2009).

4) 상고음의 표기는 특별한 인용부호를 사용하지 않는 한 기본적으로 정장상팡(鄭張尙芳)[2]을 따르되, 한경호[3]의 범례에 의해 개정된 체계이다.

5) 중고음의 표기는 특별한 인용부호를 사용하지 않는 한 한경호[4]에서 재구된 체계를 따랐다.

2. 용어에 대하여

1) 본고에서 일컫는 상고음은『시경』시대(기원전 11세기)의 음운체계를 지칭한다.

2) 본고에서 일컫는 중고음은『절운(切韻)』시대의 음운체계를 지칭한다.

3) 성모(聲母) 명칭은 한경호[5]에서 정의된 바에 따랐다.

해제

본『채후신반(蔡侯申盤)』은 1955년 5월 중국의 안후이성(安徽省) 서우현(壽縣) 시먼(西門)의 춘추시대 고분에서 발견된 채후 청동기의 하나이다. 명문에 등장하는 채후 '䚤'은 초기에는 그가 채후 계보의 어떤 인물에 해당하는지에 대하여 확정할 수 없었으나, 무덤의 발견지가 채 소후(昭侯)가 수도를 옮긴 '주래(州來)'에 해당한다는 점, 그리고 '䚤'자가 '申'으로 고석된다는 점 등에 미루어, 채후 '䚤'은 채 소후 신(申. 재위 518~491 B.C.)으로 확정된다.(이후 '䚤'에 대한 해석은 생략한다)

『채후신반』은 채후 신의 딸 대맹희(大孟姬)가 오왕에게 출가(出嫁)하면서 잉기(媵器)로 마련된 동기(銅器)의 하나로서,『채후신준(蔡侯申尊)』과 한 글자를 빼면 동일한 명문을 가지고 있다. 현재는 안후이성 박물관에 보관되어 있으며, 명문이 실린 최초의 저록은 천멍자(陳夢家)[6]이다.(『殷周金文集成』16권 10171 수록)

---

2   鄭張尙芳,『上古音系』(上海: 上海敎育出版社, 2003).

3   韓炅澔,『中古音의 前舌母音化』.

4   韓炅澔,『中古音의 前舌母音化』.

5   韓炅澔,『中古音의 前舌母音化』.

6   陳夢家,「壽縣蔡侯墓銅器」,『考古學報』二期』(1956).

원본 사진

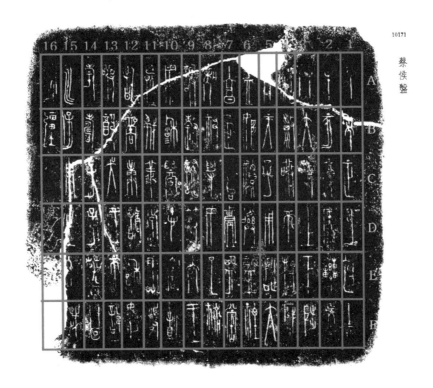

10171

蔡侯盤

字釋

16	15	14	13	12	11	10	9	8	7	6	5	4	3	2	1	
無	永	考	敬	託	旟	母	護	和	宣	孟	輲	祐	共	辛	元	A
疆	保	壽	配	商	戔	穆	整	祐	是	姬	天	歔	大	亥	季	B
	用	子	吳	義	賢	謕	受	台	嬪	子	敬	命	図	正	C
	之	孫	王	誂	籍	母	甭	彝	用	不	上	医	月	D
	図	蕃	不	䰠	霝	割	文	已	盟	醯	許	惕	下	轟	初	E
	歲	昌	諱	好	頌	訢	王	齊	嘗	醴	大	肇	陟	虔	吉	F

고석(考釋)

元年正月, 初吉辛亥1),
杀(蔡)侯驪(申)虔共(恭)大命, 上下陟裕(否)2),
敢(嚴)敬不惕(易), 肇(肇)輨(佐)天子3).
用詐(作)大孟姬賸(媵)彝醴(盤), 禋言(享)是台(以)4).
祗明(盟)嘗酌(禘), 祐受母(毋)已5).
禤(齋)護(嫟)整肅(肅), 籟(類)文王母6),
穆穆贒贒(亹亹), 恩(聰)割(介)訴旇(揚)7),
敓(威)義(儀)遊遊(悠悠), 需(靈)頌託(託)商8),
康謔(諧)龢好, 敬配吳王9).
不諱考壽, 子孫蕃(繁)昌10).
永保用之, 冬(終)歲無疆11).

(押韻: ○-之部, ●-陽部, ◎-幽部, ＿ -幽之合韻)

한국어역

오왕 원년(기원전 514), 정월 초 길일인 신해일, 채후 신은 경건히 하늘의 명을 받들어 군신 상하 모두가 엄정 경건히 다른 마음을 품지 않고 천자를 섬길 것이로다. 이리하여 내 딸 대맹희의 결혼 예물인 이 대야를 만드니, 이로써 제사를 지낼지어다. 경건하게 진심으로써 가을과 여름의 제사를 받들면, 하늘이 도와주시고 복록을 주심이 그침이 없으리라. 너 대맹희는 무릇 행동을 무겁고 절도있게 하며 정숙함하여 문왕의 어머니 태임에 견줄만하게 할 것이며, 공경하고 근면하며, 총명하고 절개를 지켜 즐거이 살며, 행동거지를 사려깊게 하여 오왕을 찬양하는 것이 『시경』의 「상송」에 비길만하게 할지어다. 부디 안심하고 화락하고 흔쾌하게, 그리고 경건하게 오왕을 배필로써 모시거라. 부디 장수하고 자손 또한 번창하기를! 이 그릇을 영원히 보전해 쓰면서 오래도록 만수무강 할지어다.

자석주석(字釋註釋)

2-C) 杀 :

도판상으로 볼 때 글자의 상부만 보이기 때문에 불분명하나, 동일한 묘에서 발견된 다른 청동기 명문(銘文)과 비교해 볼 때 '᷏'(채후신종(蔡侯申鐘))·'᷏'(채후신정(蔡侯申鼎))·'᷏'(채후신부(蔡侯申缶))와 같은 글자가 들어가야 할 부분으로서, 천명자(陳夢家)[7] 등의 모든 학자들이 이 해석에 동의하나, 자석(字釋)으로서는 모두 '蔡'를 채택하고 있다.

【灠案】: 채후묘 청동기에서 나타나는 '᷏'·'᷏'·'᷏'과 같은 자형은 본래 '殺'의 초문으로 보여진다. 갑골문의 '殺'은 '᷏'(戩三三)·'᷏'(前五·四十·五)·'᷏'(後二·九·一)과 같은 자형으로 나타나는데, 이는 『설문(說文)』에 나타나는 '殺'의 고문(古文)자형인 '᷏'과도 유사하며, 이와 같은 자형들이 채후신묘(蔡侯申墓) 청동기 명문의 '᷏'·'᷏'·'᷏' 등과 같은 자형과 관계가 밀접한 것은 분명한 것 같다. 殺의 소전(小篆)인 '᷏'은 그 좌방(左傍)인 '杀'이 본래 갑골문의 '᷏'·'᷏'·'᷏'과 같은 자형에서 기원한 것이며, 채후묘 동기명(銅器銘)에서 나타나는 '᷏'·'᷏'·'᷏' 또한 이러한 갑골문에서 기원한 자형이므로, 본고에서는 이 글자의 자석으로서 '杀'을 취하며, '殺'의 초문(初文)으로 본다. 여기에서는 '蔡'의 통가자이며, '殺'과 '蔡'의 유관한 선진시대 통가 예로서는 루쭝다(陸宗達)[8]에 의하면 다음의 두 용례가 제시되고 있다.

"周公殺管叔而蔡蔡叔"(주공은 관숙을 죽이고 채숙을 풀어주었다. 『좌전(左傳)』「소공원년(昭公元年)」『경전석문(經典釋文)』에서는 이에 대해, "앞의 蔡자의 독음은 '살'로써, 풀다란 뜻이다. 『설문(說文)』에서는 '㪅'로 표기하였다"(上蔡字, 音素葛反. 放也. 『說文』作㪅)라 서술)

"二百里蔡"(200리에서는 (죄인을) 추방하였다. 『상서尙書』「우공(禹貢)」. 정현(鄭玄) 주(注)에서는 '蔡는 殺을 일컫는다'라 하였다(鄭玄注: 蔡之言殺)라 서술)

이러한 상황을 볼 때, 선진시기에 '殺'(**sreet〉ʂɛt⁻)과 '蔡'(**tsʰaats〉tsʰɑjˀ⁻) 두 글자는 발음상으로도 유사하였다고 추정되기 때문에 통가는 충분히 가능한 일이었음을 알 수 있다.

---

7   陳夢家,「壽縣蔡侯墓銅器」.
8   陸宗達,『陸宗達語言學論文集』(北京: 北京師範大學出版社, 1993), 468쪽.

4-B) 厰 :

궈모뤄(郭沫若)[9]와 천멍자[10]에서는 이 글자의 좌방을 갑골문의 간지(干支) '子'(예: '㞢'鐵二五六/一·'㞢'佚五九)로 보고, 사실상 '孜'로 예정하였다. 그러나 위싱우(于省吾)[11]에서는 『금문편(金文編)』에 따라 좌방을 '厰'으로 보고 이 글자를 '厰'으로 예정하였으며, 류샹(劉翔)[12] 및 왕후이(王輝)[13], 주전레이(祝振雷)[14]에서도 이것을 따르고 있다. 【滄案】고문자에서 '厰'의 출현례는 많지 않으나, 『석고문(石鼓文)』에 나타나는 '厰'을 편방으로 하는 '揚'과 같은 예를 볼 때, 이 글자의 좌방을 '厰'으로 보는 데에는 무리가 없을 것 같다. 따라서 '厰'으로 예정한다.

6-C) 嬪 :

해당 글자는 '嬪'로서, 천멍자[15]에서는 이 글자를 '嬪'로 예정하였으나, 위싱우[16]에서는 이 글자의 우방이 금문의 '朕'의 우방 부분의 변화라고 지적하고, 최종적으로는 '嬪'으로 예정하였다. 여기에서도 이를 따른다.

6-E) 醯 :

이 글자는 특히 우상(右上) 부분이 불명확하여 학자마다 예정이 각각 다르다. 천멍자[17]에서는 처음에는 우상 부분을 '鹵'로 보고, 이 글자를 '滷(鑪)'의 통가로 보려고 하였다가, 자세한 탁본이 나온 이후에는 '鹵'가 아닌 것 같다고 결론을 내리고 '醯'로 예정(隷定)하였으며, 쉬중수(徐中舒)[18]의 모사(模寫) 및 석문(釋文)에서도 이와 유사하게 우상 부분을 '肙'으로 본 뒤, '醯'로 예정하였다. 그에 비해 류샹[19], 주전레이[20]와 왕후이[21]에서는 우상을 '舟'로 본 뒤, 이를 '醯'로 예정하였다.

---

9 郭沫若,「由壽縣蔡器論到蔡墓的年代」,『考古學報』1 (1956), 2쪽.

10 陳夢家,「壽縣蔡侯墓銅器」, 109쪽.

11 于省吾,「壽縣蔡侯墓銅器銘文考釋」,『古文字研究』1, 1979, 43쪽.

12 劉翔,「蔡侯龘盤」,『商周古文子讀本』(北京: 語文出版社, 1989), 163쪽.

13 王輝,『商周金文』(北京: 文物出版社, 2006), 292쪽.

14 祝振雷,『安徽壽縣蔡侯墓出土靑銅器銘文集釋』(吉林大學博士論文, 2005), 32쪽.

15 陳夢家,「壽縣蔡侯墓銅器」, 109쪽.

16 于省吾,「壽縣蔡侯墓銅器銘文考釋」, 43쪽.

17 陳夢家,「壽縣蔡侯墓銅器」, 108쪽.

18 徐中舒,『殷周金文集錄』(成都: 四川人民出版社, 1984), 466~468쪽.

19 劉翔,「蔡侯龘盤」, 164쪽.

20 祝振雷,『安徽壽縣蔡侯墓出土靑銅器銘文集釋』, 32쪽.

21 王輝,『商周金文』, 292쪽.

【潘案】: 현재 도판상 이 글자의 우상 부분의 일부로 보이는 형태를 보면, 전국문자의 '帚'('南'·'南'·'南'. 이상 『선진화폐문편(先秦貨幣文編)』)과 유사함을 알 수 있으며, 금문 및 초계문자(楚系文字)의 '舟'('⊏' 주부정유(舟父丁卣)·'⊏' 주부임유(舟父壬卣)·'𣃦' 악군계절(鄂君季節))과는 거리가 있는 것 같다. 이에 의하여 쉬중수[22]의 의견대로 '醢'를 취한다.

7-D) 帚 :

이 글자는 공경하다는 뜻을 갖는 '祗'의 고문자 형태로서, 『상서(尚書)』 「군석(君奭)」 "祗若兹, 往敬用治(이같이 공경하여 앞으로는 삼가 다스려 주소서)"의 '祗'가 『삼체석경(三體石經)』에서 이와 유사한 '𤴐'로 나타나는 것에 의해 알 수 있으며, 금문에서의 상용자이기도 하다. 동일한 채후묘(蔡侯墓)에서 발견된 다른 명문(銘文)에서도 비슷한 자형이 나타나므로, 특별히 이의가 있기는 어렵다.

언후궤(鄾侯簋)	소백반(召伯盤)	사장반(史牆盤)	채후신종(蔡侯申鐘)
채후신반(蔡侯申盤)	자시종(者[氵尸]鐘)	중산왕조호(中山王㾾壺)	중산원호(中山圓壺)
삼체석경(三體石經) 『상서·군석(尚書·君奭)』	궈뎬초간 『노자 을(老子乙)』 제 12간		

고문자에서 드러나는 '祗'

8-A) 啇 :

이 글자는 마치 초계문자(楚系文字)의 '商'('𣥵' 증후을묘(曾侯乙墓))에서 口를 떼어 내 우방(右傍)에 붙인 듯한 모습을 하고 있는데, 이 때문에 '啇'과 같은 예정을 하는 데에는 왕후이[23]가 '口'를 좌방(左傍)으로 하

---

22 徐中舒, 『殷周金文集錄』, 466~468쪽.

23 王輝, 『商周金文』, 292쪽.

여 '㠂'로 예정한 것 등을 제외하면 제가(諸家)가 기본적으로 찬성하고 있다.

9-A) 護 :

이 부분은 훼손이 심하여 글자를 식별하기 힘들다. 상호 대조 가능한 『채후신준』에서도 역시 훼손이 심해 좌방(左傍)의 '言'이 보이며, 우방(右傍)의 일부인 '又'가 가까스로 보이는 것을 제외하면 글자를 판독하기 어렵다. 천멍자[24]에서는 이 글자를 '訦'로 예정하였으며, 궈모뤄[25]에서는 '誤'로 예정하였으며, 주전레이[26]에서는 천빙신(陳秉新)[27]을 따라 '護'로 예정하였다. 【滸案】해당 글자의 右上을 보면, '⌐'과 같은 획 아래 몇 개의 횡선과 하나의 종선이 그어져 있는 것 같이 보이는데, 이것은 춘추시기 금문에 나타나는 일부 '隹'('隹'귀부반(歸父盤)‧'♔'자시종(者[冫尸]鐘))자(字)의 일부분과 필세가 유사하다. 이에 의거한다면, 천빙신에 따라 '護'로 예정하는 것 또한 가능할 것 같다. 이에 여기에서는 '護'로 예정한다.

9-C) 譖 :

궈모뤄[28]와 천멍자[29]는 모두 이 글자를 '讄'로 예정하였으나, 위싱우[30]는 탕란(唐蘭)에 따라 『우정(禹鼎)』의 '肅'이 '豦'으로 나타나고, 『제박(齊鎛)』에서는 '豨'로 나타나는 등, '肅'자의 구성요소인 '肅'이 이 글자의 우하부(右下部)와 비슷한데 비해, 같은 채후묘(蔡侯墓)에서 발견된 명문에서의 '也'는 '♀'로 나타나, 이 글자의 우하부(右下部)와 차이가 있음을 지적, '譖'으로 예정하였으며, 쉬중수[31]와 류샹[32], 주전레이[33], 왕후이[34]등이 모두 이를 따르고 있다. 여기에서도 위싱우를 따른다.

9-D) 籍 :

훼손이 심해 상부의 竹과 좌하(左下)의 米 외에는 쉽게 판별이 되지 않는다. 『채후신종(蔡侯申尊)』에서

---

24 陳夢家,「壽縣蔡侯墓銅器」, 109쪽.

25 郭沫若,「由壽縣蔡器論到蔡墓的年代」, 3쪽.

26 祝振雷,『安徽壽縣蔡侯墓出土靑銅器銘文集釋』, 32쪽.

27 陳秉新,「壽縣蔡侯墓出土銅器銘文通釋」,『楚文化硏究論集』2(1991), 259~360쪽.

28 郭沫若,「由壽縣蔡器論到蔡墓的年代」, 3쪽.

29 陳夢家,「壽縣蔡侯墓銅器」, 109쪽.

30 于省吾,「壽縣蔡侯墓銅器銘文考釋」, 44쪽.

31 徐中舒,『殷周金文集錄』, 468쪽.

32 劉翔,「蔡侯饟盤」, 163쪽.

33 祝振雷,『安徽壽縣蔡侯墓出土靑銅器銘文集釋』, 34쪽.

34 王輝,『商周金文』, 293쪽.

는 이보다는 양호하나, 역시 분명하지는 않다. 천멍자[35]에서는 이것을 '菽'으로 예정하였으며, 궈모뤄[36]에서는 보이지 않는 우하(右下) 부분을 '刀'로 보고, 이 글자를 '節'의 통가자로 보았다. 류샹[37]에서는 잘 보이지 않는 우하(右下) 부분을 '頁'로 본 뒤, '籍'로 예정하였는데, 이러한 예정은 주전레이[38]와 왕후이[39] 등에서도 받아들여지고 있다.

【鴻案】상호 대조가 가능한 『채후신종』의 자형을 보면, 右下 부분이 마치 '𠂇'(又)와 같은 형체를 남기고 있는데, 이는 초계문자를 비롯한 전국문자(戰國文字)에서 편방으로 사용되는 '頁'의 자형이 보이는 상태와 유사하다.(예: 夏-'𩑡'·'𩑡'(이상 『고새문편(古璽文編)』)·'𩑡'·'𩑡'(이상 『악군계절(鄂君季節)』)) 이를 볼 때, 형태가 불분명하기는 하나 '籍'으로 예정할 수 있을 가능성은 있다고 본다. 이에 류샹 등의 예정을 따른다.

10-B) 穆 :

류샹[40]에 의하면 '穆'자 이하 10-C의 '𤼈', 11-D의 '遊'에 모두 중문부호가 있다고 하나, 어떤 것도 도판상으로는 판독되지 않는다. 천멍자[41]에서도 '遊'자의 중문부호를 제외하면 판독하지 못하고 있는데, 이를 볼 때 실제 명문에서도 중문부호가 없거나 불분명한 것이 아닌가 생각된다. 비교적 엄격한 4자구를 이루고 있는 본 명문의 형식으로 볼 때, 이들 글자에는 중문부호가 들어가는 것이 맞겠으나, 실질적으로 사진상으로는 판독이 되지 않으므로, 본고의 예정에서는 이 세 글자의 일단 중문부호의 존재에 대해 보류한다.

10-C) 𤼈 :

천멍자[42]에서는 이 글자를 '𤼈'으로 예정하였으며, 쉬중수[43]에서도 마찬가지로 보았다. 위싱우[44]에서는

35 陳夢家,「壽縣蔡侯墓銅器」, 109쪽.

36 郭沫若,「由壽縣蔡器論到蔡墓的年代」, 3쪽.

37 劉翔,「蔡侯𬛝盤」, 164~165쪽.

38 祝振雷,『安徽壽縣蔡侯墓出土青銅器銘文集釋』, 35쪽.

39 王輝,『商周金文』, 293쪽.

40 劉翔,「蔡侯𬛝盤」, 164쪽.

41 陳夢家,「壽縣蔡侯墓銅器」, 109쪽.

42 陳夢家,「壽縣蔡侯墓銅器」, 109쪽.

43 徐中舒,『殷周金文集錄』, 468쪽.

44 于省吾,「壽縣蔡侯墓銅器銘文考釋」, 43쪽.

'䁩'로 예정하였으며, 류상[45]과 왕후이[46]에서는 '䁩'로 예정하였다.

【滄案】이 글자는 금문에서 '眉壽(미수)'의 '眉'에 해당되는 자형으로서 자주 나타나는 것이다.(예: '䁩' 『봉중궤(封仲簋)』·'䁩' 『사장반(史牆盤)』·'䁩' 『자중이(子仲匜)』) 이를 볼 때 '䁩'으로 볼 수는 없으며, 위에서 본 금문자형에 의거한 예정을 따라야 할 것이다. 이에 여기에서는 '䁩'를 취한다.

10-D) 恩 :

명문에서의 형태는 '䁩'로서, 서주 금문의 '恩'자의 자형(예: '䁩' 『극정(克鼎)』·'䁩' 『번생궤(番生簋)』)을 계승하는 것이다. 이 때문에 궈모뤄[47]와 천멍자[48] 이래로 '恩'자로 예정되어 왔으며, 여기에는 대부분 학자들이 이의가 없다. 따라서 '恩'으로 예정한다.

10-E) 割 :

본 명문에서는 불분명하나, 『채후신준』에서는 비교적 자형이 분명히 드러난다. 초기의 연구자인 천멍자[49]는 이 글자를 '䁩'로 예정하는 등, 어떤 글자인지 알지 못하였다. 위싱우[50]에서는 금문의 '害'(예: '䁩' 『모공정(毛公鼎)』)와 자형이 유사함을 들어 이것을 害로 예정하였으며, 이는 류상[51]과 주전레이[52], 왕후이[53]에서도 그대로 이어지고 있다.

【滄案】본 명문에서의 자형을 보면 '䁩'은 '害'자의 옆에 刀자방(字傍)의 일부처럼 보이는 획이 하나 더 그어져 있다. 이는 증후을묘(曾侯乙墓) 출토 청동기 명문에서의 '割'('䁩'·'䁩' 등)과 유사한 윤곽을 보여주고 있다. 따라서 여기에서는 이 글자를 '割'로 예정한다.

11-A) 旟 :

이 글자에 대하여는 천멍자[54] 이래 '旟'으로 예정하는 것에 대부분의 학자들이 동의하고 있다.

---

45 劉翔,「蔡侯龘盤」, 164쪽.

46 王輝,『商周金文』, 293쪽.

47 郭沫若,「由壽縣蔡器論到蔡墓的年代」, 3쪽.

48 陳夢家,「壽縣蔡侯墓銅器」, 109쪽.

49 陳夢家,「壽縣蔡侯墓銅器」, 109쪽.

50 于省吾,「壽縣蔡侯墓銅器銘文考釋」, 45쪽.

51 劉翔,「蔡侯龘盤」, 164쪽.

52 祝振雷,『安徽壽縣蔡侯墓出土青銅器銘文集釋』, 35쪽.

53 王輝,『商周金文』, 293쪽.

54 陳夢家,「壽縣蔡侯墓銅器」, 109쪽.

【滹案】일반적으로 초계문자 계통의 '觴'은 ''(『염장박(酓章鎛)』) · ''(『염장과(酓璋戈)』)와 같이 상부에 초계문자의 '㲋'을 구성요소로 하고, '昜'을 성부(聲符)로 하는 형태를 갖추고 있다. 그런데 본 명문의 해당글자는 '', 대응되는 『채후신준』의 글자는 ''로서 위 자체들과 차이를 보인다. 이 점을 어떻게 이해해야 하는지는 모르나, 일단은 잠정적으로 통설에 따라 '觴'으로 예정한다.

11-B) 戔 :

천명자[55]가 '戔'로 예정한 이래, 이러한 예정에 대해서는 대체로 동의되는 편이다. 이에 이를 따른다.

12-D) 譴 :

천명자[56]에서 '謠'로 예정한 이래, 위싱우[57]는 ''로, 류샹[58]과 주전레이[59], 왕후이[60]는 '諧'로 예정하는 등 일정하지 않다.

【滹案】본 명문에서의 자형인 ''은 좌방(左傍)이 '言'이며, 우방(右傍)은 윗 부분이 고문자 편방에 자주 보이는 '虍', 아랫 부분이 형체불상(形體不詳)의 '曰'와 '口'로 이루어져 있다. 이에 그 예정으로서 '譴'를 채택한다.

12-E) :

『채후신반』과 『채후신준』 모두 이것에 해당하는 자체가 상당히 훼손되어 있어 식별하기가 어렵다. 천명자[61]는 이 글자를 '穆'으로 보았으나, 위싱우[62]에서는 '龢'로 예정하였으며, 류샹[63] 및 주전레이[64], 왕후이[65]도 이러한 예정을 지지하고 있다.

【滹案】본 명문의 해당 글자인 ''는 얼핏 보면 위에서 이미 보았던 '穆'('')과 유사해 보이나, '穆'의

55 陳夢家, 「壽縣蔡侯墓銅器」, 109쪽.

56 陳夢家, 「壽縣蔡侯墓銅器」, 109쪽.

57 于省吾, 「壽縣蔡侯墓銅器銘文考釋」, 47쪽.

58 劉翔, 「蔡侯龖盤」, 165쪽.

59 祝振雷, 『安徽壽縣蔡侯墓出土靑銅器銘文集釋』, 37쪽.

60 王輝, 『商周金文』, 293쪽.

61 陳夢家, 「壽縣蔡侯墓銅器」, 109쪽.

62 于省吾, 「壽縣蔡侯墓銅器銘文考釋」, 47쪽.

63 劉翔, 「蔡侯龖盤」, 165쪽.

64 祝振雷, 『安徽壽縣蔡侯墓出土靑銅器銘文集釋』, 37쪽.

65 王輝, 『商周金文』, 293쪽.

'白'에 해당해야 할 부분이 왼쪽으로 치우쳐져 있을뿐더러, 편방의 '禾'와의 거리도 멀다. 오히려 이 글자의 좌방(左傍)은 위싱우[66]의 지적대로 금문의 '龢'(예: '𤔲' 『노원종(魯邍鐘)』·'𤔲' 『자장종(子章鐘)』)의 일부분에 더 가까워 보인다. 이에 이 글자의 예정으로서 '龢'를 취한다.

15-E) 冬 :

글자의 절반 이상이 훼손되어 있으나 궈모뤄[67]에서 '冬'으로 예정한 이래 많은 학자들이 그것을 택하고 있다.

【瀟案】해당 글자는 '𣆵'로서, 절반 정도가 훼손되어 있으나, 금문의 '冬'('𠘗' 『증후을묘』)의 특징이 잘 드러나 있으므로, '冬'으로 보는 데는 하자가 없다.

16-A) 無 :

글자의 윗 부분이 거의 훼손되어 분명하지 않으나, 『채후신준』의 해당 글자가 '𣳚'로서 금문의 '無'자의 형태를 하고 있다. 따라서 '無'로 예정하는 데 아무런 문제가 없으므로 '無'로 예정한다.

고석주석(考釋註釋)

1) 元年 :

여기서 말하는 원년(元年)이 실제의 어느 시기인지에 대해서는 상당히 논란의 여지가 있다. 여기에는 다음과 같은 견해차가 있다.

첫째, 원년을 채후의 즉위년(즉 소후 즉위년 기준으로 기원전 518년)을 나타낸 것으로 보는 논의이다. 이는 기본적으로 천멍자[68]에서 제기된 이래 많은 학자들이 이를 따랐다.

둘째, 원년을 채 소후의 즉위년을 나타낸 것이 아니라 주(周)의 정삭을 따라 주왕, 즉 주경왕 원년(周敬王 元年)년을 나타낸 것이라고 보는 것이다. 그러나 주 경왕 원년(周 敬王 元年)은 기원전 519년이므로 1년의 차이가 나는데, 탕란[69]은 이를 역법의 문제로 이해하였으며, 위싱우[70]는 이를 소후의 형인 도후(悼

---

66 于省吾, 「壽縣蔡侯墓銅器銘文考釋」, 47쪽.
67 郭沫若, 「由壽縣蔡器論到蔡墓的年代」, 3쪽.
68 陳夢家, 「壽縣蔡侯墓銅器」, 108쪽.
69 唐蘭, 『唐蘭先生金文論文集』 (北京: 紫禁城出版社, 1995), 80~81쪽.
70 于省吾, 「壽縣蔡侯墓銅器銘文考釋」, 52쪽.

侯)가 일찍 죽고 기원전 519년에 이미 소후가 즉위해 있었기 때문이었다고 보았다. 이와 같은 논의는 류샹[71]과 왕후이[72]에서 거의 그대로 다루어지고 있다.

셋째, 원년이 주의 정삭(正朔)에 따른 것도 아니며, 채후 즉위년을 말하는 것도 아니고, 오왕의 즉위년이라는 논의이다. 이를 논의하는 학자는 리쉐친[73]이 있는데, 여기에서는 채와 오나라가 기원전 519~8년 사이에 적국이었음을 근거로 원년을 오왕광 원년(吳王光 元年. 기원전 514년)으로 본다. 이 학설은 주전레이[74]도 따르고 있다.

【滄案】: 여기서의 원년은 채 소후의 원년(518)이거나 주 경왕의 원년(519) 어떤 경우라도 성립되기는 어렵다고 생각된다. 왜냐하면 『좌전左傳』「소23(昭二十三)」에,

　　　가을 7월 무진일, 오나라가 계보에서 돈, 호, 심, 채, 진, 허의 군대를 패퇴시키었다. 호자인 곤과 심
　　　자인 영은 전사하였으며, 진의 하설은 포로로 붙잡혔다.[75]

라는 기록이 있는데 이것은 기원전 519년의 일로서, 이 전투는 실제로는 초나라 영토 내에서 초와 그 동맹국 간에 이루어진 전쟁이었기 때문에, 이 시기를 전후해서 채와 오는 적국 상태였음을 알 수 있다. 그것이 불과 당장 6개월 전후에 상황이 역전되어 채가 오에 혼약을 요청한다는 것은 어려운 일일 수 있다.[76] 또한, 뒤에서 논의될 '天子'의 문제와 같이 놓고 볼 때, 여기서 사용되어야 할 것은 오의 정삭(正朔)이 되어야 한다. 즉, 여기의 원년은 오와 광 원년(吳王 光 元年)인 514년이 합당할 것이라고 생각된다.

2) 初吉辛亥:

초길(初吉)에 대한 기존의 학설 정리는 주전레이[77]를 참조. 이 외에도 요시모토 미치마사[78]와 같이 '初吉'이라는 표현 자체가 이미 이 시기에 이르면 실질적 의미를 잃어버렸다고 보는 견해도 있다.

71　劉翔,「蔡侯龘盤」, 160~161쪽.

72　王輝,『商周金文』, 293쪽.

73　李學勤,「由蔡侯墓青銅器看"初吉"和"吉日"」,『中國社會科學院研究生院學報』1998-5, 87.

74　祝振雷,『安徽壽縣蔡侯墓出土青銅器銘文集釋』, 29쪽.

75　(秋七月)戊辰, 吳敗頓‧胡‧沈‧蔡‧陳‧許之師于雞父. 胡子髡‧沈子逞滅, 獲陳夏齧.

76　요시모토 미치마사(吉本道雅),『中国先秦史の硏究』(京都: 京都大学出版会, 2005), 356쪽은 『채후신반』의 '元年'을 채 소후 원년(518)으로 보고, 전 해에 있었던 계보에서의 패배로 인해 초의 동맹국이었던 채가 초에 대해 이반하여 吳에 접근하게 되었다고 설명하고 있다. 그러나, 이는 그가 『채후신반』의 '天子'를 오왕으로 보는 입장과 상충될 수 있다. 만약 오왕을 천자로 보는 입장이라면, 기년 또한 오의 정삭에 맞추어야 할 것이기 때문이다.

77　祝振雷,『安徽壽縣蔡侯墓出土青銅器銘文集釋』, 29~30쪽.

78　吉本道雅,『中国先秦史の硏究』, 369쪽.

3) 虔共(恭)大命:

'共'은 '恭'의 통가자이다. 류샹[79]에 의하면 『시경』「한혁(韓奕)」에 "虔共爾位"(그대의 자리를 공경하고 삼가면)란 표현이 있는데, 이 또한 '恭'의 통가자. '大命'은 천명(天命)의 뜻이다.

4) 陟裚(否):

궈모뤄[80]에서는 '裚'를 '福'의 통가자로, 천명자[81]는 '培' 혹은 '陪'의 통가자로 보아 '陟裚'를 '높은 언덕을 오르다'라고 이해하였다. 이에 비해 류샹[82]은 이것을 '否'의 통가로 보고, '陟'과 상대되어 지위가 낮은 자를 일컫는 어휘라고 보았다. 이에 의하면 『상서』「반경(盤庚)」의 "若否罔有弗欽(공경하지 않음이 없도록 하라)"과 『시경』「증민(蒸民)」의 "邦國若否, 中山甫明之(나라가 잘 되고 못 됨을 중산보가 밝히네)"의 '若否'가 '陟否'와 유사한 어휘라고 하는데, 이는 앞의 '上下'와 좋은 대우(對偶)를 이루므로 이 해석을 따른다. 왕후이[83]또한 이를 따르고 있다.

5) 歛(厲)敬:

'歛'에 대하여 위싱우[84]가 '巤'과 '厲'가 쌍성(雙聲)이라는 데 착안하여 '厲'로 본 뒤 류샹[85]과 주전레이[86] 및 왕후이[87]도 따르고 있다. 그러나 이에 비해 '擸'의 통가자로 보는 입장(명문선4(銘文選四)[88])도 있다.

【滺案】'巤'(**rap〉ljɛp⊃)은 상고 [합(盍)]부(部) *-ap 소속이며, 厲(**rats〉ljɛjˋ)는 상고 [월(月)]부(部)에서 기원한 거성자이다. 두 글자는 성모와 주요모음이 같으나, 운미(韻尾)가 다르기 때문에, '歛'을 '厲'의 통가로 보기에는 다소 어려움이 있다. 이 점에서 '擸'(**rap〉ljɛp⊃)의 통가로 보는 것은 음운상 가장 하자가 없는 선택으로 보인다. 그러나 선진시대에는 소수나마 합부(盍部)와 월부(月部) 거성자의 해성(諧聲) 및 통가례가 존재하며,('盍'**gaap〉ɦɑp⊃과 '蓋'**kaaps〉*kaats〉kɑjˋ, '法'**pap〉pɰɐp⊃과 '廢'

---

79 劉翔,「蔡侯龖盤」, 163쪽.

80 郭沫若,「由壽縣蔡器論到蔡墓的年代」, 2쪽.

81 陳夢家,「壽縣蔡侯墓銅器」, 108쪽.

82 劉翔,「蔡侯龖盤」, 163쪽.

83 王輝,『商周金文』, 292쪽.

84 省吾,「壽縣蔡侯墓銅器銘文考釋」.

85 劉翔,「蔡侯龖盤」, 163쪽.

86 祝振雷,『安徽壽縣蔡侯墓出土靑銅器銘文集釋』, 32쪽.

87 王輝,『商周金文』, 292쪽.

88 馬承源主編,『商周靑銅器銘文選』4, (北京: 文物出版社, 1990), 395쪽.

**paps〉*pats〉pɯɐj˺ 등) 보드먼(N. Bodman)[89]의 연구에 의하면, '厲'또한 앞선 시기에는 **－ps 계열의 운미를 가졌을 가능성이 있다. 다음의 한장어 동원사 대응을 보라.

티베트어	rab, rabs (나루터)	원시한어	涉 *rap 혹은 *yap
티베트－미얀마어	*rap (건너다)		厲 *ràps (나루터)
징포어	rap (건너다)		
르왕어	rap (건너다)		

여기에서의 '厲'는 『시경』 「유호(有狐)」 "在彼淇厲(저 기수 얕은 물을 건너고 있다)"의 그것으로서, 가차자로서 사용되었다. 만약 여기에서의 '厲'가 'rap'계열의 일련의 티베트－버마어의 어휘와 대응한다면, '蓋'나 '廢'처럼 그 기원이 [합(盍)]부(部)와 관련이 있을 수도 있다. 그렇다면 '歔'과 '厲'는 쌍성일 뿐만 아니라 동시에 첩운(疊韻)까지 성립하므로 통가관계에 있다고 보는 것 또한 가능하다. 이에 여기에서는 위싱우의 설을 따라 '厲'의 통가자로 보기로 한다. 의미는 '엄정하다'이다.

6) 不惕(易):

'惕'은 천멍자[90]로부터 '易'의 통가자로 인정되어 왔으며, 대부분의 학자들이 이에 따른다. 본고에서도 이를 따른다.

7) 肇(肇) 轛(佐)天子:

'肇'는 '肇'의 이체자이다. 류상[91]은 이것을 어기사(語氣詞)로 보았으며, 주전레이[92]는 이 설을 따른다. 또한 '천자(天子)'에 대해서는 천멍자[93]에서 주 천자(周 天子)를 일컫는 단어로 본 이래, 대부분의 학자들이 이를 따르고 있다.

【滭案】요시모토[94]에서는 춘추시대 청동기 명문에서의 '천자'가 주 천자만을 일컫지는 않는다고 지적하고, 그 예증으로서 진 경공(秦 景公)시기의 『석고문(石鼓文)』과 진공일호대묘(秦公一號大墓) 출토 편경명(編磬銘)의 '천자'용례로써 당시에 진(秦)이 주(周)와 통교하는 단계가 아니었음을 통해 여기에서의 '천자'

89　Bodman, Nicholas(包擬古)『原始漢語與漢藏語』(北京: 中華書局, 1994), 120쪽.

90　陳夢家, 「壽縣蔡侯墓銅器」, 109쪽.

91　劉翔, 「蔡侯轛盤」, 163쪽.

92　祝振雷, 『安徽壽縣蔡侯墓出土靑銅器銘文集釋』, 32쪽.

93　陳夢家, 「壽縣蔡侯墓銅器」, 108쪽.

94　吉本道雅, 『中国先秦史の研究』, 407~409쪽.

는 주천자(周天子)가 아닌 진공(秦公)을 나타내는 것이라고 보았다. 그런 다음, '천자'가 중원 외 강국의 군주에게 사용된 용례로서 바로『채후신반(蔡侯申盤)』의 이 용례를 제시하고, '천자'로 불린 대상을 오왕 요(吳王 僚)로 보았다. 그 이유로서는 요시모토[95]에 "계보의 역에서의 패전을 계기로 하여 초에 이반하고 오에 접근"하였다고 논의하고 있다. 그러나 앞에서 말하였듯 '원년'이 기원전 518년이 될 수 없는 이상, '천자'를 오왕 요로 보는 점을 따를 수는 없다. 그러나 여기서의 '천자'를 오왕으로 보는 관점 자체는 다른 방증자료로서도 충분히 지지될 수 있다. 같은 채후묘에서 발견된『채후편박(蔡侯編鎛)』에도『채후신반』의 이 부분과 유사한 문장인 "有虔不惕(易) 轙(左) 又(右)楚王"과 같이, 채후 청동기 명문에서의 '轙(보좌하다)'라는 개념은 추상적인 종법제 하에서의 관념이 아닌, 실질적으로 채나라가 의지하고 보호를 요청하는 대상국의 군주에게 사용되었기 때문이다. 이를 볼 때 '肇(肇) 轙(佐)天子'의 '天子(천자)'는 주천자가 아니며 현재 정략결혼을 통해 채국이 도움을 요청하려고 하는 오왕을 지칭하는 것으로 보아야 한다. 그렇다면, '원년'을 오왕 광 원년(514)으로 보는 입장에 따라 여기서의 '천자'는 오왕 광(吳王 光), 즉 합려(闔閭)가 된다. 이러한 이해에 기반하면, '肇'는 단순한 어기사(語氣詞)가 아니라 부사로서 '始(시작하다)'의 뜻을 가질 수 있다. 채국으로서는 오와 동맹을 형성한 것이 이 때가 사실상 최초이기 때문이다.

8) 用詐(作)大孟姬 燨 (媵)彝醘(盤):

'用'은 개사로서, 고전중국어 시기의 '以'(쓰다)와 같은 역할을 하고 있다. '대맹희(大孟姬)'는 채 소후의 딸 이름이다. '䐭'은 '媵'(시집 보내다)의 통가. '醘'은『채후신준』에는 우상(右上)의 '鬲'이 '缶'로 바뀌어 있는데, 이는 기물(器物)의 종류 차이에 기인한 것 같다. '醘'자체는 미상이나, 잠정적으로 '盤'으로 보기로 한다.【瀦案】천멍자[96]는 대맹희를 채후의 누나로 보고 있으나, 여기에서는 역시 위싱우[97]에 따라 채후 신의 맏딸로 보는 것이 합당할 것이다. '姬'라는 글자를 통해 그녀가 희성제후(姬姓諸侯)인 채나라 사람임을 다시금 알 수 있다. 그러나 그녀가 출가하려고 하는 오나라 또한 희성제후임을 자칭하고 있었다. 같은 채후묘에서 발견된『오왕광감(吳王光鑑)』에는 오왕 광의 딸인 '숙희사우(弔(叔)姬寺吁)'가 나타남에 따라 이를 확인 가능하다. 분명 당시 종법적인 윤리관에 의거한다면 이와 같은 동성(同姓)제후간의 결혼은 분명『논어(論語)』「술이(述而)」의 진사패(陳司敗)의 진술[98]처럼 비례(非禮)로서 비난받을 일이었으나, 현실에서는 이와 같이 빈번한 일이기도 했다. 이는 오가 신흥 강국으로서 나중에 들어서 비로소 태백(太白)과 중옹(仲雍)의 후손을 자칭한 것과 연관이 있다고 생각되어진다.

---

95 吉本道雅,『中國先秦史の研究』, 356쪽.

96 陳夢家,「壽縣蔡侯墓銅器」, 108쪽.

97 于省吾,「壽縣蔡侯墓銅器銘文考釋」, 44쪽.

98 君取於吳爲同姓, 謂之吳孟子. 君而之禮, 孰不之禮?

9) 禋亯(享)是台(以):

‘인향(禋享)’은 제사의 통칭으로 사용되는 어휘로서, 『중산왕방호(中山王方壺)』의 ‘節于□(禋)醋(劑)(제사를 드리다)’의 ‘禋劑’역시 그러한 용법으로 사용되었다. 【澔案】是以'는 고대한어의 일반적 어순에 의거하면 술어의 앞 부분에 오는 게 일반적이다. 그러나 이 부분에서는 압운과 자수를 고려할 때 ‘是以’에서 단구가 되는 것이 분명하다. 이는 형식을 맞추기 위해 불가피한 조치였을 것이다. 고대한어의 일반적인 어순에 의거하였다면 ‘是以禋享’이 되어야 한다. 여기에서 ‘台’는 ‘三台’의 ‘台’가 아니라, 동사인 ‘㠯’와 구분하기 위해 ‘㠯’의 하부에 ‘口’를 더한 자형으로 생각된다. 이러한 ‘台(以)’는 춘추전국시기 장강유역의 청동기에서 많이 나타나는데,(‘🔣’·‘🔣’ 『자시종(者氵尸鐘)』·‘🔣’·‘🔣’ 『악군계절(鄂君季節)』 등) 지역적인 특색을 드러냈다고도 볼 수 있을 것이다.

10) 明(盟):

류상[99]에 의하면 ‘盟'은 ‘明'의 통가자이다.

【澔案】 뤼징(呂靜)[100]에 의하면, 금문에서 ‘盟'이 ‘明'으로 통가되는 예로서『사망정(師望鼎)』의 “大師小子師望曰: 不顯皇考尢公, 穆穆克盟乐心”(대사의 아들 사망이 일컫대: 위대하시었도다 황고 귀공이시어. 숙연히 그 마음을 밝힐 수 있도다)의 ‘盟'과『제후박종(齊侯鎛鐘)』 “敷盟刑(엄명(嚴明)한 형벌을 반포하다)”의 “盟(明)”을 제시하고 있어 상호 인증이 된다.

11) 嘗㶷(禘):

천명자[101]는 ‘㶷'을 ‘啻’의 이체자로 보아 ‘禘'의 통가자로 이해하여 ‘嘗㶷'을 ‘상체(嘗禘)’, 즉 가을제사와 여름제사로 이해하였으며, 류상[102] 및 왕후이[103]에 이르기까지 폭넓게 인정되고 있다. 주전레이[104]에서는 천빙신[105]의 의견을 받아들여 ‘嘗㶷'을 ‘상장(常章)’의 통가로 보고 있다.

【澔案】 본 명문에 나타나는 ‘商'자는 ‘🔣’로서 ‘🔣’과는 상당한 차이가 있다. 따라서 ‘㶷'을 ‘商'으로 보는 데에는 좀 더 많은 근거를 필요로 한다. 물론 금문에서 ‘帝'는 ‘🔣’(『제공궤(秦公簋)』)·‘🔣’(『중산왕방호(中山

---

99 劉翔,「蔡侯龘盤」, 164쪽.

100 呂靜,「春秋以前'盟'與'誓'行爲的初步探討」『商承祚敎授百年誕辰紀念文集』(北京: 文物出版社, 2003), 315쪽.

101 陳夢家,「壽縣蔡侯墓銅器」, 108쪽.

102 劉翔,「蔡侯龘盤」, 164쪽.

103 王輝,『商周金文』, 292쪽.

104 祝振雷,『安徽壽縣蔡侯墓出土靑銅器銘文集釋』, 34쪽.

105 陳秉新,「壽縣蔡侯墓出土銅器銘文通釋」.

王方壺)』이므로, '![glyph]'의 좌방과도 상당한 차이가 있어 의문이 생기나, 앞 구절의 "禋亯(享)是台(以)"로 미루어 보아 역시 제사에 직접적으로 관련된 내용이 나와야 할 것이므로, 잠정적으로 가을 제사이름인 '상(嘗)'과 짝을 이루는 여름 제사 이름인 '체(禘)'로 보기로 한다.

12) 祜受母(毋)已:

【滄案】여기서 '母'는 '毋(**ma〉ᶜmɯu)'의 통가자로서 자주 보이는 것이다. 그러나 '母(**mɯʔ〉ᶜmɨw)'는 상고 [지(之)]부(部)로서 [어(魚)]부(部)에 속하는 '毋'와는 음운적인 차이가 있다. 어쩌면 '母'에는 **maʔ〉ᶜmɯu와 같은 독음이 존재하였는지도 모른다.

13) 禚(齋)諛(䕍)整譡(肅):

'禚'는 '齋'의 이체자. '諛'는 주전레이[106]에 인용된 천빙신[107]의 논의에 의하면 '䕍' 혹은 '䕍'의 통가라고 한다. '譡'은 '肅'의 통가로 보는 데 이의가 없다.

14) 籟(類)文王母:

'籟'는 류샹[108]에 의하면 '頁'을 성부로 하는 형성자로서 '節'과 통한다고 보았으나, 주전레이[109]에서는 '類'의 통가로 보았다.

【滄案】'節(**tsiik〉tsetᶜ)'은 성부가 '卽(**tsɯk〉tsikᶜ)'로서 상고 [직(職)]부(部)**-ɯk와 관련이 깊은 [질(質)2]부(部)**-ik에 소속되어 있다. 따라서 [월(月)]부(部)에 속하는 '頁'(**geet〉ɦietᶜ)과 통가 관계가 있으리라고 생각하는 것은 어렵다. '籟'의 성부는 '穎(**ruts〉ljwiᶜ)'이며, '類(**ruts〉ljwiᶜ)'와 성부가 같으므로 '비류(比類)'의 뜻으로서 '類'와 통가한다고 보는 것이 합당할 것이다.

15) 穆穆䯤䯤(亹亹):

도판상 '穆'자와 '䯤'에는 중문부호(重文符號)가 없으나, 자구수(字句數)를 고려하면 중문부호가 있는 것이 옳다. 따라서 중문부호가 있음을 상정하여 고석(考釋)을 하였다. '䯤'은 천밍자[110]에서 '亹'의 통가로

---

106 祝振雷, 『安徽壽縣蔡侯墓出土靑銅器銘文集釋』, 34쪽.

107 陳秉新, 「壽縣蔡侯墓出土銅器銘文通釋」.

108 劉翔, 「蔡侯齤盤」, 164쪽.

109 祝振雷, 『安徽壽縣蔡侯墓出土靑銅器銘文集釋』, 35쪽.

110 陳夢家, 「壽縣蔡侯墓銅器」, 108쪽.

본 이래, 대부분의 학자들이 이를 인정하고 있다. 위싱우[111]에 의하면 '穆穆'은 '敬也'(공경하다『이아(爾雅)』「석훈(釋訓)」), '亹亹'는 '勉也'(힘쓰다.『시경』「문왕(文王)」의 모전(毛傳))의 의미라 한다.

【淯案】'釁'은 상고 [지(脂)1]부(部)**–il에 속하는 '眉'(**mril〉ᴄmɰi)의 통가자로서, [미(微)1]부(部)*–ɯl에 속하는 亹(*mɯl?〉ᴄmɰwij)과는 운부(韻部. Rhyme Group) 소속이 다르다. 단 운미(韻尾)의 음가가 같고, 주요모음 또한 비교적 가까우므로 소위 [지(脂)][미(微)]의 통전(通轉)이라고 할 수 있다.

16) 悤(聰)割(介)訏旟(揚) :

위싱우[112]에 의하면 '悤'은 '聰'의 통가, '害'(즉 본고에서의 '割')은 '介'의 통가, '旟'은 '揚'의 통가라 한다.【淯案】본고에서는 위싱우[113]의 '害'(**gaats〉ɦɑj˺)'를 '割'(**kaat〉kɑt˺)'로 예정(隷定)하였으나, 두 글자 모두 성모(聲母)가 연구개음이며, 운모(韻母) 또한 [월(月)1]부(部)**–at에 속하므로, [월(月)2]부(部)**–et에 속하는 '介'(*kreets〉kɛj˺)'와의 통가를 설명하는 데 아무런 지장이 없다. 이 때의 '介'는 '절개(節介)'의 '介'의 의미이다.

17) 㲋(威)義(儀)遊遊(悠悠) :

'㲋'는 궈모뤄[114]에서 '威'로 고석(考釋)한 뒤, 대부분의 학자들이 이를 따르고 있다. '義'는 '儀'의 통가. '遊遊'에 대해서는 궈모뤄[115]는 '悠悠'의 통가로, 위싱우[116]는 '優優(즐겁다)'의 통가로 보았다.【淯案】위싱우[117]에서는 [영(影)]모(母)에 속하는 '優'(**qu〉ᴄʔiw)와 [이(以)]모(母)에 속하는 '遊'(**lu〉ᴄjiw)는 모두 [유(幽)]부(部)에 속할 뿐더러 모두 후음(喉音)에 속하므로 통가가 가능하다고 보았다. 그러나, [영(影)]과 [이(以)] 두 성모는 상고음 기원이 전혀 다르며, 이들이 서로 통하는 예도 매우 적은 편이므로, '遊'가 '優'의 통가가 될 수는 없다. 따라서 '悠悠'(**lu〉ᴄjiw)의 통가라고 본 궈모뤄[118]의 학설이 더 합당할 것이다. '悠悠'의 뜻은 '사려깊음'(思也.『이아』「석훈」)이다.

---

111 于省吾,「壽縣蔡侯墓銅器銘文考釋」, 45쪽.
111 于省吾,「壽縣蔡侯墓銅器銘文考釋」, 45쪽.
112 于省吾,「壽縣蔡侯墓銅器銘文考釋」, 45쪽.
113 于省吾,「壽縣蔡侯墓銅器銘文考釋」, 45쪽.
114 郭沫若,「由壽縣蔡器論到蔡墓的年代」, 3쪽.
115 郭沫若,「由壽縣蔡器論到蔡墓的年代」, 3쪽.
116 于省吾,「壽縣蔡侯墓銅器銘文考釋」, 46쪽.
117 于省吾,「壽縣蔡侯墓銅器銘文考釋」, 46쪽.
118 郭沫若,「由壽縣蔡器論到蔡墓的年代」, 3쪽.

18) 霝(靈)頌託(託)商 :

'霝'은 여기서 부사어로서 동사인 '頌(찬양하다)'을 수식하고 있는데, 위싱우[119]에 의하면 '霝'의 통가이며, '선하다(善)'는 뜻이라 한다. '託'는 좌방이 '昏'이나, 위싱우[120]에 의하면 고문자에서 '昏'과 '言'은 서로 통한다고 하니, '託'의 통가자이다. '商'은 『시경』 「상송(商頌)」을 일컫는 것으로서, 위싱우[121]에 의하면 '상송(商頌)'은 頌의 대표격으로 여겨졌기 때문이라 한다. 류상[122]과 주전레이[123]에서도 이 설을 그대로 따르고 있다.

19) 康諧(諧)龢好, 敬配吳王 :

'諧'는 류상[124]에 의하면 그 우방이 『중산왕정(中山王鼎)』과 『중산왕방호』의 '𧪞'와 닮아있다고 하며, 천빙신[125]에 의하면, 『고문사성운(古文四聲韻)』의 '諧'자인 '𧮈'의 우방 또한 '諧'과 유사하다고 한다. 이에 의거한다면 '諧'는 '皆'의 통가자가 된다.

20) 不諱考壽, 子孫蕃(繁)昌 :

'考'는 '老也'(늙다. 『說文』). 따라서 '考壽'는 장수(長壽)의 뜻이 된다.

21) 永保用之, 冬(終)歲無疆 :

서주시기부터 내려져 오는 금문의 비교적 상투적인 격식을 지닌 하사구(嘏辭句)로서, '冬'은 '終(마치다)'의 통가이다.

【滶案】 '永保用之'는 서주시기의 일반적인 하사구인 "(子子孫孫)永寶用"(자자손손히 영원히 보배롭게 쓰다)을 계승하는 것이나, 목적어로서 '之'가 더하여져 있다. 이는 비교적 엄격한 사자구(四字句)를 유지하고 있는 본 명문의 격식을 유지하려는 목적 때문이기도 할 것이나, 압운 문제가 있는지도 모른다.

119 于省吾, 「壽縣蔡侯墓銅器銘文考釋」, 46~47쪽.

120 于省吾, 「壽縣蔡侯墓銅器銘文考釋」, 46쪽.

121 于省吾, 「壽縣蔡侯墓銅器銘文考釋」, 47쪽.

122 劉翔, 「蔡侯龘盤」, 165쪽.

123 祝振雷, 『安徽壽縣蔡侯墓出土靑銅器銘文集釋』, 37쪽.

124 劉翔, 「蔡侯龘盤」, 165쪽.

125 陳秉新, 「壽縣蔡侯墓出土銅器銘文通釋」, 360쪽.

22) 압운(押韻)문제 :

본래 본 명문의 압운에 대해서는 많은 연구가 있지 않았다. 주전레이[126]에서는 본 명문의 운단(韻段)을 둘로 나누어, [지(之)]부(部)압운과 [양(陽)]부(部)압운을 하는 두 개의 운단으로 구분하였다. 그러나, [양(陽)]부(部) 압운으로 본 운단은 사실상 [유(幽)]부(部)와 [양(陽)]부(部)의 교운운단(交韻韻段)에 가깝다. 다음을 보라.

穆穆亹亹, 聰介訏揚,

威儀悠悠, 靈頌託商,

康諧綸好, 敬配吳王.

不諱考壽, 子孫繁昌.

永保用之, 終歲無疆.

(압운: ●-[양(陽)]부(部), ◎-[유(幽)]부(部), ＿-[유(幽)][지(之)]합운(合韻))

이러한 교운은 『시경』 및 『노자』에도 나타나는 현상으로서, 일반적인 것이다.(왕리 王力[127], 류샤오간 劉笑敢[128]) [유(幽)][지(之)]의 양부(兩部)는 리팡구이(李方桂)[129]에서 대단히 밀접한 관계에 있다고 일컬어지고 있는데, '永保用'의 뒤에 '之'를 일부러 넣은 것은 역시 이러한 이유에서였다고 생각된다.

---

126 祝振雷, 『安徽壽縣蔡侯墓出土靑銅器銘文集釋』, 38쪽.

127 王力, 『詩經韻讀·楚辭韻讀』(北京: 中國人民大學出版社, 2004), 65쪽.

128 劉笑敢, 『老子古今』(北京: 中國社會科學出版社, 2006), 131쪽.

129 李方桂, 『上古音研究』(北京: 商務印書館, 1980), 40쪽.

출토문헌과
전래문헌의 이중주

6

전래문헌의 권위에 대한 새로운 도전:

칭화간『계년』의 주 왕실 동천

심 재 훈 (단국대)

1. 동천의 의문과『계년』의 발견

대부분의 역사가들에게 기원전 770년은 서주(西周)와 동주(東周, 春秋戰國) 시대의 분기점으로 각인되어 있다. 기원전 771년 견융(犬戎, 西戎)의 침략으로 유왕(幽王, 781~771 B.C.)이 사망하자 그의 아들 평왕(平王, 770~720 B.C.)이 이듬해 오늘날 시안(西安) 일대의 종주(宗周)에서 뤄양(洛陽) 일대의 성주(成周)로 천도했다는 이른바 동천(東遷)이 그 핵심 사건으로 자리한다. "기원전 770년=동천=동주와 서주 분기"라는 이미 상식화되어버린 도식은 사실상 사마천(司馬遷, 145?~86 B.C.)의『사기(史記)』나『죽서기년(竹書紀年)』같은 전래문헌의 서술에 그 토대를 두고 있다.

그렇지만 동천 관련 전래문헌의 기록들이 소략할 뿐만 아니라 이들 사이에 상호 모순되는 부분들도 있어서, 전통시대 이래로 서주의 멸망에 뒤이은 동천의 과정과 연대뿐만 아니라 당시 제후들의 역할에 대해서도 지속적으로 의문이 제기되어 왔다.[1] 특히 최근 칭화대학(清華大學)에서 정리 중인 전국시대 죽

---

[1] 童書業,『春秋史』(香港: 太陽書局, 1946), 13~14쪽; 王玉哲,「平王東遷乃避秦非避犬戎說」,『天津社會科學』1986-3, 49~52쪽; 宋新潮,「驪山之役及平王東遷歷史考述」,『人文雜志』1989-4, 75~79쪽; 吉本道雅,「周室東遷考」,『東洋學報』71.3-4 (1990), 33~55쪽; 晁福林,「論平王東遷」,『歷史研究』1991-6, 8~23쪽; 王雷生,「平王東遷年代新探: 周平王東遷紀元前747年說」,『人文雜志』1997-3, 62~66쪽; Li Feng, *Landscape and Power in Early China: The Crisis and Fall of the Western Zhou, 1045~771 B.C.* (Cambridge: Cambridge University Press, 2006), 193~278쪽.

간 문헌(이하 청화간)인 『청화대학장전국초죽서』의 제 2권[2]으로 세상에 모습을 드러낸 사서(史書) 『계년(繫年)』에 기술된 동천 부분도 전래문헌의 그것을 보완하지만 상당히 다른 내용을 담고 있어서, 연구자들을 더욱 혼란에 빠뜨리고 있다.

이 글은 청화간 『계년』 출간 이후 중국고대사학계의 쟁점으로 다시 부각되고 있는 주 왕실 동천과 관련된 주요 이슈들을 전래문헌과 출토문헌의 대비를 통해 검토하고 각각의 문제점과 절충 가능성을 모색하는데 그 일차적 목적이 있다. 이를 통해 독자들이 초간(楚簡)을 비롯한 다양한 출토문헌의 발견이 빚어내고 있는 고대 중국 연구의 새로운 장에 가까이 다가설 수 있길 기대한다.[3]

『계년』은 전체 청화간 약 2500매 중 138매의 죽간으로 이루어져 있다. 이 문헌은 서주 초에서 전국시대 중기까지의 단대사를 대체로 초나라의 관점에서 23단락(장)으로 나누어 서술하고 있다. 원래 제목은 없었으나 본문 중에 다수의 기년(紀年)이 명시되어 있어서, 그 문자의 체례나 내용 역시 『죽서기년』과 유사하다고 본 정리자들에 의해 『계년』으로 명명된 바 있다. 본문에서 가장 늦게 등장하는 군주의 시호가 23장에 언급된 초(楚) 도왕(悼王, 401~381 B.C.)의 그것이므로, 정리자들은 이 문헌이 이어지는 숙왕(肅王, 380~370 B.C.) 혹은 선왕(宣王, 369~340 B.C.) 재위기에 초나라에서 산출되었을 것으로 추정하고 있다.[4] 청화간 잔편을 시료로 활용한 방사성탄소측정연대 305±B.C. 역시 대체로 이와 부합한다.

『계년』의 문헌적 성격에 대해, 위(魏, 晉)나라의 편년체 연대기인 『죽서기년』과의 유사성을 강조하는 정리자들과 달리[5] 초나라 위주이면서도 다른 나라 역사도 객관적으로 시말(始末)에 따라 기술한 『계년』의 기사본말체적 특성에 주목하는 학자들도 있다.[6] 따라서 천웨이(陳偉)는 단지 사건만 연대순으로 나열한 『죽서기년』과 달리, 인물들의 이야기까지 기록한 『계년』을 오히려 『좌전(左傳)』이나 『국어(國語)』에 가까운 문헌으로 파악한다. 나아가 초 위왕(威王, 339~335 B.C.)의 후견인인 탁초(鐸椒)가 왕이 『춘추』를 다 읽기

---

2   清華大學出土文獻研究與保護中心 編, 『清華大學藏戰國竹書(貳)』 (上海: 中西書局, 2011).

3   최근 국내에도 전국시대 초간을 비롯한 중국 고대 簡牘을 심도 있게 개괄한 탄탄한 단행본이 출간되었다(이승률, 『죽간, 목간, 백서, 중국 고대 간백자료의 세계 1』, 예문서원 2013). 청화간 전반에 대해서는 김석진, 「중국 清華大學 소장 戰國시대 竹簡」, 『木簡과 文字』 7 (2011) 및 「선진 고문자 사료연구: 청화간 『繫年』을 예시로」, 본서 제1장 참고. 국내에 출간된 청화간을 다룬 전문 연구로는 金錫珍, 「清華戰國簡 『保訓』편의 연대와 성격」, 『東洋史學研究』 116 (2011); 成始勳, 「清華簡 『尹誥』의 내용과 사상사적 의미에 관한 고찰」, 『유교문화연구』 20 (2012); 원용준, 「청화간 『金縢』의 문헌적 성격과 사상사적 의의」, 『동양철학연구』 72 (2012); 이유표, 「西周 金文에 보이는 '秦夷'와 『繫年』의 '商奄之民'」, 『東洋史學研究』 135 (2016); 김병준, 「청화간 〈계년〉의 비판적 검토」, 『인문논총』 73.3 (2016) 참고.

4   清華大學出土文獻研究與保護中心 編, 『清華大學藏戰國竹書(貳)』, 135쪽.

5   沈建華, 「試說清華《系年》楚簡與《春秋左傳》成書」, 『簡帛·經典·古史國際論壇』 2011年 11月 30日, 香港; 李學勤, 「由清華簡 『繫年』 論 『紀年』 的體例」, 『深圳大學學報(人文社會科學版)』 2012-3.

6   廖名春, 「清華簡 『繫年』 管窺」, 『深圳大學學報(人文社會科學版)』 2012-5; 許兆昌, 齊丹丹, 「試論清華簡 『繫年』 的編纂特點」, 『古代文明』 6.2 (2012).

어려워 그 성패만 40장으로 간추려 올렸다는 『탁씨미(鐸氏微)』[7]와 유사한 양식으로 추정한다. 『계년』이 『좌전』같은 방대한 문헌을 줄이고 개조해서 사서를 편찬하던 전국시대 중후기 초 지역 풍습의 산물일 것으로 보는 것이다.[8] 최근 히브루대학의 유리 파인스(Yuri Pines)는 『계년』에 교훈적, 이데올로기적 측면이 결여되어 있음에 주목하며 이를 현재까지 알려지지 않은 장르의 "간추린 정보성 사서"(brief informative history)로 간주한바 있다.[9] 파인스와 마찬가지로 류광성(劉光勝)과 올리비어 밀번(Olivier Milburn) 역시 그 문헌의 객관적 성격을 강조한다.[10]

『계년』의 내용은 『죽서기년』이나 『좌전』, 『국어』 등에 언급된 것과 대체로 유사하지만, 기존의 전래문헌에 전혀 언급되지 않은 부분들도 상당히 있다. 그 중에서도 제 2장에 서술된 주 왕실 동천 부분이 전래문헌의 기술과 큰 괴리가 있어서, 쟁점으로 부각되고 있는 것이다. 더욱이 동천 문제는 기존 전래문헌들 사이에서도 일치되지 않은 부분이 두드러져 그 이해를 한층 어렵게 하는데, 『계년』의 동천 관련 부분을 살펴보기 전에, 일단 『사기』와 『죽서기년』으로 대표되는 전래문헌에 나타나는 동천 관련 기록들의 모순부터 정리할 필요가 있다.

2. 전래문헌의 서주 멸망과 동천

현재 우리들의 중국 고대사 상 정립에 지대한 영향을 끼친 사마천은 『사기』 「주본기(周本紀)」에서 서주의 멸망과 동천에 대해 다음과 같이 서술하고 있다:

유왕 2년(778 B.C.) 서주의 세 하천에서 모두 지진이 발생했다. 백양보(伯陽甫)가 말했다. "주는 장차 멸망할 것이다……(중략①)." 이 해에 세 하천이 말랐고, 기산(岐山)이 붕괴했다. 3년 유왕은 포사(褒姒)를 총애했다. 포사가 백복(伯服)을 낳자 유왕은 태자를 폐하려고 했다. 원래 태자의 모친은 신후(申侯)의 여식으로 왕후가 되었는데, 뒤에 유왕이 포사를 얻고 그녀를 사랑하게 되자, 신후(申后)와 태자 의구(宜臼)를 함께 폐하여, 포사를 왕후로, 백복을 태자로 삼으려는 것이었다. 주의 태사(太史) 백양(伯

7   『史記』 「十二諸侯年表」 (北京: 中華書局, 1959), 510쪽.

8   陳偉, 「淸華大學藏竹書『繫年』的文獻學考察」, 『史林』 2013-1, 47~48쪽.

9   Yuri Pines, "Zhou History and Historiography: Introducing the Bamboo manuscript Xinian," *T'oung Pao* 100.4-5 (2014), 287~324쪽.

10 劉光勝, 『淸華簡繫年與竹書紀年比較硏究』 (上海: 中西書局, 2015), 302~305쪽; Olivier Milburn, "The Xinian: An Ancient Historical Text from the Qinghua University collection of Bamboo Books," *Early China* 39 (2016), 109쪽.

陽)이 역사 기록을 읽고 "주는 망할 것이다"라고 했다……(중략②). 포사는 잘 웃지 않아, 유왕이 갖은 방법으로 그녀를 웃게 하려했으나, 그래도 웃지 않았다. 유왕은 봉수와 큰 북을 만들어 적군이 다다르면 봉화를 올렸다. (어느 날) 제후들이 모두 이르렀으나 적군이 없자 포사가 드디어 크게 웃었다. 유왕이 기뻐하며 여러 차례 봉화를 올렸고, 그 후 신뢰를 잃어 제후들이 점점 더 오지 않게 되었다. 유왕이 괵석보(虢石父)를 경(卿)으로 삼아 정사를 맡기자 국인(國人)들이 모두 이를 원망했다. 석보는 간사하고 아첨을 잘하는 사람으로 이익을 탐하였는데, 왕이 그를 중용했기 때문이다. 더욱이 왕이 신후를 폐하고 태자까지 내쳤으니, (태자의 외조부인) 신후가 노하여 증(繒)나라 및 서이(西夷)인 견융과 함께 유왕을 공격했다. 유왕은 봉화를 올려 군사를 소집했으나 군사는 오지 않았다. (그들은) 마침내 여산(驪山, 오늘날 리산) 아래에서 유왕을 살해하고, 포사를 사로잡았으며, 주의 재물을 모두 노략질해갔다. 이 때 제후들이 곧 신후에게로 가서 함께 유왕의 원래 태자였던 의구를 옹립하니, 그가 평왕(平王)으로, 주의 제사를 받들었다. 평왕은 즉위하자 융의 노략질을 피해 낙읍(雒邑)으로 동천했다.[11]

사마천이 위와 같이 서술한 서주 멸망과 동천의 과정은, 이미 많은 학자들이 주목했듯이, 대체로 전국시대의 저작으로 알려진 『국어』를 비롯한 기존의 전래문헌을 토대로 한 것이다. 서주 멸망에 관한 사마천의 인식은 위의 (중략①)까지 포함하여 『국어』「주어(周語) 상(上)」의 관련 부분을 그대로 인용한 자연재해로 시작된다.[12] 이어서 유왕의 정비인 신나라 출신 신후의 내력과 함께, 서주 멸망 원인으로 포사와 괵나라의 석보라는 인물이 등장한다. 사마천은 「정어(鄭語)」의 포사 관련 설화를 인용하며[13] 위의 (중략②)에서 악녀로서 포사의 내력을 설명하는 한편, 전국시대 말기에 편찬된 『여씨춘추(呂氏春秋)』「신행론(愼行論)」의 구절을 토대로[14] 이솝 우화의 "양치기 소년"이야기를 떠올리게 하는 저명한 포사 설화를 각색해낸다. 서주 멸망에 관한 한 포사를 악의 근원으로 설정하여, 한 왕조의 멸망에 끼친 해악적 여성상을 창출해내는 것이다.[15] 여기에 또 다른 주역으로 간신 괵 석보의 역할도 강조하는데, 『국어』「진어(晉語) 1」에는 왕이 괵 석보와 연합하여 태자를 축출한 것으로 언급되어 있다.[16] "유왕=포사=괵 석보"의 반대편에는 태자 의구의 외가인 신을 필두로 그와 연합한 증과 서융으로도 알려진 견융이 있었다. 자신의 외손자를 태자 자

---

11 『史記』, 145~149쪽.

12 『國語』(上海: 上海古籍出版社, 1988), 26~27쪽.

13 『國語』, 519쪽.

14 『呂氏春秋』 諸子集成 本 (北京: 中華書局, 1985), 289쪽.

15 Li Feng, *Landscape and Power in Early China*, 200~201쪽. 『呂氏春秋』의 관련 구절에는 幽王이 거듭해서 쳤다는 북 이외에 漢代 이후에야 등장하는 烽火 이야기는 빠져 있음을 지적한다.

16 『國語』, 255쪽.

리에서 몰아낸 유왕에게 분노한 신후는 이들과 함께 유왕을 오늘날 시안(西安) 동쪽의 리산(驪山) 아래에서 살해했고, 이에 제후들이 신에서 의구를 평왕으로 옹립했다. 신후 연합군의 유왕 살해 역시 「정어」와 「진어 1」에 모두 언급되어 있다. 사마천의 서술은 신에서의 옹립 후 피폐해진 종주를 떠나 낙읍, 즉 성주로 천도한 평왕의 동천을 아주 짧게 언급하며 막을 내린다.

「주본기」에 명시된 서주 멸망과 동천에 관한 인식은 사마천이 악의 근원으로 묘사한 포사 관련 이야기를 빼면 실상 다음과 같이 몇 단계로 간략하게 정리할 수 있다.

> (1) 유왕의 포사 총애로 인한 백복의 태자 피택(신후 소생 태자 의구의 폐위)
>
> (2) 유왕과 괵 석보의 농단
>
> (3) 외손자 의구의 폐위에 분노한 신후 및 그와 연합한 증과 견융의 유왕 살해
>
> (4) 제후들의 신에서의 평왕 옹립
>
> (5) 융의 노략질을 피한 낙읍(성주)으로의 동천

사마천은 「주본기」에서 유왕의 피살과 그에 뒤이은 동천의 연대를 구체적으로 언급하지 않고 있지만, 「십이제후년표(十二諸侯年表)」에서 이 두 사건을 각각 기원전 771년과 770년(평왕 원년)으로 확정함으로써, 동천=기원전 770년의 틀을 제시하고 있다.[17] 그는 또한 「진본기(秦本紀)」와 「위세가(衛世家)」에서 동천 시 평왕을 보좌한 진(秦) 양공(襄公, 777~766 B.C.)과 위(衛) 무공(武公, 812~758 B.C.)의 역할에 주목하는 반면에,[18] 『죽서기년』과 『좌전』뿐만 아니라 『계년』에도 동천 시 지대한 공을 세운 것으로 나타나는 진(晉) 문후(文侯, 780~746 B.C.)에 대해서는 그의 재위 10년에 일어난 유왕의 피살 이외에는 전혀 언급하지 않고 있다.[19]

이제 『사기』와 함께 동천에 관한 현재의 인식 틀을 제공하는 또 다른 한 축인 『죽서기년』의 관련 부분을 살펴보자. 『죽서기년』은 281년 허난성(河南省) 급군(汲郡)의 전국시대 위국(魏國)의 양애왕(襄哀王, 318~296 B.C.) 무덤에서 다양한 죽간 문헌들과 함께 발견되었다. 발견 후 10여 년 동안 순욱(荀勗, ?~289)과 화교(和嶠, ?~?)의 정리본 및 위항(衛恒, ?~291)과 속석(束晳, ?~300 이후)의 수정본, 즉 두 가지 다른 저본으로 세상에 모습을 드러낸 이른바 원본 『죽서기년(竹書紀年)』은 송대(宋代)까지 상당 부분 유실된 것으로 보인다. 현존하는 가장 오랜 저본은 명대(明代) 범흠(范欽, 1508~1585)의 천일각(天一閣)

---

17 『史記』, 532쪽.

18 『史記』, 179쪽; 1591쪽.

19 『史記』, 1638쪽.

소장본, 즉 현대 학자들이 『금본죽서기년(今本竹書紀年)』으로 지칭하는 저본인데, 청대(淸代) 이래로 전대흔(錢大昕, 1728~1804)이나 주우증(朱右曾, 19세기), 왕궈웨이(王國維, 1877~1927) 등에 의해 후대인의 위작으로 의심받아 왔다. 따라서 중세 이래의 문헌들에 『죽서기년』 혹은 『급총기년(汲冢紀年)』으로부터 인용된 부분들을 토대로 주우증이나 왕궈웨이 등이 재구성한 이른바 『고본(古本竹書紀年)』이 오히려 그 가치를 인정받아 왔다. 그러나 서주의 기년 문제에 관심을 가지고 『죽서기년』의 신빙성을 천착한 데이비드 니비슨(David S. Nivison)이나 에드워드 쇼네시(Edward L. Shaughnessy) 같은 서양 학자들은, 일부 일탈의 가능성을 인정하면서도, 『금본죽서기년』이 대체로 원본과 유사할 것으로 추정하고 있다.[20] 우선 『금본죽서기년』의 서주 멸망과 동천 부분부터 살펴보자.

(유왕) 3년, 왕이 포사를 총애했다.

5년, 왕세자 의구가 신으로 도피했다.

8년, 왕이 정백(鄭伯) 다보(多父, 환공桓公)에게 사도(司徒)의 명을 내렸다. 왕이 백복이라는 포사의 아들을 태자로 삼았다.

9년, 신후가 서융과 증(鄫)에 사신을 보냈다.

10년, 봄, 왕과 제후들이 태실(太室)에서 회맹(會盟)을 가졌다. 가을 9월, 복숭아와 살구가 열매를 맺었다. 왕의 군대가 신을 공격했다.

11년, 봄, 정월, 해에 후광이 깃들었다(日暈). 신인(申人)과 증인(鄫人) 및 견융이 종주(宗周)로 진입하여 왕과 정(鄭) 환공(桓公)을 시해했다. 견융은 왕자 백복을 살해하고 포사를 사로잡아 돌아갔다. 신후와 노후(魯侯), 허남(許男), 정자(鄭子)가 신에서 의구를 옹립했다. 괵공(虢公) 한(翰)이 왕자 여신(余臣)을 휴(攜)에서 옹립했다.

(평왕) 원년 신미(辛未)일에 왕은 동쪽의 낙읍(洛邑)으로 이주했고, (진)문후에게 명을 내렸다. 진후는 위후(衛侯)와 정백(鄭伯), 진백(秦伯)과 회합하여 그들의 군대로 왕을 좇아 성주(成周)로 들어갔다.

21년, 진 문후가 휴에서 왕자 여신을 살해했다.[21]

---

20 David S. Nivison, *The Riddle of the Bamboo Annals* (Taipei: Airiti Press, 2009), 3~11쪽; Edward L. Shaughnessy, *Rewriting Early Chinese Texts* (Albany: State University of New York Press, 2006), 185~256쪽. 『금본죽서기년』과 『고본죽서기년』의 幽王 기년을 비교 분석한 리펑 역시, 최소한 유왕 기년에 관한 한, 오랜 인용과 재인용의 과정에서 훼손되었을 가능성이 큰 『고본죽서기년』보다는 『금본죽서기년』이 원본에 더 가까울 것으로 보고 있다(Li Feng, *Landscape and Power in Early China*, 347~354쪽).

21 『竹書紀年』 四部備要 本, 2.11a~12b쪽.

위의 구절들은 앞에서 살펴본 「주본기」에서의 5단계 전개과정 중 "(2) 유왕과 괵 석보의 농단"부분을 제외하고는 모두 포괄하면서도, 훨씬 더 구체적일 뿐만 아니라 밑줄 친 부분과 같이 「주본기」에는 없는 중요한 내용들을 추가하고 있다. 무엇보다 포사 설화에 치중한 사마천이 서주 멸망의 도화선으로 신을 중심으로 한 연합군의 유왕 공격만 서술한 반면, 『금본죽서기년』에는 그 공격 이전에 유왕의 포사 총애에 뒤이은 태자 의구의 신으로의 망명(5년), 백복의 태자 옹립(8년), 신후의 서융 및 증(鄶, 繒)과의 연합전선 구축(9년), 태실에서의 회맹을 통한 왕의 제후들 단속에 뒤이은 불길한 자연현상과 함께 하는 신에 대한 공격(10년)과 같은 굵직한 사건들이 기록되어 있다. 유왕 11년 신을 중심으로 한 연합군의 주나라 본거지 종주에 대한 공격은 최소한 수년 동안의 긴장과 반목이 초래한 왕의 선제공격에 대한 반격이었음을 암시하는 것이다.[22] 「주본기」에 신에서 태자 의구를 옹립한 것으로 나타나는 특정되지 않은 제후들도 『금본죽서기년』에는 신후와 노후, 허남, 정자 등으로 구체적으로 명시되어 있다(11년).[23]

『사기』와 비교하여 『금본죽서기년』에서 가장 두드러지는 새로운 부분은 평왕 옹립과 함께 괵공 한에 의해 휴라는 지역에서 옹립된 또 다른 왕자, 여신에 관한 기록이다. 여신을 세운 인물이 「주본기」에서 유왕과 포사의 편에 섰던 괵 석보와 마찬가지로 괵 출신이라는 점이 공교롭다. 괵은 당시 친 유왕, 반 평왕의 선봉에 섰을 가능성이 크다. 원년인 770년을 동천의 연대로 설정한 것과, 그 과정에서 위나라와 진(秦)나라 군주의 역할을 명시한 것은 두 문헌이 일치하지만, 『금본죽서기년』에서는 「주본기」와 달리 정백과 특히 평왕으로부터 명을 받은 진(晉) 문후의 주도적인 역할이 강조되어 있다(원년). 정백의 경우는 유왕과 함께 살해된 정 환공(806~777 B.C.)의 아들 무공(武公, 770~744 B.C.)으로 보는 것이 타당한데, 주 23)에서 언급한 정자(鄭子)와 마찬가지로, 한 해 전 부친 사망의 원인을 제공한 평왕의 동천에 그가 동참한 것 역시 부자연스러워 보인다. 동천 당시 진 문후의 빼어난 역할은 『금본죽서기년』에 구체적으로 명시되어 있는데, 특히 평왕 21년(기원전 750년) 휴의 또 다른 왕 여신을 살해했을 때 그 절정에 달한 듯하다. 『금본죽서기년』은 『사기』와 달리 유왕 사후 21년 동안 두 명의 왕이 존재한 것으로 보고 있다.

『금본죽서기년』의 신빙성을 의심하는 연구자들이 더욱 신뢰하는 『고본죽서기년』에도 대체로 유사한 내용이 담겨 있다. 왕궈웨이의의 『고본죽서기년집교(古本竹書紀年輯校)』를 수정 보완한 판샹용(范祥雍)의 『고본죽서기년집교정보(古本竹書紀年輯校訂補)』에 재구성된 관련 부분은 다음과 같다.

(진 문후) 7년, 유왕이 포사의 아들 백복을 태자로 옹립했다. 평왕이 서신(西申)으로 도피했다.

---

22 Li Feng, *Landscape and Power in Early China*, 218~219쪽.

23 이들 중 鄭子는 鄭의 왕자 혹은 鄭 출신의 고위 인물로 볼 수 있다면, 鄭 桓公이 같은 해에 유왕과 함께 살해된 것으로 나타나기 때문에 사리에 맞지 않아 보인다. 鄭과 曾(鄶)은 고문자 단계에서 자형이 유사하기 때문에 잘못 전사되었을 가능성을 배제할 수 없을 것이다.

9년, 유왕 10년, 9월, 복숭아와 살구가 열매를 맺었다.

10년, 백반(伯盤)과 유왕이 모두 희(戲)에서 사망했다. 이에 앞서서(先是), 신후와 노후 및 허(許)
문공(文公)이 申에서 평왕을 옹립했다. 유왕이 사망한 이후, 괵공 한이 또 휴에서 왕자 여
신을 옹립했다. 주나라에 두 왕이 병립했다.

21년, 휴왕(攜王)이 진 문공(文公[侯])에 의해 살해되었다.[24]

7년 백복의 태자 옹립을 제외한 나머지 부분은 아래에서 살펴볼『좌전』 "소공(昭公) 26년"의 구절에 대한 공영달(孔穎達, 574~648)의 주석(疏)에서 급총서기(汲冢書紀)를 인용한 부분으로 추정되는 구절들만 간추린 것이다.『고본죽서기년』의 관련 기록도 밑줄 친 부분처럼「주본기」에는 없는 앞의『금본죽서기년』과 비슷한 내용이 주류를 이루고,『금본죽서기년』에서 암시된 대로 두 왕의 병립 국면을 명시하지만, 중요한 차이점도 존재한다. 무엇보다『금본죽서기년』의 연대가 유왕과 평왕을 기준으로 한 것과 달리,『고본죽서기년』은 진 문후를 기준으로 배열되어 있다. 따라서 다른 연대는 대체로 일치하지만, 평왕이 신으로 도피한 연대와 특히 진 문후의 여신(『고본죽서기년』에서는 휴왕) 살해 연대는 각각 평왕 21년=750년과 진 문후 21년=760으로 상당한 차이가 있다. 또한 의구(평왕)가 망명한 지역을『고본죽서기년』은 신이 아닌 서신으로, 백복도 10년에서는 백반으로 기술하고,『금본죽서기년』에서 평왕을 옹립한 제후들 중 정자(鄭子)도 빠져 있다. 마지막으로『고본죽서기년』은『사기』및『금본죽서기년』과 달리, 평왕의 옹립 시점을 유왕과 백반이 사망하기 전으로 암시하고 있어서, 이 부분에 상당한 의미를 부여하는 연구자들이 있다(주 72 참조). 그러나 사실 그 근거가 되는 "선시(先是)"라는 표현은 공영달의 주석에 인용된『죽서기년』의 원문이 아닌 주석가가 추가한 부분일 가능성이 크므로,[25] 액면 그대로 받아들이기 어렵다.

이러한 주요한 차이점에도 불구하고,『금본죽서기년』과『고본죽서기년』모두에서 일치하는 부분과『고본죽서기년』에는 빠졌지만『금본죽서기년』이나「주본기」등에 모두 나타나는 내용에 어느 정도 신빙성을 부여할 수 있다면,『죽서기년』에 언급된 서주 멸망과 동천의 과정 역시 다음의 몇 단계로 재구성될 수 있다.

(1) 왕의 포사 총애(779년)

(2) 태자 의구의 신(서신)으로 도피(『금본죽서기년』 777년;『고본죽서기년』 773년)

---

24 范祥雍,『古本竹書紀年輯校訂補』(上海: 上海人民出版社, 1962), 34~35쪽.

25 Li Feng, *Landscape and Power in Early China*, 220~221쪽; 陳偉,「清華大學藏竹書『繫年』的文獻學考察」, 47쪽.『죽서기년』의 같은 부분을 그대로 인용한『通鑑外紀』卷3에는 "先是"라는 구절이 빠져 있고, 특히 先秦 전적뿐만 아니라『죽서기년』의 다른 逸文에도 "先是"라는 용례는 거의 나타나지 않는다(성시훈,「清華簡『繫年』2장 試讀」, 동아시아출토문헌연구회 2012년 11월 17일 발제문).

(3) 백복(반)의 태자 옹립(774년)

(4) 신의 견융, 증과의 연합 구축(773년)

(5) 유왕의 신 공격(772년)[26]

(6) 신, 증, 견융의 종주에 대한 반격과 유왕, 백복 살해; 신후, 노후, 허남(문공)이 신에서 평왕 옹립; 괵공 한이 휴에서 왕자 여신 옹립(771년)

(7) 평왕 동천: 진 문후와 정백(武公),[27] 위백(武公), 진백(秦 襄公)의 보좌(770년)

(8) 진 문후의 휴왕(여신) 살해(760년 혹은 750년)

위와 같이 『사기』와 『금본죽서기년』, 『고본죽서기년』을 절충하여 재구성된 서주 멸망과 동천의 과정은 「주본기」의 그것보다 훨씬 정치하지만, 그럼에도 불구하고 여전히 다음과 같은 몇 가지 중요한 의문들을 해소하지는 못한다. 첫째, 태자 의구가 도피하여 옹립되었다는 신과 견융 및 관련 정치체들의 위치 문제에 따른 모순이다. 청대의 최술(崔述, 1740~1816)은 전통적 이해를 따라 신의 위치를 허난성 남부의 난양(南陽) 지역으로 파악하여,[28] 샨시성(陝西省)의 서쪽으로 위치했음이 확실한 견융과 연합의 불합리성을 최초로 제기했고,[29] 이는 여러 학자들의 지지를 받은 바 있다.[30] 사실 『고본죽서기년』에는 이 신이 서신으로 명시되어 있고, 최근 리펑은 신뿐만 아니라 『국어』 「정어」에 신과 함께 유왕의 공격을 막은 것으로 언급된 여(呂)도 난양 지역 이외에 샨시성 서북부에도 근거지가 있었음을 논증하며 최술의 주장을 반박한 바 있다.[31] 의구가 망명한 지역을 서신으로 인정한다고 하더라도, 『금본죽서기년』과 『고본죽서기년』 모두에 신에서의 평왕 옹립에 동참한 제후들로 난양에서 가까운 노나라(산동성山東省 취푸曲阜)나 허나라(허난성 쉬창許昌)[32]만 언급되어 있어서,[33] 샨시성 서북부 설과 여전히 상충된다.[34] 이들이 평왕 옹립에 동참한 정

---

26 『금본죽서기년』에만 나타나지만, 『國語』 「鄭語」에도 幽王의 申에 대한 공격 시 繒 및 犬戎이 申을 도와 이를 격퇴하리라는 史伯의 언설이 담겨 있다(『國語』, 519쪽).

27 晉 文侯와 鄭伯의 동천에서의 역할 역시 『금본죽서기년』에만 나타나지만, 『國語』 「周語 中」과 『左傳』 "隱公 6년"에 "주 왕실의 동천 당시 晉과 鄭에 의존했음"을 기록하고 있다(『國語』, 45쪽; 『春秋左傳正義』, 十三經注疏 [北京: 中華書局, 1980], 1713쪽).

28 陳槃, 『春秋大事表列國作姓及存滅表譔異』 (臺北: 中央研究院, 1969), 152쪽.

29 『崔東壁遺書』, 顧頡剛 編 (上海: 上海古籍出版社, 1983), 246~247쪽.

30 錢穆, 「西周戎禍考」, 『禹貢』 2.4 (1934), 127쪽; 蒙文通, 『周秦少數民族研究』 (上海: 龍門聯合書局, 1958), 21쪽; 王玉哲, 「平王東遷乃避秦非避犬戎說」, 49쪽; 宋新潮, 「驪山之役及平王東遷歷史考述」, 75~76쪽.

31 Li Feng, *Landscape and Power in Early China*, 221~231쪽.

32 陳槃, 『春秋大事表列國作姓及存滅表譔異』, 145쪽.

33 幽王과의 전역에 참전한 것으로 전하는 呂와 繒(鄫) 역시 南陽 인근에 위치한 것으로 보는 견해가 유력하다(陳槃, 『春秋大事表列國作姓及存滅表譔異』, 303쪽, 430쪽).

34 吉本道雅, 「周室東遷考」, 40~43; 吉本道雅, 「清華簡繫年考」, 『京都大學文學部研究紀要』 52 (2013), 12쪽.

황 역시 불분명한 상태이다.

둘째, 사마천이 전혀 언급하지 않은 또 다른 왕자 여신, 즉 휴왕의 존재와 동천 시 진 문후의 역할을 어떻게 이해해야 할지 문제이다. 휴왕에 대해서는 위의 『고본죽서기년』의 토대가 된 공영달 주석의 대상이었던 『좌전』 "소공 26년" 구절에 다음과 같이 언급되어 있다.[35]

> 유왕에 이르러 하늘이 주나라 자비를 베풀지 않았다. 왕은 혼이 빠져서 자신의 보위를 상실했다. 휴왕이 천명을 참칭했지만 제후들이 그를 제거하고 왕의 후계자를 세웠다. 이로써 겹욕(郟鄏, 洛陽)으로 천도했다.[36]

『사기』에는 『좌전』이 여러 차례 인용되어 있기 때문에,[37] 사마천이 위의 기록을 모르고 있었다고 보기는 어렵다. 그럼에도 서주의 멸망과 동천에 관한 한 『국어』의 기록에 거의 전적으로 의존한 듯한 그가 『국어』에 전혀 등장하지 않는 여신(휴왕)의 존재 여부에 확신을 가지지 못해 두 왕의 병립 국면을 의도적으로 기술하지 않았을지도 모른다. 이러한 측면에서, 『좌전』과 『죽서기년』에 언급된 휴왕의 존재 자체를 부인하기는 어렵겠지만, 위의 구절 역시 반드시 두 왕이 병립한 국면을 뒷받침해주지는 않아 주목을 끈다. 즉, 휴왕의 옹립 자체를 부도덕한 천명의 참칭으로 보고, 그의 제거 이후에야 태자 의구가 평왕으로 옹립되었음을 암시하는 것이다.[38] 따라서 휴왕을 누락한 『주본기』의 문제점뿐만 아니라 『죽서기년』의 두 왕 병립도 여전히 문제로 남게 된다. 더욱이 휴가 과연 어디인지, 이를 정말 지명으로 볼 수 있을지, 왕자 여신은 누구의 아들인지, 『죽서기년』의 휴왕 살해 시점은 평왕 21년(760년)인지, 혹은 문후 21년(750년)인지, 사마천은 왜 진 문후의 역할에 대해서 침묵을 지켰는지 등도 논란은 분분하지만 아직 모호한 채로 남아 있다.

마지막으로 『사기』와 『죽서기년』 모두 770년으로 확정한 동천의 과정과 연대 문제이다. 지금까지 살펴본 『사기』나 『죽서기년』에 제시된 서주 멸망과 동천의 도식을 따르더라도, 신과 견융, 증, 여, 노, 허 등의 도움으로 신 혹은 서신에서 추대된 평왕이 그 이듬해 전혀 다른 제후국들인 진(晉)과 진(秦), 위, 정 등의 호위를 받아 성주로 동천하는 과정의 모순에 대해서는 요시모토 미치마사(吉本道雅)나 차오푸린(晁福林), 왕레이성(王雷生) 등이 이미 지적했다. 나 역시 앞에서 특히 유왕 편에 서서 죽임을 당한 정 환공의 아들 무공이 부친 사망 후 1년도 채 되지 않아 그 원인을 제공한 평왕의 동천에 합류했다는 『금본죽서기년』의

---

35 기원전 516년 정변에 실패한 王子 朝가 敬王(519~476 B.C.) 편에 섰던 제후들을 향해 한 언설의 일부이다.

36 『春秋左傳正義』, 2114쪽.

37 金德建, 『司馬遷所見書考』(上海: 上海人民出版社, 1963), 106~111쪽.

38 王暉, 「春秋早期周王室王位世系變局考異: 兼說淸華簡『繫年』"周無王九年"」, 『人文雜志』 2013-5, 79쪽.

불합리성에 주목한 바 있다. 『사기』 「정세가」는 이런 모순 때문인지 무공의 역할을 전혀 언급하지 않지만, 『국어』와 『좌전』 모두에 "동천 당시 주 왕실이 진(晉)과 정에 의존했다"고 명시되어 있기 때문에(주 27), 평왕 동천에서 정의 역할을 부인하기도 어렵다. 정의 이러한 반전이 상당한 시간을 요했을 정치적 상황 변화 없이 가능했을까?

　이러한 측면에서 당대(唐代) 이래로 육순(陸淳, ?~806)이나 심괄(沈括, 1031~1095) 등이 노(魯) 혜공(惠公, 768~723 B.C.) 3년설(기원전 766년)에 주목했고, 양옥승(梁玉繩, 1716~1792)도 평왕이 신에서 옹립된 후 난이 진정된 이후에야 낙읍으로 천도했을 것으로 보아, 「십이제후년표」의 동천 연대인 "평왕 원년"은 전사되는 과정에서 발생한 오년(五年)의 오류일 것으로 추정한 바 있다.[39] 위에서 인용한 『좌전』의 기록 역시 서주 멸망과 동천의 과정을 "유왕의 왕위 상실(살해)⇒휴왕의 찬탈⇒제후들의 휴왕 제거 후 평왕 옹립⇒동천"과 같이 단계적으로 인식한 듯이 보인다. 따라서 동천이 휴왕 제거 이후에야 이루어진 것으로 보는 학자들이 760년(晁福林)이나 747년(王雷生), 738년(吉本道雅) 등의 수정설을 심심치 않게 제기했던 것이다. 이러한 설들은 물론 그대로 수용하기는 조심스럽지만, 최소한 동천을 단일한 사건이 아닌 하나의 긴 과정으로 보았다는 점에서는 중요한 시사점을 남긴다.

　서주 멸망과 동천을 둘러싼 미스터리들은 당연히 고대인들이 남긴 기록의 소략함과 그 전승과정에서의 훼손에서 기인할 것이다. 다행스럽게도 『사기』나 『죽서기년』보다 이른 혹은 비슷한 시기에 작성되었으면서도 거의 훼손되지 않은 『계년』 같은 사서의 발견이 이러한 미스터리의 해소에 도움을 주고 있다. 그러나 다른 한편으로 새로운 자료의 출현은 새로운 미스터리 생성이라는 숙제도 함께 남기고 있다. 이제 다음 장에서 『계년』에 서술된 서주 멸망과 동천에 대해 살펴보자.

3. 『계년』의 동천: 미스터리 해소

　모두 23장으로 구성된 『계년』의 제 1장에서 4장까지는 주 왕실의 쇠락과 제후국들의 흥기에 초점을 맞추어 서주 역사를 개술하고, 나머지 5장에서 23장까지는 춘추~전국시대의 역사를 진과 초의 쟁패를 중심으로 비교적 상세히 서술하고 있다. 아래에 원문과 함께 제시할 서주 멸망과 동천에 관한 부분은 제 2장의 전반부 2/3에 해당한다(【 】의 번호는 죽간의 편호).

39　『史記志疑』 (北京: 中華書局, 1981), 309쪽; 王紅亮, 「淸華簡 『繫年』 中周平王東遷的相關年代考」, 『史學史硏究』 2012-4, 105쪽.

周幽王取妻于西繡(申), 生坪(平)王=(王. 王)或叙〈取〉孚(褒)人之女, 是孚(褒)㤅(姒), 生白(伯)盤. 孚(褒)㤅(姒)辟(嬖)于王=(王. 王)【五, 그림1】與白(伯)盤达(逐)坪=王=(平王, 平王)走西繡(申). 幽王起自(師), 回(圍)坪(平)王于西繡=(申. 申)人弗敗(畀), 曾(繒)人乃降西戎, 以【六】攻幽=王=(幽王. 幽王)及白(伯)盤乃滅, 周乃亡. 邦君者(諸)正乃立幽王之弟舍(余)臣于䖒(虢), 是㩵(攜)惠王.【七】立廿=(二十)又一年, 晉文侯戠(仇)乃殺惠王于䖒(虢). 周亡王九年, 邦君者(諸)侯㡭(焉)䎽(始)不朝于周,【八】晉文侯乃逆坪(平)王于少鄂, 立之于京自(師). 三年, 乃東遷(徙), 止于成周. 晉人㡭(焉)䎽(始)啓【九】于京自(師), 奠(鄭)武公亦政(正)東方之者(諸)侯.

주나라 유왕은 서신에서 아내를 맞아 평왕을 낳았다. 왕은 포인(褒人)의 여성도 아내로 맞이하니, 그가 포사로, 백반(伯盤)을 낳았다. 포사가 왕의 총애를 받아 왕과 백반이 평왕을 몰아내자, 평왕은 서신으로 갔다. 유왕이 군사를 일으켜 서신에서 평왕을 포위했으나, 신인(申人)들은 (그를) 넘기지 않았다. 증인(曾人)들이 이에 서융을 끌어들여 유왕을 공격하니 유왕과 백반이 이내 죽임을 당하고, 주는 이에 멸망했다. 방군(邦君)과 제정(諸正)이 이에 유왕의 아우 여신을 괵에서 옹립하니, 그가 휴혜왕(攜惠王)이다. 등극 21년, 진 문후 구(仇)가 이에 괵에서 혜왕(惠王)을 살해했다. 주에 왕이 없어진지 9년, 방군과 제후들이 이 때 비로소 주에 조근하지 않자, 진 문후가 이에 평왕을 소악(少鄂)에서 맞이하여, 경사(京師)에서 옹립했다. 3년, 동쪽으로 이주하여 성주에 정착했다. 진인(晉人)들이 이 때 비로소 경사로 진출하기 시작했고, 정나라 무공 역시 동방의 제후들을 다스렸다.[40]

『계년』의 서주 멸망과 동천 부분 역시 「주본기」나 『죽서기년』과 마찬가지로 그 분량이 많지는 않지만, 밑줄 친 부분처럼 중요한 새로운 내용을 담고 있다. 일단 그 주요 전개 과정을 단계별로 정리하면 다음과 같다.

周幽王取妻于西繡生坪王=或叙孚人之女是孚㤅生白盤孚㤅辟于王=[五]

[그림 1] 5호간

---

40 위의 석독과 번역은 정리자의 역주에 의존하여(淸華大學出土文獻研究與保護中心 編, 『淸華大學藏戰國竹書(貳)』, 139~140쪽) 일부 수정을 가한 것이다.

(1) 유왕이 서신에서 맞이한 부인과 평왕 낳음

(2) 유왕의 포사 총애와 평왕 축출

(3) 평왕의 서신 도피

(4) 유왕의 서신 공격

(5) 신과 증, 서융의 반격에 따른 유왕과 백반 사망; 주 멸망

(6) 방군과 제정이 괵에서 유왕의 아우 여신을 휴혜왕으로 옹립

(7) (휴혜왕) 등극 21년, 진 문후 구가 괵에서 휴혜왕 살해

(8) "주망왕구년(周亡王九年)" 방군과 제후들이 조근하지 않아 진 문후가 소악에서 평왕 맞이하여 경사에서 옹립

(9) 3년 후 성주로 동천

(10) 진(晉)과 정의 세력 확장

위의 (1)에서 (7)까지는 「주본기」나 『죽서기년』의 내용에서 크게 벗어나지 않으면서, 앞에서 언급한 동천의 몇 가지 미스터리들을 해소해준다. 첫째, 평왕의 외가이자 도피처인 신에 대해서 『고본죽서기년』과 마찬가지로 서신으로 명시하고 있어서, 신의 위치를 둘러싼 최술 이래의 논쟁을 상당 부분 해소한다. 이는 1981년 난양(南陽) 인근의 서주 후기 묘에서 발견된 중칭보궤(仲偁父簋, 集成 4189) 명문에 중칭보라는 인물이 "남신(南申) 백(伯)의 태재(太宰)"로 언급되어 있는 사실과도 부합한다.[41] 『시경(詩經)』 "숭고(崧高)"에서 선왕(宣王)에 의해 오늘날 난양 인근의 사(謝)에 봉해졌다고 전해지는 신백(申伯)이[42] 남신과 관련 있을 것으로 보이지만, 『계년』은 『고본죽서기년』과 마찬가지로 평왕의 최초 도피처가 확실히 샨시성 서북부의 서신이었음을 입증해준다. 이러한 해소에도 불구하고, 『죽서기년』에 언급된 평왕의 신에서의 옹립에 동방의 노(魯)와 허(許)의 군주가 개입한 상황은 여전히 부자연스럽고, 『계년』에는 소악(少鄂)이라는 새로운 지명이 등장하며 이와는 상당히 다른 내용이 기술되어 있다(후술).

둘째, 「주본기」나 『금본죽서기년』에 백복으로 지칭된 포사의 아들은 『계년』에 『고본죽서기년』과 마찬가지로 백반으로 나타나, 앞에서 인용한 『좌전』 "소공 26년"의 구절에 대한 공영달의 주석에 속석(束晳)을 인용하여 "백복은 고문(古文, 『汲冢紀年』)에는 백반으로 되어 있다"는 설명에 부합한다.

셋째, 『죽서기년』에 나타나는 왕자 여신의 존재를 확인해줄 뿐만 아니라, 그가 유왕의 아우인 사실도 더해주어 휴왕에 대한 의문을 해소시켜준다. 『금본죽서기년』과 『고본죽서기년』 모두에 여신을 옹립한 주

41 崔慶明, 「南陽市北郊出土一批申國靑銅器」, 『中原文物』 1984-4, 15쪽.

42 『毛詩正義』, 十三經注疏 (北京: 中華書局, 1980), 565쪽.

체가 괵공(虢公) 한(翰)으로 명시된 것과 마찬가지로, 휴왕이 괵에서 옹립되었음도 확인해주어, 「주본기」의 괵 석보 이야기와 함께, 당시 괵이 담당한 반(反) 평왕 세력의 주도적 역할을 뒷받침해준다. 더욱이 휴왕을 휴혜왕으로 지칭해, 그가 혜왕(惠王)이라는 긍정적 의미의 시호를 지니고 있었을 가능성을 암시한다.[43] 휴에 대해서는 괵 지역의 지명으로 보아 대부분의 학자들이 서주 말~춘추 초의 괵국 묘지가 발굴된 허난성 싼먼샤(三門峽) 일대를 주목한다.[44] 방군에 이어지는 제정(諸正)에 대해서 정리자는 "정(正)"을 "장(長)"의 의미로 보아, 제후로 파악한다. 휴왕의 옹립에 괵공 한뿐만 아니라 여러 세력의 우두머리들이 동참했음을 알게 해준다.

넷째, 진 문후의 휴혜왕 살해 역시 21년이라는 점에서는 『금본죽서기년』이나 『고본죽서기년』과 같다. 그러나 그 21년이 휴혜왕 옹립에 바로 뒤이은 "립(立) 21년"이기 때문에, 이를 휴혜왕 21년으로 보는데 이견이 없다. 『죽서기년』과 마찬가지로 『계년』 역시 유왕과 백반 살해 직후 괵에서 휴혜왕이 옹립된 것으로 서술되어 있기 때문, 이를 기원전 771년으로, 휴혜왕 원년을 이듬해인 770년으로 보는데도 무리가 없다. 그렇다면 『계년』에서의 휴혜왕 살해 시점은 750년으로, 왕궈웨이가 주장한 『고본죽서기년』에서의 기준인 문후 21년(760년)보다는 『금본죽서기년』의 기준인 평왕 21년으로 보는 것이 더 적절함을 알게 해준다.[45] 물론 『계년』의 휴혜왕 21년 즉, 750년이 평왕 21년에 부합하는 지는 여전히 문제로 남는다.

위의 (8)과 (9)에 나타나는 평왕 옹립과 동천 문제는 「주본기」나 「죽서기년」의 관련 부분과 판이하게 달라 다음 장에서 본격적으로 다루어지겠지만, 이 부분 역시 앞에서 살펴본 두 가지 중요한 미스터리에 대한 실마리는 제공해준다. 우선 (9)에 제시된 평왕 옹립 3년 후 동천이라는 『계년』의 새로운 내용은 최소한 동천을 유왕 사망과 서주 멸망 이듬해인 770년으로 확정한 「주본기」와 「죽서기년」의 연대에 문제의 소지가 있음을 암시한다. 오히려 동천을 단일 사건이 아닌 장기간의 과정으로 해석한 일부 학자들의 주장이 재고의 여지가 있음을 보여주는 것이다.

마지막으로 「주본기」와 달리 『금본죽서기년』과 『고본죽서기년』 모두에 명시된 평왕과 휴왕의 병립 문제 역시 (8)의 "주망왕구년(周亡王九年)"에 대한 해석 여하에 따라, 『죽서기년』의 그것이 완전히 부정될 수도 있다. 다시 말해 필자가 위에서 제시한 해석처럼 이를 휴혜왕 사후의 무왕(無王) 9년으로 볼 수 있다면, 그 9년 이후에야 평왕이 옹립되었다고 서술되어 있기 때문에, 두 왕 병립은커녕, 오히려 궐위 시대가

---

43 朱鳳瀚, 「淸華簡『繫年』所記西周史事考」, 第四屆國際漢學會議 발표문, 2012年 6月 20~22日, 臺北 中央研究院; 王暉, 「春秋早期周王室王位世系變局考異」, 77쪽.

44 劉國忠은 攜가 고대에 貳의 의미를 지니고 있어서 余臣이 적통이 아님을 암시하는 貶稱으로 이해하기도 한다(劉國忠, 「從淸華簡『系年』看周王東遷的相關史實」, 『簡帛·經典·古史國際論壇』, 2011). 그러나 『죽서기년』에 攜가 지명으로 등장하듯, 위의 『계년』에서도 휴혜왕 옹립 기사에 뒤이은 그의 살해 부분에서는 "휴"를 빼고 "혜왕"으로만 칭하기 때문에, 휴는 지명일 가능성이 크다.

45 李學勤, 「淸華簡『繫年』及有關古史問題」, 『文物』 2011-3, 71쪽.

존재했다는 얘기가 된다. 그러나 이러한 『계년』의 서술은 기존 전래문헌의 서술을 송두리째 뒤집어엎는 큰 도전이기 때문에 이미 이에 대한 다양한 해석이 제기되어 있다. 다음 장에서 이를 비롯한 다른 관련 문제들을 검토함으로써 출토문헌과 전래문헌 사이의 긴장 관계를 음미할 수 있을 것이다.

4. 새로운 미스터리

앞에서 살펴보았듯이 『죽서기년』은 동천의 과정을 "유왕 살해(771년)⇒신에서의 평왕 옹립 및 휴에서의 여신(휴왕) 옹립(771년)⇒평왕 동천(770년)⇒진 문후의 휴왕 살해(760년 혹은 750년)"의 단계로 비교적 단순하게 서술하고 있다. 『계년』도 유왕 살해 이후 괵에서의 휴혜왕 옹립과 21년 만에 진 문후에 의한 그의 살해 부분은 『죽서기년』과 대조가 가능하다. 그러나 이어지는 "주망왕구년" 방군과 제후들이 조근하지 않아, 진 문후가 소악에서 평왕을 맞이하여 경사(京師)에서 옹립했고, 3년이 지난 후에 동쪽으로 이주하여 성주에 정착했다는 부분은 이전에는 전혀 알 수 없었던 내용이다. 이어지는 진(晉)의 경사 진출은 『죽서기년』처럼 성주로의 동천에도 진 문후가 큰 역할을 담당했음을 암시하지만, 역시 전래문헌에는 없는 내용이다.

『계년』연구에서 가장 큰 논란의 대상이 되고 있는 "주망왕구년"에 대해서 검토하기 전에 역시 이견이 있는 두 지명, 소악과 경사부터 살펴보기로 하자. 일단 평왕의 성주 정착 후 진이 진출하기 시작했다는 두 번째 경사는 오늘날 뤄양의 성주로 보는데 이견이 없다. 정리자들은 평왕 옹립 전 진 문후가 그를 맞이했다는 소악에 대해서, 『좌전』"은공(隱公) 6년"에 언급된 진과 관련된 지명인 오늘날 산시성(山西省) 샹닝현(鄉寧縣) 남쪽의 악(鄂)으로 추정한다. 악은 진나라가 내란 중이던 기원전 717년 진의 귀족들이 쫓겨 간 진후(晉侯)를 맞아들인 곳으로, 진인(晉人)들은 이 진후를 악후(鄂侯)로 불렀다고 한다.[46] 나아가 문후가 평왕을 옹립한 첫 번째 경사에 대해서는 당연히 종주를 지칭하는 것으로 보고 있다.[47] 서신으로 도피한 평왕(의구)이 (소)악으로 이주한 상황이 불분명하지만, 어쨌든 진(晉)의 지역에 거하던 평왕이 종주에서 옹립된 후 3년 이후에 성주로 동천한 것으로 보는 것이다.

그러나 산시성 진 지역의 악과 샨시성의 종주 사이는 상당히 떨어져 있기 때문에, 당시 진의 지역에도 경사가 있었을 것으로 추정하기도 하는데, 춘추시대 진의 청동기인 진공분(晉公盆, 集成 10342)과 진강

---

46 楊伯峻, 『春秋左傳注』 (北京: 中華書局, 1981), 49쪽. 杜預(222~285)는 이 鄂을 晉의 別邑으로 보았고, 『史記集解』에는 『世本』을 인용하여 "唐叔이 鄂에 거했다"고 전하여, 鄂이 晉의 시조 唐叔과 관련된 지명으로도 나타난다(馬保春, 『晉國地名考』 [北京: 學苑出版社, 2010], 103~104쪽).

47 清華大學出土文獻研究與保護中心 編, 『清華大學藏戰國竹書(貳)』, 139쪽.

정(晉姜鼎, 集成 2826) 명문에 등장하는 경사가 이러한 주장의 핵심 논거이다.[48] 두 명문의 경사에 대해서는 오래 전부터 논쟁이 있었지만, 진강정 명문에 대한 연구들은 이들을 각각 종주와 성주로 보는 것이 합리적임을 논증하고 있다.[49] 『시경』이나 『좌전』 등 선진 전래문헌에 나타나는 경사는 모두 주의 도읍인 종주(풍호豐鎬)나 성주(낙읍)만을 지칭한다는데 이견이 없다.[50] 더욱이 만약 동산(董珊)의 주장처럼 평왕이 옹립되었다는 『계년』의 경사를 산서성 서남부로 비정한다면, 이는 3년 후 성주로의 이전을 "동사(東徙)"로 표현한 바로 이어지는 구절과도 상충된다.[51] 당시 진의 도읍 익(翼)으로 비정되는 오늘날 취워현(曲沃縣)-이청현(翼城縣) 인근에서 뤄양 지역으로의 이주는 "동사"보다는 "남사(南徙)"라는 인식이 강했을 것이다. 이는 진 문공(文公, 636~628 B.C.)이 기원전 635년 왕자 대(帶)의 난을 진압한 대가로 양왕(襄王, 651~619 B.C.)으로부터 오늘날 뤄양 동북쪽의 신정(新鄉) 일대로 추정되는 양번(陽樊)과 온(溫), 원(原), 찬모(欑茅)의 토지(田)를 하사받은 것을 "진의 남양(南陽) 진출"로 표현한 『좌전』 "희공(僖公) 26년"의 기록과도 일맥상통한다. 양보쥔(楊伯峻)은 이 지역이 황하의 북쪽, 타이항산(太行山)의 남쪽이므로 진의 입장에서 남양으로 불리었을 것으로 보았다.[52]

따라서 정리자들의 주장처럼 평왕이 옹립된 경사는 종주로 보는 것이 타당해 보인다. 그렇다면 소악 역시 반드시 산시성으로 한정할 필요는 없을지도 모른다. 필자는 오히려 요시모토를 제외한 연구자들이 거의 주목하지 않았던 허난성 난양 인근의 악(鄂)일 가능성도 배제할 수 없다고 보고 이를 비교적 상세히 논증한 바 있다.[53] 그 연구에 따르면 사실 악의 위치를 산시성 샹닝현과 일치시키는 견해는 7세기경에야 전설상 당요(唐堯)의 도읍으로 알려진 악의 위치를 찾으려는 시도의 일환으로 출현하기 시작한다. 더욱이 출토문헌의 악은 후베이성(湖北省) 쑤이저우(隨州)나 허난성 난양 지역으로 비정하는 게 일반적이다. 이는 고고학적으로도 입증되는데, 최근 쑤이저우시의 양쯔산(羊子山) 유지(遺址)에서는 서주 전기의 악

---

48 董珊, 「讀清華簡繫年」, 復旦大學出土文獻與古文字中心網站, 2011年 2月 26日). 晉公盆에는 晉의 시조인 唐公(唐叔)이 武王의 명을 받고, 京師에 거주(宅)한 것으로 명시되어 있다. 진 문후의 부인으로 알려진 晉姜이 주조한 晉姜鼎 명문에도 문후의 위엄에 힘입은 晉姜이 京師에 잘 도달하여 萬民을 다스렸음을 전한다.

49 陳連慶, 「晉姜鼎銘新釋」, 『古文字研究』 13 (1986), 189~201쪽; 沈載勳, 「戎生編鐘과 晉姜鼎 銘文 및 그 歷史的 意義」, 『東洋史學研究』 87 (2004), 10~15쪽, 특히 각주 36.

50 서주의 상황을 전하는 「大雅」, 「公劉」에 나타나는 "京師之野"와 '民勞'의 "惠此京師"는 모두 陝西省의 宗周를 지칭하는 반면에 (屈萬里 1980, 350), 춘추시대의 상황을 전하는 『左傳』에 여섯 차례 등장하는 京師는 모두 成周(洛邑)를 지칭한다(陳連慶 1986, 197).

51 吉本道雅, 「清華簡繫年考」, 16쪽.

52 楊伯峻, 『春秋左傳注』, 433쪽.

53 Jae-hoon Shim, "The Eastward Relocation of the Zhou Royal House in the Xinian Manuscript: Chronological and Geographical Aspects," *Archiv Orientalni* 85.1 (2017), 74~85쪽.

국(鄂國) 청동기들이 다수 출토되었다.[54] 특히 2012년 난양시 동북쪽 10km 지점 샤샹푸촌(夏響鋪村)에서 발견된 서주 후기~춘추 초기의 악국 귀족묘지는 난양설을 확증해주는 듯한데, 약 20기의 묘들 중 일부 대형묘에서 악후(鄂侯)의 명문과 그의 부인(夫人)을 암시하는 명문을 지닌 청동기들이 출토되었다.[55] 이를 뒷받침하듯 『한서(漢書)』 「지리지(地理志)」에도 당시의 남양군(南陽郡)에 서악현(西鄂縣)이 있었던 것으로 언급되어 있다.[56]

이미 앞에서 서신으로 도피한 평왕이 난양에서 비교적 가까운 노(魯)와 허(許) 등의 도움으로 신(申)에서 옹립되었다는 『죽서기년』 기록의 불가해성에 대해 언급한 바 있다. 그러나 실상 『고본죽서기년』은 평왕이 도피한 지역과 평왕이 신과 노, 허 등의 도움으로 옹립된 지역을 각각 "서신"과 "신"으로 구분해서 명시하고 있다. 『시경』 "숭고"에 언급된 바와 같이 난양의 신(仲俌父簋의 南申)은 서주 후기에 남방 사수의 중요한 역할을 담당했고, 서신에서 유래한 이 남신이 서신과 지속적으로 친밀한 관계를 유지했을 것임은 자명하다.[57] 남신과 악이 인접한 지역에 위치한 사실을 통해서 볼 때, 요시모토가 이미 추론한 대로,[58] 일단 서신으로 도피했던 평왕이 유왕의 공격을 받고, 유왕과 백복(백반)이 피살되며, 휴혜왕까지 옹립되는 혼란스런 와중에, 안전한 난양의 신으로 옮겨서 거기서 추대되었을 가능성을 배제할 수 없는 것이다. 이러한 추론은 평왕이 (남)신에서 노와 허 등 그 인근 세력들의 도움으로 옹립되었다가(『죽서기년』), 진 문후에 의해 경사에서 다시 옹립될 때까지 같은 지역의 악에서 계속 머물렀다는(『계년』), 두 문헌을 아우르는 절충적인 해석을 가능케 한다. 서주 후기의 청동기 금문에 주 왕실과 친소관계를 되풀이한 악이라는 정치체의 독자성[59] 역시 평왕을 수용하기 좋은 조건이었을 것이다.

물론 서신에서 남신으로의 이주에 대한 직접적인 근거를 찾기는 어렵다. 그러나 『좌전』에는 평왕의 동천을 전하는 두 가지 다른 이야기가 등장한다. 즉, 동천 당시 진(晉)과 정(鄭)에 의존했다는 것이 그 하나이다. 또한 "양공(襄公) 10년"(563 B.C.), 왕실 귀족들 사이의 정쟁의 와중에 하금(瑕禽)이라는 인물이 옛날 평왕의 동천 시에 자신들의 7성(姓)이 왕을 따르면서 왕이 제사에 사용할 수 있도록 제물(祭物)을 공급한 덕에 왕으로부터 대대로 그 직을 잃지 않으리라는 맹약을 받았음을 상기시키는 것이 다른 하나이다.[60] 이전에는 두 사례 모두 당연히 유왕 살해 직후 기원전 770년의 동천 과정에서 일어난 일로 인식되었지만,

---

54 張昌平, 「論隨州羊子山新出鄂國青銅器」, 『文物』 2011-11, 87~94쪽.

55 河南省南陽市文物考古研究所, 「南水北調中線工程南陽夏響鋪鄂國貴族墓地發掘成果」, 『中國文物報』 2013年 1月 4日.

56 『漢書』(北京: 中華書局, 1959), 1564쪽.

57 徐少華, 「從叔姜簠析古申國歷史與文化的有關問題」, 『文物』 2005-3, 67쪽.

58 吉本道雅, 「周室東遷考」, 40쪽.

59 沈載勳, 「상쟁하는 고대사 서술과 대안 모색: 『詩經』 "韓奕"편 다시 읽기」, 『東方學志』 137 (2007), 291~292쪽.

60 楊伯峻, 『春秋左傳注』, 983쪽.

『계년』이 암시하는 동천의 긴 과정을 수용한다면, 반드시 그렇게만 볼 이유도 없다.[61] 진과 정에 의존한 전자의 동천이 『계년』에 언급된 대로 휴혜왕 살해 이후 종주에서 성주로의 안정적인 동천이라면, 후자에 나타나는 귀족들에게 제물을 공급받아야 할 정도의 곤궁한 상황은 『죽서기년』에 언급된 (남)신에서의 옹립을 위한 서(서신)에서 동(남신)으로의 갑작스런 동천을 암시하는 것은 아닐까? 서주 후기에 관중(關中)과 강한(江漢) 지역을 이어주는 교통로, 즉 무관도(武關道)를 따라 난양 분지의 악(鄂)에서 종주까지 직접 연결되는 루트가 있었다는 쉬샤오화(徐少華)의 주장 역시 이러한 이주 가능성을 뒷받침한다.[62]

이와 관련하여 『시경』 '양지수(揚之水)'에는 각각 신(申)과 보(甫, 呂), 허(許)의 방어를 위해 부인을 떠난 남편이 집으로 돌아가기를 갈망하는 노래가 담겨 있다. 「모시서(毛詩序)」에서는 이를 평왕이 백성을 돌보지 않고 멀리 외가(母家)에서 둔수(屯戍)하고 있음을 주인(周人)들이 원망하며 풍자한 시로 보고 있다.[63] 취완리(屈萬里)는 이를 신과 여 등 난양 지역의 정치체들이 초(楚)의 압박을 받기 시작한 환왕(桓王)과 장왕(莊王) 시기의 시로 보는 푸쓰녠(傅斯年)을 따르지만,[64] '양지수' 등 왕풍(王風)에 속한 시들을 대체로 평왕과 연계시킨 한대(漢代)의 해석을 따를 수 있다면, 이 역시 평왕과 난양 지역의 밀접한 관계를 보여주는 중요한 흔적인지도 모른다.

따라서 필자는 『계년』의 소악(少鄂)에 관한 한 위의 해석이 여러 조건에 상대적으로 잘 부합한다고 보지만, 물론 어느 주장도 단정하기는 어렵고, 이러한 위치 문제에 대한 논의도 실상 마지막으로 살펴볼 "주망왕구년"에 대한 해석과 무관할 수는 없다. 이에 대해서는 대체로 세 가지 견해가 제시되어 있다. 첫째, 리쉐친(李學勤)으로 대표되는 정리자들의 견해로, "주에 왕이 없어진 지 9년"을 유왕(幽王)이 사망한 이후의 9년, 즉 기원전 762년으로 본다.[65] 둘째, 앞에서 제시한 내 번역처럼 이를 휴혜왕 사망 후 9년인 741년으로 보는 견해이다.[66] 마지막으로 "망왕(亡王)"을 "망국지군(亡國之君)"으로 이해하여, 주를 멸망에

---

61 吉本道雅는 『左傳』에 세 차례 등장하는 "東遷"이라는 용어가 반드시 洛邑(成周)으로의 이주만을 한정적으로 의미하기보다는 關中 지역에서 中原 지역으로의 이주를 광범위하게 포괄하는 것으로 추정한 바 있다(「周室東遷考」, 37쪽).

62 徐少華, 『周代南土歷史地理與文化』(武漢: 武漢大學出版社, 19940, 26쪽. 申과 呂, 繒(鄫) 등이 陝西省 서북부와 南陽 지역 모두에 領地를 가지고 있었을 가능성 역시 이와 관련이 있을 것이다. 이는 서주 후기 陝西省 중심지의 虢과 鄭 등이 河南省의 황하 유역에도 근거지를 확보하고 있었던 상황과 유사하다(沈載勳, 「商周시대 移民과 국가: 동서 융합을 통한 절반의 중국 형성」, 『東洋史學硏究』 103 [2008], 39~42쪽).

63 『毛詩正義』, 63쪽.

64 屈萬里, 『詩經釋義』(臺北: 中國文化大學出版部, 1980), 102쪽.

65 淸華大學出土文獻硏究與保護中心 編, 『淸華大學藏戰國竹書(貳)』, 139쪽; 淸華大學出土文獻讀書會, 「淸華大學藏戰國竹書』(貳)連讀箚記(一)」, 復旦大學出土文獻與古文字中心網站, 2011年 12月 22日; 鄧少平, 「淸華簡『繫年』與兩周之際史事綜考」, 『深圳大學學報(人文社會科學版)』 2012-5; 李學勤, 「由淸華簡『繫年』論『文侯之命』」, 『揚州大學學報(人文社會科學版)』 2013-3 등.

66 復旦大學出土文獻與古文字中心讀書會(陳劍), 「『淸華(二)討論記錄」, 復旦大學出土文獻與古文字中心網站, 2011年1 2月 23日. 2011; 華東師範大學中文系戰國簡讀書小組, 「讀『淸華大學藏戰國竹書(貳,繫年』書侯(一)」, 武漢大學簡帛硏究中心簡帛

빠뜨린 유왕으로 보아, 유왕 9년, 즉 773년으로 파악하기도 한다.[67] 평왕이 경사에서 옹립된 후 3년 후에 성주로 동천했다고 서술한 점을 감안하면, 세 견해의 동천 연대는 각각 기원전 759년과 738년, 770년에 해당한다.

이러한 세 주장은 모두 큰 약점을 안고 있다. 무엇보다 "유왕 사후 9년 설"을 제기한 리쉐친을 비롯한 정리자들이나 "유왕 9년 설"을 주장한 왕홍량(王紅亮)까지도 『계년』 자체의 문맥만 가지고 보면, 두 번째 해석이 가장 자연스럽다는 데 이의를 제기하지 않을 것이다. 『계년』은 "유왕의 사망으로 인한 (서)주의 멸망⇒휴혜왕의 등극 및 살해⇒평왕 옹립과 동천"을 하나의 계기적 사건으로 서술하고 있다. 『계년』의 서술 체계 상 일부 이야기들이 연대와 상관없이 뒤섞이는 경우가 있기는 하지만, 결국 이들은 모두 사건 중심으로 배열되어 있기 때문에,[68] 서주의 멸망과 동천을 하나의 연결된 사건으로 서술한 위의 인용문의 일부, 즉 "주망왕구년"과 그에 이어지는 구절을 리쉐친이나 왕홍량의 주장처럼 삽입서사로 보기는 어렵다. 이러한 측면에서 "주망왕구년"에 바로 앞선 구절에서 휴혜왕 살해를 언급했기 때문에, 이어지는 "망왕"의 계기를 제공한 왕은 휴혜왕으로 보는 것이 원저자의 의도에 부합하는 해석이다. 더욱이 저자는 유왕 사망 후 바로 옹립된 휴혜왕에 대해서, "혜(惠)"라는 긍정적인 시호를 쓰며 여러 세력의 우두머리들(방군과 제정)에 의해 추대된 것으로 언급하고 있어서, 휴혜왕에게 유왕을 뒤이은 정통성을 부여했음을 보여준다.[69] 첫 번째와 세 번째 설의 필연적인 전제가 될 수밖에 없는 『죽서기년』에서의 두 왕 병립 국면이 『계년』의 저자에게 고려 대상일 필요는 없었던 것이다.

그럼에도 불구하고 리쉐친이나 왕홍량이 군이 "망왕"의 주체를 유왕으로 고수하는 이유는 「십이제후년표」 등을 통해 정립된 진 문후의 재위년(780~746 B.C.)을 감안했기 때문이다. 다시 말해, 휴혜왕이 사망한 시점이 그의 재위 21년인 750년이기 때문에, "주망왕구년"을 휴혜왕 사망 이후 9년으로 본다면, 문후가 평왕을 옹립한 연대가 741년이 되어 그의 재위연대를 벗어나버리는 결과가 초래되는 것이다.

충분히 납득할만한 여지가 있는 해석이지만, 그들은 「십이제후년표」로 대표되는 2천년 이상의 권위를 지닌 전래문헌상의 연대 틀에 집착함으로써, 『계년』을 기술한 작자의 의도를 경시하는 것으로 보인다. 사마천이 『사기』를 집필할 당시보다 250여 년 앞선 『계년』이 작성된 시기에 『춘추』같은 "단국(單國) 편년기"들과 『계년』같이 종합성을 지닌 "제국(諸國) 편년기"들이 다수 있었다면,[70] 당시 「십이제후년표」의 토대를

網, 2011年 12月 29日; 劉國忠, 「從淸華簡『系年』看周王東遷的相關史實」; 王暉, 「春秋早期周王室王位世系變局考異」; 吉本道雅, 「淸華簡繫年考」 등.

67 王紅亮, 「淸華簡『繫年』中周平王東遷的相關年代考」, 102~105쪽.

68 陳民鎭, 「『繫年』"故志"說: 淸華簡『繫年』性質及操作背景芻議」, 『邯鄲學院學報』 2012-6, 50쪽.

69 朱鳳瀚, 「淸華簡『繫年』所記西周史事考」.

70 夏含夷(Shaughnessy), 「原史: 紀年形式與史書之起源」, 『簡帛·經典·古史國際論壇』.

제공한 것과는 다른 자료들이 존재했을 개연성은 충분하다. 그럼에도 불구하고, 기존에 각인된 단일한 역사상에 대한 부담이 첫 번째[71]와 세 번째[72]의 해석을 내놓게 한 것으로 보인다.

이렇듯 중국 학자들의 전래문헌에 대한 집착은 출토문헌의 해석에 한계로 작용하지만, 『계년』의 동천 해석을 둘러싼 논의는 다른 한편으로 전래문헌의 권위를 쉽사리 부정하기가 얼마나 어려운 일인지도 보여준다. "주망왕구년"에 관한 한, 두 번째 해석이 원저자의 의도에 가장 부합함에도 불구하고, 그로 인해 설정된 평왕의 옹립 연대 741년과 동천 연대 738년은, 진 문후의 그것과 맞지 않음은 말할 것도 없고, 『사기』와 『죽서기년』 모두에 평왕의 동천을 호위한 것으로 언급된 진(秦) 양공(襄公, 777~766 B.C.), 위(衛) 무공(武公, 812~758 B.C.), 정(鄭) 무공(武公, 770~744 B.C.)의 재위년과도 모두 상충되기 때문이다. 「십이제후년표」에 제시된 춘추 초 제후들의 연대기를 상당 부분 뒤집어엎어야 할지도 모르는 엄청난 결과에 당혹스럽지 않은 연구자는 없을 것이다.

따라서 "휴왕 사후 9년설"을 주장하는 학자들 사이에서도 그 수용 여부에는 상당한 차이가 있다. 『계년』의 신빙성을 인정하는 왕후이(王暉)는 기존에 알려진 춘추 초 제후들의 세계(世系)나 주왕의 재위 연대까지도 큰 조정이 필요하다고 주장하며, 770~750년은 휴혜왕의 세계 기년으로, 749~741년은 무왕(無王), 즉 궐위기로, 740~720년을 평왕의 세계 기년으로 설정할 것을 제안한다.[73] 반면에, 류궈중(劉國忠)과 특히 요시모토 미치마사(吉本道雅)는 전래문헌 상의 연대와 모순을 강조하며 『계년』의 신빙성에 대한 결론을 유보하고 있다.

그렇다면, 『계년』이라는 출토문헌의 등장으로 초래된 이러한 춘추 초 연대기 상의 혼란은 그저 새로운 미스터리로 남겨두어야 할까? 다음 장에서 그 해소가 과연 가능한 일인지 실마리를 찾아보자.

---

71 李學勤을 비롯한 정리자들의 "유왕 사후 9년 설"(762년)은 뒤에서 언급될 연대기 상의 혼란을 최소화하는 탁견이지만, 『계년』의 저자 스스로 바로 앞 문장에서 등극을 설명한 攜惠王이라는 새로운 왕의 존재를 부정해버리는 큰 모순을 야기한다. 따라서 정리자의 일원인 劉國忠도 이를 따르지 않고 있다(주 65의 劉國忠 논문 참고).

72 王紅亮의 견해는 동천 연대가 『사기』나 『죽서기년』에서 제시한 기원전 770년과 맞아떨어지는 흥미로운 해석이지만, 결국 幽王이 아직 건재하던 그의 재위 9년인 기원전 773년에 平王이 옹립되었다는 불합리한 상황을 도출한다. 그는 앞에서도 주목한 『고본죽서기년』에 언급된 "先是"라는 표현에 의거하여, 유왕과 伯盤이 기원전 771년 살해되기 이전 773년에 평왕이 이미 신에서 옹립되었고, 같은 해진 문후에 의해 경사에서 다시 옹립된 것으로 추정한다(王紅亮, 「淸華簡『繫年』中周平王東遷的相關年代考」, 106쪽). 그러나 이미 앞에서 지적한대로 "先是"라는 표현의 문제점은 말할 것도 없고, 평왕의 옹립 과정 역시 설득력이 떨어져 학자들의 지지를 받지 못하고 있다.

73 王暉, 「春秋早期周王室王位世系變局考異」, 81쪽.

5. 「십이제후년표」에 대한 도전?

앞 장에서 살펴본 『계년』의 파격적인 동천 연대에 대한 미스터리를 해소하기 위해서는 출토문헌 자체의 신빙성 입증 못지않게 기존의 권위에 근거를 제공한 전래문헌의 문제점을 확증할 수 있어야 할 것이다. 일단 기존의 동천 연대 기원전 770년을 각인시킨 일차적 자료로 『사기』 「십이제후년표」를 들 수 있을 것이다. 『죽서기년』 역시 같은 연대를 제시하고 있지만, 그 전승 과정의 불투명성 때문에 그 연대를 전적으로 수용하기 주저되는 측면이 있다.[74] 따라서 일단 「십이제후년표」에 초점을 맞춰보자.

앞에서 서주 멸망과 동천에 대해 전해주는 세 자료 중 『사기』의 그것이 분량에 상관없이 가장 소략한 내용을 담고 있음을 알 수 있었다. 사마천은 어떤 이유에선가 태자 의구의 신으로의 망명과 평왕의 신에 대한 공격, 휴(惠)왕의 존재, 동천 과정에서 정 무공이나 특히 진 문후의 지대한 역할 등에 대해 기술하지 않았다. 그가 선진시기를 기술하면서 참고했던 문헌들이 『상서(尙書)』와 『시경(詩經)』, 『춘추좌전(春秋左傳)』, 『국어(國語)』, 『전국책(戰國策)』, 제자서(諸子書) 등이었던 점과[75] 최근 출토된 전국시대 죽서의 대부분도 진시황의 분서 때 소실되어 사마천이 접근하기 어려운 것들이라는 점을 감안하면,[76] 그가 의존한 자료들이 상당히 제한적이었을 것임이 분명해 보인다.

물론 사마천은 「십이제후년표」의 서두에서 자신이 그 연표를 작성하며 활용했을 『춘추역보첩(春秋曆譜諜)』이라는 문헌에 대해 언급하고 있다.[77] 현재 이 문헌의 실상에 대해 정확히 알 수는 없지만, 진더젠(金德建)은 이를 「십이제후년표」에 앞선 「삼대세표(三代世表)」의 작성에도 사마천이 활용했다는 첩기(諜記)의 일부로 보고, 『한서』 「예문지(藝文志)」에 "옛 사관이 황제(黃帝) 이래 춘추 시기까지의 제후와 대부를 기술한" 문헌으로 언급된 『세본(世本)』 15편과 동일시한다. 나아가 이를 역시 「십이제후년표」에 "한상(漢相) 장창(張蒼)의 역보(曆譜)"라고 언급된 문헌과도 같은 문헌으로 보는데, 『안씨가훈(顏氏家訓)』과 『사통(史通)』에 『세본』이 각각 한(漢) 고조(高祖, 206~195 B.C.)나 진말(秦末, 221 B.C.)까지를 포괄한다고 언급된 점을 토대로, 이를 한 초에 장창(253~152 B.C.)이 작성했다는 역보와 일치시키는 것이다.[78] 「예문지」의

---

74 쇼네시는 『금본죽서기년』이 원본에서 가까울 것으로 보고 거기에 제시된 연대도 대체로 수용하지만, 다른 한편으로 원 정리자들이 기존에 정통으로 인정된 것과 다른 부분들을 의도적으로 수정했을 가능성도 함께 제기한다(Shaughnessy, *Rewriting Early Chinese Texts*, 204쪽). 반면에 吉本道雅는 『죽서기년』의 770년은 그 문헌이 소실된 후 재구성되는 과정에서 「십이제후년표」의 그것을 따랐을 것으로 본다(吉本道雅, 「周室東遷考」, 36~37쪽).

75 Michael Loewe ed., *Early Chinese Texts: A Bibliographical Guide* (Berkeley: The Society for the Study of Early China, 1993), 406쪽.

76 沈載勳, 「민족주의적 동아시아 고대사 서술과 그 자료 새롭게 보기」, 『歷史學報』 208 (2010), 344~349쪽.

77 『史記』, 509쪽.

78 金德建, 『司馬遷所見書考』, 19~20쪽.

『세본』에 대한 설명에서 전국시대 중후기 고사 전설의 중심인물로 등장하여 그 이후에야 대일통(大一統)의 제왕세계(帝王世系)에 포함되었을 황제(黃帝)[79]가 등장하는 사실은『세본』을 한 초기의 저작으로 보는 진더젠의 주장을 뒷받침한다. 그의 주장처럼 정말 후대에『세본』으로 알려진『춘추력보첩』의 작성 시점이 사마천(145?~87 B.C.)의 시대에서 그다지 멀지 않다면, 진시황 분서 이후 많은 문헌들이 소실되었음을 고려할 때, 이를 토대로 사마천이 제시한 연표에 과연 절대적인 신빙성을 부여할 수 있을까?

사마천은 또한「십이제후년표」를 작성한 이유에 대해서도, 자신이 공자의 저작으로 믿었던『춘추』의 내용을 국별로 일목요연하게 정리하여『춘추』나『국어』를 연구할 후학들에게 제시하기 위한 것이라고 명시하고 있다.[80]『춘추』가 포괄하는 연대가 노나라 은공(隱公) 원년인 기원전 722년에서 애공(哀公) 16년인 기원전 479년까지임을 감안하면, 비록「십이제후년표」가 기원전 841년인 공화(共和)시기부터 공자의 시대인 479년까지를 포괄한다고 해도, 사마천이 확보했을 722년 이전의 연대기 자료가 얼마나 온전했을지 의심을 품을 만한 대목이다.[81]

따라서 평왕(770~720 B.C.) 시기에 해당하는 춘추 초『사기』「세가(世家)」들의 기술이 대부분 지극히 소략한 점도 이와 무관하지 않을 것인데, 특히「제태공세가(齊太公世家)」와「노주공세가(魯周公世家)」,「연소공세가(燕召公世家)」,「관채세가(管蔡世家)」,「진기세가(陳杞世家)」,「송미자세가(宋微子世家)」등「진세가(晉世家)」와「정세가(鄭世家)」를 제외한 거의 대부분의「세가」들이 진(秦) 양공이 동천 시의 공으로 평왕에 의해 제후의 반열에 올랐다는 사건을 기원전 770년의 기준으로 설정하고 있어서 눈길을 끈다. 그렇지만 그 토대를 제공한 듯한 아래의「진본기(秦本紀)」에 서술된 양공의 동천 관련 기사는 실상 그 내재적 모순 때문에 주목받아왔다.

(양공) 7년 봄, 주 유왕이 포사로 인해 태자를 폐하고 포사의 아들을 태자로 삼았으며, 제후들을 수차례 기만하자, 제후들이 그를 배반했다. 서융의 견융과 신후가 주를 공격하여 여산 아래에서 유왕을 살해했지만, 진 양공은 군대를 이끌고 주를 구원하여 힘껏 싸워서 공을 세웠다. 주 (왕실)이 견융의 난

---

79 郭永秉,『帝系新研: 楚地出土戰國文獻中的傳說時代古帝王系統硏究』(北京: 北京大學出版社, 2008), 163쪽.

80 『史記』, 510~511쪽.

81 吉本道雅는 사마천이「십이제후년표」에서 동천 연대를 770년으로 확정했지만,「주본기」에서는 유왕 3년 이후의 연대는 전혀 제시하지 않는 점을 들어 그 신빙성을 의심한다(吉本道雅,「周室東遷考」, 36쪽). 더욱이『사기』의 곳곳에 나타나는 서주 후기 연대기의 문제들뿐만 아니라(Edward L. Shaughnessy, *Sources of Western Zhou History: Inscribed Bronze Vessels* [Berkeley: University of California Press. 1991], 275~277쪽; 沈載勳,「晉侯蘇編鐘 銘文과 西周 後期 晉國의 發展」,『中國史硏究』 10 [2000], 22~23쪽), 山西省의 서주시대 晉 도읍지인 曲村-天馬 지역에서 발굴된 제후묘지에서 출토된 청동기 명문상의 晉侯들 이름이『사기』「晉世家」에 제시된 그것들과 거의 들어맞지 않는 사실도 이러한 의혹과 일맥상통한다(沈載勳,「北趙 晉侯墓地의 年代와 性格 試論」,『中國史硏究』 22 [2003], 26~32쪽).

을 피해 동쪽의 낙읍(雒邑)으로 이주하니, 진 양공이 군대를 이끌고 주 평왕을 호송했다. 주 평왕은 양공을 제후로 봉하고 기산(岐山) 서쪽의 땅을 하사하면서 "융이 무도하여 우리의 기(岐)와 풍(豊) 지역을 침탈하였으니, 진이 융을 공격하여 쫓아낼 수 있다면, 그 땅을 소유하게 할 것이다"라고 말했다. (평왕은 양공과) 서약하고 봉지와 작위를 하사했다. 양공은 이 때 처음으로 제후국이 되어 다른 제후들과 사절을 교환하고 빙향(聘享)의 예를 행하게 되었다.[82]

위의 구절은 『사기』의 「세가」에 언급된 동천에 관한 서술 중 양적으로 가장 풍부한 내용을 담고 있다. 양공은 유왕이 신후와 서융 연합군의 공격을 받았을 때뿐만 아니라 평왕의 동천 시에도 큰 공을 세웠고, 이로 인해 평왕으로부터 기산 서쪽의 땅을 하사받고 처음으로 제후의 반열에 올랐다는 내용이 그 골격을 이룬다. 왕위저(王玉哲)가 양공이 1년도 안 되는 짧은 기간 동안 유왕 측과 평왕 측 모두에서 공을 세웠다는 내용상의 모순을 이미 지적했지만,[83] 필자는 이 부분을 앞에서 언급한 『죽서기년』에 나타나는 정 무공의 반전과 비슷한 사례로 보고 있다.[84] 이어지는 평왕의 양공에 대한 제후 분봉 역시 진의 융에 대한 공격을 가정한 비현실적인 내용을 담고 있기는 마찬가지이다.[85] 「진본기」는 오히려 양공의 아들인 진(秦) 문공(文公, 765~716 B.C.) 16년인 기원전 750년에야 진이 서융을 토벌하고 주의 유민을 수습하여 기산 일대까지 확보하기 시작했음을 전한다.[86]

이렇듯 이 기록의 역사성에 대한 합리적인 의심이 지속적으로 제기되고 있음에도 불구하고,[87] 사마천은 동천 연대를 기원전 770년으로 확정하며 진 양공에 대한 분봉을 같은 해의 상징적 사건으로 설정함으로써, 자료가 극히 드문 다른 「세가」들에서도 이를 770년의 기준 사건으로 활용하고 있는 것이다. 770년 분봉설이 부정된다면, 이를 기준으로 하는 「세가」의 연대기나 「십이제후년표」의 그것도 흔들릴 수밖에 없을 것이다.

이와 관련하여, 사마천이 「주본기」의 기본 자료로 활용한 『국어』「정어(鄭語)」의 마지막 구절도 「십이제후년표」가 제시하는 춘추 초 연대기 상의 불확실성에 대한 실마리를 더해준다.

유왕 8년 환공(桓公)이 사도(司徒)가 되었는데, 9년 왕실이 소요에 휩싸이기 시작하여, 11년 사망

---

82 『史記』, 179쪽.

83 王玉哲, 「平王東遷乃避秦非避犬戎說」, 50쪽.

84 유왕의 피살 때 출병하여 평왕 측과 대척점에 섰던 양공이 평왕의 편에 서기까지는 어느 정도 시간이 소요되었을 것이다.

85 晁福林, 「論平王東遷」, 19쪽; 王雷生, 「平王東遷年代新探: 周平王東遷紀元前747年說」, 64쪽.

86 『史記』, 179쪽.

87 Li Feng, *Landscape and Power in Early China*, 274쪽.

했다. 평왕 (재위기) 말(平王之末)에 이르러 진(秦)과 진(晉), 제(齊), 초(楚)가 더욱 흥기했다. 진(秦)의 경공(景[莊]公)과 양공(襄公)이 이 때(於是乎)[88] 주(周)의 고토(故土)를 차지했고, 진(晉)의 문후(文侯)가 이 때 천자를 안정(定)시켰으며, 제의 장공(莊公)과 희공(僖公)이 이 때 소백(小伯)이 되었고, 초의 분모(盆冒)가 이 때 복(濮)으로 진출하기 시작했다.[89]

춘추 초 제후국들의 성장을 전하는 이 구절은『금본죽서기년』에 기록된 바와 같이 유왕과 함께 기원전 771년 사망한 정 환공에 대한 언급으로 시작된다. 이어서 평왕 말기에 흥기한 네 제후국을 거론하며, 각각의 주역들이 이룬 주요 성과에 대해 간략히 서술하고 있다. 필자가 여기서 주목하고 싶은 사실은 평왕 말기의 상황을 적시한 저자의 의도와 달리 저자가 열거한 군주들의「십이제후년표」를 통해 알려진 재위년은 아래와 같이, 제나라의 두 군주를 제외하고는, 평왕 말기와는 거의 맞지 않는다는 점이다:

평왕 (770~720 B.C.)
진(秦) 장공(821~778 B.C.) 양공(777~766 B.C.)
진(晉) 문후(780~746 B.C.)
제 장공(794~731 B.C.) 희공(730~698 B.C.)
초 분모(757~741 B.C.)

혹자는 위의 기록을 춘추 초기의 전반적인 상황을 전하는 개략적 설명으로 치부할 수 있을 것이다. 그러나 "평왕지말(平王之末)"에 각각 대응되는 "어시호(於是乎)"라는 표현은 평왕 말기의 상황을 전하고자 하는 저자의 의도를 분명히 반영하는 것으로 보인다. 이러한 연대기 상의 괴리는 두 가지 상황을 예측케 해준다. 첫째,「정어」의 저자가 이들 군주들의 연대기를 제대로 파악하지 못했을 가능성으로, 이는「십이제후년표」에 제시된 연대기의 정확성을 전제로 한다. 둘째, 이들의 재위기가 최소한 그 일부라도 정말 저자의 생각처럼 평왕 말기에 해당할 가능성이다. 이는 당연히「십이제후년표」의 불확실성을 전제로 하는데, 위에서 언급된 진(秦)과 진(晉) 제후들의 역할은 두 번째 상황에 부합하는 경향을 보인다.

우선「정어」의 저자가 주목한 진 장공과 양공의 역할은 주의 고토 회복이다.「십이제후년표」의 양공 사망 연대는 기원전 766년으로『사기』나『죽서기년』의 동천 연대 기원전 770년을 따른다고 하더라도, 당

---

[88] "於是乎"에 대해서는 시간과 장소를 나타내는 관용 형식과 접속사의 두 가지 용례가 있지만(延世大學校 虛詞辭典編纂室,『虛詞大辭典』[성보사, 2001], 437~438쪽), 여기서는 전자가 타당해 보인다(薛安勤, 王連生 注譯,『國語譯注』[長春: 吉林文史出版社, 1991], 674쪽).

[89]『國語』, 524쪽.

시 샨시성 주의 중심지에서 벌어졌을 혼란한 상황을 감안하면,[90] 왕실의 동천 이후 4년이라는 짧은 기간 동안 주의 고토를 회복했을 가능성은 거의 없다. 더욱이 「진본기」에는 그가 기산 지역에서 융(戎)을 공격하다 사망했다고 전하고 있으며, 이미 앞에서 진(秦)은 문공 16년인 기원전 750년에야 기산 일대까지 회복하기 시작했음을 언급한 바 있다. 「정어」의 주장처럼 주의 고토를 회복한 군주가 장공과 양공이려면, 왕레이성이 「진본기」를 비롯한 『사기』의 서주 말~춘추 초 진 관련 기록의 모순을 통해 지적한 바 있듯이, 50년이나 되는 문공 재위기의 상당 부분이 양공의 그것일 가능성을 배제할 수 없고,[91] 장공의 연대 역시 재조정될 필요가 있을지도 모른다.[92]

천자를 정(定)했다는 진 문후의 역할에 대해서도 위소(韋昭, 204~273)는 평왕을 맞이하여 낙읍(성주)에 정착시킨 것으로 보는데,[93] 이 역시 기존의 이해처럼 기원전 770년으로 본다면, 이러한 문후의 역할을 평왕 말기에 일어난 것으로 서술한 「정어」 저자의 의도와 확실히 상충된다. 진 문후의 주요 사적이 「진세가」에 전혀 언급되지 않은 것과 마찬가지로, 「초세가」에서도 위의 『국어』에 언급된 분모의 업적이나 다른 특이한 내용이 전혀 언급되지 않아, 이들의 기년에 대한 정보 역시 과연 정확했을지 의문을 품을 만하다.

지금까지 「십이제후년표」에 제시된 평왕 시기 연대기의 불확실성을 지적하기 위해 몇 가지 의문을 제기해보았다. 물론 이 정도의 근거를 토대로 「십이제후년표」의 권위에 대한 『계년』의 도전이 성공적이라고 볼 수는 없을 것이다. 그럼에도 불구하고, 「사기」가 전하는 동천 상황의 소략함이나 그 내재적 모순뿐만 아니라 오랜 전승 과정에서 원본의 모습을 상실해버린 『죽서기년』의 불완전성이, 최소한 동천 문제에 관한 한, 기원전 4세기의 모습을 그대로 간직한 『계년』의 가치를 돋보이게 하는 것도 사실이다. 이러한 측면에서, 『계년』이 제시한 동천 연대, 기원전 738년은 앞으로 혹독한 검증 과정을 거쳐야 하겠지만,[94] 최소한

---

90 Li Feng, *Landscape and Power in Early China*, 237~241쪽.

91 王雷生,「平王東遷年代新探」, 64~65쪽.

92 『계년』 제 3장에는 秦의 동방 연원을 전하며, 주 왕실의 동천 당시 秦仲이 옛 周의 지역에 자리하며 周의 분묘를 지켰고, 이로 인해 강대해졌음을 언급하고 있다. 정리자들처럼 이 秦仲을 莊公의 둘째 아들인 襄公으로 볼 수 있다면(淸華大學出土文獻研究與保護中心 編, 『淸華大學藏戰國竹書(貳)』, 143쪽), 이 역시 양공 재위의 하한 년이 더 늦춰져야 할 필요성을 암시하는지도 모른다.

93 『國語』, 525쪽.

94 물론 738년 동천이라는 파격적인 연대를 뒷받침하는 증거들이 전혀 없는 것은 아니다. 『左傳』 "僖公 22년"에는 周의 大夫 辛有라는 인물이 오늘날 河南省 嵩縣과 伊川縣의 경계로 추정되는 伊川을 지나다 머리를 풀어헤치고 제사를 지내는 사람을 발견하고 東遷 이후 백년도 되지 않아 그 지역이 戎의 지역으로 변한 것을 한탄하고 있다(楊伯峻, 『春秋左傳注』, 393~394쪽). 僖公 22년은 기원전 638년이므로, 거기서 100년을 더한 738년쯤을 동천의 수정연대로 제시되기도 한다(吉本道雅, 「周室東遷考」, 37쪽; 劉國忠, 「從淸華簡『系年』看周王東遷的相關史實」). 나아가 『금본죽서기년』에 상당한 분량이 할애되어 비교적 풍부한 내용을 전하는 平王 시기의 기사들 중 왕과 관련된 내용은 단지 2회에 불과하고, 그것들도 각각 평왕 재위의 후반기인 36년(기원전 735년)의 "王人들이 申을 지켰다"와 42년(기원전 729년)의 "魯의 惠公이 宰讓을 보내 郊廟의 禮를 요청하자 왕이 史角을 魯로 보내 타일러서 그만두게 했다"는 기록이다. 평왕이 『계년』의 서술처럼 738년 동천 완료 이후에야 제

여러 가지 모순이 드러난 「십이제후년표」와 『죽서기년』을 통해 각인된 동천 연대, 기원전 770년은 반드시 재고될 필요가 있어 보인다.

6. 맺음말: 『계년』을 토대로 한 동천의 재구성

『계년』이라는 출토문헌의 발견으로 촉발된 주 왕실 동천의 과정과 그 연대를 둘러싼 논쟁은 중국고대사 연구자들에게 새로운 역사 쓰기의 가능성을 제시해주는 한편, 전래문헌과 출토문헌 사이의 긴장이라는 커다란 숙제 역시 안겨주고 있다. 『사기』를 비롯한 전래문헌들에 기술된 역사가 그 성서(成書) 당시의 역사적 상황에서 자유로울 수 없듯이, 『계년』을 비롯한 전국시대의 죽간 문헌들에 담긴 역사상 역시 그 당대 역사 인식의 산물일 수밖에 없다. 이러한 측면에서 불완전한 자료를 토대로 수행될 수밖에 없는 역사가의 작업이 그 진실 지향성에도 불구하고 결국 자신의 담론 만들기 그 이상은 아니라는 포스트모던 역사학의 명제에 보편성을 부여하지 않을 수 없다.

따라서 『계년』이라는 출토문헌이 주 왕실 동천 문제를 둘러싸고 『사기』나 『죽서기년』 같은 전래문헌을 향해 던진 도전은 앞으로도 그 승부를 가늠하기 어려울지도 모른다. 그럼에도 불구하고 마지막으로 이들을 절충하며 『계년』을 위주로 주 왕실 동천 과정을 아래와 같이 재구성해본다.

태자(太子) 의구(宜臼)는 유왕(幽王)의 포사(褒姒) 총애로 인해 폐위되자 외가인 샨시성(陝西省) 서북부의 서신(西申)으로 도피했다. 신(申)과 견융(犬戎)의 연합군과 주 왕실 사이의 전쟁으로 인해 유왕이 피살되는 혼란스러운 상황에서, 그는 안전한 오늘날 난양(南陽) 인근의 남신(南申)으로 도피하여 노(魯)와 허(許) 등 인근 지역 세력들의 도움으로 왕으로 옹립되었다. 언제부턴지는 알 수 없지만 그 이후 같은 지역의 악(鄂)에 머물렀다. 「주본기」와 『죽서기년』 모두에 기원전 771년으로 명시된 이 옹립은 반(反) 평왕(平王)의 선봉에 선 괵(虢)에서의 휴혜왕(攜惠王) 옹립에 대응하는 신을 중심으로 하는 친(親) 평왕 세력의 거사로 볼 수 있을 것이다. 그렇지만 『계년』에 여러 세력의 우두머리들(邦君과 諸正)이 괵에서의 휴혜왕 옹립에 동참한 것으로 명시된 것을 감안하면, 신에서의 평왕 옹립이 다수의 지지를 받지는 못했을 수 있다. 어쨌든 이 때의 정국은 신을 중심으로 한 평왕파와 괵을 중심으로 한 휴혜왕파가 주도했을 것이다. 『사기』에 진(晉) 문후(文侯)의 역할이 전혀 언급되어 있지 않은 점도 진을 비롯한 동방의 제후들이 이 때까지는 중립을 지키면서 사태를 관망했기 때문일지도 모른다. 이 와중에 서주 후기 이래 왕실

대로 왕의 역할을 수행했음을 암시하는 대목일 수 있다.

과 밀접한 관계를 유지하며 군사적 역할을 주도해온 진의 군주 문후가 친 평왕 세력으로 부상하기 시작했다. 『좌전』 "은공(隱公) 원년"과 『사기』 「정세가」에 기원전 760년 정(鄭) 무공(武公)이 신후(申侯)의 딸인 무강(武姜)을 부인을 맞이한 것으로 나타나,[95] 이들 사이의 화해 국면이 암시되듯이, 정 역시 이 무렵에는 평왕파에 합류했을 것이다. 새롭게 정비된 진과 정 중심의 평왕파와 괵 중심의 휴혜왕파가 상쟁하던 와중에 진 문후가 기원전 750년 휴혜왕을 살해함으로써, 진이 정국의 주도권을 쥐게 되었다. 서방의 진(秦)도 「진본기」에 문공(文公) 16년(750), 『금본죽서기년』에 평왕 18년(753)으로 명시된 시점, 즉 기원전 750년 무렵, 기산 지역에서 융(戎)을 몰아내고 주의 이전 중심지를 회복하기 시작했다. 평왕이 경사(京師, 宗周)에서 옹립될 수 있는 여건이 마련되고 있었던 것이다. 휴혜왕이 살해되었음에도 평왕의 존재가 미약하여 방군과 제후들이 조근하지 않자, 진(晉)과 정, 진(秦) 등이 9년 동안의 준비 과정을 거친 후 난양의 소악(少鄂)에 머무르던 평왕을 기원전 741년 종주로 모셔 옹립했다. 사실상 이는 평왕에 대한 재추대였으나, 휴혜왕의 정통성을 인정한 『계년』의 저자는 이를 평왕의 공식적인 등극 시점으로 본 듯하다. 종주에서 옹립된 평왕은 3년 후인 기원전 738년, 아직 불안한 종주 지역을 피해 진(晉)과 정(鄭) 같은 후견 세력과 가까운 성주(成周)로 동천했다.

물론 위의 재구성은 비판을 감수해야 할 불안한 시도임을 인정하지 않을 수 없다. 그렇지만 『계년』이라는 새로운 문헌은 그동안 논란이 되어온 서주 멸망과 동천 과정의 중요한 몇 가지 미스터리를 해소해주었다. 더욱이 지금까지 각인된 "기원전 770년=동천=동주와 서주 분기"라는 도식까지 재고할 필요성을 제기하고 있다. 우리에게 어려운 숙제만큼이나 큰 선물도 안겨준 것이다.

이 글에서 『계년』을 통해 제기한 것과 같은 전래문헌의 권위에 대한 도전은 새로운 출토문헌들의 등장과 함께 더욱 다채로워지고 있다. 이는 중국고대사에 관심을 갖고 있는 학도들에게 전래문헌과 출토문헌의 신중한 활용에 대해 경종을 울리는 한편, 앞으로 구명되어야 할 수많은 흥미진진한 과제들이 기다리고 있음을 보여주기도 한다. 그야말로 고대 중국 연구의 새로운 황금시대가 우리 앞에 활짝 열려 있다.

이 글은 같은 제목으로 『歷史學報』 221집 (2014), 261~291쪽에 게재한 논문을 수정 보완한 것이다.

95　『春秋左傳正義』, 1715쪽; 『史記』, 1759쪽.

7

문헌의 원형과 인용, 그리고 재창조:

칭화간『부열지명(傅說之命)』중(中)의 내용과 사상적 경향을 중심으로

성 시 훈 (성균관대)

1. 서론

『상서(尚書)』는『시경(詩經)』과 더불어 유교(儒敎)에서 가장 일찍 경서(經書)의 반열에 오른 문헌이자 중국 철학사에서 가장 오래된 시기에 접근할 수 있게 해 주는 문헌이다. 동시에 다른 어떤 유교 경전보다 복잡한 전승 과정을 거쳤으며, 많은 의혹과 문제점을 내포한 문헌이기도 한다. 따라서『상서』라는 문헌을 어떻게 보는지의 문제는 중국 철학사의 출발점을 어떻게 설정하며 어떤 성격으로 규정할지와 직결되는 중요한 문제다.

『상서』는 선진 시기에는 유가 뿐 아니라 여러 제자백가에 의해 널리 읽혔던 문헌이었으나 진대(秦代)를 거치며 소실되었다. 이후 전한(前漢) 초기부터 수차례의 복원 과정을 거친다. 한대에는 복생(伏生, 前漢 초기)의 금문(今文)『상서』복원을 비롯하여 6차에 걸친『상서』의 발견이 있었으나,[1] 서진(西晉) 말기 영가(永嘉, 307~312)의 난을 전후로『상서』는 다시 소실된다. 그 후 동진(東晉) 시대에 이르러 매색(梅賾)에 의해 고문(古文)『상서』가 포함된 판본이 조정에 헌상되었고, 결국 이것이 당조(唐朝)에 의해 표준으로 선

---

[1]　1차는 孔安國 家傳本, 2차는『漢書』「藝文志」에 언급된 中古文, 3차는 張覇에 의한 100편『尚書』와 2편의「書序」, 5차는 河間獻王本, 6차는『後漢書』「杜林傳」에 언급된 漆書古文本이다.

정되어 현행본『상서』의 저본이 되었다.[2] 이 과정은『상서』라는 문헌이 수차례에 걸쳐 소실되고 발견되어 재건되었으며, 현행본『상서』는 그 과정의 끝에 위치함을 보여준다. 그리고 이러한 복잡한 성립 과정은 현행본『상서』가 각 시대에 소실되기 직전의 것과 동일한가, 궁극적으로는 본래『상서』가 작성·유통되었을 선진(先秦) 시기의 것과 동일한가에 대해 의심을 품게 한다.

『상서』의 문헌적 문제에 대한 의심과 회의는 일찍이 송대(宋代) 부터 오역(吳棫, 북송 말~남송 초)·주희(朱熹, 1130~1200) 등에 의해 제기되었고, 청대(淸代)에 이르러 염약거(閻若璩, 1636~1704)의『상서고문소증(尙書古文疏證)』, 혜동(惠棟, 1697~1758)의『고문상서고(古文尙書考)』 등을 통하여 고문『상서』가 위조되었음이 논증되었다. 이에 위조된 고문『상서』, 이른바 위고문(僞古文)『상서』는 사료적 가치를 잃고, 동진시대의 사상적 산출물로서 여겨지게 되었다.

게다가 근대에는 구제강(顧頡剛)에 의해 '누층적으로 조성된 역사설'이 제시됨으로서 금문『상서』에까지 의심이 확장되었다. 금문『상서』의 역사적 실재성에 대한 의심은 이른바 의고사조(疑古思潮)의 유행을 불러 일으켰고, 학술계에 심대한 영향을 끼쳤다.

오늘날『상서』 연구는 새로운 국면으로 접어들었다.『상서』 중 고문에 속하는 편들이 동진 시대의 위작되었음은 이미 밝혀졌으나, 그 편들이 선진 시기 실제 어떤 체제와 내용이었는지는 파악할 수 없었다. 이는 다름 아닌 자료의 제약, 즉 선진시기의 고문『상서』가 현재 존재하지 않는다는 점 때문이었다. 그러나 2010년부터『칭화대학장전국죽간(淸華大學藏戰國竹簡)』[3]이 출간되면서 이전까지 찾아 볼 수 없었던 전국시대의『상서』 관련 문헌이 세상에 모습을 드러냈고, 학계의 큰 관심을 받으면서 새로운 연구 대상이 되었다.[4] 그 속에는 금문『상서』에 속하는『주무왕유질주공소자이대왕지지(周武王有疾周公所自以代王之志, 현행본『상서』「金縢」편에 대응)』, 고문『상서』에 속하는『윤고(尹誥, 현행본『상서』「咸有一德」에 대응)』,『부열지명(傅說之命, 현행본『상서』「說命」에 대응)』, 일주서(逸周書)에 속하는『정오(程寤)』 등이 포함된다. 이 문헌들은 전국시대에 유통되던『상서』의 편, 즉 서편(書篇)으로, 이전 연구자들이 겪었던 제약에서 벗어나게 해 주는 새로운 자료다. 새로운 자료의 등장이 연구를 새로운 국면에 접어들게 만든 것이다.

현재 전래되는『상서』「열명」 3편에는 무정(武丁, 高宗으로 지칭되기도 함)과 현신(賢臣) 부열(傅說)의 이야기가 담겨 있으나, 위고문에 속한다. 본래 고문『열명』은 복생금문(伏生今文)·공벽고문(孔壁古文)·정

---

2 이상의 내용은 劉起釪에 의한다. 劉起釪, 楊伯峻 등,『經書淺談』, 北京: 中華書局, 1984(2005), 25~27쪽. 보다 자세한 내용은 다음 책을 참조하라. 劉起釪, 이은호 역,『상서학사:『상서』에 관한 2천여 년의 해석사』, 예문서원, 2016.

3 淸華大學出土文獻研究與保護中心 편, 李學勤 주편,『淸華大學藏戰國竹簡(壹)』, 上海: 中西書局, 2010년. 이하『淸華大學藏戰國竹簡』 시리즈는『淸華簡』으로 약칭한다. 아울러 이 시리즈에 실린 문헌은 淸華簡으로 약칭한다. 즉,『淸華大學藏戰國竹簡(壹)』에 실린『尹至』는 淸華簡『尹至』로 약칭.

4 칭화간의 발견에서 출판까지의 자세한 정황은 김석진,「중국 청화대학 소장 戰國시대 죽서」,『목간과 문자』 제7호, 한국목간학회, 2011 참조.

현고문(鄭玄古文) 등 한대(漢代) 서편 목록에 보이지 않는다. 이를 통해 고문『열명』은 한나라 초기에 이미 망실되었으며, 위고문이 등장하기 전까지 발견되지도 않았으리라 추정된다.[5]

이 논문은 칭화간에 실린『부열지명』3편 가운데 중편을 전래문헌·일문(逸文)과 대조하여 읽고, 그 경향과 의미를 분석하며, 이를 통하여 위고문『열명』의 위작 경향을 밝히는 것을 목표로 한다. 이를 통하여 고문『상서』서편의 원형과 인용, 그리고 인용문을 토대로 한 문헌의 재창조 과정이 확인될 것이다.[6]

2. 칭화간『부열지명』의 기본 사항과 편명에 대하여

『칭화간』에 수록된 문헌들은 정식 공개되기 전부터 학계의 큰 관심을 모았지만,『부열지명』에 대한 관심은 더욱 특별했다. 그 이유는 각 편의 최종간 뒷면[簡背]에 각각 "부열지명(傅敓之命)"이란 편명이 서사되어서, 진고문『열명』과의 관련성을 직접 드러내고 있기 때문이었다.『칭화간(1)』에 수록된 칭화간『윤고』(清華簡『尹誥』)가 진고문『함유일덕』(眞古文『咸有一德』)이라 추정된 바 있었지만,[7] 여러 증거에도 불구하고 편명이 서사되어 있지 않다는 점은 이를 진고문『함유일덕』으로 확정하는데 여전히 걸림돌로 작용한다. 그러나 칭화간『부열지명』의 경우, 죽간 뒷면의 편제 덕분에 대부분의 학자들은 무리 없이 이 문헌을 진고문『열명』으로 판정하며, 필자도 이에 동의한다.

그러나 이 문헌의 정리자 리쉐친(李學勤)이 편제를『열명(說命)』으로 붙인 점은 동의할 수 없다. 선진시대의 많은 전래문헌이『상서』를 인용하는데, 그 가운데 내용은 일치하지만 편제가 일치하지 않는 것들이 다수 있음은 이미 알려진 바이다.[8]『칭화간』의『상서』관련 문헌(書類文獻) 가운데 편제가 서사된 것은『부열지명』외 3편이 있다. 먼저『주무왕유질지공소자이대왕지지(周武王有疾周公所自以代王之志)』로 금문『상서』「금등(金縢)」에 대응되며,『제공지고명(祭公之顧命)』은 현행본『일주서(逸周書)』「제공(祭公)」에 대응한다. 마지막으로『기야(耆夜)』가 있는데, 이 문헌은 대응되는 현행본은 물론, 편명도 전해지지 않는다. 앞의 두 사례는 전국시대에『상서』의 편명이 아직 하나로 통일되지 않았음을 명백히 보여준다.

---

5 池田末利,『全釋漢文大系 - 尚書』(東京: 集英社, 1976) 46쪽의 표를 참고하라.

6 용어의 혼란을 피하기 위하여 관련 문헌의 명칭을 다음과 같이 정리한다. "진고문『열명』(眞古文『說命』)"은 춘추전국시대에 유통되던『열명』의 여러 판본을 통칭한다. "칭화간『부열지명』(清華簡『傅說之命』)"은『칭화간(3)』에 실린 것을 가리키며, 이는 여러 진고문『열명』의 판본 중 하나이다.(『부열지명』이란 편명에 대해서는 후술.) 위고문『상서』「열명」(僞古文『尚書』「說命」)은 동진시대에 위조되어 전해오는 현행본의 판본을 가리킨다.

7 이에 대해서는 졸고,「淸華簡『尹誥』와 그 사상사적 의미에 관한 고찰」,『유교문화연구』제20집, 2012를 참고하라.

8 특히 묵가 계통의『書』전승은 유가 계통과 달랐다는 정황들이 포착된다. 묵가의『서』에 관해서는 이은호의 논문(「『墨子』의『書』인용에 관한 연구」,『동양철학연구』67집, 동양철학연구회, 2011.)을 참고하라.

칭화간『부열지명』의 상황은 이와 마찬가지다. 물론『부열지명』과『제공지고명』이란 편명에서 현행본의 편명과 유사성을 찾을 수는 있지만, 그와 같은 축약·변형에 대해서는 아직 명확히 설명할 수 없다. 『주무왕유질주공소자이대왕지지』란 편명이 어떤 이유와 궤적을 거쳐「금등」이 되었는지는 말할 것도 없다. 이렇게 현행본과 칭화간의 편명이 달라진 이유가 이 문헌을 소유했던 학파 때문인지, 아니면 현행본 편명의 원시적인 형태인 것인지, 혹은 또 다른 이유 때문인지는 현재로서는 알 수 없다. 따라서 칭화간『부열지명』을『열명』으로 칭하는 것은 문헌의 정체성을 지나치게 획일적으로 이해하는 방식이 될 우려가 있다. 따라서 죽간에 서사된 편명을 존중하는 편이 좋다. 그러므로 이 논문에서는 칭화간(清華簡)『부열지명(傅說之命)』[9]이란 편명으로 확정하여 호칭한다.

칭화간『부열지명』은 모두 3편으로 죽간 24매에 서사되었다. 상편과 중편은 죽간 각각 7매, 하편은 10매이다. 죽간 길이는 약 45㎝이며, 서체는 모두 동일하다. 죽간 뒷면[簡背]에는 죽간의 순서가 서사되어 있으며, 특히 각 편의 최종간 뒷면에는 편명이 모두 서사되어 있다. 보존상태는 극히 양호하여 대부분 글

〈표 1〉 칭화간에서 편명이 서사된 사례[10]

『耆夜』	『周武王有疾周公所自以代王之志』	『祭公之顧命』	『傅說之命』		
			上	中	下
제 14호간 뒷면	제 14호간 뒷면	제 21호간 정면	제 7호간 뒷면	제 7호간 뒷면	제 10호간 뒷면

9　본래대로라면 죽간 뒷면의 “尃敚之命”을 편명으로 삼아야겠지만, 전래문헌과의 정합성을 고려하였을 때 ‘尃敚’이 ‘傅說’의 통가자임은 의심의 여지가 없다. 따라서『傅說之命』으로 편명을 확정한다.

10　도판의 출처는 다음과 같다.『耆夜』:『칭화간(1)』, 72쪽;『周武王有疾周公所自以代王之志』:『칭화간(1)』, 84쪽;『祭公之顧命』, 『칭화간(1)』, 109쪽;『傅說之命』상:『칭화간(3)』, 34쪽;『傅說之命』중:『칭화간(3)』, 42쪽;『傅說之命』하:『칭화간(3)』, 51쪽.

자 판독에 어려움이 없지만, 하편의 제 1호간이 망실되어 아쉬움을 남긴다.[11]

각 편의 내용은 다음과 같다. 상편에는 고종이 꿈에서 계시를 받아 부열을 찾아 등용하는 과정이 서사되었다. 대략의 줄거리는 『사기(史記)』 「은본기(殷本紀)」와 같은 전래문헌과 부합한다. 그러나 부열의 완력에 대한 강조, 거북점[卜], 부열의 실중(失仲) 정벌 등 전래되지 않은 요소들이 포함되어 있으며, 이에 따라 전래문헌과 내용에 차이가 발생한다.

중편과 하편의 화자는 모두 무정으로, 부열을 책명(冊命)하고 당부의 말을 명령하는 형식으로 서사된다. 그러나 위고문 『상서』 「열명」(僞古文 『尙書』 「說命」)의 화자는 무정과 부열 두 사람이며, 특히 현신 부열의 무정에 대한 진언(進言)이 핵심을 이룬다. 이러한 측면에서 칭화간 『부열지명』과 위고문 『상서』 「열명」의 서사 구조는 큰 차이를 보인다. 그리고 중편에 전래문헌에서 찾을 수 있는 『열명』의 인용문이 대부분 수록되었으며, 이와 대조적으로 하편에는 전래문헌과 대응하는 부분이 없다.[12]

3. 원형: 칭화간 『부열지명』 중의 내용과 사상적 특징

여기서는 칭화간 『부열지명』 중의 내용과 그 사상적 특징에 대해 살펴본다. 아래는 그 전문이다.[13]

[1] 부열은 부암(傅巖)으로부터 와서 은에 있었다. 무정은 (종묘의) 문에서 (부열과) 만나 종묘로 들어갔다. 왕은 꿈과 비교해 살피며 말하였다. "그대가 온 것은 상제의 명령 때문이다." 부열이 말하였다. "진실로 그렇습니다."

[2-a(1)] 무정이 말하였다. "아! 너 열은 이리오라. 나의 경계의 말을 듣고 그대의 마음에 두라. 만약 쇠가 있다면 오직 너를 숫돌로 삼을 것이다. 옛날 우리 선왕께서 하를 멸하셨다. 난폭한 이를 치고, 준동하는 방국에게 승리하였다. 이는 여러 신하들의 공으로 승리한 것이며, 신임하는 신하들 덕분인 것이다."

---

11 이상의 내용은 『칭화간(3)』, 121쪽에 의한다. 더욱 자세한 내용은 『칭화간(3)』, 247쪽 및 도판을 참조하라.

12 하편은 1호간이 결실되어 정황을 확인할 수 없으나, 나머지는 모두 무정의 말로 서술되어 있다. 상편과 하편에 대해서는 별도의 논문을 통해 상론할 예정이다.

13 『칭화간(3)』에 『傅說之命』의 상세한 주석이 실려 있다. 이 논문의 [석문(釋文)]과 [현대어역]은 이를 토대로 여러 연구성과를 종합하여 필자가 다시 작성한 것이다. 상세한 역주는 〈동아시아출토문헌연구회〉를 통해 발표되었으므로(2013년 11월, 2014년 1월·2월 월례발표) 상세히 다루지 않지만, 견해가 변경된 곳도 있다. 이 논문에서는 해석에 있어 정리자의 해석과 큰 차이가 있거나, 해석에 문제가 되는 몇몇 부분에 대해서만 부록에서 설명한다. [1]~[3]의 구분은 내용의 이해와 논의의 편의를 위해 필자가 부여한 것이다.

[2-a(2)] 조심할 지어다! 너의 마음을 열어서 날마다 나의 마음을 비옥하게 하라. 만약 (병이 들어) 약을 먹는데, 네가 (약효에 의한) 어지럼증이 되어주지 못한다면 병은 낫지 않을 것이다. 내가 너를 기르니 오직 너의 신하로서의 복종이 있을 뿐, 너의 (사적인) 몸이 아니다. 만약 가뭄이 든다면 너를 단비로 삼을 것이다. 만약 강에 물이 가득하다면 너를 배로 삼을 것이다.

[2-b(1)] 너는 생각하라, 열이여! 너의 마음에서 연마하라. 만약 하늘이 상서롭지 않은 징조를 내신다면, 먼 곳으로 가지 말고, 그 시작점에 있어야 한다. 네가 능히 사방을 볼(?) 수 있더라도, 땅을 굽어 바라보아야 한다. 마음이 무너지는 것, 오로지 이것을 조심하라.

[2-b(2)] 경계할 지어다! 다덕(多德)을 쓰라. 입은 전투를 벌어지게도 우호를 생겨나게도 하지만, 방패와 꺽창은 고통을 일으킬 뿐이다. 슬픔은 우려를 실어오지만, 방패와 꺽창은 그 몸을 손상시킬 뿐이다. 만약 이를 거부하고 보지 않는다면, 길함이 손상되어 불길하게 될 것이다.

[3] 내 너에게 이와 같이 말하였으니, 너의 마음에 잘 알아두라.[14]

칭화간『부열지명』중은 크게 3부분으로 나눌 수 있다. [1]은 무정이 부열을 맞이하는 부분으로, 사건의 정황을 제시해 준다. [2]는 무정이 부열에게 명하는 부분이다. 이는 다시 세부적인 4개의 부분으로 나뉜다. 마지막 [3]은 [2]에서 무정이 부열에게 자신이 명한 말을 잘 간직할 것을 다시금 강조한 부분이며, 편을 갈무리하는 부분이다. [2]가 가장 중요하다.

[2]가 가장 중요한 이유는, 문헌의 주요 내용이 담겨있을 뿐 아니라, 전래문헌의 인용문과 위고문『상서』「열명」의 대응구절 대부분을 담고 있기 때문이다. 그러나 인용문과 동일한 말일지라도 활용되는 문맥과 의미가 전혀 다른 것도 있다는 점에 주의를 기울여야만 한다. 즉, 같은 말일지라도 화자의 의도와 문맥에 따라 의미가 변화한다.

[2-a(1)]에 "만약 쇠가 있다면 그대를 숫돌로 삼을 것이다"라는 말이 있다. 이는『상서』「열명상」[15]・『국

---

14 [1] 敚(說)逨(來)自尃(傅)厰(巖), 才(在)鬙(殷). 武丁朝于門, 內(入)才(在)宗. 王鄗(原)比乎(厥)夢, 曰: "女(汝)逨(來)隹(惟)帝命 ■." 敚(說)【제1호간】曰: "允若寺(時)." [2-a(1)] 武丁曰: "峇(咎)各(格)女(汝)敚(說). 聖(聽)戒朕言, 縶(實)之于乃心. 若金, 甬(用)隹(惟)女(汝)复(作)礦(礪)■. 故(古)【제2호간】我先王波(滅)顥(夏)■. 燹(襲)弨(強), 戠(捷)菁(蠢)邦, 隹(惟)庹(庶)捆 (相)之力甐(勝), 甬(用)学自狇(邇). [2-a(2)] 敬之笰(哉)! 攽(啟)乃心, 日沃【제3호간】朕心. 若藥, 女(汝)不瞁(瞑)坷(眩), 郖 (越)疾罔療. 朕畜女(汝), 隹(惟)乃畐(腹), 非乃身. 若天䨘(旱), 女(汝)复(作)霝(洷)雨.【제4호간】若圕(滿)水, 女(汝)复(作)舟 ■. [2-b(1)] 女(汝)隹(惟)笰(哉), 敚(說)! 砥之于內(乃)心■. 复(且)天出不善(祥), 不虞(徂)遠, 才(在)乎(厥)胳(落). 女(汝)克 【제5호간】䎡見(視)四方, 乃府(俯)見(視)塈(地). 心毀隹(惟)備. [2-b(2)] 敬之笰(哉)! 甬(用)隹(惟)多惠(德)■. 复(且)隹(惟)口 記(起)戎出好, 隹(惟)戈(干)戈【제6호간】复(作)疾. 隹(惟)袞(哀)戴(載)慇(病), 隹(惟)戈(干)戈生(眚)乎(厥)身. 若訨(抵)不見 (視), 甬(用)剔(傷)吉, 不吉. [3] 余告女(汝)若寺(時). ■. 鯷(志)之于乃心. ╱【제7호간】

15 『尙書』「說命上」: 命之日, "朝夕納誨, 以輔台德. 若金, 用汝作礪 ……"

어(國語)』「초어상(楚語上)」[16]에서 모두 무정 자신에게 간언을 아끼지 말라는 의미로 사용되었다. 그러나 여기에서 이와 달리 무정은 하를 멸망시킨 사건[滅夏]과 함께 언급한다. 이를 통해 무정이 부열에게 간언이 아니라 무력을 요구함이 확인된다. 숫돌이란 비유의 소재도 전쟁·무력과 연관된다. 숫돌의 비유는 다음 문헌에서 찾을 수 있다.

지금 회이와 서융이 함께 일어났으니, 너의 갑주를 잘 수선하고, 너의 방패를 연결시켜 감히 좋지 않음이 없게 하라. 활과 화살을 준비하고, 꺽창(戈)과 창(矛)을 담금질하고, 칼끝을 숫돌로 갈아 감히 좋지 않음이 없게 하라.[17]

그러므로 옛 성왕은 이미 죽어 천하는 의로움을 잃었으며 제후들은 힘으로 정벌을 한다. 남쪽에는 초·월의 왕이 있고 북쪽에는 제·진의 군주가 있다. 이들은 모두 그들의 군대를 숫돌에 갈아 전쟁과 겸병으로 천하를 다스리려 한다.[18]

정교(政敎)를 평안히 안정시키고, 절주(節奏)를 살피고, 백성을 숫돌에 간다. 이렇게 하는 날에 병력은 천하의 굳셈을 가지게 된다.[19]

이러한 때이니, 문(文)을 폐하고, 무(武)에 맡기어 죽음도 불사하는 용사를 많이 기르고, 갑옷을 꿰매고 무기를 숫돌에 갈면[20] 전장에서 승리를 쟁취할 수 있을 것입니다.[21]

이처럼 숫돌의 비유는 여러 학파의 저작 속에서 전쟁·무력과 관련되어 사용됨이 확인된다. 게다가 칭화간『부열지명』상에서 묘사되는 부열의 외모 역시 무정이 요구하는 무력·전쟁에서의 역할과 밀접히 관련된다.

---

16 『國語』「楚語上」: 而使朝夕規諫, 曰, "若金, 用女作礪 ……"

17 今文『尙書』「費誓」: 徂玆淮夷徐戎並興, 善敹乃甲胄, 敿乃干, 無敢不弔. 備乃弓矢, 鍛乃戈矛, 礪乃鋒刃, 無敢不善.

18 『墨子』「節葬下」: 是故昔者聖王旣沒, 天下失義, 諸侯力征. 南有楚·越之王, 而北有齊·晉之君. 此皆砥礪其卒伍, 以攻伐并兼爲政於天下.

19 『荀子』「王制」: 案平政敎, 審節奏, 砥礪百姓. 爲是之日而兵勁天下之勁矣.

20 厲와 礪는 바꾸어 쓸 수 있다. 陸德明은『經典釋文』에서『詩經』「大雅·公劉」를 설명하며, "厲는 판본에 따라 礪로도 쓴다.[厲, 本又作礪.]라 하였으며,『荀子』「性惡」의 楊倞 注에도 "礱·厲는 모두 갈다라는 뜻이다. 厲와 礪는 같다.[礱·厲, 皆磨也. 厲與礪同.]"라 하였다.

21 『戰國策』「秦策一」: 於是, 乃廢文任武, 厚養死士, 綴甲厲兵, 效勝於戰場.

부열(說)은 바야흐로 성을 수축하고 있었는데, (성을) 오르내리며 힘을 쓰는 부열의 그 모습은 팔뚝과 어깨가 마치 방망이와 같았다. …… 천(天)은 이에 부열에게 실중(失仲)을 정벌할 것을 명하였다.[22]

칭화간『부열지명』상은 "팔뚝과 어깨가 마치 방망이와 같았다"라 하여 부열의 강인한 완력을 묘사하며,[23] 천[24]은 부열에게 실중 정벌을 명령하기도 한다. 이를 통해 이 문단에서 무정이 부열에게 요구하는 역할이 무엇보다도 국가의 무력·군비와 관련된 것임을 확인할 수 있다.

[2-a(2)]에는 전래문헌에 인용된 세 개의 문장이 잇달아 나온다. 즉, "약을 먹는데, 네가 어지럼증에 되어주지 못한다면 병은 낫지 않을 것이다",[25] "만약 가뭄이 든다면 너를 단비로 삼을 것이다",[26] "만약 강에 물이 가득하다면 너를 배로 삼을 것이다"[27]가 그것이다. 그런데 전래문헌과 달리 "내가 너를 기르니 오직 너의 신하로서의 복종이 있을 뿐, 너의 몸이 아니다"라는 말이 중간에 존재한다. 이 구절의 존재로 인해 [2-a(2)]은 군주 중심적 사상을 강하게 내포한다. 즉,『상서』「열명상」·『국어』「초어상」과 칭화간『부열지명』중 모두 이 구절들이 군주가 신하의 능력을 자신에게 발휘하라고 이야기하는 점은 동일하지만, 칭화간『부열지명』중에서는 신하의 덕이나 군주에 대한 간언이 배제된 채 군주에 대한 복종이 강조된다.

[2-b(1)]에서는 먼저 "하늘이 상서롭지 않은 징조를 낸다"라는 표현이 나온다. 여기에 보이는 하늘의 징조는 군주의 행실이나 덕과는 관계가 없으며, 이에 따른 대응책도 군주가 아니라 신하의 행실로 제시된다는데 특징이 있다. 즉 전한대(前漢代) 동중서(董仲舒, 176?~104 B.C.)에 의해 체계화되기 이전, 춘추전국시대의 재이(災異) 관념이 반영되어 있다

"네가 능히 사방을 볼(?) 수 있더라도, 땅을 굽어 바라보아야 한다"[28]라는 문장은『국어』「초어상」의 "맨발인 채로 바닥을 살피지 않는다면, 발에 상처가 생길 것이오"[29]와 유사하지만 맥락이 동일하지 않다. 이 비유는『국어』「초어상」에서 숫돌·배·단비의 비유와 함께 무정이 부열에게 간언을 아끼지 말 것을 요청하면서 쓰였다.

---

22 清華簡『傅說之命』上 제2~3호간 : 敓(說)方坓(築)𡐨(城), 𦊾(腾)隆(降)𡍩(重)(用)力, 乎(厥)敓(說)之𦣞(狀), 䏮(腕)肩女(如)𤈦(椎). …… 天酒命敓(說)伐達(失)审(仲).

23 부열의 용모에 대한 묘사는 전래문헌 가운데『荀子』「非相」의 "부열의 외모는 몸이 물고기의 등지느러미와 같았다[傅說之狀, 身如植鰭]"에서 찾아 볼 수 있다.『순자』「비상」의 논지는 사람의 현명함과 능력은 외모와 관계가 없다는 것에 집중된다. 이러한 묘사는 칭화간『부열지명』상과 상반된다.

24 天이 인격신적 의미의 천인지, 아니면 통치자인 무정을 지칭하는 것인지는 불확실하다.

25 이 문장은『尙書』「說命上」,『孟子』「滕文公上」,『國語』「楚語上」에 대응 문장이 있다.

26 이 문장은『尙書』「說命上」,『國語』「楚語上」에 대응 문장이 있다.

27 이 문장은『尙書』「說命上」,『國語』「楚語上」에 대응 문장이 있다.

28 汝𦣝視四方, 乃俯視地.

29 若跣不視地, 厥足用傷.

위의 두 문장은 "너의 마음에서 연마하라"로 시작되며, "마음이 무너지는 것, 오로지 이것을 조심하라"로 결론지어진다. 즉, 이는 모두 마음에 관한 것이며, 특히 군주가 신하에게 요구하는 마음의 문제이다. 이 부분의 요지는, 어떤 일을 도모하려 한다면 자신이 그것을 수행할 충분한 능력이 있더라도 하늘의 징조와 같은 외부적 요인, 그리고 자신이 처한 처지와 같은 내부적 요인을 모두 고려한 이후에 행해야 하며, 마음속에서 이러한 신중함을 잃어서는 안된다는 것이다. 이러한 마음에 대한 주의는 다음 단락에서 말과 감정에 대한 주의로 이어진다.

[2-b(2)]는 『예기(禮記)』「치의(緇衣)」14장과의 유사성이 두드러지지만, 문장 구성과 문자에 역시 차이가 있다. 『예기(禮記)』「치의(緇衣)」14상의 관련구절은 다음과 같다.

> 그러므로 군자는 신중히 하지 않을 수 없다. 『태갑(太甲)』에 이르기를 "그 명을 어겨서 스스로 전복되지 않게 하소서. 마치 우인(虞人)이 쇠뇌(弩)의 시위를 당기고 오늬가 과녁을 향하는지 가서 살핀 후에 발사하듯이 해야 합니다."라 하였다. 『열명』에 이르기를 "입에서 수치가 생겨납니다. 갑주에서 전쟁이 생겨납니다. 의복은 상자에 들어있어야 합니다. 방패와 꺽창(干戈)은 그 몸을 살펴야 합니다"라 하였다.[30]

이에 대하여 정현은 "'의상(衣裳)'은 조회하고 제사지낼 때 입는 옷이다. '입에서 수치가 생겨난다(惟口起辱)'는 마땅히 말을 신중히 해야 한다는 뜻이다. '갑주에서 전쟁이 생겨난다(惟甲胄起兵)'는 마땅히 군대의 일을 신중히 해야 한다는 뜻이다. '의복은 상자에 들어 있어야 한다(惟衣裳在笥)'는 마땅히 예에 맞게 의복을 입어야 한다는 뜻이다. '방패와 꺽창은 그 몸을 살펴야 한다(惟干戈省厥躬)'는 마땅히 자신의 마음을 확대하여 다른 사람을 해하지 말아야 한다는 뜻이다"[31]라 주석하여, 네 구절을 각기 다른 의미로 해석했다.

칭화간 『부열지명』중에서는 "방패와 꺽창은 고통을 일으킨다(隹干戈疾)", "방패와 꺽창은 그 몸을 손상시킨다(隹干戈生乎身)" '방패와 꺽창(戎戈)'이 연이어 언급되며, 이것이 『예기』「치의」14장과 가장 큰 차이점이다. 정리자 리쉐친은 2번째 구절 "隹戎戈生乎身"의 '戎戈'를 '갑주(甲胄)'로 바꿔 읽어야 한다고 주장하지만, 근거가 없다. "且惟口起戎出好"에 대해 리쉐친는 『묵자』「상동중」에 인용된 "唯口出好興戎"과 문장이 유사함을 지적하면서도, 『예기』「치의」에 따라 '好'자를 '羞'로 바꾸어 읽는다. 그러나 이에 따를 수 없다. 『묵자』「상동중」의 내용은 다음과 같다.

---

30 『禮記』「緇衣」: 故君子不可以不慎也. 太甲曰, "毋越厥命以自覆也. 若虞機張, 往省括于厥度, 則釋." 兌命曰, "惟口起羞, 惟甲胄起兵, 惟衣裳在笥, 惟干戈省厥躬."

31 衣裳, 朝祭之服也. 惟口起辱, 當慎言語也. 惟甲胄起兵, 當慎軍旅之事也. 惟衣裳在笥, 當服以爲禮也. 惟干戈省厥躬, 當恕己不尙害人也.

그러므로 선왕의 서(書) 『술령(術令, 즉 열명)』에 "입에서 평화가 나오기도 하고 전쟁이 일어나기도 한다[唯口出好興戎]"[32]라 하였으니, 이는 바로 입을 잘 사용하면 평화가 나오기도 하지만, 입을 잘못 사용하면 참소를 당하거나 적에게 침략당할 수도 있다는 것이다. 이것이 어찌 입이 좋지 않아서이겠는가? 입을 잘못 사용하였기 때문에 마침내 참소당하고 적의 침략을 당하는 것이다.[33]

『묵자』는 명백히 '出好'로 해석하고 있으며 이론의 여지가 없다. 즉, 이 구절은 『예기』가 아니라 『묵자』에 대응시켜 읽어야만 한다.

아울러 이들 구절은 명백히 대구를 이루는 요소를 갖추고 있다. 따라서 대구를 이루도록 "且惟口起戎出好, 惟干戈作疾; 惟衣載病, 惟干戈眚厥身"로 읽어야 한다. 즉, 이 구절은 "입은 전투를 벌어지게도 우호를 생겨나게도 하지만, 방패와 꺽창은 고통을 일으킬 뿐이다. 슬픔은 우려를 실어오지만, 방패와 꺽창은 그 몸을 손상시킬 뿐이다"라는 뜻이다. 이는 말에 대한 신중과 감정에 대한 절제를 표현하는 것이며, 이것이 [2-b(2)]에서 이야기하는 다덕(多德)의 요건일 것이다.

이상으로 청화간 『부열지명』 중의 내용을 살펴보았다. 이 편은 체제적 측면에서는 군주가 신하를 책명하면서 내리는 명령의 형태로 서술되어 있으며, 내용으로는 신하인 부열은 무력으로써 국가를 강화시키는데 노력해야 하며, 그 태도로 말과 행동 모두 신중히 할 것을 요구하고 있다고 정리할 수 있다.

3. 인용: 전래문헌에 인용된 진고문 『열명』 및 관련 문헌의 사상적 특징

여기서는 진고문 『열명』 및 무정(武丁)·부열(傅說)이 관련된 전래문헌의 내용들을 수합하여 분석한다. 이를 통해 전국시대의 무정·부열에 대한 인식과 진고문 『열명』의 인용 양상, 그리고 그 사상적 특징이 드러날 것이다.

무정의 즉위와 부열의 등용에 관한 내용은 금본(今本) 『죽서기년(竹書紀年)』과 『사기(史記)』 「은본기(殷本紀)」에서 찾을 수 있다. 두 문헌에는 『열명』이 인용되었음이 직접 드러나지는 않지만, 두 사람의 관계에 대한 일반적인 인식을 확인하기 위해 먼저 살펴볼 필요가 있다.

무정의 이름은 소(昭)다. 원년(元年) 정미(丁未)에 왕에 즉위하고, 은(殷)에 거처하였다. 감반(甘盤)

---

32 先王之書 『術令』이 『說命』이라는 점은 淸代 孫詒讓이 주장하였다.(『墨子閒詁』)

33 是以先王之書 『術令』之道曰 : "唯口出好興戎." 則此言善用口者出好, 不善用口者以爲讒賊寇戎, 則此豈口不善哉! 用口則不善也. 故遂以爲讒賊寇戎.

을 경사로 명하였다. 재위 3년, 부열을 찾는 꿈을 꾸고, (마침내) 얻었다. 재위 6년, 부열을 경사로 명하였다.[34]

제(帝) 소을(小乙)이 붕어하고 아들 제 무정이 즉위하였다. 제 무정은 즉위하고 은을 부흥시킬 방도를 생각하였으나, 이를 보좌할 이를 얻지 못하였다. 3년간 말을 하지 않고, 정사는 총재에게 결정하게 하고 나라의 기풍을 관찰하였다. 무정은 밤에 성인을 얻는 꿈을 꾸었는데, 이름을 열(說)이라 하였다. 신하와 관리 중에서 꿈에서 본 자를 찾았으나 모두 아니었다. 이에 신하들로 하여금 재야에서 찾아오게 하여 열을 부험(傅險)에서 얻었다. 이 때 열은 노역으로서[胥靡] 부험에서 성을 쌓고 있었다. 무정을 알현하니, 무정이 "이 사람이다"라고 하였다. 그와 말을 해 보니 과연 성인(聖人)이었기에 재상으로 삼았고, 은은 크게 다스려졌다. 이에 부험에서 성을 따서 부열이라 호칭하였다.[35]

두 문헌은 모두 무정의 즉위와 부열을 등용하는 과정을 서술하고 있지만, 세부적인 내용에는 차이가 있다. 일단 꿈에서 본 인물을 찾아 마침내 부열을 등용한다는 부분은 공통적이지만, 『사기』 쪽이 부열에 대하여 보다 상세한 내용을 전한다. 그 내용은 본래 현명하지만 미천한 신분이었던 인물을 등용하여 나라를 다스린다는 점에 집중된다. 그리고 이 내용이 한대 이후의 무정과 부열에 대한 일반적 인식을 이룬다.

한편 금본 『죽서기년』에는 『사기』에 없는 내용이 기록되어 있다. 즉, 무정 재위 3년에 부열을 찾는다는 것은 동일하지만, 재위 6년에서야 비로소 부열을 경사, 즉 재상으로 임명한다. 이 3년간의 행적은 공백으로 남아 있다.

이제부터 진고문 『열명』 및 관련 문헌들을 열거하며 분석할 것이다. 이들은 사상적 차이에 따라 다음과 같이 분류할 수 있다.[36]

1) 현인에 대한 존중[尚賢]

『사기』 「은본기」의 내용과 같이, 무정과 부열에 대한 이야기는 현인에 대한 존중, 즉 미천한 신분일지

---

34 今本 『竹書紀年』 : 武丁名昭. 元年丁未, 王即位, 居殷. 命卿士甘盤. 三年, 夢求傅說, 得之. 六年, 命卿士傅說.

35 『史記』 「殷本紀」 : 帝小乙崩, 子帝武丁立. 帝武丁即位, 思復興殷, 而未得其佐. 三年不言, 政事決定於冢宰, 以觀國風. 武丁夜夢得聖人, 名曰說. 以夢所見視群臣百吏, 皆非也. 於是迺使百工營求之野, 得說於傅險中. 是時說爲胥靡, 築於傅險. 見於武丁, 武丁曰, "是也." 得而與之語, 果聖人, 舉以爲相, 殷國大治. 故遂以傅險姓之, 號曰傅說.

36 무정과 부열에 관한 고사의 분류는 松本雅明에 의해 선행된 바 있다.(『松本雅明著作集(12) : 春秋戰國時代における尚書の展開』(東京 : 弘生書林, 1988), 236~237쪽) 그러나 이 논문과는 세부적인 분류와 논의의 방향이 다르다는 점을 밝혀둔다.

라도 능력이 있는 인물이라면 마땅히 등용해야 한다는 내용이 골자를 이루는 문헌이 있다. 『묵자(墨子)』
「상현중(尙賢中)」·「상현하(尙賢下)」가 그것이다.

지금 왕공(王公)·대인(大人)이 진실로 그 국가를 다스리려 하고, 잘 보존하여 잃지 않으려 한다면 어
찌 현인을 숭상하는 것이 정치하는 근본임을 살피지 않는가? …… 부열은 갈옷을 입고 새끼줄을 차고
부암에서 노역하며 성을 쌓았지만, 무정은 그를 얻어 삼공으로 삼아 천하의 정치를 맡기고, 천하의 백
성을 다스렸다.[37]

그러므로 옛날에 성왕이 천하를 다스리면서 풍족하게 해주거나 귀하게 해 준 사람이 반드시 왕공·
대인과 혈연관계에 있거나, 안면이 있거나, 부귀하거나, 이목구비가 잘생긴 사람이었던 것은 아니다.
…… 지난날 부열이 북해의 주 환토 위에 거주하였으며, 감옥의 옥리로 갈옷을 입고 새끼줄을 차고 부
암의 성에서 노역으로 성을 쌓았지만, 무정은 그를 얻고 등용하여 삼공으로 삼아 천하의 정치를 맡겨
천하의 백성을 다스렸다.[38]

『묵자』「상현중」·「상현하」는 그 편명이 대변하듯이, 능력 있는 자라면 출신이나 계층의 고하에 관계없
이 관리로 등용하여 국정을 담당시켜야 한다[39]는 것을 골자로 삼으면서 무정과 부열의 이야기를 예증으로
제시한다. 공통적인 소재는 부열의 부암에서의 노역이다. 이는 금본『죽서기년』과 『사기』「주본기」에 보이
는 사건 전개와 세부적인 차이는 있지만, 내용적으로는 거의 동일하다.[40]

2) "삼년 동안 말하지 않음(三年不言)"과 삼년상

"삼년 동안 말하지 않음(三年不言)"과 삼년상은 『논어(論語)』「헌문(憲問)」·『예기(禮記)』「방기(坊記)」·
『예기』「상복사제(喪服四制)」·『예기』「단궁하(檀弓下)」에 보이며, 위고문『상서』「열명상」에서도 문헌의 주

---

37 『墨子』「尙賢中」: 今王公大人中實將欲治其國家, 欲脩保而勿失, 胡不察尙賢爲政之本也? …… 傅說被褐帶索, 庸築乎傅巖,
武丁得之, 擧以爲三公, 與接天下之政, 治天下之民.

38 『墨子』「尙賢下」: 是故古之聖王之治天下也, 其所富, 其所貴, 未必王公大人骨肉之親·無故·富貴·面目美好者也. …… 昔者
傅說居北海之洲, 圜土之上, 衣褐帶索, 庸築於傅巖之城, 武丁得而擧之, 立爲三公, 使之接天下之政, 而治天下之民.

39 渡辺卓·新田大作, 『全釋漢文大系(18): 墨子上』, 東京: 集英社, 1977, 102쪽.

40 傅說의 노역은 『孟子』에서도 활용되지만, 『墨子』에서와 달리 현인이 대업을 이루기 위한 과정에서의 시련으로 서술된다.
『孟子』「告子下」: 孟子曰, "舜發於畎畝之中, 傅說擧於版築之間, …… 故天將降大任於是人也, 必先苦其心志, 勞其筋骨, 餓
其體膚, 空乏其身, 行拂亂其所爲. …… 然後知生於憂患而死於安樂也."

요 배경을 제시하는 역할을 한다. 그러나 칭화간『부열지명』에는 이와 관련된 내용을 찾을 수 없다.

자장이 말하였다. "『서(書)』에 '고종이 양음에 있으면서 삼년간 말을 하지 않았다'라 하였는데 무슨 의미입니까?" 공자가 말하였다. "어찌 반드시 고종만 그러했겠는가! 옛 사람은 모두 그렇게 하였다. 군주가 죽으면 백관들은 삼년 동안 총재에게 명을 받아 자신의 직무를 처리했다."[41]

자장이 물어 말하였다. "『서』에 '고종이 삼년간 말을 하지 않았는데, 말을 하니 (신하들이) 기뻐하였다'라 하였는데, 그러한 일이 있습니까?" 중니가 말하였다. "어찌 그렇지 않았겠는가? 옛날에 천자가 붕어하면 왕세자는 삼년 동안 총재의 말을 들었다."[42]

부모가 돌아가시면 삼일 동안 울음을 그치지 못하고, 삼 개월 동안 상복을 벗고 편안히 쉬지 못하며, 일 년이 되면 비애를 느끼며, 삼 년이 되면 슬퍼하게 된다. 성인은 감정이 누그러지는 것으로 예제를 제정하셨으니, 이것이 삼년상을 치르는 이유이다. …… 『서』에 "고종이 양암에 거처하며 삼 년 동안 말하지 않았다"라 하였는데, 일을 잘한 것이다. …… 선왕을 이어 즉위하면서 효성을 다하여 상을 치루었다. 이 당시에 은은 쇄락에서 벗어나 다시 흥성하게 되었고, 예가 폐해졌다가 다시 일어나게 되었으니, 그러므로 잘했다고 여긴 것이다. 잘했다고 여겼기에 『서』에 기록하여 높인 것이다. 그러므로 고종이라 하는 것이다. 삼년상을 치루면서 군주는 말을 하지 않는다. 『서』에 "고종이 양암에 거처하며 삼 년 동안 말하지 않았다"라는 구절은 이를 지칭한 것이다. 그리고 "말을 해도 꾸미지 않는다"는 구절은 신하를 지칭한 것이다.[43]

자(子)가 말하였다. "군자는 부모의 과실은 잊어버리고 그 아름다움을 공경한다."『논어』에 "삼년 동안 아버지의 방식을 바꾸지 않으면 효성스럽다 할 수 있다"라 하였고, 『고종(高宗)』에 "삼년간 말을 하지 않았는데, 말을 하니 (신하들이) 기뻐하였다."라 하였다.[44]

---

41 『論語』「憲問」: 子張曰, "『書』云, '高宗諒陰, 三年不言.' 何謂也?' 子曰, "何必高宗! 古之人皆然. 君薨, 百官總己以聽於冢宰三年."

42 『禮記』「檀弓下」: 子張問曰, "書云, "高宗三年不言, 言乃讙." 有諸?' 仲尼曰, "胡爲其不然也? 古者天子崩, 王世子聽於冢宰三年."

43 『禮記』「喪服四制」: 始死, 三日不怠, 三月不解, 期悲哀, 三年憂, 恩之殺也. 聖人因殺以制節. 此喪之所以三年. …… 書曰, "高宗諒闇, 三年不言." 善之也. …… 繼世卽位, 而慈良於喪. 當此之時, 殷衰而復興, 禮廢而復起, 故善之. 善之, 故載之『書』中而高之, 故謂之高宗. 三年之喪, 君不言. 書云, '高宗諒闇, 三年不言.' 此之謂也. 然而曰'言不文'者, 謂臣下也."

44 『禮記』「坊記」: 子云, "君子弛其親之過而敬其美.『論語』曰, '三年無改於父之道, 可謂孝矣.'『高宗』云, '三年其惟不言, 言乃

위의 인용문들은 모두 삼년상과 "삼년 동안 말하지 않음(三年不言)"을 언급하지만, 의도하는 내용은 각각 다르다. 『논어』「헌문」은 군주가 죽었을 때 후계자가 바로 정사를 맡지 않고 총재가 대신하여 신하들에게 명을 내린다고 말한다. 이 내용은『예기』「단궁하」와 비슷하지만, 여기에서는 명을 받는 대상은 신하가 아니라 즉위하기 전의 왕인 세자이다. 즉, 양자는 모두 군주가 사망했을 때 총재가 전권을 대리한다는 점을『서(書)』의 권위를 빌어 예로부터 내려온 예법이라 말하지만, 『논어』가 후계자가 삼년상으로 정무를 처리할 수 없기에 대리인이 있어야 한다는 점을 강조하는 반면,『예기』「단궁」은 후계자의 즉각적인 권력 승계를 견제한다.

「상복사제」와「방기」의 주제는 군주가 사망했을 때의 예법 보다는 효성을 강조하는 내용이지만, 역시 세부적인 차이가 있다. 「상복사제」에서 삼년이 강조되는 것은 부모의 상을 당하였을 때 감정이 누그러지는 것이 삼년이기 때문이며, 고종은 이 예법을 준수하여 국가를 부흥시켰기에 칭송될만하다고 말한다. 하지만「방기」에서는 '삼년(三年)'보다 '말하지 않음(不言)'이 부각된다. 여기에서 '말하지 않음'은 모든 일에 대한 침묵을 의미하는 것이 아니라, 부모의 과실을 말하지 않는다는 의미이다. 이러한 점에서 위에 열거한 4개의 문헌은 모두 다른 주제를 가지고 있으며, 이를 강화하기 위해『서』에서 동일한 구절을 인용하고 있다.

그런데 여기에서 주의해야만 하는 것은, "삼년 동안 말하지 않음"의 소재가『서』로 인용될 뿐,「열명」으로 인용되지 않았다는 점이다. 이 소재는 금문『상서』「무일(無逸)」에서 찾을 수 있다.

주공이 말하였다. "아, 저는 들었습니다. 지난날 은왕 중종(中宗)은 엄숙하고 공손하며 공경하고 두려워하여 천명으로 스스로 다스리며, 백성을 다스림에 공경하고 두려워하여 감히 게으르거나 편안하게 하지 않았습니다. 그래서 중종이 나라를 누린 것이 75년이었습니다. 고종은 오랫동안 밖에서 수고하였고 이에 백성들과 함께 하였습니다. 일어나 즉위하여 양암에서 삼년간 거처하며 말을 하지 않았습니다. 그가 말하지 않다가 말을 하니 (신하들이) 기뻐하였습니다.[45]

이 문장은「무일」에서 주공의 입으로 은대의 일이 회자되며 나온다. 그러나 이 말의 본래 출전을「무일」로도 확정할 수 없다. 이는『예기』「방기」에 언급된『고종(高宗)』이란 편명 때문이다.[46]

誥.”

[45] 『尙書』「無逸」 : 周公曰, "嗚呼! 我聞曰, 昔在殷王中宗, 嚴恭寅畏, 天命自度, 治民祗懼, 不敢荒寧, 肆中宗之享國七十有五年. 其在高宗時, 舊勞于外, 爰曁小人, 作其卽位, 乃或亮陰, 三年不言. 其惟不言, 言乃雍."

[46] 정약용은 이 때문에 이 문장이 본래 일실된「高宗之訓」이라는 편에 있었을 것이라 추정하며(정약용, 이지형 역,『역주매씨 서평』,「說命」), 松本雅明은「無逸」의 문장이라고 보는 것이 정확하다고 본다.(松本雅明,『松本雅明著作集(12): 春秋戰國時 代における尙書の展開』, 東京: 弘生書林, 1988년, 32쪽과 각주1)

이상의 논의를 통해 보면, 현 시점에서 "삼년 동안 말하지 않음"의 소재가『열명』과「무일」어느 쪽에 속했을지 판단하기 어렵다. 게다가 현재 칭화간『부열지명』에서 이 부분을 찾아볼 수 없다. 이와 같이 이 소재는 출처가 어떤 문헌인지 확정하기 어려움에도 불구하고 위고문『상서』「열명상」에서 문헌의 배경으로서 중요한 역할을 한다. 이러한 현상은 위고문『상서』「열명」이『國語』「楚語上」의 영향을 강하게 받았기 때문이라고 생각된다.[47]

3) 신중함의 강조

신중을 주제로『열명』이 인용된 문헌은『묵자』「상동중(尙同中)」·『예기』「치의」14장이다.

그러므로 선왕의 서(書)『술령(術令)』에 "입에서 평화가 나오기도 하고 전쟁이 일어나기도 한다"라 하였으니, 이는 바로 입을 잘 사용하면 평화가 나오기도 하지만, 입을 잘못 사용하면 참소를 당하거나 적에게 침략당할 수도 있다는 것이다. 이것이 어찌 입이 좋지 않아서이겠는가? 입을 잘못 사용하였기 때문에 마침내 참소당하고 적의 침략을 당하는 것이다.[48]

공자가 말하였다. "소인은 물에 빠지고, 군자는 입에 빠지고, 대인은 백성에 빠지니, 모두 그 가까이 여기는 바에 빠진다. …… 그러므로 군자는 신중히 하지 않을 수 없다. ……『열명』에 이르기를 "입에서 수치가 생겨난다. 갑주(甲冑)에서 전쟁이 생겨난다. 의복은 상자에 들어있어야 한다. 방패와 꺽창(干戈) 은 그 몸을 살펴야 한다"라 하였다.[49]

두 문헌의 인용문은 유사하지만,『예기』쪽이 더 길게 인용되었으며, 출전도『열명』으로 명기되었다. 문장 역시 다소 차이가 있다.『묵자』「상동중」은 군주의 불필요함을 묻는 질문에 대한 묵자의 답변이다. 형벌이나 입이 없을 수 없는 것이기에 신중히 사용해야만 하듯, 군주 역시 이와 마찬가지임을 말하고 있다.『술령』(즉『열명』)은 이 주장의 강화를 위해 인용되었다.『예기』「치의」14장의 주제는 신중한 언변의 강조이며,『열명』은 이를 강조하기 위해 인용되었다. 양자의 주제는 다소 차이가 있지만,『열명』이 신중한 언

---

47 이에 대해서는 5) 군주에 대한 신하의 역할과 간언에서 상술.

48 『墨子』「尙同中」: 是以先王之書『術令』之道曰, '唯口出好興戎', 則此言善用口者出好, 不善用口者以爲讒賊寇戎. 則此豈口 不善哉? 用口則不善也, 故遂以爲讒賊寇戎.

49 『禮記』「緇衣」: 子曰, "小人溺於水, 君子溺於口, 大人溺於民, 皆在其所褻也. …… 故君子不可以不愼也. ……『兌命』曰, "惟 口起羞, 惟甲冑起兵, 惟衣裳在笥, 惟干戈省厥躬."

변을 강조하기 위해 인용되었다는 점은 동일하다. 이 인용문은 칭화간『부열지명』중과 위고문『상서』「열명」 모두에서 보이지만, 맥락은 상이하다. 칭화간『부열지명』중에서는 무정이 부열을 책명하는 말이었으나, 위고문『상서』「열명」에서는 이미 총재로 임명된 부열이 무정에게 진언하는 말로 기재되었다. 즉 화자와 청자가 뒤바뀌어 있으며, 발화 배경도 다르다.

부가적으로『예기』「치의」의 인용문에 대한 문제를 한 가지 더 지적해 둔다. 출토문헌의 잇다른 발견으로 인해 현재 우리는 전국시대의『치의』판본을 두 가지 확인할 수 있다. 궈뎬초간(郭店楚簡)『치의』와 상박초간(上博楚簡)『치의』가 그것이다.[50] 이 판본들에는 모두『열명』인용이 보이지 않는다. 게다가 다른 문헌의 인용 양상도 단순하지 않다. 현행본『예기』「치의」25장은 궈뎬초간·상박초간『치의』23장에 해당하는데,『시』의 인용문은 찾을 수 있지만,『열명』과『역(易)』의 인용문은 찾아볼 수 없다. 그리고『열명』이 인용된 현행본『예기』「치의」16장은 궈뎬초간·상박초간에는 장 전체가 보이지 않는다. 이러한 추세는『치의』라는 문헌의 전개·변형과정을 보여준다.『열명』이 이미 한대 초기에 망실되어 있었다는 점을 생각해 보면,『치의』에『열명』의 인용문이 삽입된 것은 대체로 진대(秦代)를 넘지 않을 것이라 추정된다.

4) 배움에 대한 권장

배움에 대해 권장하면서『열명』이 인용된 것은 다음 두 문헌이며, 출전은 모두『열명』으로 명기되었다.

옥은 쪼지 않으면 그릇으로 만들 수 없고, 사람은 배우지 않으면 도를 알 수 없다. 그러므로 옛날의 왕들은 나라를 세우고 백성을 다스림에 가르치는 것을 우선하였다.『열명』에 "처음부터 끝까지 항상 배움을 생각한다"라 하였으니 이것을 가리킨 것이로다! …… 부족함을 안 후에야 자신을 반성할 수 있고, 곤궁함을 안 이후에야 스스로 힘쓸 수 있다. 그러므로 가르침과 배움은 서로를 성장하게 한다.『열명』에 "가르치는 것은 배우는 것이 절반이다"라 한 것은 이를 가리킨 것이로다! …… 그러하기 때문에 그 배움이 안정되어 그 스승과 친해지고, 그 벗들과 즐기며 그 도를 믿는다. 그러므로 비록 스승의 도움에서 벗어나더라도 위반하지 않는 것이다.『열명』에 "그 도를 존중하고, 학업에 전념하고, 때에 맞게 힘써 익힌다면, 그 성과를 얻을 것이다"[51]라 한 것은 이를 가리킨 것이로다![52]

---

50 荊門市博物館,『郭店楚墓竹簡』, 北京 : 文物出版社, 1998 ; 馬乘源 주편,『上海博物館藏戰國楚竹書(一)』, 上海 : 上海古籍出版社, 2001.

51 이 부분은 위고문『상서』「열명하」에 "惟學遜志, 務時敏, 厥修乃來."로 차용되어 있다.『예기』「학기」의 정현 주와 공영달 소에 따라 해석한다.

52 『禮記』「學記」 : 玉不琢, 不成器. 人不學, 不知道. 是故古之王者建國君民, 教學爲先.『兌命』曰, "念終始典于學." 其此之謂乎!

그러므로 옛 사람이 한번 일을 행하면 여러 사람이 모두 그 덕이 갖추어졌음을 알았다. 옛 군자가 큰 일을 할 경우에는 반드시 그 시작과 끝을 신중히 하였으니, 여러 사람들이 어찌 알아차리지 못하였겠는가?『열명』에 "처음부터 끝까지 항상 배움을 생각한다"라 하였다.[53]

『예기』「학기」는 『열명』에서 3단락을 인용한다. 그리고 이 단락들은 위고문 『상서』「열명」에도 채용된다. 유가에서 배움에 대한 권장은 공자의 "배우고 때때로 익히니, 기쁘지 아니한가!"[54]로 대변되며, 뿌리 깊은 전통이라고도 할 수 있다. 그러나 칭화간 『부열지명』 3편을 통람해도 이 인용문을 찾을 수 없으며, 배움과 관련된 맥락도 없다.

5) 덕성의 강조

『예기』「치의」 22장은 진고문 『열명』은 인용하면서 덕성을 강조한다.

공자가 말씀하셨다. "남쪽 사람들의 속담에 '사람으로서 항상됨이 없다면 거북점이나 시초점도 소용이 없을 것이다.'라고 하였다. …… 『열명』에 '군주가 제사의 술잔(고위 관직의 상징)을 악덕이 있는 자에게 내려서는 안된다. 만약 그렇게 한다면 백성들이 그를 세우고 올바르다 여길 것이다. 매사가 이와 같이 된다면, 제사도 불경해 질 것이다. 일은 번잡해져 어지러워지며, 신을 섬기는 일도 어렵게 될 것이다.'라고 하였다."[55]

『예기』「치의」 22장에서는 고위 관직자의 등용, 점과 제사에 대한 언급이 등장한다. 그러나 여기에서 무엇보다도 중요시하는 점은 어디까지나 인간으로서의 항상됨[恒]이란 덕성으로, 이것이 먼저 갖추어져야만 기타 모든 일이 순조롭게 이루어질 것이라고 말한다. 즉, 덕성이 모든 것에 우선시된다.

…… 知不足, 然後能自反也. 知困, 然後能自强也. 故曰教學相長也.『兌命』曰, "學學半." 其此之謂乎! … 大學之教也, 時教必有正業, 退息必有居學. 不學操縵, 不能安弦. 不學博依, 不能安詩. 不學雜服, 不能安禮. 不興其藝, 不能樂學. 故君子之於學也, 藏焉, 修焉, 息焉, 遊焉. 夫然故安其學而親其師, 樂其友而信其道, 是以雖離師輔而不反也.『兌命』曰, "敬孫, 務時敏, 厥修乃來." 其此之謂乎!

[53] 『禮記』「文王世子」: 是故古之人一擧事, 而衆皆知其德之備也. 古之君子擧大事, 必愼其終始, 而衆安得不喩焉?『兌命』曰, "念終始典于學."

[54] 『論語』「學而」: 學而時習之, 不亦說乎?

[55] 『禮記』「緇衣」 22장: 子曰: "南人有言曰: '人而無恒, 不可以爲卜筮.' …… 『兌命』曰: "爵無及惡德, 民立而正. 事純而祭祀, 是爲不敬. 事煩則亂, 事神則難."

이 인용문은 위고문『상서』「열명」중에서 "(부열이 말했다.) '군주가 제사의 술잔을 악덕이 있는 자에게 내려서는 안되고, 오직 현명한 자에게 내려야 합니다. …… 제사를 자주 지냄, 이는 공경치 못한 것입니다. 제사를 거듭 지내는 것, 이것은 공경하지 못한 것입니다. 예가 번거로우면 어지러워지며, 신을 섬기는 일도 어렵게 될 것입니다'"[56]로 변형되었다. 공영달은 이 문장의 뒷 부분이『예기』「제의(祭義)」의 "제사는 자주하는 것을 원하지 않는다. 자주하면 번거로워지고, 번거로워지면 불경하게 된다"의 인용이라 지적한 바 있다.[57] 그러나 실상 위고문의 작자는『예기』「치의」의 인용문에 기초하면서,『예기』「제의」를 참조하여 문장을 구성했다고 생각된다.

6) 군주에 대한 신하의 역할과 간언과『국어』「초어상」

군주에 대한 신하의 역할과 간언이라는 내용은『맹자(孟子)』「등문공상(滕文公上)」과『국어』「초어상」에 보인다.

맹자가 말하였다. "세자는 나의 말을 의심하십니까? 대저 도란 하나일 뿐입니다. ……『서』에 말하기를 '약을 먹고도 어지럽지 않으면 그 병은 낫지 않는다'라 하였습니다."[58]

초 영왕이 학정을 펼치자, 백공 자장은 누차 충간을 하였다. 왕은 그것이 싫어서 사로에게 말하였다. "내 자장이 간하는 것을 그만두게 하고 싶은데, 어떻게 하면 좋겠는가?" 대답하여 말하였다. "간언을 시행하기는 어렵겠지만, 그만두게 하는 것은 쉽습니다. 만약 다시 간하면, 군주께서는 '나는 왼손으로는 귀중(鬼中)을, 오른손으로는 상궁(殤宮)을 쥐고 있다. 모든 충고와 충간을 내 모두 듣고 있으니, 다른 말을 들을 필요가 있겠는가?'라고 말씀하십시오." 백공이 다시 간하자, 왕은 사로의 말대로 하였다. 백공은 대답하여 말하였다. "옛날 은의 무정은 그 덕을 공경할 줄 알아 신명에 이르렀습니다. 하내에 들어왔다가, 하내에서 박으로 갔는데, 이 3년 동안 말없이 (군주로서의) 도를 생각했습니다. 경사는 이를 걱정하여 말하였습니다. '왕이 말을 하셔야 명령이 반포됩니다. 말하지 않으신다면 명령을 받을 수 없습니다.' 무정은 이에 책서를 내려 말하였다. '나로서 사방이 바로잡히니, 나는 오로지 말이 착하지 않을까 두렵다. 그래서 말하지 않는 것이다.' 이와 같이 말하고, 또 꿈에서 본 자의 초상화를 그려

---

56 爵罔及惡, 德惟其賢. …… 黷于祭祀, 時謂弗欽, 禮煩則亂, 事神則難.

57 『尙書正義』: "祭不欲數, 數則黷, 黷則不敬", 『禮記』「祭義」文也.

58 『孟子』「滕文公上」: 孟子曰, "世子疑吾言乎? 夫道一而已矣. ……『書』曰, '若藥不瞑眩, 厥疾不瘳.'"

사방으로 현인을 구하였다. 부열을 찾아오니 公으로 삼고, 아침저녁으로 올바른 말로 간언하게 하며 말하였다. '만약 쇠라면, 그대는 숫돌이 되어 주시오. 만약 강을 건너야 한다면, 그대는 배가 되어 주시오. 만약 하늘이 가뭄을 내린다면, 그대는 단비가 되어 주시오. 그대의 마음을 열어, 나의 마음을 비옥하게 해 주시오. 약을 먹어도 어지럽지 않다면 그 병은 낫지 않을 것이오. 맨발인 채로 바닥을 살피지 않는다면, 발에 상처가 생길 것이오'라 하였습니다. 무정의 신명함은 성스러움이 깊고 넓으며, 지혜로움이 흠이 없지만, 오히려 스스로 아직 다스릴 수 없다 여겼기에 삼년간 말없이 도를 생각한 것입니다. 도를 얻은 후에는 오히려 감히 전적으로 다스리지 않고 초상화를 그려 성인을 찾았습니다. 보좌할 이를 얻은 후에는 또 폐하고 잊어버릴까 두려워하였기에 아침저녁으로 올바른 말로 간언하게 하고, '반드시 나를 바로잡고 수양하게 하고 나를 버리지 말라.'라 하였습니다. 오늘날 군주께서는 아마도 무정에도 미치지 못하실진데 올바른 말로 간언하는 것을 싫어하시니, 역시 곤란한 일이 아닙니까?"[59]

『맹자』는 출전을 『서』라고만 기술하였고, 『국어』「초어상」은 인용 여부가 명기되지 않은 채 백공 자장의 말로 서술된다. 양자는 모두 간언을 독한 약으로 비유하는 점이 공통된다. 그러나 칭화간 『부열지명』 중에서 이 표현은 무정이 부열에게 충성을 강조하면서 쓰였다는 점에서 차이를 보인다.

그런데 『국어』「초어상」에는 이 뿐 아니라 앞서 언급된 현인에 대한 존중, 삼년 동안 말하지 않음, 신중한 언변의 강조라는 소재가 모두 포함되어 있다. 즉, 『국어』「초어상」은 진고문 『열명』의 상당한 부분을 축약하여 인용하고 있다. 이러한 점에서 『국어』「초어상」은 다른 어떤 전래문헌보다도 진고문 『열명』과 깊은 관계에 있다고 말할 수 있다. 일찍이 모기령(毛奇齡, 1926~1713)은 다음과 같이 말했다.

『사기』「하본기」·「은본기」·「주본기」에는 『상서』의 편명이 여러 차례 기록되었는데, 그 가운데 「은본기」에는 실리지 않는 것이 있다. 「태갑(太甲)」 3편, 「반경(盤庚)」 3편이 모두 기재되었는데, 어째서 유독 「열명」 3편만이 없는가? 『국어』를 읽지 않았는가? …(『국어』「초어상」 전문 인용)… 이것이 「열명」의 전체 문장이다.[60]

---

59 『國語』「楚語上」: 靈王虐, 白公子張驟諫. 王患之, 謂史老曰: "吾欲已子張之諫, 若何?" 對曰: "用之寔難, 已之易矣. 若諫, 君則曰: '余左執鬼中, 右執殤宮, 凡百箴諫, 吾盡聞之矣, 寧聞他言? 白公又諫, 王如史老之言. 對曰, "昔殷武丁能聳其德, 至於神明, 以入於河, 自河徂亳, 於是乎三年, 黙以思道. 卿士患之, 曰, '王言以出令也, 若不言, 是無所稟令也.' 武丁於是作書, 曰, '以余正四方, 余恐德之不類, 茲故不言.' 如是而又使以象夢, 旁求四方之賢, 得傅說以來, 升以爲公, 而使朝夕規諫, 曰, '若金, 用女作礪. 若津水, 用女作舟. 若天旱, 用女作霖雨. 啓乃心, 沃朕心. 若藥不暝眩, 厥疾不瘳. 若跣不視地, 厥足用傷.' 若武丁之神明也, 其聖之睿廣也, 其智之不疚也, 猶自謂未乂, 故三年黙以思道. 旣得道, 猶不敢專制, 使以象旁求聖人. 旣得以爲輔, 又恐其荒失遺忘, 故使朝夕規誨箴諫, 曰, '必交修余, 無余棄也.' 今君或者未及武丁, 而惡規諫者, 不亦難乎!'

60 毛奇齡, 『古文尙書冤詞』, 『古文尙書疏證(附:古文尙書冤詞)』下, 上海: 上海古籍出版社, 2010, 832쪽. :『史記』「夏·殷·周

두 문헌이 깊은 관계에 있음은 모기령이 이 문헌을 바로 진고문『열명』으로 판정할 정도이다. 그러나 지금 이것을 청화간『부열지명』및 전래문헌과 비교해 보면, 사상적으로 상당한 차이가 있음을 확인할 수 있다. 나아가 위고문『상서』「열명」과의 사상적 차이까지도 명확히 드러난다.

먼저 3년간의 행적에 대해서다. 2)에서 언급한 바와 같이 전래문헌들은 무정의 3년간의 공백을 3년상과 결부시키지만, 청화간『부열지명』중은 물론 상·하에서도 이러한 내용은 없다. 한편『사기』에서는 3년간 말을 하지 않고, 정사는 총재에게 결정하게 하고 나라의 기풍을 관찰하였다"[61]라고 하였지만,『국어』는 3년 동안 말없이 도를 생각했다"라 하여, 도(道)를 언급한다. 이는 "무정의 신명함은 성스러움이 깊고 넓으며, 지혜로움이 흠이 없지만, 오히려 스스로 아직 다스릴 수 없다 여겼기에 삼년간 말없이 도를 생각한 것입니다. 도를 얻은 후에는 ……"이라는 언급에서 더욱 구체화된다. 즉 '신명함 → 도를 생각함 → 도를 얻음'이라는 절차를 취하고 있다.

그런데 이처럼 생각만으로 도를 얻는다는『국어』「초어상」의 인식론은 앞서 4)에서 언급된 배움에 대한 권장과 모순된다. 4)에서 언급된 두 문헌은 모두『예기』로서 유가 경전에 속한다. 그 목적이 인간답기 위함이든, 국가 통치를 위한 방법이든, 유가적 학문의 방법론은 배움[學]과 익힘[習]의 조화를 강조한다. 예컨대 배움에 대해서 공자는 "배우기만 하고 생각하지 않으면 깨닫는 것이 없고, 생각만 하고 배우지 않으면 의혹이 있다",[62] "내 일찍이 해가 지도록 먹지 않고, 날이 밝도록 잠자지 않고 생각하였으나 얻는 바가 없었다. 배우는 것만 못하다"[63]라 분명히 밝혔으며, 이러한 태도는『중용(中庸)』에서 "널리 배우고, 살펴보아 질문하고, 신중히 생각하고, 명확히 분별하고, 독실히 실천하라"[64]로 계승된다. 즉, 백공 자장의 "이 3년 동안 말없이 (군주로서의) 도를 생각했습니다"라는 언급은 학문에 있어 공자와 다른 입장을 취하고 있음을 명백히 보여준다. 그런데 위고문『상서』「열명상」은 무정이 "공손하면서도 묵묵히 도를 생각하였다"[65]라고 말한다. 이러한 태도는 앞에서 말하였듯 공자 이래 유가의 학문관과 일치하지 않는다. 즉, 위고문의 이 문장은『국어』「초어상」의 3년 동안 말없이 도를 생각했다"의 영향을 받은 동시에, 위작이 이루어진 위진 시기의 현학적 학술사조가 반영된 것으로 추정된다.

다음으로 신하의 역할에 대해서다.『국어』「초어상」에서 무정은 부열에게 간언을 적극적으로 요구하지

本紀」多載『尙書』篇目, 其在「殷本紀」則無載者. 乃「太甲」三篇·「盤庚」三篇皆載之, 而獨無「說命」三篇, 何也? 不讀『國語』乎? …(『國語』)… 此「說命」全篇文也.

61 三年不言, 政事決定於冢宰, 以觀國風.

62 『論語』「爲政」: 學而不思則罔, 思而不學則殆.

63 『論語』「衛靈公」: 吾嘗終日不食, 終夜不寢, 以思無益, 不如學也.

64 『中庸』: 博學之, 審問之, 愼思之, 明辨之, 篤行之.

65 『尙書』「說命上」: 恭黙思道.

만, 칭화간『부열지명』중에서는 이러한 맥락이 미약하다. 칭화간『부열지명』상과 하에서도 역시 간언에 대한 강조는 찾아볼 수 없다. 그런데 위고문『상서』「열명」에서는 "왕이 부열에게 명했다. '아침 저녁으로 좋은 말을 들려줌으로써 나의 덕을 보좌하라'"[66]라는 구절에서 간언이 직접 강조되고, 이러한 강조는 위고문『상서』「열명」중·하의 내용 대부분이 부열의 간언으로 서술되는 것으로 이어진다. 즉 진고문『열명』의 판본 중 하나인 칭화간『부열지명』중에서 미미했던 간언에 대한 비중은 위고문『상서』「열명」에서 서술 체제의 중추를 이룰 만큼 강조되고 확대된다. 이것은 위작자들이『국어』「초어상」의 영향을 크게 받았기 때문으로 생각된다.

위고문『상서』「열명」이『국어』「초어상」의 영향을 받았지만, 양자 사이에도 차이점이 발견된다.『국어』「초어상」에서 부열의 역할은 간언에 머물러 있지만, 위고문『상서』「열명」은 여기에서 한걸음 더 나아간다. 위고문『상서』「열명」상에서는 "'왕의 말씀, 오직 이로써만 명령이 이루어집니다. 말씀하지 않으신다면 신하는 명령을 받을 곳이 없습니다.' …… '꿈에서 상제가 나에게 좋은 신하를 주셨으니, 그에게 나의 말을 대신하게 할 것이다'"[67]라고 하여, 무정 자신은 신하들에게 직접 명령을 내리지 않고 부열에게 정치를 대신하게 할 것임이 암시된다. 즉, 위고문『상서』「열명」에서 부열은 간언만을 하는 단순한 조언자의 역할을 넘어 왕권의 대리자로 여겨진다. 이는 위고문의 작자가 1) 현인에 대한 존중, 2) "삼년 동안 말하지 않음"과 삼년상에서 제시되었던 인용문, 그리고『사기』「은본기」의 내용에 입각하여 삽입한 것이라고 추정된다.

이러한 측면을 확인한 후『국어』와 위고문『상서』「열명」을 비교해 보면, 문장 전개와 사상적 측면에서 모두 필자는『국어』「초어상」의 작자는 진고문『열명』을 바탕에 두고 문헌을 작성하였으며, 위고문의 작자는 다시『국어』「초어상」을 바탕으로 위고문『열명』을 작성하였을 것이라 생각한다. 아울러 위고문의 작자는 문헌을 작성하면서『국어』에 내포된 비유가적 색채를 가능한 한 지우고, 다른 문헌에 보이는 고사와 인용문을 조합하여 위고문『상서』「열명상」을 구성하였을 것이다.(이에 대해서는 다음 장에서 상술)

마지막으로 출전의 문제이다. 앞서 2) "高宗諒陰, 三年不言."과 삼년상에서, 그 출전이『열명』이 아니라『무일』일 가능성이 높음을 언급한 바 있다.『국어』「초어상」과 위고문『상서』「열명」에서는 이것이 모두 중요히 다뤄졌지만, 칭화간『부열지명』에는 이 구절이 보이지 않는다. 정리자는 이 문장이 결실된 하편의 제 1호간에 서사되었을 것이라고 하지만,[68] 추정에 불과할 따름이며, 문장 전개의 측면에서 이 구절이 들어갔을 가능성은 낮다고 생각된다.

이상의 논의를 통하여『국어』「초어상」의 특징을 다음과 같이 정리할 수 있다. 성군 무정과 현인 무정

---

66 命之曰: "朝夕納誨, 以輔台德."
67 "王言惟作命, 不言臣下罔攸稟令." …… "夢帝賚予良弼, 其代予言."
68 『칭화간(3)』, 129쪽.

이라는 인물 설정 아래, 정치에 대해서는 현신의 간언을 강조한다. 그러나 현신의 역할을 간언으로 한정하는 점, 도의 인식과 학문에 대한 관점들은 다른 문헌이나 인용문과는 사상적인 차이를 보인다. 아울러 "삼년 동안 말하지 않음"의 소재는 『무일』일 가능성이 농후하기 때문에, 『국어』의 이 문장은 그 작자의 관점에 따라, 『무일』·『열명』의 내용을 바탕으로 여러 소재가 복합적으로 섞여 이루어진 것이라 생각된다.

4. 재창조: 칭화간 『부열지명』과 위고문 『상서』 「열명」의 관계

이상 진고문 『열명』이 인용된 문헌과 관련 문헌을 검토하였다. 그렇다면 과연 위고문 『상서』 「열명」을 어떤 성격의 문헌으로 규정할 것인가, 이것이 문제가 될 것이다. 결론부터 이야기하자면, 위고문 『상서』 「열명」은 진고문 『열명』이 관련되었다고 추정되는 여러 문헌들을 광범위하게 모으고 재구성했으며, 그 이면에는 동진시대의 유교적 사조가 투영되었다고 말할 수 있다.

이는 다음 표에서 일목요연하게 확인할 수 있다.

〈표 2〉를 통하여 명료하게 드러나는 점은, 위고문 『상서』 「열명」의 작자가 광범위한 문헌 수집을 수집한 후, 그것을 위작에 동원하였다는 점이다.

한편 진고문 『열명』의 판본 중 하나인 칭화간 『부열지명』의 내용은 도리어 매우 한정적일 뿐이다. 칭화간 『부열지명』상에는 무정이 부열을 사여받고 등용하는 이야기가 나오지만, 이것이 상현사상을 전면적으로 반영한다고 보기에는 부족하다. 무정이 부열에게 전하는 내용 역시 칭화간 『부열지명』중의 내용은 군주가 신하를 등용하면서, 그의 직책에 충실할 것을 경계하는 내용일 뿐이다. 빈천한 부열을 등용한다는 소재에서 상현사상의 일단을 감지할 수는 있겠지만, 문헌 전체를 통해 반영되거나 강조되는 것은 아니다.

앞서 관련문헌의 사상적 경향을 추적·분석한 바 있는데, 이와 함께 생각해보면 선진 시기 진고문 『열명』을 이용하여 작성된 문헌들과 그 가운데 특히 『국어』 「초어상」, 그리고 위고문 『상서』 「열명」의 관계를 보다 분명히 알 수 있다.

선진 시기의 진고문 『열명』을 이용한 문헌은 『예기』 「치의」·『묵자』 「상현」 등 다수가 있다. 그러나 비록 직접 인용의 형태를 취한 문헌일 지라도, 『열명』의 문맥을 고려한 인용이 아니라, 작자의 의도에 맞게 단장취의한 것이 많다.

대부분의 문헌들이 진고문 『열명』의 몇몇 부분을 이용하는데서 그친 것과는 대조적으로, 『국어』 「초어상」의 작자는 진고문 『열명』의 내용 뿐 아니라, 진고문 『무일』 등 몇 가지 문헌을 함께 조합하여 독자적인

〈표 2〉『說命』 관련문헌의 분류

#은 편명이 명기된 문헌

	不言	상례	道	귀신	간언	덕성	신중	꿈	노역	尙賢	배움
『論語』「憲問」	○										
『孟子』「滕文公上」#					○						
『孟子』「告子下」									○	○	
『墨子』「尙賢中」									○	○	
『墨子』「尙賢下」									○	○	
『墨子』「尙同中」							○				
『墨子』「所染」											
『國語』「楚語上」#			○	○	○			○	○	○	
『禮記』「坊記」#	○	○									
『禮記』「喪服四制」#	○	○									
『禮記』「檀弓下」#	○	○									
『禮記』「學記」#											○
『禮記』「文王世子」											○
『禮記』「緇衣」14장#							○				
『禮記』「緇衣」22장#						○					
『呂氏春秋』「重言」	○						○				
『史記』「殷本紀」	○							○	○	○	
今本『竹書紀年』								○	○	○	
僞古文『尙書』「說命」	○	○		○		○	○	○	○	○	○
淸華簡『傅說之命』	?						○	○	○		?

내용을 전개하였다.

위고문 『상서』 「열명」에는 『국어』 「초어상」을 비롯한 광범위한 문헌이 참고·집대성되면서 위진시대의 사조가 반영되어 있다. 이러한 점들은 지금 칭화간과의 대조를 통해 더욱 분명히 드러나게 된다.

5. 마치며: 여전히 남는 문제들

　　이상으로 무정과 부열의 이야기의 인용, 칭화간『부열지명』그리고 위고문『상서』「열명」의 관계에 관하여 논하였다. 이를 통해 문헌의 원형이 어떤 방식으로 다른 문헌에 인용되고, 인용된 문장들이 재구성되어 새로운 문헌으로 탄생하는 하나의 경향을 관찰할 수 있었다. 이 하나의 경향으로 위고문『상서』25편의 성격을 모두 개괄할 수는 없겠지만, 최소한 위고문『상서』「열명」3편의 위작 방향에 대해서는 다소간 말할 수 있는 여지가 생겨났다고 생각된다.『묵자』,『예기』등의 문헌에는 진고문『열명』이 인용되었는데, 이 인용문들은 문헌 작성자의 의도에 따라 배치된다. 그리고 그 의도에 따라 진고문『열명』과는 다른, 혹은 완전히 새로운 맥락을 형성하기도 한다. 이러한 방식을 취하면서 가장 장편인 것은『국어』「초어상」인데, 그 내용 가운데 특히 학문·귀신에 대한 관점은 유가와 상충되는 부분이 있다. 위고문의 작자는 이『국어』「초어상」을 기초로 하여 위고문『상서』「열명」을 작성하였는데,『국어』「초어상」에서 유가와 상충되는 요소들을 제거하고, 다른 문헌들에 보이는 무정·부열의 고사와 일문을 집대성하여 완전한 하나의 유가 사상서로 재탄생시켰다. 여기에서 중요한 점은 위고문『상서』「열명」이 유가사상을 내포하고 있는 원인이다. 위고문『상서』「열명」이 유가의 사상서가 되는 이유는, 그 재료들이 문헌 본래의 모습을 간직하고 있기 때문이 아니라, 동진시대의 위작자가 그것들에게 유가적 맥락을 부여하였기 때문이라고 생각된다. 물론 이미 선진시대에 형성된 맥락들이 존중되어 있는 부분도 있다. 하지만 더 중요한 점은 위고문의 작자들이 선진 문헌을 방대하게 조사하여 관련 자료를 수합하고, 그 자료들을 자신들의 유가적 관점에서 일목요연하게 정리해 내었다는 것이다. 이러한 작업 속에 위고문의 작자들이 가졌던 그들의 사상적 경향이 강하게 투영되고 있다고 말할 수 있다. 이는 우리가 위고문『상서』의 내용을 단순한 선진시기 유교 사상의 파편으로 인식해서는 안 됨을 분명히 보여준다.

　　여전히 남은 문제들도 많다.『칭화간』서류(書類) 문헌의 편명은 왜 현행본과 일치하지 않는가? 이 문헌들의 성립 연대는 언제인가?『칭화간』서류 문헌의 사상은 일관되어 있는가? 결실된 칭화간『부열지명』하의 제 1호간에는 어떤 내용이 서사되어있는가?『예기』「학기」에 보이는 배움에 관한 적지 않은 문헌은 왜 칭화간『부열지명』에 보이지 않는가? 이러한 여러 문제들은『칭화간』서류문헌들에 대한 연구가 진전되면서 일부 해결될 수도 있겠지만, 궁극적으로는 또 다른 새로운 서류문헌들이 출토되거나 발견되어야만 해결되리라 생각된다.『상서』는 철학적 측면뿐만 아니라 문헌사적 측면에서 매우 복잡한 문제들이 내포되어 있는데 출토문헌의 계속된 발견은 이러한 문제들을 해결하는 단초를 계속해서 제공해 줄 것이다.

<부록> 淸華簡『傳敖之命』中의 석문과 해석

[釋文]

[1] 敖(說)迷(來)自専(傅)厥(巖), 才(在)醫(殷). 武丁朝于門, 內(入)才(在)宗. 王詢(原)[1]比㕚(厥)夢, 日: "女(汝)迷(來)隹(惟)帝命■[2]." 敖(說)【제1호간】日 : "允若寺(時)■.

[2-a(1)] 武丁日 : "宐(咨[3])! 各(格)女(汝)敖(說). 聖(聽)戒朕言, 繫(寘)[4]之于乃心. 若金, 甬(用)隹(惟)女(汝)復(作)礪(礪)■. 故(古)【제2호간】我先王淢(滅)顕(夏)■. 燮(襲)[5]弻(强)[6], 戠(捷)䓞(蠢)邦[7], 隹(惟)灰(庶)㮈(相)之力兓(勝)[8], 甬(用)孚自㲉(邇).[8]

[2-a(2)] 敬之焠(哉)! 攸(啟)乃心, 日[9]沃【제3호간】朕心. 若藥, 女(汝)不瞑(瞑)垍(眩), 鄭(越)疾罔瘳. 朕畜女(汝), 隹(惟)乃𣎵(腹)[10], 非乃身. 若天𩅀(旱), 女(汝)復(作)罢(淫)雨.【제4호간】若圛

---

1 '备'와 '匀'으로 이루어졌다. '备'이 '原'으로 읽힐 수 있음은 上博本『周易』「比卦」등을 통하여 확인된 바 있으나, '匀'이 추가된 자형은 찾아볼 수 없었다. 정리자는『爾雅』「釋言」의 "재차란 뜻이다.[再也.]"를 인용하여 주석했으나, '察'이라는 의미도 가능하다고 하였다. 학자들은 대체로 전자의 의미를 따르지만, 그 의미로 확정하기 위해서는 구체적인 통가례가 확인되어야만 한다. 또한'再'로 해석한다면 무정과 부열은 두 번째 만나는 것이 되어야만 하나, 문헌 내부에서 그러한 정황이 포착되지 않는다. 필자는 후자의 의미에 따른다.

2 [석문의 '■'·'∠' 부호는 죽간에 본래 서사된 부호이다.

3 정리자는 '來'로 예정하고 "來格"으로 붙여 읽었다. 그러나 '來格'이 연용되는 용례는 찾을 수 없다. 徐俊剛은 '來'와 '宐'가 혼용되는 예를 들어, '宐'로 隷定하고 '咨'의 가차자로 읽었다. 이에 따른다.(徐俊剛,「釋淸華簡《說命中》的"宐"字」, 復旦大學出土文獻與古文字研究中心, 2013년 3월 29일, http://www.gwz.fudan.edu.cn/SrcShow.asp?Src_ID=2028)

4 정리자는 '潙'로 예정하고 '漸'으로 읽었다. 들어간다는 의미. 黃杰의 견해대로 "으로 예정한다.(黃傑,「讀淸華簡(參)《說命》筆記」, 간백망, 2013년 1월 9일, http://www.bsm.org.cn/show_article.php?id=1799) 그 의미는 實, 즉 두다.(子居,「淸華簡《傳說之命》中篇解析」, 孔子2000, 2013년 4월 3일, http://www.confucius2000.com/admin/list.asp?id=5625)

5 '燮'와 동일한 자형은 기존 자료에 보이지 않으나, 칭화간『內良夫惡』13·14호간에 보인다. 모두 '襲'의 뜻으로 해석할 수 있다.『左傳』「莊公28년」에 "婦人은 원수를 칠 것을 잊지 않았는데, 나는 도리어 잊었구나![婦人不忘襲讎, 我反忘之!]"라 하여 '치다', '공격하다'라는 의미로 쓰인 용례가 있다.

6 『爾雅』「釋言」과『廣韻』「陽部」에 "强은 난폭하다는 뜻이다.[强, 暴也.]"라 하였다.

7 정리자의 의견에 따른다. 정리자의 의견은 다음과 같다. "戠'자는 戈로 구성되었는데, 三體石經『春秋』「僖公32년」의 '捷'자의 古文에 의거하여 '捷'으로 읽었다. 管燮初의「說戠」(『中國語文』1978년 3기)를 보라 여기에서는 戰勝의 의미이다. 蠢邦은 통치에 복종하지 않는 방국이다.「小雅·采芑」에 "蠢爾蠻荆"이라 하였으며 傳에 "蠢, 動也."라고 하였다."

8 이 구절은 명료히 해석되지 않으며, 몇 가지 독법이 제시되어 있다. 일단 정리자의 방식에 따라 해석해 둔다. 정리자의 의견은 다음과 같다. "相에 대하여『周禮』「大僕」주에 '左右'라고 하였다. 庶相은 左右衆臣이다. 力에 대해『國語』「晉語二」주에 '功也'라 하였다. 兓은 '勝'으로 읽는다. 초문자에서 '勝'은 통상 '兓'로 쓰인다."

9 정리자는 '日'을 '實'의 가차자로 읽었으나, 如字로 읽어도 뜻이 통한다.

10 정리자는 腹이 腹心을 가리킨다고 하였으나, "非乃身"과의 관계가 설명되지 않는다. '腹'은 '服'으로 읽는다.『詩經』「大雅·文王」에서 "侯于周服"이라 하였는데, 王引之는『經傳釋詞』卷四에서 "이에 주에 신하로 복종하였다는 뜻."이라 하였으며, 馬瑞辰도『毛詩傳箋通釋』에서 "服은 신하로서 복종한다는 의미의 服.[服, 訓爲臣服之服.]"이라 하였다. 즉, 내가 그대를 기르

(滿)[11]水, 女(汝) 复(作)舟■.

[2−b(1)] 女(汝)隹(惟)[12]𢦏(哉), 敚(說)! 砥之于內(乃)心.■ 复(且)天出不恙(祥), 不虘(徂)遠, 才(在)氒(厥)胳(落)[13]. 女(汝)克【제5호간】[illegible][14]見(視)四方, 乃府(俯)見(視)埅(地). 心毀隹(惟)備[15].

[2−b(2)] 敬之𢦏(哉)! 甬(用)隹(惟)多悳(德)■. 复(且)隹(惟)口记(起)戎出好, 隹(惟)戟(干)戈【제6호간】复(作)疾. 隹(惟)衮(哀)㦸(載)㾓(病), 隹(惟)戟(干)戈生(眚)氒(厥)身. 若詆(抵)不見(視), 甬(用)剔(傷)吉, 不吉[16].

[3] 余告女(汝)若寺(時),■ 𢡃(志)之于乃心. ∠【제7호간】

이 글은 같은 제목으로 『儒敎思想文化硏究』 제56집 (2014)에 게재한 논문을 수정 보완한 것이다.

니, 신하로서 복종[服]만이 있으며 개인의 몸이 아니라는 뜻.

11 정리자는 '圖'로 예정하고, 『汗簡』의 古文 '滿'와 유사하다고 분석하였으나, 정작 '[illegible]'의 오자로 본다. 이에 따르지 않으며, 그대로 '滿'으로 읽는다.

12 '隹'는 '惟'이다. 『說文』「心部」에 "惟. 뭇 생각이라는 뜻이다. 心으로 구성되며 隹는 발음요소이다[惟. 凡思也. 从心隹聲]"라고 하였다.

13 정리자의 견해에 따라 『毛詩』「訪落」의 傳에 "落은 始의 뜻이다.[落, 始.]"에 따라 해석한다.

14 정리자는 '[illegible]'을 '覞'로 예정하고 覞으로 읽었지만, 글자의 구조에 의문이 남는다. 待考.

15 정리자는 '備'는 "具也."의 뜻이라 하였다. 그 의미는 『說文』을 따른다. 『說文』「人部」에 "僃(備). 삼간다는 뜻이다.[僃(備). 愼也.]"라 하였다.

16 정리자는 "甬(用)剔(傷), 吉不吉."로 표점하지만, 이렇게 된다면 술어인 傷에 주어도 목적어도 없게 된다. "甬(用)剔(傷)吉, 不吉."로 표점한다.

8

「명훈(命訓)」편의 출토본과 전래본 비교연구:
제1~7죽간 고석을 중심으로

신 세 리 (한국외대)

Ⅰ. 머리말

『칭화간(淸華簡)』[1]은 칭화대학교로 기부된 죽간에 대해 1차적 정리를 거친 죽간관련 서적이다. 본 서적은 현재 다양한 분야에서 연구가 진행되고 있으며, 국내외 학자들에게 주목받고 있는 출토자료 정리본이다. 김석진에 따르면 세계 간독 사료연구는 크게 두 가지 동향으로 발전하고 있는데 "하나는 주요 출토문헌의 서사매체와 문자에 대한 총체적인 개설과 분류 작업이고, 다른 하나는 개별 자료의 해독과 주석 그리고 연구방법론에 관한 탐색"이라고 하였다.[2] 지금의 국내학계 동향은 정리가 부족한 실정이므로 위의 기준으로 간략히 아래와 같이 분류해 보았다.

국내연구의 현황을 분류하면 먼저 문헌에 대한 석독 및 언어연구 중심으로 정리해 볼 수 있다. 이연주·장승례[3]의 고석연구를 시작으로 원용준,[4] 문병순,[5] 김정남,[6] 신세리[7] 등은 『칭화간』의 구체적 발견과정

---

1 『淸華大學藏戰國竹簡』은 이후 『淸華簡』으로 칭한다.

2 김석진, 본서 제1장 참고.

3 이연주·장승례, 「『淸華簡』(參)『芮良夫毖』주해(하)」, 『中國學論叢』 52, (2016); 이연주·장승례, 「飜譯 및 註釋 : 淸華簡, 傅說之命, 주해」, 『中國學論叢』 46, (2014) 등 다수.

4 元勇準, 「청화간 『서법』의 특징과 그 역학사적 의의」, 『유교사상문화연구』 65, (2016); 元勇準, 「청화간 『금등』의 문헌적 성격과 사상사적 의의」, 『東洋哲學研究』 72, (2012).

5 문병순, 「『淸華大學藏戰國竹書(參), 良臣』篇 譯註」, 『중국어문논총』 58, (2013), 25~51쪽.

을 소개하고, 한국적 고석을 모색했다. 또 언어학적 관점과 역사적 관점을 유기적으로 검토했다. 원용준은 「칭화간『금등』의 문헌적 성격과 사상사적 의의」에서 문장의 고석을 독자들에게 먼저 제시하고 역사적 논란이 되는 의문점과『사기』「노주공세가」와 같은 전래본들과 함께 토론했다. 또 김정남은 언어의 잘못된 전승이 역사에 미치는 영향을 오류중심 분석으로 논증했다.

이어서 사료연구의 경향을 중심으로 본다면, 국내연구는 역사적 관점 아래 심재훈,[8] 김정열,[9] 박재복,[10] 김석진,[11] 김병준[12] 등의 연구자들에 의해 진행되었다. 이들의 연구는 주로 주나라와 전국시기 제후국가의 역사기록을 근거로 이전 역사에서 기록되지 않은 출토문헌 자료를 중점적으로 비교, 토론하면서 성과를 보여주고 있다. 특히 심재훈은 출토문헌『계년』을 근거로 주 왕실 동천의 과정과 그 연대를 둘러싼 논쟁은 중국고대사 연구자들에게 새로운 역사 쓰기의 가능성을 제기했다고 결론지으며 기존역사에서 해결되지 못한 부분을 출토본을 통해 해결할 수 있을 것이라고 보았다. 김병준 또한 출토문헌『계년』을 근거로 진의 동래설에 이론을 제기했다. 또 사상 분야에서 성시훈,[13] 오만종,[14] 최남규[15] 등은 출토본과 전래본『주역(周易)』, 『상서(尚書)』 등의 비교를 통해 중심 주제별로 토론하였다.

본 연구는 최근 정리 발표된 출토본『칭화간·5(伍)』「명훈(命訓)」편과 전래본『일주서(逸周書)』「명훈(命訓)」편의 판본 비교과정을 거쳐 출토본의 사료적 의의와 특징을 귀납하려고 한다. 『칭화간·오』「명훈」의 국내 논문으로는 졸고『칭화간·오』「명훈」에 관한 소고」가 있으며 본 연구는 이에 대한 심화 연구의 일환으로 이루어졌다.

『칭화간·오』는 최근 칭화대학교가 정리한 출토문헌 서적이며 총 6편으로 「후보(厚父)」, 「봉허지명(封許之命)」, 「명훈(命訓)」, 「탕처어탕구(湯處於湯丘)」, 「탕재시문(湯在啻門)」, 「은고종문어삼수(殷高宗問於三壽)」의 순서로 이루어져있다. 『칭화간』「명훈」편은 전래본『일주서』「명훈」과 유사한 문장 구성과 내용을 반영

---

6 金正男,「淸華簡『皇門』譯釋」,『중국어문학논집』91, (2015).

7 申世利,「『淸華簡·伍』「命訓」에 관한 소고」,『중국어문학논집』100, (2016); 신세리,「『淸華簡(壹)·皇門』11號簡의 재고찰」,『中國人文科學』62, (2016).

8 심재훈, 본서 제6장 참고.

9 김정열,「西周時代의 胡와 胡侯」,『숭실사학』37, (2016).

10 朴載福,「『尚書』에 보이는 갑골점복 고찰 — 최근 발견된 출토자료와의 비교분석을 중심으로 —」,『東洋古典研究』61, (2015).

11 김석진, 본서 제1장.

12 김병준,「칭화간(淸華簡)『계년』(繫年)의 비판적 검토 - 진(秦)의 기원과 관련하여」,『인문논총』73-3, (2016), 13~58쪽.

13 성시훈,『先秦 시기『尚書』의 사상적 특징에 대한 연구 : 출토문헌을 중심으로』, 성균관대 박사학위논문, (2016).

14 吳萬鍾,「『淸華簡·周公之琴舞』之啟示」,『中國人文科學』54, 2013; 吳萬鍾,「伊尹 형상에 대한 고찰」,『中國人文科學』57, (2014).

15 崔南圭,「『禮記·緇衣』중 인용된『尹誥』구절에 대한 고찰」,『中國人文科學』59, (2015).

하여「명훈」으로 명명되었다.

최근 학계는 전래본과 출토본「명훈」의 관계를 내용의 유사성에 따라 동일 문장이라고 규정할 수 있는지, 동일한 판본으로 수용할 수 있는지에 대해 토론한 바 있다. 2015년 4월 9일 북경에서 개최된『칭화대학장전국죽간(5)(淸華大學藏戰國竹簡(伍))』성과 발표회에서 베이징대학(北京大學) 주펑한(朱鳳瀚) 교수는 칭화간의 문헌적 가치와 정리수준에 대해 매우 높이 평가하면서, 본 연구에서 토론하려는「명훈」에 대해 "「명훈」, 「도훈(度訓)」, 「상훈(常訓)」에서 우리의 관심을 끄는 가장 중요한 내용은 과거 대부분 동주(東周) 이후 나타난다고 여겨졌던 천도(天道), 인도(人道)사상이 출토본의 문장에서 나타난다는 점"이라고 지적하였다.[16] 또 가오요우런(高佑仁)[17]은『일주서』「명훈」편이 사상적인 부분을 담고 있으며 '명(命)', '육극(六極)', '인도(人道)', '천도(天道)' 등 개념을 논증하고 있다는 점을 강조하였다. 이와 같이『일주서』「명훈」편은 사상이 강조되던 동주시기 문헌의 정리본이라고 보는 것이 일반적인 견해이다.

또, 류궈중(劉國忠)에 따르면『칭화간·오』「명훈」편은「명훈」편의 원시적 면모를 보여주는 것은 물론『일주서』에 실린 다른 편들의 성서(成書)시대를 판정하는데 있어서도 중요한 의미를 갖는다고 하였다.[18] 한편 현전하는『일주서』10권은 모두 70편으로『한위총서(漢魏叢書)』제(第)13책(册)에 수록되어 있으며 진(晉) 공조(孔晁)가 주(注)를 달고 명(明)의 신안(新安) 정영(程榮)이 교정(校正)한 판본이다.『일주서』「명훈」은 70편 가운데 제 2편이며 권1에 실려 있다.[19] 후대에 지어진 그 서(序)에서 목민의 심정을 이야기하고 있으므로 주나라 문왕이 지었다고 추정하고 있으나[20] 이처럼 많은 학자들은『일주서』가 서사된 시기는 서주 시기가 아니며 이 시기보다는 다소 늦은 시기인 춘추시기일 것이라고 추정하고 있다.[21]

『칭화간·오』「명훈」의 내용은 전래문헌과 대부분 일치하고 있으며 문헌학적 관점에서는 새로운 판본의 발견이다. 따라서 본 연구는 출토본과 전래본의 비교 분석을 통해 구문, 어휘, 문자 등에서 나타나는 각 문헌의 특징을 고찰해 보겠다.[22] 또한 이러한 일련의 고찰과정에서 출토본과 전래본 형성의 역사적 배

---

16 2015년 4월 9일 북경에서 개최된『淸華大學藏戰國竹簡(伍)』에 관한 발표회에서 언급된 내용이다.

17 高佑仁, 「淸華伍「命訓」考釋」, 『第二十七屆中國文字學國際學術硏討會論文集』, (2016).

18 淸華大學出土文獻硏究與保護中心 編, 李學勤 主編, 『淸華大學藏戰國竹簡·伍』「命訓」, (上海:中西書局, 2015), 124쪽. 劉國忠은 전래본「命訓」편의 성서시기에 대해 학자들의 견해를 두루 정리하면서 토론에 따르면 1000여년의 시기적 차이가 있음을 귀납했다. 그는『淸華簡·伍』「命訓」가 기원전 305년경 베껴진 책이므로 전래본은 더욱 이른 시기였을 것으로 짐작했다. 참고『『淸華簡·伍』「命訓」初探」, 深圳大學學報, 第32卷, (2015), 27~41쪽.

19 [晉]孔晁 注,[明]新安程榮 校, 『逸周書』, 漢魏叢書, 第13册권1, 25쪽.

20 [晉]孔晁 注,[明]新安程榮 校, 『逸周書』, 漢魏叢書, 第13册권1. (序: 昔在文王, 商紂並立, 困於虐政, 將弘道以弱無道, 作「度訓」. 殷人作, 教民不知極, 將明道極, 以移其俗, 作「命訓」. 紂作淫亂, 民散無性瞀常, 文王惠和, 化服之, 作「常訓」.)

21 문장에서 언급했듯이 朱鳳瀚, 高佑仁 등의 학자들은 모두 본 연구의 출토본 자료『淸華簡·伍』「命訓」의 출현 시기를 동주 시기 이후 즉 전국시기 이후라고 보았다.

22 김정남, 「출토본 전국시대『書類』문헌과 전래본『尙書』의 문자차이 연구」, 한국중어중문학회 학술대회 자료집, (2016),

경 등을 추정해 보도록 하겠다.

Ⅱ. 출토본 「명훈」편의 특징

1. 죽간의 훼손

『청화간·오』「명훈」은 15개 죽간의 3개 묶음으로 편집되어 있고 죽간 모두 약간씩 훼손되어있다. 그중 1, 2, 3, 7, 9, 12, 14, 15 죽간의 문자에도 훼손된 부분들이 있다. 마지막 죽간을 제외하고 모든 죽간 뒤쪽 마디에는 순서에 따라 번호가 기재되어 있으며 4번과 14번이 훼손되어 있다. 이 가운데 죽간 4번은 마디가 잘려 글자부분이 사라졌으며, 죽간14번은 일부는 퇴색되었고 일부만이 남아있는 상황이다.[23]

〈표 1〉 정면 죽간의 훼손 상황

죽간	1	2	3	7
훼손 상태				

죽간	9	12	14	15
훼손 상태				

136~144쪽. 그는 "전국시대 『書』류 문헌은 당시 편집자가 그 이전 시기의 『書』류 문헌을 그대로 필사했을 수도 있고 한편으로 이전 시기 판본을 근거로 재편집했을 가능성도 있다. 그 과정을 통해서 원본의 내용을 번역하고 가공하는 동시에, 원본의 내용을 전국시기 언어습관에 의거하여 재편집했을 것으로 추정한다."고 보았는데 본 논문에서도 이 같은 재편집의 가능성을 배재하지 않고 두 판본을 비교한다.

23 劉國忠, 「清華簡「命訓」初探修訂」, 清華大學出土文獻研究與保護中心 編, 李學勤 主編, 『清華大學藏戰國竹簡·伍』, 124쪽 참고; 申世利, 「『清華簡·伍』「命訓」에 관한 소고」, 『중국어문학논집』 100, (2016).

이처럼 『칭화간·오』「명훈」편에서 죽간의 일부 글자는 비록 훼손되었거나 퇴색되어 잘 알아볼 수 없지만, 대부분의 글자는 선명하여 식별이 가능하고, 내용에 있어서도 대부분 전래본과 유사하여 문장의 석독이 용이하다.

본 연구는 문장의 고석과정에서 논란이 되어온 전래본의 일부 구문과 글자가 훼손되어 식별이 불가능하고 풀이가 어려운 출토본의 일부 구문을 상보적으로 집석하여 이본(異本)의 가치를 구현해 본다.

2. 죽간의 부호

출토본의 각 죽간에서 글자의 숫자 또는 누락되거나 알아볼 수 없게 된 글자, 중문글자, 구형부호, 선형부호 등의 출현상황을 정리하면 다음과 같다.

〈표 2〉 죽간 부호 분포 상황[24]

	글자수	중문부호 ( )	구형부호 (,)	선형부호 (,)
1호간	38	4		
2호간	37	4		
3호간	38	0	1	
4호간	40	0	1	
5호간	42	5		
6호간	40	6	1	
7호간	43	0	3	1
8호간	41	4	1	
9호간	37	15	1	
10호간	43	3	3	
11호간	43	1	2	
12호간	38	1	1	
13호간	42	2	3	
14호간	43	1		
15호간	35	7	1	

---

24 [日]谷中信一, 出土資料と漢字文化研究會編, 「『淸華簡·伍』「命訓」釋注」, 『出土文獻と秦楚文化』9, (京都:日本女子大學文學部谷中信一研究室, 2016), 79쪽.

출토된 죽간에 실린 내용과 전래본 『일주서』 「명훈」의 내용은 대체로 유사하다. 『칭화간·오』 「명훈」편은 류궈중이 정리한 것으로 그는 「명훈」의 제목이 『일주서』 「명훈」의 내용과 유사하여 명명된 것이라고 설명하였다.[25] 그러나 출토본과 전래본이 비록 그 내용에 있어 서로 비슷하다고 여겨지나 비교의 과정에서 '글자의 선택이 다르다는 점'과 '이로 인해 발생하는 약간의 차이점'을 발견할 수 있다.

먼저 자형을 근거로 두 판본의 시기와 문헌의 특징을 짐작할 수 있다. 이는 다른 자형을 사용함으로써 문장의 의미가 변용될 수 있기 때문이다. 따라서 두 판본간의 교감을 통해 「명훈」편의 판본 간 차이와 교차점을 고찰하고자 한다.

다음으로 문장의 서술에서 중시되는 사상적 기반에 대해 추정해 본다. 예를 들어 '명(命), 복(福), 화(禍)'의 순서에 대해 전래본과 출토본이 다르게 나타나고 있다.

따라서 본 연구는 죽간의 배열과 판본의 성격에 따라 이 같은 차이가 나타날 수 있다는 점을 인식하고 이어 제3장에서는 출토본 1~7죽간을 중심으로 두 판본을 비교해 본다.

III. 출토본과 전래본 1-7죽간의 비교

[簡一]-[簡二]

『逸周書』「命訓」	『淸華簡·伍』「命訓」
天生民而成大命[1], 命司德, 正之以禍福[2], 立明王以順之, 曰：大命有常, 小命日成[4], 日成則敬, 有常則廣, 廣以敬命, 則度[簡一]至于極[5].	□生民而成大命[1]＝(命, 命)司悳(德), 正以褊(禍)福[2], 立明王以愻(順)之[3], 曰：大命有算(常), 少(小)命日＝成＝(日成[4], 日成)則敬, 有常則圉＝(廣, 廣)以敬命, 則度[簡一]□□亟(極)[5].
하늘이 백성을 낳으니 천명을 이루었다. 사덕[26]에게 명하여 화와 복으로 백성들에게 천명을 바르게 하였고, 또한 현명한 군주를 세워서 백성들에게 천명을 따르게 하였다. 그래서 훈계하길 "천명은 항상(恒常)이며, 백성 개인마다 타고난 소명(小命)은 날마다 성장해간다. 소명이 날마다 성장할수록 대명을 공경하며, 천명의 항상을 가질수록 천명이 확대된다. 백성들이 대명을 공경하여 항상의 대명을 확대시킨다면 황극에 이를 수 있다."	하늘이 백성을 낳고 천명을 이루었다. 사덕에게 명하여 화와 복으로 백성들에게 천명을 바르게 하였고 또한 현명한 군주를 세워서 백성들에게 천명을 따르게 하였다. 그래서 훈계하길 "천명은 항상(恒常)이며, 백성 개인마다 타고난 소명(小命)은 날마다 성장해간다. 소명이 날마다 성장할수록 대명을 공경하며, 항상의 천명을 가질수록 가진 천명이 확대된다. 백성들이 대명을 공경하여 대명을 보편적으로 확대시킨다면 황극에 이를 수 있다."

---

25 清華大學出土文獻研究與保護中心 編, 李學勤 主編, 『清華大學藏戰國竹簡·伍』, 124쪽 참고.

26 덕을 담당하는 사람 또는 神.

□	生	民	而	成	大	命=	(命)	司
天	生	民	而	成	大	命,	命	司
悳(德),	正		以	褙(禍)	福.			
德	正	之	以	禍	福.			
立	明	王	以	儌(順)	之	曰	大	命
立	明	王	以	順	之.	曰	大	命
有	棠(常),	少(小)	命	曰=	成=.	(曰	成)	則
有	常	小	命	曰	成.	曰	成	則
敬.	有	常	則	宔=(廣),	(廣)	以	命	敬
	有	常	則	廣	廣	以		敬
命	則	度	□	□	亟(極)			
命	則	度	至	于	極			

[1] 전래본에서 공조(孔晁)와 반진(潘振)은 '司'를 '위주(爲主)로 한다(司, 主也), 중심이다'의 뜻으로 풀이하였다. 출토본에서는 '司'의 앞 글자가 손상되었는데 전래본에 근거하여 '天'으로 보충할 수 있다고 하였다.[27]

'천(天)'으로 보충할 수 있을 것이라는 증거로, 류귀중은 『좌전(左傳)』, 『궈뎬간(郭店簡)』의 예를 들어 증명을 시도했다.[28] '천(天)'과 '생(生)'의 관계를 통해 훼손된 부분을 '천(天)'으로 풀이했는데 먼저 『좌전』 성공(成公) 13년 "백성들은 천지의 중정(中正)을 받아 태어나는데 사람이 타고난 천지의 중정을 명이라고

27 黃懷信·張懋鎔·田旭東 撰, 李學勤 審定, 『逸周書彙校集注(上)』, (上海:上海古籍出版社, 1995版), 21쪽.

28 淸華大學出土文獻硏究與保護中心 編, 李學勤 主編, 『淸華大學藏戰國竹簡·伍』, 126쪽.

한다"[29]고 했으며, 『궈뎬죽간(郭店竹簡)』「성자명출(性自命出)」에서는 "성(性)은 명(命)에서 나왔고, 명은 하늘에서 내려왔다"[30]라고 하였다. 즉 '생(生)'과 '성(性)'이 '천(天)', '명(命)'과 연관되었고 서로 발생적 관계라는 것을 알 수 있다.[31]

따라서 '천', '명', '생', '성'의 유기적 관계를 근거로 출토본에서 탈락된 글자는 '천'이라고 추정하여 읽을 수 있다.

[2] 전래본 "命司德, 正之以禍福"구문을 출토본에서는 '지(之)'를 더해 서사했다.

전래본을 고석한 학자들은 '사덕(司德)'에 대해 다음과 같이 고찰하였다. 공조는 "사(司)란 중심이다. 덕(德)을 중심으로 덕이 있으면 복으로 바로잡고 덕이 없으면 화로 바로 잡는다."라고 설명했는데, "사(司)는 위주로 하다(수관하다, 주재하다)의 뜻이므로 '덕'을 위주로 삼아서 덕이 있는 사람에게는 복으로 바로 잡아주고 덕이 없는 사람에게는 화로 바로잡아준다."(司, 主也. 以德為主, 有德正以福, 無德正以禍然.)고 풀이하였다. 진봉형(陳逢衡)은 또 "명(命)은 천명이다. 사덕은 천신이다. 예를 들어 사덕(司德), 사중(司中)과 같은 류이다."라고 하였으며 또 당대패(唐大沛)는 "명은 덕의 중심이다."라고 풀이하였다.[32]

따라서 본 연구자는 이들의 고찰과 분석에 따라 '사덕(司德)'은 '화를 면하게 하는 것'으로 정리할 수 있다고 본다. 『한서·오행지(漢書·五行志)』에서 '사덕'으로 이 같은 의미로 사용되고 있으며, 『한서·두주전(漢書·杜周傳)』에서도 유사한 내용이 기록되어있다.[33] 따라서 '사덕'이란 '재앙(咎異)'과 같은 '화'에 대응되는 것이라고 추정된다.

[3] 야나카 신이치(谷中信一)는 '명왕(明王)'이 출현하는 전래문헌『상서(尚書)』, 『모시(毛詩)』, 『예기(禮記)』, 『춘추좌전(春秋左傳)』, 『효경(孝經)』 등을 통해 용례를 보여주고 있다.[34] 따라서 이 구문에서 출현하는 '명왕(明王)'은 전래문헌에서는 매우 일반적으로 등장한다는 사실을 알 수 있다.

본 연구자의 관점에서 '懲'자에 대해 토론하면, '懲'자는 '훈(訓)'이지만 '순(順)'이라고 읽고 그 자형구조는 '心'편방과 '㣌'편방을 따르는 글자이다. 『설문해자(說文解字)』[35]에서는 '㣌'을 고문으로 보고 '훈(訓)'

---

29 [晉]杜預注, [唐]孔穎達疏, 『左傳』春秋左傳正義十四, 成公十三年, 『武英殿十三經注疏本』, 20쪽. (劉子曰 : "吾聞之, 民受天地之中以生, 所謂命也. 是以有動作禮義威儀之則, 以定命也. 能者養以之福, 不能者敗以取禍.")

30 性自命出, 命自天降.

31 龐樸, 「孔孟之間——郭店楚簡中的儒家心性說」, 『郭店楚簡研究』, 『中國哲學』 20집, 瀋陽, 遼寧教育出版社, (1999).

32 黃懷信·張懋鎔·田旭東 撰, 李學勤 審定, 『逸周書彙校集注(上)』, 26~27쪽.

33 [漢]班固, 『漢書·五行志』, 五行志下之下, 『摛藻堂四庫全書薈要本』 (… 그날 밤 미앙궁정전에서 지진이 있었는데 적들과 첩자들은 총애를 받으려 다투어 서로 해하고 어지럽게 했습니다. 인사가 아래에서 어지러워지면 위에서도 그런 조짐을 보이게 됩니다. 능히 그것을 사덕으로 대응하면 재앙들이 사라질 것이나, 소홀히 하고 경계하지 않으면 화로 패망합니다. 其夜殿中地震, 此必適妾將有爭寵相害而為患者. 人事失於下, 變象見於上. 能應之司德, 則咎異消; 忽而不戒, 則禍敗至.)

34 [日]谷中信一, 앞의 글, 80쪽.

35 『說文解字』이하 『說文』이라고 칭한다.

자로 풀이하고 있다. 류스페이(劉師培)는 "순(順)과 훈(訓)은 옛날에는 통용되던 글자로 순(順)을 훈(訓)이라고 읽었을 때, 명왕이 그것을 교계로 말씀을 세운 듯하다."고 하였다.

이에 '훈(訓)'과 '순(順)'의 자형관계를 살펴보면 아래와 같으며, 특히 '훈(訓)'자형에서 전국문자의 특징을 알 수 있다.

먼저 '훈(訓)'(𫝀, 𧦏)은 『설문』에서 "가르치는 것이다. 언(言)의 의미를 따르고 천(川)의 소리를 따른다(說教也. 从言, 川聲)"고 하였다.[36]

〈표 3〉 '훈(訓)'

毛公旅方鼎 (金) 西周早期	中山王䝬壺 (金) 戰國晚期	包2.179 (楚)	包2.210 (楚)	說文·言部

'순(順)'(𢄔, 𢄖)은 『설문』에서 "옥을 정리하여 다듬는 것이다. 頁과 巛의 의미에 따른 것이다.(理也. 从頁, 从巛.)"라고 하였다.

〈표 4〉 '순(順)'[37]

屯2080(甲)	𪨗尊(金) 西周早期	中山王䝬壺(金) 戰國晚期	郭·緇.12(楚)	說文·頁部	睡.日甲3(秦)

위의 자형들을 통해 '훈(訓)'과 '순(順)' 두 글자는 진(晉)나라와 주변국 출토자료인 중산왕(中山王)에서 '𢄔'의 자형으로 사용되었을 것이라고 추정된다. 즉 '훈(訓)'과 '순(順)'을 '𢄔'의 동일자형으로 고석한 지역

---

36 小學堂 참고. http://xiaoxue.iis.sinica.edu.tw/yanbian (검색일 2017. 7. 15.), 자형검색방법은 대략적 주소만 제시되어 있고 구체적인 자형에 알맞은 주소는 제시되지 않고 있음을 참고.

37 小學堂 참고. http://xiaoxue.iis.sinica.edu.tw/yanbian (검색일 2017. 7. 15.), 상동.

은 진계(晉系)언어가 쓰이는 지역이며, 이 같은 진계문자의 체계를 반영하여 자형변천의 한 기제로 사용되고 있음을 추정할 수 있다.

또 서주(西周) 초기 문헌이 설문의 소전(小篆)과 동일 구조를 보이고 있다는 점에서 출토본은 서주시대의 것이 아님은 물론 진계(秦系)문헌 또한 아니라는 사실을 추정할 수 있는데, 이 점에서 서주문헌의 영향을 받아 여러 주변국이 이를 기록하고 중시했다는 사실을 짐작할 수 있다.

첫 구절에서 출현한 자형 '𢢼(㦖)'은 '㑞(㑞)'에 '心'편방이 더해져 있다. 전국문자에서 '心'편방은 종종 의미 없이 추가되는 편방으로 사용된다. 따라서 '㑞, 㦖'은 같은 글자로 볼 수 있다. 또 다른 관점에서 살펴보면, '心'편방이 없는 자형 '㑞'의 자형의 아랫부분 자적(字迹)이 '心'편방이라고 가정할 수 있다. 이어지는 글자 '𡳿(之)'의 위편에 약간의 자적이 보이는데, 첫 번째 죽간에 나타난 글자의 길이를 감안할 때 [簡十二]의 '㑞'이 '㦖'과 같은 글자라고 볼 수 있다.

의미적 연관성이 있다고 짐작되는 '신(愼)'/'순(順)'/'훈(訓)'의 관계를 소리관계로 살펴보면,[38] '신(愼)'은 선모진부(禪母眞部)이고 '순(順)'은 선모문부(船母文部)이며 '훈(訓)'은 효모문부(曉母文部)이다. 서한 이후 문부(文部)는 진부(眞部)로 변하였다. 따라서 '신(愼)'과 '훈(訓)'은 소리에 있어서도 연관성이 있음을 알 수 있다.

한편, 출토본 [簡二]에 출현하는 '우(于)'는 물론 이하 전래본에서 출현하는 '우(于)'자를 통해 출토본과 전래본의 필사 시기가 대략 전국초기였을 것이라는 주장도 있다. 궈시량(郭錫良)은 '우/어(于/於)'의 사용빈도, 상보적 출현 등 현상을 통해, 각 판본의 형성시기를 추정, 판별했는데, 『일주서(逸周書)』 및 여러 전국시기 전래문헌에서 춘추시기는 '우(于)'가 사용되었고, 전국시기 이후로는 '어(於)'가 주로 사용되었다고 보았다. 이를 근거로 탕위안파(唐元發)는 궈시량의 분석에 따라 『일주서』의 형성시기가 전국초기라고 주장했다.[39]

왕리(王力)는 '우(于)', '어(於)'의 관계에 대해 의미적, 시대적 차이에 따른 것이라고 『한어사고(漢語史稿)』에서 언급한 바 있으며, 궈시량은 '우(于)', '어(於)'를 전래문헌 간 비교 방법을 통해 『시경(詩經)』, 『일주서(逸周書)』, 『목천자전(穆天子傳)』, 『고본서기년(古本書紀年)』, 『금본서기년(今本書紀年)』, 『좌전(左傳)』, 『논어(論語)』 등에서의 출현빈도를 분석했다.[40]

---

38 小學堂 참고. http://xiaoxue.iis.sinica.edu.tw/shangguyin?kaiOrder=1907 (검색일 2017. 7. 15.).

39 唐元發, 「『逸周書』成書于戰國初期」, 『南昌大學校報』, 南昌, 人民社會科學版, 37-6, (2006).

40 王力, 『漢語史稿』, (北京:中華書局, 1980), 385~388쪽; 郭錫良, 「介詞'于'的起源和發展」, 『中國語文』257(2), (1997), 135~136쪽.

〈표 5〉 '우(于)', '어(於)' 출현빈도

	詩經	逸周書	穆天子傳	古本書紀年	今本書紀年	左傳	論語
于	285	132	141	62	184	1449	8
於	14	76	113	45	198	1764	200

이를 근거로 『칭화간 · 오』 「命訓」편이 필사된 시기가 전국초기로 추정될 수 있을 것으로 가정할 수도 있는 것이다. 분석된 바에 따르면, 전래본의 성서 시기는 전국 시기 문헌인 목천자전(穆天子傳, 370~330 B.C.)보다 시기적으로 이른 면모를 지니고 있으므로, 춘추전국시대의 문헌을 원시 판본으로 삼고 있다는 사실을 알 수 있다. 그러나 이는 문헌의 판본, 서사자, 지역간 차이가 존재하므로 상세히 검토되어야 하여 본 연구자는 이를 추후 연구주제로 미루기로 하겠다.

[4] 판전은 "'명(命)'이란 왕명이다. '유상(有常)'이란 처음과 끝이 같다는 뜻이다. '일성(日成)'은 날로 성취가 있다는 뜻이다."라고 하였다. 손이양(孫詒讓)은 일찍이 "일성은 그 선악을 세어 그것의 화복이 내려오는 것이다. 대명(大命)의 유상, 종신과 다른 것을 바꾸지 않는다."고 하였다.[41]

[5] 류귀중에 따르면 출토본 '일(日)', '성(成)'은 아래 각각 중복부호가 있으며, 이어서 '일성측경(日成則敬)'이라고 읽는다. 정종락(丁宗洛) 판본에서는 일찍이 '일'을 보충해 두었으므로 출토본과 같다.[42]

한편 류귀중에 따르면 '𡉥'은 '𡊥'의 소리부를 가진 글자로, 전래본을 근거로 '광(廣)'으로 읽는다. 『궈뎬간 · 노자(郭店簡 · 老子乙11)』에 '광대한 덕은 마치 충분치 못한 것 같다(𡉥(廣)德女(如)不足).'라고 했고 또 '𡉥'은 전래본과 『마왕두이백죽서을편(馬王堆帛竹書乙篇)』에서 모두 '광(廣)'이라고 보는데 동일한 예로 『상박간 · 공자시론(上博簡 · 孔子時論)』에서 '펼치기 어려운 지혜인 즉 지혜가 부족한 듯하다(灘(難)𡉥(廣)之智, 則智女(如)不足).'라고 했다. 또 『일주서 · 도훈(逸周書 · 度訓)』편에서 '하늘이 사람을 내어 법도를 정했다. 헤아림으로 작고 큰 것을 알아 크고 작은 것의 중간을 정하고 저울질하여 가볍고 무거운 것을 알아 가볍고 무거운 것의 중간을 정하며 근본과 말단이라는 두 단서를 밝히어 표준을 정하였다. (天生民而制其度, 度小大以正, 權輕重以極, 明本末以立中.)'이라고 하였다.

연구자는 『설문』의 관점을 통해 위의 글자를 풀이해 볼 수 있다고 생각하는데 『설문』에서 제시된 관련 자형이 증거가 된다고 생각하기 때문이다. 『설문』에서 '𡉥'자는 "초목이 함부로 자라난 것이다. 좌(屮)의 뜻과 왕(王)의 뜻을 따른다. 지(出)과 토(土)의 뜻을 따르는 고문(古文) 봉(封)자 회의(會意)자와 다르다. 무릇, 광(狂), 광(匡), 왕(往)자는 모두 이 글자의 뜻을 따른다. (屮木妄生也. 从屮从王, 與古文封字从出土

---

41 清華大學出土文獻研究與保護中心 編, 李學勤 主編, 『清華大學藏戰國竹簡 · 伍』, 127쪽.

42 清華大學出土文獻研究與保護中心 編, 李學勤 主編, 『清華大學藏戰國竹簡 · 伍』, 126쪽.

會意不同. 凡狂匡往字从此.)라고 했다.[43]

앞의 문장에서 여러 학자들이 제시한 출토문헌의 증거에 따라『설문』에서 관련된 글자들인 '광(狂)'(羣母陽部), '광(匡)'(溪母陽部), '왕(往)'(云母陽部) 세 글자의 소리가 모두 동일부이며, 자음의 조음위치가 유사한 점을 들 때, 본 연구자는 '宔'자는 '坒'의 소리부를 가진 글자로, 전래본을 근거로 '광(廣)'으로 읽는다.

또 두 번째 죽간의 머리 부분은 두 글자가 훼손되어 잘 보이지 않는다. 이는 전래본에 근거하여 '지어(至於)'라고 보충해석 할 수 있을 것이다.

[簡二]-[簡三]

「逸周書」「命訓」	「清華簡·伍」「命訓」
夫司德司義, 而賜之福祿. 福祿在人, 能無懲乎? 若懲而悔過, 則度至于極. 夫或司不義, 而降之禍; 在人, [簡二]能無懲乎? 若懲而悔過, 則度至于極.	夫司悳(德)司義, 而易(賜)之福=[6](福, 福)彔(祿)才(在)人=(人, 人)能居, 女(如)不居而坒(肘)義, 則厇(度)至于[7]亟(極). 或司不義, 而墜(降)之禖(禍), 在人=(人, 人)[簡二]□母(毋)謹(懲)虐(乎)? 女(如)謹(懲)而悔彶(過), 則厇(度)至于亟(極)[8].
무릇 덕을 위주로 하고 의(義)를 위주로 하면 덕과 의를 위주로 힘쓰는 백성에게는 복록을 내린다. 복록은 사람이 받는 것이니 잘못을 징계하지 않을 수 있겠는가? 만약 잘못을 징계하여 회개하면 예의법도의 중정에 이르게 된다. 혹은 불의를 위주로 하면 그런 사람에게는 화를 내린다. 화는 사람이 받는 것이니 사람으로서 불의를 징계하지 않을 수 있겠는가? 만약에 불의를 징계하여 회개하면 중정[44]에 이를 수 있다.	무릇 덕을 위주로 하고 의(義)를 위주로 하면 복록을 내린다. 복록은 사람이 받는 것으로 사람이 복록을 누릴 수 있으며, 복록을 누릴 수 없는 처지에 있더라도 의(義)를 중시하여 지키면 중정의 극에 이를 수 있다. 다른 한편으로는 불의를 위주로 하면 화를 내리니, 화는 사람이 받는 것인데 사람으로서 징계하지 않을 수 있는가? 만약에 불의를 징계하고 화를 회개하면 중정의 극까지 이를 수 있다.

---

43 [東漢]許慎,『說文解字』권6하, (北京:中華書局, 1963), 127쪽.

44 黃懷信,『逸周書校補注釋』, (西安:三秦出版社, 2006), 11쪽. 黃懷信이 '극'을 '중정(中正)'이라고 번역한 것을 참고한다.

夫	司	悳(德)	司	義	而	易	之	福=	
夫	司	德	司	義,	而	賜	之	福	祿,
(福)	彔(祿)	才	人=	能		居		女	不
福	祿	在	人	能	無	懲	乎?	若	
懲	居	而	圣(肘)	義	則	厇(度)	至	于	亟
		而	悔	過	則	度	至	于	極
夫	或	司	不	義	而	隆(降)	之	褙(禍)	怣(過)
	或	司	不	義	而	降	之	禍	
才(在)	人=	(人)	□	母(毋)	謣(懲)	虖(乎)	女(如)	謣(懲)	而
在	人		能	無	懲	乎	若	懲	而
悔	怣(過)	則	厇(度)	至	于	亞(極)			
悔	過	則	度	至	于	極,			

[6] 전래본의 "夫司德司義, 而賜之福祿"은 출토본과 비교하면 '록(祿)'자 한 글자가 더 많이 출현한다. 이어지는 두 번째 구문 "夫或司不義, 而降之禍"와 비교하면 문장 내 구문구조가 다르다는 사실을 알 수 있다.[45] 이를 단서로 이 두 구문의 구조를 살펴보았다.

> **전래본** : 夫司德司義, 而賜之福祿 … 夫或司不義, 而降之禍
>
> **출토본** : 夫司悳(德)司義, 而易(賜)之福[a] … [b]或司不義, 而隆(降)之褙(禍)

---

45 黃懷信·張懋鎔·田旭東 撰, 李學勤 審定, 『逸周書彙校集注(上)』, 23~24쪽.

출토본[a]는 전래본 '록'자로 대응되며 출토본[b]는 전래본 '부'로 대응된다. 이처럼 두 구문을 비교하면, 전래본은 '복록을 백성에게 내린다.'이고, 출토본은 '복을 백성에게 내린다.'로 풀이될 것이다.

'지(之)'가 목적어로 사용되던 시기는 다소 짧은 기간이었을 것으로 짐작되며, 제시된 구문구조에서 '사(賜)'는 두 개의 목적어를 필요로 하는 동사로 목적어를 다른 장치 없이 직접 이끈다.[46]

전국시기 '賜$_V$之$_{IO}$福$_{DO}$', 즉 'V+IO+DO'는 이중 목적어 구조의 문장인데, 이 구조의 문장에 상고중국어의 병렬구조를 이용한 어휘화 과정이 반영된 것으로 분석된다. 중국어의 어휘화 과정에서 동일의미를 지닌 단음절어휘의 병렬구조가 이음절 어휘구조의 초기형태라고 할 수 있으며, 출토본과 달리 전래본에서는 이음절 구조로서 목적어 역할을 하게 되면서 '賜$_V$之$_{IO}$福祿$_{DO}$'구조로 사용된 것이라고 짐작된다.[47] 따라서 두 구문은 문장의 필사자 혹은 필사지역의 언어습관의 차이로 인해 각각 다른 구조로 서사된 것으로 추정된다. 또 이음절화가 시작되는 과도기적 어휘형태의 변화에서 두 판본의 시기적 차이를 짐작할 수 있다.

한편 출토본 [b]는 '부(夫)'를 쓰지 않고 있어 [b]앞 구문의 하위구로 전후 구문이 연관됨을 나타내고 있다.

[7] 전래본 "福祿在人, 能無懲乎? 若懲而悔過, 則度至于極."은 출토본과 다르다. 이에 두 판본에서 다르게 출현하는 '居', '至' 등의 상황을 살펴볼 수 있다.

'居(머물다)'에 대해 성현영(成賢英)은 『장자·제물론(莊子·齊物論)』 소(疏)에서 "머무는 거처이다(安處也)."라고 풀이했다.

류궈중의 견해에 따라 '至'자에 대한 자형구조를 분석하면, '又'의 뜻을 따르고 '主'의 소리를 따르며, 장모후부(章母侯部) 글자에 속하면서 정모동부(定母東部)의 '중(重)'자로 읽힌다고 볼 수 있다. 그러나 차이이펑(蔡一峰)은 '중(重)'의 뜻은 궈뎬죽간의 『존덕의(尊德義)』 39에서 예시가 보이는데 "중요한 뜻을 모아서 정리하여 이 문장에서 말한다(童(重)義集釐, 言此章也.)."라고 하며 류궈중이 '至'의 자형을 '중(重)'이라고 한 주장에 대해 몇 가지 다른 관점에서 고찰했다.

---

46 본 내용과 관련하여 楊伯峻, 何樂士의 관점에 주목할 필요가 있다. 이중목적어구조구문에 대한 고찰을 하면서 이 같은 동사에 대한 구문을 급여류 이중목적어 구문이라고 하였다. 楊伯峻·何樂士, 『古漢語語法及其發展(下)』, (北京:語文出版社, 2001), 559~569쪽.

47 전래본은 '而賜之福祿'와 같이 5음절로 맞추었다면, 출토본은 '而易(賜)之福'와 같이 4음절도 맞추었다. 2음절을 최소단위로 보는 모라이론에 따르면 하나의 음절은 하나 혹은 두 개의 모라로 구성될 수 있고 모라는 음절을 구성하는 운모의 최소성분이다.(MaCarthy, John & Alan Prince. *Prosodic Morphology I* : Constraint Interaction and Satisfaction. Unpublished Manuscript. University of Massachusetts and Rutaers University. 1993, 21쪽.) 이 이론을 근거하면 상고중국어에서 중고중국어에 이르기까지 음절구조의 변화는 두 개의 모라로 구성된 음보에서 2음절 음보로 변화한 것이고, 이것이 2음절화의 기원이라고 볼 수 있다. 따라서 본문에 나타난 1음절에서 2음절화된 직접목적어는 언어의 역사적 선후를 보여주는 증거가 될 것이다. 馮勝利 저, 신수영·이옥주·전기정 공역, 『중국어의 운율과 형태·통사』, (서울:역락출판사), 80~87쪽.

차이이펑(蔡一峰)은 '卒'과 '중(重)'간의 관계를 고찰하면서 「명훈」의 자형을 아래에서 제시된 다른 출토문헌들과 비교하여 글자의 소리와 의미를 유추해냈다.

<表 6> '卒'자와 관련된 자형

A : 清華 「命訓」 죽간2

B : 郭店 「成之聞之」 죽간3

C : 「新蔡·甲三」 죽간22, 「新蔡·零」 죽간271

D : 「新蔡·甲三」 죽간217, 「新蔡·零」 죽간423

류궈중의 견해로는 이 자형을 '중(重)'으로 읽는다고 보았는데,[48] 차이이펑은 「명훈」의 A자형이 '주(肘)'자의 이체(異體)라고 보면서 A자형은 신차이간(新蔡簡)지지(地支)의 '축(丑)'C와 서로 대응된다고 하였다.

양펑화(楊鵬樺)(kaven)는 이 글자를 '호(好)'의 뜻으로 보아야 한다고 했는데 또 자족도인(紫竹道人)은 '수(守)'라고 주장했다. 자죽도인(紫竹道人)은 '호(好)'의 뜻을 지닌 '수(守)'자는 전래문헌에서 그 증거를 찾을 수 있으며 자형의 결합은 물론 궈뎬간(郭店簡)의 예에서 '수(守)'를 '주(肘)'(B)라고 했으므로 「명훈」A자는 '수(守)'로 여기는 것이 적합하다고 설명한 것이다.[49] 그는 이에 대한 구체적 증거로『예기·향음주의』(禮記·鄕飮酒義)』에서 "서쪽은 가을이고 가을은 '걱정하는 것'을 말한다. '걱정'은 수시로 살피는 것이므로, '지키다'는 뜻이다. (西方者秋, 秋之爲言愁也. 愁之以時察, 守義者也.)"라고 한 예와『사기·몽념열전(史記·蒙恬列傳)』에서 "지금 신이 장군과 병사들 30여만을 이끌다가 비록 잡혀 감금되었다 해도 힘으로는 배반하기에 충분하나 죽어도 반드시 절개를 지킬 것이다. 그래서 조상의 가르침을 차마 욕되게 할 수 없으며 그것으로 옛 주인을 잊지 않아야함을 스스로 안다. (今臣將兵三十餘萬, 身雖囚繫, 其勢足以倍畔, 然自知必死而守義者, 不敢辱先人敎, 以不忘先主也.)"의 구문으로 증명하였다.

이에 차이이펑은 자형에서 살펴보면 A자형의 윗부분은 '又'이고 아래 부분은 '丂'를 따르는 것으로 'B'자형의 기초에서 성화(聲化)[50]되었다고 할 수 있으며 신차이간(新蔡簡) C자형과 같으므로 모두 '丂'소리와

---

48 清華大學出土文獻硏究與保護中心 編, 李學勤 主編, 앞의 책, 127쪽.

49 武漢網, 「簡帛論壇」「淸華五『命訓』初讀」, http://www.bsm.org.cn/bbs/read.php?tid=3250.2015. 4. 13. (검색일 2017. 07.15)

50 趙彤,『戰國楚方言音系』, (北京:中國戲劇出版社, 2006), 9쪽. 이를 변형음화라고도 하며 의미부가 변형되면서 소리의 역할

'主'소리를 따른다고 보았다.[51]

한편 D자형은 쉬짜이궈(徐在國)에 따르면 '주(肘)', '축(丑)'글자에서 모두 '又'가 편방이므로 '주(肘)'는 이 소리의 성부를 더한 것이라고 했다. 따라서 이 글자를 세 가지 경우로 풀어쓸 수 있는데 하나는 '주(肘)'자가 성화되어 '축(丑)'을 따르게 된 것, 혹은 '축(丑)'자가 성화되어 '주(肘)'를 따르는 것, 혹은 '축(丑)', '주(肘)'두 글자가 직접적으로 융합된 것이라고 정리할 수 있다.[52]

이 글자가 출토본에서 지지(地支)의 '축(丑)'으로 사용되고 있는 점을 고려하여 '축(丑)'과 '주(肘)'는 소리로 작용하며 고문자에서는 해성으로 기능한다. 이에 따라 류궈중[53]은 '丂'를 소리로 보고 더할 수 있으므로, 마지막 경우가 가장 합리적인 것이라고 했다.

이에 내해 가오요우런(高佑仁)은 '丂'와 '肘'가 통가 관계와는 관련되지 않는다고 증명하면서 이 글자에 대해 천멍자(陳夢家)[54]가 "갑골문의 주(注)는 금문에서 주(鑄)로 가차되어 사용되었다."라 밝힌 관점과 추시구이(裴錫圭)[55]가 "마치 손으로 한 기물을 다른 기물로 물을 담는 듯한 형상"으로 여겨 "주(注)를 나타내는 초문이 문장에서 주(鑄)로 읽으므로 두 글자의 관계가 소리에서 통한다."고 한 관점을 들어 설명했다.[56] 천젠(陳劍)에 따르면 두 글자는 어원상 밀접하게 연관되어 있으며 두 글자의 옛 소리는 서로 가깝고 기물을 주조할 때의 주된 작업이 녹은 금속을 거푸집에 넣는 것이며 주(鑄)는 주(注)자형에서 파생된 단어라고 보았다.[57] 가오요우런은 또한 허린이(何琳儀)의 『전국고문자전(戰國古文字典)』,[58] 『고문자보계소증(古文字譜系疏證)』[59]과 진계(晉系)문자 연구에 관점을 반영한 류강(劉剛)의 『진계문자의 범위 및 내부 차이연구(晉系文字的範圍及內部差異研究)』[60] 등의 문장을 통해 알 수 있다고 설명하였다. 그는 이를 종합하면서 '주(肘)'가 '주(主)'의 소리를 따른다고 보았으며, 전래문헌 외에도 '주(注)'본래 자형의 의미는 전국문

을 하게 된 경우 이와 같이 칭한다. 劉釗, 『古文字構形學』, (福州:海峽出版發行集團出版, 2011).

51 蔡一峰, 「讀淸華伍『命訓』札記二則」, 武漢, 武漢大學簡帛硏究中心網站, http://www.bsm.org.cn/show_article.php?id=2205. 2015. 4. 14. (검색일 2017. 07. 15).

52 徐在國, 「新蔡葛陵楚簡劄記」, 『中國文字硏究』 5, (桂林:廣西敎育出版社, 2004).

53 劉國忠, 「淸華簡『命訓』初探」, 『深圳大學學報』, 深圳, 人文社會科學版, 3, (2015).

54 陳夢家, 『中國文字學』, (北京:中華書局, 2006), 101쪽.

55 裴錫圭, 「殷墟甲骨文字考釋(七篇)」, 『湖北大學學報』, 武漢, 哲學社會科學版, 1, (1990), 55~57쪽; 『裴錫圭學術文集·甲骨文卷』, (上海:復旦大學出版社, 2012), 358~361쪽.

56 高佑仁, 「淸華伍『命訓』考釋」.

57 陳劍, 「甲骨金文舊釋「𤔲」之字及相關諸字新釋(下)」, 復旦大學出土文獻與古文字研究中心網站, http://www.gwz.fudan.edu.cn/Web/Show/282, 2007. 12. 29. (검색일 2017. 07. 15).

58 何琳儀, 『戰國古文字典』, (北京:中華書局, 1998), 205쪽.

59 黃德寬主編, 『古文字譜系疏證』, (北京:商務印書館, 2007), 576쪽.

60 劉剛, 『晉系文字的範圍及內部差異研究』, (上海:復旦大學博士論文, 2013), 179쪽.

자화폐의 고증을 통해 좀 더 나은 결과를 알 수 있으며 이는 다른 학자들이 '丂'를 따른다고 고석한 견해보다 더 합리적인 관점이라고 주장했다. 또 그는 본 연구에서 토론되고 있는 '즉'는 이체자 '주(肘)'자로 고찰하면 '수(守)'로 읽는 것이 적합하다고 보았다.

류귀중은 당대패가 "'만약 수치스러워 뉘우치면(若懲而悔過)'구문을 아래문장으로 연결시키는 것은 잘못되었다."고 의심한 사실에 대해 믿을만한 부분이라고 보았다. 이는 대응되는 출토본의 구문 "만약 머무르지 않아도 의를 중시하다/지키다(女(如)不居而즉(重/守)義)"와 비교해보면 '중(重)'의 뜻이 아닌 '수(守)'로 석독해야만 하는 이유를 알 수 있다.

이와 같이 여러학자들이 '즉' 자와 '주(肘)'가 이체관계이고 이체를 통해 '즉'자를 풀이할 수 있다고 보고 글자를 귀납했는데, 그렇다면 이 글자는 '중(重)'자로도 추정할 수 있다.

본 연구자는 '중(重)'은 '주(主)'의 소리를 따르기 때문에 풀이가 잘못된 것은 아니지만, '수(守)'가 자형, 소리에 있어서 관련된다고 보면, '즉'자형 분석에서 '중(重)'은 편방으로만 유추된 의미이므로 '수(守)'가 '즉' 또는 '주(肘)'자형과 관련성이 더 크다고 보인다. 따라서 본 연구자의 관점에서도 '수(守)'의 뜻으로 풀이하는 것이 합당하다고 생각된다.

본 연구자의 견해로는 전래본의 내용 "만약 수치스러워 뉘우치면(若懲而悔過)"과 출토본의 내용 "만약 머무르지 않아도 의를 지키면(女(如)不居而즉(重/守)義)"을 면밀히 살폈을 때, 비록 두 구문이 동일한 위치에서 대응되어 출현하는 구문이라 할지라도 그 내용은 다르다. 전래본은 '이미 의를 지키지 못한 사실'에 대해 말했다면, 출토본은 '의가 없어진 미래상황에 대한 인식'을 가정하고 말하는 것이므로, 사건의 시점이 다르다고 할 수 있다. 따라서 전래본과 출토본 모두 인간의 내면의 변화를 추구하나, 시점에 있어서 '이미 일어난 일'과 '아직 발생하지 않은 일'로 다르게 서술했음을 알 수 있다.

[8] 전래본은 "夫或司不義, 而降之禍, 在人, 能無懲乎? 若懲而悔過, 則度至于極."이라고 하였다. 이를 출토본과 비교할 때 류귀중의 비교에 따르면, 전래본에는 '부(夫)'가 더해져 있으며 '재인(在人)'앞에 '화과(禍過)'두 글자가 생략되어있다. '인(人)' 아래 또 중문부호 = 가 누락되어있다. 세 번째 죽간 머리 부분이 훼손되어 빠진 글자는 전래본을 근거로 '능(能)'으로 채워 고석된다.[61]

본 연구자의 견해로는 이와 같은 고찰은 단순한 비교로도 관찰할 수 있으며 또 이러한 직관적 관찰로 출토본과 전래본이 상보적 관계라고 보는 것이 가능한 상황이므로 류귀중의 견해는 받아 들일만 하다고 사료된다.

'즉'자는 '징(懲)'으로 읽었는데 이를 『시경·소비(詩經·小毖)』의 『집전(集傳)』에서는 "아픈 바가 있어 경계를 안다(有所傷而知戒也.)"라고 했다. 진봉형은 "사람이 패역한 짓을 하였으면 재앙이 자신에게 미친다.

---

61 淸華大學出土文獻硏究與保護中心 編, 李學勤 主編, 『淸華大學藏戰國竹簡·伍』, 127쪽.

그래서 군자는 혹시 패역한 짓을 하지 않을까를 두려워하며 패역하지 않는 도덕을 수양하는데 끝나는 때가 없다. (言人有悖逆之事, 則災及其身, 是以君子恐懼, 修省無已時也.)"라고 했다. 이에 근거하여 '謹'자는 '懲'의 의미라고 볼 수 있다. 황화이신(黃懷信)은 '징(懲)'에 대해『일주서교보주석(逸周書校補注釋)』에서 '권하다(勸), 경계하다(警戒)'로 풀이해야 한다고 보았다.[62]

이 같은 여러 이전 연구와 문헌을 근거로 본 연구자의 관점으로 이 글자를 '권하다. 경계하다'는 의미로 풀이했다. 무엇보다 '징(懲)'은『설문』에서 언급된 바가 있기는 하나 본 글자 '징(懲)'은『설문』이전시기 사용된 적 없는 글자이므로 본자는 다른 형태일 수 있을 것이다. '징(懲)'자와 관련된 이체 혹은 글자들을 통해 관련 자형을 살펴보아도『옥편(玉篇)』,『광운(廣韻)』에서 처음으로 '징(懲)'자가 사용되고 있으며[63] 이전시기 문헌에서 출현하지 않음을 알 수 있다. 송대 문헌『예변(隸變)』에 따르면 '징(懲)(徵)'은『사기(史記)』와『한서(漢書)』에서 소리가 같아 '징(懲)'을 대신하여 사용한 것이라고 하였고,[64]『금석문자변이(金石文字辨異)』에서도 '징(懲)'과 '징(徵)'을 같은 자형으로 보고 풀이했다.[65] 따라서 '징(懲)'자가 본자없이 소리로만 표기된 글자라고 본다면 '謹'자 또한 관련자라고 볼 수 있을 것이다.

[簡三]-[簡四]

『逸周書』「命訓」	『清華簡·伍』「命訓」
夫民生而醜不明, 無以明之, 能無醜乎? 若有醜而競行不醜, 則度至于[簡三]極	夫民生而佴(恥)不明, 止(上)以明之, 能亡(無)佴(恥)虞(乎)? 女(如)又(有)佴(恥)而亙(恒)行, 則厇(度)至于[簡三]亟(極)[9].
무릇 백성이 태어나서 부끄러움을 모르고 부끄러움에 대해 알지 못하니 어찌 부끄럽지 않을 수 있겠는가? 만약 사람이 부끄러워하는 마음을 가지고 부끄럽지 않은 일을 다투어 행한다면 법도가 파괴되지 않고 극에 이른다.	무릇 백성이 태어나서 부끄러움을 모르고 부끄러움에 대해 알지 못하니 어찌 부끄럽지 않을 수 있겠는가? 만약 사람이 부끄러워하는 마음을 가지고 부끄럽지 않은 일을 다투어 행한다면 법도가 파괴되지 않고 극에 이른다.

62　黃懷信,『逸周書校補注釋』, (西安:三秦出版社出版年, 2006), 10쪽.

63　[梁]顧野王,『玉篇』, 心部八十七, 137쪽. (直陵切, 戒也, 止也. 畏也). [宋]陳彭年等,『廣韻』, 平聲十六蒸, 198쪽(직릉절이다. 경계하다. 멈추다이다. 直陵切, 戒也, 止也).

64　[宋]顧藹吉,『隸變』, 平聲十六蒸, 273쪽.

65　[清]邢澍撰,『金石文字辨異』, 平聲十六蒸, 312쪽.

夫	民	生	而	侸(恥)	不	明.	止(上)	以	明
夫	民	生	而	醜	不	明.	無	以	明

之	能	亡(無)	侸(恥)	虖(乎)	女(如)	又(有)	侸(恥)	而	亙(恒)
之	能	無	醜	乎	若	有	醜	而	競

行	則	尼(度)	至	于	亟(極)
行	則	度.	至	于	極

[9] 류귀중의 판본비교에 따르면, 출토본 '侸'는 전래본의 '추(醜)'자와 같다. 또 출토본의 '여(如)'는 전래본의 '약(若)'이다. 출토본의 '서로 행한다(亙行)'은 전래본에서 '다투어 행하니 수치스럽지 않다(競行不醜).'이다. '侸'는 '치(恥)'와 같은데 '추(醜)'자의 뜻과 통한다.[66]

『일주서·상훈(逸周書·常訓)』에서 "현명한 군주는 백성이 어릴 때부터 귀와 눈으로 수치에 대해 습관 들여 알게 한다. 수치에 대해 알게 되면 도덕적으로 행함을 즐기게 되며 도덕적으로 행하는 것을 즐기게 되면 상(上:上賢)에 이른다. 현자에 올라선 뒤에도 끝없이 더욱 향사해야한다. (明王自血氣耳目之習以明之醜, 醜明乃樂義, 樂義乃至上, 上賢而不窮)"라고 했다. 『일주서·정전(逸周書·程典)』에서 '부끄러움이 없이 쉽게 그것을 행한다(無醜, 輕其行)'라고 했으며, 『일주서·문정(逸周書·文政)』에서는 '아홉 가지 부끄러움(九醜)'이라고 증명하였다.

전래본 '무(無)'자는 '상(上)'자를 잘못 쓴 것이며, 앞 문장에서 말하는 '명왕(明王)'을 가리킨다. '亙(恒)'은 『논어·자로(論語·子路)』 집주에서 '장구하다'라고 하였다. 이 구문과 관련된 구문의 토론은 아래 [簡四]-[簡五]에서 진행하기로 하겠다.

---

66 清華大學出土文獻研究與保護中心 編, 李學勤 主編, 『淸華大學藏戰國竹簡·伍』, 127쪽.

『逸周書』「命訓」	『淸華簡·伍』「命訓」
夫民生而樂生, 無以穀之, 能無勸乎?若勸之以忠, 則度至于極. 夫民生而惡死, 無以畏之, 能無恐[簡四]乎?若恐而承敎, 則度至于極.[67]	夫民生而樂生穀(穀), 上以穀(穀)之, 能母(毋)懽(勸)虐(乎)?女(如)勸以忠訏(信), 則厇(度)至于亟(極)[10]. 夫民生而痌(痛)死喪, 無以枲(畏)之, 能母(毋)忑(恐)[簡四]虐(乎)?女(如)忑(恐)而承孝(敎), 則度至于亟(極)[11].
무릇 사람은 태어나서 즐겁게 살면서 그것에 보답이 없어도 경계하지 않을 수 있는가? 만약 그것을 정성으로써 권하면, 예법은 중정에 이르게 된다. 무릇 백성은 태어나서 죽는 것을 싫어한다. 만약 죽음이 두려워서 생을 아까워하지 않고, 죽음을 두려워하지 않을 수 있는가? 만약 두려워하나 계승하여 가르치면 예법은 중정에 이르게 된다.	무릇 사람은 태어나서 즐겁게 살면서 그것에 보답을 그것보다 우선으로 하니 권하지 않을 수 있는가? 만약 정성과 믿음으로 권하면 예법은 중정에 이르게 된다. 무릇 백성은 태어나서 죽는 것을 고통스러워 한다. 만약 죽음이 두려워서 생을 아까워하지 않고, 죽음을 두려워하지 않을 수 있겠는가? 만약 두려워하나 계승하여 가르치면 예법은 궁극에 이르게 된다.

夫	民	生	而	樂	生	穀(穀)	上	以	穀(穀)
夫	民	生	而	樂	生		無	以	穀
之,	能	母(毋)	懽(勸)	虐(乎)?	女(如)	勸		以	忠
之	能	無	勸	乎	若	勸	之	以	忠
訏(信)	則	厇(度)	至	于	亟(極)	夫	民	生	而
	則	度	至	于	極	夫	民	生	而
痌(痛)		死	喪	上	以	枲(畏)	之	能	母(毋)
	惡	死	死		無	以	畏	之	能	無
忑(恐)	虐(乎)?	女(如)	忑(恐)	而,	承	孝(敎)	則	度	至
恐		若	恐	而	承	敎,	則	度	至
于	亟(極)								
于	極								

---

67 黃懷信·張懋鎔·田旭東 撰, 李學勤 審定, 『逸周書彙校集注(上)』, 24~25쪽.

[10] 전래본과 비교하면 '락생(樂生)' 두 글자 뒤에 '곡(穀)'자가 누락되어 있다.

'무이곡지(無以穀之)'에서의 '무(無)'를 류스페이는 일찍이 '잘못된 글자로 의심된다.'고 하였다.[68] 즉 그는 "본문의 '무(無)'는 아래와 속하지 않으며 글자가 잘못된 것으로 의심된다. 위아래 절에 보이는 두 개의 '무(無)'자 또한 그러하다."고 풀이하였다. 출토본과 대조하면 이 세 개의 '무(無)'는 '상(上)'자를 잘못 쓴 것임을 알 수 있다.

앞 구문에서 일찍이 언급했으며 본 연구자는 '무(無)'로 풀이되는 '亡'자형과 '상(上)'자의 자형을 시기적으로 비교해 볼 때, 전국시기 특히 초 죽간에서 유사한 자형으로 사용되고 있음을 알 수 있다. 따라서 아래 표5에 제시된 '亡'자형의 왕상초간(望山楚簡) 자형이 '상(上)'과 유사하게 쓰였던 것을 알 수 있으며 이는 본 죽간내부에서도 종종 나타나는 자형이므로 두 글자가 혼용되어 잘못 쓰였다는 류스페이의 주장은 충분히 설득력이 있다고 여겨진다.

〈표 5〉 '亡'과 '上'[69]

亡자의 변화					
	前4.6.7(甲)	甲2695(甲)	杞伯每亡簋(金)春秋早期	望2.49(楚)	說文·亡部
上자의 변화					
	甲1164(甲)	乙 39(甲)	十三年上官鼎(金)戰國晚期	郭.成.6(楚)	說文篆文

또, 출토본의 전체적인 부정사 사용을 살피면, 亡자형적 유사성으로 인해 잘못해석 된 것으로 추정되는 부분을 제외하고, 나머지 부분은 모두 모(母:毋)로 사용되고 있으며 '무(無)'로 풀이되는 亡자형은 사용되지 않고 있음을 알 수 있다. 아래 구문들은 출토본의 3-5죽간에 해당하는 구문의 선후를 이어 제시해본 구문이다. 앞에서 이미 언급했으나 비교를 위해 다시 살펴보면 구문이 호응됨을 알 수 있으며 또 부정사의 경우 일관되게 주로 모(母:毋)로 나타나고 있다.

출토본[10].夫民生而樂生穀(穀), 上以穀(穀)之, 能母(毋)懽(勸)虐(乎)？女(如)勸以忠訐(信), 則厇(度)至于亟(極).

---

68 黃懷信·張懋鎔·田旭東 撰, 李學勤 審定, 『逸周書彙校集注(上)』, 24~25쪽.

69 小學堂 참고. http://xiaoxue.iis.sinica.edu.tw/yanbian (검색일, 2017. 7. 15.).

출토본[11].夫民生而痌(痛)死喪, 無以綦(畏)之, 能毋(毋)志(恐)虙(乎)？女(如)志(恐)而承季(教), 則度至 于亟(極).

황톈톈(黃甜甜)[70]은 '무(無(亡))'가 이처럼 잘못 사용된 원인이 문법과 구문의 오해로 인한 것이라고 귀 납하면서 출토본이 반드시 옳은 것은 아니라는 입장에서 이해하자면 전래본의 체계가 잘못되어 보이지는 않으나 의미적 측면에서 드러나는 문장의 전후 맥락과 전체 구문의 구조, 문자의 와변 등 종합적인 측면 에서 전래과정과 수기과정에서 야기된 오해의 결과였다고 보아도 지나친 과장은 아니라고 하였다.

황톈톈의 관점을 정리하면, 앞 구절의 '상(上)'은 의미적으로 모두 명왕이 어떻게 백성을 훈도하는지에 관해 말하고 있으며, 두 번째 구문에서도 주어 '상(上)'은 앞 구문 명왕을 가리키고 있어 '이상명지(以上明 之)'의 뜻이 '명왕의 훈도'에 있다고 보고 있다.

한편 류궈중의 견해에 따르면 출토본의 '권이충신(勸以忠訐(信))'은 전래본에서 '권지이충(勸之以忠)'이 라고 했는데 출토본을 중심으로 설명 것이 맞을 것이라고 했다.[71]

> **전래본** : 若勸之以忠, 則度至于極
> **출토본** : 女(如)勸以忠訐(信), 則厇(度)至于亟(極)

본 연구자의 견해로는 위의 구문에서 '지(之)'는 대명사로 앞 구문에 대해 지시한다. '勸以忠信(V以 VP)'은 '勸之以忠(V之以N)'의 구문으로 대응되는데, '勸之以忠'를 분석하면, 상고중국어에서 '권(勸)'류 동 사구문가 두 개의 대상을 가지는 겸어식으로 사용되는 경우도 있으나[72] 본 연구에서는 勸之以忠(V之以 N)은 대상이 있는 경우(之)이며, 勸以忠信(V以VN)은 생략된 주어 만 있고 대상물이 없는 경우라고 볼 수 있다. 따라서 두 구문은 동일한 구조가 아니며, '勸之以忠(V之以N)'가 '以'가 자격이나 수단을 기본의미로 지니는 전치사로 사용되었다면 '勸以忠信'은 '이(以)'를 연결사로 사용하여 '이(而)'의 뜻과 유사하게 사용 될 수도 있다.[73] 이에 포괄적 구문에서 미시적 구문으로 발전하는 언어적 발전과정을 고려하면 그 선후 관 계는 의미적으로 포괄성이 있고 비교적 이른 시기에 사용되었던 연결사 '이(而)'와 관련성이 있는 '勸以忠 信(V以VN)'이 먼저 출현했고, 이에 대한 후대인들의 재분석 혹은 재번역과정에서 세분화되고 분명한 의

---

70 黃甜甜,「由清華簡三編論 逸周書 在後世的改動」,『中華文史論叢』, 2, (2016).

71 清華大學出土文獻研究與保護中心 編, 李學勤 主編,『清華大學藏戰國竹簡·伍』, 128쪽.

72 楊伯峻, 何樂士,『古漢語語法及其發展(下)』, (北京:語文出版社, 2001), 589쪽, 614~615쪽.

73 楊伯峻, 何樂士,『古漢語語法及其發展(上)』, (北京:語文出版社, 2001), 445~447쪽.

미구조 '勸之以忠'구문을 사용한 것으로 추정된다.

이어 '穀(곡:穀)'에 대해 살펴보면, '穀(곡:穀)'은 시기적으로 다양하게 사용되고 있는데 본 연구는『고훈휘찬(故訓彙纂)』에서 출현하는 여러 의미항목을 네 개의 의미로 귀납하고 종합적으로 정리해 보았다.[74]

첫째, '穀(곡:穀)'은 곡식의 총칭, 즉 백곡을 나타낸다.『설문』에서 "곡은 속이다. 백곡의 총칭이다. 벼의 뜻을 본으로 따르고 곡의 소리를 따른 글자다. (穀, 續也. 百穀之總名. 从禾, 㱿聲.)"라고 했으며, 돤위차이(段玉裁)는 그 주(注)에서 "곡(㱿)이라는 것은 지금의 각(殼)자이다. 곡(穀)에는 반드시 곡식의 껍질이 있다. 소리가 뜻을 포함한 글자이다. (㱿者, 今之殼字. 穀必有稃甲. 此以形聲包會意也.)"로 보고 '곡(㱿)'/'각(殼)'/'곡(穀)'자의 소리부 역할이 중요한 이유는 소리와 의미가 복잡하게 얽혀 있기 때문이라고 설명했다. 두 번째, 전래문헌에서 "곡이라는 것은 백성이 중심으로 하는 천명이다(穀者, 民之司命也.『管子·山權數』)."라고 했다. 농사는 백성에게 중요한 일이기 때문에 곡(穀)을 백성의 주된 천명이라고 본 것이다.[75] 세 번째, '穀(곡:穀)'에 대해 '선하다'의 의미로 읽어야 한다고 여겨진다. '穀(곡:穀)'을 전래본 주해에서 콩쟈오(孔晁)는 '선(善)'또는 '충(忠)'이라고 했고, 가오요우런은 '生(생명)'이라고 풀이하는 것이 적절하다고 주장했다.[76]

따라서 글자 '곡(穀)'은 위에서 제시한 의미를 종합하면, "백곡, 백성의 사명, 선, 생명" 등으로 풀이될 수 있겠으나 글자의 의미가 다양하여 하나의 뜻으로 규정하여 풀이하기 어려운 면이 있다. 또 자형관계가 복잡하므로 본 글자에 대해 추후 심도 있는 토론이 이루어져야 할 것이다.

[11] 류궈중은 전래본에서 "夫民生而惡死, 無以畏之, 能無恐乎? 若恐而承教, 則度至于極."이라고 했는데 '동(痌)'은 '통(痛)'으로 읽고 있으며『방언(方言)』13권의 주에서 "원통하다(怨痛也)"한 점을 근거로 삼고 풀이했다.[77]

이에 공조는 "죽음으로 백성을 두렵게 하며, 모시게 하고 반대로 가르치게 한다."고 하였다.[78]

가오요우런은 "하나는 '동(同)'의 소리를 따르고, 다른 하나는 '용(甬)'의 소리를 따른다. 두 개의 소리와 뜻은 모두 비슷하다. '동(痌)'은 '통(恫)'의 이체자이다.『설문』에서 말하기를 '恫, 痛也. 或作痌.'라고 한 바 있다. 이와 같다면, 본 내용을 '통(恫)'으로 읽거나 본자를 근거로 읽었을 때 불가능하지 않다. 유의해야 할 부분은『집전고문운해(集篆古文韻海)』에 '통(痌)'자 '癃'는 '중(重)'에서 생겨난 소리를 따른다는 점

---

74 宗福邦·陳世鐃·蕭海波 主編,『故訓匯纂』, (北京, 商務印書館, 2003), 1632~1633쪽.

75 무릇 곡이라는 것은 그로 인해 나라와 집안이 번성하고, 선비와 여자가 아름답게 사귀고, 예와 의가 행해지며 사람의 마음이 편안해지는 것을 말한다. (夫穀者, 國家所以昌熾, 士女所以姣好, 禮義所以行, 而人心所以安也. 劉向,『說苑·建本』)

76 高佑仁,「淸華伍「命訓」考釋」.

77 淸華大學出土文獻研究與保護中心 編, 李學勤 主編,『淸華大學藏戰國竹簡·伍』, 128쪽.

78 黃懷信·張懋鎔·田旭東 撰, 李學勤 審定,『淸華大學藏戰國竹簡·伍』, 24~25쪽.

이다."[79]에서 알 수 있듯이 이들 관계를 통가관계인 소리관계뿐 아니라 이체관계로도 설명했다.[80]

　　본 연구에서 고찰하기에 '동(恫)'/'통(痛)'/'통(痌)'자는 『설문』 이체자 관계로 제시된 글자들이다. 이들의 관계를 소리의 관점에서 살펴보면, 출토본의 '통(痌)'은 투모동부(透母東部)[*thːung]이고, 전래본 '통(痛)'은 투모동부(透母東部)[*thːungh]이며, 동(恫)은 투모동부(透母東部)[*thːung]의 소리이다.[81] 따라서 이들 세 개의 소리는 동일 성모와 동일 운부로 거의 일치한다고 볼 수 있으나, '통(痛)'의 경우 동성동부일지라도 재구음으로 분석했을 때 다른 글자들과 소리가 완전히 일치하는 것은 아니다. 따라서 지역 혹은 시기적으로 다른 소리의 관계일 가능성을 제기할 수 있다.

　　또 가오요우런은 소리부를 통해 관계고찰이 가능하다고 했는데 재구음으로 분석하면, 소리부 '동(同)'은 정모동부(定母東部)[*dung]이고, '용(甬)'은 이모동부(以母東部)[*rungx]이다.

　　'중(重)'이 징모동부(澄母東部)[*rjungx]임을 고려하면, '용(甬)'의 소리를 가진 '통(痛)'과 '중(重)'은 소리가 가장 가깝다는 사실을 알 수 있다. 그러나 위에서 언급한 바와 같이 '통(痌)'자의 자형은 '瘇'자형이므로 실제로는 '동(同)'소리부가 아닌 '중(重)'을 소리부로 하고 있어 해서로 표기된 현대한자와는 달리 '통(痌)'자는 '중(重)'과 관련이 있음을 알 수 있다.

[簡五]-[簡五]

『逸周書』「命訓」	『淸華簡·伍』「命訓」
六極既通, 六閒具塞. 通道通天以正人. 正人莫如有極, 道天莫如無極.	六亙(極)既達, 九迀(閒)[82]具(俱)㝨(塞/息?)[12]. 達道=(道, 道)天以正=人=. (正人, 正人)莫女(如)又(有)亙(極), 道天莫女(如)亡(無)亙(極)[13].
위에서 말한 여섯 가지 中正한 표준에 통하면 여섯 가지의 장애(六閒 또는 九奸)가 모두 닫혀서 사라진다. 열린다(通)는 것은 천지에 통하여 천지의 표준으로 사람을 바로잡는 것이다. 사람을 바로잡아주는 것에는 구체적인 표준보다 좋은 것이 없고, 천지에 통하는 것에는 구체적인 표준이 없는 것보다 좋은 것이 없다.	위에서 말한 여섯 가지 中正한 표준에 도달하면 여섯 가지의 장애(六閒 또는 九奸)가 닫혀서/멈추고 사라진다. 도달한다(達)는 것은 천지에 통하여 천지의 표준으로 사람들을 바로잡는 것이다. 사람을 바로잡는 것에는 구체적인 표준이 있는 것보다 좋은 것이 없고, 천지에 도달하는 것에는 구체적인 표준이 없는 것보다 좋은 것이 없다.

79　徐在國, 『傳抄古文字編』, (北京:線裝書局, 2006), 740쪽.

80　高佑仁, 「淸華伍「命訓」考釋」.

81　李方桂 체계를 기준으로 한다. 李方桂의 체계에서 '痛' 透母東部[*thːungh], 恫은 透母東部[*thːung]이고 '痌'자는 음운체계로 본다면 [*thːung]으로 재구된다. 일반적으로 각 글자는 성조에 따라 또는 반절에 따라 다른 발음으로 재구된다.

82　淸華大學出土文獻讀書會, 『淸華簡第五冊整理報告補正』, http://www.tsinghua.edu.cn/publish/cet rp/6831/2015/20150408112711717568509/20150408112711717568509_.html. (검색일 2017.7.15.).

六	亟(極)	既	達	九	迀(間)	具(俱)	寒(塞/息?)	達	道=
六	極	既	通	六	間	具	塞	通	道
道	天	以	正=	人=	(正)	人	莫	女(如)	又(有)
通	天	以	正	人	正	人	莫	如	有
亟(極)	道	天	莫	女(如)	亡(無)	亟(極)			
極	道	天	莫	如	無	極			

[12] 류궈중은 전래본에서 "六極旣通, 六間具塞"이라고 했는데, 육극(六極)이란 윗 문장에서 언급한 "여섯 가지 극에 이르다(度之於極)"는 뜻이라고 석독했다.[83] 출토본에서 '달(達)'자는 전래본에서 '통(通)'이며 '달(達)'과 '통(通)'은 호훈(互訓)관계이다. 연구자의 관점에서 이는 호훈 가운데 의미환독(意味換讀)이 가능한 경우이다.

출토본에서 '구간(九迀(間))'은 전래본에서 '육간(六間)'이다. 출토본에서 '구간'의 뜻은 자세하지 않으나 전래본 '육간'을 의미한다.[84] 그러나 칭화대학출판문헌독서회(淸華大學出土文獻讀書會)에서 『칭화간 제오책 정리보고보정(淸華簡第五册整理報告補正)』을 발표했는데 다섯 번째 죽간에 대해 재정리했다.

독서회에서는 다섯 번째 죽간의 위 구문에 대해 許可의 관점에 따라 '九奸'과 '九德'의 개념을 보충, 정리했으며 아래 두 구문에서 이들의 상대되는 개념을 유추할 수 있을 것이라고 보았다.

『일주서·상훈해(常訓解)』: 만약 법령이 혼란스럽고 군주가 미혹되면 백성이 구차해 진다. 구차해지면 부끄러움을 모르게 되고 슬픔과 즐거움도 적절하지 않게 되며, 사징(四徵)이 분명하지 않게 되고 육극(六極)에 복종하지 않고 팔정(八政)에 따르지 않게 되고, 구덕(九德)이 잘못되게 된다. 아홉 가지 잘못된 덕(九奸)을 없애지 못하면, 예가 잘 서지 않고 이어지지 않아 즐겁지 않게 되어 백성은 이런 이유로 결핍된 삶을 살게 된다. (困在埊, 誘在王, 民乃苟, 苟乃不明, 哀樂不時, 四徵不顯, 六極不服, 八政不順, 九德有奸, 九奸不遷, 萬物不至, 夫禮非剋不承, 非樂不竟, 民是乏生.)

---

83 淸華大學出土文獻硏究與保護中心 編, 李學勤 主編, 『淸華大學藏戰國竹簡·伍』, 128쪽.

84 淸華大學出土文獻硏究與保護中心 編, 李學勤 主編, 『淸華大學藏戰國竹簡·伍』, 128쪽.

『일주서·문정해(文政解)』: 아홉가지 덕이란 하나는 충이고, 둘은 자이고, 셋은 복록이고, 넷은 상이며, 다섯은 백성의 이로움이고 여섯은 상공이 자금을 받는 것이고 일곱째는 백성의 죽음을 삼가조의하고, 여덟째는 백성의 농작물을 빼앗지 않는 것이고, 아홉 번째는 백성이 재물에 만족하는 것이다. (九德：一忠, 二慈, 三祿, 四賞, 五民之利, 六商工受資, 七祗民之死, 八無奪農, 九足民之財.)[85]

또 독서회는 초지(楚地)의 글자 사용습관에서 보았을 때 류궈중이 '寒'를 '한(塞)'로 읽은 것이라는 관점에 대해 '식(息)'으로 풀이하는 것이 더 알맞다고 설명하며 근거로 『칭화간·계년(淸華簡·系年)』 제5장에서 '새(賽)'를 '식(息)'으로 읽고 있는 예를 들면서 '새(賽)'와 '식(息)'은 이독(異讀)으로 보아도 글의 의미를 이해하는데 있어서 어떤 영향을 주지 않는다고 하였다.[86]

이에 본 연구자의 견해로는 '寒'자를 '새(賽)'/'식(息)' 등의 뜻으로 읽어 풀이할 수 있다는 점에 대해 동의하며 각각 의미를 문장의 맥락에 따라 읽어보면, '식(息)'으로는 '여섯 가지의 장애가 닫힌다.'로 읽을 수 있으며 '식(息)'으로는 '여섯 가지의 장애가 멈춘다.'로 읽을 수 있으므로 두 가지 경우에서 석독이 가능한 것으로 추정된다.

[13] 류궈중은 전래본의 주석에서 일찍이 여러 학자들이 잘못된 점을 지적한 바 있다고 보고 본 구문의 문제점을 제시하면서 정종락이 "통(通)자는 '막여무극(莫如無極)'구에 근거해서 쓰인 것이다."라고 하였다. 류궈중은 출토본과 대조하면 이 구문에서 "達道通天以正人"이 되며 '달도(達道)'의 뜻을 전래문헌을 근거로 들어 설명했다. 즉, 『중용(中庸)』에서 "정욕이 비록 발하였더라도 화합할 수 있다면 도리를 깊이 통하고 행할 수 있기 때문에 천하의 보편적인 도라고 말한 것이다. 천하의 도를 행하지 않는다. (和也者, 天下之達道也.)"라고 하였다. 또 두 번째 '도(道)'자는 동사가 된다고 설명했다.[87]

---

85 참고, 黃懷信·張懋鎔·田旭東 撰, 李學勤 審定, 『逸周書彙校集注(上)』, 1~19쪽, 50~51쪽.

86 淸華大學出土文獻讀書會, 「淸華簡第五册整理報告補正」, http://www.tsinghua.edu.cn/publish/cetrp/6831/2015/20150408112711717568509/20150408112711717568509_.html (검색일 2017. 7. 15.).

87 淸華大學出土文獻研究與保護中心 編, 李學勤 主編, 『淸華大學藏戰國竹簡·伍』, 128쪽; 黃懷信·張懋鎔·田旭東 撰, 李學勤 審定, 『逸周書彙校集注(上)』, 24~25쪽; 孔穎達·鄭玄著, 『禮記正義-中庸大學』, 『中庸』, 卷52 第31, 전통문화연구회, (2015), 57~58쪽.

[簡五]-[簡六]

『逸周書』「命訓」	『淸華簡·伍』「命訓」
道天有極則不威, 不威[簡五]則不昭, 正人無極則不信, 不信則不行. [14] 明王昭天信人以度, 功地以利之, 使信人畏天, 則度至于極[88]	道天有極則不=㡺=(不威, 不威)[簡五]則不卲(昭)正人亡(無)則, 不哹(信)=(不信, 不信)則不行[14] 夫明王卲(昭)天訫=(信)人以厇(度)攻=(功, 功)墬(地)以利之, 事(使)信身=畏天, 則度至于亟(極)[15].
천도에 표준이 있다면 천도는 위엄이 없으며, 위엄이 없으므로 명왕은 도를 밝히지 못한다. 백성을 기르침에 만일 표준이 없다면 백성이 믿지 못하여 따라 행하지 않는다. 명왕은 천도를 밝히고 예법으로 백성들을 믿게 하는 데 도수(度數)로써 한다. 땅에 농사를 짓고 농작물을 수확하여 사람들을 이롭게 하며, 사람들이 하늘을 두려워하도록 하면 치국의 중정에 이르게 된다.	천도에 표준이 있다면 천도는 위엄이 없으며, 위엄이 없으므로 명왕은 도를 밝히지 못한다. 백성을 가르침에 만일 표준이 없다면 백성이 믿지 못하여 따라 행하지 않는다. 무릇 명왕은 천도를 밝히고 예법으로 백성들을 믿게 하는 데 도수(度數)로써 일을 한다. 땅에 농사를 짓고 농작물을 수확하여 사람들을 이롭게 하며, 사람들 스스로 믿게 하고 천지의 道를 두렵도록 하면 치국의 중정에 이르게 된다.

道	天	有	極	則	不	㡺 (威),			則 (昭)
道	天	有	極	則	不	威,	不	威	則
不	卲 (昭)	正	人	亡 (無)	極	則	不	哹 (信)	則
不	昭,	正	人	無	極	則	不	信	則
不	行	夫	明	王	卲 (昭)	天	訫= (信)	人	以
不	行		明	王	昭	天	信	人	以
厇 (度)	攻= (功),	(功)	墬 (地)	以	利	之	事 (使)	哹= (身)	(身)
度	功		地	以	利	之	使	信	人
畏	天	則	度	至	于	亟 (極)			
畏	天	則	度	至	于	極			

88　黃懷信·張懋鎔·田旭東 撰, 李學勤 審定, 『逸周書彙校集注(上)』, 27쪽.

[14] 이 구문은 출토본과 전래본이 동일하다. 두 판본에서 차이가 있는 '위(威)'와 '외(畏)'의 관계를 살펴면, 일찍이 판전이 "위(威)와 외(畏)는 '위협하다'로 같은 뜻이며 하늘은 무궁하고 사람을 얻어 그것을 가늠하여 이로 인해 두려워하지 않아 도(道)가 분명하지 않게 되는 것을 말한다. 사람을 다스리는데 끝이 없어 사람을 얻고 그것을 경계하여 이로 인해 믿음을 얻지 못하여 도(度)가 행해지지 않는 것을 말한다."고 하였다.[89]

[15] 류궈중의 분석에서, 전래본은 첫 글자 '부(夫)'가 누락되어 있으며 전래본의 '공(功)'은 출토본에는 '공(攻)'중문으로 되어있다. 전래본 '공(攻)'자는 '공(功)'이 된다. '도공(度功)'은 『좌전(左傳)』 문공(文公) 18년에서 "德以處事, 事以度功, 功以食民"라는 구문의 두주(杜注)에서 "도(度)는 헤아리는 것이다(度, 量也)"라고 하였다. 또 판전은 "소(昭)는 밝히다는 뜻이다(昭, 明也)"라고 하였다.

류궈중은 또한 "도(度)는 궁극을 세우는 것이며, 공지(功地)는 그곳에 공이 다다르는 것이다. 밭과 땅을 주고 나무와 가축 기르는 것을 가르치는 것이며 법도의 큰 시작이다. 그것을 이롭게 하는데서 행한다. 이로써 사람들에게 믿음을 얻는 것이다."라고 보았다.[90]

가오요우런은 출토본 '夫明王昭天信人以度功, 功地以利之', 전래본 '明王昭天信人以度, 功地以利之'의 문장 풀이를 비교하면 전래본 '도(度)'자 뒤에 '공(功)'자가 비어있으며, 『일주서』 판본의 일부에서 뒤의 구문 '공지이리지(功地以利之)'의 '공(功)'자를 '도(度)'의 목적어로 이어서 풀이하기도 하므로 '공(功)'자가 앞 구문에서 읽혀지던지 혹은 뒤 구문에서 읽혀지던지 전래본은 여전히 '공(功)'자가 하나 비어있는 상태이므로 전래본에서 중문부호를 누락시켜 기재한 것이 아닌지 의심스럽다고 보았다.

본 연구자 또한 '도공(度功)'의 전후 문맥을 볼 때, '술어+목적어구문'으로 분석한다면 전래본은 '明王昭天信人以度'는 목적어가 비어있는 상태이므로 '功'을 추가해야 자연스러울 것이라는 견해는 따를만하다고 여겨진다.

그렇다면, '明王昭天信人以度[功]'이 아닌 '明王昭天信人以度'로 구문을 풀이할 수 없는지 가정하여 분석하면, 당대패는 위 구문에 '공(功)'이 들어가야 의미가 통한다고 보면서 다음과 같이 이해하고 있다.

위로는 하늘의 도를 밝히고, 아래로는 백성에게 신임을 얻으니 본분을 알고 일에 임하여 <u>그 공을 깊게 가늠한다.</u> 공경부터 서인까지 모두 땅을 녹봉과 양식의 바탕으로 받으며 이것이 백성을 이롭게 한다. (上則昭明天道, 下則取信於人, 分職任事, <u>以審度其功.</u> 上自公卿下迄庶人, 皆受土地以資祿養, 是利

---

89 黃懷信·張懋鎔·田旭東 撰, 李學勤 審定, 『逸周書彙校集注(上)』, 27~28쪽.

90 清華大學出土文獻研究與保護中心 編, 李學勤 主編, 『清華大學藏戰國竹簡·伍』, 128쪽.

之也,)[91]

이와 같이 '공(功)'을 넣으면 조금 더 자연스럽다고 보았는데 중문부호가 있는 출토본은 앞뒤 문장에 주어(N/NP)와 목적어(N/NP)를 제공하므로 구문상 순조롭지만, 전래본의 경우 목적어 '공(功)'을 앞 구문으로 귀납시키지 않으면 '공(功)' 앞에 출현하는 전치사구 '이도(以度)'가 불완전한 문장이 되며, 이어지는 구문 또한 주어가 생략된 불완전한 문장이 된다. 이전까지 전래본 연구에서는 주어생략 보다는 목적어를 생략이 가능성이 높기에 목적어 생략을 선택하여 분석해왔던 것으로 생각된다. 본 연구자는 출토본에 근거하여 선후 구문의 앞 구문 목적어와 뒤 구문의 주어로 '공(功)'이 모두 출현해야 할 것으로 추정한다.

[簡六]-[簡七]

『逸周書』「命訓」	『淸華簡‧伍』「命訓」
夫天道三, [簡六]人道三：天有命, 有禍, 有福；人有醜, 有絠絻, 有斧鉞. 以人之醜當天之命, 以絠絻當天之福, 以斧鉞當天之過.	夫天道三, [簡六]人道三. 天又(有)命, 又(有)福, 又(有)禍. 人又(有)𦎧(恥), 又(有)市冒(冕),又(有)斂(斧)戉(鉞)[16]. 以人之𦎧(恥)尙(當)天之命. 以亓(其)市冒(冕)尙(當)天之福, 以亓(其)斧鉞當天之禍(過)[17].
무릇 천도는 셋이 있고 인도도 셋이 있다. 천도에는 명이 있고 화가 있고 복이 있다. 인도에는 부끄러움이 있고 복록이 있고 형벌이 있다. 인도의 수치가 천도의 명에 해당되고, 인도의 복록이 천도의 복에 해당되고, 인도의 형벌이 천도의 화에 해당한다.[92]	무릇 천도는 셋이 있고 인도도 셋이 있다. 천도에는 명이 있고 화가 있고 복이 있다. 인도에는 부끄러움이 있고 복록이 있고 형벌이 있다. 인도의 수치가 천도의 명에 해당되고, 인도의 복록이 천도의 복에 해당되고, 인도의 형벌이 천도의 화에 해당한다.

---

91   黃懷信‧張懋鎔‧田旭東 撰, 李學勤 審定, 『逸周書彙校集注(上)』, 27~28쪽.

92   黃懷信‧張懋鎔‧田旭東 撰, 李學勤 審定, 『逸周書彙校集注(上)』, 28~29쪽.

夫	天	道	三	人	道	三.		又(有)	命
夫	天	道	三.	人	道	三:	天	有	命.
又(有)	福.	又(有)	禍.	人	又(有)	侸(恥)	又(有)	市	冒(冕).
有	禍	有	福	人	有	醜	有	紱	絻,
又(有)	敓(斧)	戉(鉞)	以	人	之	侸(恥)	尚(當)	天	之
有	斧	鉞	以	人	之	醜	當	天	之
命.	以	亓(其)	市	冒(冕)	尚(當)	天	之	福.	以
命.	以		紱	絻	當	天	之	福	以
亓(其)	斧	鉞	當	天	之	禑(過)			
	斧	鉞	當	天	之	過			

[16] 류귀중의 판본비교에 따르면, 출토본 '불문(紱絻)'은 전래본의 '시면(市冒(冕))'과 같은 뜻이다. 출토본의 '又(有)福', '又(有)禍'는 전래본 '有紱絻, 有斧鉞'과 대응된다. 따라서 전래본의 '유화(又(有)禍)'는 '불문(紱絻)'과 '부월(斧鉞)'로 대응된다.[93]

이전 학자들의 견해를 근거로 종합하면, '불문'은 '고대의 예복'을 말한다. 또한 '고관(高官)의 두드러지는 자리'를 가리킨다. '부월'은 실례로서 그 뜻을 설명한 바 있는데 『국어 · 노어상(國語 · 魯語上)』에서 "큰 형벌은 무기와 군사를 사용하고 그 다음은 도끼와 월을 사용한다.(大刑用甲兵, 其次用斧鉞.)"라고 했듯이 "옛날 참형에서 사용하던 도구(古斬刑所用的工具.)"를 말한다.[94]

따라서 본 연구자의 견해로는 '불문', '시모'는 관직을 상징하고, '부월'은 형벌을 상징하는 어휘로 각각 순서에 따라 복과 화를 나타내며 이 구문은 '명(命)', '화(禍)', '복(福)'이라는 '천(天)'의 '삼도(三道)'를 '인(人)'의 '삼도'와의 관계로 설명하고 있는 구문이라고 할 수 있다.

---

93 淸華大學出土文獻硏究與保護中心 編, 李學勤 主編, 『淸華大學藏戰國竹簡 · 伍』, 129쪽.

94 참고, 國語辭典, 明典, www.moedict.tw/ (검색일 2017. 7. 15.).

또 '천도(天道)'와 '인도(人道)'의 전체적인 대응과 서술을 고려하면, 전래본에서 서술한 '명', '화', '복'의 순서는 '명, 복, 화'가 올바른 것으로 짐작된다. 전래본과 출토본의 문장은 표7과 같이 '천도'와 '인도'의 관계가 일정한 체계로 드러나는데 '불문/시면'은 관직에 관한 것을 가리킨다면 '복'에 해당한다고 보아야 할 것이며 '부월'은 형벌을 뜻하므로 '화'에 해당한다고 보아야할 것이다.

〈표 7〉 천도와 인도관계의 판본비교

天道	命	福?/禍?	禍?/福?
전래본	天有命	有禍	有福.
출토본	天又(有)命	又(有)福	又(有)禍
人道	**醜/恥**	**紱綩/市冕**	**斧鉞**
전래본	人有醜	有紱綩	有斧鉞
출토본	人又(有)佴(恥)	又(有)市冒(冕)	又(有)釴(斧)戉(鉞)

[17] 류궈중은 '以亓(其)市冒(冕)'와 '以亓(其)斧鉞' 앞에 '기(亓(其))'자가 더 있는데 이로 인해 지시 방향이 더욱 분명해지고 문장이 더욱 부드러워진다고 하였다.[95] 본 연구자 또한 그의 관점에 동의하는데 그 이유로 고대 중국어에서 '기(其)'는 주로 대화 속에서 출현하여 앞뒤의 문장을 자연스럽게 잇는 역할을 담당했기 때문이다. 또 지시대체사 '기(其)'가 '지(之)'보다 늦고, '지(之)'의 구조에서 발달된 형식의 과정을 위해 발생한 점을 본다면 지시성을 띤 '기(其)'가 사용된 것은 앞 구문 '以人之佴(恥)尙(當)天之命'구문 중 '人之佴(恥)'즉 'N(NP)+之'구조의 간략화 일환으로 나타난 것이라고 보인다. 'N+지(之)'는 점차 '기(其)'로 발전했는데 출토본의 본문에서도 알 수 있으며 문언문에서 '기(其)'를 사용하지 않으므로 전래본은 수정을 가한 문장으로 볼 수 있다.[96]

따라서 전래문헌들 중에서 지시대체사의 사용이 구어체에 종종 출현한다는 사실에 근거하면 본문「명훈」편에서도 이와 같이 지시대체사의 사용을 통해 위 문장은 출토문헌에서 좀 더 구어적으로 기술되었다고 추정할 수 있다.

---

95 淸華大學出土文獻硏究與保護中心 編, 李學勤 主編,『淸華大學藏戰國竹簡·伍』, 129쪽.

96 참고, 魏培泉,『漢魏六朝稱代詞硏究』, (南港:中央硏究院言語學硏究所, 2004), 30~32쪽.

Ⅳ. 맺음말

본 연구자는 두 판본 1~7죽간의 비교를 통해 다음 몇 가지 사항을 결론으로 귀납해 낼 수 있었다.

먼저 판본의 시기를 정리해보면, 두 판본의 작성된 시기가 다르고 문장의 최초 형성 시기 또는 지역 또한 다르다고 추정된다. 두 판본의 대략적이고 전체적인 내용은 유사하나 언어적 특징을 점검했을 때, 전래본은 전국초기의 특징부터 전국후기에서 한대의 특징까지 보이고 있어 여러 시기나 여러 판본을 거쳐 정리된 글임을 짐작할 수 있다.

그 근거로 상고중국어에서 전치사를 통해 문헌의 시기를 판별할 수 있다. 본문에서는 '于', '於'에 관한 수량분석으로써 문헌의 시기를 추측하여, 두 판본 모두 '于'가 사용되고 있다는 사실을 고찰해 냈다. 이에 출토본 '于'가 전국시기 초기의 면모를 보이고 있으며 전래본에서도 이를 충실히 반영하였다는 사실을 알 수 있었다.

그러나 [簡二]-[簡三] 전래본 '賜之福祿'과 출토본 '昜(賜)之福'의 어휘발전과정을 통해 단음절 어휘 '복(福)'에서 이음절 병렬구조 어휘 '복록(福祿)'으로 발전하는 어휘화과정을 고찰할 수 있었다. 이에 출토본이나 전래본이 잘못 필사된 것이 아니며, 출토본과 전래본은 각각 시대의 언어를 충실히 반영하는 문헌으로 역사적 선후관계가 분명함을 알 수 있었다.

다음으로, 서사된 자형과 서사 방법에서 차이가 보인다. 제3장을 통해 자형에 있어서, 출토본은 전국시기 문자가 다수 출현한다는 사실을 알 수 있었다. 또 서사방법에 있어서, 전래본에서 풀이되기 어려웠던 부분들이 출토본의 발견으로 다수 해결되었다.

첫 번째, 출토문헌 자형의 계통을 통해 출토지역을 짐작할 수 있다. 그 예로 [簡一]-[簡二] 전래본에서 '훈(訓)'/'순(順)'은 '慍'와 같은 예에서 동일글자를 사용한 흔적이 발견되며, 이를 통해 진계(晉系)문자 체계를 반영하여 사용되었다는 사실을 알 수 있다.

두 번째, 소리 관계로서 글자를 귀납하고 석독하여 전국시대 글자가 반영됨을 추정할 수 있었다. 그 예로 [簡二]-[簡三]구문인 전래본 "만약 수치스러워 뉘우치면(若懲而悔過)"과 출토본 "만약 머무르지 않아도 의를 지키면(女(如)不居而坒(重/守)義)"의 비교를 통해 출토본의 의미선택 가능성을 추정한 결과 '중(重)'/'수(守)'모두 가능하나 형음의 종합적 관계로 분석해 볼 때, 관련이 큰 '수(守)'를 선택하는 것이 합리적이라고 추정하였다.

세 번째, 출토본과 전래본 비교로 잘못된 글자를 변별하여 논란이 되던 고석을 해결했다. [簡四]-[簡五] 전래본 '무이곡지(無以穀之)'는 출토본 '상이곡지(上以穀(穀)之)'로 쓰이고 있는데 무(無)는 상(上)을 잘못 쓴 글자라고 볼 수 있다. 전래본이 잘못 서사된 원인이 자형의 유사성에 기인하며 이는 전래본 필사자에게 혼동을 야기시켰던 것으로 추정된다.

네 번째, [簡六]-[簡七] 죽간의 서사과정에서 알 수 있듯이 전래본에서 서술한 '명(命), 화(禍), 복(福)'의 순서는 '명(命), 복(福), 화(禍)'로 조정되어야 할 것이다.

〈표 8〉 천도와 인도의 상호작용

천도	명(天命)	복(福)	화(禍)
	↑↓	↑↓	↑↓
인도	수치심(醜)	관직(緋絻)	형벌(斧鉞)

이 밖에도 출토본을 근거로, 구문의 간략화로 전래본의 오류가 생겨났음을 밝혀냈다. 즉 여러 구문을 단일 구문으로 간략화하면서 생긴 전래본의 오류를 판본 비교과정에서 추정할 수 있었다. 또 출토본에 나타난 어휘와 구문을 근거로 전래본에서 잘못 기록하거나 불분명하여 의론이 분분했던 부분을 해결할 수 있었다.

마지막으로 두 판본 비교를 통해 드러난 출토본의 완전성을 들 수 있다. 최근 30년간 출토문헌 가운데 일찍이 전래본으로 전해 온 『노자』, 『치의』, 『주역』 등 경전 및 역사적 내용의 문헌들이 발굴 정리되었다. 이에 학계는 전래본과 출토본의 판본 간 대조연구에서 두 판본이 동일하지 않은 면이 많고 그 차이의 폭이 크다는 이유로 출토본에 대한 판본으로서의 가치를 의심하기도 하였다.[97]

본 연구에서 고찰한 『칭화간·오』 「명훈」편은 두 판본 간 차이가 크지는 않으나 전래본에서 잘못 전해지거나 잘못 서술된 부분은 오히려 출토본이 보완하고 있어 그 가치가 크다고 생각된다.

첫째, 전래본은 출토본의 누락된 글자를 채워 출토본을 완전하게 풀이할 수 있도록 보완하는 작용을 했다. 예를 들어 [簡一]-[簡二]에서 비어있는 죽간1은 '천(天)'으로, 비어있는 죽간2는 '지우(至于)'로 대응되어 나타났다. [簡三]죽간에서 비어있는 글자는 전래본을 근거로 '능(能)'으로 첨가되어 읽을 수 있다.

둘째, 출토본에 첨가된 [簡六]-[簡七] '기(亓)' 등에서 알 수 있듯이 출토본의 구문이 전래본보다 더욱 생동감 있는 언어형태에 가깝다는 사실을 알 수 있다. '以人之俚(恥)尙(當)天之命.'과 '以亓(其)市冒(冕)', '以亓(其)斧鉞'세 구절에서 'N+之'의 구문이 '기(其)'로 발전해가는 과정을 고찰할 수 있었다. '기(其)'의 사용을 통해 전래본 보다 출토본이 구어체의 표현을 구현하고 있다는 점에 대해 알 수 있었다.

셋째, 출토본은 중문부호를 통해 의미의 가감이 이루어질 수 있는데 전래본에서 기존에 논란이 되어 왔던 일부 석독을 해결할 수 있게 되었다. 예를 들어, 출토본 [簡五]-[簡六] '攻=(功), (功)'에서 중문부호

---

97 김정남, 「출토본 전국시대 『書類』문헌과 전래본 『尙書』의 문자차이 연구」, 한국중어중문학회 학술대회 자료집, 2016.

를 사용하여 '공(攻)'은 두 개의 단어로 읽히지만 전래본의 경우 '공(功)'한 글자만 제시되어 있어 논란의 대상이 왔었다. 따라서 이 부분은 출토본에 근거하는 것이 합당할 것으로 사료된다.

　본 편의 연구는 판본 전체에 나타나는 판본특징과 언어특징을 밝히고 규정함으로서 문헌 간 문제점을 보완하고 역사적 객관성을 확보할 수 있다는 점에서 충분히 가치가 있다고 생각된다. 따라서 이 연구가 동주시기의 목민사상, 정치사상 뿐 아니라 문헌의 지역 간 전래 상황, 문장과 언어 등에 대한 증거가 될 수 있을 것으로 기대해 본다.

이 글은 같은 제목으로 『史林』 61호 (2017)에 게재한 논문을 수정 보완한 것이다.

9

『예기(禮記)』「중용(中庸)」과 궈뎬초간 『성자명출(性自命出)』의 성정론(性情論)·정치론(政治論) 비교연구

이 승 률 (산동대)

1. 머리말

국가의 치란은 국가의 리더와 국정 운영자들이 어떤 정치철학을 갖고 어느 정도의 의지로 어떻게 실현시키느냐에 달려 있다. 정치철학은 바람직한 정치의 이상적 모델을 제시하고, 그 이상의 현실적 실현 방안을 원리적으로 제시하는 것이라고 할 수 있다. 따라서 그것은 이상임과 동시에 현실을 이끄는 동력이라는 의미에서 당위라고도 할 수 있다. 뿐만 아니라 정치라는 것이 권력을 갖고 있는 치자가 피치자를 지배하는 행위인 이상, 치자의 정치적 이상은 결국 사람을 어떻게 보는가에 따라 다르게 나타나는 것은 지극히 자연스러운 귀결이다.

중국 고대에도 이른바 제자백가로 불리는 여러 지식인들과 다양한 학파들이 자신들의 정치적 이상을 실현시키기 위해 치열한 경쟁 속에서 활동을 전개하고 있었다. 그렇다면 그들은 어떤 정치를 이상으로 삼고 있었을까? 예를 들어 유가(儒家)와 함께 양대 현학(顯學)으로 불리던 묵가(墨家)의 경우는 10론 중 대표격인 겸애론(兼愛論)에 잘 나타나 있듯이, 보편애(普遍愛)와 평등애(平等愛)를 구현하는 것을 정치의 이상으로 삼고 있었다.[1] 도가(道家)의 경우는 무위자연(無爲自然)에 한정시켜 말하면 사람[=피치자]의 자율

---

1 졸저, 『郭店楚簡儒敎の硏究: 儒系三篇を中心にして』(東京: 汲古書院, 2007), 166~170쪽.

성을 보장하는 정치를 이상으로 삼고 있었다.[2] 반면 법가(法家)의 경우는 사람에 대한 불신을 정치의 출발점으로 삼고 있었다.[3]

그렇다면 유가의 경우는 어떠한가? 필자는 유가는 궁극적으로 '사람의 마음을 얻는 정치'를 이상으로 삼고 있었다고 생각한다. 그것은 기본적으로 사람의 마음을 신뢰하는 것에서 출발하는 것이다. 그렇다고 해서 유가가 천편일률적으로 사람의 마음을 신뢰하고 있었던 것은 아니다. 예를 들어 공자(孔子)와 맹자(孟子)는 사람의 마음을 얻는 정치를 이상으로 삼고 있었지만,[4] 순자(荀子)는 사람의 마음보다는 예법(禮法) 같은 제도에 기반을 둔 정치를 이상으로 삼고 있었다. 전자의 경우는 본질적으로 사람의 마음을 신뢰하는 것에서 출발하지만, 후자의 경우는 사회와의 관계라는 측면에서 사람의 마음을 불신하는 것에서 출발하는 것이었다. 그런 점에서 양자는 그 출발과 지향점이 달랐다.

한편 중국 고대 유가의 정치사상과 관련해 근년에 주목할 만한 자료가 지하에서 출토됐다. 궈뎬초간(郭店楚簡)『성자명출(性自命出)』[이하『성자명출』이라고 한다]이 그것이다. 이것은 1993년 후베이성(湖北省) 징먼시(荊門市) 궈뎬촌(郭店村)에 있는 전국(戰國)시대 초(楚)나라 무덤인 궈뎬 1호묘에서 출토된 죽간(竹簡) 서적이다. 이 문헌이 중요성을 띠고 주목을 받게 된 이유는, 이 문헌에 기재돼 있는 몇몇 구절이 현행본『예기(禮記)』「중용(中庸)」[이하「중용」이라고 한다]과 상당히 유사하며, 따라서 이 문헌이「중용」의 저자로 지목돼 온 공자의 손자 자사(子思)나 그 학파의 저작일 가능성이 제기됐기 때문이다.『성자명출』의 저자의 문제는 차치하고, 본고에서 논하고자 하는 유가의 이상적 정치라는 관점에서 보면, 이 두 문헌 또한 공통적으로 '사람의 마음을 얻는 정치'를 이상으로 삼고 있다. 그런 점에서 이 두 문헌은 정치사상의 출발점에서 공맹 계통에 속한다고 할 수 있다. 그러나 사람을 어떻게 보는가라는 점에서는 상당한 차이가 있다. 이런 차이로 말미암아 이 두 문헌이 지향하는 이상적인 정치 실현의 구체적인 방법론 또한 상당히 다르게 나타나고 있다. 본고에서는 이 두 문헌이 사람을 어떻게 보고 있는지를 살펴보고, 그것을 통해 궁극적으로 어떤 정치를 지향하고 있는지 고찰하는 것을 목표로 한다.

---

2   池田知久,「中國思想史における「自然」の誕生」,『中國-社會と文化』 8 (1993), 3~34쪽; 졸론,「郭店楚簡『老子』의 '自然' 思想과 그 展開」,『東洋哲學研究』 53 (2008), 207~244쪽; 同,「『莊子』의 '自然'과『荀子』의 '性偽之分'」,『東方學志』 146 (2009), 305~351쪽.

3   冨谷至,『韓非子 不信と打算の現實主義』(東京: 中央公論新社, 2003), 101쪽.

4   『論語』,「顏淵」, "子貢問政. 子曰, 足食, 足兵, 民信之矣. 子貢曰, 必不得已而去, 於斯三者, 何先. 曰, 去兵. 曰, 必不得已而去, 於斯二者, 何先. 曰, 去食. 自古皆有死. 民無信不立.";『孟子』,「離婁上」, "孟子曰, 桀紂之失天下也, 失其民也. 失其民者, 失其心也. 得天下有道. 得其民, 斯得天下矣. 得其民有道. 得其心, 斯得民矣. 得其心有道. 所欲與之聚之, 所惡勿施爾也.";同,「盡心上」, "孟子曰, 仁言不如仁聲之入人深也. 善政不如善教之得民也. 善政民畏之, 善教民愛之. 善政得民財, 善教得民心." 등을 참조.

2. 「중용」이 바라보는 인간: '성(性)'중심의 담론

고대 이래로 유가가 인간의 윤리적 행위의 단서와 사회질서 유지의 관건을 사람의 마음과 예악(禮樂) 시스템에서 찾고, '수기치인(修己治人)'이나 '내성외왕(內聖外王)'을 지향하고 있었다는 것은 주지의 사실이다. 그런 점에서 유가만큼 사람의 마음에 관심을 갖고 깊이 연구한 학파도 흔치 않다. 「중용」과 『성자명출』 또한 그런 점에서 예외는 아니다. 그러나 수기치인이나 내성외왕의 목표, 즉 인도(人道)를 어디에 두느냐에 따라 정치사상의 주안점은 상당히 다르게 나타나고 있다. 「중용」은 '성(性)'중심의 담론을 전개시키고 있지만, 『성자명출』은 '심(心)'과 '정(情)' 중심의 담론을 전개시키고 있다. 다시 말하면 「중용」의 경우는 '성(性)'을 기반으로 하는 '성(誠)'의 윤리를 실현시키는 것을 정치의 이상으로 삼고 있지만, 『성자명출』의 경우는 '심(心)'과 '정(情)'을 기반으로 하는 교감·소통과 공감의 정치를 실현시키는 것을 이상으로 삼고 있었다고 생각된다.

같은 유가 계통의 문헌임에도 불구하고 이상적 정치의 내용이 이렇게 다른 원인은, 마음의 구조와 마음을 구성하는 요소들의 관계와 기능 및 사람의 마음을 얻는 데 어떤 덕성들이 필요하고 그것들이 갖는 의미는 무엇인지에 대한 관점이 각기 다르기 때문이다. 이것을 분명히 하기 위해서는 먼저 「중용」과 『성자명출』에서 마음의 구조를 어떻게 이해하고 있는지, 또 마음을 구성하고 있는 요소들의 관계와 기능을 어떻게 설정하고 있는지 살펴볼 필요가 있다.[5]

당시 사람들이 생각했던 마음을 구성하는 기본 요소에는 '심(心)'을 포함해 '성(性)', '정(情)', '지(志)' 등이 있었다. 그런데 「중용」에는 이들 개념 중 '성(性)'과 '지(志)'만 있고, '심(心)'과 '정(情)'은 없다. 다만 '정(情)'이라는 개념은 없어도 수장(首章)에 '희로애락(喜怒哀樂)'같이 정(情)으로 치환 가능한 표현들이 있기 때문에 「중용」의 저자가 정(情)의 문제에 대해서도 의식하고 있었던 것은 분명하다. 그러나 수장을 제외하면 '정(情)'의 문제에 대해 더 이상 논술이 없고, '지(志)'도 이 편의 중심 논의에서 비중 있게 다뤄지고 있는 개념이 아니다. 그렇다면 「중용」에서 마음을 구성하는 기본 요소 중 논의의 초점은 거의 대부분 '성(性)'에 집중돼 있다고 해야 할 것이다.

---

5 「중용」의 저본으로는 十三經注疏整理委員會 整理, 『禮記正義』(北京: 北京大學出版社, 2000)를 이용했다. 分章 방식은 朱熹의 『中庸章句』를 따랐다. 「중용」의 성립과 저자 및 原「中庸」등의 문제가 오랫동안 논란의 대상이 돼 왔던 것은 주지의 사실이다. 다만 본고는 이 문제들을 논하는 것이 목적이 아니기 때문에 여기서는 논외로 했다. 『성자명출』의 저본으로는 荊門市博物館 編, 『郭店楚墓竹簡』(北京: 文物出版社, 1998)을 이용했다. 簡文은 문자의 의미를 구명해 그에 해당하는 현행문자로 比定한 다음 인용했다. 간문의 문자를 판독할 때는 저본 외에 池田知久 監修, 大東文化大學郭店楚簡研究班 編, 『郭店楚簡の研究』 4~7 (東京: 大東文化大學大學院事務室, 2002·2004·2005·2006); 李天虹, 『郭店竹簡≪性自命出≫研究』(武漢: 湖北教育出版社, 2003); 李零, 『郭店楚簡校讀記』(增訂本, 北京: 中國人民大學出版社, 2007); 陳偉 等著, 『楚地出土戰國簡冊十四種』(北京: 經濟科學出版社, 2009) 등을 참조했다.

그렇다면 「중용」에서는 '성(性)'과 '희로애락'으로 표현되는 정(情)을 어떻게 정의하고 양자의 관계를 어떻게 규정하고 있는가? 먼저 '성(性)'은 수장의 다음의 문장에 의하면 '천명(天命)'을 의미한다.

하늘의 명령을 성(性)이라 하고, 성을 따르는 것을 도(道)라 하며, 도를 닦는 것을 가르침이라 한다.[6]

'천명'은 원래 여러 의미를 내포하고 있는 개념이지만, 여기서는 하늘이 내려준 고유하면서도 본질적인 성질을 의미할 것이다. 그런 성질은 제22장의 다음의 문장에 의하면 사람에 대해서는 '인지성(人之性)', 사물에 대해서는 '물지성(物之性)'같이 각각 다르게 나타난다.

오직 천하에 가장 진실한 사람만이 자신의 성(性)을 온전히 발현할 수 있다. 자신의 성을 온전히 발현할 수 있으면, 타인의 성을 온전히 발현하게 할 수 있게 된다. 타인의 성을 온전히 발현하게 할 수 있으면, 만물의 성을 온전히 발현하게 할 수 있게 된다. 만물의 성을 온전히 발현하게 할 수 있으면, 하늘과 땅의 변화와 생육을 도울 수 있게 된다. 하늘과 땅의 변화와 생육을 도울 수 있게 되면, 하늘과 땅과 어깨를 나란히 하는 제3의 존재가 될 수 있다.[7]

그 중 사람의 '성(性)'에 대해 천명이라고 할 때는 윤리적 사명을 의미할 것이다. 그것은 제21장에서 "진실한 마음을 통해 지혜가 밝아지는 것을 성(性)이라 한다"[8]고 하여 '성(誠)'[진실·성실·정성]이라는 윤리성을 전면에 내세우고 있는 것을 통해서도 알 수 있다. 다시 말하면 '성(性)'이란 곧 하늘이 명령한 윤리적 사명이 인간에게 선천적으로 내재화돼 있는 것을 의미한다고 할 수 있다.

「중용」에서 '성(性)'을 바라보는 또 하나의 특징은 "성을 따르는 것을 도(道)라 하며, 도를 닦는 것을 가르침이라 한다"고 하듯이 교육[敎]의 직접적인 대상을 '성(性)'이 아니라 '도(道)'로 보고 있는 점이다. 이것은 『순자』가 '성(性)'을 '악(惡)'으로 규정하고 성인(聖人)의 '위(僞)'[인위·작위]로 만들어진 예의와 법도에 의거해 꾸미고 교정해야 할 직접적인 대상으로 규정하고 있는 것과는 완전히 다른 것이다. 『순자』가 '성(性)'을 '위(僞)'의 대상으로 규정하는 이유는 '성(性)'자체에 사회질서 유지의 자율성을 인정하고 있지 않기

---

6 「中庸」首章, "天命之謂性, 率性之謂道, 脩道之謂敎."

7 「中庸」제22장, "唯天下至誠, 爲能盡其性. 能盡其性, 則能盡人之性. 能盡人之性, 則能盡物之性. 能盡物之性, 則可以贊天地之化育. 可以贊天地之化育, 則可以與天地參矣." 참고로 '參'의 의미에 관해서는 졸론, 「『荀子』「天論」편의 天人分離論 연구」, 『東方學志』 156 (2011), 293~300쪽 참조.

8 「中庸」제21장, "自誠明謂之性."

때문이다.[9] 교육의 대상을 '도(道)'로 보는 것은 「중용」이 '천(天)'과 '성(性)'을 연속하는 것으로 본 결과다. 그런 의미에서 「중용」의 '성(性)'은 성선설(性善說)을 주장한 『맹자』에 보다 가깝다고 할 수 있다. 위에서 인용한 제21장에서 "진실한 마음을 통해 지혜가 밝아지는 것을 성(性)이라 한다"고 하여 '성(誠)'이라는 윤리가 후천적으로 교육을 받지 않아도 선천적으로 실천 가능하고 인식 가능한 경우도 있다고 하고 있는 것도, 교육의 대상을 '성(性)'이 아니라 '도(道)'로 보고 있는 것과 결코 무관하지 않다고 생각한다. 물론 그렇다고 '성(性)'을 100% 순선(純善)한 것으로 보는 것은 아니다.[10]

그에 비해 '정(情)'과 관련해서는 다음과 같이 말하고 있다.

> 기쁨·노여움·슬픔·즐거움의 감정이 아직 드러나지 않은 것을 균형이라고 하고, 드러나서 모두 절
> 도에 맞는 것을 조화라고 한다.[11]

이것은 가능태와 현실태를 동시에 설명한 것으로 볼 수 있다. '중(中)'은 가능태로서 '희로애락'의 네 감정이 아직 발현되지 않았을 때의 균형을 이룬 상태를 가리킨다. '화(和)'는 네 감정이 발현됐을 때 절도(節度), 즉 '예(禮)'나 '도(道)'에 맞게 조화를 이룬 상태를 가리킨다. 이처럼 「중용」에서는 감정을 현실태에서 '예(禮)'나 '도(道)'에 맞게 컨트롤하는 것이 관건이었으며, 감정 그 자체에 대해서는 적극적인 의미를 부여하고 있지 않았다.

「중용」에 보이는 '성(誠)'과 '정(情)'에 관한 이상의 분석을 종합해 보면 다음과 같다. '정(情)'과 관련해서는 감정이 균형을 이루고[中] 조화를 이룬 상태[和]를, '성(性)'과 관련해서는 진실한 마음[誠]을 수신의 3대 요소로 삼고 있다고 할 수 있다. 「중용」에서는 이 세 가지 중 앞의 두 가지를 '중용(中庸)'으로 바꿔 말하기도 한다. 이 때 간과해서는 안 되는 것은 「중용」에는 '심(心)'과 '성(性)'의 관계뿐 아니라 '성(性)'과 '정(情)'의 관계에 대해서도 언급이 없고, '성(性)'을 주체와 객체와의 관계에서 파악하는 시점 또한 없는 점이다.

---

9   졸론, 「『莊子』의 '自然'과 『荀子』의 '性僞之分'」, 332~333쪽.

10 '率性之謂道'의 '率'에 대해서는 '循'으로 해석해야 한다는 설과 '帥'로 해석해야 한다는 설이 팽팽히 맞서 왔다. 필자는 「중용」
이 '教'의 대상을 '性'이 아니라 '道'로 규정하고 있고, 또 그것이 『순자』의 性論과 다르다는 점에서 '循'으로 해석해야 한다고
생각한다.

11 「中庸」首章, "喜怒哀樂之未發謂之中, 發而皆中節謂之和." 주지하듯이 '中'은 중심, 中正, 中道, 중립, 균형, 평형, 공평, 공정,
적합, 적절, 적당, 합당, 조절, 無過不及, 不偏不倚, 時宜, 시기적절 등 다양하게 해석되고 있다. 여기서는 감정과의 관계에서
균형으로 해석했다.

3. 『성자명출』이 바라보는 마음의 구조: '심(心)'과 '정(情)' 중심의 담론

『성자명출』에는 마음의 구조를 해명하는 분석 개념으로 '심(心)'을 포함해 '성(性)', '정(情)', '지(志)'가 모두 사용되고 있다. 그렇다면 『성자명출』은 이들의 관계를 어떻게 보고 있는가? 『성자명출』에서 '성(性)'은 제9호간에서 "네 바다로 둘러싸인 이 세계 안에서 그 성(性)은 모두 같다"라고 하는 것에 의하면 모든 사람이 똑같이 갖고 있는 것이다. 제5호간에서 "무릇 성(性)은 주인이 되는 것이지만"이라고 하는 것에 의하면 인간 안에서 주인이 되는 것이다. 제2~3호간에서 "성(性)은 명(命)에서 나오는 것이고, 명은 하늘에서 내려오는 것이다"라고 하는 것에 의하면 「중용」과 마찬가지로 '천(天)'과 연속하는 것이다. 제39호간에서 "성(性)은 이것을 낳는 것이 있다"라고 하는 것도 '생(生)'의 주어를 '천(天)'으로 보면 이 구절 또한 '성(性)'의 근원이 '천(天)'에 있다는 것을 말하려고 하는 것으로 판단된다.[12] 이렇게 보면 『성자명출』도 「중용」과 마찬가지로 '성(性)'을 인간에게 본질적인 어떤 것으로 자리 매기고 있는 것으로 보인다. 하지만 후술하듯이 '성(性)'의 내용은 「중용」과 다르다. 또 제4~5호간에서 "좋아하거나 미워하는 판단을 내리는 것은 성(性)이다. 좋아하거나 미워하는 대상은 바깥 사물이다. 좋거나 좋지 않다는 판단을 내리는 것은 성이다. 좋거나 좋지 않다는 판단의 대상이 되는 것은 주위 환경이다"[13]라고 하는 것에 의하면, '좋아한다/미워한다[好惡]'라는 감정판단 능력과 '좋다/좋지 않다[善不善]'라는 가치판단 능력 또한 '성(性)'에 있는 것으로 본다.

그런데 『성자명출』에서는 제3호간에서 "감정은 성(性)에서 생기는 것이다"라고 하고 제6호간에서 "대개 마음에는 의지가 있지만"이라고 하듯이,[14] '정(情)'은 '성(性)'에서 나오고 '지(志)'는 '심(心)'에 있는 것이라 하여 '정(情)'은 '성(性)'과 결부시키고 '지(志)'는 '심(心)'과 결부시킨다. 그러나 '심(心)'과 '성(性)'·'정(情)'의 관계에 대해서는 언급이 없다. 단지 사람에게 '성(性)'이 있다고만 할 뿐이다.

여기서 우리는 다음의 두 가지 작업가설을 세워 볼 수 있다. 첫째, '성(性)'과 '정(情)'을 결부시키면서 '정(情)'의 근원을 '성(性)'에 두는 것은, '정(情)'까지도 '성(性)' 및 '천(天)'과 연속하는 관계로 설정함으로써 인간의 감정에 긍정적이면서도 적극적인 의미와 기능을 부여하려는 일종의 메시지로 볼 수 있는 점이다. 둘째, '지(志)'는 일반적인 의미에서의 의지가 아니라 '선의지(善意志)'를 가리키는 말이라고 판단된다. 그런 '지(志)'를 '성(性)'과 결부시키지 않고 '심(心)'에 있는 것이라고 하는 것은, 선천적으로 내재돼 있는 윤리적 사명으로서의 '성(性)'과 윤리적 실천의 가능태로서의 '지(志)'를 의식적으로 구분하고 있는 것으로

---

12 郭店楚簡 『性自命出』 제9호간, "四海之內, 其性一也."; 同 제5호간, "凡性爲主."; 同 제2~3호간, "性自命出, 命自天降."; 同 제39호간, "性或生之."

13 郭店楚簡 『性自命出』 제4~5호간, "好惡, 性也. 所好所惡, 物也. 善不善, 性也. 所善所不善, 勢也."

14 郭店楚簡 『性自命出』 제3호간, "情生於性."; 同 제6호간, "凡心有志也."

보이는 점이다.

이처럼 '지(志)'와 '성(性)'을 결부시키지 않는 것은, '성(性)'이 아무리 인간에게 선천적으로 내재돼 있다 하더라도, 현실에서의 도덕 실천의 가능 여부는 결국 인간의 의지에 달려 있다는 것을 의식한 결과가 아닐까? 그러나 『성자명출』에 의하면 윤리적 의지 또한 이것만으로는 아직은 가능태에 불과하다. 왜냐하면 의지를 현실에서 실현시키는 것은 의지 자체가 아니라 마음을 어떻게 쓰느냐[用心]에 달려 있다고 보고 있기 때문이다. 호오(好惡)라는 감정판단 능력과 선불선(善不善)이라는 가치판단 능력도 '성(性)'으로서 인간에게 선천적으로 내재해 있다 하더라도, 그것이 어떻게 발현되는가는 전적으로 마음을 어떻게 쓰느냐에 달려 있다고 보고 있다.

그렇다면 '정(情)'의 근원인 '성(性)'과 '지(志)'의 근원인 '심(心)'은 과연 무엇인가라는 것이 문제가 된다. 먼저 '성(性)'을 살펴보면 『성자명출』에서는 다음의 문장에 보이는 것처럼 '성(性)'을 인간의 감정의 '기(氣)'로 파악한다.

> 기쁨·노여움·슬픔의 기운이 성(性)이다. 그것이 바깥으로 드러나는 것은 바깥 사물이 그것을 끄집어내기 때문이다.[15]

'성(性)'을 감정의 '기(氣)'로 파악한다는 것은, '성(性)'을 인간의 인식 너머에 있는 형이상적인 어떤 것, 그런 의미에서 고정적이거나 고립된 것이 아니라, 인간이 자신의 '성(性)'을 스스로 감지할 수 있을 뿐 아니라 타자와도 소통 가능한 형이하적인 것으로 보고 있다는 것을 의미한다.

'성(性)'을 타자와 소통 가능한 형이하적인 것으로 보고 있다는 것은, '성(性)'을 타자와의 관계 속에서 파악하고 있다는 것을 의미한다. '성(性)'을 타자와의 관계 속에서 파악한다는 것은, '성(性)'을 순선(純善) 즉 100% 완전한 것으로 보는 것이 아니라, 타자와의 관계 속에서 끊임없이 변화하고 성장하는 것으로 본다는 것을 의미한다. 이 점은 다음의 문장을 통해 확인할 수 있다.

> 대개 성(性)은 주인이 되는 것이지만, 바깥 사물이 그것을 끄집어낸다. 청동이나 돌로 만든 악기는 소리를 낼 수 있지만, 치지 않으면 소리가 나지 않는다.[16]

이 문장에 의하면 청동이나 돌로 만든 악기도 두들겨야 소리가 나듯이 '성(性)'이 발현되는 것도 타자

---

15 郭店楚簡『性自命出』제2호간, "喜怒哀悲之氣, 性也. 及其見於外, 則物取之也."

16 郭店楚簡『性自命出』제5~6호간, "凡性爲主, 物取之也. 金石之有聲[也], 弗攻不鳴]."

[物]가 그것을 끄집어내기 때문이라고 한다. '성(性)'과 타자와의 관계성을 보다 구체적으로 설명하고 있는 것이 제9~15호간의 다음의 문장이다.

　　대개 성(性)은 무언가가 그것을 움직이게 하고, 무언가가 그것을 인도하며, 무언가가 그것을 절제하게 하고, 무언가가 그것을 연마시키며, 무언가가 그것을 나오게 하고, 무언가가 그것을 길러주며, 무언가가 그것을 성장하게 한다. 대개 성을 움직이게 하는 것은 바깥 사물이다. 성을 인도하는 것은 기쁨의 감정이다. 성을 절제하게 하는 것은 목적의식이 분명한 작위이다. 성을 연마시키는 것은 사회규범이다. 성을 나오게 하는 것은 환경이다. 성을 길러주는 것은 학습이다. 성을 성장하게 하는 것은 도(道)다.[17]

　　이 문장에 의하면 타자[物]에 해당하는 것은 '물(物)·열(悅)·고(故)·의(義)·세(勢)·습(習)·도(道)'다. '성(性)'을 주체라고 한다면, '물(物)'은 주체와 관계를 맺고 있는 객체, '열(悅)'은 주체를 인도하는 좋은 감정, '고(故)'는 주체에 절제를 가하는 작위, '의(義)'는 주체를 연마해 주는 사회규범, '세(勢)'는 주체를 작용하게 하는 환경, '습(習)'은 주체를 길러주는 학습, '도(道)'는 주체를 성장하게 하는 인륜을 의미한다. 따라서 이것들은 모두 '성(性)'바깥에 존재하는 모든 것들이라는 의미에서 타자다. 이 타자는 사람이나 사물뿐 아니라 사람이 만들어낸 문화적 산물로서 사람의 '성(性)'을 변화·성장시키는 것을 의미한다.

　　그런데 '성(性)'과 이들 타자의 관계를 잘 살펴보면 한 가지 흥미로운 사실을 발견할 수 있다. 전자는 모든 인간에게 동일한 것이지만 후자는 사람마다 각자 다르게 주어지는 것이다. 전자는 선천적인 것이지만 후자는 후천적인 것이다. 전자는 자연성을 가리키지만 후자는 사회성을 가리킨다. 그런 의미에서 전자는 내적 자연을 의미하지만 후자는 인위 내지는 작위적인 것을 의미한다. 이것을 한 마디로 정의하면 자연과 작위의 관계라고 할 수 있다. 「중용」에서 '성(性)'과 함께 '교(教)'를 말하는 것도 이와 같은 관계임은 말할 것도 없다.

　　이 때 간과해서는 안 되는 것은 아래의 문장들에 잘 나타나 있듯이 인간에게는 선천적으로 '성(性)'이 있고 그 '성(性)'을 실천하고자 하는 '지(志)' 또한 선천적으로 '심(心)'에 구비돼 있지만 그 자체로는 발현되지 않는다는 점이다.

　　사람에게는 모두 성(性)이 있지만 마음에는 정해진 의지가 없다. 바깥 사물과 접촉해 비로소 (의지가) 생기고, 그 때 기쁨(의 감정)이 생기고 나서 비로소 (의지가) 발동하며, 학습함으로써 비로소 (의지

17　郭店楚簡『性自命出』제9~12호간, "凡性或動之, 或逆之, 或節之, 或厲之, 或出之, 或養之, 或長之. 凡動性者, 物也. 逆性者, 悅也. 節性者, 故也. 厲性者, 義也. 出性者, 勢也. 養性者, 習也. 長性者, 道也."

가) 정해진다.[18]

　　사람에게는 성(性)이 있지만 마음이 그 성을 끄집어내지 않으면 나오지 않는다. 대개 마음에는 의지
가 있지만 함께 하는 것이 없으면 (그 의지는) 실현되지 않는다. 의지가 단독으로 실현될 수 없는 것은
마치 입이 단독으로 말을 할 수 없는 것과 같은 것이다.[19]

　　'성(性)'이 변화·성장하고 '지(志)'에 일정한 방향성이 정해지는 데에는 제67호간에서 "군자는 사람의
몸 중에서 마음을 주인으로 여긴다"라고 하듯이 사람의 몸 중에서도 '심(心)'이 주인이 되지만,[20] 그것만으
로 충족되는 것은 아니다. '물(物)·열(悅)·세(勢)'같이 다양한 환경 속에서 타자와 좋은 관계가 형성되고,
'고(故)·의(義)·습(習)·도(道)'같이 후천적인 작위가 가해져야 한다. 이것을 『성자명출』에서는 한 마디로
다음과 같이 말한다.

　　네 바다로 둘러싸인 이 세계 안에서 그 성(性)은 모두 같다. 그러나 사람마다 마음을 쓰는 것이 각기
다른 것은 가르침이 그렇게 만드는 것이다.[21]

　　이 문장에 의하면 '교(敎)'는 결국 '물(物)·열(悅)·고(故)·의(義)·세(勢)·습(習)·도(道)'를 압축한 매우
넓은 의미에서의 '교(敎)'라고 할 수 있다. 그렇다면 『성자명출』은 윤리적 실천의 문제를 논할 때 '성(性)'중
심의 담론에서 '심(心)'중심의 담론으로 논의의 초점을 전환시키고 있다고 해야 할 것이다. 제14호간에서
"대개 도(道)는 마음을 쓰는 방법이 바로 핵심이다"[22]라고 하는 것은 그런 사실을 단적으로 보여주는 것
이다.
　　아울러 마음의 바람직한 양태와 관련해서는 눈귀 같은 감각기관의 욕구에 대해 절제하는 마음[節節
如], 진실한 마음[簡簡之心], 항상 조화를 이루려는 의지[恆怡之志]가 있어야 한다는 것을 지적한다. 사람
의 성격이나 성향에 부족한 부분이 있을 경우에는 어떤 마음이나 감정으로 보완해야 하는지에 대해서도

18　郭店楚簡 『性自命出』 제1~2호간, "凡人雖有性, 心亡定志, 待物而後作, 待悅而後行, 待習而後定."
19　郭店楚簡 『性自命出』 제6~7호간, "[人雖有性, 心弗取不出. 凡心有志也, 亡與不可. 志之不可獨行, 猶口之不可獨言也."
20　郭店楚簡 『性自命出』 제67호간, "君子身以爲主心." 『성자명출』은 서두에서는 '性'이 인간 안에서 주인이라고 하면서도 마지
　　막에는 '心'이 주인이라고 한다. 이것은 논리적으로는 맞지 않는 말이다. 하지만 『성자명출』에서 논리적인 오류까지 범하면
　　서 이렇게 말하는 이유는, 인간의 본질이라는 측면에서는 '性'이 주인이지만, 현실에서의 운용이라는 측면에서는 '心'이 주인
　　이라고 생각하기 때문이 아닐까 추측된다.
21　郭店楚簡 『性自命出』 제9호간, "四海之內, 其性一也. 其用心各異, 敎使然也."
22　郭店楚簡 『性自命出』 제14호간, "凡道, 心術爲主."

설명한다.[23] 이 때 간과해서는 안 되는 것은 타자에 해당하는 것 중 좋은 감정의 대표로 '열(悅)'이 포함돼 있는 점이다. 이 '열(悅)'은 객체인 타자가 느끼는 것임과 동시에 주체인 자신이 느끼는 것을 함께 내포하는 개념이다.

마음의 구조와 관련해「중용」과『성자명출』의 결정적인 차이점은 바로 이런 인간의 감정을 바라보는 관점에 있다.「중용」은 인간의 감정은 아직 발현되기 전의 상태는 균형이 잡힌 상태이지만, 발현됐을 때는 그것이 절도 즉 예나 도에 맞는 경우에만 조화를 이룬 상태라고 한다. 이것은 다른 각도에서 보면 감정이 발현될 때는 절도에 맞지 않는 경우도 있다는 것을 상정하고 있는 것이다. 다시 말하면 감정을 조절이나 억제의 대상으로만 보고 있는 것이며, 감정 자체에는 사실상 적극적인 의미를 부여하지 않는 것이다. 그렇다면 인간의 감정은 조절이나 억제의 대상으로만 봐야 하는가? 인간의 감정 그 자체에는 좋은 면이 없는가?

이런 물음과 관련해『성자명출』에는 다음과 같은 문장이 있다.

> 감정을 아는 사람은 감정을 안에서 밖으로 드러낼 수 있고, 사회규범을 아는 사람은 감정을 밖에서 안으로 규제할 수 있다.[24]

뒷 구절은 '의(義)'가 무엇인지 잘 이해하고 있어야만 감정을 조절하고 억제할 수 있다는 것으로「중용」과 동일한 사상이다. 그러나 앞 구절은 감정이 무엇인지 잘 이해하고 있어야만 그것을 바깥으로 표출할 수 있다는 것을 의미한다. 다른 말로 표현하면 감정에 즉자적으로만 반응하는 것이 아니라 대자적으로 대처한다는 것이다. 대자적으로 대처한다는 것은 곧 변화무쌍한 감정의 순기능과 역기능을 동시에 본다는 것을 의미할 것이다. 한 마디로 말하면 감정을 객관화시키는 것이다.

그렇다면『성자명출』은 '정(情)'을 어떻게 이해하고 있는가? 다음의 문장에 의하면『성자명출』은 '정(情)'에 전폭적인 신뢰를 표하고 있다는 것을 알 수 있다.

> 대개 사람의 감정은 기뻐할 만한 것이다. 진실로 그 감정에 따라 행동하면 잘못을 저질렀다 하더라도 미워하지 않는다. 그 감정에 따라 행동하지 않으면 어려운 일을 했다 하더라도 귀하게 여기지 않는다. 진실로 그 감정이 있으면 아직 행동을 일으키지 않았다 하더라도 사람들은 신뢰한다.[25]

23　郭店楚簡『性自命出』제43~48호간, "目之好色, 耳之樂聲, 鬱陶之氣也, 人不難爲之死. 有其爲人之節節如也, 不有夫簡簡之心, 則㤆. 有其爲人之簡簡如也, 不有夫恆怡之志, 則慢. 人之巧言利詞者, 不有夫詘詘之心, 則流. 人之悅然可與和安者, 不有夫奮作之情, 則侮. 有其爲人之快如也, 弗牧不可. 有其爲人之㤟如也, 弗補不足."

24　郭店楚簡『性自命出』제3~4호간, "知情者能出之, 知義者能入之."

25　郭店楚簡『性自命出』제50~51호간, "凡人情爲可悅也. 苟以其情, 雖過不惡. 不以其情, 雖難不貴. 苟有其情, 雖未之爲, 斯人

이것은 말하자면 '감정긍정론'으로서, 「중용」같이 '정(情)'을 조절이나 억제의 대상으로만 보아서는 나오기 어려운 사상이다. 이처럼 『성자명출』이 감정을 긍정하는 근거는 이미 언급했듯이 '정(情)'의 근원을 '성(性)'으로 보고 '성(性)'과 '천(天)'을 연속하는 것으로 보고 있기 때문이다.

그런데 '성(性)' 및 '천(天)'과 연속하는 관계에 있는 '정(情)'에 대해 『성자명출』에서는 "아직 말을 하지 않았는데도 신뢰를 받는 것은 아름다운 감정을 갖고 있는 자다"[26]라고 하여 '미정(美情)'이라는 표현을 쓰고 있다. '미정(美情)'이라는 말은 선진시대 전래문헌에는 보이지 않기 때문에[27] 『성자명출』의 저자가 만든 신조어가 아닌가 추측된다. 또 제3호간의 "감정은 성(性)에서 생기는 것이다"나 제40호간의 "감정은 성(性)에서 나오는 것이다"[情出於性]라는 구절에 의하면 '미정(美情)'은 인간이 생득적으로 갖추고 있는 것을 의미한다. 물론 '정(情)'에 '미정(美情)'이 있다는 것은 불미(不美)한 '정(情)'도 있다는 것을 전제로 하는 것이다. 그렇기 때문에 제20호간에서는 "군자는 그 감정을 아름답게 한다"[君子美其情]고 하여 후천적인 학습과 수양에 의한 감정 조절이나 순화의 중요성과 필요성 또한 말하고 있다. 감정을 조절하거나 순화시키는 방법으로는 제39~40호간에서 "진심은 믿음에 도달하기 위한 방법이다. 믿음은 감정을 실현시키기 위한 방법이다"[28]라고 하여 '충신(忠信)'이 바탕이 돼야 가능한 것으로 보고 있다. 참고로 '성(性)'을 실현시키는 방법에 대해서는 '의(義)·경(敬)·인(仁)'을 들듯이 '정(情)'의 그것과 구별하고 있다.[29] 이상 '아름다운 감정'과 '그 감정을 아름답게 하다'의 관계는 제3~4호간에서 말하는 "감정을 아는 사람은 감정을 안에서 밖으로 드러낼 수 있다"와 "사회규범을 아는 사람은 감정을 밖에서 안으로 규제할 수 있다"의 관계와 같은 것이라고 할 수 있다. 이 관계 또한 앞에서 말한 자연과 작위의 관계와 같다. 이것은 인간의 내적 자연인 감정과 외적 규제인 규범을 동시에 이해해야 한다는 것을 의미한다. 이런 사상은 『맹자』와 『순자』에도 없을 뿐 아니라 「중용」에도 없다.

그렇다면 『성자명출』에서는 왜 감정을 조절이나 규제의 대상으로만 보지 않고 긍정적인 기능을 부각시키려고 하는 것일까? 그 이유는 다음의 두 가지 점에 있다고 생각된다. 첫째는 '예(禮)'와 '도(道)'는 모두 인간의 '정(情)'을 기반으로 만들어진 것이라는 것을 주장하기 위한 것이다. 둘째는 감정이 소리나 음악에 미치는 영향 및 소리나 음악이 마음에 작용하는 힘을 역설하기 위한 것이다.

첫 번째와 관련해서는 다음의 문장들에 잘 나타나 있듯이 성인이 만든 예(禮)[人道]는 인간의 감정을

信之矣."

26 郭店楚簡 『性自命出』 제51호간, "未言而信, 有美情者也."

27 漢初 사본인 馬王堆帛書 『周易』 「夷」편에 '美情'의 예가 있다. "含章可貞, 言美情也."(제27행하); "易曰, 含章可貞, 吉. 言美情之謂也."(제39행상) 湖南省博物館·復旦大學出土文獻與古文字研究中心 편찬, 裵錫圭 주편, 『長沙馬王堆漢墓簡帛集成 參』(北京: 中華書局, 2014), 99쪽·104쪽 참조.

28 郭店楚簡 『性自命出』 제39~40호간, "忠, 信之方也. 信, 情之方也."

29 郭店楚簡 『性自命出』 제38~39호간, "告, 義之方也. 義, 敬之方也. 敬, 物之節也. 篤, 仁之方也. 仁, 性之方也."

바탕으로 한 것, 다시 말하면 감정이야말로 예의 근원이라고 한다.

> 도(道)는 감정에서 시작되는 것이고, 감정은 성(性)에서 생기는 것이다. 처음은 감정에 가깝지만, 끝은 사회규범에 가깝다.[30]

> 예(禮)는 감정에서 나오는 것이지만 그것을 일으키는 것이 있다. 장례 등을 거행할 때는 (존비·귀천 등의) 서열에 따라 처리하고, 먼저 해야 할 것과 나중에 해야 할 것의 순서가 제대로 지켜지는 것이 바로 사회규범의 도다.[31]

『성자명출』이 감정을 예의 근원의 하나로 자리매기고 있는 것은 인의·예악에 대한 도가의 비판을 극복하려는 데 목적이 있다. 인의·예악에 대한 도가의 비판이란 인의·예악에 의한 학습·수양이나 교화를 통해 인간의 '성'을 변화시키려고 하는 것은 오히려 천여(天與)의 '성(性)'을 손상시키는 것이라는 것을 가리킨다. 이 점에 관해서는 졸저에서 이미 상세히 논했기 때문에 여기서 다시 언급하지 않기로 한다.[32]

두 번째와 관련해서는 소리와 감정 및 마음의 관계에 주목한다. 이 때의 소리는 음악[賚·武·韶·夏 같은 古樂]과 관련이 있다. 아래의 문장을 보자.

> 대개 소리는 그것이 감정에서 우러나온 것이라야 믿음이 간다. 그리고 나서 그것이 사람의 마음속에 들어가 작용을 일으켜야 두터워진다.[33]

이 문장에 의하면 소리는 사람의 감정에서 우러나오는 것이라야 진정성을 갖추게 된다고 한다. 그러고 나서 그 소리가 다른 사람에게 전달돼 그 마음에 작용을 가해야만 그 효과가 두드러진다고 한다. 여기서 논의의 중점은 두 가지다. 하나는 소리나 음악이라는 것은 사람의 감정에서 우러나오는 것이어야 한다는 점이다. 또 하나는 그것이 타인의 마음에 작용을 일으켜야 한다는 점이다. 전자의 경우 소리나 음악은 사람의 감정에서 우러나오는 것이어야 한다고 할 때의 '정(情)'이란 다름 아닌 '미정(美情)'을 가리킬 것이다. 후자의 경우는 소리나 음악에 대한 학습이나 교육을 통해 인간의 마음을 움직이게 하는 것과 관련이 있다. 예를 들어 아래 문장에 의하면, 사람에게 어떤 음악을 가르치는가에 따라 마음을 좋은 쪽으로

30　郭店楚簡『性自命出』제3호간, "道始於情, 情生於性. 始者近情, 終者近義."

31　郭店楚簡『性自命出』제18·19호간, "禮作於情, 或興之也. 當事因方而制之, 其先後之敍, 則義道也."

32　졸저, 『郭店楚簡儒教の研究: 儒系三篇を中心にして』, 497~511쪽.

33　郭店楚簡『性自命出』제23호간, "凡聲, 其出於情也信, 然後其入撥人之心也厚."

향하게 할 수도 있고 나쁜 쪽으로 빠지게 할 수도 있다.

> 대개 선왕의 바른 음악은 마음을 움직이지만 음란한 음악은 욕망을 움직인다. 이것은 모두 사람들을 (각기 다른 방향으로) 교화하는 것이다.[34]

사람의 마음을 움직인다는 것[撥人之心]은, 소리나 음악을 통해 학습이나 교육의 효과를 극대화시키는 것을 의미할 것이다.

그렇다면 『성자명출』에서는 왜 음악을 통한 학습이나 교육을 강조하고 있는 것일까? 그것은 아래의 문장에 잘 나타나 있듯이 학문의 궁극적인 목적인 성인(聖人)이나 군자(君子)의 마음을 구하게 하는 데 음악만큼 신속한 것이 없다고 보고 있기 때문이다.[35]

> 대개 배움에서는 성인·군자의 마음을 얻는 것이 어렵다. 성인·군자의 행위를 따르는 것이 그 마음을 얻는 데 가깝기는 하지만, 음악으로 그 마음을 구할 때의 빠르기에는 못 미친다. 성인·군자에 준거한 행동을 할 수 있다 하더라도 그 마음을 구할 수 없다면 귀하다고 할 수 없다. 그 마음을 구하는 데 작위적으로 하면 얻을 수 없다. 이로써 사람이 작위적으로 (성인·군자의 마음을) 구할 수 없다는 것을 알 수 있을 것이다.[36]

음악을 통해 성인이나 군자의 마음을 구하는 것이 가능한 이유는 제29~30호간에서 "슬픔과 즐거움은 그 성(性)이 서로 가깝다. 그러므로 그 마음은 멀지 않다"[37]고 하듯이, 인간이 느끼는 감정은 근원적으로 비슷하기 때문에 그 마음 또한 비슷하다고 생각하는 데 있다. 이처럼 음악이 학습이나 교육에 미치는 탁월한 효과를 말하는 것은, 음악이 정치에 미치는 효과를 부각시키는 것으로 연결된다.

---

34 郭店楚簡 『性自命出』 제28호간, "凡古樂動心, 淫樂動嗜, 皆教其人者也."

35 '求其心'의 '其'가 성인·군자의 마음을 가리키는 것에 관해서는 池田知久 監修, 大東文化大學郭店楚簡研究班 編, 『郭店楚簡の研究』 5, 31쪽 참조.

36 郭店楚簡 『性自命出』 제36~38호간, "凡學者隸〈求〉其心爲難, 從其所爲, 近得之矣, 不如以樂之速也. 雖能其事, 不能其心, 不貴. 求其心, 有爲也, 弗得之矣. 人之不能以爲也, 可知也."

37 郭店楚簡 『性自命出』 제29~30호간, "哀樂, 其性相近也. 是故其心不遠."

4. 「중용」의 이상정치론: '성(誠)'의 실현

제20장에서 "문왕과 무왕의 정치는 서판(書板)이나 간책(簡策)에 기록돼 있습니다. 그런 인물이 있으면 그 정치는 잘 될 것이고, 그런 인물이 없으면 그 정치는 종식되고 말 것입니다"[38]라고 하는 것에 의하면, 「중용」은 서주(西周) 초기에 문왕과 무왕이 행했던 정치를 당대에 실현시키는 것을 이상으로 삼고 있다.[39] 그리고 그것을 현실에서 실현시키는 구체적인 방법은 '그런 인물'[其人]을 두 번 반복하고 또 "정치를 하는 것은 사람에 달려 있습니다"[故爲政在人]라고 하듯이 제도보다는 정치의 주체인 사람에 초점을 맞추고 있다. 이것은 제도에 보다 중점을 두고 있는 『순자』와는 다른 점이다.

사람에 초점을 맞춘다는 것은 "바른 몸가짐으로 인재를 등용하고, 인륜의 도(道)로 자신의 몸을 수양하며, 인(仁)으로 인륜의 도를 닦아야 합니다"[40]라고 하는 것에 의하면 다음의 두 가지를 의미한다. 하나는 문왕·무왕 같은 탁월한 인재를 구하는 것이다. 또 하나는 군주 또한 수신(修身)을 통해 문왕·무왕 같은 완전한 인격체가 되도록 끊임없이 노력하는 것이다. 이처럼 「중용」은 '수신'을 이상정치 실현의 출발점으로 설정한다. 이 점은 천하 국가를 다스리는 아홉 가지 원칙[九經: 脩身·尊賢·親親·敬大臣·體群臣·子庶民·來百工·柔遠人·懷諸侯] 중 수신을 첫 번째로 들고 있는 것을 통해서도 알 수 있다.

한편 수신의 전제 조건으로는 '사친(事親)', '지인(知人)', '지천(知天)'의 세 가지 카테고리를 든다.[41] 흔히 이렇게 나열했을 경우 가장 핵심이 맨 마지막 항목인 '지천(知天)'에 있는 것은 말할 것도 없다. 먼저 '사친'은 제16~19장에서 중점적으로 다루고 있는 '효(孝)'와 관련이 있다. '지인'은 오달도(五達道: 君臣·父子·夫婦·昆弟·朋友之交) 같은 보편적인 인간관계와 관련이 있다. 이 다섯 가지 인간관계를 잘 유지하는 방법으로는 '지(知)'[好學], '인(仁)'[力行], '용(勇)'[知恥]의 삼달덕(三達德)을 제시한다. 이것을 수신의 방법이라고도 한다. 「중용」은 삼달덕을 실천하는 것이야말로 사람을 다스리고 천하 국가를 다스리는 핵심 덕목으로 간주한다.

그런데 앞에서 설명했듯이 수신의 전제조건의 종착역은 '지천'이다. '천(天)'이란 무엇인가? 그것은 제사의 대상이라는 점에서 종교적인 의미도 있지만, "진실은 하늘의 도다"[42]라 하여 '성(誠)'과 연결시키고 있는 점에서 윤리적인 의미를 동시에 내포하고 있다. 한편 제20장에는 삼달덕과 구경을 실천하는 근본은

---

38 「中庸」 제20장, "文武之政, 布在方策, 其人存則其政擧, 其人亡則其政息."

39 물론 그렇다고 해서 복고주의를 주장하는 것은 아니다. 제28장에서 "生乎今之世, 反古之道. 如此者, 烖及其身者也."라 하듯이 제도와 규범이 현실과 동떨어져서는 안 된다는 점도 분명히 지적한다.

40 「中庸」 제20장, "取人以身, 脩身以道, 脩道以仁."

41 「中庸」 제20장, "思脩身, 不可以不事親. 思事親, 不可以不知人. 思知人, 不可以不知天."

42 「中庸」 제20장, "誠者, 天之道也."

하나라는 의미로 "이것을 실천하는 바탕은 하나입니다"[43]라는 말이 두 번 나온다. 이 '일(一)'에 대해서는 학자들의 해석이 반드시 일치하는 것은 아니다. 필자는 '성(誠)'을 가리키는 것으로 보는 주희(朱熹)의 해석이 가장 타당하다고 생각한다. 그렇다면 「중용」은 수신의 근본인 '성(誠)'을 이루면 문왕·무왕의 이상정치 또한 실현 가능하다고 보고 있는 것이 된다. 이것은 어떻게 가능할까? 「중용」의 논리에 의하면 그것은 다음의 세 가지 면에서 증명된다.

첫째는 사람에 따라 타고난 능력과 자질이 다름에도 불구하고, '성(誠)'의 인식과 실천은 보편성을 가질 수 있다고 보는 점이다.

진실은 하늘의 도입니다. 진실하려고 노력하는 것은 사람의 도입니다. 진실 그 자체인 사람은 힘쓰지 않아도 균형이 잡혀 있고, 생각하지 않아도 터득하고 있으며, 편안하게 있는데도 자연스럽게 도에 합치하니 바로 성인인 것입니다. 진실하려고 노력하는 사람은 선을 택해 굳건히 지키는 사람입니다.[44]

진실한 마음을 통해 지혜가 밝아지는 것을 성(性)이라 하고, 밝은 지혜를 통해 마음이 진실해지는 것을 가르침이라 한다. 마음이 진실하면 지혜가 밝아지고, 지혜가 밝으면 마음이 진실해진다.[45]

이들 문장에 의하면 성인 같이 '성(誠)'에 대한 인식과 실천이 선천적으로 가능한 사람과 그렇지 못한 사람이 있다. 후자의 경우는 후천적인 교육과 학문 수양을 통해 인식과 실천이 가능해진다고 한다. 더 나아가 다음의 문장에 잘 나타나 있듯이, 인식과 실천의 선천성[性]과 후천성[敎], 즉 자연과 작위가 결과적으로는 동질적인 것임을 말함으로써 '성(誠)'의 인식과 실천의 가능성을 모든 사람에게 열어 놓는다.

어떤 사람은 태어나면서부터 그것을 알고, 어떤 사람은 배워서 그것을 알며, 어떤 사람을 힘들여서 그것을 알게 됩니다만, 결국 안다고 하는 점에서는 같은 것입니다. 어떤 사람은 편하게 그것을 행하고, 어떤 사람은 이해를 따져서 그것을 행하며, 어떤 사람은 억지로 애를 써서 그것을 행합니다만, 결국 공을 이룬다는 점에서는 같은 것입니다.[46]

---

43 「中庸」제20장, "所以行之者一也."

44 「中庸」제20장, "誠者, 天之道也. 誠之者, 人之道也. 誠者不勉而中, 不思而得, 從容中道, 聖人也. 誠之者, 擇善而固執之者也."

45 「中庸」제20장, "自誠明謂之性, 自明誠謂之敎. 誠則明矣, 明則誠矣."

46 「中庸」제20장, "或生而知之, 或學而知之, 或困而知之, 及其知之, 一也. 或安而行之, 或利而行之, 或勉强而行之, 及其成功, 一也."

『중용』에서는 명언하고 있지 않지만, 수장에서 희로애락의 감정에 대해 '중절'을 말하고 있는 것도 후천적인 수양에 의한 '성(誠)'의 체득과 관련이 있을 것이다.

둘째는 천하 국가를 커다란 제사공동체로 보는 점이다. 제14장의 다음의 문장에 의하면 '제명성복(齊明盛服)'[몸과 마음을 재계하는 것], 즉 인간의 성(性)으로서의 '성(誠)'을 다해 제사지내면 그것이 귀신의 실체로서의 '성(誠)'과 감응해 신인(神人) 소통이 가능해진다고 한다.[47]

귀신의 덕은 참으로 성대하구나. 눈으로 보려고 해도 보이지 않고 귀로 들으려고 해도 들리지 않지만, 만물의 몸이 돼 빠뜨릴 수 없구나. 천하 사람들로 하여금 재계하고 정결하게 하며 의복을 성대하게 갖춰서 제사를 받들게 하는구나. 어디에나 가득해 저 위에 있는 듯하고 좌우에 있는 듯하구나. 『시경』에서는 '신이 강림하시는 것은 미리 알 수 없는 것이거늘 하물며 소홀히 할 수 있겠는가'라고 한다. 은미한 것이 뚜렷하게 작용하고 있으니 귀신의 진실함은 덮어서 가릴 수 없구나.[48]

그런데 제17장에서 순(舜)을 효의 전형으로 제시하고 제19장에서 무왕과 주공의 달효(達孝)의 내용을 제시하고 있는 것에 의하면, 최고의 효는 천자의 효다. 천자의 효는 종묘제사를 통해 구현된다. 그 연장선상에서 천자의 특권인 제천의례가 함께 거론된다.[49] 제천의례가 함께 거론되는 이유는 '천(天)'이나 '상제(上帝)'가 군주나 왕조의 '수명(受命)'의 근원이자 지배권의 정통성의 근원을 의미하기 때문이다. 제17장에서 "위대한 덕을 지닌 사람은 반드시 (하늘의) 명령을 받게 된다"고 하고, 제18장에서 "무왕은 말년에 (하늘의) 명령을 받았다"고 하여 '수명'을 말하는 것은 바로 그 때문이다.[50] 더 나아가 아래의 문장들에 의하면 『중용』은 천자를 정점으로 하는 제사공동체[종묘제사·제천의례] 내에 제후에서 서인에 이르는 모든 신분의 사람들을 포섭함으로써, 효의 정신 즉 조상에 대한 애정·존경·순종의 윤리와 그것을 통한 상하 귀천의 신분질서를 확립하는 것을 구상하고 있었다고 할 수 있다.

무왕은 말년에 (하늘의) 명령을 받았다. 주공은 문왕과 무왕의 덕을 완성하고 태왕과 왕계를 추존해 왕으로 높였으며, 위로 선조들을 천자의 예로 제사 지냈다. 이런 예는 제후와 대부, 사와 서인에게까지

---

47 '齊明盛服'은 九經을 논하는 자리에서도 "齊明盛服, 非禮不動, 所以脩身也."라고 한다. 이 문장에 의하면 '제명성복'은 수신의 전제조건임과 동시에 '誠'을 이루는 방법이기도 하다.

48 「中庸」제14장, "鬼神之爲德, 其盛矣乎. 視之而弗見, 聽之而弗聞, 體物而不可遺. 使天下之人, 齊明盛服, 以承祭祀, 洋洋乎如在其上, 如在其左右. 詩曰, 神之格思, 不可度思, 矧可射思. 夫微之顯, 誠之不可揜, 如此夫."

49 「中庸」제19장, "踐其位, 行其禮, 奏其樂, 敬其所尊, 愛其所親, 事死如事生, 事亡如事存, 孝之至也. 郊社之禮, 所以事上帝也. 宗廟之禮, 所以祀乎其先也."

50 「中庸」제17장, "大德者必受命."; 同 제18장, "武王末受命."

도 통용되게 했다.[51]

　　종묘의 예는 소목이라는 조상들의 서열을 정하기 위한 것이다. 작위에 따라 서열을 정하는 것은 귀천을 구별하기 위한 것이다. 제사의 일에 따라 서열을 정하는 것은 잘 하는 사람을 가려서 맡기기 위한 것이다. 여러 사람들이 술잔을 돌릴 때 아랫사람이 윗사람에게 잔을 올리는 것은 신분이 미천한 사람도 제사에 참여하게 하기 위한 것이다. 제사가 끝난 다음 머리 색깔에 따라 잔치 자리를 정하는 것은 나이에 따라 서열을 정하기 위한 것이다.[52]

　　효와 제사가 친족집단의 통합과 평화적 관계 및 왕조 지배 하에서 신분질서를 표현하는 것이라는 점에서, 제19장에서 "하늘과 땅을 제사 지내는 예와 종묘에서 계절에 따라 제사 지내는 뜻을 분명히 안다면, 나라 다스리는 일은 손바닥을 보는 것처럼 쉬울 것이다"[53]라고 하듯이 효가 발현되는 제사라는 의례의 장에서 '성(誠)'을 매개로 한 신인(神人) 소통의 메커니즘을 정치의 요체로 보는 것은 당연한 귀결이라고 해야 할 것이다. 그런 점에서 제24장에 '완전한 진실은 마치 신묘한 듯하다'[至誠如神]라는 표현이 있듯이, 「중용」의 정치사상은 신비주의적인 경향이 강한 측면이 있다.[54] 이것은 효가 서주시대 이래로 친족집단 구성의 원칙이자 집단 질서의 핵인 '아버지로서의 지위'에 대한 순종의 윤리였던 점, 효의 윤리를 이루기 위해서는 정치 질서에 대한 순종이 필요하다는 논리가 요구되고 있었던 점, 왕조의 입장에서는 신하의 조상숭배를 이용해 그 지배의 정당성을 어필하고 있었던 점과 궤를 같이 하는 것이다.[55]

　　셋째는 정치의 기초는 수신에 있고 수신의 핵심은 '성신(誠身)'에 있는데, '성(誠)'의 구현은 '선(善)'[공동선]에 대한 참된 인식에서 출발해 정치적 이상을 펼 수 있는 권력의 장이 확보됨으로써 현실적 실현을 위한 기본 조건이 갖춰진다고 보는 점이다. '선'을 공동선으로 해석한 이유는 다음의 문장에 잘 나타나 있듯이 「중용」에서 말하는 '선'은 개인적 차원에서 추구하는 개별 '선'이 아니기 때문이다.

　　아랫자리에 있으면서 윗사람에게 신임을 얻지 못하면 백성을 다스릴 기회를 가질 수 없습니다. 윗사

51　「中庸」제18장, "武王末受命, 周公成文武之德, 追王大王王季, 上祀先公以天子之禮. 斯禮也, 達乎諸侯大夫及士庶人."

52　「中庸」제19장, "宗廟之禮, 所以序昭穆也. 序爵, 所以辨貴賤也. 序事, 所以辨賢也. 旅酬下爲上, 所以逮賤也. 燕毛, 所以序齒也."

53　「中庸」제19장, "明乎郊社之禮, 禘嘗之義, 治國其如示諸掌乎."

54　「중용」에 나타나는 효와 제사의 특징 및 신비주의적인 경향에 관해서는 馮友蘭, 『中國哲學史』(北京: 中華書局, 1961), 447쪽; 板野長八, 『儒敎成立史の硏究』(東京: 岩波書店, 1995), 249~254쪽도 부분적으로 참조했다.

55　池澤優, 『「孝」思想の宗敎學的硏究 古代中國における祖先崇拜の思想的發展』(東京: 東京大學出版會, 2002), 90쪽·93쪽 참조.

람에게 신임을 얻는 데는 방법이 있습니다. 친구들에게 신뢰를 얻지 못하면 윗사람에게도 신뢰를 얻지 못할 것입니다. 친구들에게 신뢰를 얻는 데에도 방법이 있습니다. 부모님께 온순하게 대하지 않으면 친구들에게도 신뢰를 얻지 못할 것입니다. 부모님께 온순하게 대하는 데에도 방법이 있습니다. 자신을 돌이켜보아 진실하지 않으면 부모님께 온순하게 대하지 못할 것입니다. 자신을 진실하게 하는 데에도 방법이 있습니다. 선을 분명히 알지 못하면 자신을 진실하게 하지 못할 것입니다.[56]

이 문장에 의하면 '선'은 부자관계를 중심으로 하는 혈연공동체와 붕우관계를 중심으로 하는 사회공동체 및 군신관계를 중심으로 하는 정치공동체에서 요구되는 순종[順]과 신뢰[信]를 바탕으로 하는 윤리라는 점에서 공동체가 추구해야 하는 공동선으로 보아야 한다.

성신(誠身)과 관련해 한 가지 특기할 만한 사항은 「중용」은 천하의 지성(至誠)[제22·23·24·26·32장]이나 성인[제17·20·27·29장]에 대해 논하고 있듯이 최고통치자가 될 사람에게도 자기 수양을 요구하지만, 제20장에서 "아랫자리에 있으면서 윗사람에게 신뢰를 얻지 못하면 백성을 다스릴 기회를 가질 수 없습니다"라는 말을 반복해서 하고 있듯이 하위자의 수신을 동일하게 강조하고 있는 점이다. 그렇다면 바로 다음에 "그러므로 군자는 자기 수양을 하지 않을 수 없습니다"[57]라고 할 때의 군자 또한 하위자로 봐야 할 것이다. 이런 추론에 의거한다면 「중용」의 다른 장에 나오는 '군자' 또한 최고통치자가 아니라 실질적으로는 하위자로 보는 것이 자연스러울 것이다. '획호상(獲乎上)' 즉 윗사람의 신임을 얻어야 하는 이유는 그것이야말로 정치의 장으로 진출하기 위한 최소한의 현실적 요건이기 때문이다. 이렇게 본다면 「중용」의 주 타깃은 최고통치자뿐 아니라 정치 현장에서 실무를 담당하는 경대부(卿大夫) 및 사(士) 계층이라고 할 수 있을 것이다.

5. 『성자명출』의 이상정치론: 소통과 공감의 정치

『성자명출』의 기본 목표는 다음의 세 가지다.

첫째는 제15~18호간에서 『시』 『서』 『예』 『악』은 그것이 처음 나왔을 때는 모두 사람에 의해 만들어진 것이다. 『시』는 목적의식을 갖고 만든 것이다. 『서』는 목적의식을 갖고 말로 표현한 것이다. 『예』와 『악』은

---

56 「中庸」제20장, "在下位不獲乎上, 民不可得而治矣. 獲乎上有道, 不信乎朋友, 不獲乎上矣. 信乎朋友有道, 不順乎親, 不信乎朋友矣. 順乎親有道, 反諸身不誠, 不順乎親矣. 誠身有道, 不明乎善, 不誠乎身矣."

57 「中庸」제20장, "故君子不可以不脩身."

목적의식을 갖고 행동으로 표현한 것이다. 성인은 유사성을 비교하고 논단해 모으고, 선후의 순서를 잘 관찰해 정치의 역순의 이치를 밝혔으며, 사회규범을 체현해 절도에 맞게 하고, 감정을 조절해 밖으로 드러내거나 안으로 규제했다. 그러고 나서 다시 (『시』『서』『예』『악』을) 가르치는 데 활용했다. 가르침이라는 것은 덕성을 사람의 마음속에 생기게 하는 바탕이 되는 것이다"[58]라고 하듯이, 성인이 만든 시서예악을 교육시킴으로써 인간의 내면에 유교적인 덕성을 싹트게 하는 것이다.

둘째는 제26~27호간에서 "절도에 맞는 생활이 오랫동안 지속되고, 선으로 돌아가 최초의 출발점으로 되돌아가는 것에 신중히 하며, 밖으로 드러내거나 안으로 규제하는 것이 순조롭게 이루어지는 것이야말로 덕성을 함양하는 시작이 되는 것이다"[59]라고 하듯이, 끊임없는 자기 수양을 통해 덕성을 함양시키는 것이다.

셋째는 덕성의 함양에만 그치는 것이 아니라 제18~20호간에서 "예는 감정에서 나오는 것이지만 그것을 일으키는 것이 있다. 장례 등을 거행할 때는 (존비·귀천 등의) 서열에 따라 처리하고, 먼저 해야 할 것과 나중에 해야 할 것의 순서가 제대로 지켜지는 것이 바로 사회규범의 도다. (존비·귀천 등의) 서열이 있으면서 거기에 맞게 절도를 이루게 하는 것이 바로 제도다. 용모를 (서열에 맞게) 가다듬는 것은 절도를 이루게 하는 방법이다"[60]라고 하듯이, '예(禮)'를 통해 상하 귀천의 신분질서를 확립하는 것이다.

그런데 이렇게만 말하면 『중용』을 비롯한 기존의 선진 유학사상과 별반 다를 것이 없을 것이다. 『성자명출』만의 특징은 이미 언급했듯이 그런 '예'가 인간의 감정이나 본성과 무관하게 밖으로부터 인간의 의지나 행위를 규제하는 것이 아니라고 새롭게 규정하는 점에 있다. '예'는 인간의 내적 자연인 '정(情)'에 기원하는 것이기 때문에 인간의 자연성을 바탕으로 만들어진 것이다. 이것은 피치자가 사회규범을 준수하는 것은 강제나 규제에 의해서가 아니라 자율적 내지는 자발적으로 가능하다는 것을 철학적으로 정립한 것이다. 이것이 『성자명출』의 정치사상의 첫 번째 특징이다.

덕성 교육의 문제와 관련해 음악이 유교적인 학습이나 교육에 탁월한 효과가 있으며, 그것이 정치사상으로 전환됐을 때는 교화의 중요한 수단으로 연결된다는 것은 이미 지적한 대로다. 다음의 문장들에 보이듯이 『성자명출』에서 뇌(賚)·무(武)·소(韶)·하(夏) 같은 무악(舞樂)에 대해 반복적으로 언급하고 있는 것은 바로 그 때문이다.

---

58 郭店楚簡『性自命出』 제15~18호간, "詩書禮樂, 其始出皆生於人. 詩, 有爲爲之也. 書, 有爲言之也. 禮樂, 有爲擧之也. 聖人比其類而論會之, 觀其〈先〉後而逆順之, 體其義而節度之, 理其情而出入之, 然後復以敎. 敎, 所以生德于中者也."

59 郭店楚簡『性自命出』 제26~27호간, "其居節也久, 其反善復始也愼, 其出入也順, 始其德也."

60 郭店楚簡『性自命出』 제18~20호간, "禮作於情, 或興之也. 當事因方而制之. 其先後之敍, 則義道也. 或敍爲之節, 則度也. 治容貌, 所以度節也."

뇌(賚)·무(武)를 보면 엄숙해지다가 감정이 끓어오르게 된다. 소(韶)·하(夏)를 보면 최선을 다해 노력하려는 마음이 생기다가 안정을 되찾게 된다.[61]

뇌(賚)·무(武)는 그 연주를 즐기지만, 소(韶)·하(夏)는 그 감정을 즐긴다.[62]

그리고 그 근저에 인간이 느끼는 감정은 근원적으로 비슷하기 때문에 그 마음 또한 비슷하다고 생각하는 관념이 깔려 있는 것에 대해서도 이미 언급했다.

더 중요한 것은 '심술(心術)'과 관련된 것이다. 음악이 인간을 생각하게 만들어서 마음을 일정한 방향으로 움직이게 하는 작용을 한다는 것이다.

음악이 마음을 움직이는 것은, 마음속 깊은 곳에 쌓이고 쌓이다가 그것이 심해지면 흘러나와 슬픈 감정이 일어나고 오랫동안 생각에 잠기게 한다.[63]

대개 생각이 가장 활발히 마음을 쓰게 한다.[64]

일정한 방향이란 다름 아닌 앞에서 말한 성인이나 군자의 마음을 구하는 것이다. 그런데 앞에서 인용한 제37~38호간에서 "그 마음을 구하는 데 작위적으로 하면 얻을 수 없다. 이로써 사람이 작위적으로 (성인·군자의 마음을) 구할 수 없다는 것을 알 수 있을 것이다"라고 하는 것에 의하면, 그것은 주입이나 강요 같은 '유위(有爲)', 즉 작위적인 방법으로 억지로 해서 얻을 수 있는 성질의 것이 아니다. 사람들이 좋은 음악을 들음으로써 그 속에서 뭔가를 느끼고 생각하고 교훈을 얻는 것은 작위가 아닌 감정의 자연스러운 교감이다. 그만큼 음악을 통한 교감과 교화의 효과를 지대하다고 보는 것이 『성자명출』의 정치사상의 두 번째 특징이다.

『성자명출』에서는 인간의 감정이 사람들 사이의 교감은 물론 치자와 피치자 사이의 확고한 관계를 구축하는 데에도 중요한 역할을 하는 것으로 본다. 확고한 관계란 앞에서 인용한 제50~51호간의 문장에 의하면 다름 아닌 신뢰 관계를 가리킨다. 『성자명출』에서는 바로 이어 제51~55호간에서 치자를 ①'유미정자(有美情者)', ②'성선자(性善者)', ③'함복자(含福者)', ④'유심외자(有心畏者)', ⑤'유덕자(有德者)', ⑥'유

---

61 郭店楚簡『性自命出』제25~26호간, "觀賚武, 則齊如也斯作. 觀韶夏, 則勉如也斯斂."

62 郭店楚簡『性自命出』제28호간, "賚武樂奏, 韶夏樂情."

63 郭店楚簡『性自命出』제30~31호간, "樂之動心也濬深鬱陶, 其烈流如也以悲, 悠然以思."

64 郭店楚簡『性自命出』제32호간, "凡思之用心爲甚."

도자(有道者)', ⑦'유례자(有禮者)', ⑧'달어의자(達於義者)', ⑨'독어인자(篤於仁者)', ⑩'지도자(知道者)'같이 10가지 유형으로 나눈다.[65] 그 중 첫 번째로 들고 있는 것이 바로 '유미정자'다. 우리는 이것을 통해 『성자명출』이 '정(情)'을 정치의 기초로 생각하고 있다는 것을 엿볼 수 있다. 그런 의미에서 이것은 개인 중심의 정치윤리라기보다는 관계 중심의 정치윤리라고 볼 수 있다. 이것이 『성자명출』의 정치사상의 세 번째 특징이다.

관계 중심의 정치윤리에 관해 논의를 전개하다 보면 교류나 소통의 문제로 논의가 확대되는 것은 논리의 흐름상 자연스러운 귀결일 것이다. 이것과 관련해서는 '정(情)'과 '교(交)'의 문제가 논의되고 있다. '교(交)'는 사귐·교제·교감·교류 등을 의미한다. 더 나아가 소통을 의미하기도 한다. 그런데 『성자명출』에서 말하는 '교'는 일반적인 의미에서의 '교'와는 다르다. 전래문헌에서 '교'는 예를 들어 「중용」제20장의 '붕우지교(朋友之交)'같이 친구와의 사귐을 가리키는 경우가 많다. 그러나 다음의 문장에 의하면 『성자명출』의 경우는 '상교(上交)'와 '하교(下交)'를 가리킨다.

도를 듣고 윗사람의 언행을 성찰하는 것은 윗사람과 잘 사귀는 것이다. 도를 듣고 아랫사람의 언행을 성찰하는 것은 아랫사람과 잘 사귀는 것이다. 도를 듣고 자신의 언행을 성찰하는 것은 자신의 몸을 잘 수양하는 것이다. 윗사람과 사귀는 것은 임금을 섬기는 것에 가까운 것이다. 아랫사람들과 사귀면서 많은 사람들을 얻는 것은 정치를 행하는 것에 가까운 것이다. 자신의 몸을 수양하는 것은 인(仁)에 도달하는 것에 가까운 것이다.[66]

이 문장에 의하면 '상교'는 '사군(事君)'과 관련이 있고 '하교'는 '득중(得衆)' 및 '종정(從政)'과 관련이 있다. 이처럼 『성자명출』의 '교'는 교우(交友) 같은 수평적인 '교'가 아니라 '사군'[上]이나 '득중·종정'[下] 같은 수직적인 '교'를 가리킨다. 다시 말하면 『성자명출』에서 '교'를 문제시하는 것은 사회적인 교우론(交友論)을 논하는 데 목적이 있는 것이 아니라, 위아래의 정치적 소통의 문제를 논하는 데 목적이 있는 것이다. 그렇다면 위아래의 정치적 소통의 출발점임과 동시에 기준이 되는 것은 무엇인가? 바로 '도(道)'다. 이 때 주의해야 할 점은 '상교'와 '하교'의 주체는 최고통치자일 수는 없고, 위아래 소통의 매개 역할을 하는 중간 계층이라는 점이다. 그것은 다름 아닌 경대부 및 사(士) 계층이 바로 거기에 해당한다. 이렇게 보

65　郭店楚簡『性自命出』제51~55호간, "未言而信, 有美情者也. 未教而民恆, 性善者也. 未賞而民勸, 含福者也. 未刑而民畏, 有心畏者也. 賤而民貴之, 有德者也. 貧而民聚焉, 有道者也. 獨處而樂, 有禮者也. 惡之而不可非者, 達於義者也. 非之而不可惡者, 篤於仁者也. 行之不過, 知道者也."

66　郭店楚簡『性自命出』제55~57호간, "聞道反上, 上交者也. 聞道反下, 下交者也. 聞道反己, 修身者也. 上交近事君, 下交得衆近從政, 修身近至仁."

면 「중용」이 상정하는 정치론의 대상과 유사한 측면이 있다.

그렇다면 정치적 소통에서 어떤 소통을 이상적인 것으로 보고 있는가? 다음의 문장에 의하면 동일한 가치기준('同方')과 동일한 기쁨의 감정('同悅')을 공유하면서 소통하는 것을 이상적인 것으로 본다.[67]

가치기준을 공유하면서 사귀는 것은 도(道)에 의거해 사귀는 자다. 가치기준을 공유하지 않는 데도 사귀는 것은 작위적인 목적의식을 갖고 사귀는 자다. 기쁨을 공유하면서 사귀는 것은 덕으로 사귀는 자다. 기쁨을 공유하지 않는 데도 사귀는 것은 전략적으로 사귀는 자다.[68]

가치기준을 공유한다는 것은 사회규범의 준수와 관련된 것이다. 감정을 공유한다는 것은 유가적인 덕성과 관련이 있는 것이다. 동일한 가치기준과 동일한 기쁨의 감정을 공유하는 것이야말로 위아래가 서로 공감하는 정치, 즉 '공감정치'를 실현하는 요체다. 『성자명출』이 이상으로 삼고 있는 정치는 다음과 같다.

가정을 다스릴 때는 안정을 추구하고, 사회를 다스릴 때는 질서를 추구한다.[69]

이 문장에 의하면 『성자명출』의 정치론은 가정의 평온과 사회질서의 안정으로 집약된다. 그것을 실현하기 위해 경대부 및 사(士) 계층에게 요구하는 덕목은 제65호간에서 "화합과 절도가 있으면서 기만하지 않는 것을 추구한다"[70]고 하듯이 화합과 절도다. 이것 또한 「중용」과 유사하다고 할 수 있다. 그러나 이 때 간과해서는 안 되는 것은 다음의 문장에 잘 나타나 있듯이 '독언(獨言)'과 '독처(獨處)'즉 고립된 상태를 경계해야 한다고 하는 점이다.

대개 사람과 사귈 때는 (격식에서 벗어난) 지나친 행동을 삼가야 하고, 처음부터 끝까지 한결같이 잘해야 한다. 대개 (사람들과 함께 마땅히 가야할) 길을 갈 때는 어떤 두려움도 갖지 말아야 하고, 혼자 고립된 상태에서 발언하지 말아야 한다. 혼자 고립된 상황에 처했을 때는 친족의 어르신들이 즐거워하는 올바른 길을 익힘으로써 고립을 피하는 것이 좋다. 만약 큰 해가 없다면 작은 잘못 정도는 이해하는 것

---

67 '方'에 관해서는 劉昕嵐, 「郭店楚簡《性自命出》篇箋釋」, 武漢大學中國文化研究院 編, 『郭店楚簡國際學術硏討會論文集』(武漢: 湖北人民出版社, 2000), 350쪽; 池田知久 監修, 大東文化大學郭店楚簡硏究班 編, 『郭店楚簡の硏究』6, 98~100쪽 참조.

68 郭店楚簡『性自命出』제57~58호간, "同方而交, 以道者也. 不同方而[交, 以故者也]. 同悅而交, 以德者也. 不同悅而交, 以猷者也.

69 郭店楚簡『性自命出』제58~59호간, "門內之治, 欲其逸也. 門外之治, 欲其制也."

70 郭店楚簡『性自命出』제65호간, "欲諧度而毋僞."

이 좋다. 작은 잘못이 고쳐졌을 때는 그것에 대해 두 번 다시 말해서는 안 된다.[71]

'독(獨)'이라는 것은 '교'의 반대, 즉 소통이 아닌 불통을 의미한다. 고립된 상태에 처해 있을 때 그것을 극복하는 방법으로는 부형(父兄)이 즐거워하는 것을 배워야 한다고 한다. 부형을 친족과 그 본거지인 향리(鄕里)라는 혈연공동체의 장으로 본다면, 『성자명출』은 자기 수양의 배경과 정치적 기반을 향리 단위로 생각하고 있었다고 할 수 있다. 이것 또한 『성자명출』의 주 타깃이 경대부 및 사(士) 계층임을 방증해주는 것이다.

6. 맺음말

「중용」과 『성자명출』은 끊임없는 자기 수양을 통해 사람의 마음을 얻는 정치를 실현하고자 한 점에 공통점이 있다. 그것은 근원적으로 인간을 신뢰해야만 가능한 사상이다. 그러나 그것을 실현하고자 하는 방법론적인 면에서는 분명한 차이가 있었다. 그 차이는 인간의 본질에 대한 규정에 기인하는 것이었다.

구체적으로 말하면 「중용」은 '성(性)'중심의 담론을 전개하지만, 『성자명출』은 '심(心)'과 '정(情)'중심의 담론을 전개한다. 「중용」은 '성(性)'만을 '천(天)'과 연속하는 것으로 보지만, 『성자명출』은 '성(性)'과 '천(天)'을 연속하는 것으로 볼 뿐 아니라 '정(情)'까지도 연속하는 것으로 봄으로써 '정(情)'을 긍정할 수 있는 사상적 기반을 마련한다. 「중용」은 '성(性)'을 대부분 주체에 국한시켜 파악하지만, 『성자명출』은 주체와 객체와의 관계 속에서 파악한다. 「중용」은 '정(情)'을 조절이나 억제의 대상으로 보지만, 『성자명출』은 '정(情)'을 그렇게 봄과 동시에 '예(禮)'의 근원으로 본다. '정(情)'을 음악을 통한 교감의 근원으로 보는 것도 『성자명출』만의 특징이다. '미정(美情)'의 인정은 그러한 것들과 깊은 관련이 있다. 「중용」은 '성(性)'의 실현 방법으로 '성(誠)'사상을 전면에 내세우지만, 『성자명출』은 '성(性)'의 실현 방법으로는 '의(義)·경(敬)·인(仁)'을, '정(情)'의 실현 방법으로는 '충(忠)·신(信)'을 각각 제시한다. 윤리적 실천 문제와 관련해서는 「중용」과 『성자명출』 모두 자연과 작위를 구분해서 본다. 하지만 「중용」은 수양과 교육이라는 일반적인 차원에서 논의하지만, 『성자명출』은 수양·교육과 함께 선의지의 발현을 심술(心術)의 문제로 논의한다.

인간의 본질을 바라보는 기본 입장이 이렇듯 다르기 때문에 양자가 지향하는 이상정치 또한 다르게 나타난다. 「중용」은 인간의 본질인 '성(誠)'에 바탕을 둔 구경(九經)을 실현시키는 것을 정치의 이상으로 삼

---

71 郭店楚簡 『性自命出』 제60~61호간, "凡交毋烈, 必使有末(?). 凡於路毋畏, 毋獨言. 獨處則習父兄之所樂. 苟毋大害, 小枉納之可也, 已則勿復言也."

지만, 『성자명출』은 '정(情)'에 바탕을 둔 교감 및 가치기준과 감정을 공유하면서 소통하는 정치를 실현시키는 것을 이상으로 삼는다. 「중용」은 제사라는 의례의 장에서 '성(誠)'을 매개로 한 신인(神人) 소통의 메커니즘 및 그 밑바탕에 흐르는 효의 정신을 정치의 요체로 보는 데 특징이 있다. 반면 『성자명출』은 예(禮)를 인간의 내적 자연인 '정(情)'을 바탕으로 만들어진 것으로 봄으로써 사회질서 유지의 가능 근거를 외부로부터의 강제성이나 규제성이 아니라 내부로부터의 자율성이나 자발성으로 전환시키는 데 특징이 있다. 「중용」은 교육론에서 '성(誠)'의 인식과 실천의 가능성을 모든 사람에게 개방하는 데 역점을 두지만, 『성자명출』은 인간의 보편적인 '정(情)'을 기반으로 한 음악의 효용성과 자연스러운 교감의 중요성을 강조한다. 이것이 교화라는 정치론으로 곧바로 전환되는 것은 양자가 동일하다. 그러나 '정(情)'을 정치의 기초로 생각하고 치자와 피치자 사이의 신뢰 관계 구축의 키워드로 설정함으로써 위아래의 '공감정치'를 실현하고자 하는 것은 『성자명출』만의 특징이다.

중국이나 일본 등지에서는 『성자명출』의 사상이 「중용」과 같거나 유사하다고 결론짓는 학자들이 많다. 필자는 일찍이 '예(禮)의 근원'이라는 관점에서 그런 주장의 문제점을 지적하고, 『성자명출』의 사상이 공자·자사·맹자·순자 등의 사상과는 다르다는 것을 논한 적이 있다.[72] 이번에 「중용」과의 직접적인 비교를 통해 『성자명출』이 「중용」과 다르다는 것이 한층 더 분명해졌을 것으로 판단된다.

필자가 「중용」과 『성자명출』이라는 두 문헌을 비교한 것은 양자의 시비나 우열을 가리기 위한 것이 아니다. 양자 모두 유가 계통의 문헌임에도 불구하고 인간의 구조를 바라보는 관점에 따라 사상의 지향점과 방법론이 어떻게 달라지는지 살펴봄으로써, 각각의 문헌이 지닌 장점과 한계를 객관화하고자 하는 데 목적이 있다. 전통사상을 현대에 그대로 적용시키는 것도 문제가 있고 어떤 사상의 가치를 주관적인 잣대로 평가하는 것도 문제가 있지만, 두 문헌이 공통적으로 치자에게 요구하는 엄격한 도덕성은 지금도 여전히 보편적인 가치가 있다고 생각된다. 특히 『성자명출』이라는 문헌의 출현으로 선진유가 내부에 감정의 순기능을 긍정하는 사상이 있었다는 것이 밝혀지게 된 것은 전국시대 이후 '인정론(人情論)'과 '공감정치론'의 선구라는 점에서 의의가 크다고 생각된다.

이 글은 『퇴계학보』 제135집에 게재한 「사람의 마음을 얻는 정치 -『禮記』「中庸」과 郭店楚簡『性自命出』의 비교를 중심으로-」(2014)의 일부 내용을 수정해 수록한 것이다.

---

72 졸저, 『郭店楚簡儒教の研究: 儒系三篇を中心にして』, 487~522쪽.

10
『주역』의 세계, 출토문헌을 통해 보다
- 상박초간(上博楚簡)『주역』亡(无)忘(妄)괘를 중심으로 -

원용준 (충북대)

1. 상박초간『주역』에 대하여

1994년 홍콩의 문물시장에서 전국시대의 죽간으로 여겨지는 고문물이 발견되었다. 그 해에 상하이박물관측이 그 죽간들을 입수하여 정리한 다음 상하이박물관장전국초죽서(上海博物館藏戰國楚竹書)라는 이름으로 그 죽간들의 도판(죽간 사진)과 「석문고석(釋文考釋)」을 2001년부터 차례로 공개하고 있다.[1] 이 글에서 다루고자 하는 상박초간『주역』의 ≪도판≫과 「석문고석」은 시리즈 제3권에 수록되어 있다.[2]

상박초간『주역』의 정확한 서사(書寫)시기에 대해서는 연구자에 따라 차이가 있지만, 현시점에서 가장 오래된『주역』텍스트라는 점에는 이견이 없다.[3] 공개된 사진 도판에 의하면 상박초간『주역』은 총 58매의

---

[1] 『上海博物館藏戰國楚竹書』시리즈는 2001년 11월 上海古籍出版社에서 제1권이 발간되었고, 2017년 현재 제9권까지 발간된 상태다. 상박초간의 발견 경위 및 정리 상황에 대해서는 馬承源 주편『上海博物館藏戰國楚竹書(一)』(上海: 上海古籍出版社, 2001)에 수록되어 있는「前言:戰國楚竹書的發現保護和整理」를 참고하기로 하고 자세한 설명은 생략한다. 이하에서는 상하이박물관 소장 전국초죽서들을 상박초간이라고 약칭한다.

[2] 馬承源 주편, 『上海博物館藏戰國楚竹書(三)』(上海: 上海古籍出版社, 2003) 최초의 석문(釋文) 및 고석(考釋)은 濮茅左가 담당하였다. 위의 책에 수록된 濮茅左의 견해를 언급할 때에는 濮茅左를 정리자로 부르겠다.

[3] 상박초간의 초사(初寫) 연대에 대해서는 馬承源 전 상하이박물관장이「前言:戰國楚竹書的發現保護和整理」에서 전국시대 만기로 추정한 이래, 대다수의 학자들이 이에 따르고 있다. 그러나 이 연대에 대한 이견도 있어서 연구자에 따라 전국시대 중기부터 전한 초기에 이르기까지 여러 견해도 존재한다. 상박초간이 고고학의 발굴에 의한 것이 아니기 때문에 초사 및 성립 연대 고증의 문제는 쉽게 결론 내릴 수는 없을 듯하다. 이에 이 글에서는 상박초간의 초사연대에 대한 상세한 고증은 피

죽간에 34괘의 내용만 남아 있다. 아마도 원래는 64괘 전체의 내용을 담고 있었는데, 오랜 기간을 거쳐 오는 동안 혹은 도굴되는 과정 속에서 파손, 유실된 것으로 여겨진다. 홍콩중원(中文)대학이 소장하고 있는 전국시대 죽간에도 상박초간『주역』의 일부가 있는 것이 이를 방증한다.[4] 상박초간『주역』은 전국시대 초나라 문자로 쓰여 있으며 적색과 흑색이 조합된 부호가 존재하고, 『역전(易傳)』 즉 현행본『주역』의 십익(十翼) 부분이 없다.

지금까지 출토문헌『주역』텍스트는 총 3종이 발견되었다. 이 글에서 다룰 상박초간본 이외에도 1973년부터 1974년에 걸쳐 후난성(湖南省) 창사시(長沙市) 마왕두이(馬王堆) 한묘(漢墓)에서 백서(帛書)『주역』(이하 마왕두이백서『주역』혹은 마왕두이본으로 약칭)이 출토되었으며, 1977년 안후이성(安徽省) 푸양현(阜陽縣) 솽구두이(雙古堆) 서한(西漢) 여음후묘(汝陰侯墓)에서 한간(漢簡)『주역』(이하 푸양한간『주역』혹은 푸양한간본으로 약칭)이 출토되었다. 이 3종류의 출토문헌『주역』과 현행본『주역』은 모두『주역』텍스트임에는 분명하지만 문자, 내용, 체재 등에 서로 다른 부분들이 있다. 이 차이점들을 잘 분석하면 전국시대『주역』텍스트의 모습과 그 이후의 전개 과정을 추론할 수 있다. 이 글에서는 상박초간『주역』의 亡(无)忘(妄)괘의 내용을 마왕두이본, 푸양한간본, 현행본 및 고대 문헌들과 비교·고찰하여 전국시기『주역』의 일면을 규명하고자 한다. 나아가 전국~전한초기에 이르는 시기의『주역』이 지니는 사상사적 면모도 밝혀질 것이다.[5]

2. 亡(无)忘(妄)卦(제20호간~제21호간)의 석문(釋文), 석독(釋讀), 부호

상박초간『주역』亡(无)忘(妄)卦는 제20호간과 제21호간으로 이루어져 있다. 이 죽간의 번호는 원래부터 있던 것이 아니라 최초로 죽간을 정리하고「석문고석」을 작성한 정리자가 임의로 붙인 번호이다. 상박초간『주역』은 전국시대 초문자로 쓰여 있는데, 공표된 도판을 통해 초문자를 판독하여 〈석문〉, 〈석독〉을

하고 일반적으로 통용되는 전국시대 후기의 텍스트로 간주하겠다.

4 陳松長 편저, 『香港中文大學文物館藏簡牘』 (홍콩: 香港中文大學文物館, 2001) 홍콩중원(中文)대학 전국죽간이 상박초간의 일부라는 것은 이미『자고』등의 사례를 통해 확인되었다. 위 책에 실린 도판에서 현행본 睽卦에 해당하는 죽간의 일부를 확인할 수 있다.

5 상박초간『주역』을 위시하여 이 글에서 다루는 모든 출토문헌의 석문(釋文)은 기존 석문을 그대로 따르지 않고 필자가 하나하나 도판을 확인하고 고문자학의 최신 연구 성과를 반영하여 판정【隸定】하였다. 다만 이 글의 목적이 문자 고석에 있는 것이 아니기 때문에 상세한 문자 고증은 생략한다. 문자 고증에 관해서는 아래 연구를 참조하기 바란다.
李旭昇 主編, 『上海博物館藏戰國楚竹書(三)讀本』 (臺北: 萬卷樓, 2005)
濮茅左, 『楚竹書『周易』研究』上/下 (上海: 上海古籍出版社, 2006)
池田知久 監修, 『上海博楚簡の研究』(二) (東京: 大東文化大學 上海博楚簡研究班, 2008)

만들면 아래와 같다.[6]

〈석문〉

(제20호간) ▆▆▆ 亡忘.【▉】元卿, 秒貞. 亓非遑又賞, 不秒又鹵往. 初九, 亡忘, 吉. 六二, 不靜而 穆, 不畜之囗.【秒又鹵往. 六晶, 亡忘之爻, 或繫之牛, 行】

(제21호간) 人之夏, 邑人之爻. 九四, 可貞, 亡咎. 九五, 亡忘又疾, 勿藥又芙. 上九, 亡忘, 行又賞, 亡鹵秒. ▉

〈석독〉

(제20호간) ▆▆▆ 无妄.【▉】元亨, 利貞. 其非復有眚, 不利有攸往. 初九, 无妄, 吉. 六二, 不耕而穫, 不 畜之囗,【利有攸往. 六三, 无妄之災, 或繫之牛, 行】

(제21호간) 人之得, 邑人之災. 九四, 可貞, 无咎. 九五, 无妄有疾, 勿藥有喜. 上九, 无妄, 行有眚, 无 攸利. ▉

『상하이박물관장전국초죽서(三)』에 실려 있는 《도판》을 보면 알 수 있듯이 제20호간은 중간에서 부러져 아래 부분이 없어졌다. 아래의 《그림 1》은 《도판》에 의거하여 제20호간의 죽간 상태를 묘사한 것이다. 한편, 제21호간은 두 군데가 부러져서 세 조각 난 것을 철합하여 하나의 죽간으로 만든 것이다. 정리자는 제20호간에 대해 "이 죽간은 '亡(无)忘'괘의 수간(首簡)으로 길이는 29.1cm이고, 죽간의 상단은 완전하지만, 하단은 파손되어 없어졌다. 현재 30자와 하나의 괘획이 남아있고, 괘명 다음에 부호가 보이지 않는다."고 한다.[7] 또한 정리자는 현행본에 의거해 제20호간의 없어진 부분에 "則利有攸往. 六三, 无妄之災, 或繫之牛, 行"의 16자를 보충하고 있다. 이 문자 보충에 대해서는 구체적으로 살펴볼 필요가 있다.

아래 부분이 부러져 없어진 제20호간의 길이는 29.1cm다. 부러지지 않은 상박초간 『주역』 죽간길이는 평균 44cm이기 때문에 제20호간은 아래 부분이 약 14.9cm 정도 결실되었다고 추정된다. 상박초간 『주역』의 경우 죽간의 상단에서 첫 계구(契口)까지,[8] 그리고 세 번째 계구에서 하단까지의 약 1.2cm정도

---

6 〈釋文〉은 죽간에 쓰인 글자의 형태【字形】를 直寫하여 현재의 해서체 형식으로 재현한 것이다. 따라서 자형의 재현만을 실시하였을 뿐, 그 글자의 의미에 대해서, 즉 가차자, 이체자, 錯字 등의 풀이는 하지 않았다. 〈釋讀〉은 〈釋文〉에서 재현한 한자의 의미를 해명하여 상응하는 현재의 한자로 표기한 것이다.

7 濮茅左,「釋文考釋」, 馬承源 主編,『上海博物館藏戰國楚竹書(三)』(上海: 上海古籍出版社, 2003)

8 계구(契口)란 끈을 묶기 위해 죽간 측면을 V형으로 깎아 놓은 곳으로 보통 죽간 우측에 위치한다. 상박초간 『주역』의 경우 상단, 중단, 하단의 세 곳에 계구가 있다.

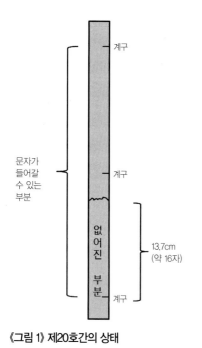

《그림 1》 제20호간의 상태

는 문자를 쓰지 않고 있기 때문에 14.9cm의 결손 부분에서 문자가 들어갈 수 있는 공간은 약 13.7cm이다. 상박초간『주역』의 한 글자는 약 0.9cm정도 차지하기 때문에 13.7cm의 공간에는 대략 15~16자 정도가 있었으리라 생각된다. 다만, 마왕두이본, 현행본의 내용을 고려하고 다음 죽간인 제21호간의 첫 글자가 '人'인 점을 감안하여 "□【秾又卤蓬. 六晶, 亡忘之夭, 或繫之牛, 行】"의 16자를 보충해 넣기로 한다.[9] 한 가지 언급하고 싶은 점은 "不畜之" 아래의 한 글자는 '則'이 아니라고 생각된다는 것이다. '則'이라면 "不耕而穫, 不畜之則"이 되어 이 두 구절이 대구를 이루지 못하게 되어 버린다. 마왕두이본과 현행본을 참고하더라도 이 두 구절이 대구인 것은 틀림없기 때문에 여기에서는 "不畜之"의 아래 한 글자를 알 수 없는 글자(□)로 처리해 둔다. "不畜之□"구절의 내용에 대해서는 뒤에서 자세히 서술하겠다.

참고로 마왕두이본과 푸양한간본, 현행본의 무망괘는 아래와 같다.

마왕두이백서 『주역』 无孟(妄)괘 (제8행)[10]

无孟(妄). 元亨, 利貞. 非正有省(眚), 不利有攸往. 初九, 无孟(妄), 往吉. 六二, 不耕穫, 不蕾餘(畬), 利有【攸】往. 六三, 无【孟(妄)之茲(災)】, 或擊(繫)【之牛, 行人】之得, 邑人之茲(災). 九四, 可貞, 无咎. 九五, 无孟(妄)之疾, 勿藥有喜. 尙(上)九, 无孟(妄)之行, 有省(眚), 无攸利.

푸양한간 『주역』 无亡(妄)괘 (제125호간~제128호간)[11]

(제125호간)【☲☳】无亡(妄). 元亨, 利貞. 其非延(征)有眚, 不利有鹵(攸)往. 卜雨不雨不□……

(제126호간)……齊齊不吏(事)君, 不吉. 田魚不得. ●初九, 无亡(妄), 往吉. 卜田魚得而……

(제127호간)……不耕穫, 不……

9　현행본의 '利', '有', '攸', '往', '三', '无', '妄', '災'는 상박초간본에서는 '秾', '又', '卤', '蓬', '晶', '亡', '忘', '夭'로 쓰고 있기 때문에 후자의 글자를 보충하여 넣었다.

10　마왕두이백서 『주역』은 저본으로 裘錫圭 주편, 『長沙馬王堆漢墓帛書集成』(北京: 中華書局, 2014년)의 도판을 이용하였다. 마왕두이본 역시 상박초간과 마찬가지로 〈석문〉, 〈석독〉으로 나누는 것이 원칙이겠지만 너무 번잡해지기 때문에 편의상 ( )를 이용하여 한 곳에서 처리하였다. 이하의 푸양한간본도 마찬가지다.

11　푸양한간 『주역』은 저본으로 韓自强, 『阜陽漢簡『周易』研究』(上海古籍出版社, 2004년)의 도판을 이용하였다.

(제128호간)……九四, 可貞, 无咎.……

현행본 无妄괘

䷘无妄. 元亨, 利貞. 其匪正有眚, 不利有攸往. 初九, 无妄, 往吉. 六二, 不耕穫, 不菑畬, 則利有攸往. 六三, 无妄之災, 或繫之牛, 行人之得, 邑人之災. 九四, 可貞, 无咎. 九五, 无妄之疾, 勿藥有喜. 上九, 无妄, 行有眚, 无攸利.

다음으로 문제가 되는 것은 상박초간 『주역』에 존재하는 독특한 시각형의 부호다. 상박초간 『주역』은 괘명 아래와 상효 효사 끝의 두 군데에 총 11종의 적색과 흑색의 사각형 부호가 있다.[12] 정리자는 괘명 아래의 부호를 수부(首符), 상효 효사 끝의 부호를 미부(尾符)라고 칭하였는데, 여기에서도 이 호칭을 사용하겠다. 각 괘의 수부와 미부는 기본적으로 동일한 부호를 사용한다. 그런데 제20호간의 亡(无)忘(妄)괘의 경우 괘명 아래 있어야 할 수부가 없다. 상박초간 『주역』에서 수부가 보이지 않는 괘는 亡(无)忘(妄)괘가 유일하다. 원래 괘명 '亡忘' 아래 수부가 있었지만, 오랜 세월을 거치는 동안 묵적(墨跡)이 마멸되어 눈에 보이지 않게 되었을 수도 있다. 실제로 도판을 자세하게 살펴보면 부호가 있어야할 자리에 살짝 긁어낸 것 같은 흔적이 있다. 亡(无)忘(妄)괘는 특별한 이유가 있어서 수부를 서사하지 않은 것일까? 아니면 부호를 그려 넣었지만 마멸되어 보이지 않는 것일까? 그것도 아니라면 부호가 잘못되어 긁어 없앤 후 다시 그려 넣는 것을 잊은 것일까? 그 정확한 진위는 알기 어렵지만, 이 괘의 미부는 '■'(작은 흑색사각형, 《도판》 참조)로 수부가 있었다면 같은 부호였을 것이다. 같은 부호였으리라 생각되는 아래 제22호간의 大㽙(畜)괘의 수부를 보면 《그림 2》와 같다. 상박초간 『주역』의 상례에 의거하면 亡(无)忘(妄)괘도 이처럼 부호가 있어야 한다. 이에 이 글에서는 괘명 '亡忘' 아래에 '■'를 보충하기로 한다.

《그림2》

3. 亡(无)忘(妄)괘의 괘명

괘명 '亡忘'에 대한 정리자의 견해를 보면 '亡'은 '无'로 읽고 있지만, '忘'은 글자 그대로 읽어 '棄', '遺'

---

12 상박초간 『주역』의 부호에 대해서는 원용준, 「上海博楚簡『周易』의 부호와 그 의미」(『한국철학논집』 제30집, 2010년 9월)를 참조.

의 의미라고 한다. 그리고 푸양한간본의 '亡', 마왕두이본의 '孟', 현행본의 '妄'은 모두 '忘'의 가차자라고 한다. 정리자의 견해대로라면 본괘의 괘명은 '无忘'이 되어 '잊음이 없음'이라는 긍정적인 의미를 가지게 될 것이다. 그런데 괘효사를 통괄하여 보면 '잊음이 없다'는 의미로는 전체 내용과 매끄럽게 연결되지 않는다. 이 괘명의 의미를 확정하고 그 뜻을 파악하기 위해서는 새로운 고찰이 필요하다.

초간에서 '亡'이 '無(无)'의 가차자로 쓰이는 경우는 자주 보인다. 예를 들면 궈뎬초간 『노자』 제1호간의 "规惻亡又"는 현행본 『노자』 제19장에 "盜賊無有"로 되어 있어, '亡'이 '無'의 가차자로 쓰였음을 알 수 있다.[13] 따라서 상박초간본 '亡忘'의 '亡'을 '无'의 가차자로 보는 것은 타당하다고 생각된다. 문제는 '忘'자인데 상박초간본이 '忘', 마왕두이본이 '孟', 푸양한간본이 '亡', 현행본이 '妄'으로 쓰고 있어서 모두 다르다. 음운상으로 이들 문자는 모두 상고음(上古音)이 명모(明母), 양부(陽部)의 글자이기 때문에 서로 통가(通假)될 수 있다.[14] 따라서 음운학적인 고찰이 아니라 문헌 속의 용례를 통해 정확한 의미를 파악해야 한다. 우선 마왕두이백서 『역전』 및 현행본 역전에 보이는 이 괘의 괘명에 대한 풀이는 아래와 같다.

无孟의 괘는 죄가 있으면 죽지만, 공적이 없더라도 포상을 받을 수 있으니 嗇(?)하기 때문이다.[15] (마왕두이백서 『역전』 「충(衷)」)

62괘를 견주어 보면 온 우주를 다 궁구할 수 있으니 아래의 4가지 괘가 어찌 없을 수 있겠는가? 旅괘의 '潛斧'는 상인이 지켜야 할 도이고, 无孟괘는 읍도가 지켜야할 도이며, 无孟괘의 "경작하지 않았는데도 수확이 있다."는 것은 군대가 지켜야 할 도이고, 歸妹괘의 "아름다운 달을 우러러 보는 것"은 처녀가 지켜야할 도이다.[16] (마왕두이백서 『역전』 「소력(昭力)」)

돌아오면 망령되지 않으므로 무망괘로 받았다. 망령됨이 없어야만 모일 수 있으므로 大畜괘로 받았다.[17] (현행본 「서괘전(序卦傳)」)

---

13 고대 중국에서 '亡'과 '無'가 통용되는 용례는 王輝, 『古文字通假字典』 (北京: 中華書局, 2008년, 126~127쪽)이 모아 놓은 것을 참조.

14 본 논문에서 上古音을 제시할 경우 그 상고음은 郭錫良, 『漢字古音手冊(增訂本)』 (商務印書館, 2010년)에 의거하였다.

15 마왕두이백서 『역전』 「衷」 :无孟之卦, 有罪而死, 无功而賞, 所以嗇(?)故也.

16 마왕두이백서 『역전』 「昭力」 : 比卦六十又(有)二, 冬(終)六合之內, 四勿(物)之卦, 何不又(有)焉? 旅之潛斧, 商夫之義也. 无孟之卦, 邑塗之義也. 不耕而穉(穫), 戎夫之義也. 良月幾朢(望), 処(處)女之義也.

17 현행본 「序卦傳」 :復則不妄矣, 故受之以无妄. 有无妄然後可畜, 故受之以大畜.

무망은 재앙이다.[18] (현행본 「잡괘전(雜卦傳)」)

(무망괘는) 큰 가뭄의 괘로 만물이 모두 죽음에 처하여 다시는 희망이 없는 것이다.[19] (李鼎祚『周易集解』所引의 京房『周易章句』)

이상의 여러 견해는 '无孟' 혹은 '无妄'에 관한 고대의 해설이지만, 그 대부분은 자의(字義)를 설명한 것이라기보다 괘의 의미·내용을 설명한 것이다. 특히 그 중에서 마지막 인용문, 즉 경방(京房)의 『주역장구(周易章句)』는 양한시대(兩漢時代)에 유행한 재이설에 근거하여 「잡괘전」을 확대시킨 해석이어서 선진시기 『주역』의 의미와 합치된다고 생각할 수 없다. 이들 중, 현행본 「서괘전」은 '妄'을 부정적 이미지로 파악하여 '无妄'을 긍정적인 것으로 설명하고 있어서 '妄'의 이미지를 파악하는데 도움이 된다. 그리고 마왕두이백서 『역전』 「소력」에서도 无孟괘 및 그 육이 효사가 각각 읍도가 지켜야할 도의, 군대가 지켜야할 도의로 여겨지고 있는 점에 주목해 두어야 할 것이다.

한편 『경전석문(經典釋文)』 「주역음의(周易音義)」에는 아래와 같은 문장이 있다.

무망은 허망(虛妄)이 없는 것이다. 『설문해자』에 "妄은 어지럽다는 뜻이다."라고 한다. 마융, 정현, 왕숙은 모두 "妄은 望과 같다."고 하니, 희망이 없는 것이다.[20]

이 풀이는 '妄'을 '虛妄'으로 여기는 설을 주로 하면서도 '亂'이나 '望'의 설까지도 소개하고 있다. 그리고 『주역』과 직접적으로 관계가 없지만, 『전국책(戰國策)』 「조책사(楚策四)」에는 '無妄'이라는 표현이 보인다.

춘신군(春申君)이 초나라의 재상이 되어 25년째 되던 해, 고열왕(考烈王)이 병에 걸렸다. 주영(朱英)이 춘신군에게 말하였다. "세상에는 예측할 수 없는 복(無妄之福)이 있고, 예측할 수 없는 화가 있습니다. 지금 주군은 예측할 수 없는 세상에 처하여 예측할 수 없는 군주를 섬기고 있습니다. 어찌 예측할 수 없는 인물이 나타나지 않겠습니까?" 춘신군이 말하였다. "예측할 수 없는 복이란 무엇인가?" "주군께서는 초의 재상이 되셔서 20여년 되었습니다. 명목은 상국이지만 실제로는 초왕이십니다. 다섯 공자

---

18 현행본 「雜卦傳」：无妄, 災也.

19 李鼎祚『周易集解』所引의 京房『周易章句』：大旱之卦, 萬物皆死, 无所復望.

20 『경전석문』 「주역음의」：无妄, 无虛妄也. 說文云, "妄, 亂也." 馬·鄭·王肅, 皆云, "妄猶望." 謂无所希望也.

는 모두 제후의 재상입니다. 지금 왕의 병은 깊어 당장이라도 돌아가실 것 같고, 태자도 쇠약하여 병상에 누워있는 상황입니다. 그러므로 주군께서 어린 군주의 재상이 되셔서 이를 이용하여 섭정하셔서 국정을 집행하면 이윤, 주공처럼 되실 수 있습니다. 왕이 성인이 되면 국정을 돌려주시고, 그것이 아니라면 그대로 남면하여 고(孤)라고 칭함으로써 초나라를 소유하십시오. 이것이 이른바 예측할 수 없는 복입니다." 춘신군이 말하였다. "예측할 수 없는 화란 무엇인가?" "이원(李園)은 국정을 담당하고 있지는 않지만 왕의 장인입니다. 군대의 장수는 아닌데 몰래 목숨 바칠 군사를 기른 지 오래되었습니다. 초왕이 돌아가시면 이원은 반드시 제일 먼저 왕궁에 들어가 자기 마음대로 군주의 명령을 속여 권력을 장악한 후 주군을 죽여 입을 다물게 할 것입니다. 이것이 이른바 예측할 수 없는 화입니다." 춘신군이 말하였다. "예측할 수 없는 사람이란 무엇인가?" "주군께서는 우선 저를 신하로 삼아 낭중(郎中)에 임명하십시오. 초왕이 붕어하여 이원이 먼저 왕궁에 들어가면 신은 주군을 위하여 그 가슴을 찔러 죽이겠습니다. 이것이 이른바 예측할 수 없는 사람입니다." 춘신군이 말하였다. "선생, 그만하시오. 다시는 내게 말하지 마시오. 이원은 유약한 사람이오. 게다가 나는 그와 잘 지내고 있소. 어찌 그렇게 죽일 수 있겠소?" 이 대답을 들은 주영은 신분에 위험을 느껴 그대로 도망갔다.[21]

여기에서 보이는 '無妄'은 '예측할 수 없다'는 의미다. 이것과 거의 같은 내용의 문장이 『사기』 「춘신군열전(春申君列傳)」에 보이지만, 「춘신군열전」은 '無妄'을 '毋望'으로 쓰고 있고, 『사기색은(史記索隱)』은 "『주역』에는 무망괘가 있지만 그 의미는 이곳과는 다르다.(『周易』有无妄卦, 其義殊也.)"라고 주를 달아서 『주역』 무망괘와 관계가 없다고 설명한다. 그리고 『한서』 「곡영전(谷永傳)」에는 아래와 같은 문장이 있다.

사악하고 나약한 자에게서 떠나 천명을 현명한 성인에게 옮기는 것은 천지의 상도(常道)며, 백왕에게 공통되는 것입니다. 게다가 공덕에는 후박(厚薄)이 있고, 시기에는 장단이 있고, 시세에는 한창 때와 말세가 있고, 천도에는 성쇠가 있습니다. 폐하께서는 고조 이래의 8대의 공업을 이어받아 양수의 말단인 9세에 해당하는데, 3-7 즉 210년이라는 한왕조 재액에 해당하는 절기를 건너고 있고, 무망괘의 운세를 만났으며, 106의 재액을 만났습니다. 이 세 가지 재난은 그 종류를 달리합니다만, 서로 섞여서 함

---

21 『전국책』 「楚策 4」: 春申君相楚二十五年, 考烈王病. 朱英謂春申君曰, "世有無妄之福, 又有無妄之禍. 今君處無妄之世, 以事無妄之主. 安不有無妄之人乎." 春申君曰, "何謂無妄之福." 曰, "君相楚二十餘年矣. 雖名爲相國, 實楚王也. 五子皆相諸侯. 今王疾甚, 旦暮且崩, 太子衰弱, 疾而不起. 而君相少主, 因而代立當國, 如伊尹·周公. 王長而反政, 不卽遂南面稱孤, 因而有楚國. 此所謂無妄之福也." 春申君曰, "何謂無妄之禍." 曰, "李園不治國, 王之舅也. 不爲兵將, 而陰養死士之日久矣. 楚王崩, 李園必先入, 據本議制斷君命, 秉權而殺君以滅口. 此所謂無妄之禍也." 春申君曰, "何謂無妄之人." 曰, "君先仕臣爲郎中. 君王崩, 李園先入, 臣請爲君剚其胸殺之. 此所謂無妄之人也." 春申君曰, "先生置之, 勿復言已. 李園, 軟弱人也. 僕又善之. 又何至此?" 朱英恐, 乃亡去.

께 모여들었습니다. 건시(建始) 원년(元年) 이래 20년간에 여러 가지 재해와 큰 이변이 교차하여 일어나 『춘추』에 기재되어 있는 것보다도 많습니다. …… 이 삼난(三難)의 때를 당해 수차례의 재이가 연달아 계속되면서 이에 따라 기근이 일어나고 그 결과 물자 또한 부족하게 되었습니다.[22]

이 문장의 무망괘에 대해 『한서』의 주는 다음과 같이 설명한다.

　　응소(應劭)가 설명하였다. "……무망(无妄)이란 희망이 없는 것이다. 만물이 하늘에 바랄 바가 없 는 것이 재이 중 가장 큰 것이다." 안사고(顏師古)가 설명하였다. "『주역』의 무망괘를 취하여 뜻을 삼 았다.[23]

「곡영전」은 "无妄의 괘운(卦運)을 만난다"는 것을 '삼난(三難)'의 하나로 꼽고 있기 때문에 이 괘를 부정 적인 괘로 여기고 있는 것은 틀림없다. 이 경우 '无妄'은 응소(應劭)가 말하는 대로 희망이 없다는 의미지 만, 곡영의 무망괘에 대한 이 같은 이해는 상술한 경방『주역장구』와 동일한 형태의 재이설에 근거한 것으 로 양한시대가 돼서야 비로소 유행한 이론이기 때문에 선진시대『주역』의 의미와는 거리가 있다.
　　한편『주역정의(周易正義)』는 다음과 같이 서술한다.

　　无妄이라는 것은 …… 사물에게 감히 거짓(詐僞)과 허망이 없으니 모두 실리를 행한다는 것이다.[24]

즉 '无妄'을 거짓(詐僞)과 허망(虛妄)이 없는 것이라고 해석하여 『한서』「곡영전」과는 정반대로 긍정적 인 괘로 받아들이고 있다. 실제로 전래문헌자료에는 이처럼 '无妄'을 거짓과 허망이 없다는 의미로 사용 하는 예가 적지 않다. 예를 들면, 『장자』「재유(在宥)」의 아래 문장이다.

　　또 3년이 지난 다음 운장(雲將)이 동쪽으로 놀러 가서 송나라의 들판을 지나가다가 홍몽(鴻蒙)을 만 났다. 운장은 크게 기뻐하며 달려 나가 말하였다. "하늘께서는 저를 잊었습니까? 하늘께서는 저를 잊었 습니까?" 운장이 두 번 절하고 머리를 조아리면서 홍몽에게 물었다. 홍몽이 말하였다. "나는 이리저리

22　『한서』「谷永傳」：夫去惡奪弱, 遷命賢聖, 天地之常經, 百王之所同也. 加以功德有厚薄, 期質有修短, 時世有中季, 天道有盛 衰. 陛下承八世之功業, 當陽數之標季, 涉三七之節紀, 遭无妄之卦運, 直百六之災阸. 三難異科, 雜焉同會. 建始元年以來二十 載間, 羣災大異, 交錯鋒起, 多於『春秋』所書. ……乘三難之際會, 畜衆多之災異, 因之以饑饉, 接之以不瞻.
23　『한서』「谷永傳」의 주：應劭曰："……无妄者, 無所望也. 萬物无所望於天, 災異之最大者也." 師古曰, "取『易』之无妄卦爲義."
24　『周易正義』：无妄者, ……物皆无敢詐僞虛妄, 俱行實理.

떠돌며 구하는 바를 모르고, 마음 내키는 대로 돌아다니며 갈 곳을 모른다. 단지 바삐 노닐면서 <u>거짓이 없는 진실을 볼 뿐이다. 내가 무엇을 알겠는가?"[25]</u>

여기에서 '无妄'은 거짓이 없는 진실이라는 의미로 사용되고 있다. 또한, 『장자』「덕충부(德充符)」에는 이것과 유사한 '无假'라는 말도 보여 가상(假象)이 아닌 진실이라는 의미로 사용되고 있는데, 이것들은 모두 도가가 가장 중시하는 개념인 '道'의 성질의 하나이다. 이처럼 '无妄'은 도가에서는 높이 평가되는데, '无妄'을 고평가한 것은 도가만은 아니다. 유가나 다른 학파도 높이 평가하여 상용하였다. 예를 들면, 『대대례기』「위장군문자(衞將軍文子)」의 아래 문장이다.

위나라 장군 문자(文子)가 말하였다. "그대들은 배웠는데 어째서 모른다고 하는가?" 자공이 대답하였다. "<u>현인은 망령됨이 없으니</u> 현인을 알아보는 것은 어렵다. 그래서 군자는 '지혜에는 남을 아는 것보다 어려운 것이 없다.'고 한다. 이것은 참으로 어렵기 때문이다."[26]

여기의 '無妄'은 『장자』처럼 깊은 의미가 있는 개념은 아니지만, 거짓/망령됨이 없는 것이 현인의 태도라고 하여, '無妄'을 평가한다는 점에서는 『장자』「재유」와 동일하다. 그 밖에 『관자』「주합(宙合)」에도 비슷한 예가 보인다.

저 오음(五音)은 성조를 달리하지만 조화를 이룰 수 있다. 이는 <u>군주가 내린 명령에는 망령됨이 없고</u>, 따르지 않는 바가 없으니 따르면 명령이 행해지고 정치가 이루어진다는 것을 말한다. …… <u>망령됨이 없는 다스림에 근본하고</u>, 변화무상하여 일정하지 않은 일에 운용하여 변화에 응하여 손실됨이 없음을 마땅함이라고 한다. 변화는 다다르지 못할 곳이 없고, 마땅한 바에 응하지 않음이 없으므로 처음에는 착오가 생겨도 누구도 원망하지 않는다. 따라서 이를 일러 주합(宙合)이라고 한다.[27]

20세기에 들어와서 고고학적 성과에 의해 갑골문이 발견되고 청동기의 발굴이 왕성하게 이루어지면

---

25 『장자』「在宥」: 又三年, 東遊, 過有宋之野, 而適遭鴻蒙. 雲將大喜, 行趨而進曰, "天忘朕邪? 天忘朕邪?" 再拜稽首, 願聞於鴻蒙. 鴻蒙曰, "浮遊不知所求, 猖狂不知所往. 遊者鞅掌, <u>以觀无妄</u>. 朕又何知?"

26 『대대례기』「衞將軍文子」: 文子曰, "吾子學焉, 何謂不知也." 子貢對曰, "<u>賢人無妄</u>, 知賢則難. 故君子曰, '知莫難於知人', 此以難也."

27 『관자』「宙合」: 夫五音不同聲而能調. <u>此言君之所出令無妄也</u>. 而無所不順, 順而令行政成. …… <u>本乎無妄之治</u>, 運乎無方之事, 應變不失 之謂當. 變無不至, 無〈不〉有應當, 本錯不敢忿. 故言而名之曰宙合.

서 이러한 출토자료에서 얻은 새로운 고대의 지식을 가지고 『주역』을 재해석하고자 하는 시도가 이루어졌다. 그 대표적인 사례로 가오헝(高亨)과 리징츠(李鏡池)의 연구를 들 수 있는데, 이들의 견해를 잠깐 살펴보기로 하자. 우선 가오헝은 "『설문해자』에 '妄은 어지럽다는 뜻이다.(妄, 亂也.)'라고 하고, 『광아(廣雅)』「석고(釋詁)」에 '妄은 어지러워지다는 뜻이다.(妄, 亂也.)'라고 한다. 말이 타당하지 않은 것을 망언(妄言)이라 하고, 행동이 타당하지 못한 것을 망행(妄行)이라고 하니, 무망이라는 것은 그 타당, 당연함을 일컫는 것이다."라고 한다.[28] 리징츠는 '亂'과 '望'의 양쪽의 의미를 함의한다고 여긴다.[29]

이상에서 살펴본 바를 종합하면, 『전국책』「초책사」 및 『사기』「춘신군열전」은 이 괘와 전혀 관계가 없고, 『한서』「곡영전」의 '无妄' 즉 '无望'은 후대의 재이설에 근거하고 있는 해석이기 때문에, 선진시대 『주역』을 논할 경우에 '望'설을 따를 수는 없다. 반면에, 『주역정의』 무망괘의 설은 마왕두이백서 「소력」 및 현행본 「서괘전」과도 합치하고 있고, 또한 위에 인용한 『장자』, 『대대례기』, 『관자』 등 전래문헌자료의 '无妄'의 용례로부터도 뒷받침이 되고 있기 때문에, 가장 온당하지 않을까 생각된다. 요컨대 본괘의 괘명 '忘'은 '妄'의 가차자이며, 본 의미대로 석독하면 '亡忘'은 현행본과 마찬가지로 '无妄'이 되며, "거짓/망령됨이 없이 진실하다"는 의미다.

4. 亡(无)忘(妄)괘 육이(六二) 효사 "不耕(耕)而穫(穫)"에 대하여

앞에서 언급하였듯이 본 괘의 六二 효사는 "六二, 不耕而穫, 不畬之囗.【稷又卤蓬.】"이다. 이 중 "不耕而穫"은 자세히 고찰할 필요가 있다.

이 구절을 현행본은 "不耕穫"으로 쓴다. 『경전석문』「주역음의」는 "不耕穫"을 들어 "어떤 주에 의하면 '不耕而穫'이라고도 쓰기도 하지만, 이는 잘못되었다. 다음 구절도 마찬가지다."라고 한다.[30] 이처럼 『경전석문』이 "不耕而穫"으로 쓰는 것은 잘못이라고 지적한 이래(주자의 『주역본의(周易本義)』도 같은 해석), 현대에 이르기까지 그 의미를 둘러싸고 많은 이견이 존재한다. 그 중에서도 가장 많은 지지를 받은 해석은 "不耕而穫(경작을 하지 않는데도 수확이 있다)",[31] "不耕穫(경작·수확을 하지 않는다)",[32] "耕而不(必)穫"

28　高亨, 『周易古經今注(重訂本)』(北京: 中華書局, 1987) 232쪽.

29　李鏡池, 『周易通義』(北京: 中華書局, 1981) 50쪽.

30　『경전석문』「주역음의」: 或依注作"不耕而穫", 非. 下句亦然.

31　예를 들면 왕필 『周易注』에 "不耕而穫, 不菑而畬, 代終已成而不造也."라고 한다.

32　예를 들면 앞에 인용한 『경전석문』「주역음의」 및 아래에 인용할 『주자어류』 권제71의 주자의 견해 등이다.

(경작하지만 수확을 고집하지 않는다)의 세 가지일 것이다.[33] 그런데 새롭게 발견된 텍스트인 상박초간본이 "不癗(耕)而穛(穫)"으로 쓰고, 마왕두이백서『역전』「소력」이 "无孟之卦, 邑塗之義也. 不耕而稚(穫), 戎夫之義也."로 쓰고 있다. 이들 출토자료와 아래 인용할『여씨춘추』「귀인(貴因)」, 『사기』「월왕구천세가(越王句踐世家)」의 동일 구절을 종합하여 생각하면, 선진시기에는 이 구절을 "不耕而穫"(경작을 하지 않는데도 수확이 있다)의 의미로 이해하고 있었던 것이 분명하다. 또한, 후술할『예기』「방기(坊記)」에는 "易曰, '不耕穫, 不菑畬, 凶.'"이라고 하여 본 효사를 인용하고 있는데, 이것도 문장표현은 둘째 치고, 해석상으로는 "不耕而穫, 不菑而畬, 凶."이라는 의미다. 참고로 랴오밍춘(廖名春)은 마왕두이백서『역전』「충(衷)」에 "无孟之卦, ……无功而賞, 所以嗇."이라고 하는 것을 인용하여, 그 "无功而賞"은 이 괘 육이효의 효사(爻辭)에 대응하는 해석이라고 볼 수 있다고 추측한다.[34]

　　본론으로 돌아가 본 효사의 정확한 의미를 이해하기 위하여, 전래문헌자료에서의 "不耕而穫"의 용례를 조사해보면, 『여씨춘추』「귀인」에 아래와 같은 문장이 보인다.[35]

　　무왕이 유수(鮪水)에 이르자, 은나라는 교격(膠鬲)을 보내서 주나라 군대를 정찰하도록 하였는데, 무왕이 그와 만났다. 교격이 물었다. "서백(西伯)께서는 어디로 가시고자 합니까? 저를 속이지 말고 진실을 말해 주십시오." 무왕이 대답하였다. "그대를 속이지 않겠소. 은나라로 갈 것이오." 교격이 물었다. "언제 도착하십니까?" 무왕이 대답하였다. "갑자일에 은나라 교외에 이르고자 하니 그대는 이를 보고하시오." 이에 교격은 떠나갔다. 그 후 연일 밤낮으로 비가 내리는데도 무왕은 강행군을 계속하여 잠시도 멈추지 않았다. 군의 참모들이 모두 간하여 말하였다. "병사들이 병들고 고통스러워하니 쉬게 해주십시오." 무왕이 대답하였다. "나는 이미 교격에게 갑자일에 도착하겠다고 은왕에게 보고하게 하였다. 만약 그날 도착하지 않는다면 교격은 신용을 잃게 된다. 교격이 신용을 잃으면 그의 주군이 반드시 그를 죽일 것이다. 내가 강행군을 하는 이유는 교격을 죽음에서 구하기 위한 것이다." 무왕은 과연 갑자일에 은나라 교외에 도착하였다. 은나라 군대는 먼저 진을 치고 기다리고 있었다. 은나라에 도착하자마자 전투가 벌어졌는데 은나라 군대의 이반(離叛)으로 인하여 대승을 거두었다. 이것이 바로 무왕의 의로움이다. 무왕은 사람들이 바라는 일을 하였고, 주임금은 사람들이 미워하는 일을 하였으니 먼저 진을 치고 기다린들 무슨 소용이 있겠는가? 바로 무왕으로 하여금 경작하지 않고서도 풍성하게 거두게

---

33 예를 들면『주자어류』권제71에는 "'不耕穫'一句, 伊川作三意說. 不耕而穫, 耕而不穫, 耕而不必穫. 看來只是也不耕, 也不穫, 只見成領會他物事."라고 한다.

34 廖名春,「楚簡『周易』校釋記(二)」(簡帛硏究網, 2004년 4월 23일/『周易硏究』2004년 제5기, 2004년 10월)

35 전한시기 이전의 전래문헌자료에서 "不耕穫" 및 "耕穫"의 용례는 본 효사 및 본 효사를 인용한『예기』「방기」의 구절 이외에는 보이지 않는다.

만든 것이다.[36]

여기에서는 무왕이 '의'를 행했기 때문에 고생하지 않고 '전쟁에 이긴' 상황이 묘사되고 있으며 "不耕而穫"이라는 표현은 무왕의 의로움을 높이기 위해 사용되고 있다. 이를 상세히 분석해 보면, 첫째로 이 문장은 물론『여씨춘추』「귀인」편 전체에서『주역』의 사상이나 표현으로부터 영향을 받은 흔적이 전혀 없고, 또한 특히 "適令武王不耕而穫"의 한 구절에『주역』 무망괘 육이효와의 관련을 지적한 주석도 없다. 그렇다면 "適令武王不耕而穫" 구절은『주역』무망괘 육이효를 인용한 것이거나 육이효로부터 영향을 받은 것이라고 볼 수 없다. 둘째로,「귀인」편의 이 무왕극은(武王克殷)의 스토리에는 농경에 관한 화제가 전혀 포함되어 있지 않음에도 불구하고, 무왕을 높이는 "不耕而穫"은 분명히 농경사정에서 유래한 말이다. 이상의 두 점에 근거한다면 "不耕而穫"은 그 안에 본래 구비되어 있던 농경사정에서 이미 분리되어 추상화·일반화가 진행된 뒤에 발생한 속담으로 당시 민간에 널리 사용되던 전쟁에 관한 속담이라고 생각된다. 이점은 이하에 서술할『사기』「월왕구천세가」도 마찬가지다. 따라서『여씨춘추』「귀인」편의 작자는『주역』을 인용하고 싶다는 각별한 생각으로 "不耕而穫"을 사용한 것이 아니라 단지 널리 인구에 회자되는 당시의 군사 속담을 자연스럽게 기록한 정도일 것이다.

또한,『사기』「월왕구천세가」에는 다음과 같은 문장이 있다.

월왕 무강(無彊)이 말하였다. "내가 한(韓), 위(魏) 두 나라에 바라는 것은 초나라와 무기를 맞대고 싸우는 것이 아닌데, 하물며 초나라의 성을 공격하거나 읍을 포위하는 것을 기대하겠소? 다만 위나라 군대가 수도 대량(大梁)의 성 아래에 병력을 집결하고, 또 제나라 군대가 남양(南陽)과 거(莒) 땅에서 훈련을 하여 상(常)과 담(郯)의 국경지대에 집결하는 것이오. 이렇게 하면 방성산(方城山)에 있는 초나라 군대는 남하할 수 없고, 회수(淮水)와 사수(泗水) 사이에서 동진할 수 없으며, 상(商), 어(於), 석(析), 력(酈), 종호(宗胡) 지역과 하로(夏路, 초나라에서 중원으로 통하는 길)에서 서쪽은 진(秦)을 대비하지 못하고, 강남(江南)과 사수 유역에서는 월나라를 위협하지 못하게 될 것이오. 즉 제, 진, 한, 위 네 나라는 마음대로 초나라를 휘두를 수 있을 것이오. 한과 위 두 나라는 싸우지 않고 초나라의 땅을 나누어 가질 수 있으니, 경작하지 않고서도 풍성하게 거둔다는 것이 되오. 한, 위 두 나라가 이렇게 하지 않고 황

---

36 『여씨춘추』「貴因」:武王至鮪水, 殷使膠鬲候周師, 武王見之. 膠鬲曰, "西伯將何之, 無欺我也." 武王曰, "不子欺, 將之殷也." 膠鬲曰, "曷至." 武王曰, "將以甲子至殷郊, 子以是報矣." 膠鬲行. 天雨, 日夜不休, 武王疾行不輟. 軍師皆諫曰, "卒病, 請休之." 武王曰, "吾已令膠鬲以甲子之期報其主矣. 今甲子不至, 是令膠鬲不信也. 膠鬲不信也, 其主必殺之. 吾疾行以救膠鬲之死也." 武王果以甲子至殷郊, 殷已先陳矣. 至殷, 因戰, 大克之. 此武王之義也. 人爲人之所欲, 己爲人之所惡, 先陳何益. 適令武王不耕而穫.

하와 화산 사이에서 초나라와 싸워 손상을 입고 있는 것은 제나라와 진나라를 위해 초나라를 방어하는 꼴이오. 한나라와 위나라의 그 같은 전술은 명백한 실계(失計)니, 어찌 그렇게 하여 천하를 얻을 수 있겠소?"[37]

여기에서도 『여씨춘추』 「귀인」과 마찬가지로 군사 작전에서 고생하지 않고 목적을 달성한다는 가장 바람직한 방법의 비유로서 사용되고 있는 말이 "不耕而穫之"이다. 그리고 이것에 대해서도 첫째로 이 문장 중에 『주역』의 영향은 전혀 느낄 수 없고, 또한 "是二晉不戰而分地, 不耕而穫之."와 무망괘 육이 효사와의 관계를 지적한 주석도 존재하지 않는다. 따라서 이 문장도 무망괘 육이효의 영향 및 인용은 아니다. 둘째로, 「월왕구천세가」의 월왕 무강의 이 계략에는 농경의 화제가 들어있지 않음에도 불구하고, 한나라와 위나라에게 상책이 되는 전략을 비유한 "不耕而穫之"는 농경사정에 유래하는 말이다. 이상의 두 사항에 근거하여 보면 역시 "不耕而穫之"는 고대 중국에서 널리 인구에 회자되고 있던 당시의 군대 속담이고, 「월왕구천세가」가 이 구절을 사용한 것은 『주역』과 상관없이 당시 민간에 널리 쓰이고 있던 군대 속담을 자연스럽게 인용한 것뿐이다. 그리고 양편의 화자는 이것을 긍정적으로 이해한 것이다. 따라서 이 괘의 "不耕而穫"은 지금 인용한 『여씨춘추』 「귀인」・『사기』 「월왕구천세가」의 문장과 마찬가지로 경작을 하지 않았는데도 수확이 있다는 의미이다. 아래 문장의 "不菑之"도 죽간이 부러져 없어져서 뒤의 문자를 알 수는 없지만, 아마도 "不耕而穫"과 같은 취지의 구절일 것이라고 생각된다.

여기에서 이 구절이 고대 사회에서 널리 쓰이던 민간의 속담에서 유래되었음을 알게 되었다. 효사의 유래에 고대 사회에 사용되던 속담이 있다는 것은 이미 혼다 와타루(本田濟)의 연구에 의해 입증되어 있다.

새로운 서법(筮法)을 위한 육효의 형태가 만들어져 문구의 필요가 생겼을 때 그 때까지 전해져 온 제 비뽑기 점술의 문구, 복사(卜辭)의 문구, 거기에 성어, 속담 부류를 더하여 6개로 나누어 할당하였다. 그리고 6개가 되지 않을 때에는 새로 만들어 추가하고, 드물게 6개보다 넘치는 것은 다른 괘에 무리하게 밀어 넣어 만들어진 것이 지금의 효사인 것이다.[38]

---

37 『사기』 「越王句踐世家」: 越王曰, "所求於晉者, 不至頓刃接兵, 而況于攻城圍邑乎. 願魏以聚大梁之下, 願齊之試兵南陽・莒地, 以聚常・鄒之境. 則方城之外不南, 淮・泗之間不東, 商・於・析・酈・宗胡之地, 夏路以左, 不足以備秦, 江南・泗上不足以待越矣. 則齊・秦・韓・魏得志於楚也, 是二晉不戰而分地, 不耕而穫之. 不此之爲, 而頓刃於河山之間以爲齊・秦用, 所待者如此其失計, 奈何其以此王也."

38 本田濟, 『易學 - 成立と展開』, (東京: 平樂社書店, 1994년) 39쪽.

더구나 마왕두이백서『역전』「소력」의 "경작하지 않고도 수확이 있다는 것은 군대의 도의다."라는 구절과 위의『여씨춘추』,『사기』의 설화를 아울러 생각하면, 전국시기 말기부터는 무망괘 육이효의 구절을 전쟁과 관련된 시각에서 보고 있었다는 것까지도 알 수 있다.

다음으로 "不畜之□"을 살펴보겠다.[39] '畜'은 같은 자형의 글자가 궈뎬초간『육덕(六德)』제15호간·제20호간, 상박초간『민지부모(民之父母)』제14호간, 동『주역』제30호간, 동『내례(內豊)』제3호간·제5호간에 보이고 있으며 이상의 예에서 모두 '畜'으로 읽히고 있다. 따라서 '畜'은 '畜'의 이체자로 보아야 할 것이다. 이 글자는 현행본『주역』의 해당 부분에는 '菑'로 쓰여 있는데, 曉(透)母, 覺部자인 '畜'과 精母, 之部자인 '菑'는 음이 멀어서 통가할 수 없다. 그러므로 여기에서는 여자(如字)로 읽고 '(가축을)기른다·사육한다'의 뜻으로 본다.

한편 정리자는 본 구절 아래의 결자(缺字)로 "則, 利有攸往"을 보충하고 있지만, 본 구절은 현행본과 문자가 다르기 때문에 현행본에 의거하여 그대로 "則, 利有攸往"을 보충할 수는 없다. 랴오밍춘(廖名春)은 마왕두이본과 푸양한간본(실제로는 푸양한간본에 이 부분이 없다)이 "不菑餘"로 쓰고 있는 것에 착목하여 아래와 같이 주장한다.

여기에 의거하면 아마도 '畜'는 본래 의미를 가지는 글자가 아니라 가차자인 듯하다.『설문해자』「食部」에 "餘는 넉넉하다는 의미이다. 食을 구성요소로 하며 余가 소리요소이다."라고 하여, '餘'의 본래 뜻이 풍요임을 알 수 있다. 마왕두이백서본, 푸양한간본의 '餘'자가 사실은 본래 경문의 글자이다. 이로 보면 상박초간본의 "不畜之"의 뒤에는 '餘'자를 보충해 넣을 수 있다. "不畜之餘"는 즉 "不畜而餘"와 같은 구문으로 '之'와 '而'는 의미가 같다.[40]

랴오밍춘의 주장 중에서 "不畜之□"가 윗 구절의 "不耕而穫"과 같은 취지라고 하는 것은 긍정할 수 있다. 즉 '畜'는 '畜'의 이체자로 기르다, 양육하다의 의미라는 점에서 '不畜'은 '목축을 하지 않았는데도'라는 의미가 되어야 할 것이다. '之'는 랴오밍춘의 주장대로 '而'의 의미라고 생각된다. 오창영(吳昌瑩)의『경사연석(經詞衍釋)』권9에는 "之, 猶而也."라고 하고, '之'가 '而'와 같은 용례로 쓰이는 것을 다수 들고 있다.[41] 그밖에도『시경』「순지분분(鶉之奔奔)」의 "人之無良"을 이부손(李富孫)의『칠경이문석(七經異文釋)』은 "韓詩外傳作人而."라고 하고,『초사』「이소(離騷)」의 "后辛之菹醢兮"를 주자『초사집주』는 "之, 一作而."

---

39 濮茅左는 '畜'을 '畜'으로 예정하지만, ≪도판≫에 의하면 '畜'으로 예정하여야 한다.

40 廖名春, 앞의 논문.

41 吳昌瑩『經詞衍釋』卷9 : 之, 猶而也. 檀弓曰, "不得已則吾欲以二子者之爲之也." 言欲以妻與宰二子而爲殉也. "脯醢之奠." 言而奠也. 雜記篇, "宦於大夫者之爲之服也." 言宦於大夫家而爲大夫服也. 仲尼燕居篇, "卽事之治也." 言卽事而治也.

라고 하며, 『전국책』「조책일(趙策一)」의 "臣主之權均之能美."를 吳師道注는 "外記之作而."라고 한다. 이들 용례로 보아 고대에는 '之'와 '而'가 통용되었음을 알 수 있다.

그렇지만 랴오밍춘이 "不□之□"의 '□'부분에 '餘'를 보충해 넣은 것은 아무런 근거가 없다. 앞의 "不耕而穫"과 밸런스를 맞추려면 '가축이 번식한다, 잘 자란다'는 의미의 글자가 들어가야 한다고 생각되지만, 여기에서는 안이하게 보충하지 않고 결자(缺字)로 처리한다.

한편, 『예기』「방기(坊記)」에는 아래와 같은 문장이 있다.

공자가 말하였다. "군자가 상견할 때, 초대면의 예를 마치고 이어 폐백을 주는 까닭은 해야 할 일을 먼저 행하고 재물은 나중으로 돌리는 것을 백성에게 바라기 때문이다. 만약 재물을 먼저 취하고 예를 뒤로 돌려버리면 백성들은 이익을 중시하게 된다. 만약 사양을 가벼이 여기고 욕심껏 행동한다면 백성들은 서로 싸우게 된다. 그 때문에 군자는 선물을 받을 때, 그 사람을 직접 만나지 못한다면 그 선물은 받지 않는다. 『역』에 '경작하지 않았는데도 수확을 얻고, 1년 된 밭을 김도 매지 않았는데도 2년간 경작한 밭을 가지게 되는 것은 흉하다.'라고 한다. 이처럼 가르쳐서 백성들의 잘못을 막으려고 하지만, 그래도 백성들은 재물을 중시하고 덕행을 소홀히 한다."[42]

이 문장에서는 무망괘 육이의 효사를 인용하고 있는데, 현행본의 "則利有攸往"이라는 긍정적인 점단의 구절 대신에 『주역』에서 가장 부정적 점단사(占斷辭)인 '凶'을 붙이고 있다. 상박초간본과 푸양한간본에는 이 부분이 결락되어 있기 때문에 '凶'자의 유무를 확인할 수는 없지만, 상박초간본의 결실 공간으로 보면 약 4글자 정도가 들어갈 공간이 있기 때문에 '凶' 한 글자만 있었을 가능성은 매우 낮다. 게다가 마왕두이백서본에는 '利'의 존재가 확인되기 때문에 선진시기에 본 구절의 경문(經文)은 '凶'이 아니라 '利有攸往'으로 쓰여 있었다고 생각된다.

『예기』「방기」 윗 문장의 요지는 정현주(鄭玄注)에 의거하여 해석한다면 다음과 같다. '백성'이 재물을 중시하여 예의를 뒤로 돌려 덕행을 소홀히 하여 탐욕에 빠지는 것을 '막기(坊)' 위하여, '군자'는 솔선수범하여 '예를 앞세우고 폐백을 뒤로 하며, ……예를 앞세우고 재물을 뒤로 하고, 물욕을 억누르고 사양을 내세운다'는 태도를 취해야만 한다. 위 인용문은 이러한 취지를 경전인 『주역』의 무망괘 육이효를 인용하여 주장하는 형식을 취하고 있다. 그런데, 전국시기 이전의 『주역』은 원래 유교 경전이 아니라 민간의 점서였고, 무망괘 육이효의 경문도 민간에 널리 쓰이던 속담에서 유래하는 성질을 여전히 가지고 있었기 때

---

42 『예기』「坊記」 : 子云, "禮之先幣帛也, 欲民之先事而後祿也. 先財而後禮, 則民利. 無辭而行情, 則民爭. 故君子於有饋者, 弗能見, 則不視其饋." 『易』曰, "不耕穫, 不菑畬, 凶." 以此坊民, 民猶貴祿而賤行.

문에 경작하지 않는데도 수확이 있다는 불로소득적인 내용을 단순히 그리고 소박하게 "利有攸往"이라고 하여 긍정·칭찬하고 있었다. 그런데 「방기」가 저술되었을 시기(전국말~전한초기)에는 이미 『주역』은 유교경전으로서 자리를 잡고 있었고, 이러한 『주역』 무망괘 육이효의 경문을 본래대로 해석·인용하여 불로소득을 권장하는 일은 『예기』 「방기」편의 작자에게는 허용할 수 없는 일이었을 것이다. 그래서 「방기」편의 작자는 별로 교훈적이지 못한 "利有攸往"이라는 점사를 정반대의 '凶'이라는 점사로 치환하여, 이 효의 의미의 해석을 180도 역전시킴과 동시에 경문까지도 변경시켜 버렸던 것이다. 이것은 원래 민간의 점서였던 『주역』을 유가가 경전으로서 받아들인 뒤, 그 내용을 유가 윤리적 입장에서 적극적으로 새로 해석하고, 동시에 표현의 변경까지도 행하였던 단적인 증거라고 볼 수 있을 것이다. "凶"으로 개작한 텍스트가 소멸한 이유로는 당시에 이미 "利有攸往"이라고 쓰는 텍스트가 널리 사용되고 있었기 때문이라고 추측된다.

5. 출토자료 『주역』과 문헌자료 비교 연구의 가능성 - 결론을 대신하여

이상으로 상박초간 『주역』을 중심으로 각 『주역』 텍스트 및 문헌자료의 무망괘 속에 보이는 이문(異文)을 분석함으로써 전국시대 『주역』의 실상과 그것이 경전이 되는 과정의 일면을 살펴보았다. 특히 제4장에서 살펴본 것처럼 여러 고대 문헌에서 『주역』을 인용한 내용, 혹은 인용표시 없이 괘효사와 동일한 구문이 등장하는 내용을 분석함으로써 선진시기 『주역』의 실상을 밝힐 수 있다는 점은 중요하다고 생각된다. 출토자료 『주역』의 출현함으로써 이러한 방법론을 통해 고대 경전, 서책의 내용을 다양한 각도에서 조명할 수 있게 되었다. 이 글은 그 한 가지 예를 들어 끝맺음하고자 한다. 현행본 『예기』 「치의(緇衣)」에는 아래와 같은 문장이 있다.

공자가 말하였다. "남쪽 사람들이 '사람이면서 그 행동에 일정함이 없다면 그 사람에 대해서는 복서를 사용할 수 없다.'라고 하는데 이는 예로부터 내려오는 말일 것이다. 이런 사람에 대해서는 거북점·시초점조차 그 앞을 알 수 없는데 하물며 보통 사람은 말할 필요도 없을 것이다. 『시경』에서 '(너무 자주 점을 치니) 내 거북도 이미 염증을 내고, 내게 점친 결과를 알려주지 아니하네.'라고 하고, 『상서』 「열명」편에서 '(임금은) 잔(혹은 관직)을 악덕한 사람에게 내려서는 안 되니, 만약 그렇게 하면 백성들은 그 사람을 세워 바르다고 생각할 것이다. 그리고 이 같은 인물이 전문가로서 제사를 담당하면 귀신에게 불경한 것이 된다. 이 사람이 일을 하면 번잡해져서 어지럽게 되고, 귀신을 섬기면 좋을 결과를 얻기 어려울 것이다.'라고 하고, 『주역』 항괘(恒卦)에 '그 덕을 항구히 하지 못하면 치욕을 받게 될 것이다. 그 덕을 항구히 하여 고집한다면 부인은 길하고 남자는 흉하다.'라고 하였다."[43]

『예기』「치의」편에 해당하는 문헌이 전국시대 출토문헌인 궈뎬초간에도 수록되어 있다. 궈뎬초간『치의』에도 위 텍스트에 해당하는 내용이 있다.[44]

　　子曰, 宋人有言曰, "人而亡恆, 不可爲卜筮也." 其古之遺言與. 龜筮猶不知而況於人乎. 『詩』云, "我龜旣厭, 不我告猷." ■ (궈뎬초간『치의』제45호간~제47호간)

뿐만 아니라 또 다른 출토문헌인 상박초간에도『치의』가 수록되어 있다.[45]

　　子曰, 宋人有言曰, "人而亡恆, 〔不可爲卜筮也."〕□□……云, "我龜旣厭, 不我告猷." ■ (상박초간『치의』제23호간~제24호간)

이 세 가지 텍스트를 비교해 보면 한눈에도 보이는 큰 차이점이 있다. 현행본『예기』의 문장에서는『시경』,『상서』「열명」,『주역』항괘가 인용되고 있지만, 궈뎬초간『치의』에는 오직『시경』만이 인용되고 있을 뿐이다. 상박초간『치의』는 결손 부분이 있어서 알기 어렵지만,『시경』문구 뒤에 종결부호 '■'가 있는 것으로 보아 궈뎬초간과 마찬가지로『시경』만 인용된 것이 아닌가 생각된다. 왜 현행본과 출토문헌 사이에 이런 차이가 생겼을까? 이를 규명하기 위해서는 상세한 분석이 필요하겠지만 우선적으로 생각할 수 있는 것은 전국시대『치의』에는『상서』「열명」편과『주역』항괘의 인용이 없다는 것이다. 현행본「치의」편의 인용이 공자의 견해(사실상「치의」편 저자의 견해)가 옳다는 것을 증명하는 권위를 가진 것이라는 점을 생각하면, 출토문헌『치의』에 공통적으로 이 두 인용이 없다는 사실은 그 시대에는 이 두 텍스트가 아직 경전적 권위를 가지지 못했다는 것을 보여주는 사례가 아닐까? 현재로서는 그 진실을 예단하기는 어렵다. 그렇지만 출토문헌 자료들은 앞으로 계속 발견될 것이고, 이들을 비교, 분석해 나간다면 전국시대『주역』의 실상, 나아가 고대문헌의 실상이 보다 선명하게 드러날 것이라고 생각한다.

43　『예기』「치의」: 子曰, 南人有言曰, "人而無恆, 不可以爲卜筮." 古之遺言與. 龜筮猶不能知也, 而況於人乎. 『詩』云, "我龜旣厭, 不我告猶." 「兌命」曰, "爵無及惡德, 民立而正. 事純而祭祀, 是爲不敬. 事煩則亂, 事神則難." 『易』曰, "不恆其德, 或承之羞. 恆其德偵, 婦人吉, 夫子凶."

44　궈뎬초간『緇衣』의 도판 및 석문은 荊門市博物館,『郭店楚墓竹簡』(文物出版社, 1998년)에 수록되어 있다.

45　상박초간『緇衣』의 도판 및 석문은 馬承源 主編,『上海博物館藏戰國楚竹書(一)』(上海古籍出版社, 2001년)에 수록되어 있다.

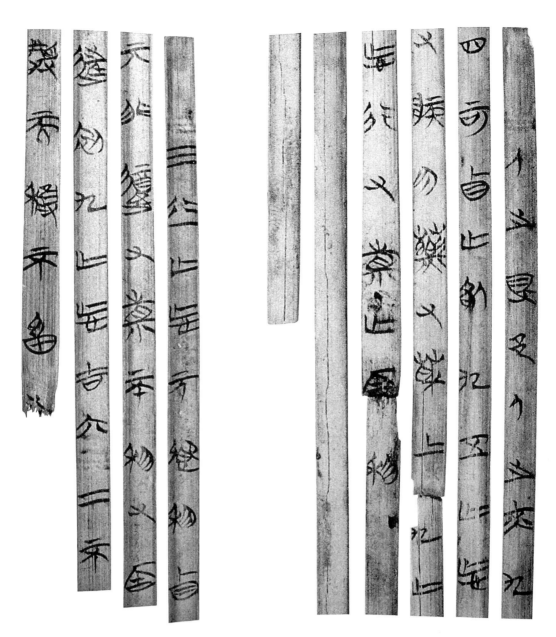

상박초간『주역』제20호간   상박초간『주역』제21호간

이 글은 『漢文古典研究』 제23집에 게재한 「상해박초간 『주역』의 亡(无)忘(妄)卦 고찰」 (2011)의 일부 내용을 수정 보완한 것이다.

11

정약용의 『춘추관점보주(春秋官占補註)』의 '하상지구법(夏商之舊法)' 설에 대한 비판적 고찰:

출토역학자료의 관점에서 본 『연산(連山)』·『귀장(歸藏)』의 서법(筮法)

방 인 (경북대)

1. 문제의 제기

필자의 논문은 정약용(1762~1836)의 『주역사전(周易四箋)』에서 매우 핵심적인 부분을 차지하면서도 상대적으로 연구가 미흡했던 분야인 『춘추관점보주(春秋官占補註)』[1]의 시초점법(서법筮法)을 다루고 있다. 『춘추관점보주』는 정약용이 『춘추좌씨전(春秋左氏傳)』과 『국어(國語)』에 기재된 춘추시대의 시초점례(서례筮例)를 분석하기 위하여 저술한 것이다. 『춘추좌씨전』과 『국어』에 실린 시초점례(筮例)들은 『주역』과 관련하여 가장 오래된 자료들로서 춘추시대의 고점법(古占法)의 자취를 보여준다는 점에서 매우 중요하다. 『춘추좌씨전』과 『국어』에는 '모괘지모괘(某卦之某卦)'의 유형이 빈번하게 나타나는데, 이러한 유형은 고대의 시초점법과 깊은 관련이 있다. 여기서 '모괘지모괘'란 '어떤 괘(某卦)가 어떤 괘(某卦)로 변한다'를 뜻하니, 이것은 본괘(本卦)에서 지괘(之卦, 즉 變卦)로 변화가 일어난다는 것을 의미한다. 본괘에서 지괘로 변

1 　정약용의 『春秋官占補註』는 『春秋左氏傳』과 『國語』에 나오는 占筮例를 해석한 것으로서, 『左傳』에서 17개, 『國語』에서 3개, 모두 20개의 점서례를 풀이하고 있다. [1]陳敬仲之筮에서 [17]陽虎救鄭之筮까지는 『左傳』의 점서례이고, [18]重耳反國之筮에서 [20]成公歸晉之筮까지는 『國語』의 점서례이다. 정약용의 역학해석방법론 가운데 가장 혁신적이고 독창적인 의의를 지니고 있는 것은 효변 해석법이라고 할 수 있는데, 효변설의 근거도 역시 『춘추좌씨전』으로 소급된다. 뿐만 아니라, 易理 四法 중의 하나인 互體도 그 근거를 『춘추좌씨전』에 두고 있다. 『춘추좌씨전』은 『주역』에 관한 傳來 문헌 가운데, 가장 오래된 문헌이기 때문에, 역학해석방법론의 근거를 『춘추좌씨전』에서 확보하는 것은 매우 중요한 일이라고 생각된다. 따라서 정약용은 자신이 개발한 해석방법론의 정당성을 확보하기 위한 수단으로 『춘추관점보주』를 저술했다고 보아야 할 것이다.

하기 위해서는 효(爻)가 변동해야 하니, 이것이 바로 효변(爻變)이다.

『주역』의 시초점법은 기본적으로 일효변(一爻變, 한 효가 변함)을 원칙으로 한다. 『주역』에 용구(用九)와 용육(用六)의 용례가 있어, 그 경우에는 한 괘를 구성하는 여섯 효가 모두 변하게 되어 전효변(全爻變, 전체 효가 변함)에 해당되지만, 그것은 건괘(乾卦)와 곤괘(坤卦)에만 한정되어 있으므로 일종의 특례(特例)로 간주된다. 다효변(多爻變, 여러 효의 변함)의 시초점례는 『춘추좌씨전』에 한 개, 『국어』에 세 개, 합쳐서 모두 네 가지 경우가 있다. 정약용은 네 경우가 모두 『주역』의 일효변의 시초점법을 따르지 않고 있기 때문에 『주역』과는 상관이 없는 "하상지구법(夏商之舊法, 하나라·상나라 때의 옛 점치는 법)"이라고 말한다. 여기서 "하상지구법"이라고 한 것은 하나라 역(夏易)인 『연산(連山)』과 상나라 역(商易)인 『귀장(歸藏)』을 가리킨 것이다.

과연 정약용이 주장한 것처럼 하역과 상역에서는 다효변의 시초점법을 채택하였는지를 확인하기 위해서는 먼저 하나라 역과 상나라 역에 대한 실체 규명이 선행되어야 한다. 『주례(周禮)』의 「춘관(春官)·태복(太卜)」에 하나라 역과 상나라 역에 대한 언급이 나온다. 즉 "세 가지 역(三易)의 법을 관장하니, 첫째를 『연산』이라 하고, 둘째를 『귀장』이라고 하며, 셋째를 『주역』이라고 한다"라고 한 것이 그것이다. 『예기(禮記)』 「예운(禮運)」에도 『귀장』에 관한 언급이 보인다. 즉 공자(孔子)가 말하기를, "내가 은(殷)나라의 도를 보고자 하여, 송(宋)나라에 갔는데 징험(徵驗)하기에 부족하였으나, 나는 『곤건(坤乾)』을 얻었다"고 하였는데, 여기서 『곤건』은 『귀장』을 가리키는 것으로 간주되고 있다.[2] 『태평어람(太平御覽)』 권(卷)180에서 환담(桓譚)(24 B.C.~56 A.D.)의 『신론(新論)』을 인용하여, "『연산』은 80,000자이고, 귀장은 4,300자다(連山八萬言, 歸藏四千三百言)"라고 하였고, 또 "『연산』은 난대(蘭臺)에 간직해 두었고, 『귀장』은 태복(太卜)에 간직해 두었다(連山藏於蘭臺, 歸藏藏於太卜)"라고 하였다. 이러한 자료에 의한다면, 『귀장』은 후한(後漢) 때에도 여전히 존재했던 것이 된다. 그러나 유향(劉向, 77~6 B.C.)과 유흠(劉歆, 53 B.C.~23 A.D.)은 『연산』과 『귀장』에 대하여 언급하지 않았으며, 『한서(漢書)』 「예문지(藝文志)」에도 저록(著錄)되어 있지 않다. 청대(淸代)에 마국한(馬國翰)이 편찬한 『옥함산방집일서(玉函山房輯佚書)』에 『귀장』 일권(一卷)이 전해지고 있으나, 그것이 위서(僞書)라는 주장이 끊이지 않았다.

그러나 최근 중국에서 많은 출토역학(出土易學)자료들이 발굴되면서, 『연산』과 『귀장』에 대해서도 실체적 접근이 가능해졌다. 특히 1993년에 후베이성(湖北省) 장링현(江陵縣) 왕자타이(王家臺) 15호묘에서 발견된 죽간은 『귀장』이 역사적으로 실재했을 가능성을 강력하게 시사해주기 때문에 학계의 비상한 주목을 받아왔다. 왕자타이 죽간의 내용은 『옥함산방집일서』에 포함된 『귀장』의 내용과 거의 일치한다. 일반

---

2   孔子曰, 我欲觀殷道, 是故之宋而不足徵也. 吾得坤乾焉.(『禮記正義』 十三經注疏整理本 [北京: 北京大學出版社, 2000], 776쪽.)

적으로 왕자타이본(王家臺本)『귀장』을 진간(秦簡)『귀장』 혹은 죽간본(竹簡本)『귀장』이라고 하고, 『옥함산 방집일서』의 『귀장』을 집본(輯本)『귀장』 혹은 전본(傳本)『귀장』이라고 한다. 리쉐친(李學勤)을 비롯한 일 부 학자들은 출토자료에 근거해서 『귀장』이 『주역』보다 결코 이른 시기에 형성된 것이 아니라는 새로운 가 설을 제안하고 있다. 그러나 현대 학자들 중에도 린중쥔(林忠軍)과 같은 학자는 『귀장』이 『주역』보다 앞서 존재했던 것이라고 추정하는 기존의 통설(通說)을 여전히 지지하고 있다. 이 두 입장 중에서 전자가 옳다 면 『좌전』과 『국어』에 나오는 다효변의 시초점례들이 "하상지구법"에 속한다는 보는 기존의 통설과 이에 근거를 둔 정약용의 학설은 심각한 도전에 부딪치게 될 것이다. 물론 정약용의 사후에 간행되고 출토된 자료들을 가지고 정약용을 비판하는 것은 방법론적으로 온당하지 않다는 비판이 제기될 수 있다. 왜냐하 면 정약용은 20세기에 출토된 출토본『귀장』을 볼 수 없었던 것은 물론이고, 1870년(同治 九年)에 간행된 마국한의 『옥함산방집일서』조차도 볼 수 없었기 때문이다. 그렇다고 하더라도 새로운 출토자료의 출현은 통행본『주역』에 근거를 둔 학설의 문제점과 진위(眞僞)를 따져볼 수 있는 계기를 제공해준다.

2. 『좌전』과 『국어』의 하상지구법

『주역』은 변화의 서(書)이기 때문에, 그 시초점법(筮法)은 효변(爻變)을 위주로 한다. 정약용에 따른다 면, 『주역』의 시초점법은 일효변(一爻變)을 원칙으로 하는 반면에 『연산』과 『귀장』에서는 다효변(多爻變)을 원칙으로 한다. 『주역』에 다효변의 경우가 전혀 없는 것은 아니다. 왜냐하면 건괘(乾卦)의 용구(用九)와 곤 괘(坤卦)의 용육(用六)에서는 여섯 효가 모두 변하기 때문이다. 그러나 이처럼 여러 효가 변하는 경우는 『주 역』 전편에 걸쳐 오직 두 경우 밖에 없기 때문에 일종의 특례로 간주된다. 정약용은 『주역』의 시초점법에서 는 육(六)과 구(九)를 써서 점을 쳤지만, 『연산(連山)』과 『귀장(歸藏)』의 시초점법에서는 칠(七)과 팔(八)을 써 서 점을 쳤다고 주장하였다. 아울러 정약용은 『주역』의 시초점법은 일효변을 원칙으로 하지만, 『연산』과 『귀 장』에서는 다효변이 원칙이었다고 추정하였다. 정약용이 이렇게 추론할 수 있는 근거는 『춘추좌씨전』과 『국 어』에 『주역』의 일효변의 시초점법에 맞지 않는 시초점례가 있기 때문이었다. 즉 ①『좌전』의 목강이 동궁에 서 친 시초점(穆姜東宮之筮, 襄公 9년), ②『국어』「진어(晉語)」의 중이가 귀국할 때 친 시초점(重耳反國之筮, 魯 僖公 24년), ③『국어』「진어」의 동인이 진문공을 영접할 때 친 시초점(董因迎公之筮), ④『국어』「주어(周 語)」의 성공이 진나라로 돌아갈 때 시초점(成公歸晉之筮)이 그것이다. 네 가지 서례(筮例) 중에서 ①②③의 서례(筮例)에서는 모두 '팔(八)'자가 언급되어 있는데, 그 의미는 아직까지도 명확하게 밝혀져 있지 않다.[3] 정

---

3   『좌전』의 襄公 9년의 「穆姜東宮之筮」에서는 "艮之八"이 나오며, 『國語』 「晉語」의 「重耳反國之筮」에서는 "貞屯悔豫皆八"이

약용은 이 네 경우가 모두『주역』의 일효변의 시초점법을 따르고 있지 않기 때문에『주역』과는 상관이 없는 "하상지구법", 즉『연산』과『귀장』의 시초점법이라고 주장하였다.

이들 시초점례들이 "하상지구법"을 따른 것이라는 주장은 물론 정약용이 처음으로 제기한 것이 아니다. 진대(晉代)의 경학가인 두예(杜預, 222~284)가 이미 "(『연산』과『귀장』의) 두 가지『역』은 칠·팔의 숫자로써 점을 쳤다(二易, 皆以七八爲占)"라고 말한 바 있다. 두예의『좌전』주(注)는 당대(唐代)의 공영달(孔穎達, 574년~648년)의 소(疏)를 거쳐서, 후세의 관방판본(官方版本)이 될 정도로 권위를 인정받아 왔다.[4] 그러면 이 네 경우를 차례로 분석해 보기로 하자.

2.1. 간지팔(艮之八):『좌전』의 "목강동궁지서"

다효변의 첫 번째 시초점례는『좌전』의 목강동궁지서(穆姜東宮之筮)이다. 양공(襄公) 9년에 목강(穆姜)[5]이 동궁(東宮)으로 유폐되어 시초점을 쳤는데, '간지팔(艮之八)'을 얻었다.[6] '간지팔(艮之八)'은 '간지수(艮之隨)', 즉 간괘(艮卦)가 수괘(隨卦)로 변하는 경우에 해당된다. 그런데 간괘에서 수괘로 변하기 위해서는 1·3·4·5·6의 다섯 효가 변동해야 한다.[7]

艮 → 隨

두예는 주(注)에서 "(『연산』과『귀장』의) 두 가지『역』은 모두 7·8의 숫자로써 점을 쳤다(二易, 皆以七八

나오고,『國語』「晉語」의 董因迎公之筮에서는 "泰之八"이라는 말이 나온다.

4 韓慧英,「『左傳』·『國語』筮數"八"之初探」,『周易研究』, 2002-5, 44쪽.

5 穆姜: 齊나라 제후의 딸. 魯나라 宣公의 부인이며, 成公의 모친이며, 襄公의 조모가 된다. 총명하고 슬기로웠으나 행실이 음란하여 叔孫喬如와 간통하였다. 喬如가 목강과 모의하여 季孟을 제거하고, 노나라 정치를 멋대로 擅斷하려 하였으나, 성공하지 못하고 오히려 東宮으로 내쫓기게 되었다.

6 穆姜薨於東宮. 始往而筮之. 遇艮之八. 史曰: "是謂艮之隨. 隨, 其出也. 君必速出!" 姜曰: "亡 ! 是於『周易』曰: '隨, 元, 亨, 利, 貞, 無咎.' 元, 體之長也. 亨, 嘉之會也. 利, 義之和也. 貞, 事之幹也. 體仁足以長人, 嘉德足以合禮, 利物足以和義, 貞固足以幹事. 然, 故不可誣也. 是以雖隨無咎. 今我婦人而與於亂. 固在下位, 而有不仁, 不可謂元. 不靖國家, 不可謂亨. 作而害身, 不可謂利. 棄位而姣, 不可謂貞. 有四德者, 隨而無咎. 我皆無之, 豈隨也哉? 我則取惡, 能無咎乎? 必死於此, 弗得出矣."(『春秋左傳正義』十三經注疏整理本 (北京: 北京大學出版社, 2000), 997~999쪽.

7 變卦인 隨卦로부터 艮卦 各爻의 營數를 逆으로 추산하면, 初六은 6이 되며, 六二는 8이 되며, 九三은 9가 되며, 六四는 6이 되며, 六五는 6이 되며, 上九는 9가 된다.

爲占)"라고 주장하였다.[8] 정약용이 7과 8로써 점치는 시초점법이 다효변을 허용하는 『연산』과 『귀장』의 시초점법이라고 주장한 것은 두예의 주를 근거로 삼은 것이었다. 그러나 공영달은 두예의 주장을 정면으로 반박하여 다음과 같이 말하였다.

> 두 종류의 『역』의 실존여부도 알 수 없거니와, 세상에 『귀장역』이라고 하는 것은 위서에 불과하니, 은나라 『역』은 아닌 것이다. 가령 두 종류의 『역』이 모두 7과 8로 점을 쳤다고 하더라도, 그것이 『연산』과 『귀장』의 방법을 썼는지 알 수 있는 것은 아니다. 이른바 '간지팔(艮之八)'을 만났다고 한 것도 무엇을 말하는지 알 길이 없으니, 그것을 『주역』보다 앞선 시대의 『역』이라고 하는 것도 그 근거할 바가 없는 것이다.[9]

공영달이 주장한 것처럼 사실 7과 8을 써서 점을 쳤다는 것이 곧 『연산』과 『귀장』의 시초점법을 사용하였음을 의미하는 것은 아니다. 따라서 공영달이 두예의 견해를 부정한데에는 충분한 이유가 있다고 보아야 한다. 두예는 7과 8을 사용한 것이 다효변을 허용하였음을 뜻한다고 보았지만 이러한 견해에 대해서 모두가 동의한 것은 아니었다. 정현(鄭玄, 127~200)과 가공언(賈公彦, ?~?, 唐代)과 공영달은 『연산』과 『귀장』에서 칠과 팔을 쓴 것은 불변효(不變爻, 변하지 않는 효)로써 점을 친 증거라고 주장하였다.[10] 이들이 7과 8을 불변효로 해석한 것은 이 숫자가 각각 소양(少陽)과 소음(少陰)을 가리키는 숫자이기 때문이다. 그러나 '간지팔(艮之八)'의 '八'이 소음수(少陰數) 8을 가리키는 것이라면 왜 다섯 효나 변했는지를 설명하는 것이 불가능해진다. 왜냐하면 소음수 팔은 효를 변화시키지 않는 것을 표시하는 부호이기 때문이다.[11] 따라서 정약용은 '간지팔(艮之八)'의 '팔(八)'을 소음수 8을 가리키는 것으로 간주하지 않은 것이다.

---

8 "杜預曰, 周禮大卜掌三易, 然則雜用連山歸藏周易 …… 二易皆以七八占, 故號艮之八…震下兌上, 隨, 史疑古易遇八爲不利, 故更以周易占變爻得隨卦而論之.(두예가 말했다. 『周禮』에 大卜이 三易을 관장한다고 하였으니, 그렇다면 『連山』과 『歸藏』과 『周易』을 섞어 썼을 것이다. 『連山』과 『歸藏』의 두 종류의 易은 七과 八로써 점을 쳤으므로 '艮之八'이라고 부른 것이다. 震下兌上은 隨니, 史가 古易의 방법을 써서 八을 만나니, 불리하므로, 다시 『周易』의 變爻로 점을 쳐서 隨卦를 얻어 논한 것이다.)"

9 "二易並亡, 不知實然以否. 世有歸藏易者, 僞妄之書, 非殷易也. 假令二易俱占七八, 亦不知此筮爲用連山爲用歸藏, 所云'遇艮之八', 不知意何所道. 以爲先代之易, 其言亦無所據."(『春秋左傳正義』, 997쪽.)

10 『周禮』 「春官」에서 "太卜이 三易의 법을 管掌하였으니, 첫째는 『連山』이요, 둘째는 『歸藏』이요, 셋째는 『周易』이다.(太卜掌三易之法. 一曰連山. 二曰歸藏. 三曰周易.)"라고 하였지만, 과연 『연산』과 『귀장』에서 7과 8을 주로 사용했는지는 보다 철저히 검증을 거쳐야 할 문제이다.

11 韓慧英, 「『左傳』·『國語』筮數"八"之初探」, 44쪽.

2.2. 정준회예개팔(貞屯悔豫皆八) :『국어』의 "중이반국지서"

다효변의 두 번째 시초점례는『국어』「진어(晉語)」의 중이반국지서(重耳反國之筮)에 나타난다. 진(晉) 문공(文公) 중이(重耳)가 귀국하면서 시초점을 쳤는데, "정준회예, 개팔(貞屯悔豫, 皆八)"을 얻었다.[12] 여기서 준괘(屯卦)에서 예괘(豫卦)로 변화되는데, 이렇게 변하기 위해서는 1·4·5의 세 효가 변동해야 한다. 그러므로 이러한 시초점법도 역시『주역』에는 존재하지 않는 방식이다. 그런데 "서사가 점괘를 풀이하여, 모두 불길하다고 하였다.(筮史占之, 皆曰, 不吉)" 사공계자(司空季子)는 그 풀이에 만족하지 않고 다시『주역』으로 해석하여 "길하다! 이는『주역』에 있다(吉! 是在周易)"라고 하였다.[13] 현존하는『국어』주석본 중에서 가장 오래된 주를 남긴 삼국(三國) 시대의 경학가 위소(韋昭, 204~273)는 "모두 불길하다고 말했다(皆曰, 不吉)"의 모두를『연산』·『귀장』의 두 가지 시초점법을 모두 사용하였다는 의미로 간주하였다.[14] 위소에 따르면 "정준회예, 개팔(貞屯悔豫, 皆八)"이라는 구에서 '정(貞)'과 '회(悔)'는 각각 내괘(內卦, 즉 下卦)와 외괘(外卦, 즉 上卦)를 가리키는 술어이다.[15] "개팔(皆八)"이라고 한 것은 준괘의 정괘(貞卦, 즉 內卦)와 예괘의 회괘(悔卦, 즉 外卦)가 모두 진(震)인데, 그 진의 두 개의 음(陰)이 모두 움직이지 않았음을 나타낸다.[16]

12　公子親筮之, 曰: "尙有晉國?' 得貞屯悔豫, 皆八也. 筮史占之, 皆曰, "不吉, 閉而不通, 爻無爲也", 司空季子曰: "吉. 是在周易, 皆利建侯. 不有晉國, 以輔王室, 安能建侯? …… 震, 雷也, 車也. 坎, 勞也, 水也, 衆也. 主雷與車, 而尙水與衆. 車有震武, 衆順文也. 文武具, 厚之至也. 故曰屯. 其繇曰: '元亨利貞, 勿用有攸往, 利建侯.' 主震雷, 長也. 故曰 '元', 衆而順, 嘉也. 故曰 '亨', 內有震雷, 故曰 '利貞'. 車上水下, 必伯. 小事不濟, 壅也. 故曰'勿用有攸往'. 一夫之行也. 衆順而有威武, 故曰'利建侯'. 坤, 母也. 震, 長男也. 母老子强, 故曰'豫'. 其繇曰:'利建侯行師', 居樂出威之謂也！是二者, 得國之卦也."(『國語』「晉語」)

13　"司空季子曰, 吉! 是在周易, 皆利建侯. 不有晉國, 安能建侯, 得國之務也."

14　韋昭는 "筮史占之, 皆曰, 不吉"에 대해 "筮史"의 句의 下注에서, "筮人掌以三易辨九筮之名. 一夏連山, 二殷歸藏, 三周易. 以連山歸藏, 占此兩卦, 皆言不吉.(筮人은 三易으로써 九筮의 이름을 분별하는 일을 관장하니, 첫째는 夏의 連山이며, 둘째는 殷의 歸藏이며, 셋째는 周易이다. 筮人은 連山과 歸藏으로 이 두 卦를 점쳤기 때문에 모두 불길하다고 한 것이다.)"이라고 하였다. 이것은 韋昭가 "皆曰"의 의미를『연산』과『귀장』의 두 가지 筮法을 모두 사용한 것으로 이해하고 있음을 뜻한다. 그러나 이와는 달리 "皆曰"을『연산』·『귀장』을 모두 썼다는 것이 아니라, 筮·史의 두 職官이 모두 불길한 것으로 말한 것으로 풀이하는 견해도 있다.

15　貞·悔를 內卦(즉 下卦)·外卦(즉 上卦)를 가리키는 것으로 본 것은 위소 뿐 아니라 두예도 그렇게 보았으며, 西漢 武帝 때 孔安國은 이 설에 의하여『尙書』「洪範」을 풀이하였다. 그러나 "貞屯悔豫"가 貞屯과 悔豫가 서로 待對되어 있는 형식을 취하고 있기 때문에 貞·悔가 단순히 內卦·外卦를 의미하는 것이 아닐 수 있다. 따라서 南宋의 程逈과 淸의 錢大昕은 貞과 悔를 本卦와 之卦(즉 變卦)의 명칭으로 보았던 것이다.

16　韋昭의 설명은 다음과 같다. "內卦를 貞이라 하고, 外卦를 悔라고 한다. 震은 下卦에 있고, 坎은 上卦에 있는 것이 屯卦이다. 坤은 下卦에 있고, 震은 上卦에 있는 것이 豫卦이다. 이 두 괘를 얻어서, 震은 屯卦에 있어서는 貞이 되고, 豫卦에 있어서는 悔가 된다. 八이라고 한 것은 震의 두 개의 陰이 변동하지 않아서, 內卦(貞)에 있어서나, 外卦(悔)에 있어서나, 모두 변동이 없는 까닭에 '皆八'이라고 한 것이니, '爻無爲也'라고 말한 것이다.(韋昭曰, "內曰貞, 外曰悔. 震下坎上, 屯. 坤下震上, 豫. 得此兩卦, 震在屯爲貞, 在豫爲悔. 八, 謂震兩陰爻不動, 在貞在悔皆不動. 故曰, 皆八. 謂爻無爲也.") 즉 '屯之豫'에서 屯卦의 內卦(貞)와 豫卦의 外卦(悔)에 모두 震이 있는데, 그 震의 두 음효가 內卦(貞)에 있거나 外卦(悔)에 있거나간에 모두 변하지 않은 채로 있으니, "皆八"이라고 한 것이다. 얼핏 보면, 屯卦의 內卦(貞)와 豫卦의 外卦(悔)에 모두 震이 있고, 그 震의 두 陰이 변

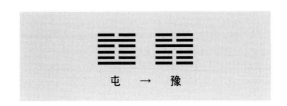

屯 → 豫

만약에 위소의 주장처럼 "정준회예, 개팔(貞屯悔豫, 皆八)"을 얻은 것이 『연산』・『귀장』의 두 가지 시초점법에 의거한 것이라면 왜 "길하다! 이는 『주역』에 있다"라고 한 것일까? 정약용의 견해에 따른다면, 사공계자가 "길하다! 이는 『주역』에 있다"이라고 한 것은 『연산』・『귀장』의 시초점법으로 점을 치고, 또 다시 『주역』으로 점을 쳤다는 뜻이 아니다. 이 때 사공계자는 준괘와 예괘의 괘명과 의미만을 잠시 빌려와 『주역』의 점사에 의거해서 점괘의 뜻을 보다 넓게 살핀 것일 뿐이다.[17]

한편 남송(南宋)의 사수(沙隨) 정형(程迥, ?~?)은 『주역고점법(周易古占法)』에서 "정준회예(貞屯悔豫)"란 준괘에서 예괘로 변하는 경우인데, "개팔(皆八)"이라고 한 것은 양괘(兩卦)에서 공통적으로 2・3・6획의 세 효가 변하지 않기 때문이라고 보았다. 요컨대, 위소와 정형은 '팔(八)'의 의미를 '변화하지 않음'에서 찾은 것이다. '8'이 원래 소음의 숫자라는 점을 고려한다면, 이러한 해석은 크게 무리가 없다.[18] 그러나 정약용은 이와는 반대로 '팔(八)'이 변동을 나타내는 기호라고 보았다. 왜냐하면 앞서 '모괘지팔(某卦之八)'의 형태에서 본 것처럼 '팔(八)'이 들어가면 여러 효가 난동(亂動)하였기 때문이다. 준괘(屯卦)에서 예괘(豫卦)로 변하면, 1・4・5의 세 개의 효가 변동하게 된다.[19] 그러므로 "정준회예, 개팔(貞屯悔豫, 皆八)"이라고 한

하지 않고 그대로 있으므로 韋昭의 설명이 맞는 것 같지만, 따져 보면 그렇지 않다. 本卦인 屯卦의 六二와 六三은 之卦(즉 變卦)인 豫卦에서도 역시 음효로 있으니 그것이 八이기 때문에 변하지 않은 것이라는 韋昭의 설명이 맞다. 그렇지만 之卦(즉 變卦)인 豫卦의 六五는 본래 본괘인 屯卦 九五로부터 변한 것이다. 따라서 豫卦 六五는 본래 本卦의 老陽 九가 변하여 음으로 변한 것이므로 그것은 八이 아니다.

17 『주역』의 시초점법(筮法)에 따라 점을 쳤다는 사실을 강조한 것은 모두 네 곳이다. 즉 ①『좌전』, 昭公 5년, 叔孫豹의 筮, ②『좌전』, 昭公 7년, 衛靈公의 筮, ③『좌전』, 哀公 9년, 陽虎의 筮, ④『국어』, 僖公 24년, 重耳의 筮가 그것이다. 『좌전』의 세 가지 사례에서는 모두 "『주역』으로써 시초점을 치니(以周易筮之)"라고 되어 있고, 『국어』에서는 "이것이 『주역』에 있으니(是在周易)"라고 되어 있다.

18 "貞屯悔豫皆八"에서 "皆八"을 "皆半"의 의미로 보는 견해도 있다. 戰國 시대의 문자에서 "八"과 "半"은 서로 통하는 글자였다. 本卦인 屯卦에서 變卦인 豫卦로 변하기 위해서는 屯卦의 初爻・四爻・五爻가 變爻가 되고, 二爻・三爻・上爻는 不變爻가 되어야 한다. 따라서 본괘에서 변효와 불변효가 각각 半이 된다는 의미로 "皆八"이라고 했다는 것이다.(兪志慧,「國語・晉語四 "貞屯悔豫皆八"爲宜變之爻與不變之爻皆半說」, 『學燈』第十九期, 2011.) 그러나 이러한 해석을 穆姜東宮之筮의 경우에 적용하면 잘 들어맞지 않는다. 왜냐하면, 거기에서는 '艮之隨', 즉 艮卦가 隨卦로 변하는 경우를 얻었는데, 艮卦에서 隨卦로 변하기 위해서는 그 半이 아닌 1・3・4・5・6의 다섯 효가 변동해야 하기 때문이다.

19 "貞屯悔豫皆八"은 三爻가 변동한 경우이다. 朱熹에 따르면 三爻가 변동하는 경우에는 本卦와 之卦의 彖辭로 점을 친다고 보고 있다. 이 때 본괘는 貞卦가 되고, 지괘는 悔卦가 된다. '屯之豫'의 점괘에서는 屯卦와 豫卦의 彖辭에 공통적으로 "利建侯"라는 문구가 존재하고, 司空季子가 이를 풀이할 때에도 屯卦와 豫卦의 兩卦를 모두 활용하였으므로 주희가 『역학계몽』에

것이다. 그런데 이처럼 여러 효가 어지럽게 변하는 방식(諸爻亂動)의 시초점법은 용구(用九)·용육(用六)의 경우를 제외한다면『주역』에는 존재하지 않는다. 따라서 정약용은 중이가 귀국할 때 친 시초점도 목강이 동궁에서 친 시초점의 경우와 마찬가지로 "하상지구법", 즉『연산』·『귀장』의 시초점법에 속하는 것으로 보았다. 두예가 이미 '간지팔(艮之八)'을『연산』과『귀장』의 구법(舊法)이라고 하였고, 위소도 역시 "정준회예개팔(貞屯悔豫皆八)"을『연산』과『귀장』의 시초점법이라고 하였다. 따라서 정약용은 '여러 효가 어지럽게 변하는 방식(諸爻亂動)'을 "하상지구법"에 귀속시킨 것은 선유(先儒)의 정론(定論)이라고 말한다.

2.3. 태지팔(泰之八):『국어』의 "동인영공지서"

『국어』「진어」의 동인영공지서(董因迎公之筮)는 진(晉)나라 대부(大夫) 동인(董因)이 진나라 문공(文公) 중이(重耳)를 맞이하면서 행한 시초점으로서, 변효(變爻)와 관련하여 역학사적으로 논쟁이 많은 시초점례이다.[20] 이 시초점을 통해 "태지팔(泰之八)"을 얻었는데, 위소는 이것이 태괘(泰卦)의 음효(陰爻)가 변동하지 않기 때문에 그 수가 팔이 되는 것으로 해석하였다.[21] 반면에 남송의 사수 정형은 1·2·3위는 9이지만 8로 변하고, 4·5·6위는 변하지 않기 때문에 원래 8이라고 주장하였다. 그런데 정약용은 정형의 학설 가운데 4·5·6위는 변하지 않기 때문에 원래 8이라는 주장은 수용하였지만, 1·2·3위가 노양(老陽)이기 때문에 8로 변한다는 주장은 받아들이지 않았다. 더구나 태괘의 하괘에 있는 세 양(三陽)이 모두 노양이어야 할 이유는 없다. 요컨대, 정약용에 따르면, '태지팔(泰之八)'이라고 한 것은 "하상지구법"이며,『주역』에는 이런 시초점법이 존재하지 않는다. 특히 동인이 "천지배형(天地配亨)"이라고 한 것은『주역』에서는 발견되지 않는 문구이기 때문에, 이 문구는 "하상지구문(夏商之舊文)"임이 틀림없다고 보았다.

그러나 진 문공을 영접할 때 동인의 시초점이『연산』과『귀장』의 시초점법을 쓰고 있다는 정약용의 주장은 과연 옳은 것일까? 어쨌든 정약용이 이 경우를『연산』과『귀장』의 시초점법을 쓰고 있는 것으로 풀이한 것은 그가 "태지팔(泰之八)"을 다효변의 경우로 간주하고 있음을 보여준다.[22] 정약용에 따르면 '팔(八)'

서 설명한 점법과 부합한다.

20　董因迎公于河. 公問焉曰, "吾其濟乎?" 對曰, "臣筮之, 得泰之八. 曰, 是謂天地配, 亨, 小往大來. 今及之矣, 何不濟之有?"(『國語』「晉語」)

21　"韋昭曰, 遇泰無動爻. 筮爲侯. 泰三至五震, 爲侯. 陰爻不動, 其數皆八, 故得泰之八.(泰卦에 動爻가 없음을 만나, 筮하여 侯가 된다고 하였다. 泰卦의 3·4·5가 震이니, 侯가 된다. 陰爻가 動하지 않기에 그 數가 모두 八이 된다. 그러므로 '泰之八'이라고 한 것이다.)"

22　정약용은 이 경우가 '夏商之舊法'에 속한다고 하였지, 그 變卦가 어떤 것인지를 밝히지는 않았다. 그러나 '夏商之舊法'이란 곧 多爻變을 허용하는 경우를 가리키므로, 多爻變의 變卦가 있어야 한다. 정약용이 韋昭와 程逈의 注를 인용하고 있으므로 이를 통해 그 變卦를 짐작해 볼 수 있다. 위소는 "陰爻不動, 其數皆八"이라고 하였으므로, 泰卦의 上卦에 있는 세 개의 음효는 변하지 않는 것이다. 그리고 程逈은 泰卦의 上卦에 있는 456은 不變이므로 八이라고 했으니, 이 점에 있어서는 위소와

은 변동을 나타내는 기호이다. 앞서 '간지팔(艮之八)'의 경우에서 볼 수 있었듯이 '모괘지팔(某卦之八)'의 형태는 여러 효가 난동(亂動)하는 경우를 나타낸다.[23] 준괘에서 예괘로 변하면, 1·4·5의 세 개의 효가 변동하게 된다.[24] 청대의 학자 이도평(李道平, 1788~1843)도 "태지팔(泰之八)"을 "간지팔(艮之八)"과 마찬가지로 변효의 시초점례로 취급하였다. 즉 이도평은 "태지팔(泰之八)"이 곧 '태지곤(泰之坤)'에 해당된다고 보고 있다.[25] 그러나 동인이 "태지팔(泰之八)"을 얻은 뒤의 점사 풀이를 보면, 그는 태괘의 괘사(卦辭)인 "작음은 가고 큼이 온다(小往大來)"를 인용하여 해석하고 있을 뿐이며, 다른 괘로 변화시키고 있지 않다. 이것은 "간지팔(艮之八)"의 경우에 "간지수(艮之隨)"와 동일시하여, 본괘와 지괘를 함께 운용하고 있는 시초점법과는 크게 차이가 난다.[26] 따라서 이것은 동효(動爻)가 전혀 없는 괘이기 때문에 효변을 취하지 않은 것으로 보아야 한다. 위소가 "음효가 동하지 않기에 그 수가 모두 8이 된다(陰爻不動, 其數皆八)"라고 한 것은 "태지팔(泰之八)"의 의미를 정확히 이해한 것이다.[27] 이 경우 팔은 소음수(少陰數) 8이 되므로 태

견해가 같은 것이다. 정약용은 程逈의 이 견해에 찬동하였으므로, 위소의 견해에도 동의한 것이 된다. 그런데 정형은 泰卦의 下卦는 九에서 八로 변한 것이라고 보았다. 정약용은 1·2·3이 老陽이므로 八로 변한다고 것은 옳지 않은 주장이라고 보았다. 下卦에 있는 三陽이 모두 九가 되어야 하는 것은 아니다. 왜냐하면 그 중 일부는 七이 될 수도 있기 때문이다.

23 현대 중국의 학자 劉大鈞의 견해도 정약용의 견해와 다르지 않다. 劉大鈞에 따르면, 『左傳』과 『國語』의 筮例 중에서 變爻가 없는 경우는 모두 "其卦遇某"의 형태를 취하고 있다. 즉 『左傳·僖公 15년』의 秦伯伐晉之筮에서 "其卦遇蠱"라고 한 경우, 그리고 『左傳·成公16년』의 晉侯鄢陵之筮에서 "其卦遇復"이라고 한 경우 등이 그 예들이다. 『左傳·昭公 7년』의 衛靈公之筮는 두 번 筮占을 쳐서 변효가 없는 경우와 변효가 있는 경우를 모두 얻은 예에 해당된다. 변효가 없는 경우에는 "遇屯"이라고 하였지만, 변효가 있는 경우에는 "遇屯之比"라고 하였다. 반면에 "艮之八"과 "貞屯悔豫皆八"의 경우처럼 숫자 八이 들어간 경우는 變爻가 있는 경우였다. 그러므로 韋昭가 "泰之八"에 變爻가 없다고 한 것은 옳지 않으며, "泰之八"도 역시 變爻가 있는 경우에 해당된다고 劉大鈞은 주장하였다.(劉大鈞, 『周易槪論』, 齊魯書社, 1988.)

24 "貞屯悔豫皆八"은 三爻가 변동한 경우이다. 朱熹에 따르면 三爻가 변동하는 경우에는 本卦와 之卦의 彖辭로 점을 친다고 보고 있다. 이 때 본괘는 貞卦가 되고, 지괘는 悔卦가 된다. '屯之豫'의 점괘에서는 屯卦와 豫卦의 彖辭에 공통적으로 "利建侯"라는 문구가 존재하고, 司空季子가 이를 풀이할 때에도 屯卦와 豫卦의 兩卦를 모두 활용하였으므로 주희가 『역학계몽』에서 설명한 점법과 부합한다.

25 董因迎公之筮에 대한 『역주 주역사전』의 卦圖와 해석은 李道平의 관점에 의거한 것이다. 즉 "泰之八"이 '泰之坤'에 해당된다고 보고 있다.(『역주 주역사전』 제7권 [소명출판, 2007], 287~290쪽) 그러나 정약용은 沙隨 程逈이 '泰之八'을 해석하면서, 泰卦의 下卦에 있는 三陽이 모두 老陽數 九를 취한다고 본 것을 반박하였으므로, 정약용이 '泰之八'을 '泰之坤'에 해당된다고 본 것은 아니다. 즉 下卦의 三陽이 모두 九를 취해야 할 필연성은 없다. 모두 九를 취할 수도 있지만 그 중 일부는 九가 아니라 七을 취할 수도 있다고 본 것이다. 정약용의 주장을 정리해 보자면, 그는 '泰之八'을 上卦는 변하지 않은 채로 下卦의 일부 혹은 전부가 변해서 형성되는 것으로 본 것이다. 만약 하괘의 세 개의 陽 중에서 한 개의 陽이 변한다면, 그 가능한 變卦는 臨, 明夷, 升이 된다. 만약 그 중에서 두 개의 陽이 변한다면, 가능한 變卦는 復, 師, 謙이 된다. 만약 세 개의 양이 모두 변한다면, 變卦는 坤이 된다. 즉 '泰之八'은 '泰之臨', '泰之明夷', '泰之升', '泰之復', '泰之師', '泰之謙' 중 하나가 된다.

26 劉大鈞은 '八'을 쓰는 경우는 變爻가 있으며, "某卦之八"의 형태도 역시 그러하다고 주장하였다. 그러나 그는 왜 "艮之八"의 경우는 '艮之隨'가 되어 本卦와 之卦를 함께 운용하지만, "泰之八"의 경우는 그렇지 못한지에 관해 설득력 있는 이유를 제시하지 못하고 있다.

27 그러나 韋昭의 설명처럼 陰爻가 動하지 않았으므로 그 數가 모두 八이라고 한다면, 왜 泰卦의 內卦의 三陽도 역시 動하지

괘의 4·5·6위의 세 효가 음효인데 변하지 않게 된다. 따라서 이 경우는 여러 효가 변동한 것이 아니라 오히려 여섯 효(六爻)가 모두 변하지 않는 경우에 해당된다. 이처럼 동효가 전혀 없는 경우에는 괘사로써 해석하는 것이 시초점법의 원칙이다. 실제로 위소는 태괘를 효변시키지 않고, 태괘의 괘사로써 풀이하고 있다.

그리고 정약용은 "천지배형(天地配亨)"이 『주역』에 나오지 않는 문구라는 이유로 그것을 "하상지구문"이라고 주장하였으나, 이것도 역시 근거가 미약하다. "천지배형(天地配亨)"은 태괘의 괘상(卦象)에 입각하여 그 뜻을 풀이한 것이지 점사(占辭)의 일부라고 볼 수 없다. 즉 "천지배(天地配)"란 태괘의 상괘와 하괘가 지(地)와 천(天)의 배열(配列)을 취하고 있음을 가리킨 것이다. 그리고 "형(亨)"은 아래에 있던 건(乾)의 양기(陽氣)가 위로 상승하고, 위에 있던 곤(坤)의 음기(陰氣)가 아래로 하강함으로써, 음양(陰陽)의 두 기(二氣)가 왕래하여 각각 그 올바름을 얻었으므로, "형(亨)"이라고 한 것이다. 그렇게 보면, "천지배형(天地配亨)"은 태괘의 괘사인 "소왕대래(小往大來)"를 다시 한 번 뜻풀이를 한 것에 지나지 않는다.

2.4. 건지비(乾之否): 『국어』의 "성공귀진지서"

네 번째 시초점례인 『국어』 「주어」의 성공귀진지서(成公歸晉之筮)은 성공(成公)이 진(晉)나라로 귀국하려고 할 때 친 시초점이다. 여기에서 그는 '건지비(乾之否)', 즉 건괘가 비괘(否卦)로 변하는 점괘를 얻었다.

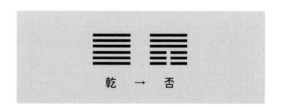

그런데 건괘에서 비괘로 변하기 위해서는 건괘의 세 효(三爻)가 변동해야 한다.[28] 위소는 세 효가 변동한 경우로 보았는데, 이것은 건괘의 하괘에서 세 효가 모두 변함으로써 비괘가 된 것으로 본 것을 의미한다. 이처럼 삼효가 변하는 시초점법은 『주역』에는 없기 때문에 정약용은 이 경우도 역시 "하상지구법"이라고 주장하였다.

않았는데, '泰之七'이라고는 하지 않았는가 하는 의문이 제기된다.

28 두번째 筮例에서 "貞屯悔豫皆八"의 경우도 삼효가 변동한 경우에 해당된다.

2.5. 『연산』과 『귀장』의 서법에 대한 종합적 검토

위의 네 가지 시초점례를 "하상지구법"에 귀속시킨 것은 정약용의 독창적 견해라고 볼 수 없다. 이미 두예와 위소가 "간지팔(艮之八)", "정준회예개팔(貞屯悔豫皆八)" 등의 예를 『연산』·『귀장』의 구법에 속하는 것으로 보았기 때문이다. 그렇다면 과연 이러한 시초점례들은 『연산』·『귀장』의 시초점법에 의한 것이라는 주장은 정당화될 수 있는 것일까? 예를 들어, 다효변의 첫 번째 시초점례인 동궁에서 목강의 시초점의 경우를 통해 이 문제를 고찰해 보기로 하자. 만약에 '간지수(艮之隨)'가 『연산』과 『귀장』의 시초점법을 써서 얻은 것이라면, 그 괘명(卦名)은 『연산』과 『귀장』에 존재해야 한다. 그러나 주희(朱熹, 1130~1200)의 『역학계몽(易學啓蒙)』 가운데 『귀장』 64괘의 괘명을 수집해 놓은 것이 있는데, 거기에는 흔괘(很卦)는 있어도 간괘(艮卦)는 없다.[29] 또한 수괘(隨卦)라는 괘명도 나오지 않는다.[30] 사실 '간지수(艮之隨)'에서 간(艮)과 수(隨)가 이미 『주역』의 괘명이고, 목강이 점괘를 풀이하면서 인용하고 있는 "수, 원형이정, 무구(隨, 元亨利貞, 无咎)"도 역시 『주역』의 괘사이다.

만약에 『연산』과 『귀장』이 이미 오래전에 망실된 것이 사실이라면 그들이 7과 8을 쓰고, 9와 6을 쓰지 않았는지 후대의 사람들이 어떻게 알 수 있단 말인가?[31] 『연산』과 『귀장』에서 7과 8을 썼다고 가정한다면, 왜 '모괘지팔(某卦之八)'의 형식은 나타나는데, '모괘지칠(某卦之七)'의 형식은 나타나지 않는 것일까?[32] 다시 말해서, 만약 위소의 주장처럼 음효가 변동하지 않는 경우에 소음수 팔을 썼다고 한다면, 왜 양효가 변동하지 않은 경우에 소양수 7을 쓰지 않은 것일까? 설령 이러한 시초점례들이 『연산』과 『귀장』의 시초점법에 속한다는 점을 인정하더라도 '모괘지팔(某卦之八)'의 형식이 무엇을 의미하는지 정확히 알기는 힘들다. '팔(八)'자는 『좌전』과 『국어』에서 "간지팔(艮之八)", "태지팔(泰之八)", "정준회예개팔(貞屯悔豫皆八)" 등 모두 세 차례에 걸쳐 나타난다. 그렇다면 '모괘지팔(某卦之八)'이라고 했을 때와 "정준회예개팔(貞屯悔豫皆八)"이라고 했을 때 "팔(八)"은 같은 용법으로 쓰이고 있는 것일까?[33] 정약용은 '모괘지팔(某卦之八)'의

---

29 很과 艮이 同音假借의 경우일 수는 있다.

30 饒宗頤는 「殷代易卦及有關占卜問題」에서 『歸藏』 가운데 隨卦와 같은 卦象이 있음을 발견하였는데, 그 괘명은 "馬徒"였다.(『文史』 第二十輯, 1983年 9月)

31 "連山歸藏, 久已亡佚失傳, 後人何以會知道其用七八而不用九六?"(劉大鈞, 『周易槪論』[成都: 巴蜀書社, 2010], 65쪽.)

32 韓慧英, 「『左傳』·『國語』筮數"八"之初探」, 44쪽.

33 "艮之八", "泰之八", "貞屯悔豫皆八"의 세 경우에 공통되는 八의 의미를 찾을 수 있는 유일한 방법은 '八'을 不變爻를 나타내는 기호로 간주하는 것이다. "艮之八"에서는 艮卦의 六二가 불변효이다. "泰之八"의 경우는 확실치는 않지만 泰卦의 象辭로 해석하고 있는 것으로 볼 때, 泰卦의 여섯 효 전부를 불변효로 간주한 것으로 보인다. "艮之八"은 不變爻가 한 개 있는 경우이며, "泰之八"은 불변효가 여섯 개 있는 경우이지만, 어쨌든 "某卦之八"의 형식은 최소한 한 개 이상의 불변효가 있음을 나타낸다고 보면 모순이 발생하지 않는다. 아울러 "艮之八"과 "泰之八"이 같은 형식인데도 왜 "艮之八"에서는 本卦와 之卦를 함께 운용하고, "泰之八"에서는 本卦만 운용하는지에 관한 의문도 자연스럽게 해소된다. 즉 "艮之八"은 變爻가 다섯 개이니 之

형식이 다효변을 허용하는 시초점법이라고 주장하였지만, 진 문공을 영접할 때 동인의 시초점의 "태지팔(泰之八)"의 경우에는 오히려 어떤 동효(動爻)도 취하고 있지 않다. 뿐만 아니라, 정약용은 변화하지 않는 상태를 가리키는 부호인 소음수 8이 어떻게 해서 다효변을 허용하는 부호로 전환된 것인지에 관해서도 명확한 설명을 하지 못하고 있다. 물론 정약용의 설명에서는 그것이 『주역』의 시초점법이 아니라 『연산』·『귀장』의 구법에 속하는 것이기 때문에 8은 소음수 8이 아니라고 주장할 수 있다. 그러나 정약용이 '태지팔(泰之八)'에 관해 설명하고 있는 것을 보면, 그것은 『주역』에서 소음수 8을 얻을 때 실행하는 시초점법과 전혀 다르지 않다. 즉 두 번은 천수(天數) 3을 얻고, 한 번은 지수(地數) 2를 얻어서 그 둘을 합한 숫자가 8이다. ([3×2]+[2×1]=6+2=8) 이것은 그가 『연산』과 『귀장』의 구법을 해석하기 위해 사용하고 있는 술어가 『주역』의 계통을 벗어나지 못하고 있음을 보여준다.

3. 출토역학자료의 관점에서 본 『연산』과 『귀장』의 서법

『연산』과 『귀장』에 관한 정보가 거의 남아있지 않은 상황에서 단지 몇 개의 단편적 문구에 의존해서 옛날의 시초점법(筮法)이 어떠했다고 주장하는 것은 망문생의(望文生義)의 차원을 벗어나기 힘든 것이 사실이다. 따라서 그 진위를 밝히기 위해서는 고대의 시초점법을 밝혀줄 수 있는 보다 확실한 증거가 나오지 않으면 안된다. 그런데 1993년에 후베이성 장링현 왕자타이 15호묘에서 진간(秦簡) 『귀장』이 출토되면서, 『귀장』에 접근할 수 있는 획기적 계기가 마련되었다. 리자하오(李家浩)는 왕자타이 진간과 『귀장』의 일문(佚文)을 대감(對勘)하여 그것이 바로 망실되었던 『귀장』임이 틀림없다고 단정하였다. 그리고 그는 진간 『귀장』이 전국(戰國) 후기의 진인(秦人)에 의해 만들어진 초록본(抄本)일 가능성이 있다고 추정하였다.[34] 리쉐친도 우리가 보는 『귀장』은 『주역』과 『역전』으로부터 나온 것이며, 그것도 전국시대 후기에 출현한 것이라고 주장하였다.[35] 만약 『귀장』이 『주역』보다 더 뒤에 나타난 것이라면, 동일한 근거에 입각하여 『연산』

卦가 생기는 것은 당연한 것이고, "泰之八"은 變爻가 하나도 없으니, 之卦가 형성되지 않는 것도 역시 당연한 이치다. "貞屯悔豫皆八"의 경우는 不變爻가 屯卦의 六二·六三·上六이다. 여기서 六二와 六三은 內卦에 있는 불변효이고, 上六은 外卦에 있는 불변효이다. 따라서 "皆八"을 貞卦(즉 內卦)와 悔卦(즉 外卦)에 모두 불변효가 있다는 의미로 받아들인다면 역시 모순이 발생하지 않는다. 그리고 "艮之八"이라고 하고, "貞艮悔隨皆八"이라고는 하지 않은 이유도 역시 설명이 된다. 이 경우는 불변효가 오직 艮卦의 內卦인 六二에서만 발생했기 때문에 "皆八"이라고 하지 않은 것이다.

34 李家浩, 「王家臺秦簡'易占'爲歸藏考」, 『江陵王家臺15號秦墓』 簡報, 『文物』 1995-1, 51쪽.

35 簡本 『귀장』과 輯本 『귀장』에는 신화전설에 나오는 인물과 역사적 인물이 모두 있는데, 이들 인명을 통해서 그 성립시기를 추측해 볼 수 있다. 즉 女娲, 黃帝, 蚩尤, 豊隆, 舜, 鯀, 夏后启, 羿, 嫦娥, 河伯, 桀, 殷王, 伊小臣, 周武王, 穆天子, 赤鳥, 宋君, 平公 등이 그것이다. 역사상 유명한 平公으로는 宋 平公(B.C.575~B.C.532)과 晉 平公(B.C.557~B.C.532)이 있는데, 모두 기원전 6세기 후반의 인물이다. 따라서 일단 『귀장』의 성립시기는 아무리 소급해 잡아도 이보다 더 올라갈 수는 없다. 따라서

도 역시 그렇다고 보아야 한다. 리링(李零)은 왕쟈타이 진간『귀장』과 마국한의『옥함산방집일서』에 포함된『귀장』의 요사(繇詞)에서 주(周) 무왕(武王)과 주(周) 목왕(穆王)이 언급되고 있는 것을 근거로 그것이 상대(商代)의 것일 수는 없다고 주장하였다.[36]

만일 이러한 주장이 옳다면『연산』·『귀장』을 하대(夏代)와 상대의 문헌으로 간주하던 기존의 통설은 심각한 도전에 부딪치게 된다.[37] 그리고『국어』「진어」의 "정준회예개팔(貞屯悔豫皆八)" 등의 시초점법이 『귀장』과 무관한 것이라면, 역시 마찬가지 이유로『연산』의 시초점법도 아니라고 보아야 한다.

그러나 린중쥔(林忠軍)은 현대학자이면서도 이들과는 반대로『귀장』이『주역』보다 먼저 성립되었다고 보았다.[38] 통행본『주역』과 죽간본『귀장』과 전본(傳本)『귀장』을 비교해보면, 동일하거나 유사한 괘명이 다수 발견된다. 예를 들면, 죽간본『귀장』의 '항아(恒我)'는 통행본『주역』에서는 '항(恒)'으로 되어 있다. 죽간『귀장』의 '아(我)'는 결코 연문(衍文)이 아니며, '항아(恒我)'가 시간이 경과함에 따라 '항(恒)'으로 단순화되는 과정을 거쳤다고 보는 것이 합리적이다. 또 죽간본『귀장』의 괘명 '무망(毋亡)'은 통행본『주역』의 괘명 '무망(无妄)'보다 문자학적으로 볼 때 더 원시적 형태이다. 은대 갑골문에 '무(毋)'와 '망(亡)'이 있었으며, '무망(无妄)'의 '무(无)'자는 더 뒤에 나온 글자이다. 마찬가지로 진간『귀장』의 '산(散)'괘(卦)가 집본(輯本)『귀장』에는 '산가인(散家人)'괘로 되어 있는데, 이 때 '산(散)'자는 진간과 집본에 다 나타나기 때문에 연문으로 보기 힘들다. 따라서 가인괘(家人卦)의 괘명은 진간의 '산(散)'과 집본의 '산가인(散家人)'이 간소화되면서 나타낸 형태로 보아야 한다. 량웨이쉬안(梁韋弦)도 진간 역점의 괘명이『주역』의 괘명보다 앞서 존재했다고 주장함으로써 린중쥔의 주장에 찬동하였다. 진간의 능괘(陵卦)는『주역』의 겸괘(謙卦)에 해당되는 괘로서, 능(陵)은 산릉(山陵)의 능이니, 이것은『설괘전』에서 "간위산(艮爲山)"이라고 한 것에 부합된다.『주역』의 괘명과 괘상의 관계는 진간『귀장』에 비해 보다 정교하게 발전하였다는 것이다.[39] 린중쥔과 량

『귀장』이 商나라에 성립된 것이라는 주장은 일단 배제된다.(李學勤,「出土文物與周易研究」,『齊魯學刊』2005-2, 9쪽.)

36 李零,『中國方術考』(北京: 東方出版社, 2000), 第四章 "早期卜筮的新發現", 259쪽.

37 蔡運章은 商周 시대 筮術에 대한 연구를 통해 다음과 같이 주장하였다. 즉『연산』과『귀장』은『漢書』「藝文志」에 나오지 않는다. 그리고 劉炫本『連山』과『郡齋讀書志·三墳』本『連山』은 後人의 僞作으로 보인다. 今本『귀장』과 秦簡『귀장』에는 武王이 紂를 정벌한 사건과 穆王 西遊에 관한 故事 등이 포함되어 있는데, 이는『귀장』이 은나라 사람의 작품이 아니라는 것을 말해준다. 특히 馬國翰의『玉函山房輯佚書』에 수집되어 있는『귀장』의 佚文에 나오는 女媧·黃帝·炎帝·蚩尤·崇伯鯀·禹·羿·姮娥·西王母·夏啟 등의 인물은 今本 및 秦簡『歸藏』에 포함된 故事와 상당히 유사하며, 대부분 전국시대 문헌 중에도 나오는 이야기들이다. 따라서『周禮』「太卜」에 설해진『연산』·『귀장』은 西漢 시대 揚雄이 지은『太玄經』과 마찬가지로 전국시대 사람이 춘추전국 시대의 저작에 나오는 인물과 고사에 의탁하여,『易經』을 본떠서 편찬한 역학저작일 가능성이 높다. 漢儒들은 이렇게 해서 만들어진『연산』·『귀장』에 夏·商 시대의 인물과 故事가 많이 포함된 것을 보고 그것을 夏·商 시대의 저술로 誤認하게 되었다는 것이다.(蔡運章,「商周筮數易卦釋例」,『考古學報』2004-2, 153쪽.)

38 林忠軍,「王家臺秦簡歸藏出土的易學價值」,『周易研究』2001-2, 6~9쪽.

39 梁韋弦,「王家臺秦簡"易占"與殷易『歸藏』」,『周易研究』2002-3, 39쪽.

웨이쉬안의 관점에서 본다면『귀장』이『주역』보다 더 늦게 형성된 것이라고 단정 짓는 것은 성급한 결론이다. 이처럼 두 진영의 입장이 첨예하게 맞서고 있어『귀장』과『주역』의 선후관계를 쉽사리 단정하기 어렵다.

다만 한 가지 염두에 두어야 할 점은 정약용이『연산』·『귀장』혹은 "하상지구문"이라고 지적한 글의 원문에서 하·상 시기의『연산』과『귀장』에 관한 언급을 찾을 수 없다는 사실이다. 뿐만 아니라,『좌전』에서도 장공(莊公) 21년에서 애공(哀公) 9년 사이에 10여 차례의 점서(占筮)를 통해 18개의 괘명이 언급되고 있지만, 그것은 모두 통행본『주역』의 괘명과 일치하며,『연산』·『귀장』에 전적으로 속하는 괘명은 한 번도 나타나지 않고 있다. 따라서 이러한 시초점법이 하·상의 구문에 속한다고 주장하는 것은 그야말로 막연한 추측의 범위를 벗어나지 못한다.

4. 맺는 말

정약용은『춘추관점보주』에서 춘추시대의 시초점례에 대한 분석을 통해 일효변의 시초점례는『주역』에 속하는 효변법이지만, 다효변의 경우는 "하상지구법"에 속한다는 결론에 도달하였다. 즉 9와 6의 숫자를 변효의 부호로 사용하는 것은 주나라의『주역』의 시초점법이지만, 7과 8의 숫자를 사용하는 것은 하왕조의『연산』과 상왕조의『귀장』에 속하는 시초점법이라는 것이 그 요점이다. 정약용이『춘추관점보주』에서 매우 정밀한 논리를 전개하고 있음에도 불구하고 완벽하게 정합적이며, 무결점의 논리를 구성하는데 성공한 것은 아니다. 그는 주나라의『역』은 오직 한 개의 동효(動爻) 만을 사용한다는 것을 강조하였으나,『연산』과『귀장』의 시초점법이 어떠한 것이었는지를 적극적으로 밝히려고 하지는 않았다.

역학계의 논의는『좌전』과『국어』에서 세 차례나 등장하는 팔(八)자가 어떤 의미를 지니는지에 초점이 모여지고 있다. 즉 팔자는『좌전』과『국어』에서 "간지팔(艮之八)", "태지팔(泰之八)", "정준회예개팔(貞屯悔豫皆八)" 등 모두 세 번에 걸쳐 나오는데, 팔의 의미와 관련하여 견해는 두 가지 상반된 방향으로 나뉘고 있다. 즉 한 쪽 진영에서는 8이 변화를 나타내는 부호라고 보는 반면에 다른 쪽 진영에서는 8이 소음수이기 때문에 불변화를 나타내는 부호라고 보고 있다. 정약용은 숫자 8이 여러 효가 변동하는 것을 나타내는 부호라고 보았기 때문에 전자의 진영에 속한다. 정약용은 두예와 위소의 학설에 의거하여 '팔(八)'자가 쓰인 시초점례들이 "하상지구법", 즉『연산』과『귀장』의 시초점법에 속한다고 주장하였다. 그러나 "모괘지팔(某卦之八)"의 형태를 취하더라도 "간지팔(艮之八)"에서는 다섯 효가 변동하는 반면에, "태지팔(泰之八)"의 경우에는 변효를 취했다는 확실한 증거가 발견되지 않는다. 정약용은 "태지팔(泰之八)"의 경우에 태괘(泰卦)의 4·5·6효가 불변효이므로 8을 썼다는 사수 정형의 학설을 수용하였다. 이처럼 정약용은 8을 어떤 경우에는 변효의 기호로 간주하고, 또 다른 경우에는 불변효의 기호로 간주하고 있다. 따라서 정약용은 스스로 부정합성을 노출하고 있으며 모순을 면하지 못한다.

과연 정약용의 주장처럼 『좌전』과 『국어』의 시초점례들이 하왕조의 『연산』과 상왕조의 『귀장』에 속하는 시초점법에 속하는 것인지는 최근의 고고학적 출토자료들에 비추어 판단할 필요가 있다. 학계에서는 최근의 출토역학자료에 의거하여 『연산』·『귀장』을 하·상 시기에 속한 것으로 간주하기는커녕 오히려 『주역』보다 더 늦은 시기에 출현한 것으로 추정하는 견해가 강력하게 제기되고 있다. 물론 현대학자들 중에도 『귀장』이 『주역』보다 선행해서 존재했다고 보는 전통적 견해를 지지하는 사람들도 있기 때문에 쉽게 단정지을 문제는 아니다. 필자는 본고에서 정약용의 "하상지구법"설이 출토자료의 출현으로 말미암아 취약점을 노출하게 되었다는 점을 지적하는데 그치고자 한다. 본고에서는 왕쟈이 진간 『귀장』의 점법이 어떠한 특징을 지니는지, 또 그것이 『좌전』·『국어』의 '하상지구법'과 어떤 연관성을 지니는지에 대해서는 다루지 못하였다. 그러나 이 문제의 서술을 위해서는 또 다른 지면을 필요로 할 것이므로, 차후의 과제로 남겨놓기로 한다.

이 글은 같은 제목으로 『퇴계학보』 제131집 (2012)에 게재한 논문의 일부 내용을 수정해 수록한 것이다.

Ⅲ부

출토문헌이 그리는
고대 중국

12

『고대 중국의 '천(天)'은 '상제(上帝)'와 동일한 개념인가?

빈 동 철 (고려대)

1. 서론

　최근 몇 십 년간 고대 중국에 대한 연구는 고고학의 괄목할만한 성장과 발전에 힘입어, 이전 전래 문헌의 텍스트 분석으로부터 얻을 수 있는 정보에 국한되지 않고, 고고학적 유물이 제시하는 새로운 이해를 통하여 그 영역을 확대하고 있다. 그러나 선진 시대 공자 이전 고대 중국의 종교와 문화에 대한 실제적 정보를 추적하는 것은 여전히 쉽지 않은 일이다. 이것은 고대 중국에 관한 새로운 고고학적 증거들이 제시하는 정보와 내용의 양적 불충분이 그 이유 중 하나일 수 있겠지만, 보다 더 중요한 이유는 고대 중국 연구의 방향과 자료 선택이 철학적 문헌을 중심으로 진행되어 왔다는 사실일 것이다. 특히 고대 중국의 상제(上帝)와 천(天) 관념에 대한 이해는 전래 문헌에서 드러나는 철학적 의미의 분석과 해석을 중심으로 그 연구의 범위와 내용에 있어서 스스로 제한적이었다. 이 논문에서 필자는 고대 중국의 상제와 천 관념에 대한 전래 문헌의 전통적 이해로부터 벗어나, 고고학적 출토 문헌의 텍스트 분석을 통하여 우리의 일반적 시중인식에 대한 어느 정도의 수정과 보완을 제시할 것이다. 이를 위하여 우선 고대 중국의 상제와 천에 대한 기존의 설명과 이해를 검토하고 난 후, 이러한 이해를 정초한 전래 문헌으로 들어가 '상제'와 '천'의 의미 분석을 통하여, 기존의 이해에 대한 의문을 제기할 것이다. 그리고 마지막으로 출토 문헌의 텍스트 분석이 제공할 수 있는 두 용어에 대한 추가적 이해를 제시할 것이다.

2. 상제와 천의 철학사적 이해

고대 중국의 상제와 천 개념에 대한 종래의 동양 철학 연구자들의 이해는 아래에서 소개하는 철학사 내용에서 크게 벗어나지 않는 것 같다.

> 『시경(詩經)』 안에 형이상학적 천 관념이 있다고 하더라도, 대부분의 자료는 여전히 인격천(人格天) 관념을 표현한다. 이러한 인격천은 곧 원시신앙 속의 신(神)이며, 인간의 최고 주재자가 된다. 『서경(書經)』 안에도 역시 자주 이러한 인격천 관념이 있으며, 정권흥망의 주재자가 된다. 사용하는 용어와 관련하여 논하면, 『서경』 안에서 인격천을 언급할 때는 여전히 '천(天)'자를 사용하고, 『시경』 안에서는 '제(帝)'자를 사용하여 이러한 주재적 의미의 천을 일컫는다. 이 점이 『시경』과 『서경』의 용어에서 현저한 차이 중의 하나이다.[1]

라오쓰광(勞思光)이 여기서 언급하고 있는 고대 중국 천 개념에서 주요한 점은 우선 천이 단순한 물리적 자연으로서의 천이 아니라 신적 존재로서 인간을 지배하는 한다는 것이다. 그에 의하면 이러한 천 개념은 만물 이치의 근거가 되는 천도(天道)같은 형이상학적 의미의 실체 개념이 나타나기 이전에,[2] 인간의 운명과 정권흥망에 결정적으로 영향력을 행사하는 절대적 주재자이다. 다음으로 우리가 주목해야할 것은 『시경(詩經)』과 『서경(書經)』같은 텍스트에서 주재성을 지닌 신을 의미하는 용어가 '천'과 '제'라는 글자로 나타난다는 점이다. 라오쓰광은 '천'과 '제'에 대하여 인간을 지배하는 신의 의미를 가진 동일한 것의 다른 이름으로 이해하고 있다. 그러나 '천'과 '제'를 원시문화의 배태기에 형성되었던 의미와 연관시켜 서로 다른 별개의 원초적 개념으로 설명하는 견해도 있다. 김충렬의 『중국철학사 1: 중국철학의 원류』의 '천'과 '제'에 관한 내용을 살펴보자.

> 우선 '천'과 '제'를 각기 독립된 별개의 원초적 개념으로 보아야 할 것이다. 이런 이유 때문에 나는, 중국 문화의 시원을 너무 이원론적으로 파악한다는 비난을 받을 여지도 있지만, 일단 '천'은 하나라의 중심 개념이고 '제'는 은나라의 중심개념이라고 분리해 놓고 출발하고자 한다.[3]

---

1   勞思光, 『新編中國哲學史』 (臺北: 三民書局, 2001), 1권 91쪽.
2   勞思光, 『新編中國哲學史』, 1권 80쪽.
3   김충렬, 『중국철학사 1: 중국철학의 원류』 (예문서원, 1994), 120쪽.

하나라의 문화적 토양에서는 '천'이 무엇에도 의존하지 않는 자기 원인으로서의 '자연천(自然天)'이요……이러한 천이 은의 종교 사상과 결탁되자 '제'의 의미를 띠면서 일체를 지배하는 권위자로 탈바꿈하였고, 또 자기에게 제사 지내고 기도하는 특정인만을 돕는 유일한 직계적인 천으로 되어 버렸던 것이다. 그러므로 주초에 이르러 제일 먼저 수정되어야 했던 것은 바로 이 종교적인 천을 하나라와 마찬가지로 자연천 및 보편천으로 돌려 놓는 것이었고, 또 거기에 의리적이며 생기적인 면을 강화하는 것이었다……그리고 특히 씨족신적인 의미를 띠던 은의 '상제'개념에서 보듯이, 특정 종족만을 사랑한다고 생각하던 기존의 천에 대한 관념이 "천은 천하의 모든 사람을 골고루 사랑한다"(天哀(愛)四方民)는 사상으로 전환된 것은 바로 천 개념이 보편천으로 다시 개방된 대표적인 예이다.[4]

'천'과 '제'에 대하여 서로 다른 두 문화에 기초한 개념으로 분리하여 접근하지만, 결국 서로 다른 대상이나 존재에 대하여 말하는 것이 아니라 동일한 것에 대한 이원론적 설명을 시도하고 있다. 김충렬이 다른 곳에서 천의 덕성을 설명할 때, 『시경』과 『서경』에서 '상제(上帝)'와 '천'이 나오는 구절을 함께 인용하고 있는 것을 감안하면,[5] 적어도 텍스트 속에서 나타나는 두 용어가 의미하는 대상을 동일한 것으로 보고 있음이 명백하다.

천과 제가 혼용할 수 있는 개념인가 아니면 서로 다른 것을 지칭하는가의 문제와 관련하여, 위에서 살펴본 기존 철학사의 설명은 대체로 텍스트에 나오는 두 용어는 동일한 것을 지칭한다는 일반적 이해를 대표한다. 그러나 두 용어가 동일한 대상을 지칭한다고 하더라도, 텍스트에 나오는 '제'(혹은 '상제')와 '천'의 개념은 이미 철학사에서 암시하고 있는 것처럼, 고정 불변하는 것이 아니라 시대에 따라 전화(轉化)한다. 특히 주 왕조의 흥망성쇠와 더불어 천의 개념은 다양한 전화를 보여준다. 이러한 의미의 변화를 해명하기 위하여 좀 더 세심한 텍스트 분석이 요구된다.

3. 전래 문헌의 '상제'와 '천'

전승되고 있는 텍스트 중에서 '천(天)'·'제(帝)'와 관련하여 가장 이른 시기의 정보를 제공하는 것은 『시경(詩經)』과 『상서(尙書)』이다. 이 두 텍스트는 주나라 성립(1045 B.C.) 이전부터 춘추시대(722~481 B.C.)에 이르기까지의 600년이 넘는 방대한 시간의 흐름 속에서 일어난 사건들을 기록하고 있기 때문에, 우리

---

4   김충렬, 『중국철학사 1: 중국철학의 원류』, 146쪽.
5   김충렬, 『중국철학산고 1』(온누리, 1988), 69쪽.

는 비교적 춘추시대 이전의 편들과 내용으로 논의의 범위를 제한할 필요가 있다. 더욱이 내용상으로는 아주 오래된 것일지라도 실제 그 기록의 성립 연대가 반드시 오래된 것이 아닌 경우가 있다. 말하자면, 시기적으로 후대에 성립되었거나 구성된 것을 오히려 희미한 기억의 과거로 투영하여 그려내고 있는 편들이 존재한다는 것을 염두에 두어야 한다.

『시경』의 경우, 대부분은 저자가 익명이고 연대를 결정할 수 없다. 따라서 보다 전반적이고 일반적인 관점에서 다룰 수밖에 없다. 그러나 시의 주제와 관련하여 어떤 내용들은 그 성립 연대를 가늠할 수 있는 경우도 있다. 예를 들면, 서주(西周) 붕괴 이후에 주나라 사람들의 천에 대한 어떤 변화된 견해를 제시하는 시 내용들이 있는데, 이 경우 우리가 논의하고 있는 주제와 직접적인 관련을 가지고 있다. 『상서』의 대부분은 주나라의 토대를 확립한 여러 왕과 신하들의 언명으로 구성 되어 있다. 정말로 이 텍스트의 성립 의도대로라면, 이러한 내용들은 상(商)과 주(周) 초기까지 거슬러 올라가는, 대단한 역사적 정보를 가지고 있을 것이다. 그러나 그 성립 연대를 주(周) 초기까지 거슬러 올라가 잡은 편들에 있어서조차도[6] 현재는 춘추시대 후기 이전으로 보기는 어렵다는 견해가 지배적이다.[7] 따라서 『상서』와 『시경』이 우리가 논의하고 있는 문제를 해결할 수 있는 결정적인 증거를 제공할 수 있는 자료로 보기 보다는, 오히려 이 두 문헌에서 제시하는 것은 앞으로 논자가 말하려고 하는 것과 대체로 호응하여, 논자의 견해를 안내하는 역할을 하는 것으로 다룰 것이다. 이러한 점을 고려하면서 두 텍스트에 나타나는 '천'과 '제'(또는 '상제(上帝)')의 개념에 접근해 보자.

우선 크릴(Herrlee Creel)의 분석에 의하면, 『시경』에서 지상의 왕을 나타내는 '천자(天子)'의 용례를 제외하더라도 신적 존재를 의미하는 '천'의 용례는 118번이나 나오는 반면, '제'나 '상제'의 용례는 그 횟수가 43번에 불과하다. 그리고 『상서』에서 서주와 관련된 편들을 검토하면, 신으로서의 '천'은 116회나 등장하지만 '제'나 '상제'의 용례는 겨우 25번이다.[8] 이 두 텍스트 속의 '천'과 '제'는 위의 철학사에서 이미 언급한 인격을 가진 최고의 신적 존재를 의미한다. 그러나 이러한 인격신으로서의 '천'과 아래 『시경』 내용 속에 나오는 '천'의 의미를 한번 비교해 보자.

---

6 크릴(Herlee Creel)은 『尙書』에서 '今文'에 해당하는 28편 중 12편은 西周 시기에 성립된 믿을만한 자료로 사용될 수 있다고 본다. Herrlee Creel, *The Origins of Statecraft in China* (Chicago and London: The University of Chicago Press, 1970), 448~9쪽 참조.

7 예를 들어 「堯典」과 「皐陶謨」, 그리고 「禹貢」과 「甘誓」 편은 그 성립 연대를 결코 전설적 황제인 堯나 禹의 시대로 소급할 수 없으며, 오히려 주 왕조 후기에 성립된 것으로 본다. 특히 「禹貢」편은 그 성립 시기를 秦代까지 내려 잡는다. 『尙書』 각 편들의 성립시기와 진위여부에 대해서는 Edward L. Shaughnessy, "Shang shu 尙書 (Shu ching 書經)," in *Early Chinese Texts: A Bibliographical Guide,* ed. Michael Loewe (Society for the Study of Early China, 1993), 377~80쪽을 참조하기 바란다.

8 Creel, *The Origins of Statecraft in China,* 494~5.

문왕(文王)은 저 위에 있으니,

오! 천에서 밝게 빛난다.

주(周)는 비록 오래된 나라이지만,

그 명(命)은 새롭다.

주는 크게 드러났으나

제의 명은 제 때에 내리지 않았다.

문왕은 오르내리며,

제의 좌우에 있다.[9]

시의 첫머리에 등장하는 '천'을 뒤에 나오는 '제'와 비교할 때, 동일한 것을 지칭한다고 보기 어렵다. 여기서 '천'은 저 높이 있는 문왕이 거처하고 있는 곳 혹은 공간을 의미하는 것처럼 보이지만, '제'는 분명히 주나라에 명령(命)을 내리는, 주나라의 초석을 마련한 위대한 문왕을 동반하는 존재다. 이 시에 나오는 '천'은 '제'와 동일한 것을 지칭하는 신적 존재로 볼 수 없다. 이것과 유사한 '천'의 의미는 다음 「빈풍(豳風)」의 일단락에서도 나타난다.

천이 어두워져 비가 내리기 전에,

저 뽕나무 뿌리를 캐어다가,

얽어서 창과 문을 만들었다.

지금 너희 아래의 백성들 중에,

누군가 감히 나를 모욕할까?[10]

이처럼 어떤 주재성과 인격성을 동반한 종교적 의미에서의 천이 아닌 자연 대상으로서의 '하늘'을 지칭하는 '천'은 사실 『시경』에서 자주 등장한다.[11] 그러나 이러한 '천'이 단순히 자연적 '하늘'을 언급하고 있는 반면, 『시경』의 다른 곳에서는 이러한 자연적 '하늘'과는 구별되는 '천'의미의 전화(轉化)를 발견할 수 있다. 예를 들면, 『시경』의 「국풍(國風)」 160편 시 가운데 '천'을 언급하고 있는 것은 단지 8편 뿐 인데, 대부분의 '천'은 '하늘'을 의미하지만 단순히 물리적 대상이나 공간만을 의미하는 것이 아니다.

---

9 『詩經』「大雅」, "文王在上, 於昭于天, 周雖舊邦, 其命維新, 有周不顯, 帝命不時, 文王陟降, 在帝左右."

10 『詩經』「豳風」, "迨天之未陰雨, 徹彼桑土, 綢繆牖戶, 今女下民, 或敢侮予."

11 『詩經』의 「송(頌)」을 제외하고 「국풍(國風)」과 「소아(小雅)」·「대아(大雅)」에서 주로 어떠한 종교적 함의를 가지지 않는 自然天으로서의 天 개념이 등장한다.

왕의 일이 나에게 맡겨져,

정사(政事)는 점점 더 나에게 늘어난다.

내가 밖에서 들어올 때,

집안사람들은 모두 함께 나를 책망한다.

다 끝났다.

<u>천이 진정 그것을 하였는데,</u>

말해서 무엇 하겠는가?[12]

왕의 일은 태만히 해서는 안 되며,

[따라서 나는] 벼와 기장도 심을 수 없다.

부모님은 무엇을 먹을까?

아, <u>아득히 푸른 하늘(天)</u>이여,

언제나 [내가] 마칠 수 있을까?[13]

위의 두 시 속에서 말하는 있는 사람은 자신이 처한 부정적 현실을 한탄하는 맥락 속에서 '천'을 언급하고 있다. 첫 번째 시에서 나온 '천'은 분명하게 어떤 것을 행한 주체로서 등장한다. 그러나 화자가 처한 어려운 상황을 야기한 것은 실제로 '천'이 아니라 왕이다. 두 번째 시도 역시 화자가 처한 어려움의 직접적 원인은 왕이 제공한 것이며, 시 속의 화자는 자신의 처한 상황에 대하여 '천'에게 하소연하고 있다. 이러한 '천'은 어려움에 처한 인간을 살펴보거나 보호하는 절대적 주재자로서의 인격신이 아니다. 시 속의 화자는 왕이 야기한 문제를 감당해야 하는 어려움에 직면해 있지만, 아득히 멀고 푸르른 저 '하늘'은 이러한 상황을 돌보지 않는다. 여기서는 이전의 철학사에서 설명한대로 '천'이 '상제'처럼 인간을 주재하는 절대적 인격신의 지위를 가진 존재로는 그려지고 있지 않다. 그러면 시 속에 언급된 '천'은 '상제'와 서로 다른 것인가 아니면 같은 것에 대한 다른 이름일 뿐인가? 이 문제를 염두에 두고 다음의 시를 살펴보자.

거대한 저 은하수,

<u>천에서</u> 빛나며 운행한다.

왕이 말하였다. '아!

---

12   『詩經』「邶風」, "王事適我, 政事一埤益我, 我入自外, 室人交徧讁我, 已焉哉, 天實爲之, 謂之何哉."
13   『詩經』「鴇羽」, "王事靡盬, 不能蓺黍稷, 父母何食, 悠悠蒼天, 曷其有極."

무슨 죄가 지금 사람들에게 있는가?

<u>천은 죽음과 혼란을 내려,</u>

기근은 반복된다.

신들께 제사를 지내지 않은 적이 없고,

희생을 아까워 한 적도 없다.

규벽(奎璧)의 옥을 이미 다 바쳤거늘,

어찌 나의 말을 들어주지 않는가?

....

신들을 존중하지 않은 적이 없다.

그러나 후직(后稷)은 힘이 없고,

<u>상제(上帝)는 강림하지 않는다.</u>

....

가뭄은 이미 매우 심하여,

밀어낼 수 없다.

두렵고 위태로움이

벼락같고 우레 같다.

주나라에 남은 백성들,

[그 중에] 남아 있는 자가 반도 안 된다.

<u>호천상제(昊天上帝)</u>는 나조차도 남겨두지 않을 것이다.[14]

시 속의 화자는 왕이다. 반복되는 가뭄과 기근의 어려운 상황으로부터 벗어나고자, 왕은 가능한 모든 것을 바쳐 신들에게 제사 지냈지만 모든 것이 허사였다. 아무도 왕의 청원을 들어주지 않는다. 처음 단락에 등장하는 '천'은 은하수가 있는 공간으로서의 '하늘'을 의미한다. 그러나 바로 다음 등장하는 '천'에서 우리는 인간에게 죽음과 혼란을 내리는, 두려움의 대상으로서의 '천'의 의미를 확인할 수 있다. 왕으로 하여금 이 모든 어려움과 두려움을 겪도록 만들고 있는 것은 결국 '천'이다. 그리고 이러한 재앙으로부터 인간을 구원해 줄 수 있는 '상제'는 강림하지 않는다. 인간에게 재앙을 내린 주체는 '천'이고, '상제'는 이러한 재앙으로부터 인간을 구제할 수 있는 존재이다. 여기서 '상제'와 '천'을 동일한 것으로 보기 어렵다.

---

14 『詩經』「雲漢」, "倬彼雲漢, 昭回于天, 王曰於乎, 何辜今之人, 天降喪亂, 饑饉薦臻, 靡神不舉, 靡愛斯牲, 圭璧旣卒, 寧莫我聽……靡神不宗, 后稷不克, 上帝不臨……旱旣大甚, 則不可推, 兢兢業業, 如霆如雷, 周餘黎民, 靡有孑遺, 昊天上帝, 則不我遺."

문제는 맨 마지막에 나오는 '호천상제'라는 어구에 있다. 이것을 보통 "호천(昊天)에 있는 상제"로 해석하는데, 그렇다면 여기 '호천'은 시의 맨 처음에 등장한 '천'과 같이 '상제'가 있는 공간으로서의 '하늘'인가? 만약 그렇다면, '상제'와 '천'은 분명히 서로 다른 것이다. '천'이 공간으로서의 하늘의 의미를 가지던지 아니면 인간에게 재앙을 내리는 '천'이던지 간에, '상제'와 같은 것으로 볼 수는 없다. 그러나 여전히 다른 해석의 가능성도 존재한다. 만약 '호천'과 '상제'가 같은 것이라면, 이 두 단어는 "밝은 천, 상제"로 번역하여 앞의 명사를 뒤의 명사로 다시 언급하는 것이거나 아니면 단순히 동일한 것을 지칭하는 두 단어가 결합된 복합명사로 볼 여지도 있다. 여전히 '상제'와 '천'을 혼용한 것인지 아니면 서로 다른 개념인지 명확하지 않다. 다음 『상서』 내용은 문제의 논점을 명료하게 보여준다.

> 주공(周公)이 말하였다. "군석(君奭)이여! 무자비한 천은 은나라에 파멸을 내리셨고, 은나라가 그 명을 망쳤을 때, 우리 주나라가 명을 받았다……나 또한 감히 상제의 명에 편안할 수 없으며, 영원히 천의 위협을 생각지 않으며……."
> 또 (주공이) 말하였다. "천은 믿을 수 없습니다. 나의 길은 오직 영왕(寧王)의 덕이 계속될 수 있도록 하는 것입니다. 그리고 문왕이 받은 명을 천이 제거하는 경우가 없도록 하는 것입니다."
> 공(公)이 말하였다. "군석이여! 내가 들으니, 옛날 성탕(成湯)께서 명을 받았을 때, 그 때는 이윤(伊尹)같은 사람이 있어서 (왕의 덕이) 황천에 도달하였고(格于皇天), 시대가 태갑(太甲)에 이르렀을 때에는 보형(保衡)같은 사람이 있었으며, 태무(太戊)에게는 이척(伊陟)과 신호(臣扈)같은 사람들이 있어 (왕의 덕이) 상제에게 도달하였다(格于上帝)……."[15]

천이 은나라를 멸망시키고 주나라가 새로 명을 받은 상황에서, 이제 어떻게 해야 제대로 통치할 수 있는가 하는 문제에 대하여, 주공이 소공(召公) 석(奭)에게 말하고 있다. 주공이 생각하기에, 이전의 왕들이 명을 받았을 때, 그들의 덕이 천에까지 이를 수 있었던 중요한 이유는 바로 훌륭한 신하의 보좌가 있었기 때문이다. 여기서 등장하는 '천'은 무자비하게 은나라를 망하게 한 주체이다. 더구나 두 번째 단락에서 '천'은 인간에게 파멸과 위협을 가하는 믿을 수 없는 존재로 기술되고 있다. 나라가 받은 명을 거두어들이는 이러한 '천'과는 대조적으로, '상제'는 오히려 인간에게 명을 내리는 존재이다. '천'과 '상제'가 인간에게 하는 역할과 관련하여 유사한 맥락을 가지고 있는 부분을 『상서』의 다른 곳에서도 확인할 수 있다. 예를 들면, 『상서』「강고(康誥)」에도 천은 문왕에게 은을 파멸하도록 명령하는 존재인 반면, 상제는 문왕의 덕을

---

15 『尙書』「周書·君奭」, "周公若曰, 弗弔天降喪于殷, 殷旣墜厥命, 我有周旣受……我亦不敢寧于上帝命, 弗永遠念天威……又曰, 天不可信, 我道惟寧王德延, 天不庸釋于文王受命. 公曰, 君奭, 我聞在昔, 成湯旣受命, 時則有若伊尹, 格于皇天, 在太甲, 時則有若保衡, 在太戊, 時則有若伊陟·臣扈, 格于上帝."

승인하는 존재로 기술되고 있다.[16] 따라서 '황천에 도달하였고(格于皇天)'와 '상제에게 도달하였다(格于上帝)'의 표현에서, 왕의 덕이 도달한 지향점 혹은 대상이 동일한 것이라고 확언할 수 없다. 만약 '천'과 '상제'가 구별이 없다면, 왜 한 사람이 말하고 있는 동일한 대상을 굳이 서로 다른 이름으로 불러 혼란을 초래하는지 의문스럽다. 따라서 '거룩한 천(皇天)'과 '상제'를 서로 다른 것으로 보는 것이 적절할 것이다.

그러면 앞서 필자가 지적한 철학사에서 설명하고 있는 천과 상제에 대한 일반적인 이해는 수정되어야 하는 것인가? 사실 '천'과 '상제'가 동일한 것을 지칭한다는 이러한 일반적 견해는 전통적인 주석의 설명을 바탕으로 하고 있다. 한대(漢代)의 경학자 정현(鄭玄, 127~200)은 『주례(周禮)』「춘관(春官)·대축(大祝)」에서 "호(號)는 그 이름을 존경하여 따로 아름다운 칭호를 만드는 것을 말한다. 신(神)의 호는 예를 들면 '황천상제(皇天上帝)'라고 말한다"라고 주석하여 '천'과 '상제'가 서로 다른 말이 아님을 암시하고 있다.[17] 주희(朱熹, 1130~1200)는 '상제'가 하늘의 신이며, 형체의 측면에서는 '천'이라고 부르고 주재의 측면에서는 '상제'라고 부른다고 한다.[18] 기본적으로 동일한 것에 대한 두 가지 측면을 고려한 것이다. 따라서 철학사의 설명과 더불어 전래 문헌에 근거한 전통적 견해는 '상제'가 '천'과 다르지 않다고 본다. 그러나 필자가 분석한 『시경』과 『상서』의 내용에 의하면, 여러 맥락에서 서로 구별되고 있다. 이러한 '천'과 '상제'의 동일성과 차별성에 대하여 전래 문헌과 기존 철학사에서 설명하는 것만으로는 한계가 있다. 그 두 단어의 연원과 의미의 보다 정교한 이해를 위하여, 우리는 전래 문헌의 분석을 넘어서 이 두 단어가 실제로 사용되었던 당시의 텍스트 자료들이 제시하는 것을 살펴보아야 한다.

4. 고고학적 증거들이 제시하는 '상제'와 '천'

'상제(上帝)'와 '천(天)'에 대하여 전래 문헌을 토대로 한 전통적 주석들은 사실상 어떠한 고고학적 증거도 고려할 수 없었다는 사실로 말미암아 논의의 대상이 제한적이다. 더구나 이러한 전래 문헌을 중심으로 철학적 개념에 대한 설명을 전개하는 논의도 제한적일 수밖에 없다. 그러나 지난 반세기 동안 고대 중국과 관련된 연구에서 가장 괄목할 만한 성장을 거둔 것은 중국 고고학이며, 발견된 새로운 문물이 제공

---

16 "그(文王)의 명성이 上帝에게 이르렀고, 上帝가 승인하였다. 天은 文王에게 大命을 내려 거대한 殷을 파멸시켰다(聞于上帝, 帝休. 天乃大命文王, 殪戎殷.)."

17 『周禮』「春官·大祝」, 鄭玄注: "號, 謂尊其名更為美稱焉. 神號若云皇天上帝." 南朝 때, 梁의 劉昭나 劉宋의 裴駰같은 5~6세기 여러 학자들은 현재 전해지지 않는 鄭玄의 『孝經注』를 인용하여, 鄭玄이 "上帝는 天의 다른 이름이다(上帝者, 天之別名)"라고 한 주석을 언급하고 있다. 이와 관련하여, '天'과 '上帝'가 동일한 것인데 郊祀의 主神 문제에 대하여 서로 다른 호칭을 쓰는 이유에 대한 설명은 金義珉의 「魏晉南朝의 郊祀 主神 논쟁과 鄭玄 이해」, 『中國史研究』 97, 2015.8, 93~4쪽을 참조.

18 朱熹, 『詩經集傳』, 권11, 「小雅·正月」注, "上帝, 天之神也. 程子曰, 以其形體謂之天, 以其主宰謂之帝."

하는 텍스트 자료는 선진(先秦) 시기 문자의 어원과 연원에 관한 것뿐만 아니라 당시의 역사적 내용과 관련한 새로운 정보를 제공한다. 필자는 논의하고 있는 '상제'와 '천'의 개념과 역사적 맥락에 범위를 한정하여, 전래 문헌이 제공하는 정보 외에 출토된 텍스트 자료가 어떠한 이해를 추가적으로 제시할 수 있는지 살펴볼 것이다.

1) 갑골문의 '상제'

'천'과 '상제'의 어원과 연원을 추적하기 위하여, 우리가 현재 활용할 수 있는 가장 이른 텍스트 자료는 갑골문이다. 필자는 앞에서 주나라의 가장 이른 시기와 관련된 전래 문헌 자료에서 '천'이라는 글자는 '상제'보다 그 빈도수가 훨씬 많다는 것을 지적하였다.[19] 특히 전래 문헌의 '천'은 기원전 11세기 주가 상을 정복한 이후에 등장한다. 그 이전에 '천'이라는 글자의 용례를 추적할 수 없다. 이는 부분적으로는 전래 문헌 자료가 오직 주나라의 상 정복 이후의 기록이라는 사실에 기인하고 있기도 하지만, 보다 더 중요한 이유는 주 이전 상의 역사를 추적할 수 있는 갑골문 자료에서 우리의 논의와 관련된 '천'이라는 글자가 나타나고 있지 않다는 점이다.[20] 따라서 갑골문에 등장하는 '상제'혹은 '제'의 정체성과 역할에 논의의 초점을 맞춘다.

상나라는 여러 신들을 숭배하였으며, 이러한 신들의 체계도 아주 복잡하다. 후허우쉬안(胡厚宣)이 이미 지적한 것처럼, 인간은 신에게 기원할 것이 있으면, 돌아가신 조상들을 향하여 기원하고, 이 돌아가신 조상들은 다시 상제에게 청한다.[21] 이와 연관된 갑골문을 살펴보자.

貞成**冯**于帝. / 貞成不**冯**于帝.
점을 쳤다: "성(成)이 제에게 빈(賓)이 될 것이다."/ 점을 쳤다: "성이 제에게 빈이 되지 못할 것이다."

---

19 각주 8)을 참조하기 바란다.

20 이와는 반대로 李孝定은 『甲骨文字集釋』(中央研究院歷史語言研究所, 1965, 권 1, 0013~0021)에서 '天'을 갑골문에서 발견하였다고 주장하는 여러 학자들의 견해를 제시하지만, 크릴(Creel)의 분석은 '天'이라는 글자 용례는 갑골문에서 나타나지 않는다는 것을 확인시켜 주고 있다. 이와 관련해서 Creel, *The Origins of Statecraft in China*, 495~500쪽을 참조.

21 胡厚宣,「殷卜辭中的上帝和王帝」,『歷史研究』, 1959.10, 104~10쪽. 키이틀리(David Keightley) 역시 인간, 조상, 그리고 帝의 문제와 관련하여, 인간은 가장 최근에 죽은 조상들을 모시고, 이 죽은 조상들이 더 일찍 죽은 조상들을 모시며, 다시 이 조상들이 신을 모시는 계층적 위계질서를 가진다고 하였다. Keightley, "Shamanism, Death, and the Ancestors: Religious Mediation in Neolithic and Shang China (ca. 5000~1000 B.C.)," *Asiatische Studien* 52, no. 3 (1998): 808-14.

貞大甲**宕**于成. / 貞大甲不**宕**于[成].

점을 쳤다: "태갑(大甲)이 성에게 빈이 될 것이다."/ 점을 쳤다: "태갑이 성에게 빈이 되지 못할 것이다."

甲辰卜, 㱿, 貞下乙**宕**[成]. / 貞下乙不**宕**于成.

갑진(甲辰)일에 복(卜)에 균열을 내어 각(㱿)이 점을 쳤다: "하을(下乙)이 [성에게] 빈이 될 것이다."/ 점을 쳤다: "하을이 성에게 빈이 되지 못할 것이다."

貞大[甲]**宕**于帝. / 貞大甲不**宕**于帝.

점을 쳤다: "태[갑]이 제에게 빈이 될 것이다."/ 점을 쳤다: "태갑이 제에게 빈이 되지 못 할 것이다."

貞下乙**宕**于成.

점을 쳤다: "하을이 성에게 빈이 될 것이다."[22]

'宕'의 갑골문에 보이는 글자는 '⚏'례(禮)를 가리키는 것으로 비슷한 글자인 '⚎'과 동일한 제사를 의미하는 것일 수 있다. 그러나 보통 빈제(賓祭)에서, 살아있는 왕이 돌아가신 조상을 빈객(賓客)으로 모셔 제사를 지내는 경우는 후자인 '⚎'제사를 말하고, 여기 인용문의 '⚏'례는 '宕(賓)'과 '우(于)'글자 앞뒤로 죽은 조상신들 혹은 조상신과 제가 배치되어 구별된다.[23] '성'은 고종에 의하면 태을(大乙) 탕(湯)이며, 그는 주변의 세력들을 연합하여 하(夏) 왕조를 무너뜨리고 기원전 1554년에 상을 세운 상(商) 고조(高祖)이다. 태갑은 삼대(三代)의 왕이고, 하을은 중정(中丁)의 아들인 12대 조을(祖乙)을 말한다.[24] 여기 나오는 자들 모두 이미 죽은 조상들이며, 나이 어린 자가 연장자에게 빈이 된다. 상나라 신들의 위계 속에서 본다면, 제는 가장 연장자이다.[25] 상대(商代) 사람들은 제가 전지전능하고 지극히 존엄하여 오직 왕만이 그에게 접근할 수 있었다고 생각했다. 상대의 주요 선왕(先王), 예를 들면, 고조(高祖) 태을(太乙), 태종(太宗) 태갑(太甲), 중종(中宗) 조을(朝乙) 같은 사람들이 죽은 후 왕제(王帝)로 불려 제(帝)의 좌우(左右)에 배속될 수 있었다.[26] 여기서 중요한 점은 인간이 신에게 기원하는 것이 있을 때, 결코 직접 상제에게 바라는

---

22 『甲骨文合集』 1402 正.

23 Robert Eno, "Was There a High God Ti in the Shang Religion?," *Early China* 15 (January 1990): 10~11 n31.

24 吳浩坤·潘悠著, 『中國甲骨學史』 (東文選, 2002.5), 梁東淑 譯, 433쪽.

25 Eno, "Was There a High God Ti in the Shang Religion?," 11쪽.

26 胡厚宣, 「殷卜辭中的上帝和王帝」, 109~10쪽.

것을 간청할 수 없다는 것이다. 이는 조상신들과 제 사이에 근본적인 차이가 있음을 암시한다(이 점은 뒤에서 다시 논의할 것이다).

상제는 신들의 위계에서 가장 높은 자리에 위치해 있다. 이렇게 위계 상 가장 높은 자리에 있는 상제는 그 권능 면에서 자연에 대하여 주재성을 가지고 있다. 비, 천둥, 바람 같은 각종의 자연 현상을 통제하며,[27] 이러한 대자연의 기상변화 중 특히 가뭄은 인간의 농업 수확에 직접적인 영향을 주어 기근과 같은 재앙을 내리기도 한다.[28] 그러나 기후와 수확에 영향을 주는 것이 제가 유일한 것은 아니다. 다음 경우를 살펴보자.

佳帝害我年. 二月/不佳帝害我年.
"제는 우리의 수확에 해를 줄 것이다."이월(二月)에, "제는 우리의 수확에 해를 주지 않을 것이다."[29]

佳河害禾.
"하(河)가 곡식(수확)에 해를 줄 것이다."[30]

佳夒害禾.
"기(夒)는 곡식(수확)에 해를 줄 것이다."[31]

羌弗害禾/其害禾.
"羌이 곡식(수확)에 해를 줄 것이다."/"[羌]이 아마도 곡식(수확)에 해를 주지 않을 것이다."[32]

제는 곡식 수확에 해를 입힐 수 있다. 자연신(自然神)으로서의 강('河')과 산('羌') 역시 '제'가 지닌 권능을 공유하고 있다. 더구나 인간의 조상('夒')[33] 또한 농업에 영향을 미친다. 이 경우 '제'는 자연신 중에 가장 강력한 존재이거나 아니면 조상신들 중 가장 최고의 지위에 있는 신일 수 있다. 그러나 일반적으로 자

---

27 胡厚宣,「殷卜辭中的上帝和王帝」, 24~7쪽.
28 胡厚宣,「殷卜辭中的上帝和王帝」, 29~32쪽.
29 『甲骨文合集』 10124.
30 『甲骨文合集』 33337.
31 『甲骨文合集』 33337.
32 『甲骨文合集』 34229.
33 여기서는 商나라 시조 成湯의 조상인 帝嚳으로 본다.

연신의 권능은 자연의 영역에 한정되어 있는 반면, 조상신들은 자연과 인간사 둘 다에 영향을 미친다. 따라서 제의 권능이 명백히 자연과 인간의 영역 둘 다에 미치는 것을 감안할 때, '제'는 자연신보다는 인간의 조상신과 그 성격이 가깝다는 것을 알 수 있다.[34] 앞서 살펴 본 것처럼, 상나라의 인간과 신들의 위계 시스템 속에서, 조상신들은 살아있는 인간으로부터 거리가 멀수록 더 강력한 존재이며, 이러한 조상신들이 최종적으로 가장 높은 자리에 있는 상제에게 인간의 청원을 전달한다. 그러면 이렇게 인간, 조상신, 상제로 연결되는 체계 속에서의 '제'는 역시 조상신들 중 하나로서 최고의 지위와 역할을 가지고 있는 존재가 아닐까?

'상제'또는 '제'가 도대체 무엇인가 하는 문제와 관련하여, 이러한 최고신은 상나라의 기초를 세운 조상, 아마도 『사기(史記)』에 나오는 상(商)나라의 전설적인 곡(嚳)일 것이라는 견해가 있다. 제와 곡이 동일한 존재라는 견해는 여러 학자들에 의해 받아들여졌다.[35] 만약 자연 세계의 자연신들을 통제하는 가장 강력한 조상이 상나라 종교 시스템에서 최고신의 지위를 가지고 있다면, 상의 왕들은 자연스럽게 그러한 조상을 제의 신성성을 체현한 존재로 여길 수 있을 것이다. 이렇게 상의 왕들이 하늘에 있는 제와 연결되는 것은 기본적으로 상 왕족에 대한 조상 숭배를 정당화시킨다. 우리는 갑골문에서 죽은 조상이 자연 현상에 대하여 영향력을 행사하는 것을 확인할 수 있기 때문에,[36] 제를 곡과 동일한 것으로 보는 입장은 이러한 조상 숭배의 근본적 이유를 제공할 수 있다.

그러나 제를 곡으로 보는 입장이 상대의 종교 시스템을 설명하는 데 그 정합성을 가져다 줄 하나의 방안을 제시하더라도, 문제가 해결된 것은 아니다. 갑골문에서 '곡'으로 볼 수 있는 글자는 실제로 '夒(夒)'이며,[37] 사실 이 글자와 '제'는 갑골문에서 매우 다르게 사용된다. '제'는 다른 신들에게 명령을 내리는 존재이지만, '기(夒)'는 아니다. 반면에, '기'는 제사를 받지만, '제'는 아니다. 그리고 인간이 자연신과 조상신에게 간청할 때, '기'는 그들과 같이 간청을 받는 존재로서 등장한다. 이것은 '기'가 다른 자연신, 조상신들과 수평적 관계에 있다는 것을 암시하며, '기'를 상대 종교 체계의 정점으로 볼 수 없게 한다.

갑골문의 '제'를 조상신과 같은 것으로 볼 수 없는 다른 여러 이유들이 있다. 우선 갑골문 속에서 나오

---

34 Eno, "Was There a High God Ti in the Shang Religion?," 3~4쪽.

35 이런 견해는 시라카와 시즈카(白川靜)와 Ping-ti Ho가 대표적이다. 전자는 帝를 맨 처음 조상으로 보았고, 후자는 帝를 商나라의 시조로 여겨지는 嚳으로 보았다. 白川靜, 『甲骨文的世界: 古殷王朝的締構』(台北: 巨流圖書公司, 1977), 蔡哲茂·溫天河 譯, 55; Ping-ti Ho, The Cradle of the East (Chicago: University of Chicago, 1975), 329.

36 胡厚宣에 의하면, 帝의 아래에는 帝臣과 帝使들이 있다. 日, 月, 星辰, 風, 雨 등이 帝가 부리기 때문에, 이들은 帝使라고 불린다. 이들이 있는 五方에는 각각 전담하여 주관하는 專神들이 있는데, 이들을 帝五神 혹은 帝五工臣이라고 한다. 바로 이들이 죽은 조상들이다. 胡厚宣, 「殷卜辭中的上帝和王帝」, 109쪽 참조.

37 '夒'를 帝嚳과 같은 것으로 보는 입장은 Sarah Allen, *The Shape of the Turtle: Myth, Art, and Cosmos in Early China* (Albany: State University of New York Press, 1991), 51-2쪽을 참조하기 바란다.

는 최고신으로서의 '제'는 그 어떤 조상신보다도 가장 강력한 존재이다. 그는 자연과 인간사에 있어서 두루 강력한 주재력을 행사한다. 특히 상나라 왕이 비나 풍년을 기원하고, 방국(方國)을 정벌하는 전쟁에서 보살펴 도와주는 존재인 동시에, 가뭄과 기근 같은 재앙을 내리는, 왕에게 두려움과 공포를 제공하는 존재이기도 하다. 이처럼 비를 내리거나 내리지 못하도록 하고, 바람과 천둥을 관장하는 등의 자연 지배력은 조상신이 가지지 못한 권능이다. 그리고 '제'가 재앙을 내려 상의 도읍지(茲邑) 그 자체를 파괴할 수 있는 권능 또한 조상신들이 가지고 있지 못한 것이다.[38] 이러한 '제'가 가진 권능의 특징들은 그가 상 왕조 조상들 중 한 명으로 여겨지지 않았음을 의미한다. '제'가 조상신들과는 구별되는 또 다른 증거는 '제'가 인간이 제사를 지내는 신들의 시스템에 속해 있지 않다는 점이다. '제'는 묘호(廟號)를 가지고 있지 않고, 주기적으로 지내는 제사에 정해진 날도 없다. 실제 갑골문에서 '제'에게 제사를 지내는 기록은 없다.[39] 가장 강력한 신으로서의 '제'는 인간의 제사 대상이 아니다. '제'는 조상들을 모시는 제사를 초월한, 말하자면 모든 인간의 조상들을 넘어선 존재인 것 같다.

만약 제를 자연과 인간, 그리고 모든 인간의 조상들을 초월한 유일한 절대적 존재로 해석한다면, 이러한 시각은 상의 종교적 시스템을 일종의 유일신적(monotheistic) 종교 체계로 볼 수도 있을 것이다. 죽은 조상들은 신이 되어 자연신들과 함께 하는 가운데, 제는 질적으로 완전히 다른 층위로 고양된다. 그러나 이러한 유일신론적 관점에서 고대 중국의 제를 설명하는 것은 '제'라는 용어가 죽은 개별적 왕들에게도 적용된다는 사실을 고려한다면 여전히 문제를 해결하지 못한다. 키이틀리(David Keightley)는 제를 유일한 최고신의 개념으로 파악하여, 지상에서 신하들이 왕을 섬기는 것과 똑 같은 방식으로 모든 신들이 제에게 복종하는 것으로 이해하였다. 그는 갑골문에 보이는 '제'와 기타 신들 간의 체계를 '제의 왕궁 (a court of Di)'으로 이미지화하여 고대 중국에서 프로토타입의 관료체제(proto-bureaucracy)를 발견한다.[40] 이러한 이해는 상대 종교체계를 조상신을 토대로 하는 다신론 체계로 보는 것으로, 아마도 키이틀리가 제시하는 설명 모델은 갑골문의 '제'글자가 유일 최고신을 부르는 이름뿐만 아니라 여러 죽은 조상들에게도 사용되는 현상에 부합하는 것 같다.

그러나 이러한 신들 간의 관료제적 위계에 대한 키이틀리의 설명 안에서는, 비록 그러한 위계는 보

---

38 갑골문에 나오는 '大邑商'은 위대한 城邑인 商을 가리키고, 이 글자가 나타나는 갑골문들은 小屯 지역에서 발견되었다. 商의 마지막 정치·종교의 중심지로서 小屯 지역은 '茲邑'으로 나오며, 이것은 '茲(大)邑商'이라는 글자의 줄임말이거나 옛 날 형태일 것이다. David Keightley, *The Ancestral Landscape: Time, Space, and Community in Late Shang China* (ca. 1200-1045 B.C.) (Berkeley: Institute of East Asian Studies, University of California at Berkeley, 2000), 52-8 n6.

39 Eno, "Was There a High God Ti in the Shang Religion?," 7~10쪽; 胡厚宣, 「殷卜辭中的上帝和王帝」, 104쪽; 陳夢家, 『殷墟卜辭綜述』(北京: 中華書局, 1988), 580쪽.

40 David N. Keightley, "The Religious Commitment: Shang Theology and the Genesis of Chinese Political Culture," *History of Religion* 17, no. 3-4: 211-25.

인다고 하더라도, 제가 다른 신에게 명령하거나 어떤 신이 다른 신에게 명령하는 정교한 구조는 나타나지 않는다. 더구나 신의 왕궁 속 신하들의 역할과 직급에 대한 관료제적 특징들은 보이지 않는다.[41]

상대의 제가 유일한 최고신인가 하는 문제와 관련하여, 로버트 이노(Robert Eno)는 전혀 다른 견해를 제시한다. 그에 의하면, 상대의 제는 유일한 최고신을 가리키는 용어가 아니라 이것은 모든 신들 혹은 최소한 모든 조상들을 가리키는 집합적 용어(corporate or collective term)라는 것이다.[42] 그가 제시한 예에 의하면, 어떤 신들이 왕에게 병을 내리는지 아닌지 점을 치는 복사(卜辭)안에 오직 세 개의 대상만이 언급되고 있는데, 그것은 '제', '다비(多妣)', '상하(上下)'이다. 뒤의 두 단어는 확실히 복수이고, 만약 이 '제'가 뒤의 두 단어와 병렬적으로 기능하고 있다면, '제'는 복수일 수 있다. 그리고 주대(周代) 청동기 명문에 보이는 '상하제(上下帝)'는 유일신이 아니라 복수의 '많은 신들'을 의미한다고 한다.[43] 그러나 이전의 인용문에서 살펴 본 '𥝲'예(禮)와 관련된 일련의 복사에서, 신들은 모두 죽은 왕들이지만, 단 하나의 예외가 있는데 이것은 '제'로 불리고 있다. 만약 이것이 정말로 하나의 상제가 아니고 어떤 추상적 신을 언급하고 있는 것도 아니라고 가정하더라도, 이 '제'를 집합적 개념으로 보기는 어렵다. 결국 이 예외는 '제'가 하나의 조상신이 아니라는 견해에 대한 강력한 반대 증거가 된다.

지금까지 살펴 본 것처럼, 상대의 제 개념은 그것이 인격신으로서의 조상신을 의미하건 아니면 신들 전체를 의미하는 집합적 개념이건 간에, 최고의 권능을 가지며 인간과 자연에 대하여 다양한 역할을 하는, 강력한 주재성을 가진 것이라는 점에는 의심의 여지가 없다. 상대의 '상제' 또는 '제'의 권능은 다양한 자연 현상에 관련되어 있지만, 이것은 '제'가 주대의 '천'의 경우처럼 자연 하늘로서의 '천'을 의미하는 것이 결코 아니다. 의미의 모호성에도 불구하고 상대의 '제'는 살아있는 인간들이 존경하고 두려워하는 대상임에 틀림없다. 아래에서 논의 할 '천'과는 대조적으로 '제'는 자연의 한 부분이 아님을 염두에 두자.

2) 청동기 명문 속의 '천'과 '상제'

상제와 천에 대하여, 전래 문헌이 제공하는 정보는 그 용어들의 함의가 암시하는 통시적 변화를 보여주는데 어려움이 있다. 특히 앞서 『시경』과 『상서』에서 본 것처럼, '천'이 유가적 텍스트에서 드러내는 의미의 모호함은 이 단어의 개념을 때로는 물리적 공간으로서의 '하늘'로 때로는 인격신의 개념으로 이해하도록 한다. 이러한 '천'개념의 모호성은 유가(儒家)가 태동하기 이전의 시대에도 그대로 적용된다. 따라서

---

41 Eno, "Was There a High God Ti in the Shang Religion?," 4쪽.

42 Eno, "Was There a High God Ti in the Shang Religion?," 6~14쪽.

43 Eno, "Was There a High God Ti in the Shang Religion?," 12쪽. 그리고 Eno, "Masters of the Dance: The Role of T'ien (Heaven) in the Teachings of the Early Ruist Community," (PhD diss., University of Michigan), 58-9.

오랜 기간 전승되고 편집된 유가 텍스트의 다양한 표현 속에서 발견할 수 있는 통합된 철학적 개념을 추출해내기 보다는, 오히려 논의의 대상을 비교적 그 연대기적 의미의 변화를 추적하기 수월한 자료에서 검토하는 것이 필요하다. 다행스럽게도 이전의 상대 갑골문의 상황과는 달리, 주나라 청동기 명문 속에 등장하는 '천'과 '상제'는 시대에 따라 이 두 개념의 변화 과정을 살펴보는데 상대적으로 더 나은 정보를 제공한다. 먼저 주나라의 상 정복을 시작으로 발전한 '천'과 '상제'개념을 살펴보자.

을해 일에 왕은 [천실(天室)에서] 대풍(大豐) 제사를 행하였다. 왕은 배에 올라 세 방향으로 항해하셨다. 왕은 천실에서 제사를 지내고 내려오셨다.

천망(天亡)이 왕을 도와, [왕의] 크게 빛나는 아버지 문왕(文王)에게 의(衣) 제사를 지내고, [문왕은] 술과 음식을 바쳐 상제를 즐겁게 하였다. 문왕이 위에서 바라보신다. 크게 빛나는 무왕(武王)은 아래에서 공적을 이루어 위대하신 문왕의 업적을 이었으며, 은왕(殷王)의 제사를 끝내었다……

乙亥, 王又(有)大豐. 王汎三方. 王
祀于天室, 降. 天亡又(佑)王,
衣祀于不(丕)顯考文王,
事喜(饎)上帝. 文王監才(在)上. 不(丕)
顯王乍(作)省, 不(丕)緐(肆)王乍(則)晨(庚), 不(丕)克
乞(訖)衣(殷)王祀……[44]

이 명문은 일반적으로 西周 초기 무왕(1049/45~1043 B.C.)이 상을 정복한 후 바로 주 왕조의 수도인 종주(宗周)에서 지낸 제사를 언급하고 있는 것으로 여겨진다. 명문은 초기 주 왕실의 종교적 시스템에 대하여 가장 명확한 그림을 보여 준다. 이미 죽은 문왕은 상제를 보좌하며 위에서 아래에 있는 그의 아들을 감독한다. 무왕은 천실에서 이미 죽은 조상인 문왕에게 제사를 지내고, 문왕은 상제를 도와 기쁘게 한다. 여기서 보이는 왕과 죽은 조상, 그리고 상제의 관계는 이전에 살펴 본 상대 갑골문에 나오는 것과 크게 다르지 않다. 다음은 무왕을 이어 성왕(成王, 1042/35~1006 B.C.) 때 만들어진 청동기의 명문을 살펴보자.

왕이 처음으로 成周로 도읍을 옮겼다. 다시 무왕을 찬양하며 ①천으로부터 풍(豐) 제사를 술과 고기를 바쳐 지내었다.

---

44 〈天亡簋〉(『殷周金文集成』 4261). 이후 『殷周金文集成』은 『集成』으로 약칭한다.

4월 병술일에 왕이 경실(京室)에서 [우리] 가문의 젊은이들에게 말하였다: "지난날 너의 돌아가신 아버지 공씨(公氏)는 문왕을 잘 보필하였다. 이에 문왕은 대명(大命)을 받으셨다. 무왕이 대읍(大邑) 상(商)을 정복하였음을 ②천에[게] 고하였다: '저는 이 중심 지역에 도읍을 정하고 이곳에서 백성들을 다스릴 것입니다.'아! 너희 젊은이들은 견식이 부족하지만, 공씨가 그의 의무를 수행함으로써 ③천에 [그에게 바쳐진] 작(爵) 그릇을 가지고 있는 것을 주목하라. 계속 그의 명을 수행하고 그에게 공경히 제사 지내어라. 왕의 공덕(恭德)이 ④천에 가득하여 우리의 불민함을 인도하소서."

왕이 말을 마치고 하(䰧)에게 패화 30붕을 내리시니, 이로써 유공(庚公)을 위한 귀한 예기(禮器)를 만들었다. 왕 5년.

佳(唯)王初鄴(遷)宅于成周. 復俙

珷(武)王豐福自天. 才(在)三(四)月丙戌,

王専(誥)宗小子于京室, 曰:

"昔才(在)爾考公氏, 克逑(仇)玟王. 肄(肆)玟王受兹大令(命). 佳(唯)珷(武)王旣克大

邑商, 則廷告于天, 曰, '余其

宅兹中或(域), 自之辥(乂)民.'烏

虖! 爾有唯(雖)小子亡戠(識), 覗(視)于

公氏又(有)𤔔(爵)于天毃(徹)令(命), 苟(敬)

享弐(哉)!"叀王龑(恭)德谷(裕)天, 順(訓)我

不每(敏). 王咸(誥), 䰧易貝卅朋, 用乍(作)

圓(庚)公寶彝. 佳(唯)王五祀.[45]

명문은 성왕이 왕에 오른 지 5년 후, 새로운 도읍지에 왕이 지낼 곳을 세운 일을 기술하고 있다. 부분적으로 내용이 명확하지 않지만, 명문에 나오는 하(䰧)는 이 기물을 제작한 사람이며 왕으로부터 언명과 선물을 받았다. 그의 아버지가 누구인지 그가 주의 상 정복에 어떠한 기능을 하였는지 알 수 없다. 이 청동기 명문에서 '천'은 4번 등장하고 있는데, ①의 '천'은 제사 지내는 곳을 나타내는 것 같다. 이것은 앞서 보았던 〈천망궤(天亡簋)〉의 명문과 비교해보면 '천실', 즉 '천'에 제사를 지내는 묘당(廟堂)임을 알 수 있다. ②의 경우, '천'이 천실을 의미하는지 천 그 자체를 의미하는지 정확하지 않다. 그러나 천실에서 고하였다는 것은 결국 천에게 고하였다는 의미로 해석될 수도 있을 것이다. ③의 경우, 천실의 구체적 이미

---

45 〈䰧尊〉(『集成』6014).

지를 떠올린다면, 이것은 이미 죽은 조상인 공씨가 자신의 공로로 천과 같은 반열에 있음을 암시한다. 마지막으로 ④의 '천'은 역시 천실에서 제사를 지내는 구체적 모습으로부터 '왕의 공덕이 천에 가득하다'고 하는 문장의 모호함을 해결할 수 있다. 이 명문의 '천'이 천에 제사를 지내는 장소를 의미하던지 아니면 천 그 자체를 의미하던지 간에, 천이라는 신격(神格)이 이미 확립되었음을 보여주고 있다. 천은 누구나 숭배할 수 있는 신이 아니라 오직 왕에 의해서만 숭배될 수 있는 신이었다. 천의 신격과 관련된 다른 서주 초기 강왕(康王, 1005/3~978 B.C.) 때의 명문을 보자.

9월에 왕이 종주(宗周)에 있었다. 왕이 우(盂)에게 명령하여 말하였다: "우! 크게 빛나는 문왕은 천으로부터 대명(大命)을 받았다. 무왕이 문왕을 계승하였을 때, [무왕]은 나라를 세워 가려진 땅을 열고 사방(四方)을 소유하고 그 백성들을 똑바로 세웠다……그러므로 천은 [문왕과 무왕의] 자손들을 돕고 살피며 선왕에 의해 성취한 사방을 유지하고 보호하였다……지금 나는 문왕의 정덕(正德)을 본받아서, 문왕이 한 것처럼 여러 신하들에게 명하여 바르게 되도록 하고 있다. 지금 나는 너 우에게 명하니, 영(榮)이 조화로운 덕을 행하기를 공경히 하도록 돕고, 밤낮으로 나에게 諫하여 天의 위엄을 경외하도록 하여라."…….

佳(唯)九月王才(在)宗周. 命盂王若曰, 盂, 不(丕)顯
玟(文)王受天有(佑)大令(命). 在珷(武)王嗣玟, 乍(作)邦, 闢
屰(厥)匿(慝), 匍(敷)有四方, 毗(畯)正屰(厥)民,
……古(故)天異(翼)臨
子(慈), 灋(法)保先王, 〈匍〉有四方,
……今我佳(唯)即型稟于玟(文)王
正德, 若玟(文)王令(命)二三正. 今余佳(唯)令(命)女(汝)盂,
䚋(詔)煢(榮), 苟(敬)雝(雍)德巠(經), 敏朝夕入讕(諫), 享奔走, 畏
天畏(威)…….[46]

'천이 임(臨)한다'고 하는 것은 천이 문왕의 자손들을 돌보고 보살핀다는 의미인데, 여기서 중요한 것은 천을 인격화하고 있다는 점이다. 이러한 표현은 이후의 청동기 명문에서뿐만 아니라 『시경』에서도 자

---

46 〈大盂鼎〉(『集成』2837).

주 보이는 것이다.[47] 문왕이 천으로부터 대명을 받은 것은 인격신으로서의 천이 왕에게 주를 다스릴 권한을 부여한 것이며, 이러한 천은 주나라 왕과 자손을 보호하는 존재이다. 여기서 왕은 언제나 천의 위엄을 경외하는 자이다. 오직 왕이 천의 명령을 받고 천을 공경하고 두려워할 수 있는 존재이다. 왕에게 명을 내리는 존재로서의 천은 주나라 왕들의 통치에 그 정당성을 부여한다. 초기 주나라 왕들의 입장에서 보면, 그들이 제공하는 통치는 천의 선택을 합리화하며, 여기서 왕과 천은 올바른 통치행위로 연결된다. 결국 왕은 올바른 통치 행위를 통하여 천의 명을 지상에서 실현하는 존재이다. 말하자면, 도덕적 통치의 정당성을 통하여 왕은 천의 명을 수행하는 천의 대리인이다. 이런 맥락에서 천은 통치 행위의 도덕적 정당성을 부여하는 존재로서, 이러한 천의 의미는 상대 갑골문에 나오는 '제'에게서는 결코 찾아볼 수 없는 것이다.[48]

천의 명을 충실히 수행하는 역할을 하는 자로서의 왕의 정체성은 이후 서주(西周) 붕괴의 과정과 함께 변화한다. 기원전 771년, 왕은 서주의 수도를 황급히 버리고 동쪽 낙양(洛陽)으로 달아나야만 했다. 이처럼 본격적인 혼란의 시기로 접어들던 동주(東周) 시대 이전부터, 서주 왕조가 점차 쇠퇴하던 시기와 더불어 왕조 통치의 정당성을 기초하고 있던 천의 의미에도 변화가 일어난다. 이와 관련된 명문을 살펴보자.

우(禹)가 말하였다: "크게 빛나고 용맹스러운 경외하는 조상 목공(穆公)은 이전의 왕들을 보좌하여 사방(四方)을 안정시켰다. 이에 무공(武公)은 나의 성스러운 돌아가신 할아버지 유태숙(幽大叔)과 아버지 의숙(懿叔)을 잊지 않았다. [그가] 나 우에게 나의 돌아가신 할아버지와 아버지를 이어 형방(邢邦)의 정치를 담당하도록 명하였다. 나는 감히 실패할 수 없으며, 나의 군주의 명을 공경히 받들 것이다.

그러나 아! 천은 커다란 재앙을 아래 지역에 내렸다. 그리고 어방(馭方)이 남회이(南淮夷)와 동이(東夷)를 이끌고 대규모로 남쪽 지역과 동쪽 지역을 공격하여 역내(歷內)에까지 이르렀다."

그래서 왕은 서육사(西六師)와 은팔사(殷八師)에게 명하여 말하였다: "무자비하게 악후(噩侯) 어방(馭方)을 공격하여, 노인과 어린 아이도 남겨두지 마라!"……

禹曰, 不(丕)顯趩趩皇祖穆公, 克
夾豐先王, 奠四方. 肆武公亦
弗叚(遐)望(忘)賸(朕)聖祖考幽大
弔(叔)懿弔(叔), 命禹屍賸(朕)祖考政

---

47 Eno, "Was There a High God Ti in the Shang Religion?," 91쪽.

48 Eno, "Was There a High God Ti in the Shang Religion?," 89~90쪽.

于井(邢)邦. 肆禹亦不敢憂, 賜

共朕(朕)辟之命. 嗚虖(呼), 哀哉, 用

天降大喪于下或(域), 亦唯噩

侯馭方率南淮尸(夷)東尸(夷)廣

伐南或(域)東或(域), 至于歷內. 王

迺命西六自(師)殷八(師)曰,

伐噩侯馭方, 勿遺壽幼…….[49]

관련된 〈악후정(噩侯鼎)〉[50]의 내용에 의하면, 악후(噩侯)와 왕은 본래 좋은 관계인 것처럼 보인다고 하더라도, 사실 그들의 의례는 서로 간의 적대적인 긴장 관계를 누그러뜨리기 위하여 행해지고 있는 것 같다. 형방과 주나라와의 충돌은 악후가 북서쪽 종족들과 연합하여 주나라를 공격하면서 시작되었다.[51] 이 침략은 결국 진압되고 만다. 여기서 우는 왕이 아직 깨닫지 못하고 있는 사실, 즉 '천이 커다란 재앙을 내렸다'는 것을 이미 알고 있는 것처럼 보인다. 천은 이제 왕의 통치에 정당성을 부여하는 존재로부터 전화하여 재앙을 내리는 존재이며, 이것을 왕이 알고 있지 못한 것 같다. 다음의 명문은 이러한 상황을 보다 구체적으로 보여준다.

왕이 말하였다: "사순(師旬)! 크게 빛나는 문왕과 무왕은 천명(天命)을 받았다. 너의 성스러운 조상들은 선왕들을 도와 그들의 팔과 다리처럼 행동하여, [그들이] 대명을 확립하도록 도왔고, 정치에 평안을 가져왔다. 그래서 황제(皇帝)께서는 결코 불만족스럽지 않아 우리 주와 사방을 보살펴 보호하시니, 백성들이 행복하고 편안하지 않음이 없었다.

왕이 말하였다: "사순! 슬프구나! 오늘 천이 갑자기 위협하여 재앙을 내렸다. 최고의 덕[을 지닌 사람들]도 [그것을] 극복하여 통제할 수 없으므로, 누구도 선왕으로부터 [왕권을] 이어 받을 수 없다.

王若曰, 師旬(詢), 不(丕)顯文武, 孚受天令(命). 亦

則於汝乃聖且(祖)考, 克ナ(左)右先王, 乍(作)氒(厥)

乛(股)ゞ(肱), 用夾噩(紹)氒(厥)辟, 夐(奠)大令(命), 盩(盭)龢(龢)氒(于)政.

49 〈禹鼎〉(『集成』2833).

50 『集成』2810.

51 〈不嬰簋〉(『集成』4329).

肄(肆)皇帝亡昊(斁), 臨保我又(有)周孯(于)四方, 民

亡不康靜. 王曰, 師訇(詢), 哀才(哉), 今日天疾

畏(威)降喪. 🜂(秉?)德不克夐(肅), 古(故)亡承于先王.[52]

이전의 왕은 천의 아들인 '천자(天子)'의 지위로서 백성과 천 사이를 매개하는 유일한 자였다. 이렇게 보장받은 천과 지상의 대리인의 관계는 여기 명문에서는 더 이상 유지되지 못하고 있다. 비록 최고의 덕을 가진 왕이라도 천을 더 이상 통제할 수 없다. 천은 인간이 가장 의지할 수 있는 최고의 존재로부터 이제 변덕스럽고 믿을 수 없는 존재가 되었다. 천이 벌하고 재앙을 내리는 것은 이 시기의 명문들에서만 나타나는 일이 아니다. 이전 『시경』과 『상서』의 텍스트 분석에서도 필자는 이점을 지적하였다. 그러나 전래 문헌에 드러나는 천의 재앙은 왕의 덕이 부족한 경우에 내려진다. 이는 정당한 천의 재앙이다. 반면 천이 내리는 모든 재앙의 원인을 인간에 귀속시킴으로써 천의 도덕적 정당성을 보증하는 형식은 청동기 명문들 속에서는 발견할 수 없다.[53] 오히려 천에 대한 의혹과 천이 발생시킨 재앙에 대한 과도한 두려움과 공포는 〈호궤(㝬簋)〉, 〈사순궤(師詢簋)〉, 〈모공정(毛公鼎)〉 같은 서주 후기 명문들을 특징 짓는다.[54] 어떤 의미에서는, 주나라 종교 시스템 안에서 왕의 죽은 조상들은 상제의 왕궁에서 계속 살아간다고 할 수 있다. 그들은 상제의 좌우에서 보좌하며, 때로는 지상의 세계로 내려와 살아있는 그의 후손인 왕으로부터 제사를 받는다. 이러한 종교적 시스템 안에서 현재의 왕은 자신의 정치권력이 언젠가는 천에 의해 끝날 것이라는 공포감을 명문 속에서 드러내고 있다.[55]

다시 우리의 논의의 초점을 상제와 천 개념으로 돌려보자. 이 시기 명문들 속의 '천'은 변덕스럽게 재앙을 일으키는 적대적인 존재인 반면, '상제'는 왕과 대립하고 있는 존재가 아니다. 다음은 서주 후기 여왕(厲王, 857/53~842/28 B.C.)인 호(㝬)가 직접 만든 청동기들 중 하나인데, 명문 속의 '상제'는 오히려 왕을 보호해 주는 신으로 등장한다.

왕은 문왕·무왕이 [이전에] 힘써 얻은 강토(疆土)를 살펴보았다. 남국(南國)의 복자(服子)가 감히 우리의 영토를 공격하여 점령하려고 하였다. 왕은 그들이 도래함을 토벌하고 그 도읍을 정벌하였다. 복자는 이에 중간 지점에 사람을 보내어 왕을 맞이하였다. 남이(南夷)와 회이(東夷)가 모두 알현하였고, 그

---

52 〈師詢簋〉(『集成』 4342).

53 Eno, *The Confucian Creation of Heaven* (Albany, New York: State University of New York Press, 1990), 213 n37.

54 朱鳳瀚, 「商周時期的天神崇拜」, 中國社會科學 1993, 4期, 202쪽 참조.

55 Li Feng, *Bureaucracy and the State in Early China: Governing the Western Zhou* (Cambridge: Cambridge University Press, 2008), 295.

리고 여섯 방국(六邦)도 함께하였다.

황상제(皇上帝)와 여러 신들이 어린 나를 보호하여, 나의 정책이 실패 없이 성공하기를! 나는 황천(皇天)에 짝한 선왕을 계승하여 종주(宗周)의 보배로운 종을 만드노라…….

王肇(肇)遹眚(省)文武堇(勤)彊(疆)

土. 南或(國)及(服)子敢召處

我土. 王홰(敦)伐其至,

戕(撲)伐厥都. 及(服)子乃適遺間

來逆卲(昭)王, 南

尸(夷)東(夷)具見,

又(有)六邦. 佳(唯)皇上帝

百神, 保余小子.

朕猷又(有)成亡(無)競. 我佳(唯)

司(嗣)配皇天王, 對乍(作)

宗周寶鐘…….[56]

여기 나오는 '황상제'는 바로 '상제'를 말한다. '상제'는 다른 여러 신들과 살아있는 호(獸)를 보호해주는 존재이다. 문제는 이러한 '상제'와 다음에 나오는 '황천왕'과의 관계이다. '~에게 짝하다'는 의미의 '배(配)'는 그 행위의 주체가 그 대상으로부터 도움을 받는 것을 말한다. 살아있는 왕은 이미 죽은 '황천왕(皇天王)'에 짝하여 도움과 지지를 보장받는다. '계승하여 짝한다(嗣配)'라는 의미를 고려할 때, '황천왕'의 '왕'은 살아있는 왕이 계승하는 이미 죽은 선왕이다. 만약 '황천'이 '상제'와 같은 것을 의미한다면, '상제왕(上帝王)'이 되고, 이것은 '상제(上帝)의 왕(王)'이거나 '상제(上帝)'인 왕(王)'으로 해석되어 죽은 선조를 의미하는 것으로 통하지 않는다. 가능한 해석은 '황천'을 이미 죽은 조상이 있는 하늘, 즉 신들이 거처하는 장소의 의미로 보거나 아니면 '천왕(天王)'을 하늘에 있는 이미 죽은 왕, 즉 선조로 보는 것이다. 어떻게 해석하던지 '황천'을 '상제'와 동일한 것을 지칭하는 것으로 보기보다는 서로 다른 것으로 보는 것이 더 적절하다. '상제'와 '천'이 같지 않다면 도대체 어떻게 다를까?

이미 논자가 앞서 지적하였던 것처럼, 상대 갑골문에서 나오는 '상제'는 인간에게 복을 내릴 뿐만 아니라 재앙을 내릴 수도 있는 존재이다. 그러나 주대 청동기 명문에서 보이는 '상제'는 이러한 인간의 길흉화

56　〈獸鐘〉(『集成』 260).

복을 결정하는 최고신의 지위를 가진 절대적 존재로 나타나지 않는다. 이 시기 명문들에 보이는 '상제'는 인간을 보호하고 후원하는 성격을 가진 존재이지, 인간에게 재앙을 내려 두려움과 공포를 일으키는 주체가 아니다. 오히려 이 시대 인간의 길흉화복을 결정하는, 이전 상대의 '상제'와 동등한 지위와 역할을 하는 것은 '천'이다.

상제와 천의 관계에 대하여, 이전의 학자들은 주의 상 정복 후, 주나라 사람들이 상대의 '상제'개념을 차용하여 '천'과 동일한 것으로 여겨 혼용하였다는 견해를 피력하였다.[57] 그러나 필자가 지적한 두 개념간의 불일치와 관계의 모호성은 이러한 이전의 견해를 더 이상 수용할 수 없게 만드는 증거이다. 오히려 전래 문헌에서 반복적으로 '천'과 동일한 신격(神格)을 가지고 있는 것으로 나타나는 '상제'는 후대의 사람들이 오래된 과거에 대하여 그들의 희미한 기억을 투사하여 재구성한 개념일 가능성이 높다. 사실 현재까지 알려진 주대 청동기 명문에서 '상제'가 재앙을 내리는 존재로서 등장하지 않는다는 점은 애초에 상제는 주대의 종교 시스템에서 절대적 최고신으로 여겨지지 않았을 가능성을 시사한다. 주대의 종교 체계는 살아있는 왕과 신과 같은 존재로 승격되어 하늘에 사는 조상들, 그리고 최고신으로서의 천으로 구성되어 있었을 것이다. 주의 상 정복 후, 주나라 문화는 상의 '상제'개념을 흡수하여 주의 '상제'는 점진적으로 하늘의 신으로서 등장하게 되었을 것이다. 여기 '상제'는 결코 조상들이 사는 '하늘'의 의미는 가지고 있지 않다.[58] 이 점은 전래 문헌에서 '천'이 때로는 조상신들이 거처하는 곳으로서의 의미를 지니는 것과 명확하게 구분된다. 또한 재앙을 내리는 최고신의 의미도 없다.

5. 결론

지금까지 고대 중국의 상제(上帝)와 천(天) 개념이 유가 철학적 토대의 기초 개념으로 발전하기 이전, 그 종교적·정치적 의미의 전화과정에 대한 통시적 접근을 시도하였다. 이상에서 살펴본 것을 요약하면 다음과 같다. 중국 철학사에서 보여주는 상제와 천에 대한 일반적인 이해는 이 두 개념이 동일한 것임을 제시한다. 최고의 신격(神格)을 지닌 존재로서 '상제'와 '천'은 동일한 개념에 대한 서로 다른 이름에 지나지 않는다. 이것은 전래 문헌을 바탕으로 하는 전통적 주석가들의 견해와 기본적으로 다르지 않다. 그러나 필자가 분석한 전래 문헌과 새로운 고고학적 텍스트 증거가 시사하는 바, 이전의 견해에서 나타난 '상제'와 '천'에 대하여 좀 더 세밀한 서술적 보완과 수정이 필요하다. 전래 문헌이 그리고 있는 선진 시기

---

57 이러한 견해는 크릴이 대표적이다. Creel, *The Origins of Statecraft in China*, 494~501 참조.

58 Eno, "Was There a High God Ti in the Shang Religion?," 15.

의 모습에 대하여, 특히 적어도 오래된 과거의 기억을 공자의 등장 이후 성립한 유가적 맥락 속에서 채색하기 이전의 시대에 대하여, 상대 갑골문과 주대 청동기 명문을 현재 우리가 확보한 최선의 자료로 간주한다면, 이러한 자료가 제시하는 정보는 전승된 유가 텍스트를 토대로 하여 구성한 우리의 철학사적 지식에 대한 재반성을 요구한다. 상(商)나라 사람들의 최고신으로서 인간에게 복과 재앙을 내리던 '상제'의 권능과 역할은 주(周)나라 시대에는 더 이상 지속되고 있지 않다. 주나라의 청동기 명문에 나타나는 '천'의 지위는 이미 이전 시대의 '상제'를 대체하였다. 전래 문헌에서 보여주는 고대 중국의 '상제'와 '천'에 대한 전통적 설명과 이해를 포기하기에는 여전히 새로운 자료의 출현과 근거가 불충분하지만, 필자가 제시한 고고학적 텍스트가 우리에게 알려주는 정보는 전통적 설명과 이해 방식에 의문을 제기하기에는 충분하다.

이 글은 동일한 제목으로 「공자학」 제30집 (2016)에 게재한 내용을 수정 보완한 것이다.

13
출토자료를 통해 본 서주시대의 동이

김 정 열 (숭실대)

1. 머리말

  중국 고대 전래문헌과 출토 문자자료에 산견되는 '동이(東夷)'에 대한 우리 학계의 관심은 비교적 높은
편이다. 그것은 한대(漢代) 이후 중국인이 만주와 한반도 일원의 거민(居民)들을 '동이'라 불렀으며, 그들
이 한민족의 원류와 밀접히 관련되어 있다고 생각하는 것과 무관하지 않을 것이다. 그렇지만 선진시대의
동이는 대체로 현재의 산동(山東) 일원에 거주한 비중원계 문화전통의 소유자 혹은 그들로 구성된 집단을
가리키는 말이었다. 이 글에서 다루는 주제인 서주시대의 동이 역시 이들을 대상으로 한다.

  문헌기록에 의하면 주(周) 왕조가 중원의 패권을 장악한 이후 얼마 지나지 않아, 주 왕실의 일부와 옛
상(商) 왕실의 후예가 연합하여 반란을 일으켰으며, 이 반란에는 산동 남서부 일원에 위치한 엄(奄) 등도
가담했다고 한다. 이를 계기로 하여 서주 초, 주 왕실의 동방 원정이 진행되었다. 그 결과 동이의 고지(故
地)에 태공(太公)의 제(齊)와 주공(周公)의 노(魯)를 필두로 한 봉건이 시행되었다고 하니, 고대 문헌기록
이 정착될 무렵까지, 서주 초기에 동이 경략과 그에 대한 안정적인 지배가 왕실에 매우 중요한 과제였다
는 인식이 존재하고 있었음을 짐작할 수 있다.

  지금까지 '동이'라는 명칭의 의미, 그들의 원류와 분포지역, 문화적 계보와 성격, 그리고 그 개념의 변
화 등에 대한 수준 높은 연구가 없었던 것은 아니다.[1] 그러나 전체적으로 보아 서주시대 동이의 역사에 대

---

1   金庠基, 「東夷와 淮夷·西戎에 對하여」, 『東方史論叢』(서울: 서울대학교출판부, 1984); 嚴文明, 「東夷文化探索」, 『文物』

한 연구는 그다지 활발하게 진행되었다고 평가하기 어렵다. 그 주요한 이유는 이 문제에 대한 주요 관심이 동이 그 자체에 있었다기보다 주 왕실의 동방 경략과 봉건제도의 성립에 놓여 있었기 때문일 것이다.[2] 게다가 전래문헌과 출토문헌을 막론하고 관련 자료가 모두 주 왕실의 입장을 중심으로 해서 기록되었으며, 주 왕실의 동방 경략은 주로 그 초기에 집중되어 있고, 이후에는 동이에 대한 관심이 급속히 희박해진 것도 그 이유의 하나일 것이다.

이처럼 정보의 부족, 특히 동이 자신에 의해 남겨진 기록이 전무에 가까운 상황에서 동이는 중원 왕조의 외연에 위치한 이(異)문화집단으로 주변화되고, 결국은 거대한 중국의 정치조직과 문화전통으로 수렴되어야 할 존재 정도로 치부되었다.[3] 그것은 동이의 형성과 발전 과정을 재구성하기 어려운 요인이 되었을 뿐만 아니라, 중국고대사에서 동이에 대해 관심을 가질 만한 의미 있는 문제를 제기하기 어려운 상황을 야기하고 말았다.

이 글은 이런 문제의식을 바탕으로 하여 작성되었다. 여기에서 설정한 중심 과제는 주 왕조와의 상호 관계 속에서 관찰되는 동이의 존재 양상을 살펴보고, 이를 통해 이 시대의 동이가 발전하여 간 정치적, 사회적 맥락을 보다 구체화 해 보는 것이다. 이 글에서 사용될 주요 자료가 중원 왕조의 입장에서 서술된 것은 변함이 없다. 그러나 현재에는 금문을 중심으로 한 출토자료의 증가로 말미암아 주 왕조의 동이 경략(經略)과 그로 인해 야기된 양자 간 접촉에 관련된 동 시대의 사실이 보다 풍부하게 파악될 수 있게 되었다. 특히 최근 뚜렷한 성과를 거두고 있는 발굴 조사의 성과는 지금까지 알려진 전래문헌과 출토문헌을 포함한 동이 관련의 각종 자료를 좀 더 구체적인 기반 위에서 이해할 수 있는 단서를 제공한다. 이와 같은 자료의 혜택이 이 글을 작성하는 원동력이 되었음을 부인할 수 없다.

1989-9; 李成珪, 「先秦 文獻에 보이는 '東夷'의 성격」, 『한국고대사논총』 1 (1991); 王迅, 『東夷文化與淮夷文化研究』(北京: 北京大學出版社, 1994); 欒豊實, 「論"夷"與"東夷"」, 『中原文物』 2002-1; 邵望平·高廣仁, 『海岱文化與齊魯文明』(南京: 江蘇教育出版社, 2005); 기수연, 「중국문헌에 보이는 동이의 개념」, 『후한서 동이열전 연구』(서울: 백산자료원, 2005); 葛志毅, 「東夷考論」, 『古代文明』 6-1 (2012).

2   貝塚茂樹, 「殷末周初の東方經略に就いて」, 『中國古代史學の發展』(京都: 弘文堂, 1946); 邵望平, 「考古學上所見西周王朝對海岱地區的經略」, 『燕京學報』 新10(2001); 邵望平·高廣仁, 「兩周時期海岱考古遺存所反映的夷夏關系」, 『揖芬集』(北京: 社會科學文獻出版社, 2002); 李峰 저, 徐峰 역, 「邊緣地區: 西周國家的最大地理範圍」, 『西周的滅亡-中國早期國家的地理和政治危機』(上海: 上海古籍出版社, 2007), 340~360쪽; 周書燦, 「成康時期對大東一帶的經營」, 『齊魯學刊』 2012-2.

3   傅斯年, 「夷夏東西說」, 『中央研究院歷史語言研究所集刊』 外編 第1種(北平, 1933); 徐旭生, 『中國古史的傳說時代』(桂林: 廣西師範大學出版社), 2003; 張學海, 「關于齊, 魯文化的幾個問題」, 『考古學文化論集』 2(北京: 文物出版社, 1987).

2. 동이의 분포 범위

고대 전래문헌과 금문에는 '이(夷)'라 지칭되는 사람 또는 그 집단이 보인다.[4] '이'의 용례는 크게 두 가지로 구분된다. 그 하나는 광의의 것으로서, 중원의 사주(四周)에 거주하는 비중원계(非中原系)의 그것 전체를 가리키는 것이다. 다른 하나는 협의의 것으로서, 중원의 동쪽 지역에 거주하는 그것을 가리켰다.[5] 후자의 경우에는 아예 방위사인 '동(東)'을 앞머리에 붙여 '동이'라 부르기도 하였다. 전자의 경우든 아니면 후자의 경우든 시간의 흐름과 함께 '중원' 혹은 '중국'의 공간 범위가 명료해지고 점차 확장되어감에 따라 그 대상 또한 변화하게 되었다. 한대 이후에 들어 동이가 만주 일원, 나아가 한반도 및 일본열도의 거민이나 그 집단을 가리키게 되었다는 것을 새삼스럽게 언급할 필요가 없다.[6]

'동이'가 빈번히 출현하는 것은 서주시대 이후이다. 동이는 '동쪽[東]'의 '이'를 의미한다. '이'가 원래 어떤 의미인지를 밝히기는 쉽지 않지만,[7] '동쪽'은 상대화된 방위의 개념으로 분명한 뜻을 가지고 있다. 그런데 절대적인 동쪽은 존재하지 않는다. 특정한 시·공간적 환경에 따라 그 의미는 가변적이다. 우리가 다루는 서주시대에 동서남북을 분할하는 대체의 기준을 살펴보기 위해서는 동 시대의 금문에 보이는 '동역(東或)' 혹은 '남역(南或)'을 참조하는 것이 유용하다. '동역' 또는 '남역'에 보이는 '역'의 원의는 일정한 토지를 무장하여 수비[戈]하는 것으로, 방어시설을 갖춘 취락을 뜻하며, 여기에서 일정한 지역[域]이나 국가[國]이라는 의미가 파생되어 간다.[8] 즉 동역이나 남역은 동쪽의 취락이나 그 지역, 혹은 남쪽의 취락이나 그 지역을 의미하는 것이다. 그런데 서주 전기의 하준(何尊, 集成 6014)에는 '동역' 혹은 '남역'과 대비할 만한 것으로 '중역(中或)'이 보인다.

왕께서는 비로소 成周로 거처를 옮겨 武王의 커다란 복을 天에서 거듭 받으셨다. 사월 丙戌일, 王은 京室에서 宗小子에게 誥命을 내리셔서 다음과 같이 말씀하셨다. "옛날 너의 아버지 公氏는 文王을 잘 보필하여 문왕께서는 天命을 받으셨다. 武王께서는 大邑 商에 승리를 거두고 나서 天에게 크게 아뢰어

---

4 夷는 갑골문이나 금문에서는 '尸'로 쓴다. 이 '尸'가 문헌에 '夷'로 표기되는 것은 선학의 연구를 통해 밝혀졌다. 그 이유에 대해서는 張富祥, 「說"夷"」, 『淄博師專學報』 1997-3, 35~37쪽 및 51쪽; 성균관대학교 유교문화연구소 편, 『동아시아 文明의 起源 탐구를 위한 西周時期 東夷·夷族 관련 出土資料 집성』, 연구결과보고(KRF-2009-322-A00046), 45~46쪽. 이 글에서는 혼란을 피하기 위하여 '夷'에 해당하는 고대문자 '尸'를 모두 '夷'로 표기한다.

5 欒豊實, 「論"夷"與"東夷"」, 16~20쪽.

6 李成珪, 「先秦 文獻에 보이는 '東夷'의 성격」, 97~100쪽; 기수연, 『후한서 동이열전 연구』, 17~51쪽.

7 王獻唐, 「人與夷」, 『中華文史論叢』 1982-2; 張富祥, 「說"夷"」 등 참조.

8 朱駿聲, 『說文通訓定聲』 第5, "或, 邦也. 從口從戈, 以守一. 會意. 一, 地也. 或又從土, 作域. 按或者, 封也. 國者, 邦也. 天子諸侯所守土地爲域, 所建都爲邦. 字亦作閾, 見孫根碑."

말씀하시길, '나는 장차 이 中或에 거처하여 여기에서 백성을 다스리고자 한다.'고 하셨다".[9]

하준은 서주 초 성왕기(成王期)의 것으로 지금의 뤄양(洛陽)에 성주(成周)를 건설하고, 이곳에서 종실(宗室)의 소자(小子)들을 훈시하는 내용을 담고 있다. 여기에 '중역'이 출현하는데, 이 '중역'은 성주, 즉 뤄양 지역을 지칭한다. 그렇다면 동역이나 남역이라 할 때의 방위는 모두 뤄양을 기준으로 결정되는 것으로 추정할 수 있다. 주펑한(朱鳳瀚)에 의하면 서주 금문의 남역이 포함하는 공간의 범위는 비교적 넓지만, 서주 후기 왕실이 남제후(南諸侯)와 교섭할 때 중간기지로 활용한 허난 상차이(上蔡), 역시 서주 후기에 주의 남역을 공략한 악후(噩侯)의 근거지 허난 신양(信陽), 소왕(昭王)의 형초(荊楚) 정벌에서 주요 통로로 활용된 남역관행(南或貫行)이 위치한 후베이(湖北) 북부 한수(漢水) 유역 등이 포함되며 이들은 대체로 뤄양의 남쪽 방향에 해당한다.[10] 이것은 동이의 '동'도 마찬가지일 것이다. 즉 동이는 대체로 보아 뤄양 이동에 거주하는 '이'를 지칭하는 것이다.

'이'는 중원 일대에 거주한 이들에 의해 붙여진 명칭이다. '이'라고 부른 이유는 그들이 중원 지역의 거민들과 구별되는 속성을 가지고 있었기 때문이다. 구별되는 속성이라면 그것은 신체적인 특징이나 문화적인 성격과 관련되었을 것이다. 이것은 '이'라는 글자의 의미에서 드러날 가능성도 있지만, 위에서 말한 바와 같이 지금 '이'의 원래 의미는 분명하지 않다. 다만『좌전』양공 14년의 다음 기록은, 시대가 다소 내려가긴 하지만, 그에 관한 약간의 힌트를 제공한다. 기원전 559년, 진(晉)의 주관 하에 상(向)에서 회맹이 있었을 때, 진의 범구(范句)는 연합군에 참여한 융(戎)에게 정보 누설 혐의가 있다고 의심하고 융자(戎子) 구지(句支)가 회맹에 참석하지 못하도록 하였다. 화가 난 구지는 다음과 같이 말한다.

> 이때(전627년, 晉과 秦사이에 벌어진 殽의 전쟁)부터 우리 여러 戎族은 晉의 모든 일에 대해 늘 함께 하여 晉의 執政을 따랐습니다. 그것은 殽에서 (晉의 편에 서서) 싸웠을 때의 그 마음과 한결같은 것이었습니다. 어찌 감히 이탈하여 멀어지려고 했겠습니까? 지금 어쩌면 집정께서 실로 모자람이 있어서 제후들과 틈이 벌어졌을 지도 모르는데 어찌 우리 戎族을 탓하십니까? 우리들은 음식과 의복이 中華와 다르고 예물을 주고받는 일도 없으며 말도 통하지 않으니 어찌 나쁜 짓을 할 수 있겠습니까?.[11]

---

9 하준. "隹王初遷宅于成周. 復爯珷王豊福自天. 才四月丙戌, 王誥宗小子于京室曰, 昔才爾考公氏遾玟王. 肆玟王受玆大令. 隹珷王既克大邑商, 則廷告于天, 余其宅玆中或, 自之辥民."

10 朱鳳瀚,「柞伯鼎與周公南征」,『文物』2006-5, 71~72쪽; 同,「論西周時期的"南國"」,『歷史研究』2013-4, 4~7쪽.

11 『左傳』襄公 14년. "自是以來, 晉之百役, 與我諸戎相繼于時, 以從執政, 猶殽志也. 豈敢離遏. 今官之師旅, 無乃實有所闕, 以攜諸侯. 而罪我諸戎. 我諸戎飮食衣服不與華同, 贄幣不通, 言語不達, 何惡之能爲."

위 언설의 당사자는 물론 '이'가 아니라 '융'이지만, 중원의 거민과 그 주변의 이문화집단이 구별될 때의 표지는 매한가지였을 것이다. 위의 기록을 참고하면, 중원의 거민과 주변의 그들을 구별하는 가장 중요한 속성은 음식과 의복, 예법 그리고 언어 등 이를테면 다방면에 걸친 문화적 차별상이었다. 이런 문화적 차별상이 '화(華)'와 '이(夷)'의 구별 기준이 된 것은 고대 중국인들에 의해 보편적으로 인지되고 있었다.[12]

요컨대 동이는 뤄양의 동쪽 일대에 거주하는, 중원의 거민들과는 다른 문화적 특정을 가진 사람(들) 혹은 그들의 집단을 의미하는 것이었다고 할 수 있다. 그렇다고 해도 동이가 단일한 인적 집단을 구성하였다고 볼 수는 없다. 그것은 '동이'를 구성하는 '동'과 '이' 두 자가 분리될 수 없는 하나의 고유명사가 아니고 '동'과 '이' 두 글자가 조합되어 성립된 것이라는 것에서도 추정할 수 있다. 서주 전기의 체정(寰鼎, 集成 2731)에는 "왕이 견(趞)으로 하여금 동반이(東反夷)를 정벌하게 하였다. 체(寰)는 비로소 견(趞)을 따라 정벌에 참여하였다."[13]는 기록이 있다. 여기에 나오는 '동반이(東反夷)'는 동쪽에서 반변을 일으킨 이를 의미하는데, 이때의 '동반이'는 동방의 이가 복수임을 전제로 한 표현이다. 동쪽의 이 가운데 반변을 일으킨 특정한 이를 제한적으로 지칭해서 사용할 수 있는 조사(措辭)인 것이다.

동이가 뤄양 동쪽의 '이'라고 했지만, 이렇게 표현되는 공간범위는 사실 매우 모호하다. 이성규(李成珪)는 동이의 공간적 범위를 좀 더 구체적으로 인지하기 위해 고고학적 연구 성과에 나타나는 선사문화의 발전 양상을 탐구했다. 그는 상주시대와 춘추시대까지 동이로 인지되는 집단의 활동 영역이 현재의 산둥 일원에 집중되어 있다는 사실을 바탕으로 해서 이 지역의 선사문화를 검토했다. 그에 의하면, 이 지역의 선사문화는 베이신문화(北辛文化), 다원커우문화(大汶口文化), 산둥룽산문화(山東龍山文化), 웨스문화(嶽石文化) 등 여러 고고학문화 유형의 계기적인 상호 계승 속에 발전하여 갔으며, 이들 고고학문화 유형은 산둥 일원의 안정적인 공간 범위에서 대체로 일관되게 유지되었다. 따라서 그는 이 지역의 안정적인 공간 범위에서 발전한 공동체가 동이이며, 시대에 따라서는, 적어도 동이의 중요한 구성 부분이 된다고 주장하였다.[14]

이와 같은 인식은 중국 학계의 일반적인 그것과 크게 다르지 않다.[15] 그러나 논리적으로 말하면, 서주시대에 중원의 거민에게 인지된 동이는 뤄양 이동 일대의 비중원계 이문화집단이 될 것이며, 여기에는 현 행정구역으로서의 산둥은 물론 그 경계 밖의 지역에 거주하는 다양한 집단이 포괄될 수 있다. 다만 동이의 범위를 무한정 확장할 수 없으며, 그렇게 하기도 어려운 환경적 요인 또한 존재한다.

---

12 예컨대 葛志毅,「東夷考論」, 28쪽에 인용된 『禮記』「王制」의 기사 참조.

13 체정. "王令趞㽦敖東反夷, 寰肇從趞征."

14 李成珪,「先秦 文獻에 보이는 '東夷'의 성격」, 108~124쪽.

15 嚴文明,「東夷文化探索」, 2~11쪽.

뤄양부터 동쪽으로 산둥까지 이어지는 허난 동부 지역은 황하가 황토고원지대로부터 운반하여 온 다량의 토사가 퇴적되어 형성된 충적평원이다. 이것이 이른바 '예둥평원(豫東平原)'으로, 이 평원은 정저우(鄭州)에서 우한(武漢)으로 이어지는 징광철로(京廣鐵路) 서쪽에 형성된 충적선(沖積扇) 전단(前端)과 산둥 중부의 타이이산맥(泰沂山脈) 사이에 넓게 펼쳐져 있다. 그런데 예둥평원은 지금에 와서는 중국의 주요 곡창지대의 하나이지만 원래부터 인류가 거주하기 적합한 지역이었던 것은 아니다.

기원전 1만 년경, 빙하기가 끝나고 기온이 급격히 상승함에 따라 해수면도 상승하기 시작했다. 특히 기원전 4000~3000년, 기원전 2600~2000년, 기원전 1800~1100년, 기원전후~500년의 해수면은 지금의 해수면보다 높았다. 때문에 황하를 비롯한 여러 하천의 하류 지역에서는 충적운동이 활발하게 전개되는 동시에 범람도 빈번히 발생했다. 황하를 포함한 허난 동부~산둥 서부 일원의 하천은 경로를 빈번히 바꾸었으며 그 주변으로 광범위한 소택지대를 형성하였다. 산둥 중남부 일대에 대야택(大野澤), 하택(菏澤), 뇌하택(雷夏澤), 맹저택(孟瀦澤) 등 대형의 수역이 형성된 것은 그 때문이다. 따라서 허난의 푸양(濮陽), 정저우, 저우커우(周口)로 이어지는 호선(弧線) 이동부터 산둥 중남부의 호박(湖泊)지대 일대는 인류가 생활하기에 적당하지 않았다.[16]

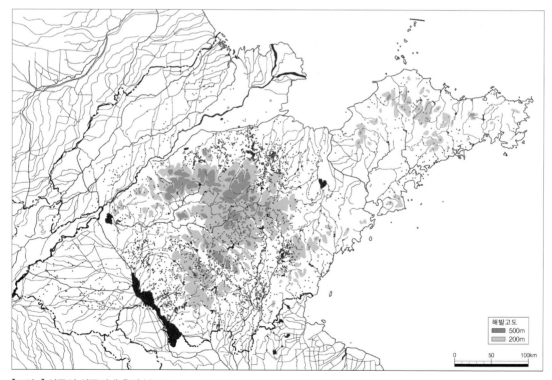

[도면 1] 산둥성 상주시대 유적 분포도

16　高廣仁·邵望平, 『海岱文化與齊魯文明』, 1~4쪽.

시간의 흐름과 함께 이 지역이 개발됨에 따라 거주 인구도 점차 증가하였지만, 서주시대까지만 해도 허난 동부 일대는 여전히 정착생활에 커다란 제약이 있었다. 이 지역에 선사시대 유적은 물론 상주시대 유적의 개체수가 희소한 이유가 거기에 있다. 예컨대 예둥평원 일원의 서주시대 유적으로 조사, 보고된 것은 화이양(淮陽) 니허촌(泥河村), 상수이(商水) 주지촌(朱集村), 용청(永城) 천지샹(陳集鄉), 루이(鹿邑) 왕피류샹(王皮溜鄉) 루안타이(欒臺), 동 타이칭궁(太清宮) 장쯔커우(長子口)[17] 등 몇 곳에 지나지 않으며, 그들도 대개 평원의 남부에 해당하는 상치우(商丘)와 저우커우 일원에 집중되어 있다.

예둥평원 일대에 이와 같은 공백지대가 존재한 것은 산둥의 문화유적 분포상황을 보아도 명백하다. [도면1]은 산둥 내 상주시대 유적 분포도이다. [도면1]이 보여주는 바와 같이 산둥에 분포하는 상주시대 유적은 산둥 중남부의 타이이산맥 주변으로 형성된 구릉지대와 산지에서 발원하는 하류, 예컨대 북쪽의 웨이허(濰河), 쯔허(淄河), 서쪽의 원허(汶河), 쓰허(泗河), 남쪽의 이허(沂河)와 수허(沭河) 등의 충적작용으로 산지 전면에 형성된 산전평원에 집중적으로 분포하며, 거기에서 동쪽과 서쪽으로 진행하면 할수록 그 분포가 희박해진다.

따라서 동이의 지역을 뤄양 이동으로 설정해도 그 범위가 무제한으로 설정될 수 있는 것은 아니다. 자연환경의 제약으로 인해 동이의 거주지는 현재의 산둥 내, 거기에서도 특히 타이이산맥과 그 주변지역을 크게 벗어날 수 없고, 넓게 보더라도 이곳에서 그 외연으로 확장되는 약간의 지역을 포함할 수 있을 따름이다. 그러므로 동이는 산둥의 중남부의 산악지대와 그 주변의 구릉, 평원에서 생활한, 중원과는 이질적인 문화적 속성을 소유한 것으로 인지된 사람들, 나아가서는 그들에 의해 구성된 인적 집단으로 규정될 수 있다.

3. 금문에 보이는 주와 동이의 관계

1) 서주 전기의 양상

『사기(史記)』「주본기(周本紀)」에는 주 왕조가 중원의 패권을 장악한 이후 상 왕실의 잔여세력이 주 왕실의 일부 성원과 결탁하여 일으킨 이른바 '삼감(三監)의 난(亂)'사건이 기록되어 있다. "성왕(成王)이 어린

---

17 劉亞東, 「河南淮陽出土的西周銅器和陶器」, 『考古』 1964-3, 163~164쪽; 秦永軍 등, 「河南商水縣出土周代青銅器」, 『考古』 1989-4, 310~313쪽; 河南省文物研究所, 「河南鹿邑欒臺遺址發掘簡報」, 『華夏考古』 1989-1, 1~14쪽; 李俊山, 「永城出土西周宋國銅匜」, 『中原文物』 1990-1, 104쪽; 河南省文物考古研究所·周口市文化局, 『鹿邑太清宮長子口墓』(鄭州: 中州古籍出版社, 2000).

데다 주가 막 천하를 평정했으므로 주공(周公)은 제후가 반란을 일으킬까 두려워했다. 그래서 주공은 섭정을 행하였는데, 관숙(管叔)과 채숙(蔡叔) 그리고 여러 아우들이 주공을 의심해서 무경(武庚)과 함께 난을 일으켜 주에 반(叛)하였다. … 처음에 관숙과 채숙이 반란을 일으키자 주공이 그것을 토벌하였는데 3년 만에 다 평정되었다."는 기사가 그것이다.[18] 이 사건은 『사기』「관채세가(管蔡世家)」에도 거의 동일한 내용으로 전해지지만,[19] 여기에는 반란의 주역 가운데 하나인 무경의 이름이 '무경록보(武庚祿父)'로 기록되어 있는 점에 차이가 있다.

『사기』의 기록은 주로 『상서대전(尙書大傳)』이 전하는 바에 의거한 것으로 보인다. 이를테면 『상서대전』「대고(大誥)」에는 이 사건이 아래와 같은 내용으로 기록되어 있다. "무왕(武王)이 주(紂)를 죽이고 무경을 세우고 공자 녹보(祿父)로 하여금 계승하게 하였으며, 관숙과 채숙으로 하여금 녹보를 감시하게 하였다. … 관숙이 주공을 의심하여 '(주)공이 장차 왕에게 불리할 것이다.'는 말을 나라[國]에 퍼뜨렸다. 엄군(奄君) 박고(薄古)가 녹보에게 '… 거사하도록 하십시오.'라고 하였다. 그 후 녹보와 삼감이 변란을 일으켰다."[20] 이 기사에는 「관채세가」에서 '무경록보'라 불린 자가 무경과 녹보라는 두 명의 별개 인물로 기록되어 있으며 이 중에서 녹보는 다시 무경의 아들인 것으로 되어 있다. 그렇지만 『상서대전』의 또 다른 편인 「금등(金縢)」에는 무경이란 이름은 보이지 않고, '녹보'가 주의 아들인 것으로 되어 있다.[21]

위에서 살펴본 것처럼, 『사기』와 『상서대전』의 기록 사이에는 약간의 차이가 있다. 사건의 전말에 대한 기록은 대동소이하지만, 상 왕실의 후예로서 반란의 주역이 된 무경록보가 하나의 인물인지 아니면 무경과 녹보라는 별개의 인물인지, 별개의 인물이라면 주의 아들이 무경인지 아니면 녹보인지에 대해서도 혼란이 보인다. 또 『상서대전』에는 『사기』에 등장하지 않는 엄군 박고가 출현하는 것도 차이라면 차이이다. 게다가 「주본기」에는 위에 인용한 기사 뒤에 약간의 간격을 두고서 다시, "소공(召公)이 보(保)가 되고 주공이 사(師)가 되어 동쪽으로 회이(淮夷) 엄(奄)을 정벌했으며, 그 군주를 박고(薄古)로 옮겼다."는 기사가 추가되어 있다. 이것을 보면, 「주본기」는 삼감의 난과 엄(奄) 정벌을 별개의 사건으로 취급하고 있는 것으로도 보인다. 그렇다면 이것도 『상서대전』의 전승과 큰 차이라고 할 수 있다.

---

18 『史記』卷4,「周本紀」. "成王少, 周初定天下, 周公恐諸侯畔周, 公乃攝行政當國. 管叔蔡叔群弟疑周公, 與武庚作亂, 畔周. 周公奉成王命, 伐誅武庚管叔, 放蔡叔. … 初管蔡畔周, 周公討之. 三年而畢定."

19 『史記』卷35,「管蔡世家」. "管叔鮮蔡叔度者, 周文王子而武王弟也. … 武王已克殷紂, 平天下, 封功臣昆弟, 於是封叔鮮於管, 封叔度於蔡, 二人相紂子武庚祿父, 治殷遺民. … 武王旣崩, 成王少, 周公旦專王室, 管叔蔡叔疑周公之爲不利於成王, 乃挾武庚以作亂. 周公旦承成王命伐誅武庚, 殺管叔, 而放蔡叔, 遷之."

20 『尙書大傳』卷5,「大誥」. "武王殺紂, 立武庚, 而繼公子祿父, 使管叔蔡叔監祿父. … 管叔疑周公, 流言於國曰, 公將不利於王. 奄君薄古謂祿父曰 … 請擧事, 然後祿父及三監叛也."

21 『尙書大傳』卷4,「金縢」. "武王殺紂, 而繼公子祿父, 使管叔蔡叔監祿父. 武王死, 成王幼, 周公盛養成王, 使召公奭爲傅, 周公身居位, 聽天下爲政. 管叔疑周公, 流言于國曰, 公將不利于王. 奄君薄姑謂祿父曰, 武王旣死矣, 今王尙幼矣, 周公見疑矣, 此世之將亂也, 請擧事. 然後祿父及三監叛也, 周公以成王之命, 殺祿父, 遂踐奄".

성왕 초년에 주 왕조에 불복하는 세력이 반란을 일으켰는데, 여기에는 옛 상 왕실의 후예인 무경록보 또는 무경(혹은 녹보), 엄군 등의 산동 서남부 토착세력, 심지어는 관숙, 채숙 등 주 문왕의 아들들까지 포함되어 있었다는 것과 그것이 주공에 의해 진압되었다는 것이 삼감의 난 전승의 핵심이다. 그러나 전한대에는 이 사건의 구체적인 내용에 대해 통일된 전승이 성립되어 있지 않고, 그에 따라 전래문헌 사이에 약간의 혼란도 있다. 때문에 '삼감의 난'과 이어지는 동이의 정벌에 관련된 전래문헌의 내용을 완전히 신뢰하기 어려운 측면이 존재하는 것도 사실이다.

그런데 서주 초기 염방정(塱方鼎, 集成 2739)에는 '삼감의 난'을 사실로서 입증할 수 있는 내용이 포함되어 있다. "주공(周公)이 가서 동이를 정벌했다. 풍백(豊伯)과 박고(尃古)를 모두 격멸[戕]하였다. 주공이 돌아와서 주묘(周廟)에서 진제(禀祭)를 거행하였다. … 공(公)은 염(塱)에게 패(貝) 100붕(朋)을 상으로 주었다. 이 때문에 제사용의 정(鼎)을 만든다."[22]는 명문에 의거하면 주공이 동이를 정벌한 사건이 실제 발생하였으며 거기에 박고(尃古, 즉 薄古) 또한 포함되어 있으므로, 『사기』등의 전승은 그 자세한 전말은 차치하고라도 사실로 입증될 수 있다.

물론 시라가와 시즈카(白川靜)처럼 염방정을 위작으로 간주하고, 그 내용을 신뢰할 수 없다고 주장하는 연구자도 있다.[23] 그러나 서주 전기 금궤(禽簋, 集成 4041)의 "왕이 엄후(珷侯)를 정벌하였다. 주공(周公)이 모(謀)하고 금(禽)이 축(祝)하였다. 금이 다시 진축(敐祝)의 의례를 행하였다. 왕(王)께서 금(金) 100부(鋝)를 하사하셨으므로 금이 보배로운 제기를 만든다."[24]는 기록에서 '엄(珷)'을 '엄(奄)'으로 읽을 수 있다면,[25] 그리고 서주 전기 동방 정벌의 사실을 전하는 명공궤(明公簋, 集成 4029)[26]의 명공이 주공의 아들이고 노후 또한 주공의 일가인 것을 감안하면,[27] 적어도 서주 전기 경 주공 일족이 동방 원정에 참여하였음은 의심할 수 없는 사실인 것 같다.

다만 주공 일족의 원정이 성왕 즉위 초에 즉각 수행된 것인지, 아니면 비교적 긴 시간에 걸쳐 지속적으로 진행된 것인지 현재의 자료로 판단하기 어렵다. 이를테면 위 명공궤의 '명공'이 주공의 아들이라면, 그가 주도한 원정의 시점은 성왕기일 수도 있고 그보다 다소 내려가는 어느 때일 수도 있다. 실제로 천명자(陳夢家)는 명공궤를 성왕기의 작품이라 하지만,[28] 시라가와 시즈카나 마청위안(馬承源), 양콴(楊寬)

22　염방정. "周公于征伐東尸豊白尃古, 咸戕. 公歸, 禀于周廟, … 公賞塱貝百朋, 用作障鼎."

23　白川靜, 『金文通釋』1[上] (東京: 平凡社, 2004), 115~121쪽.

24　금궤. "王伐珷侯, 周公某, 禽祝. 禽又敐祝. 王易金百鋝, 禽用作寶彝."

25　陳夢家, 『西周銅器斷代』上冊 (北京: 中華書局, 2004), 28쪽.

26　명공궤. "隹王令明公遣三族伐東或, 才□, 魯侯又□工, 用作旅彝."

27　측령방준(矢令方尊, 集成 6016). "隹八月, 辰才甲申, 王令周公子明保, 尹三事四方, 受卿事寮 … 隹十月月吉癸未, 明公朝至于成周, 徣令舍三事令, 眔卿事寮, 眔者尹, 眔里君, 眔百工, 眔者侯侯田男, 舍四方令, 旣咸令."

28　陳夢家, 『西周銅器斷代』上冊, 24쪽.

등[29]은 강왕기의 작품으로 분류하고 있다.

그러므로 이상의 자료를 통해 알 수 있는 사실은 서주 전기의 어떤 시점, 혹은 일정한 시기에 걸쳐 주공 일족이 '동역(東或)' 혹은 '동이'로 표시되는 지역을 원정하였으며, 그 대상 가운데는 '엄(奄)'이 포함되었을 가능성이 있다는 정도이다.

아울러 고려해야 할 것은 서주 전기에 진행된 동방 경략이 오직 주공 일족 만에 의해 수행된 것은 아니었다는 점이다. 예컨대 여정(旅鼎, 集成 2728)의 "공(公) 태보(大保)께서 와서 반란을 일으킨 이(夷)를 정벌한 해. 11월 경신일, 공께서는 주사(盩自)에 계셨다. 공께서는 여(旅)에게 패(貝) 10붕을 하사하셨다. 여는 이를 기념하기 위해 아버지를 제사하기 위한 제기를 만든다. ㅆ"[30]는 명문에는 태보가 이를 정벌한 사실이 기록되어 있다. 여기에서 말하는 '이'가 가리키는 대상이 무엇인지는 이 명문만으로는 알 수 없다. 그러나 여정은 이른바 '양산칠기(梁山七器)'의 하나이며, 양산칠기는 현재의 산둥 랴오청(聊城)의 서우장(壽張)에서 일괄 출토된 유물이라는 점에 주목할 필요가 있다.[31] 양산칠기 가운데는 태보궤(大保簋, 集成 4140)가 포함되어 있으며, 거기에는 "왕께서 록자(录子) 성(聖)을 정벌하셨다. (그가) 반란을 일으키자 왕께서 태보에게 정벌하라는 명령을 내리셨다. 태보는 공경하여 잘못됨이 없었다. … "[32]는 명문이 보인다.

태보궤 명문에서 태보에게 정벌된 사람은 록자 성이라 표기되어 있다. 대부분의 연구자는 이 사람이 위에 인용한 『상서대전』의 록보와 동일인이라고 생각한다. 그렇다면 여정에서 태보가 정벌했다고 하는 '이'에는 록보는 물론 반란에 참여했다고 하는 엄도 포함되었을 가능성이 있다. 여정과 태보궤가 공히 양산칠기에 들어 있는 것을 우연으로 설명할 수 없다면, 그 확률은 더욱 높아진다.

그런데 『사기』나 『상서대전』 등의 문헌기록을 존중하면 태보궤는 성왕기의 유물로 간주되어야 하겠지만, 여정은 그보다 후대에 제작된 것임에 주목할 필요가 있다. 그것은 아래에 인용하는 두 편의 금문을 통해 추정되는 사실이다.

ⓐ 아아. 동이가 크게 배반하였다. 白懋父는 殷八師를 이끌고 동이를 정벌하였다. 11월, 斄自에서 출발하여[遣] 東陕을 따라가서[述] 海眉를 정벌하였다. 다시 牧自로 되돌아왔다. 백무보는 왕령을 받들어 師率에게 五齵에서 취한 貝를 수여하였다. 小臣 𧥛은 군공을 표창 받고 패(貝)를 사여 받았다. 때문

---

29 白川靜, 『金文通釋』 1[上], 132~140쪽; 馬承源, 『商周銅器銘文選』 3 (北京: 文物出版社, 1988), 35쪽; 楊寬, 『西周史』, (上海: 上海人民出版社, 1999), 553쪽.

30 여정. "隹公大保, 來伐反夷年, 才十又一月庚申, 公才盩自, 公易旅貝十朋, 旅用作父障彝. ㅆ."

31 梁山七器에 대해서는 貝塚茂樹, 「殷末周初の東方經略に就いて」, 375~383쪽에 상세한 설명이 있다.

32 태보궤. "王伐录子耶, 馼厥反, 王降征令于大保, 大保克芍, 亡門. …."

에 (이) 祭器를 만든다.[33]

ⓑ 왕께서 燎祭를 지내고 난 다음 동이를 정벌하였다. (그 때는) 11월이다. 公께서 주(周)로부터 돌아오셨다. 기묘일, 공이 虞에 계셨을 때 保員이 보좌하였다[邇]. 儢公이 보원에게 金車를 하사하고 일에 사용하라 하셨다. (이 일을) 寶簋에 드러내어, 공의 出入의 일을 饗하는 데 사용한다.[34]

ⓐ 소신속궤(小臣謎簋, 集成 4239)와 ⓑ 보원궤(保員簋)에는 모두 동이 정벌에 관련된 기록이 전해진다. 두 편의 명문에 보이는 동이 정벌은 모두 11월에 시작되었는데, 그 시점은 위의 여정에서 태보가 이를 정벌한 때와 일치한다. 특히 여정의 '경신'과 보원궤의 '기묘'는 19일 간격에 지나지 않으므로 여정을 포함한 위 3점의 청동예기는 모두 같은 때에 제작되었을 가능성이 높다. 이들 금문에서 '동이' 혹은 '이' 정벌의 지휘관이 된 것은 태보, 백무보, 왕 등으로 각각 다르지만, 그것은 위의 청동예기를 제작한 자들의 소속에 따라 서로 달리 표기될 수 있는 성격의 것이다. 그런데 이 가운데 ⓐ는 특히 이 원정이 시행된 시점에 대한 매우 중요한 정보를 제공한다.

그것은 명문에 '백무보'라는 인물이 출현하기 때문이다. 이 사람은 ⓐ 이외에도 사기정(師旂鼎, 集成 2809), 소신택궤(小臣宅簋, 集成 4201), 어정위궤(御正衛簋, 集成 4044), 소준(召尊, 集成 6004), 소유(召卣, 集成 5416), 여행호(呂行壺, 集成 9689) 등에도 출현하는 인물이다. 첸명자는 백무보를『사기』「위강숙세가(衛康叔世家)」에 보이는 '강백(康伯)',『좌전』소공(昭公) 12년에 나타나는 '왕손모(王孫牟)'와 동일인이라 하고, 그가 활약한 연대를 성왕기에 비정하였다.[35] 반면 시라가와 시즈카는 소준, 소유의 작기자인 소(召)를 강왕(康王) 초기의 인물이라 보고 백무보가 활약한 시기를 강왕기로 비정한다.[36] 장창서우(張長壽) 등의 청동기 기형 연구는 어정위궤를 강왕 즈음, 소준을 소왕 즈음으로 편년하였으며,[37] 마청위안은 보원궤의 기형과 문양, 명문의 풍격을 고려하여 이 궤의 연대가 대개 강왕기에 속할 것으로 평가하였다.[38] 우전펑(吳鎭烽)이 금문에 출현하는 인물의 상관관계에 근거하여 내린 결론도 역시 동일하다.[39] 그렇다면 백무보

---

33 소신속궤. "叔, 東尸大反, 白懋父呂殷八自征東尸. 隹十又一月, 遣自䜌師, 述東陝, 伐海眉. 雩坪復歸才牧自, 白懋父承王令, 易自達征自五齵貝, 小臣謎蔑曆易貝, 用作寶障彝."

34 張光裕,「新見保員簋銘文試釋」,『考古』1991-7, 649~652쪽. 보원궤. "唯王旣㝅, 厥伐東尸. 才十又一月. 公反自周. 己卯, 公才□, 保員邇, 儢公易保員金車, 日用事. 隊于寶簋, 用卿公逆泝事."

35 陳夢家,『西周銅器斷代』上冊, 31~35쪽.

36 白川靜,『金文通釋』1[下](京都: 白鶴美術館, 1992), 722~726쪽.

37 張長壽 등,『西周靑銅器分期斷代硏究』(北京: 文物出版社, 1999), 62쪽 및 117쪽.

38 馬承源,「新獲西周靑銅器硏究二則」,『中國靑銅器硏究』(上海: 上海古籍出版社, 2002), 298쪽.

39 吳鎭烽,『金文人名匯編』(北京: 中華書局, 1987), 120쪽.

가 활약한 시대는 대체로 강왕~소왕 재위기에 걸친 것으로 추정되며, 태보궤의 경우는 별도로 친다 하더라도, 여정에 기록된 동이 정벌은 강왕~소왕기에 일어난 사건이라고 할 수 있다.

이처럼 서주 전기의 금문을 통해 복원되는 주 왕조의 동방 정벌은 문헌기록이 전하는 것과 다른 내용으로 구성된다. 전국 중기 경에 완성되었다고 생각되는 『좌전』에는 '삼감의 난'이 관숙, 채숙과 이름을 특정하지 않은 '상(商)'에 의해 일어났다고 하며,[40] 전국 중후기경에 성서(成書)된[41] 칭화간 『계년(繫年)』은 "주 무왕이 은에 승리를 거두고 나서 곧 은에 삼감을 설치하였다. 무왕이 승하하자 상읍(商邑)이 반란을 일으켜 삼감을 살해하고 록자(彔子) 경(耿)을 세웠다. 성왕이 (무왕에) 이어 상읍을 정벌하고 녹자 경을 살해하자 …"[42]라고 다소 다른 내용으로 삼감의 난을 전하고 있다. 『계년』의 소전은 삼감이 반란에 가담한 것이 아니라 오히려 반군에 의해 살해되었으며, 성왕이 반군의 영수인 녹자 경을 살해하여 이 반란을 진압했다고 기록하고 있는 점에서 『사기』 등의 한대 문헌기록은 물론 『좌전』 등의 다른 전국시대 문헌기록과도 상이한 일종의 이전(異傳)이라고 할 수 있다. 그렇지만 『계년』에 등장하는 녹자 경은 태보궤에 기록된 녹자(彔子) 성(聖)과 동일한 인명으로,[43] 기타 문헌에 기록된 녹보보다 훨씬 더 실명에 가깝다. 따라서 어쩌면 『계년』의 기록이 삼감의 난에 대한 보다 정확한 정보를 전하고 있을지도 모른다.

이상의 논의를 통해 추정되는 사실은 삼감의 난과 이에 이어지는 동이 정벌에 관한 문헌기록의 내용은 서주 이래 다양하며 상이한 내용으로 전승되다가, 한대에 이르러 비교적 일관된 맥락으로 정리되었다는 것이다. 그러므로 지금 우리가 더욱 신뢰할 수 있는 것은 동 시대의 금문 기록인데, 이 금문 기록은 두 가지 측면에서 특히 문헌기록과 뚜렷이 대비된다. 그것은 동이 정벌이 서주 초 성왕(成王) 즉위 후 상의 반변(叛變)이 발생한 그 시점뿐만 아니라 강왕 혹은 그 이후까지 지속적으로 진행되었다는 것과, 그 전역(戰役)은 주공과 그 일가뿐 아니라 주왕과 소공 나가서는 백무보까지 포함되는 다양한 인물의 주도하에 수행되었다는 것이다.

정벌의 대상이 된 자들에는 녹자 성, 엄, 박고, 풍백 등이 포함된다. 이 가운데 엄과 박고는 각각 산둥 취푸(曲阜) 일대와 보싱(博興)에 해당되는 곳으로 산둥의 동남부와 북부에 해당하며,[44] 풍(豊)은 최근 가오칭(高靑) 천좡(陳莊) 유적에서 발굴된 자료에 의거하여 쯔보(淄博) 인근으로 비정하는 견해가 제기되어

---

40 『左傳』 定公 4年. "管蔡啓商, 惎間王室, 王於是乎殺管叔, 放蔡叔, 以車七乘, 徒七十人. 其子蔡仲改行帥德, 周公舉之, 以爲己卿士, 以命之以蔡".

41 김석진, 「先秦 古文字 사료연구에 관한 一考 -淸華簡 『繫年』 해제와 譯註 방법론」, 『中國古中世史硏究』 42(2016), 105쪽, 주 56.

42 淸華大學出土文獻硏究與保護中心 編, 『淸華大學藏戰國竹簡』 貳(上海: 中西書局, 2011), 141~143쪽.

43 淸華大學出土文獻硏究與保護中心 編, 『淸華大學藏戰國竹簡』 貳, 142쪽.

44 陳夢家, 『西周銅器斷代』 上冊, 18쪽.

있다.[45] 이처럼 동정(東征)의 범위는 산둥의 비교적 넓은 지역에 퍼져 있다. 이밖에 ⓐ에 동이 정벌의 출발지와 귀환지 그리고 그 행군 노선에 관련된 몇몇 지점이 언급되어 있으나, 백무보가 정벌을 마치고 귀환한 목사가 현재의 허난 치현(淇縣)에 비정되는 것[46]을 제외하면 다른 지명의 위치는 분명하지 않다. ⓐ에서 또 하나 주목되는 것은 그 정벌의 종착점이 된 해미이다. 이곳의 위치 역시 알 수 없지만, 해(海)가 바다, 미(眉)는 곧 미(湄)로서 물가[厓]를 의미한다면, 황해 해안의 어느 곳에 해당할 것이다.[47] 이것은 서주 전기의 동방 정벌이 때에 따라서는 산둥을 관통하여 황해 해안까지 도달하였음을 의미한다.

2) 서주 후기의 동향

삼감의 난 이후에는 문헌기록에서 동이에 관한 언급이 거의 보이지 않는다. 마찬가지로 강왕기를 지나면 금문에서도 동이에 관련된 내용이 급격히 감소한다. 목왕기로 편년되는 반궤(班簋, 集成 4341)에 왕이 모백(毛伯)에게 명하여 '동역(東或)의 염융(痭戎)'을 정벌한 사건이 기록되어 있는데,[48] 염융이 '동역'에 위치하였다면 이 역시 동이의 하나였을 것으로 추정된다. 그렇다면 이것이 서주 중기 경의 동이 정벌에 관련된 유일한 기록이 될 것이다. 이와 같은 현상은 강왕기까지 지속적으로 이루어진 주 왕조의 동이 공략이 어느 정도 성과를 거두면서, 이 지역에 대한 지배가 안정적인 궤도에 오르게 되었음을 의미한다. 그러나 서주 중기에서 후기로 넘어갈 즈음이 되면 금문에 다시 동이에 대한 기록이 출현하기 시작한다. 이 가운데서 가장 먼저 주목되는 것이 ⓒ 사밀궤(史密簋)에 보이는 사건이다.

ⓒ 12월, 王께서는 師俗과 史密에게 명하여 東征하라 하셨다. 그때 南夷의 盧와 虎가 杞夷 및 舟夷의 蓬, 不, 折 등과 연합하여 東或을 널리 정벌하였다. 齊師, 族徒와 遂人은 곧 변방을 수비하고 성곽을 수리하였다. 사속은 제사와 수인을 거느리고 왼쪽으로 나아가 長必을 포위, 공격하였으며 사밀은 族人과 釐白, 僰, 屠를 거느리고 오른쪽으로 나아가 장필을 포위, 공격하여 100人을 포로로 잡았다. 天子의 은혜를 널리 알리며 나의 돌아가신 아버지 乙伯을 제사하기 위한 簋를 만든다. 자자손손 영원토록 보배롭게 사용하라.[49]

---

45 王戎,「"高青陳莊西周遺址發掘專家座談會"側記」,『東嶽論叢』31-7(2010), 191쪽.

46 陳夢家,『西周銅器斷代』上册, 21쪽.

47 白川靜,『金文通釋』1[下], 728쪽.

48 반궤. "隹八月初吉, 才宗周, 甲戌 … 王令毛公以邦冢君土馭□人伐東或痭戎."

49 李啓良,「陝西安康市出土西周史密簋」,『考古與文物』, 1989-3, 9쪽. 사밀궤. "隹十又一月, 王令師俗史密曰, 東征. 故南夷廬虎會杞夷舟夷蓬不折廣伐東或. 齊自族土述人乃執嘼寡亞. 師俗率齊自述人左□伐長必, 史密右率族人釐白僰屠周伐長必, 隻百人. 對揚天子休, 用乍朕文考乙白障簋, 子子孫孫其永寶用."

ⓒ는 샨시(陝西) 안캉(安康) 인근의 왕자바(王家壩) 유적에서 촌민에 의해 수습된 유물이다. 이 유물은 유적 서남단의 무덤에서 출토된 것으로 추정되지만, 공안처(公安處)에 의해 압수되었을 때는 상당히 파손되어 굽다리[圈足]와 손잡이가 이미 망실된 상태였다. 좁은 구연부과 볼록한 배 그리고 둥근 바닥 등에서 관찰되는 기형의 특징이나, 구연부 아래쪽에 배치된 절곡문(竊曲紋) 띠와 몸통 부분의 굵은 와문(瓦紋) 등[50]은 장창서우 등이 서주 중·후기경의 유물로 편년한 사원궤(師寰簋), 사송궤(師頌簋) 등과 유사하다.[51] 명문에서 원정군을 이끈 사속은 의왕기(懿王期)의 사신정(師晨鼎, 集成 2817)에도 등장하는 인물이다. 공왕기(共王期)의 영우(永盂, 集成 10322)에 보이는 사속보(師俗父), 그리고 같은 시기의 강계정(庚季鼎, 集成 2781)에 등장하는 백속보(伯俗父)도 동일한 인물인 것으로 추정된다. 따라서 ⓒ는 공왕~의왕을 전후한 서주 중기 후반 경의 유물로 간주된다.

ⓒ에는 사속과 사밀이 왕명을 받아 동정에 참여하여 세운 훈공에 관한 내용이 실려 있다. 이 명문은 남이와 기이, 주이 등이 '동역(東或)'을 공격하여 도발했기 때문에 왕이 사속과 사밀 등으로 하여금 제사, 족도, 수인, 족인과 이백, 북, 조(屖) 등을 인솔하고 그들을 정벌하게 한 사실을 전한다. 전쟁의 발단은 '남이'의 노, 호, '기이', '주이'의 관, 부, 절 등이 감행한 선제공격이었다. 여기에서 노, 호, 기, 주, 관, 부, 절 등은 모두 지명이지만 대부분의 경우 현재의 위치를 알 수 없다. 이들이 연합하여 일으킨 주에 대한 공격에는 남이에 속한 '노', '호' 이외에도 기이와 주이가 참여하였으며, 주이에는 다시 '관', '부', '절' 등이 포함되어 있다.

ⓒ의 문면에는 동이라는 명칭은 등장하지 않는다. 그러나 기이와 주이가 남이에 포함되지 않는다면, 이들은 동이로 분류되었을 가능성이 높다. '주'는 위치불명이지만, '기'는 원래 허난 치현(淇縣)에 위치하다 산둥 동남부의 쥐현(莒縣) 인근으로 옮겼다고 추정되기 때문이다.[52] 따라서 대부분의 연구자들은 '기'의 위치를 참조하여 군사작전이 전개된 지역을 산둥 남부와 장쑤 북부로 비정한다. 이 반란을 진압하기 위해 주 왕조가 동원한 부대에 제사, 즉 제의 군대가 포함되어 있는 것도 그 때문일 것이다. 이 반란의 계기가 남이의 '동역' 공격이고 여기에 제사가 동원된 것을 미루어 보면 반란의 범위가 동이까지 포괄한 넓은 지역에 걸쳐 이루어진 것으로 짐작할 수 있다. 사밀이 이끈 원정대에 '이백'이 포함된 것도 주목할 만하다. 이백은 내백(萊伯)으로[53] 그 중심취락으로 추정되는 유적이 교동반도의 룽커우(龍口) 일원에서 발견된 바 있다.

ⓒ에 의해 예고되는 것처럼 안정기에 접어들었던 주 왕조의 동방 경영이 점차 불안한 상태로 변해가

---

50 張懋鎔 등,「安康出土的史密簋及其意義」,『文物』1989-7, 64~71쪽 및 42쪽.

51 張長壽 등,『西周青銅器分期斷代研究』, 88~100쪽.

52 高廣仁·邵望平,『海岱文化與齊魯文明』, 352~355쪽.

53 李學勤,「史密簋銘所記西周重要史實」,『走出疑古時代』(瀋陽: 遼寧大學出版社, 1997), 175쪽.

는 양상은 서주 후기에 들어서 더욱 첨예하게 발전하여 간다. 그리고 그것은 주로 회이(淮夷)에 의해 야기된 것이었다. 주 왕조와 회이 사이의 갈등은 대체로 주 왕조의 동방 경략이 종결되는 시점, 즉 서주 중기 경부터 시작되었다. 목왕기의 녹종유(彔或卣, 集成 5419), 종방정(或方鼎, 集成 2824)과 우정(䵼鼎, 集成 2721), 우언(遇甗, 集成 948) 등에는 백옹보(伯雍父)에 의해 주도된 회이 정벌이 언급되어 있다. 효왕기(孝王期)의 계준(啓尊, 集成 5938)과 계유(啓卣, 集成 5410)에 보이는 남역(南或) 정벌 역시 이 시기에 발생한 회이와의 갈등을 보여주는 사례이다.

회이는 '남회이(南淮夷)'라고도 하고 '남이(南夷)'라고도 하는데 서주 전기의 금문에는 보이지 않으며 중기에 들어 비로소 출현한다. 이 시기에 들어 회이가 인지되고 동이와 구별되기 시작한 것으로 생각된다. 회이의 분포 지역은 분명하지 않지만, 이들을 남회이 혹은 남이라고 부르는 경우가 있는 것은 이들이 성주, 즉 뤄양의 남쪽에 위치하고 있다고 여겨지고 있었음을 알려준다. 회이가 분포하는 지역의 동쪽은 산둥 서남부와 인접하여, 이 지역에서는 회이와 동이의 경계가 분명하지 않고, 따라서 양자는 왕왕 혼효되는 상황도 발생하였을 것이다.

서주 후기에 들어서는 회이와의 전쟁이 빈번하게 일어난다. 여왕기의 괵중수개(虢仲盨蓋, 集成 4455), 요생수(翏生盨, 集成 4459), 악후어방정(噩侯馭方鼎, 集成 2810), 어궤(敔簋, 集成 4323), 선왕기(宣王期)의 사원궤(師袁簋, 集成 4313), 무기궤(無旲簋, 集成 4225) 등과 최근 알려진 여왕 혹은 선왕기의 진후소편종(晉侯蘇編鐘)[54]과 작백정(柞伯鼎),[55] 응후견공정(應侯見工鼎)[56] 등에는 모두 주 왕조와 회이 사이에 벌어진 전쟁 기록이 담겨 있다.

이 가운데 사원궤에 "회이는 옛날 우리에게 포백(布帛)을 공납하는 신(臣)이었는데 지금 감히 그 (공납을 제공하던) 무리[衆]로 하여금 일에 종사하게 하지 않고, 그것을 관리하던 자들이 반란을 일으키도록 책동하여 …"[57]라고 기록되어 있는 것을 보면 갈등의 근원은 경제적 문제와 관련되어 있는 것으로 추정된다. 그런데 서주 후기에 들어 발생한 회이의 소요는 주 왕조에 대한 소극적 반항에 머무르지 않고 왕조의 핵심지역인 성주(成周) 인근까지 선제공격을 감행하는 적극적인 양상으로 발전하였다. 예컨대 어궤에는 "(모)왕의 10월, 왕께서는 성주에 계셨다. 남회이가 단결하여 안으로 쳐들어와[內] 석(溍), 앙(昻), 삼락(參泉), 유민(裕敏), 음양락(陰陽洛)을 정벌했다. 왕께서 어(敔)에게 명하여 상락(上洛), 흔곡(㤁谷)으로

---

54 馬承源, 「晉侯蘇編鐘」, 『中國青銅器研究』(上海: 上海古籍出版社, 2002), 313~315쪽.

55 朱鳳瀚, 「柞伯鼎與周公南征」, 67~73쪽 및 96쪽.

56 李朝遠, 「應侯見公鼎」, 『青銅器學步集』(北京: 文物出版社, 2007), 286~289쪽.

57 사원궤. "王若曰, 師袁. 淮尸繇我員晦臣. 今敢博厥衆叚, 反厥工吏, 弗速東甌. 今余肇令女達齊帀冀贅燮㽴左右虎臣正淮尸, 卽賫厥邦獸, 曰莠曰冉曰鈴曰達師袁 …"

추격하여 막게 하셨다."[58]고 기록되어 있다. 여기에 표기된 주요한 전장은 대체로 지금의 뤄양 동남 지역 일대에 해당한다.[59] 회이의 거센 도전은 주 왕조의 철저한 토벌로 이어졌다. ⓓ 우정(禹鼎, 集成 2833)에는 그에 관련된 기록이 아래와 같이 전한다.

ⓓ 우(禹)는 말하노라. 크고 밝게 빛나시며 군세신 皇祖 穆公께서는 선왕을 잘 보필하사 四方을 안정 시키셨다. … 아아. 슬프다. 하늘이 下或에 큰 재앙을 내리셨다. 이때 噩侯 駁方 또한 남회이와 동이를 이끌고 남역과 동역을 널리 침범하여 歷寒까지 이르렀다. 왕께서는 이에 西六師와 殷八師에게 명하여 말씀하셨다. "악후 어방을 정벌하여 늙은이, 어린이 가릴 것 없이 모두 남기지 말라."… 나 우는 武公의 군사를 이끌고서 噩에 도달하여, 악을 토벌하여 승리를 거두었으며, 그 군주인 어방을 사로잡았다. 우 는 일을 다 이루었다 ….[60]

ⓓ는 여왕기에 발생한 반란에 관련된 기록이다. 이때 악후 어방이 회남이와 동이를 이끌고 주에 반기 를 든 사건이 일어났는데, 명문에는 그 반란의 영수인 악후에 대한 토벌의 기록이 담겨 있다. 토벌은 왕 조 군사력의 핵심이 되는 서육사와 은팔사는 물론 아마도 당시의 실권자였을 무공의 군대까지 동원될 정 도로 대규모였으며, 왕의 훈시에 "늙은이, 어린이 가릴 것 없이 모두 남기지 말라."는 표현이 등장할 정도 로 강력했다. 이것은 주왕이 악후 어방의 반변에 대해 매우 큰 위기의식을 가지고 있었음을 보여준다. 그 런데 이 전쟁은 현재의 후베이 쑤이저우(隨州) 일원에 위치한 악후[61]에 의해 영도되었지만, 그의 휘하에는 회이뿐 아니라 동이도 가담하였다. 이처럼 서주 후기가 되면 회이에게서 시작된 반란은 동이 지역까지 그 범위가 확대되는 대규모 양상으로 발전하여 간다. ⓔ의 호종(獣鐘, 集成 260) 역시 그런 양상을 보여주는 하나의 사례이다.

ⓔ 王께서는 文王과 武王께서 경영하신 강토를 순시[遹省]하셨다. 남역의 艮子가 감히 우리 땅을 침 략하여 약탈하였다. 왕께서 그를 정벌하시어 그(남국의 복자)의 都를 정벌하니, 복자가 이에 화평을 구 하여 사자를 보내어, 와서 맞이하여 왕을 배알하였다. 남이와 동이 26방(邦)이 함께 왕을 알현하였다.

---

58 어궤. "佳王十月, 王才成周. 南淮尸遱殳, 內伐淐昴參泉裕敏陰陽洛. 王令敔追於于上洛烒谷."

59 김정열, 「平頂山 유적과 西周시대의 應侯」, 『崇實史學』 30(2013), 346~348쪽.

60 우정. "禹曰, 不顯趄趄皇祖穆公, 克夾召先王, 奠四方. 韓武公亦不叚望膡聖祖考幽大叔懿叔, 命禹仿膡祖考, 政于井方. 肄禹 亦弗敢泰共膡辪之命. 烏虖. 哀哉. 用天降大喪于下或, 亦唯噩侯駁方, 率南淮尸東尸, 廣伐南或東或, 至于歷寒, 王迺命西六 師殷八師日, □伐噩侯駁方, 勿遺壽幼. … 雩禹以武公徒駁, 至于噩, 奎伐噩休, 唯厥君駁方, 肄禹又成. …."

61 김정열, 「葉家山 유적과 西周시대의 曾侯」, 『崇實史學』 28(2012), 338~344쪽.

… 선왕께서는 엄숙하게 하늘에 계시며 크고 성대하게 나에게 많은 복을 내려주시며, 나 공손한 후손이 장수를 누리도록 하신다. 戜는 만년토록 사방의 국을 保有할 것이다.[62]

ⓔ는 내력이 분명하지 않은 전세기(傳世器)로 현재 타이베이(臺北)의 고궁박물원에 수장되어 있다. 명문의 내용은 간단하지만, 그 제작연대를 둘러싼 논쟁이 있었다. 논쟁의 주요한 양측은 각각 소왕설(昭王說)[63]을 주장하는 쪽과 여왕설(厲王說)[64]을 주장하는 쪽이다. 금문의 내용을 둘러싼 다양한 해석의 가능성에도 불구하고 한 가지 분명한 사실은 ⓔ처럼 징부(鉦部)의 장식을 분할하는 계선(界線)이 굵은 양선(陽線)으로 제작된 동종(銅鐘)의 양식은 서주 중기의 후반 단계 이상으로 소급되지 않는다는 점이다. 따라서 ⓔ는 여왕기의 것으로 간주하는 편이 보다 타당하다고 생각된다. 최근 소개된 백섬보궤(伯戜父簋) 역시 이와 같은 판단의 타당성을 입증하는 자료이다. 백섬보궤에는 왕이 복자를 친정하는 내용의 명문이 담겨 있는데, 이것은 곧 ⓔ와 동일한 사건을 전하는 것이다. 백섬보궤는 주펑한(朱鳳瀚)이 지적한 것처럼 이왕과 여왕 경에 유행한 양식의 삼족궤(三足簋)이므로,[65] 왕의 복자 정벌 사건은 서주 중기까지 소급될 수 없다.

ⓔ 명문의 내용은 회이의 영역에 인접한 호(戜)라는 정치체가 동이와 남이를 이끄는 복자(艮子)에게 공격당하였으므로, 이에 주왕이 군사를 동원하여 친정함으로써 사태의 해결을 보기에 이르렀다는 것이다. 명문의 복자는 복의 군주를 의미한다. 복이 지금의 어디에 있었는지에 대해서는 다양한 견해가 있다. 먼저 양수다(楊樹達)는 복이 『상서』 「목서(牧書)」, 『좌전』 소공 9년, 같은 책 문공(文公) 16년 등에 보이는 복(濮)에 해당하며, 그 위치는 장한평원(江漢平原) 이남 지역에 해당한다고 하였다.[66] 근래에는 마청위안 등도 그 설을 계승하고 있다.[67] 그러나 시라가와 시즈카는 갑골문을 근거로 복의 위치를 회수 상류 유역으로 추정하였으며,[68] 주펑한은 백섬보궤의 내용을 참조하여 지금의 장쑤 서북부, 훙저호(洪澤湖) 주변으로 비정하고 있다.[69] 남국의 복자라는 표현을 보면 역시 회수 유역에 위치하였다고 보는 편이 좋겠

---

62 호종. "王肇遹省文武董疆土, 南或艮子敢臽處我土, 王皇伐其至, 戜伐氒都, 艮子迺遣間, 來逆卲王, 南尸東尸具見廿又六邦. 佳皇上帝百神保余小子, 朕猷又成亡競, 我佳司配皇天王, 對作宗周寶鐘, 倉倉怱怱, 雝雝雉雉, 用卲各不顯考先, 先王其嚴才上, 彙彙數數, 降余多福, 余順孫參考佳刑, 戜其萬年畯保三或."

63 白川靜, 『金文通釋』 2(京都: 白鶴美術館, 2004), 277~285쪽.

64 陳夢家, 『西周銅器斷代』上冊, 310~314쪽; 唐蘭, 『西周靑銅器銘文分代史徵』(北京: 中華書局, 1986), 503~507쪽.

65 朱鳳瀚, 「由伯戜父簋銘再論周厲王征淮夷」, 『古文字硏究』 27(北京: 中華書局, 2008), 192쪽.

66 楊樹達, 『積微居金文說』 재판합정본(上海: 大通書局, 1974), 137쪽.

67 馬承源 등, 『商周靑銅器銘文選』, 280쪽.

68 白川靜, 『金文通釋』 2, 264~267쪽.

69 朱鳳瀚, 「由伯戜父簋銘再論周厲王征淮夷」, 194~195쪽.

고, 동이와의 연합을 고려하면 회하 중하류 일원으로 판단하는 것이 옳다고 생각된다.

ⓔ의 골자는 복자의 반란을 주 왕조가 제압하였다는 것인데, 이때 복자가 주도한 반란에는 남이는 물론 동이 역시 참여하였다. 역시 서주 후기의 이역(夷域)에서 일어난 반란이 회이 지역은 물론 동이 지역까지 포함하는 광대한 지역에서 발생하고 있었음을 알 수 있다. ⓔ의 전쟁에서 복자가 이끈 것은 동이와 남이의 26'방(邦)'이었다. 26개로 식별되는 독자적인 정치체[70]가 이에 참여하였다는 의미이다. 특히 복자의 방에는 '도(都)'라 불리는 중심 취락이 있었던 것도 주목할 만한 현상이다. 한편, 최근 소개된 ⓕ 진후소편종은 이 무렵에 동이가 처한 사회적 상황을 짐작할 수 있는 자료로서 그 가치가 높다. 장편의 명문이므로 필요한 부분만을 잘라 소개하면 아래와 같다.

ⓕ (어떤) 왕(王)의 33년, 왕께서는 東或과 南或을 遹省하셨다. 正月 旣生覇 戊午일, 왕께서는 宗周에서 출발[步]하셨다. 2월 旣望 癸卯일, 왕께서는 成周에 도착하셨다. … 3월 方死覇, 왕께서는 葉에 도착하시어, 대오[行]를 나누셨다. 왕께서는 晉侯 蘇에게 직접 명을 내리셨다. "너의 군대[師]를 이끌고 왼쪽으로 가서 菁를 복멸하고 북쪽으로 가서 □를 복멸하여, 夙夷를 정벌하라." 진후 소는 120명의 목을 베고, 성인 남성 23인을 포로로 잡았다. 왕께서는 匔城에 도착하셔서 직접 군대를 遠省하셨다. 왕께서는 진후 소의 군대에 도착하셨다. 왕께서는 수레에서 내리셔서 남쪽을 향하여 섰다. (왕께서는) 진후 소에게 직접 명령하셨다. "서북 모서리로부터 匔城을 敦伐하라." 진후 소는 그[厥] 亞旅, 小子, 或人을 거느리고 먼저 (성을) 무너뜨리고 들어가서 수급 100을 베고, 성인 남성 11인을 포로로 잡았다. 왕께서 淖列에 도착하시자 淖列의 夷가 패주하여 도망쳤다[出奔]. 왕께서는 진후 소에게 명령하셨다. "大室의 小臣과 車僕을 거느리고 추격하라."[71]

ⓕ는 모두 16점의 종으로 구성되어 있으며, 355자의 명문이 확인되었다. 이 편종이 출토된 것으로 추정되는 베이자오촌(北趙村) M8호 묘장은 서주 후기에 조영된 것이 분명하고, 서주 후기에 주 왕실에서 33년 이상 재위한 군주는 오직 여왕과 선왕 등 두 명밖에 없다고 알려지므로 대부분의 학자들은 이 편종이 여왕 혹은 선왕 재위 33년째가 되는 해에 일어난 사건을 전하는 것으로 판단한다.[72] 즉 ⓕ는 여왕 혹은

---

70 서주시대 '邦'의 성격에 대해서는 김정열, 『서주 국가의 지역정치체 통합 연구』(서울: 서경문화사, 2012), 184~192쪽 참조.

71 馬承源, 「晉侯蘇編鐘」, 『中國靑銅器硏究』(上海: 上海古籍出版社, 2002), 313~315쪽. 진후소편종. "隹王三十又三年, 王親遹省東國南國 … 二月旣死覇壬寅, 王殷往東. 三月方死覇, 王至于葉, 分行. 王親命晉侯穌, 率乃自, 左洀菁, 北洀□, 伐夙夷… 王至于晉侯自, 王降自車, 位南醬, 親命晉侯穌, 自西北隅敦伐匔城, 晉侯率厥亞旅小子或人先陷入, 折首百, 執訊十又一夫. 王至淖列, 淖列夷出奔. 王令晉侯穌, 率大室小臣車僕從."

72 진후소편종의 사건이 여왕 때의 일인지 아니면 선왕 33년의 일인지를 두고 논쟁이 있지만, 이에 대해서는 심재훈의 상세한 설명이 있으므로 여기에서 다시 반복하지 않는다. 沈載勳, 「晉侯穌編鐘 銘文과 西周 後期 晉國의 發展」, 『中國史硏究』

선왕 33년에 벌어진 주왕의 동역·남역 친정에 진후 소가 참여한 일의 전말을 전하는 것이다.[73]

이때 진후가 참여한 전쟁은 '숙이(夙夷)'와 '뇨열(淖列)의 이(夷)' 등을 주요한 대상으로 하였다. 숙이는 곧 『좌전』 희공(僖公) 21년에 보이는 숙이(宿夷)로, 두예(杜預)는 "숙(宿)은 동평(東平) 무염현(無鹽縣)"이라 해설하였다. 무염은 현재의 산동 중남부의 둥핑(東平)에 위치한다. 뇨열의 이도 명문의 내용으로 보아 그에서 멀지 않은 곳에 위치하였을 것이다. ⓕ는 주왕이 동역과 남역을 시찰한 것에서부터 이야기를 시작하는데, 이 과정에 진후가 주왕이 지휘하는 전쟁에 동원되게 된다. 숙이 등에 대한 정벌을 전하면서 왕의 동역, 남역 시찰을 배경으로 언급한 것은, ⓔ나 ⓕ처럼 이 시기에 회이와 동이가 연합하여 소요를 일으켰기 때문일 것이다.

주왕은 이를 정벌하기 위해 산시(山西) 남부에 위치한 진후의 군사력을 동원할 정도로 공세의 규모는 작지 않았던 것으로 추측되지만, ⓕ에는 그밖에도 주의해야 할 내용이 있다. 그 하나는 인접한 지역에 위치하였을 것으로 생각되는 '숙이'와 '뇨열의 이'가 분명히 구분되어 인지되고 있었다는 점이다. 이것은 주 왕조에 해당 지역에 대한 정보가 충분히 축적되어 있었음을 암시한다. 다른 하나는 숙이에게 훈성(勳城)이라 불리는 성벽으로 방어되는 취락이 있었으며 이것이 주요한 공격의 대상이 되었다는 점이다. 이 것은 복자에게 '도(都)'가 있었던 것과 마찬가지로 숙이의 경우에도 중심취락이 존재하고 있었음을 시사한다.

4. 고고자료에 보이는 동이 사회의 변천

서주시대 동이의 중심 거주지인 산동 일대의 고고학적 조사 자료는 이 지역을 향해 진행된 주 왕조의 진출 양상은 물론 동이의 존재 양태까지 이해할 수 있는 복합적인 정보를 제공한다. 여기에서는 특히 묘장(墓葬)을 주요 검토 대상으로 하여 관련 문제를 살펴보기로 한다. 그것은 주로 두 가지 이유 때문이다. 우선 묘장은, 아래에 설명할 취푸 노국고성(魯國故城) 유적에서 잘 드러나듯이, 조성자의 문화전통을 가장 보수적으로 반영하는 유존이다. 다음은 비교적 현실적인 문제인데, 지금까지 이 지역에서 진행된 고고학적 조사 자료의 대부분이 묘장에 집중되어 있다. 취락 등 다른 성격의 고고학적 자료는 그 절대량이 부족할 뿐만 아니라 발굴된 경우에도 그 보고가 충분히 제공된 사례가 매우 적다.

10(2000), 17~28쪽 참조.

73 '省'은 곧 '巡狩'를 의미하며 원래 전쟁이라는 의미는 아니다. 그러나 만약 복종하지 않는다면 주왕은 즉각 정토를 개시했다. 李凱, 「晉侯蘇編鐘所見的西周巡狩行爲」, 『文物春秋』 2009-5, 4~5쪽.

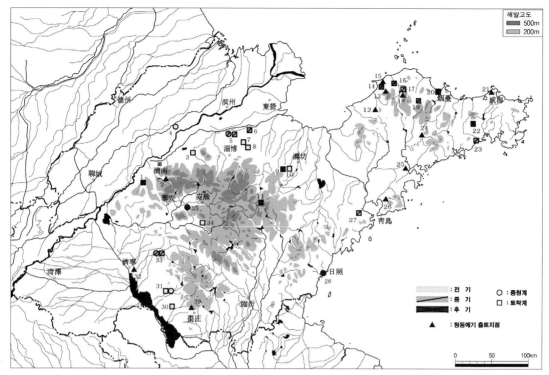

[도면 2] 산동 지역 서주시대 묘장 유적 및 청동예기 출토지점 분포도

1. 仙人臺 2. 石都莊 3. 寧家埠 4. 劉臺子 5. 陳莊 6. 五村 7. 東古城村 8. 後李 9. 岳家河 10. 宇家村 11. 姑子坪 12. 東曲城村 13. 韓奕村 14. 莊頭村 15. 徐家村 16. 歸城 17. 東營周家村 18. 魯家溝 19. 大北莊 20. 上奇村 21. 徐河北村 22. 柳格莊 23. 南黃莊 24. 上尙都村 25. 前河前村 26. 夏莊 27. 西菴村 28. 嵐河涯 29. 木石鎭 30. 前掌大 31. 莊里西 32. 古槐路 33. 魯國故城 34. 府前街 35. 城前村

    지금까지 이 지역에서 서주시대 묘장이 조사된 곳은 모두 24지점에 달한다. 이들 외에 서주 청동예기가 출토된 지점도 11곳 있다. 후자의 경우에는 출토 때의 유·무의적 파괴로 말미암아 유구의 성격을 알 수 없지만 청동예기의 일반적인 출토 상황을 감안하면 이들 역시 대체로 묘장 출토 유물로 생각된다.

    묘장에 구현되는 문화전통은 대개 세 가지 측면으로 구분하여 이해한다. 그것은 매장시설, 장속 그리고 부장품 등인데, 이들 세 가지 요소에는 많든 적든 묘장을 조성한 자들의 문화적 배경이 투영되어 있다. 이 세 가지 측면을 고려하면 산동 일원에서 조사된 묘장은 크게 중원계와 토착계 등 두 가지로 분류될 수 있다.

    먼저 매장시설 가운데 토착계를 대표하는 것은, 사자를 석관(石棺)에 안치하거나 묘실을 아예 석재로 구축하는 것이다. 이것은 이 시대의 중국 동북지역 일대에서도 자주 관찰되는 현상이지만, 중원에서는 그 유례를 찾기 어렵다. 아울러 부장품을 매납하기 위해 '두상(頭箱)'이나 '변상(邊箱)' 혹은 '각상(脚箱)' 등의 이른바 '기물상(器物箱)'을 장구(葬具)와 별도로 설치하거나 묘실 한편에 벽감(壁龕)을 두는 것도 이 지역의 문화전통으로 볼 수 있다. 기물상은 산동룡산문화(山東龍山文化)의 전통을 계승한 것이고, 벽감은 같은 시기의 중원에도 그 사례가 없지 않으나 이 지역처럼 집중적으로 발견되는 경우는 드물다. 장속은 먼저 사자의 두향(頭向)을 동쪽으로 하는 것을 들 수 있다. 샨시(陝西) 시안(西安)과 허난 뤄양 인근에서 발견되는 서주시대 묘장에서 사자의 두향은 대개 북향이다.[74] 다음은 이른바 '요갱(腰坑)'이다. 요갱은 전형적인 상문화(商文化)의 요소로 알려져 있으며, 서주시대 이후가 되면 중원에서는 급격히 소멸되어 간다. 그럼에도 불구하고 이 풍습은 산둥 일대에서 지속적으로 유지되어, 춘추시대는 물론 한대(漢代)까지 그 사례를 볼 수 있다.[75] 부장품으로는 갈색이나 홍색의 태토를 이용하여 제작된 무문의 력(鬲)과 높은 굽대[圈足]를 가진 궤(簋)·두(豆) 등을 포함하는 지역 문화전통이 농후한 토기를 꼽을 수 있다. 이들은 산둥룽산문화 이래 이 지역에서 제작, 사용된 토기의 전통을 계승한 것이다. 마지막으로 토기의 부장 양상에서도 약간의 특징을 볼 수 있는데, 그것은 수백 점에 달하는 다량의 토기를 부장품으로 매납(埋納)하거나, 각각의 기종을 짝수 단위로 하여 부장품 조합을 구성하는 것 등이다.[76]

이들 가운데 어떤 개별 요소가 묘장에서 확인될 경우 그것은 우연의 결과일 수도 있지만 복수의 요소가 동일 묘장에서 함께 확인되는 경우는 우연의 결과라기보다 매장자의 의식 저변에 존재한 문화전통의 결과라 보는 것이 타당하다. 따라서 이 경우, 해당 묘장의 주인은 토착계로 간주할 수 있다. 반면 매장시설, 장속, 부장품의 양식 등에서 위의 토착계 요소가 개별적으로 출현하거나 관찰되지 않는 대신 중원의 전형적인 매장 전통을 따르는 묘장은 중원계로 분류된다.

이상과 같은 근거에 입각하여 중원계와 토착계의 묘장 분포 상황을 지도에 표시하면 [도면2]와 같다. 도면에서 원형으로 표시된 것은 중원계이며, 사각형으로 표시된 것은 토착계이다. 중원계와 토착계는 다시 시간적인 차이에 입각하여, 도면에서 표시된 바와 같이 전기, 중기, 후기로 구분한다.[77] 주의할 것은 여기에서 전기, 중기, 후기로 표시한 것은 해당 유적에서 가장 이른 유구를 지표로 한 것이라는 점이다. 가장 이른 유구의 시대만을 표시한 것은 해당지역에 주문화가 진출한 시점을 간명하게 드러내고자 하는 목적 때문이다.

[도면2]에서 첫 번째로 주목되는 것은 서주시대에 산둥 지역 일원에서 중원계 묘장이 매우 드물게 관

74 張明東, 『商周墓葬比較研究』(北京大學博士學位論文, 2005), 100~103쪽.

75 張慶久, 「山東地區商代腰坑墓葬俗探討」, 『四川文物』 2008-1; 張慶久·楊華, 「山東地區周代腰坑墓葬考古研究」, 『中國歷史文物』 2008-2.

76 이상 산둥 지역의 토착적 매장문화 전통에 대해서는 王迅, 『東夷文化與淮夷文化研究』(北京: 北京大學出版社, 1994), 148~152쪽; 王青, 『海岱地區周代墓葬研究』(濟南: 山東大學出版社, 2002), 95~204쪽 참조.

77 시기구분은 삼분기법을 채택한다. 삼분기법은 주로 청동예기의 기형과 문양을 근거로 한 것인데, 동일한 삼분기법이라 해도 연구자에 따라 구체적인 내용에 다소 차이가 있다. 여기서는 서주 중기는 목왕 이후, 서주 후기는 여왕 이후로 설정한다. 서주문화의 시기구분에 대해서는 中國社會科學院考古研究所 편저, 『中國考古學 兩周卷』(北京: 中國社會科學出版社, 2004), 49~56쪽 참조.

찰된다는 점이다. 중원계로 분류할 수 있는 묘장은 지양(濟陽) 류타이쯔(劉臺子, 도면2-4), 가오칭(高青) 천좡(陳莊, 도면2-5), 르자오(日照) 구허야(崮河崖, 도면2-28),[78] 텅저우(滕州) 좡리시(莊里西, 도면2-31), 취푸 노국고성(魯國故城, 도면2-33), 타이안(泰安) 청첸춘(城前村, 도면2-35)[79] 등 대체로 여섯 유적에서 확인된 데 지나지 않는다. 이들 유적을 다시 시기별로 구분하면 전기에 속하는 것은 류타이쯔와 좡리시 두 곳이고, 중기는 천좡과 노국고성이 이에 해당되며, 구허야와 청첸춘은 후기에 속한다.

이밖에 [도면2]의 둥구청촌(東古城村) 유적(7)과 허우리(後李) 유적(8)은 토착계 유적으로 분류하였으나 여기에는 다소 논란의 소지가 있다. 이 두 유적은 모두 린쯔(臨淄)의 제국고성(齊國故城) 유적을 구성하는 일부분이다. 『사기』「제태공세가(齊太公世家)」에 따르면, 제(齊)에 처음 봉건된 자는 사상보(師尚父)로 그의 봉지(封地)는 영구(營丘)였다. 이후 6대 제후(齊侯)인 호공(胡公) 때에 이르러 제도(齊都)는 박고(薄姑)로 이전되었으며, 7대인 헌공(獻公)은 다시 임치(臨淄)로 도성을 옮겼다.[80] 일반적으로는 헌공이 이주한 임치(臨淄)가 곧 현재의 린쯔이며, 헌공의 재위기(期)는 주 왕실의 이왕(夷王)과 여왕(厲王) 때에 상당하므로 그 시기는 대개 기원전 9세기 중반 경으로 이해한다. 린쯔를 제외한 영구와 박고의 위치는 현재까지 분명히 밝혀지지 않았지만 아무튼 제는 영구에서 박고로, 박고에서 다시 임치로 도성을 옮겼으며, 임치(현재의 린쯔)로 이전한 때는 서주 중기가 끝나갈 무렵이라 생각해 온 것이다.[81]

그런데 최근 발간된 린쯔의 제고성(齊故城)에 대한 발굴 보고는 통설과는 달리 바로 이곳이 사상보의 영구에 해당된다는 결론을 내렸다.[82] 즉 제는 처음 봉건된 시점부터 바로 린쯔에 근거를 두었다는 주장이다. 이와 같은 결론의 가장 주요한 근거는 제고성 유적에 포함된 허야터우(河崖頭) 묘지의 묘장 M101~103이 서주 중기까지 소급될 수 있으며, 이들 무덤 3기에 부장된 토기와 청동기 등이 주문화의 풍격을 보이고 있기 때문에 늦어도 이때에는 주인(周人)이 이곳에 거주하고 있었다고 추정하는 것이다. 이처럼 제고성 유적에서 서주 중기 혹은 그 이전까지 소급되는 묘장이 확인되며 따라서 제고성 유적의 시작 연대는 서주 전기까지 올려보아야 한다는 견해는 일찍이 키카와다 오사무(黃川田修)에 의해서도 제기된 바 있다.[83] 그는 허야터우 묘장을 포함하여 바로 위에 언급한 둥구청촌의 M1002와 허우리의 M35와 M92 묘장이 서주 전기까지, 허우리의 M93은 늦어도 서주 중기 이전까지 소급될 수 있으며, 이와 같은 사실

---

78 楊深富, 「山東日照崮河崖出土一批青銅器」, 『考古』 1984-7, 594~597쪽 및 606쪽.

79 程繼林·呂繼祥, 「泰安城前村出土魯侯銘文銅器」, 『文物』 1984-6, 12~14쪽.

80 『史記』 권32, 「齊太公世家」. "於是武王已平商而王天下, 封師尚父於齊營丘 … 周烹哀公而立其弟靜, 是爲胡公. 胡公徙都薄姑 … 哀公同母少弟山怨胡公, 乃與其黨率營丘人襲攻殺胡公而自立, 是爲獻公. 獻公元年, 盡逐胡公子, 因徙薄姑都, 治臨淄."

81 張學海, 「齊營丘, 薄姑, 臨淄三都考」, 『張學海考古論集』(北京: 學苑出版社, 1999), 327~347쪽.

82 山東省文物考古研究所, 『臨淄齊故城』(北京: 文物出版社, 2013), 532~549쪽.

83 黃川田修, 「臨淄齊國故城の西周期遺存の背景-齊國初封地に關する一考察-」, 『亞洲學誌』 2(2003), 38~112쪽.

은 서주 전기부터 린쯔의 제고성에 주인(周人)이 거주하였음을 의미한다고 주장했다. 그는 이것이 린쯔가 바로 사상보의 영구임을 의미하는 것은 아니라 하여 린쯔=영구설을 부정했지만,[84] 린쯔에 서주 전기부터 주문화의 담지자가 거주하였다고 판단한 것은 마찬가지이다.

그러나 허야터우, 둥구청촌, 허우리 등의 묘장 연대를 서주 전기, 또는 서주 중기 이전이라고 보거나 묘장의 주인공이 주인이라고 판단할 수 있는 근거가 충분하지 않다. 허야터우의 묘장 3기에서 출토된 정, 궤 등 청동예기의 연대는 서주 중기 경까지 소급될 수 있으나 청동예기는 내구성이 있는 물건이기 때문에 청동예기의 연대가 곧 무덤의 조영연대를 의미하는 것은 아니다. 더욱 문제가 되는 것은 이들 무덤에서 출토된 토기에는 지역색이 강하게 드러나고 청동예기와 함께 다량의 토기를 부장한 습속 역시 주문화의 주류를 잇는 것이라고 보기 어렵다는 점이다. 매장습속을 좀 더 자세히 알기 위해서는 묘장의 구조가 분명해야 하지만 이들 묘장은 완전하게 발굴되지 않아 그 전모를 알 수 없다.[85] 이와 같은 양상은 둥구청촌과 허우리의 묘장에서도 확인된다. 둥구청촌의 M1002는 동서향의 묘향과 함께 지역적 특색이 농후한 토력(土鬲)을 부장하였다는 점에서,[86] 허우리의 묘장은 상문화의 풍격이 농후한 부장 토기(M35)나 동서향의 묘향 또는 벽감, 상식(商式)의 토궤(土簋)와 지역적 특색이 강한 토력 등의 부장품(M92, M93) 등으로 보아 토착인의 매장전통을 따르고 있다고 판단하는 것이 타당하며, 이 가운데 허우리의 묘장은 상대 후기까지 소급될 가능성도 있다.[87]

이처럼 둥구청촌, 허우리 유적은 토착계로 분류하면, 각 시기에 속하는 중원계 유적 가운데 전기에 속하는 것은 대체로 보아 산동의 외곽에 위치하고, 중기의 것은 그보다 다소 동쪽으로 진출하는 양상이며, 후기의 것은 타이이산맥의 중심부와 해안가에 도달하는 사례도 나타난다. 전체적인 양상을 보면 시간의 흐름과 함께 타이이산맥의 서쪽과 남쪽에서 점차 동쪽으로 분포 지역이 확대되어 간다. 산동 일원의 서주시대 제후국 유적을 대표하는 노국고성이 중기에 들어 등장하고, 주문화의 요소가 확인되는 천창 유적이 제(齊)의 고지 쯔보(淄博)인근에 출현하며 린쯔에 제고성이 건설되기 시작하는 것도 대개 이때를 전후한 일이다. 이것이 두 번째로 주목할 만한 현상이다.

세 번째로 주목되는 것은 그럼에도 불구하고 중원계 묘장은 서주의 최후 단계에 이르기까지 교동반도에서는 확인되지 않는다는 점이다. 이상과 같은 유적 분포상의 특징은 서주시대 내내 중원의 문화전통이

---

84 그는 山東 靑州市 蘇埠屯村 유적이 齊의 始封地라 생각한다. 黃川田修, 「齊國始封地考-山東蘇埠屯遺址的性質」, 『文物春秋』 2005-4, 69~78쪽.

85 山東省文物考古硏究所, 『臨淄齊故城』, 446~463쪽.

86 山東省文物考古硏究所·齊城遺址博物館, 「臨淄東古墓地發掘簡報」, 『海岱考古』 1(濟南: 山東大學出版社, 1989), 283~291쪽.

87 濟靑公路文物考古隊, 「山東臨淄後李遺址第一, 二次發掘簡報」, 『考古』 1992-11, 987~996쪽; 同, 「山東臨淄後李遺址第三, 四次發掘簡報」, 『考古』 1994-2, 97~112쪽.

동이지역에서 주도적 위치를 차지하는 데 상당한 제약이 있었으며, 점차 그 영향력의 범위가 확장되었다고 해도 그 정도는 시종 철저하지 않았고, 끝내 교동반도까지 그 영향력을 확대하는 데는 성공하지 못했음을 의미한다.

이상의 내용을 배경으로 하여, 아래에서 몇몇 유적의 구체적인 내용을 살펴보기로 한다. 이를 통해 주왕조의 동방 진출과 동이 사회의 존재 양태 그리고 그 변천상이 다소 구체화된 모습으로 부각될 수 있을 것이다.

1) 서주 전기의 중원계 유적: 류타이쯔와 쫭리시

전기로 분류되는 류타이쯔 유적은 투하이허(徒駭河) 남쪽 2㎞ 지점, 장지전(姜集鎮) 서쪽의 대상(臺狀) 고지(高地)에 있다. 1979년에 발견된 묘장 1기와 1980·82년에 조사된 M3, M4 등 2기, 그리고 1985년에 정리된 M6 등 모두 4기의 묘장에 대한 보고가 있다.[88] 이들 4기는 평면 규모에 다소 차이가 있지만 형태는 기본적으로 동일하다. 모두 이층대 구조의 수혈토광묘로, 장구로는 1관(棺) 1곽(槨)을 배치하였다. 묘향(墓向)은 앞의 3기가 모두 12°, M6가 30°로 대체로 북편동이다. M3에서만 유일하게 요갱이 확인되었으며, 다른 3기에서는 발견되지 않았다.

1979년의 발굴에서는 정(鼎), 력(鬲), 치(觶) 각 1점과 궤(簋) 2점 등 청동예기 5점, 력, 관(罐) 각 1점 등 토기 2점을 중심으로 한 부장품이 수습되었다. 이 가운데 력 1점을 제외한 나머지 4점의 청동예기에서 명문이 확인되었는데, 그 가운데 궤에 주조된 명문은 '항(夆)'자로 식별된다. 1980년에 조사된 M3에서는 정, 궤 각 1점으로 구성된 청동예기와 동제 꺽창[銅戈] 및 원시자기 두(豆) 2점 등이 출토되었다. 그 중 정에서는 "왕계(王季)가 제기(祭器) 정을 만든다[王季乍鼎彝]"는 내용의 명문이, 궤에서는 "항(夆)의 제기[夆彝]"라는 내용의 명문이 확인되었다. 한편 1985년의 M6은 4기의 무덤 가운데 규모가 가장 크고 출토 유물의 양도 가장 많다. 청동예기는 모두 24점이며, 토기는 관상(串狀)의 장식을 제외하면 력 2점, 관 2점 등이 있다. 청동예기 중 모두 7점에서 명문이 발견되었다. 방정(方鼎) 2점에서는 각각 "항(夆)의 보배로운 제기 정[夆寶障鼎]"과 "항(夆)" 등의 명문이, 치, 화(盉), 반(盤) 각 1점에서는 "항(夆)"이라는 명문이 확인되었다.

류타이쯔 유적의 청동예기와 토기를 서주 전기의 후반 경으로 편년하는 보고자의 견해는 타당한 것으로 생각된다. 청동예기나 토기의 양식은, M4에서 출토된 흑도(黑陶) 관 1점을 제외하면 중원계로 분류

---

88 德州行署文化局文物組·濟陽縣圖書館, 「山東濟陽劉臺子西周早期墓發掘簡報」, 『文物』1981-9, 18~24쪽; 同, 「山東濟陽劉臺子西周墓第二次發掘」, 『文物』1985-12, 15~20쪽; 山東省文物考古研究所, 「山東濟陽劉臺子西周6號墓清理簡報」, 『文物』1996-12, 4~25쪽.

된다. 부장 토기의 조합은 력과 관으로 주문화 중심지의 그것과 대체로 동일하다.

보고자는 류타이쯔에서 출토된 청동예기 명문에 집중적으로 출현하는 '항(夆)'은 곧 '봉(逢)'이며, 따라서 이 유적이 『좌전』 소공 20년에 보이는 봉백(逢伯)의 고지에 해당한다고 이해했다.[89] 연구자들은 대개 그것이 하상(夏商)의 구국(舊國)으로 원래 산둥 쯔보 일대에 있다가 후에 박고(薄古)에게 쫓겨 이곳으로 근거를 옮기게 되었다고 한다. 즉 항(夆)을 일찍부터 산둥에 거주한 토착계로 간주하는 것이다.[90] 그러나 류타이쯔의 묘제와 장제에서는 중원의 상장문화와 커다란 차이를 볼 수 없다. 그것은 이 유적이 중원에서 산둥으로 향하는 하도(河道) 인근에 입지하여 일찍부터 중원의 문화적 영향을 받은 것과 관련이 있을 수도 있지만,[91] 서주 전기부터 중원문화의 소유자가 이곳으로 진출한 것을 보여주는 것일 가능성도 함께 염두에 둘 필요가 있다.

쫭리시 유적은 텅저우 장툰(姜屯)에서 발견되었다. 쫭리시에서는 일찍이 1978년과 82년 그리고 89년에 청동예기가 출토된 바 있으므로 1989년에 구제발굴이 시행되었다. 78년과 82년에 각각 1기의 묘장이, 89년에 7기의 묘장이 조사되어, 총 9기에 달하는 묘장의 발굴 자료가 보고되어 있다.[92]

이들 가운데 묘장의 구조가 비교적 분명하게 확인된 것은 82년의 1기와 89년의 6기 등 모두 7기이다. 구조가 확인되는 경우 모두 남북 방향의 수혈토광묘이며, 1982년의 1기 및 1989년의 M1과 M3에서는 요갱이 확인되었다. 묘장의 규모는 약간씩의 차이가 있으며, M4가 1관 1곽의 장구를 갖춘 이외에는 모두 단관(單棺)의 장구만을 가지고 있을 뿐이다. 1982년의 1기에서는 정, 궤, 력, 호 등의 청동예기 6점과 원시자기 관 1점, 그밖에 약간의 옥제 장식품 등이 출토되었다. 이 가운데 방정 1점에서 "등후(滕侯)가 보배로운 제기를 만든다[滕侯乍寶障彝]"는 명문이, 궤 1점에서 "등후가 등공(滕公)의 보배로운 제기를 만든다[滕侯乍滕公寶障彝]"는 명문이 확인되었다. 89년의 묘장 가운데 M4에서는 고, 작, 치 등 청동예기 각 1점과 약간의 병기가 출토되었다. 이 중 작에는 "부계(父癸)", 치에는 "아기의부□(亞其矣父□)" 등의 명문이 있다. M5에서도 정 1점, 궤 1점 등의 청동예기와 약간의 병기(兵器) 및 거마기가 출토되었으며, 이 중 정에는 "정형(丁兄)" 명문이 있다. M6에서는 동정 1점, 동궤 1점, 토관 1점과 약간의 패식(貝飾)이 출토되었으며, 정에서는 "목부을(木父乙)" 명문이, 궤에서는 "보보(甫父)가 보배로운 제기를 만든다[甫父乍寶障彝]"는 명문이 발견되었다. 한편 M7은 발견 당시 유구가 파괴되어 묘장의 구조도 알 수 없고 부장품 규모도 분명하지 않다. 그러나 현재 알려진 것만 해도 이곳에서 출토된 부장품은 기타 묘장을 압도할

89 山東省文物考古研究所,「山東濟陽劉臺子西周6號墓淸理簡報」,『文物』1996-12, 23쪽.

90 高廣仁·邵望平,『海岱文化與齊魯文明』, 357~360쪽.

91 朱繼平,「金文所見商周逢國相關史實硏究」,『考古』2012-1, 63~71쪽.

92 滕縣文化館,「山東滕縣出土西周滕國銅器」,『文物』1979-4, 88~89쪽; 滕縣博物館,「山東滕縣發現滕侯銅器墓」,『考古』1984-4, 333~337쪽; 杜專敏 등,「1989年山東滕州莊里西西周墓發掘報告」,『中國國家博物館館刊』2012-1, 92~106쪽.

규모로, 청동예기 12점, 병기 11점, 차마기 118점 등이 포함되어 있다. 출토 청동예기의 대부분에서 명문이 확인되었으며, 명문을 통해 볼 때 예기의 대부분은 '슝(鬵)'이라는 인물에 의해 제작되었다.

쫭리시 유적의 묘장에서 출토된 유물은 청동예기, 토기, 병기를 막론하고 서주 전기 중에서도 비교적 이른 시기에 속한다. 따라서 묘장의 연대 역시 서주 전기로 추정된다. 1978년에 출토된 력 1점에 "오(吾)가 등공(滕公)을 제사하기 위한 제기를 만든다[吾乍滕公寶障彝]"는 명문이 확인된 바 있었고, 위에 언급한 82년의 출토품 가운데도 '등후(滕侯)' 명(銘)의 방정과 궤가 출토된 바 있었다. 게다가 쫭리시 유적에서 약 2km 떨어진 곳에 춘추시대 등국고성(滕國故城) 유적이 있으므로, 쫭리시 유적은 서주시대의 등후와 관련이 있을 것으로 인지되고 있다.[93] 조사가 진행되면서 이 유적에서 출토된 청동예기에는 다양한 명문이 발견된다는 점이 확인되었다. 따라서 유적의 성격을 판단하기 위해서는 아직 자료의 축적이 더 필요하지만, 이 유적이 등후와 관련이 있을 가능성은 여전히 높아 보인다. 『좌전』의 기록에 의하면, 등후는 주 왕실과 동성(同姓)으로 주 왕조의 복정(卜正)을 지냈다고 한다.[94] 쫭리시 유적에서 발견된 묘장의 매장시설은 북향의 수혈토광묘로서, 그 일부에 요갱이 설치되어 있음에도 불구하고, 대체로 중원계로 분류되며, 부장품 역시 중원의 양식에서 벗어나지 않는 것도 그와 무관하지 않을 것이다.

2) 서주 중기의 중원계 유적: 노국고성과 천쾅

서주 중기의 중원계 묘장 유적은 타이이산맥의 북쪽과 동남쪽 각각 한 곳에서 확인되었다. 취푸의 노국고성 유적[도면2-33]과 가오칭의 천쾅 유적[도면2-5]이 그것이다.

취푸는 서주 성왕 때에 주공이 봉건된 곳이라는 『사기』의 기록[95]으로 말미암아 근래까지 노의 초봉지로 인식되어 왔다.[96] 그러나 일찍이 푸쓰녠(傅斯年)이 노후로 처음 봉건된 자는 주공이 아니라 그의 아들인 백금(伯禽)이며, 그 초봉지 역시 취푸가 아니고 허난 중서부의 루산(魯山)이라는 주장을 제기[97]한 이래 루산 일원에서 노후의 초봉지를 찾고자 하는 시도 역시 계속되어 왔다.[98] 그리고 후자의 입장을 지지하는

93　滕縣文化館,「山東滕縣出土西周滕國銅器」, 89쪽.

94　『左傳』僖公 24年. "富辰諫曰, 不可, 臣聞之, 大上以德撫民, 其次親親, 以相及也. 昔周公弔二叔之不咸, 故封建親戚, 以蕃屏周, 管蔡郕霍魯衛毛聃郜雍曹滕畢原酆郇, 文之昭也, 邗晉應韓, 武之穆也. 凡蔣邢茅胙祭, 周公之胤也."; 隱公 11年. "十一年春, 滕侯薛侯來朝, 爭長. 薛侯曰, 我先封. 滕侯曰, 我周之卜正也. 薛庶姓也, 我不可以後之."

95　『사기』 권4,「周本紀」. "於是封功臣謀士, 而師尙父爲首封, 封尙父於營丘, 曰齊. 封弟周公旦於曲阜, 曰魯." 권33,「魯周公世家」. "徧封功臣同姓戚者. 封周公旦於少昊之虚曲阜, 是爲魯公. 周公不就封, 留佐武王."

96　高廣仁·邵望平,『海岱文化與齊魯文明』, 323~325쪽.

97　傅斯年,「大東小東說」,『中央研究院歷史語言研究所集刊』 2-1(1930).

98　郭克煜,『魯國史』(北京: 人民出版社, 1994), 42~48쪽. 근년 王暉,「周原甲文"汝公用聘"與魯國初封地新證」,『古文字與商周

연구자들 사이에도 노후가 취푸로 이동한 시점에 대해서는 크게 두 가지의 이견이 있다. 그 하나는『시경』노송(魯頌)「비궁(閟宮)」편에 의거하여 백금이 노후로 재위한 시기라고 주장하는 것이며,[99] 다른 하나는『사기』「노주공세가(魯周公世家)」의 집해(集解)가 인용한『세본(世本)』에 근거하여 백금이 아닌 그 다음 세대의 양공(煬公) 때라고 생각하는 것이다.[100] 『사기』「삼대세표(三代世表)」에는 백금의 재위기간이 강왕 재위기에 상당하는 것으로 되어 있고, 하상주단대공정(夏商周斷代工程)의 연구 결과를 참조하면 성왕~강왕의 재위기간은 약 50여 년 가량이다.[101] 거기에 「노주공세가」에 의하면, 백금을 이어 고공이 4년간 재위한 다음 양공이 즉위하였다고 하니,[102] 양공 때라면 노는 상주혁명 이후 약 50년의 시간이 지난 뒤에 취푸의 노국고성으로 이주한 셈이 된다.

이렇게 취푸는 노후의 초봉지라는 주장과 이봉지라는 주장이 있고, 이봉지라는 주장에도 그 시점에 대해 서로 다른 몇 가지 견해가 제기되어 있다. 그러나 아직까지 이 문제에 대해 최종적인 해답을 줄 수 있는 자료는 보이지 않는다. 다만 1977년부터 1978년까지 약 2년에 걸쳐 취푸의 노국고성에 대해 진행한 고고학적 조사의 결과는 몇 가지 유용한 시사점을 제공한다. 이 조사는 보링(boring)을 통해 유적의 윤곽을 파악하고, 그 가운데 특정한 몇 지점을 선택하여 시굴한 정도이지만, 노국고성의 구조와 존속 연대를 파악하는 데에는 상당한 도움이 된다. 특히 왕푸타이(望父臺), 야오푸(藥圃), 셴청(縣城) 서북 모서리[西北角], 더우지타이(鬪鷄臺) 등 네 지점에서 발굴된 137기의 묘장은 노국고성 유적의 존속 연대를 이해할 수 있는 중요한 단서를 제공한다.

보고자는 조사된 137기 가운데 129기가 서주 전기부터 전국 중기에 속한다고 했다. 그 주장대로라면 곡부는 노후 백금의 초봉지일 가능성이 높고, 이후 전국 후기 경공(頃公)이 초(楚)에 의해 거(莒)로 강제 이주된 기원전 255년까지 줄곧 노후의 거성(居城)이었다고 할 수 있다.[103] 그러나 보고자의 연대관은 즉각 비판에 직면하게 되었다. 이를테면 왕언톈(王恩田), 리펑(李豊), 추이러취안(崔樂泉), 쉬훙(許宏) 그리고 왕칭(王靑) 등은 연이어 노국고성 묘장의 원래 편년에 문제가 있다고 판단하고,[104] 보고자의 주장과는 달

史新證』(北京: 中華書局, 2003), 145~164쪽에서도 같은 내용의 주장을 볼 수 있다.

99 『시경』魯頌,「閟宮」. "王曰叔父, 嘉爾元子, 俾侯于魯. 大啓爾宇, 爲周室輔. 乃命魯公, 俾侯于東."

100 『사기』권33,「魯周公世家」. "魯公伯禽卒, 子考公酋立. 考公四年卒, 立弟熙, 是爲煬公. 煬公築茅闕門."『史記集解』"徐廣曰, 一作第, 又作弗. 世本曰, 煬公徙魯. 宋忠曰, 今魯國."

101 夏商周斷代工程專家組,『夏商周斷代工程1996-2000年階段成果報告(簡本)』(北京: 世界圖書出版公司, 2000), p.88.

102 『史記』권33,「魯周公世家」. "魯公伯禽卒, 子考公酋立. 考公四年卒, 立弟熙, 是謂煬公."

103 山東省文物考古研究所 등 編,『曲阜魯國故城』(濟南: 齊魯書社, 1982).

104 王恩田,「曲阜魯國故城的年代及其相關問題」,『考古與文物』1988-2; 李豊,「黃河流域西周墓葬出土靑銅禮器的分期與年代」,『考古學報』1988-4; 崔樂泉,「山東地區東周考古學文化的序列」,『華夏考古』1992-4; 許宏,「曲阜魯國故城之再硏究」,『先秦城市考古學硏究』(北京: 北京燕山出版社, 2000), 171~184쪽; 王靑,『海岱地區周代墓葬硏究』, 23~27쪽.

리 노국고성 묘장의 상한선은 일러도 서주 중기를 상회할 수 없다는 점을 지적하였다. 각 연구자마다 세부적인 판단에는 차이가 있지만 이들에게 공통된 인식은 노국고성의 묘장 가운데는 보고자의 주장과는 달리 서주 전기까지 소급될 수 있는 사례가 존재하지 않는다는 것이다. 그렇다면 취푸가 노후 백금의 초봉지라거나 혹은 초봉 이후 얼마 지나지 않은 시점의 이봉지라는 주장은 모두 신뢰하기 어렵게 된다.

이처럼 원 보고자의 연대관에 문제가 있지만, 그들에 의해 확인된 노국고성 묘장의 독특한 양상에는 주목할 만한 점이 있다. 그것은 노국고성 유적에서 확인된 네 지점의 묘지와 관련된 것이다. 보고자는 각각의 묘지마다 비교적 일치하는 장속과 부장품을 확인할 수 있고, 그 가운데 왕푸타이를 제외한 나머지 세 지점은 대체로 동일한 장속과 부장품을 가진 묘장으로 구성되어 있는 것을 확인하였다. 그들은 이와 같은 현상에 주목하여 노국고성의 묘지와 묘장을 '갑조(甲組)'와 '을조(乙組)' 등 두 그룹으로 구분하였다.

갑조와 을조의 차이를 가장 뚜렷이 인지하게 하는 것은 장속의 차이이다. 사자의 머리 방향, 즉 두향의 경우 갑조묘의 두향은 대체로 남향이다. 특히 서주시대의 묘장은 예외 없이 남향이며, 춘추시대 이후에는 북향과 동향이 약간 보이지만, 여전히 남향이 주류를 이룬다. 반면 을조는 확인할 수 있는 경우 서주 이래 전국시대까지의 모든 묘장이 예외 없이 모두 북향이다. 한편, 요갱은 갑조에만 보이고 을조에는 확인되지 않는다. 갑조에서는 서주시대의 경우 M501을 제외한 모든 무덤에서 요갱이 확인되며, 춘추 이후에는 설치 사례가 감소하지만 그 후기까지도 설치된 사례가 있다.

[표 1] 곡부 노국고성 갑조묘와 을조묘의 구분

분류	항목	갑조묘	을조묘
葬俗	頭向	남향	북향
	腰坑	유	무
	부장품 위치	棺槨 사이, 頭部, 신체 측면	二層臺 혹은 槨 위
副葬品 (토기)	주요 기종	鬲, 簋(盂), 罐(罍), 豆(서주)	鬲, 罐(서주)
		–	鬲, 罐(춘추)
		簋, 罐, 壺, 豆(전국)	釜, 罐, 罍, 壺(전국)
	조합	짝수	
	기형	권족기(簋, 豆) 유행, 聯襠鬲	권족기 없음, 柱足鬲

갑조와 을조의 차이는 부장품에서도 확인된다. 토기를 예로 들면, 갑조의 부장품은 서주 이래 춘추시대까지 력, 궤, 관, 두 위주의 부장품이 매납되고 각 기종의 개체수도 대체로 2, 4 등 짝수를 이루는 경우가 많다. 반면 을조의 부장품은 력, 관 등의 두 가지 기종으로 매우 단조로우며, 주요 기종인 력의 개체수는 묘장 당 대개 1점에 지나지 않는다. 한편 갑조와 을조 공히 력과 관이 부장되지만, 같은 기종이라도

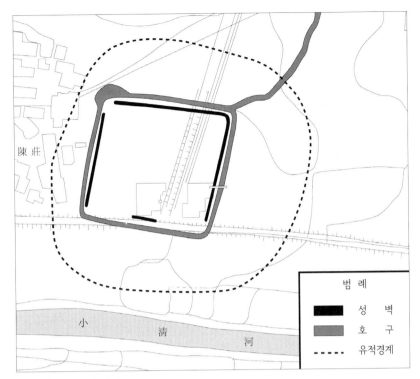

[도면 3] 천좡 유적 평면도

기형에서 차이를 볼 수 있다. 에컨대 갑조의 력은 승문(繩紋)의 연당력(聯襠鬲) 위주이지만 을조의 경우에는 대체로 청동제의 력을 모방한 주족력(柱足鬲)이 부장된다.

장속과 부장품에 나타나는 갑조와 을조의 차이는 전자가 토착계의 매장전통을 따른 것이라면 후자는 중원계의 그것을 채용하고 있었음을 보여준다. 이상과 같이 노국고성에서 수집된 고고학적 증거는 서주 중기에 들어서야 비로소 이곳에 중원문화의 소지자들이 본격적으로 정착하기 시작하였음을 알려준다. 또한 그들이 이곳에 정착할 때는 상이한 문화 전통을 가진 토착민과 접촉하고 그들과 함께 취락을 형성하였을 것으로 추정된다. 이주민과 토착민은 격리된 묘지를 조영하면서 배타적인 집단을 형성하였지만, 그럼에도 불구하고 일정한 지역 내에서 공존하며 생활을 영위했다. 갑조와 을조로 표현되는 토착계와 중원계의 묘장이 노국고성 유적 내에서 함께 발견되는 것은 이런 사실을 반영한다.

산둥 중북부에 위치한 천좡 유적에서 노국고성과 유사한 양상을 확인할 수 있는 것은 매우 흥미로운 일이다. 이 유적은 가오칭 화거우(花溝)에서 2008년부터 약 3년에 걸쳐 발굴 조사된 유적이다.[105] 유적은

105 山東省文物考古研究所,「山東高靑縣陳莊西周遺址」,『考古』2010-8, 27~34쪽; 同,「山東高靑縣陳莊西周遺存發掘簡報」,『考古』2011-2, 3~21쪽; 鄭同修 등,「山東高靑陳莊西周城址發掘」,『2009中國重要考古發現』(北京: 文物出版社, 2010), 38~43쪽. 이밖에 심재훈,「西周史의 새로운 발견: 山東省 高靑縣 陳莊 西周 城址와 引簋 명문」,『史學志』43(2011), 5~30쪽

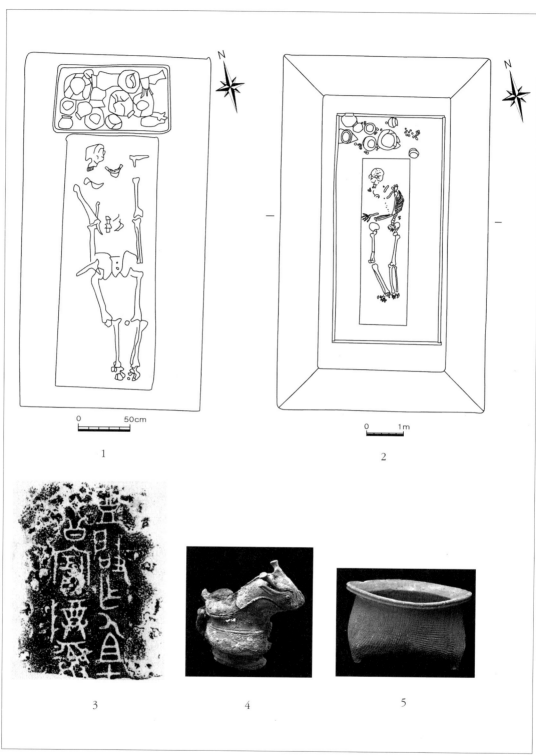

[도면 4] 천장 유적 묘장 및 출토 유물

1. M18 평면도 2. M26 평면도 3. M18 출토 觥 명문 4. M18 출토 觥 5. M18 출토 土鬲

황하 충적평원의 저평지에 입지하며, 전체 면적은 약 9만㎡에 달한다. 이 유적에서는 서주시대부터 송 (宋)·금(金) 왕조까지의 유구가 확인되었지만 그 가운데 특히 관심을 끄는 것은 서주시대에 축조된 토성 과 이 시기에 속하는 약간의 묘장이다.

성지는 평면 근방형(近方形)으로 동서, 남북의 길이는 모두 약 180m 가량이다[도면3]. 동변, 서변과 북변은 비교적 잘 보존되어 그 윤곽을 분명하게 알 수 있으나 남변은 일부에서만 기초시설이 확인될 뿐 이다. 동·서변과 북변에서 성문은 확인되지 않았지만 남쪽 성벽 중앙부에 성문이 있었을 것으로 추정 된다. 성벽 사주에는 호구(壕溝)가 성벽과 약 2~4m의 거리를 두고 설치되었다. 묘장은 성내 중부 편남부 와 동남부에서 모두 14기가 조사되었다. 묘장은 장방형 수혈토광묘 9기, 단묘도(單墓道)의 이른바 '갑자 형(甲子形)'묘장 2기, 소형 옹관묘 3기 등으로 구성되어 있다. 이 가운데 6기에서는 청동기가 출토되었다. 출토된 청동기는 모두 50여 점으로 정, 궤, 치, 작, 준, 유, 굉, 호, 반, 이 등의 청동예기와 소량의 꺽창 그 리고 약간의 차마기가 포함되어 있다. 특히 주목되는 것은 M18에서 출토된 7점의 유명(有銘) 청동예기와 M35에서 출토된 인궤(引簋) 2점이다.

M18의 부장된 청동예기에서 확인된 명문은 유물마다 약간의 차이가 있다. M18:3 굉에는 "풍계(豊啓) 가 그 조부인 갑(甲), 제공(齊公)의 제기를 만든다."는 내용의 명문이 있다.[도면4-3] 보고에 어떤 기종인 지 명시되지 않은 또 다른 유물에는 "풍계가 문조(文祖) 제공의 제기(祭器)를 만든다."거나 "풍계가 그 조 부 제공의 제기를 만든다."는 명문이 있으므로, M18 출토 청동예기는 대개 풍계라는 자가 자신의 조부인 제공을 위해 제작한 제기인 것을 알 수 있다. 유물이 출토된 M18은 남북향의 장방형 수혈토광묘로, 장구 는 1관이며, 머리 쪽의 관 밖에 기물상(器物箱)이 따로 설치되어 있다. 장식은 앙와신전장이지만 인골의 상황으로 보아 이차장이다. 부장품은 대부분 기물상에 안치되어 있다.[도면4-1]

M18 출토의 부장품에 대해서는 상세한 정보가 부족하지만 보도된 굉의 사진[도면4-4]으로 보아 청 동예기의 제작 수준은 그다지 높지 않았던 것으로 생각된다. 명문의 서체 역시 정제된 편은 아니다.[도면 4-3] 한편, M18에서 출토된 토기 가운데 력 1점은 비록 승문으로 장식되어 있지만 적갈색의 태토로 중 원 지역에서 볼 수 있는 력과는 다르다.[도면4-5] 이처럼 관 외측에 기물상이 따로 마련된 점, 부장 토기 에 지역적 특징이 보이는 점 등은 M18 묘주의 문화적 배경이 중원의 그것과는 다른 맥락에 위치하고 있 음을 암시한다.

M26[도면4-2]과 M27은 M18과 선명한 대조를 보인다. M26과 M27 모두 장방형의 수혈토광묘로 관 과 곽을 갖추고 있으며 사자의 두향은 북향이다. 부장품은 사자 머리 쪽의 관과 곽 사이에 안치되었다. 전자에 력, 궤, 관 등으로 구성된 토기 9점과 옥기 2점 등이, 후자에는 력과 관 각 1점의 토기 및 정, 궤,

---

에서도 유적에 대한 설명을 볼 수 있다.

준, 유, 작, 치 등을 포함한 청동예기 11점과 약간의 차마기가 부장되었다. 부장품의 형태는 자세히 알 수 없으나 묘장의 형태는 일반적인 중원계의 수혈토광묘와 다르지 않다. M27에 력, 관 각 1점씩의 토기가 부장된 것 역시 중원계의 묘장에서 일반적으로 볼 수 있는 부장품 조합이다.

천좡 유적의 성격과 관련해서 주목되는 유구는 M35이다. M35는 단묘도의 수혈토광묘로 묘실은 묘구를 기준으로 길이 5.2m, 폭 4.2m의 규모이며, 묘도는 계단형으로 길이는 약 10.5m 가량이다. 장구는 1관 1곽이며 묘도에 수레 2량이 매납되었다. 정, 궤, 반 등의 청동예기와 꺽창, 창 등의 청동병기 그리고 약간의 차기(車器)가 관과 곽 사이에 부장되었다고 보고되었다. 이 가운데 2점의 궤에서는 아래와 같은 명문이 발견되었다.

정월 壬申일, 왕께서는 龏大室에 이르셨다. 왕께서는 이렇게 말씀하셨다. "引아. 나는 이미 너에게 명해서 너의 祖考를 계승하여 齊師를 관리하라 명하였던 바, 너에게 다시 명한다. 너에게 彤弓 하나, 彤矢 일 백, 말 네 필을 하사한다. 네가 맡은 일을 공경하여 전쟁에서 패하는 일이 없도록 하라." 인은 머리를 조아려 절하고 왕의 은총을 널리 알린다. 군대를 모아 추격하여 병기를 노획했다. 이로 인해 幽 公을 제사하기 위한 궤를 만든다. 자자손손 영원히 보배롭게 사용하라.[106]

천좡 유적의 성격과 관련된 논의는 주로 위의 M18 출토 청동예기 명문에 등장하는 풍계와 M35에서 출토된 인궤의 위 명문을 중심으로 전개되고 있다. M18에서는 풍계가 조부인 제공을 위해 만들었음이 명기된 다량의 청동예기가 출토되었다. 이때 풍계가 제공의 제기를 만들었다는 것은 그가 제공의 종실에 속하는 자임을 시사하는 것이라 생각하여, 천좡 유적은 제공의 종실에게 분여된 봉지였다고 주장하는 견해가 있는가 하면,[107] M35의 인궤 명문에 보이는 '제사'는 제후에게 소속된 군대의 주둔지이며, 따라서 천좡 유적은 바로 제후에게 배속된 제사(齊師)에 해당한다는 견해도 있다.[108]

주 왕조의 제후인 제공을 제사하기 위한 청동예기가 토착계 묘장에서 출토된 것은 의문으로 남지만, 천좡 유적 토성의 규모가 동서, 남북 각각 약 180m에 지나지 않으므로 본디부터 여기에 대규모 취락을 상정하기는 어렵다. 따라서 후자의 이를테면 '군사성보설(軍師城堡說)'이 좀 더 그럴 듯하지만 아직 결론을 내리기에는 관련 자료가 부족하다. 그럼에도 불구하고 한 가지 주목되는 현상은 이 유적에 중원계와

---

106 李學勤, 「高青陳莊引簋及歷史背景」, 『文史哲』 2011-3, 119쪽. "隹正月壬申, 王格于龏大室, 王若曰, 引, 余既命女更乃且考 嗣嗣齊㠯, 余隹䋣命女, 易女彤弓一彤矢百馬四匹, 敬乃御, 毋敗㦴. 引拜稽首, 對揚王休, 用隨追郛, 用乍幽公寶簋, 子子孫孫 寶用."

107 方輝, 「高青陳莊銅器銘文與城址性質考」, 『管子學刊』 2010-3, 103~104쪽.

108 魏成敏, 「陳莊西周城與齊國早期都城」, 『管子學刊』 2010-3, 109~110쪽 및 114쪽.

토착계의 묘장이 공존하는 점이다. M18이 토착계의 묘장을 대표한다면 M26과 M27은 중원계의 두드러진 사례이다.

보고자는 토성의 건립 연대가 서주 전기까지 소급될 가능성을 언급하였다. 그러나 성내에서 발견된 모든 유물 가운데 가장 이르다고 추정되는 M18의 청동예기도 서주 전기의 후반을 상회하지 않을 뿐만 아니라, 대부분의 묘장과 토성은 서주 중기 영건되었으므로 이 유적은 서주 중기에 들어 비로소 성립되었다고 판단하는 것이 타당하다.[109] 따라서, 이 유적의 성격에 아직 분명하지 않은 점이 있다 해도, 서주 중기에 진입할 시점 즈음에 이곳에 토성이 건립되고, 여기에 각각 중원계와 토착계의 문화전통을 배경으로 한 이질적인 성격의 인군(人群)이 집거하게 되었다고 판단하기에는 무리가 없을 것이다.

3) 서주 중기의 토착계 유적: 구이청유적군

가오칭에 토성이 건설될 무렵 교동반도의 끝자락에 위치한 옌타이(烟臺) 룽커우(龍口) 일원에도 성곽취락이 출현하였다. 구이청 유적이 그것이다. 룽커우 황청(黃城) 동남쪽 6km 지점에서 발견된 구이청 유적은 라이산(萊山) 북쪽의 구릉 사이 하곡분지에 입지한다.[도면2-16] 이 유적은 1973년 최초로 조사되었으며 2007~09년 사이에 재조사되었다.[110] 구이청 유적에서 발견된 유구에는 판축 성벽과 판축 기단 그리고 묘장과 재구덩이[灰坑] 등이 있다. 성벽은 내외 이중으로 구성되었다. 내성의 평면은 서북쪽이 약간 내요(內凹)한 곡척형이며, 남북 490m, 동서 525m 가량의 규모이다. 내성의 바깥쪽에는 호구가 설치되었다. 2007~09년에 시행된 조사를 통해 성 내부에서 17기의 판축기단과 도로, 배수구 등이 발견되었다. 판축기단은 모두 지상 건물의 기단인데, 지금은 파괴되어 그 원형을 알기 어렵다. 외성은 내성을 둘러싼 형태이다. 내성 외요(外圍)의 구릉을 따라 건설된 불규칙 타원형이며, 남쪽은 해발 600m가 넘는 라이산을 천연의 장벽으로 이용하고 따로 성벽을 만들지 않았다. 외성의 전체 길이는 약 10km에 달한다.[도면5]

최초의 조사와 최근의 발굴을 담당한 보고자들은 모두 이 토성의 영건 시기를 서주 중기로 판단했다. 구이청 유적에서는 다수의 묘장도 조사되었는데 그중에는 서주시대의 것도 포함되어 있다. M1은 수혈토광묘지만 파괴된 상태였으므로 그 구조는 분명치 않다. 부장품은 비교적 잘 보존되었는데, 토관 1점 이외에 대부분 청동예기로서, 정 2점을 포함하여 모두 8점이 수습되었다. 청동예기의 형식이 서주 중기의 것

---

109 山東省文物考古研究所, 「山東高靑縣陳莊西周遺址」, 34쪽; 同, 「山東高靑縣陳莊西周遺存發掘簡報」, 19~21쪽.

110 李步靑·林仙庭, 「山東黃縣歸城遺址的調查與發掘」, 『文物』 1991-10, 910~918쪽; 中美聯合歸城考古隊, 「山東龍口市歸城兩周城址調査簡報」, 『考古』 2011-3, 30~39쪽.

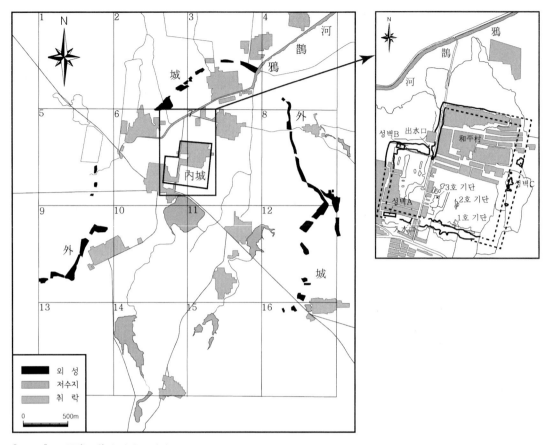

[도면 5] 구이청(歸城) 유적 유구배치도

이므로 M1의 연대 역시 이 시기를 상한선으로 한다. M1에 부장된 토기 가운데서는 관 1점(M1:9)만이 수습, 보고되었다. M1:9 관은 고복(鼓腹), 환저(圜底)의 승문관으로 중원에서는 볼 수 없는 양식이다. M2 역시 수혈토광묘로 파괴된 상태에서 정리되었다. 묘장의 방향은 100°로 동남향이다. 장구는 단관이며 사자의 두향은 동향이다, 관의 동쪽에 기물상이 따로 설치되었으며 여기에 토기 8점이 부장되었다. 부장 토기의 기형은 대체로 서주 후기의 양식이며, 특히 두와 관은 토착계 양식이다.

구이청 유적 인근에는 서주 중기를 전후한 시대의 묘장과 청동예기 출토 지점이 집중적으로 분포하여 일종의 유적군을 형성하고 있다. 유적의 동남쪽 약 10㎞ 지점에 위치한 스량(石良) 둥잉저우자(東營周家)에서 발견된 M1[111]은 관과 곽을 갖춘 수혈토광묘인데 조사 당시 이미 파괴되어 그 구조를 분명히 알 수 없었다. 묘장 방향은 110°로 대체로 동남향이다. 동궤 2점과 력, 관, 두 등의 토기가 수습되었다. 동궤의 형

---

111 唐祿庭·姜國鈞,「山東黃縣東營周家村西周殘墓淸理簡報」,『海岱考古』1(北京: 科學出版社, 1989), 314~320쪽.

태는 보고되지 않았으나 보고자가 말하는 바에 의하면 구연이 좁은 고복(鼓腹)의 삼족궤로 서주 중기 이전으로 올라가지 않는 작품이다. 보고자는 구연 하단부의 변형수면문 장식을 근거로 서주 후기의 유물로 판단하였다. 이 궤의 바닥 부분에는 "짐(朕)의 보궤(寶簋)를 만든다. 만년토록 영원히 보배롭게 사용하라[作朕寶簋, 其萬年永寶用]"는 내용의 명문이 있다. M2 역시 파괴되었으나 그 동쪽 2/3 가량은 구조를 확인할 수 있었다. M2는 수혈토광묘로 1관 1곽의 장구를 갖추었으며, 머리 부분의 곽실 밖에 설치된 기물상에 대부분의 부장품이 안치되었다. 묘장의 방향은 105°로 역시 동남향이다. 사자(死者)의 허리 아래쪽에는 요갱이 시설되었다. 부장품 가운데 동기는 없지만 약 200점 가량에 달하는 방대한 양의 토기를 부장하였다. 부장품 가운데 궤, 두, 력 등의 형태는 현지 문화전통에 충실한 작품이며, M2:18, M2:31 등 정 2점은 난황쫭문화(南黃莊文化)[112]의 전형적인 양식을 보인다. 토기의 기형에 입각하여 보면 서주 중기 경에 조영된 묘장으로 판단된다.

유적의 동쪽 약 10km 지점의 쫭터우촌(莊頭村)에서 조사된 M1 역시 수혈토광묘이다.[113] 발굴 당시 이미 파괴된 상태였으므로 묘장의 구조는 분명하지 않다. 1관 1곽의 장구를 가졌으며 곽의 머리쪽 밖으로 기물상이 설치된 것으로 보인다. 묘장의 방향은 115°로 동남향이다. 토기, 옥기, 동기 등이 부장되었으나 토기와 옥기는 복원이 불가능한 상태이다. 동기는 대부분 예기로 정 3점, 궤·작 각 2점, 언, 우(盂), 유, 호, 반, 작(勺) 각 1점이 포함되어 있으며 이밖에 동관 1점도 수습되었다. 이 중 일부에서는 명문도 확인되었다. 예컨대 호에는 "웅해(熊奚)가 보배로운 호를 만든다[熊奚作寶壺]"는 명문이, 궤 2점에는 "예공숙(芮公叔)이 여궁(旅宮)의 보배로운 궤를 만든다[內公叔作旅宮寶簋]"는 명문이, 유에는 "소부(小夫)가 부정(父丁)을 제사하기 위한 보배로운 제기를 만든다[小夫作父丁寶旅彝]"는 명문이 있다. 유물 가운데는 연대가 다소 올라갈 수 있는 것도 포함되어 있으나 '웅해' 명의 호는 샨시(陝西) 창안(長安) 푸두춘(普渡村) 장불묘(長甶墓) 출토품에 가까워 서주 중기 이상 소급되기 어렵다.[114] 따라서 묘장의 연대 역시 서주 중기 이후라 판단된다. 청동예기는 정, 우의 경우 그 제작수준은 높지 않고, 언(甗)의 증부(甑部)를 장식한 대형 수면문(獸面紋)은 제작기술의 한계로 말미암아 문양이 흐트러졌으므로 현지에서 제작되었을 가능성이 높다.

구이청 일대의 청동예기 출토 지점 가운데 가장 먼저 알려진 것은 청(淸) 광서(光緖) 연간에 구이청 동쪽 약 10km 지점에 위치한 루자거우촌(魯家溝村, 도면2-18)이다. 이곳에서는 우정(敔鼎, 集成 2721), 우언(遇甗, 集成 948) 등이 출토된 것으로 알려진다. 우정에는 11월, 사옹보(師雝父)가 도(道)를 시찰하였다

---

112 張鋧,『東夷文化的考古學研究』(中國社會科學院研究生院博士學位論文, 2010), 72~76쪽.

113 王錫平·唐祿庭,「山東黃縣莊頭西周墓淸理簡報」,『文物』1986-8, 69~72쪽.

114 張長壽 등,『西周靑銅器分期斷代硏究』, 131~133쪽.

[省], 호(獸)에 이르렀다. 우(斅)가 수종하였다. 사옹보가 우를 멸력(蔑曆)하고 동[金]을 하사하였으므로 사옹보의 은총을 널리 알려 보배로운 정을 만든다."[115]는 명문이 있고, 우언에는 "유월 기사패(旣死覇) 병인일, 사옹보가 고사(古白)에서 수자리를 섰다[戍]. 우(遹)가 수종하였다. 사옹보가 원(肩)하였다. 우를 호후에게 사자로 보냈다. 호후가 우를 멸력하고 우에게 동을 하사하였으므로 여언(旅甂)을 만든다."[116]는 명문이 있다. 두 청동기에 등장하는 우(斅)와 우(遹)는 동일인으로 생각된다. 위의 두 명문은 동일한 사건을 기록한 것으로 보이는데 서주 목왕기에 진행된 회이 정벌에 우가 참여한 것을 기념하는 내용을 담고 있다.[117]

뒤를 이어 1965년과 1969년에는 장자촌(姜家村)과 샤오류좡(小劉莊, 도면2-16)에서 각각 정 2점을 포함한 9점의 청동예기와 유, 준 각 1점을 포함한 4점의 청동예기가 수습되었다.[118] 이들은 모두 출토 유구에 대한 기록이 없지만 묘장의 부장품이었을 것으로 추정된다. 장자촌에서 수습된 유물 가운데는 서주 전기까지 소급할 수 있는 언 1점이 포함되어 있지만 함께 출토된 정은 수복(垂腹)의 원정으로 서주 중기 경의 작품으로 판단된다. 샤오류좡 출토 유물 가운데 계준(啓尊, 集成 5938)과 계유(啓卣, 集成 5410)는 서주 효왕 경의 작품이다. 후자에서는 "왕(王)이 나가 남산(南山)으로 순수(巡狩)했다. 산곡(山谷)을 따라 상후(上侯)의 경천(溸川) 부근에 이르렀다. 계(啓)가 종정(從征)하였다."[119]는 명문이, 전자에서는 "계(啓)가 왕을 따라 남정(南征)하였다. 산곡(山谷)에 □하여, 주수(洀水) 가에 있었다. 계는 조부인 정(丁)의 보배로운 제기를 만든다."[120]는 명문이 발견되었다. 모두 계가 왕을 따라 남정에 참여하였을 때의 일을 기록하고 있다.

1964년 구이청에서 서쪽으로 약 12km의 거리에 있는 한이촌(韓奕村, 도면2-13)에서는 분당정(分檔鼎) 1점이 수습되었다. 이 분당정이 어떤 유구에서 출토된 것인지, 이 유물과 함께 출토된 다른 유물이 있는지 등의 상황은 분명치 않다. 이 분당정은 서주 전기의 양식에 속한다. 구이청 일대에서 출토된 청동예기 가운데 비교적 이른 시기에 속하는 것이다. 구연부 안쪽에서 "구감(呴監)이 보배로운 제기를 만든다[呴監作寶障彝]."라는 내용의 명문이 발견되었다.[121]

1974년에는 구이청에서 서북쪽으로 약 5km 거리를 둔 둥장(東江) 쉬자촌(徐家村, 도면2-15)에서도 궤

---

115 우정. "隹十又一月, 師雝父省道, 至于獸, 斅從. 其父蔑斅曆, 易金, 對揚其父休, 用作寶鼎."

116 우언. "隹六月旣師覇丙寅, 師雝父戍才古白, 遹從. 師雝父肩, 史遹使于獸侯, 獸侯蔑遹曆, 易遹金, 用作旅甂."

117 김정열, 「출토자료를 통해 본 西周의 南方 경영과 그 좌절 - 曾侯와 鼉侯의 동향을 중심으로」, 『歷史學報』 228(2015), 279쪽.

118 齊文濤, 「槪述近年來山東出土的商周靑銅器」, 『文物』 1972-5, 5~8쪽.

119 계유. "王出獸南山, 隹遹山谷, 至于溸川上, 啓從征. …"

120 계준. "啓從王南征. □山谷, 才洀水上 啓乍且丁旅寶彝. …"

121 李步青·林仙庭, 「山東省龍口市出土西周銅鼎」, 『文物』 1991-5, 84~85쪽.

1점과 력 1점이 수습되었다. 역시 출토 유구의 상황은 분명하지 않다. 궤의 형태는 서주 중기 경에 유행한 쌍이권족궤(雙耳圈足簋)이지만, 구연 아랫부분에 장식된 '수면문'은 중원지역의 같은 기종에서는 볼 수 없는 것이다. 이 궤의 안쪽 바닥 부분에서 약 50자의 명문이 발견되었으나[도면 6], 글머리의 "왕(王)의 11월, 왕은 한(限)에 있었다. 왕자(王子)가 방(方)에 이르렀다[唯王十又一月, 王才限]."는 부분과 문말의 "자자손손 □ 보배롭게 사용하라[子子孫其□寶]."는 부분만 어느 정도 해독이 가능할 뿐 나머지는 글자의 형태도 불명하고, 그 내용 또한 서주시대 일반적인 명문의 패턴과는 달라 해독이 어렵다.[122] 팡후이(方輝)는 명문의 자체가 고졸하여 전형적인 주대 동기의 명문과 크게 차이가 나는 것과, 출토지인 쉬자촌이 래이(萊夷)의 고지인 것을 이유로 들어 명문에서 말하는 '왕(王)'은 주왕이 아니라 래이의 군주를 가리킬 가능성이 있다고 추정하였다.[123]

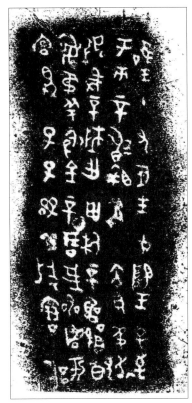

[도면 6] 쉬자촌(徐家村) 출토 동궤 명문

구이청 유적은 문헌기록에 전하는 래이의 유적으로 이해하는 것이 일반적이다.[124] 래이의 유적에서 한이촌의 분당정처럼 서주 전기까지 소급될 수 있는 청동예기가 간헐적으로 출토되는 현상은 래이가 일찍부터 주 왕조와 관계를 맺고 있었을 가능성을 시사한다. 뿐만 아니라 유적군에서 빈번하게 출토되는 청동예기에는 전형적인 중원 양식의 것이 많고, 그 가운데 우정·우언이나 계준·계유와 같은 경우는 주왕이 주도한 남이 정벌에 참여한 기록이 담겨 있다. 때문에 리펑(李峰)은 이 지역이 주 왕조의 동방지역 활동기지와 같은 역할을 담당했을 것이라고 추정한 바 있다.[125] 그러나 청동예기의 전래 과정에는 불확정적인 요소가 많아, 이것을 기준으로 해당 유적의 성격을 판단하는 것은 편면적이라는 혐의를 벗어나기 어렵다. 오히려 이 지역의 묘장에서 확인되는 매장습속은 상당한 일체성을 유지하고 있을 뿐만 아니라, 그 내용은 토착계의 것으로 구성되어 있다. 그런 의미에서 중원식 청동예기의 발견은 이 지역이 주 왕조와 일정한 교류관계를 가지고 있었음을 보여주는 것 이상으로 해석하기는 어렵다.

그런 관계라면 성왕기의 작책경유(作册睘卣, 集成 5407)와 같은 사례를 참고로 할 수도 있다. 여기에

---

122 馬志敏,「山東省龍口市出土西周銅簋」,『文物』2004-8, 79~80쪽.

123 方輝,「海岱地區夏商周考古的新收獲」,『海岱地區靑銅時代考古』(濟南: 山東大學出版社, 2007), 276쪽.

124 歸城 유적과 萊의 관계에 대해서는 李步靑·林仙庭,「山東黃縣歸城遺址的調査與發掘」, 918쪽 참조.

125 李峰 저, 徐峰 역,「邊緣地區: 西周國家的最大地理範圍」, 349~356쪽.

는 성왕의 부인인 왕강(王姜)이 경에게 명령하여 이백(夷伯)에게 사자로 가서 그를 안도(安堵)하게 한 일이 기록되어 있다.[126] 물론 작책경유의 내용이 래이와 직접 관련된 것이라 보기는 어렵지만, 주 왕조는 그 성립 초기부터 이역(夷域)에 대한 폭력적인 진출 이외에도 평화적인 교류 또한 추진하고 있었던 것을 보여주는 절호의 자료이다. 래이 역시 그와 같은 상황에 처해 있었을 가능성이 보다 높다.

구이청을 중심지로 한 래이는 현재의 룽커우 일대에서 상당한 범위에 걸쳐 지배권을 행사하고 있었을 것이다. 구이청 일대에서 발견된 서주시대의 묘장에는, 확인할 수 있는 경우 대부분 기물상이 배치되어 있으며 묘주의 두향 역시 동편남으로 상당한 일체성이 확인된다. 게다가 구이청에서는 내외 이중으로 구성된 대규모의 성곽이 확인되었고, 그 내부에는 판축기단 위에 세워진 지상건물도 존재하였을 것으로 추정된다. 이러한 현상은 구이청을 중심으로 해서 일정한 영역에 걸쳐 지배권을 행사하는 정치체가 성립되어 있었음을 의미한다. 우와 계의 사례에서 보듯이 래이는 때에 따라 주 왕조의 지역 경영에 협력하면서 독자적인 세력을 발전시켜 갔다. 산둥에서도 룽커우 일대는 청동예기의 출토가 가장 빈번한 지역 가운데 하나이다. 그것이 서주성립기부터 이루어진 래이와 주 왕조의 교섭 결과라면, 팡후이의 주장처럼 쉬자촌 출토 동궤 명문의 '왕'은 래이의 군주를 가리키는 것일 수도 있다.

구이청이 산둥 동남부 노국고성이나 타이이산맥 북쪽의 천쭈앙 유적처럼 중원으로부터의 이주민이 본격적인 취락을 건설한 서주 중기의 시점에 건설되었다는 점은 시사하는 바가 크다. 사밀궤에 보이는 것처럼 서주 중기 경에 들어 래이는 주의 영향력 하에 들어가게 되었으며, 서주 선왕기의 사원궤에도 래(萊)가 사원에게 배속되어 회이 정벌에 동원되고 있는 것을 보면, 그와 같은 관계는 서주 후기까지 지속되었다고 추정할 수 있다. 그럼에도 불구하고 서방에서부터 가해진 주 왕조의 점증하는 압력은 래이에게 성곽취락이라는 선물도 가져다주었다. 주 왕조의 세력이 동방으로 진출하는 과정에서 토착의 정치체는 내적인 결속을 강화하면서 통치체제를 정비하여 갔다. 구이청은 진후소편종에 보이는 숙이의 훈성이나 호종에 보이는 남국복자의 '도(都)'와 같은 역할을 담당한 래이의 '도'였을 것이다.

5. 맺음말

서주시대의 동이는 뤄양 이동 지역에 거주하는, 중원과는 다른 문화전통을 보유한 사람 혹은 그 집단을 가리키는 명칭으로 사용되었다. 논리적으로 보면, 동이가 분포하는 공간 범위는 뤄양 이동의 예동평원 지역까지 아우르지만, 허난 동부에 광활하게 펼쳐진 저습지는 동이는 생활영역을 주로 산둥의 타이이

---

126 작책경유. "隹十又九年, 王在斥, 王姜令作冊睘, 安夷伯. 夷伯賓睘貝布, 揚王姜休, 用作文考癸寶障器."

산맥을 둘러싼 산전 구릉과 평야 지대로 제한하는 현실적 요인으로 작용했다.

동이에 관련된 전래 문헌기록의 내용은 주 왕조의 성립 초기에 일어난 삼감의 난과 그에 대한 주공의 진압에 집중되어 있다. 삼감의 난에 동이의 일부가 가담하였으므로 동이는 이때 주 왕조의 정벌 대상이 되었던 것이다. 그러나 금문을 통해 복원되는 이 시기의 역사상은 전래 문헌기록이 전하는 그것과는 다소 다르다. 서주의 동이 경략은 비교적 짧은 시간 내에 진행된 단발성의 사건은 아니었다. 그것은 성왕을 지나 강왕대 또는 그 이후까지도 지속적으로 이루어졌을 가능성이 크며, 주도한 사람 역시 주공 일가에게 제한되었다고 볼 만한 근거는 없다. 이처럼 주 왕조의 동방 경략이 지속적으로 진행된 이유에 대해서는 향후의 연구가 필요하다.

서주 중기가 시작되는 목왕 경이 되면 동이에 관한 기록은 문헌기록은 물론 금문에서도 급격히 감소된다. 이것은 동이에 대한 주 왕조의 지배가 안정화되었음을 의미하는 것으로 생각된다. 노국고성이 건설되기 시작하고, 제와 모종의 관련을 맺고 있는 천창 유적이 즈보 일원에서 출현한 것은 주 왕조의 안정적인 지배권 확보와 관련된 현상일 것이다. 그러나 중기 후반 이후 후기로 넘어가는 시점이 되면 금문 기록에 다시 동이가 모습을 드러내기 시작한다.

이때의 동이는 공동의 행동을 취하는 복수의 '방'이라는 형태로 출현한다. 서주 전기에 왕조의 토벌을 받은 엄의 경우에도 '방'을 상정할 수 있다면 서주 후기에 들어 동이의 지역에 비로소 방이 성립되었다고 생각할 수는 없다. 그러나 서주 후기 동이의 방은 이해관계에 따라 집단행동을 감행하였으며, 그 과정에서 주도적 역할을 수행하는 방도 출현했다. 진후소편종에 보이는 숙이는 훈성이라는 성곽을 갖춘 취락을 보유하고 있었으며, 주왕이 제사를 동원하여 친정을 감행할만한 역량을 갖추고 있었다. 교동반도의 룽커우 인근에서 발견된 래이의 대형 성곽취락 역시 유사한 사례로 생각된다. 주문화가 서주시대 내내 교동반도까지 진출하지 못하였던 것은 그와 같은 지역정치체의 성장과도 관련이 있을 것이다. 중심적 위치의 방은 성곽취락을 중심으로 일정한 영역의 물적 네트워크를 관리하면서 외래의 압력에 조직적으로 대항할 만큼, 게다가 주 왕조에 위협이 될 만큼 성장해 있었다.

문헌기록이 전하는 바와 달리 중원의 문화 배경을 소지한 사람들이 동이의 지역에 안정적인 지배기반을 구축한 것은 서주 중기 경의 일이라 추정된다. 이 지역에서 서주 전기에 중원의 고유한 묘제를 보이는 것은 서북 외곽에 치우친 장커우의 류타이쯔 유적과 남서쪽에 치우친 타이안의 쫭리시 유적을 제외하면 거의 존재하지 않는다. 이 가운데 후자는 등후와 일정한 관계를 가지고 있다. 이와 같은 현상은 서주 전기의 동방 진출이 동이의 외곽지역에서 제한적으로 이루어졌음을 암시한다.

서주 중기로 접어드는 시점을 전후해서 지닝의 취푸나 쯔보의 천창 일대에서 중원의 묘제가 등장하기 시작한다. 이 두 유적은 모두 취락 주변을 담장으로 두른 방어성이 강한 취락이지만, 그 내부 구성은 외래민과 토착민이 공존하는 형태를 띠고 있었다. 특히 전자는 노후가 입식한 곳이며, 후자는 제후와 어느 정도의 상관관계를 가진 유적으로 판단된다. 서주 전기에 지속적으로 추진된 동방 경략이 이 무렵 어느 정도 궤도에 오르고, 이에 수반하여 몇몇 지점 지배거점을 건설하는 단계까지 도달한 것으로 생각된다.

거대 외래세력의 진출이 본격화되면서 현지의 토착세력도 체제를 정비해 나가기 시작했다. 룽커우의 구이청유적군은 대표적인 사례이다. 구이청은 래이의 '도'였을 것이다. 래이는 구이청을 중심으로 일정한 영역에 대한 지배를 확립하는 동시에 그것을 대표하는 대외적인 교섭의 창구로서 그 지위를 공고히 해 나 갔다. 래이의 중심지인 구이청의 거대한 규모는 그들이 행사한 정치적 지배권의 크기를 상징적으로 보여 준다. 이들은 구이청유적군의 청동예기군에서 볼 수 있는 것처럼 주 왕조와 지속적인 교섭을 진행하였으 며 때로는 주왕이나 제후의 배하에서 원정에 참여함으로써 주 왕조에 봉사하기도 하였다.

래이처럼 본격적인 성장의 길을 걷게 된 동이의 '방'들은 서주 후기가 되면 주 왕실의 권위에 본격적으 로 도전하기 시작했다. 서주 후기에 들어 남국과 동국에서 광범위하게 발생한 동이와 남이의 소요 사태는 이들 토착 정치체가 이제 본격적인 자립의 길로 접어들게 되었음을 의미하는 사건이다. 주 왕조의 이역 (夷域) 진출은 해당 지역의 토착적인 정치체들의 성장을 위한 긴장과 자극을 제공한 것으로 보인다. 주 왕 조의 몰락과 춘추 열국의 성립은 왕조의 지역 진출에 따른 긴장과 자극을 통해 배태되고 있었다.

이 글은 『崇實史學』 第32輯에 게재한 「西周時代의 東夷」 (2014)를 부분적으로 수정하고 일부 내용을 추가하여 작성 한 것이다.

14

작백정(柞伯鼎) 명문에 보이는 전쟁과 작백(柞伯)의 '기외봉군(畿外封君)'적 지위

이 유 표 (동북아역사재단)

1. 머리말

작백정(柞伯鼎)은 중국국가박물관(中國國家博物館)이 2005년에 수집한 청동기로, 높이 32cm, 무게 10.02kg, 복부(腹部) 안쪽 벽 한쪽에 12행 112자(합문 2자 포함)의 명문이 있다. 주펑한(朱鳳瀚)은 2006년 5월 『문물(文物)』을 통해 「작백정과 주공남정(柞伯鼎與周公南征)」을 발표하면서 이를 학계에 소개하였다.[1] 주펑한은 작백정의 연대를 서주(西周) 후기로 비정하였는데, 학계에서는 대체로 이를 따르고 있다.[2]

주펑한이 명문을 발표한 이후, 몇 가지 방면에서 학계의 관심을 이끌어 내었다.

먼저, 명문의 해독과 관련하여, 주펑한은 '주공이

〈그림 1〉 작백정

---

1 朱鳳瀚, 「柞伯鼎與周公南征」, 『文物』 2006-5.
2 작백정의 연대와 관련된 구체적인 논의는 심재훈의 「작백정과 서주 후기 전쟁금문에 나타난 왕과 제후의 군사적 유대」(『중국고중세사연구』 29, 2013, 225~228쪽)를 참조하라.

…… 남국을 광범위하게 정벌하였다(周公 …… 廣伐南國)'는 기록을 통해 서주 초기 주공(周公)이 삼감(三監)의 난(亂)을 평정하고, 동정(東征) 뿐만 아니라 남정(南征)까지 감행한 것으로 이해하였고, 더 나아가 서주 시기 명문에 자주 보이는 '남국(南國)'의 범위에 대한 자신의 의견을 피력하기도 하였다.[3] 그러나 '광벌남국(廣伐南國)'의 주체를 '주공'으로 본 주평한의 관점은 많은 학자들의 비판을 받았는데, '광벌(廣伐)'이라는 표현이 지금까지 이민족이 서주를 침략할 때만 쓰이던 용법으로, 주가 이민족을 공격할 때는 쓰이지 않았기 때문이다. 따라서 학자들은 '광벌남국'의 주어는 '주공'이 아니라 '혼(昏)'이라는 이름을 가진 이민족으로 보는 것이 타당하다는 의견을 제시하였다.[4]

다음으로 이 명문에 보이는 인물들 간에 보이는 군사적인 유대관계 또한 학자들의 관심을 끌었다. 주평한은 '괵중(虢仲)', '작백(柞伯)', '채후(蔡侯)'로 이어지는 군사 명령 체계에 주목하여 서주의 각급 제후가 주 왕실에 군사적 의무를 부담하고 있었다는 것을 지적하였고,[5] 더 나아가 '백(伯)'이 '후(侯)'를 통솔하는 것을 통해 우리가 상식적으로 알고 있는 '공후백자남(公侯伯子男)'의 상하관계에 대해 의문을 던졌다.[6] 심재훈은 서주 후기 '무도(無道)'한 정치로 악명이 높은 여왕(厲王) 시기, 주 왕실과 제후들 사이의 유대 관계가 약화되었다고 생각하기 쉽지만, 작백정 명문 등의 사례를 통해 그 유대관계가 오히려 효과적으로 유지되고 있었다는 것을 제기하기도 하였다.[7]

그렇다면 명문에 보이는 '괵중', '작백', '채후'로 이어지는 군사 명령 체계에서, '작백'은 어떤 지위를 가진 봉군(封君)이었을까? 이에 대해 주평한은 작백을 '주공의 후손(周公之胤)'의 하나인 '조(胙)'로 보아 지금의 허난성(河南省) 신샹(新鄕)에 있었던 봉군으로 보았다.[8] 한편 리펑(李峰)은 작백을 괵중과 함께 중앙에서 파견된 인물로 보았지만,[9] 만약 작백이 중앙에서 파견된 인물이라면 왜 주왕에게서 직접 명령을 받지 않고 괵중을 통해 명령을 전달받았을까하는 의문이 든다. 따라서 필자에게는 주평한의 관점이 리펑

3 朱鳳瀚,「柞伯鼎與周公南征」, 67~73쪽. 이후 주평한은 '남국'의 범위에 대한 논의를 심화시켜 「論西周時期的"南國"」(『歷史研究』 2013-4)을 발표하기도 하였다.

4 황성장(黃盛璋)은 '광벌(廣伐)'의 '광(廣)'과 '횡(橫)'이 똑같이 '황(黃)'을 소리요소로 갖고 있음에 착안하여 '廣'을 '橫'의 뜻으로 파악한 적이 있는데, 황톈수(黃天樹)는 이를 근거로 주평한이 '廣伐南國'의 주체를 '주공'으로 본 관점을 비판하였다(黃天樹,「柞伯鼎銘文補釋」,『中國文字』新32期, 2006).

5 朱鳳瀚,「柞伯鼎與周公南征」,『文物』2006-5, 71쪽.

6 朱鳳瀚,「關於西周封國君主稱謂的幾點認識」, 陝西省考古研究所·上海博物館編, 『西周封國論衡: 陝西韓城出土芮國文物曁周代封國考古學研究國際學術研討會論文集』, 上海, 上海古籍出版社, 2014. 이 논의는 국내에서 민후기에 의해 먼저 제기된 바 있다(민후기,「서주 오등작제의 기원과 성격」,『中國學報』 51, 2005).

7 심재훈,「작백정과 서주 후기 전쟁금문에 나타난 왕과 제후의 군사적 유대」, 2013.

8 朱鳳瀚,「柞伯鼎與周公南征」,『文物』2006-5.

9 Li Feng, *Bureaucracy and the State in Early China: Governing the Western Zhou*, Cambridge: Cambridge University Press, 2008, p.267.

보다 더 설득력 있게 다가온다.

그 후 '작백'에 대한 논의는 여기서 더 이상의 진전을 보지 못했다. 그러나 필자는 근래에 작백정 명문에 보이는 군사 활동을 분석하면서, '작백'에 대한 새로운 논의, 곧 서주 시기 작백의 지위에 관한 논의를 이끌어 낼만한 가능성을 발견하였다. 필자는 먼저 작백정 명문에 보이는 군사 활동을 정리한 다음에, 이를 발전시켜 서주 시기 '작백'이 어떠한 지위를 가진 '봉군'이었는지를 토론할 예정이다. 이를 통해 학계의 활발한 논의를 이끌어 내어 유관 문제에 대한 보다 심도 있는 토론의 장이 마련되기를 기대한다.

2. 작백정 명문에 보이는 군사 활동

작백정(柞伯鼎) 명문은 주방(周邦)이 혼(昏)의 내침을 격퇴하고, 혼읍(昏邑)을 정벌한 내용을 담고 있다. 이 명문의 석독(釋讀) 방면에서는 이미 학계에 많은 성과가 있었고, 국내에서도 성균관대 유교문화연구소 토대연구팀[10] 및 심재훈[11]에 의해 역주(譯註)된 바 있기 때문에, 여기서는 문자 방면에 대한 상세한 고증은 생략하고, 본 명문에 보이는 군사 활동을 주로 논하도록 하겠다. 먼저 명문을 해석해 보면 다음과 같다.

佳(惟)三(四)月既死霸, 虢中(仲)令
柞白(伯)曰, "才(在)乃聖且(祖)周公
縣又(有)共(功)于周邦. 用昏無
殳[12]廣伐南或(國). 今女(汝) 殿(其) 糸(率)
希(蔡)厌(侯)左至于昏邑." 既圍
𩏳(城), 令希(蔡)厌(侯)告 逞(徵)虢中(仲). 秿(遣)
氏曰, "既圍昏." 虢中(仲)至. 辛酉,
專(搏)戎. 柞白(伯) 毂(執)嘦(訊)二夫. 隻(獲)或(馘)

---

10 성균관대학교 유교문화연구소, 「동아시아 문명의 기원 탐구를 위한 서주시기 동이 · 이족관련 출토자료 집성」, 기초연구지원인문사회(토대연구, KRF-2009-322-A00046), 2011, 662~673쪽.

11 심재훈, 「작백정과 서주 후기 전쟁금문에 나타난 왕과 제후의 군사적 유대」, 228~231쪽.

12 주펑한은 '無殳'를 '無及'으로 고석하였지만, 지쉬성(李旭昇)과 옌귀성(鄢國盛) 등은 '無殳'로 고석하였다. 지쉬성은 '無殳'를 인명으로 보았고, 옌귀성은 혼국(昏國) 수령의 명호(名號)로 보았다. 필자는 후자를 따라 '無殳'로 고석하고, 혼국 수령의 명호로 파악한다. 朱鳳瀚, 「柞伯鼎與周公南征」, 『文物』 2006-5; 季旭昇, 「柞伯鼎銘"無殳"小考」, 『古文字學論稿』, 合肥, 安徽大學出版社, 2008; 鄢國盛, 「關於柞伯鼎銘"無殳"一詞的一點意見」, 朱鳳瀚主編, 『新出金文與西周歷史』, 上海, 上海古籍出版社, 2011.

十人. 諆弗叝(敢) 志(昧) 朕(朕)皇且(祖),

用乍(作) 朕(朕)剌(烈)且(祖)幽弔(叔)寶隣(尊)

鼎, 諆用追言(享)孝, 用旂(祈)釁(眉)

壽(壽)偁(萬)人(年), 子=孫=, 其永寶用.

4월 기사패(既死霸)에 괵중(虢仲)이 작백(柞伯)에게 명하여 말하길, "너의 성조(聖祖) 주공(周公)께서 일찍이 주방에 공을 세우셨도다. '혼(昏)'의 무수(無殳)가 남국(南國)을 광범위하게 정벌[廣伐]하고 있으니,[13] 지금 너는 채후(蔡侯)를 거느리고 왼쪽으로 혼읍(昏邑)에 이르러라"고 하였다. 이미 성을 포위하고, (작백은) 채후에게 명하여 괵중에게 보고하게 하였다. 견씨(遣氏)가 말하길, '이미 혼을 포위했습니다'라고 하니, 괵중이 이르렀다. 신유(辛酉) 일에 융(戎)을 공격했다. 작백은 2명을 사로잡아 심문하고, 10명의 머리를 얻었다. 기(諆)[14]는 감히 나의 황조(皇祖)의 도우심에 감사하며, 나의 열조(烈祖) 유

〈그림 2〉 작백정 명문

---

13 성균관대 토대연구팀은 주평한의 해석을 따라 주공이 남정한 것으로 보았고, 심재훈은 혼이 주방의 남국을 '광범위하게 정벌'한 것으로 보았다. 여기서는 후자를 택한다. 성균관대학교 유교문화연구소, 「동아시아 문명의 기원 탐구를 위한 서주시기 동이·이족관련 출토자료 집성」, 663쪽; 심재훈, 「柞伯鼎과 西周 후기 전쟁금문에 나타난 왕과 제후의 군사적 유대」, 228~229쪽.

14 허수환(何樹環)은 '기(諆)'를 작백의 이름으로 보았다. 필자도 이를 따른다. 何樹環, 「『柞伯鼎』銘文剩義」, 『正大中文學報』 第三期, 2010.

숙(幽叔)을 위한 보배로운 정(鼎)을 만드노라. 기는 이로써 제사 드려 효를 다할 것이고, 이로써 영원한 장수를 기원하며, 자자손손 영원히 보배롭게 사용할 지어다.

이 명문에는 '괵중', '작백', '채후', '견씨'라는 인물이 등장한다. '괵중'은 괵중수개(虢仲盨蓋, 『集成』 4435)[15] 명문에도 보이는데, 『여씨춘추(呂氏春秋)』「중춘기(仲春紀)·당염(當染)」에 보이는 '괵공장보(虢公長父)'로 보인다.[16] '작(柞)'은 『춘추좌씨전(春秋左氏傳)』에 '주공의 후손(周公之胤)'[17]으로 열거된 '조(胙)'로, 이 명문에서 괵중이 작백을 명하면서 한 '너의 성조 주공'이라는 말을 통해 인증할 수 있다. 옛 학자들에 의하면 지금의 허난성(河南省) 신샹시(新鄉市) 옌진현(延津縣) 쥐청샹(胙城鄉)에 조국(胙國) 고성(故城)이 있었다고 한다.[18] '채후'는 동방 변역에 있었던 제후로, 지금의 허난성 샹차이현(上蔡縣)에 있었던 것으로 보인다.[19] '견씨'에 대해서는 학자들마다 의견에 차이를 보이는데,[20] 필자는 견씨가 서주 금문에 자주 나타나는 당시의 명족이기 때문에,[21] 본 명문의 '견씨'도 인물로 파악해도 무리는 없을 듯하다. 리쉐친(李學勤)은 견씨를 괵중의 보좌 역할을 하는 사람으로 보았는데, 본문도 이를 따른다.[22]

그렇다면 본 명문에 보이는 전쟁의 양상이 어떠하였고, 또 작기자(作器者)인 작백은 전쟁에서 어떠한 활약을 펼쳤을까? 필자는 명문에 나타난 군사 활동을 명문 순서대로 분석하면서 이 문제에 대한 답을 찾아보도록 하겠다.

---

15 中國社會科學院考古研究所編, 『殷周金文集成』, 北京, 中華書局, 1984-1994(이하 『집성』으로 약칭한다).

16 許維遹撰, 『呂氏春秋集釋』, 北京, 中華書局, 2009, 49쪽, "周厲王染於虢公長父·榮夷公."

17 『春秋左傳正義』 卷15, 僖公24년, 阮元校刻『十三經注疏』(附校勘記)縮印本, 上海, 上海古籍出版社, 1997, 1817쪽, "凡·蔣·邢·茅·胙·祭, 周公之胤也." 이후 본문에서 『십삼경주소(十三經注疏)』를 인용할 때, 이 판본에 근거한다.

18 『後漢書』 志卷21「郡國志」"東郡", "燕, 本南燕國. 有雍鄉. 有胙城, 古胙國."(『後漢書』, 北京, 中華書局, 3450쪽), 『後漢書集解』, "惠棟曰, 杜預云(古胙國)在(燕)縣西南.'……『一統志』, '(燕縣)故城, 今衛輝府延津縣北故胙城東.'"(王先謙撰, 『後漢書集解』, 北京, 中華書局, 1984年影印版, 1229쪽). 옛 조성(胙城)의 소재지는 지금의 허난성 신샹시 옌진현 쥐청샹(胙城鄉)이다.

19 楊伯峻, 『春秋左傳注』(修訂本), 北京, 中華書局, 1981, 35쪽, "蔡, 國名, 武王弟蔡叔度之後. 此時都上蔡, 今河南省上蔡縣西南附近有故蔡國城."

20 '견씨'에 대해 주펑한은 '후씨(侯氏)' 곧 '채후'를 파견하는 것으로 이해했고(朱鳳瀚,「柞伯鼎與周公南征」, 『文物』 2006-5), 리쉐친은 괵중을 보좌하는 사람으로 보았다(李學勤,「從柞伯鼎銘談『世俘』文例」, 『江海學刊』 2007-5).

21 영우(永盂, 집성 10322), 맹궤(孟簋, 집성 4162) 등에 견중(遣仲)이 보이고, 견숙(遣叔)이 견숙정(遣叔鼎 집성 4416) 등에 보이며, 견소자위궤(遣小子鰤簋 집성 3848)에 견소자위(遣小子鰤)가 보인다.

22 李學勤,「從柞伯鼎銘談『世俘』文例」, 14쪽.

(1) 괵중이 작백의 출정을 명하면서 그 조상의 공적을 언급하다:

왕 4월 기사패, 괵중은 작백을 명하면서 다음과 같이 이야기 하였다. "너의 성조 주공께서 일찍이 주방에 공을 세우셨도다."괵중은 작백에게 출정 명령을 내리기 전, 먼저 주공이 주방에 공을 세웠다는 것을 상기시켜 주고 있다. 이러한 구조는 서주 금문에 자주 보이는 격식으로, 예컨대, 주왕이 귀족을 책명(册命)하거나 명령을 내릴 때, 먼저 그 조상이 주방에서 세운 업적을 이야기 하면서 주방과 그 집안 사이의 우호 관계를 떠올리게 하는 것이다. 바꾸어 말하면, 주왕이 그 집안을 중시한다는 것을 나타냄과 동시에, 계속해서 주방에 충성을 다해야 한다는 것을 되새기는 것이다. 이러한 맥락에서 본 명문을 고찰해 보면, 괵중이 주왕의 명령을 지니고 작백을 찾아 주공이 주방에 공헌을 세운 사실을 상기시켜 준 것은, 작백의 자부심을 높여 줌과 동시에, 출정에 정당성을 부여하는 효과를 노린 것이라 할 수 있다.

(2) 괵중이 작백에게 군사 작전 지침을 하달하다: "혼의 무수가 남국을 광범위하게 정벌하고 있으니, 지금 너는 채후를 거느리고 왼쪽으로 혼읍에 이르러라."

당시 혼읍[23]의 무수가 남국을 광범위하게 정벌하자 괵중은 작백을 명하여 채후를 거느리고 왼쪽으로 돌아 혼읍으로 나아가게 하였다. 이러한 전술은 사밀궤(史密簋, 『근출』489)[24] 및 진후소종(晉侯蘇鐘, 『근출』35~50) 명문에 보이는 전술과 유사하다.

사밀궤 명문: …… 사속(師俗)은 제사(齊師)와 수인(遂人)을 거느리고 왼쪽으로 장필(長必)[25]을 벌하고, 사밀(史密)은 오른쪽으로 족인(族人)과 래백(萊伯), 북眉(僰 眉)을 거느리고 가라.[26]

---

23 '혼읍'의 지리적 위치에 대해서는 아직까지 분명치 않다. 혹자는 지금의 산동성 일대에 있었다고 하고, 혹자는 남방 만이(蠻夷)에 속하는 방국이라 여기기도 하며, 혹자는 회이(淮夷) 집단에 속하는 것으로 보기도 하였다. 작백정 명문에 보이는 작백이 지금의 허난성 신샹시에 있었고, 본 전쟁의 주력 부대라 할 수 있는 채후가 지금의 허난성 상차이현에 있었던 것으로 보아, 혼의 지리적 위치도 이와 멀지 않았을 것으로 보인다. 구보수궤(駒父盨蓋 집성 4464)에 구보(駒父)가 남회이(南淮夷)를 다녀오면서 채를 지나는 내용이 있다는 것을 상기해 보면 혼을 남회이에 속하는 것으로 보는 것이 타당할 듯 하다. 李凱, 「柞伯鼎與西周晚期周和東國淮夷的戰爭」, 『四川文物』 2007-2; 李學勤, 「從柞伯鼎銘談『世俘』文例」, 『江海學刊』 2007-5; 심재훈, 「작백정과 서주 후기 전쟁금문에 나타난 왕과 제후의 군사적 유대」, 2013; 심재훈, 「융생편종과 진강정 명문 및 그 력사적 의의」, 『동양사학연구』 87, 2004; 민후기, 「서주시대의 남방: 청동기 명문 출토지 분석을 중심으로 본 지리적 환경과 봉건」, 『중국학보』 76, 2016.

24 劉雨·盧巖編, 『近出殷周金文集錄』, 北京, 中華書局, 2002(이하 『근출』로 약칭한다).

25 王輝는 장필(長必)을 『춘추좌씨전』 '은공 2년'에 보이는 '밀(密)'로 비정하였다. 지금의 산동성 창이현(昌邑縣) 동남에 밀성(密城)이 있다. 王輝, 「史密簋釋文考地」, 『人文雜誌』 1991-4, 102~103쪽.

26 …… 師俗遂(率)齊自(師)·述(遂)人左, □伐長必, 史密右, 遂(率)族人·釐(萊)白(伯)·僰 眉. ……

여기서 사속과 사밀은 각각 군대를 이끌고 장필을 좌우에서 협공하고 있다.

진후소종 명문[27]: …… 2월 기사패 임인(壬寅) 일에 왕은 계속 동쪽으로 이동했다. 3월 방사패(方死霸)에 왕은 虋에 이르러서 군사를 사열했다. 왕이 진후 소에게 친히 명했다. "그대의 군사를 이끌고 좌측으로 夒를 건너고 북쪽으로 □를 건너서 숙이(宿夷)[28]를 공격하라."……[29]

주왕이 진후를 명하여 좌측으로 夒을 건너고 북쪽으로 모 땅을 건너서 숙이를 공격하라고 한 것은 곧 주왕이 직접 군대를 이끌고 왼쪽으로 우회하여 숙이를 공격하겠다는 것의 의미한다.

…… 왕이 진후 소의 캠프에 이르러서 마차에서 내리고 남쪽을 향해 서서 진후 소에게 친히 명했다. "서북쪽 모퉁이에서부터 운성(勴城)[30]을 쳐서 벌하라."……[31]

전투가 끝난 후 주왕은 친히 진후의 진영을 방문하여 다시 서북쪽으로 운성을 공격하라는 명령을 내렸다. 비록 서주 금문의 개인적 특성상 작기자 진후는 자신의 군사적 행동만 기재하였지만, 이 글을 참조하여 유추해 보면 주왕도 또한 군대를 이끌고 진후의 반대편에서 군대를 이끌고 좌우에서 협공했을 가능성이 있다.

이러한 여러 사례는 서주시기 좌우로 군대를 나누어 협공하는 방식이 공성전에서 자주 쓰였음을 보여준다.

(3) 혼의 정벌 목적: "이미 성을 포위하고, (작백은) 채후에게 명하여 괵중에게 보고하게 하였다. 견씨가 말하길, '이미 혼을 포위했습니다.'라고 하니, 괵중이 이르렀다."

앞에서 언급한 대로 괵중 등이 군대를 움직인 이유는 혼이 먼저 주방의 남국을 광범위하게 정벌했기

---

27 진후소종 명문 해석은 심재훈의 「진후소편종 명문과 서주 후기 진국의 발전」(『중국사연구』 10, 2000, 9쪽)의 해석를 참조했다.

28 '숙(凤)'과 '숙(宿)'은 예부터 통가(通假)되었기 때문에, 마청위안(馬承源)은 '凤夷'를 '宿夷'로 보면서, 지금의 산둥성 둥핑현(東平縣) 일대에 있던 것으로 보았다. 馬承源, 「晉侯穌編鐘」, 『上海博物館集刊』 7, 上海, 上海書畫出版社, 1996, 14쪽.

29 …… 二月既死霸壬寅, 王儥生(仕)束, 三月方死霸, 王至于虋, 分行, 王覒(親)令晉(晉)厌(侯)穌, 逐(率)乃自(師)左游(覆)夒, 北游(覆)□, 伐纥(凤)尸(夷).……

30 마청위안과 리쉐친 모두 지금의 산둥성 허쩌시(荷澤市) 윈청(鄆城) 일대로 보았다. 馬承源, 「晉侯穌編鐘」, 14쪽; 李學勤, 「晉侯穌編鐘的時·地·人」, 『夏商周年代學札記』, 瀋陽, 遼寧大學出版社, 1999, 9~10쪽.

31 …… 王至晉(晉)厌(侯)穌自(師), 王降自車, 立(位)南卿(向), 覒(親)令(命)晉(晉)厌(侯)穌: 自西北遇(隅)敦伐勴城.……

때문이었다. 괵중 등이 주왕의 명을 받아 군대를 일으켜 혼읍을 공격했다는 것은, 주방의 남국을 침입했던 혼의 군대가 이미 자신들의 본거지로 물러났다는 것을 나타내는 것이다. 어쩌면 이미 주방의 군대와 한바탕 싸움을 벌여 물러났을 수도 있고, 또 어쩌면 남국을 횡행하다가 주방의 군대가 이르기 전에 이미 후퇴했을 가능성도 있다.

그렇다면, '혼'은 왜 주방의 남국을 정벌했을까? 더 나아가 주변 이민족이 주방을 정벌한 목적이 무엇인가? 이 문제는 심도 있게 토론할 만한 가치가 있다. 어쩌면 유관 금문의 분석을 통해 그 실마리를 찾을 수 있을 지도 모른다. 먼저 이와 관련된 것으로 보이는 어궤(敔簋, 집성 4323) 명문을 보도록 하자.

왕 10월, 왕이 성주(成周)에 있었다. 남회이(南淮夷) 遷와 수(夋)[32]가 洦·묘(昴)·참천(參泉)·유민(裕敏)·음양락(陰陽洛)[33]을 침략하였다. 왕이 어(敔)를 명하여 상락(上洛)과 㤅곡(㤅谷)[34]으로 추격하게 하였고, 이(伊)[35]에 이르러 회군하였다. 깃발의 긴 자루에 적의 머리 100개를 걸고, 포로 40명을 사로잡아 심문하였으며, 포로로 사로잡혔던 400명을 탈환하여 영백(榮伯)의 처소에서 그들의 내력을 조사한 후 각각 그 군주에게 돌려보냈다.……[36]

남회이의 침입과 약탈에 대응하여 출정한 어는 100개의 수급과 40명을 사로잡는 공을 세웠다. 그러나 무엇보다 주목할 만한 것은 적에게 사로잡혔던 400명을 구출해 낸 공적을 세운 것이다. 이러한 내용은 다우정(多友鼎, 집성 2835) 명문에도 기록되어 있다.

10월, 험윤(獫狁)이 막 일어나 경사(京師)[37]를 광범위하게 정벌하였다. 이를 주왕에게 보고하니, 주

---

32 遷와 夋에 대해서는 여러 설이 있지만, 필자는 遷와 夋가 작백정 명문에 보이는 '혼'과 마찬가지로 남회이에 속하는 족명 혹은 유력한 추장의 명호로 생각한다.

33 洦·묘·참천·유민·음양락은 모두 남회이가 침입했던 곳의 지명으로 구체적인 위치는 확인하기 어렵지만, 뒤에 '어'가 상락으로 출병한 것을 미루어 보면, 모두 낙수 유역에 있었던 것으로 추정된다. '음양락'에 대해 『명문선(銘文選)』에서는 "낙수의 남쪽 하류지역이다."라고 하였다. 馬承源 主編, 『商周青銅器銘文選』 3, 北京, 文物出版社, 1988, 286쪽(본문에서 『명문선』으로 약칭한다).

34 상락과 㤅谷 모두 낙수 유역의 지명으로 보이는데, 뒤에 '이'에 이르러 돌아왔다고 한 것으로 보아, 낙수에서 이수로 연결되는 교통로 상에 있었던 것으로 보인다.

35 천롄칭(陳連慶)에 따르면, 이수 상류와 낙수 중류에 인접한 지역으로 추정된다고 한다. 자세한 고증은 천롄칭의 「敔簋銘文淺釋」(『古文字研究』 9, 北京, 中華書局, 1984, 310쪽)을 참조하라.

36 佳(惟)王十月, 王才(在)成周, 南淮尸(夷)遷(遷)·夋, 內伐洦·昴(昴)·曑(參)泉, 裕敏(敏)·陰(陰)陽洛, 王令敔(敔)追週(禦)於上洛·㤅谷, 至於伊班. 長楄(榜)截(載)首百, 執噝(訊)卌, 襄(奪)孚(俘)人三(四)百, 畐於焚(榮)白(伯)之所, 於㤅衣肁, 復(復)付厹(厥)君……

37 '경사'는 전래문헌 및 출토문헌에도 자주 보이는 지명으로, 그 위치에 대해서는 그동안 산시성(山西省) 신장현(新降縣) 일대

왕이 무공(武公)을 명하였다. "너의 원사(元士)를 경사로 보내어 추격하게 하라."무공은 다우(多友)를 명하여 공거(公車)를 이끌고 경사로 군대를 이끌고 가게 하였다. 계미(癸未) 일, 융이 순(筍)[38]을 정벌하여 다 포로로 잡아가니, 다우가 서쪽으로 추격해 갔다. 갑신(甲申) 일 새벽, 칠(郗)[39]에서 전투하였다. 다우는 적의 머리를 베고, 적을 사로잡아 심문하였는데, 무릇 공거를 이끌고 머리를 벤 적이 2□5명이고, 23명을 사로잡아 심문하였으며, 융거(戎車) 117승을 노획하고, 포로로 사로잡혔던 순 땅 사람들을 다 탈환하였다. 또 공(龔)[40] 땅에서 전투하여, 36명의 머리를 베고, 2명을 사로잡아 심문하였으며, 융거 10승을 노획하였다. 세(世) 땅에서 전투하여, 다우는 또 적의 머리를 베고 사로잡아 심문하였으며, 계속 추격하여 양총(楊冢)[41]까지 이르렀다. (다우가) 공거를 이끌고 적 115명의 머리를 베었고, 3명을 사로잡아 심문하였으며, 노획한 수레 가운데 쓸 수 없는 것은 다 불태웠으나 말은 다 남겨 두었고, 경사에서 사로잡혔던 포로를 탈환하였다.……[42]

전쟁은 험윤의 내침으로 시작되었다. 험윤은 경사를 정벌하여 백성들을 약탈해 돌아갔다. 이에 대응하여 출정한 다우는 험윤을 추격하여 계속 전투를 벌이다가 양총에 이르러 적에게 사로잡혔던 '경사'의

설과 샨시성 빈현(邠縣)설이 있었는데, 본 명문에 보이는 '경사'와 함께 열거되고 있는 '순', '칠' 등이 샨시성 빈현과 가깝고, 험윤의 퇴각 방향이 서쪽이라는 것을 고려해 봤을 때, 샨시성 빈현 일대로 보는 것이 타당해 보인다. 산시설은 田醒農, 「多友鼎的發現及其銘文試釋」(『人文雜誌』 1981-6)을 참조하고, 샨시설은 李學勤, 「論多友鼎的時代及意義」(『人文雜誌』 1981-6)를 참조하라.

38 리쉐친은 『한서(漢書)』 「교사지(郊祀志)」에 美陽(현재의 저우위엔[周原]지역)에서 얻은 정에 '王命尸臣官此旬邑'라는 명문이 있었다는 기록을 근거로, 다우정의 '筍'이 바로 이 명문에 보이는 '旬'과 같다고 여겼다. 李學勤, 「論多友鼎的時代及意義」, 92쪽.

39 리쉐친 등은 '郗'을 '漆'로 고석하면서 『사기』 「주본기」에 고공단보(古公亶父)가 빈을 떠나 칠수(漆水)와 저수(沮水)를 건넜다는 기록을 근거로 '빈'과 가까운 지역으로 보고 있다. 구체적인 고증은 李學勤(「論多友鼎的時代及意義」, 92쪽)과 Li Feng(*Landscape and Power in Early China: The Crisis and Fall of the Western Zhou, 1045-771 BC*, Cambridge, Cambridge University Press, 2006, pp.161~164)을 참조하라.

40 리쉐친의 연구에 의하면 '공(龔)'은 곧 『시경(詩經)』 「황의(皇矣)」에 나오는 '공(共)'으로 지금의 간수성(甘肅省) 전위엔(鎭原) 동남쪽에 있다고 한다. 상세한 고증은 리쉐친의 「論多友鼎的時代及意義」(92쪽)를 참조하라.

41 세와 양총의 지리적 위치는 구체적으로 파악하기 힘들다. 리펑은 세와 양총을 공 땅 서쪽으로 이어진 하곡지(河谷地)에서 찾고 있는데, 당시의 교통 상황을 미루어 봤을 때, 이 노선 말고는 서쪽으로 갈 수 있는 길이 없기 때문이다. Li Feng, *Landscape and Power in Early China: The Crisis and Fall of the Western Zhou, 1045-771 BC*, Cambridge, Cambridge University Press, 2006, p.165.

42 唯十月, 用嚴(玁)狁(狁)放(方)興(興), 廣(廣)伐京自(師), 告追於王, 命武公, "遣乃元士, 羞追於京自(師)." 武公命多友衛(率)公車, 羞追於京自(師). 癸未, 戎伐筍(筍), 衣(卒)孚(俘), 多友西追. 甲申之𢈪(辰), 愽(搏)于郗, 多友右(有)折首執噩(訊): 凡以公車折首二百又□又五人, 執噩(訊)廿又三人, 孚(俘)戎車百乘一十又七乘, 衣(卒)復(復)筍(筍)人孚(俘). 或(又)愽(搏)於龔(龔), 折首卅又六人, 執噩(訊)二人, 孚(俘)車十乘, 從至. 追愽(搏)於世, 多友或(又)右(有)折首執噩(訊), 乃轚追, 至於楊冢, 公車折首百又十又五人, 執噩(訊)三人, 唯孚(俘)車不克, 以衣(卒)焚, 唯馬毆盡(盡), 復(復)襄(奪)京自(師)之孚(俘).……

백성들을 다 탈환한 이후에야 추격을 멈추었다. 여기서 험윤이 주방을 침입한 목적과, 주방이 험윤을 추격한 목적을 어렵지 않게 볼 수 있다.

이 명문의 기록만 놓고 보면, 험윤은 주방의 중심부로 곧바로 쳐 들어갔다. 그들은 경사에 들어가 약탈 하면서 경사의 주민들을 포로로 잡았고, 또 순 땅으로 들어가 그곳 주민들을 약탈해 돌아갔다. 이는 그들의 침입 목적이 결코 토지를 점령하는 것이 아님을 나타내 준다. 이에 대응하여 출정한 다우는 먼저 칠에서 험윤을 격퇴하고 순 땅에서 사로잡혔던 주민들을 구출해 내었지만 경사에서 사로잡힌 주민들은 아직 탈환하지 못했다. 험윤이 원래부터 두 갈래로 주방을 침입했는지는 알 수 없으나, 최소한 후퇴할 때는 두 갈래 이상으로 나뉘어 행군했다는 것을 알 수 있다. 이는 이들의 군사행동이 소규모로 기민하게 이루어졌음을 나타내 주는데, 이러한 전술은 험윤이 주방의 백성 및 물자를 약탈하는 데에 유리한 것이기 때문에, 여기서 험윤의 내침 목적이 주방의 주민들과 물자를 약탈하는 데 있었다고 추측할 수 있다.

이들의 침입을 받은 주방은 험윤의 약탈을 저지하고 격퇴하면서 저들이 약탈해 간 인민과 물자를 되찾아 와야만 했다. 바로 여기서 주방이 군사 행동을 취하는 목적이 분명해 지는데, 곧 험윤이 약탈해 간 주민과 물자를 최대한 탈환하여 손실을 최소화 하는 것이다.

앞서 사례로 든 어궤 명문에 보이는 남회이 또한 같은 목적으로 주방에 침입하여 약탈하고서 속전속결로 퇴각하다가 주방의 추격에 부딪쳐 결국 목적을 이루지 못하고 돌아간 것으로 파악할 수 있다. 이와 비슷한 사례가 또 동궤(**戜**簋 집성 4322) 명문에도 보인다.

6월 초길(初吉) 을유(乙酉) 일, 당사(堂師)[43]에 있었다. 융[44]이 **敫**[45]를 정벌하자, 동(**戜**)이 유사(有司)와 사씨(師氏)를 이끌고 추격하여 역림(棫林)[46]에서 적을 방어하면서, 융호(戎胡)[47]와 전투를 벌였다. (중

---

43 당사의 위치에 대해서 여러 설이 있는데, 먼저 『명문선』과 『출토이족(出土夷族)』은 지금의 허난성 화현(滑縣)으로 비정하였고, 왕후이(王輝)는 허난성 옌청(郾城) 부근으로 보았으며, 옌창구이(晏昌貴)는 허난성 수핑현 서북쪽으로 고증하였다. 상세한 고증은 다음을 참조하라. 馬承源主編, 『商周靑銅器銘文選』 3, 115쪽; 陳秉新·李立芳, 『出土夷族史料輯考』, 合肥, 安徽大學出版社, 2005, 178쪽(본문에서 『출토이족』으로 약칭한다); 王輝, 『商周金文』, 北京, 文物出版社, 2006, 111쪽; 晏昌貴, 「西周胡國地望及其相關問題」, 『湖北大學學報(哲學社會科學版)』 1990-1, 24쪽.

44 '융(戎)'은 일반적으로 중국의 북방 이민족을 가리킨다. 따라서 탕란(唐蘭)은 이 전쟁을 서주와 북방 이민족 간의 전쟁으로 보기도 하였다(唐蘭, 「用靑銅器銘文來硏究西周史: 綜論寶鷄市近年發現的一批靑銅器的重要歷史價値」, 故宮博物院編, 『唐蘭先生金文論集』, 北京, 紫禁城出版社, 1995, 498~499쪽). 그러나 이와 관련된 것으로 보이는 동방정(**戜**方鼎 집성 2824)에 '회융(淮戎)'이라는 명칭이 보이는 것으로 보아, 여기서의 융 또한 '회융', 곧 '회이'로 보는 것이 보다 더 설득력 있게 다가온다.

45 지명으로 보이지만, 어디인지는 알 수 없다.

46 추시구이(裘錫圭)는 역림을 지금의 허난성 예현(葉縣) 동북쪽에 있던 것으로 보았다. 상세한 고증은 추시구이의 「說**戜**簋的兩個地名: 棫林與胡」(『古文字論集』, 北京, 中華書局, 1992, 388쪽)을 참조하라.

47 추시구이와 옌창궤이의 고증에 따르면 '호'는 지금의 허난성 옌청현에 있었다고 한다. 상세한 고증은 추시구이의 「說**戜**簋

락) 적의 수급 100개를 얻었고, 2명을 사로잡아 심문하였으며, 둔(盾)·모(矛)·과(戈)·궁(弓)·복(箙)·시(矢)·비(裨)·주(冑) 등의 병장기를 노획하였는데, 무릇 135개였고, 적에게 포로 되었던 사람들 114명을 탈환하였다. ……[48]

융이 주방에 침입하자 당사에 있었던 동은 군대를 이끌고 추격하여 역림에서 융호와 전투를 벌였다. 그 결과 적을 죽이고 사로잡았으며, 여러 병장기를 노획하였고, 또 적에게 사로잡혔던 사람들을 구출해 돌아왔다.

이러한 어궤·다우정·동궤 등의 명문에 보이는 사례를 종합해 보면, 험윤과 남회이 등의 이민족이 주방을 정벌한 목적은 결코 주방을 정복하여 경영하고자 한 것이 아니라, 주방의 주민과 물자를 약탈하기 위한 것이고, 주방이 그들의 침입을 격퇴한 것은 이민족들의 기민한 속전속결적 약탈에 맞서서 주방의 주민 및 물자의 손실을 최소화하기 위한 것이다.

이를 바탕으로 다시 작백정 명문의 사례를 보도록 하자. 비록 명문에는 나타나 있지 않지만, '혼'이 주방의 '남국'을 정벌한 목적도 또한 위의 세 가지 사례와 마찬가지로 주방의 주민 및 물자를 약탈하기 위한 것이라 추론할 수 있고, 괵중과 작백 및 채후가 혼읍을 정벌한 것 또한 마찬가지로 적에게 사로잡힌 주민들을 탈환하면서 손실을 최소화하기 위한 것이라 유추할 수 있다. 여기서 괵중 등이 혼읍까지 군사적으로 밀고 들어간 목적은 적에게 사로잡힌 주민들을 다 구출해 내지 못했기 때문으로 추정되는데, 또 어쩌면 이미 주민들은 다 구출해 내었지만, 재발 방지를 위하여 저들의 본거지를 정벌하였을 가능성도 배제할 수 없다.

(4) 작백의 전과 및 그 의의 : "작백은 2명을 사로잡아 심문하고, 10명의 머리를 얻었다."

작백은 이번 전쟁을 통해 2명을 사로잡고, 1명을 죽였다. 서주 금문에 보이는 전과를 분석해 보면, 전쟁의 유형 및 군대에서 작기자가 어떠한 지위를 가졌는가와 밀접한 관련을 맺고 있다. 서주 금문에 보이는 전쟁유형 가운데,[49] '대외정벌전(對外征伐戰)'유형의 전과 수량이 다른 유형의 전쟁보다 많고, 작기자의

的兩個地名: 械林與胡」(389~390쪽)와 옌창궤이의 「西周胡國地望及其相關問題」(『湖北大學學報(哲學社會科學版)』 1990-1, 23~25쪽)를 참조하라. 한편 '융호'의 '융'에 대해서는 심재훈이 '호전적 반주(反周)세력'을 의미하는 보통명사로서의 용법을 제시한 바 있다. 자세한 논의는 심재훈의 「『주서』의 "융은"과 서주 금문의 융」(『동양사학연구』 92, 2005)를 참조하라.

48 隹(唯)六月初吉乙酉, 才(在)龏(堂)自(師), 戎伐䣄, 或逐(率)有嗣(司)·師氏䞍(奔)追𢆶(禦)戎於䢈(械)林, 博(搏)戎䜌. …… 隻(獲)或(馘)百, 執䚽(訊)二夫, 孚(俘)戎兵: 䀠(盾)·矛·戈·弓·䡮(箙)·矢·裹(裨)·冑, 凡百又(有)卅又(有)五叔, 孚(捋)戎孚(俘)人百又(有)十又(有)三(四)人. …….

49 서주 금문에 보이는 전쟁 유형은 다음의 네 가지로 귀납해 볼 수 있다. 첫째, 서주가 주동적으로 군대를 일으켜 타방(他邦)을 정벌하는 '대외정벌전(對外征伐戰)'. 둘째, 내부의 반란 세력을 평정하는 '대내정토전(對內征討戰)'. 셋째, 군사요지에서

지위가 높을수록 그 전과 수량이 많았다. 그러나 '각퇴전(卻退戰)'유형은 기동성을 중시하여 주로 소규모로 군사를 운용하였기 때문에 그 전과 수량은 많지 않았다.

작백정 명문에 보이는 전쟁 양상을 그 유형으로 파악해 보면, '각퇴전'에서 '대외정벌전'으로 전개되는 양상을 볼 수 있다. 그러나 작백이 거둔 전과는 〈표1〉[50]을 통해 볼 수 있듯이 '대외정벌전'사례는 차치하더라도, '각퇴전'의 사례와 비교해서도 상당히 적은 수치이다. 그 원인은 무엇인가? 혹시 작백이 주 왕조 내에서 가지는 지위와 유관한 것이 아닐까? 이는 다음 장에서 구체적으로 논의해 보도록 하겠다.

〈표 1〉 서주 금문에 보이는 전쟁 유형에 따른 전과(簡表)

시기	명문	저록	작기자	전쟁 유형 대외정벌	각퇴	생포한 적[執訊/俘] 및 획득한 적의 수급[獲馘/載首/折首]
초기	소우정(小盂鼎)	『집성』2839	우(盂)	○		(1)추장 생포[執酋] 3명, 수급획득[獲馘]4802, 생포[俘] 13081명 (2)추장 생포 1명, 수급획득 237, 생포□□명
중기	동궤	『집성』4322	동(敔)		○	수급 획득 100, 생포[執訊] 2명
중기	사밀궤	『근출』489	사밀(史密)	○	○	생포[獲] 100명
후기	백섬보궤 (伯㣤父簋)	『명도』[51] 5276	백섬보 (伯㣤父)	○		생포 10명, 수급[馘] 20
후기	작백정	『근2』[52] 327	작백	○	○	생포 2명, 수급 10
후기	다우정	『집성』2835	다우(多友)		○	칠: 수급 2□5, 생포 23명 공: 수급 36, 생포 2명 세: 수급, 생포 양총: 수급 115, 생포 3명
후기	어궤	『집성』4323	어(敔)		○	수급[長榜載首] 100, 포로 40명
후기	괵계자백반 (虢季子白盤)	『집성』10173	괵계자백 (虢季子白)		○	수급 500, 포로 50
후기	진후소종	『근출』 35~50	진후소 (晉侯穌)		○	– 숙이: 진후소: 수급 120, 포로 23명 – 운성: 수급 100, 포로 11명 – 요렬이: 진후소: 수급 110, 포로 20명 태실소신거복(大室小臣車僕): 수급 150, 포로 60명

적의 침입을 방어하는 '수수전(戍守戰)', 넷째, 내침한 적을 격퇴하는 '각퇴전(卻退戰)'이다(李裕杓, 『西周王朝的軍事領導機制研究』, 北京大學博士學位論文, 2015, 100~111쪽). 이 가운데 '각퇴전'이라는 말은 『국어(國語)』에 보이는 "魏顆以其身卻退秦師于輔氏, 親止杜回, 其勳銘於景鐘."에서 취한 것이다(徐元誥撰, 『國語集解(修訂本)』, 北京, 中華書局, 2002, 406쪽).

50 자세한 내용은 〈부표(附表)〉를 참조하라.

51 吳鎮烽編, 『商周靑銅器銘文暨圖像集成』, 上海古籍出版社, 2012(본문에서 『명도(銘圖)』로 약칭한다).

52 劉雨‧嚴志斌, 『近出殷周金文集錄二編』, 北京, 中華書局, 2010(본문에서 『근2(近二)』로 약칭한다).

3. 서주 시기 작백의 '기외봉군'적 지위

서주(西周) 후기 왕조 내에서 작백(柞伯)이 어떠한 '봉군(封君)'적 지위를 갖고 있었는가를 토론하기 위해서는 먼저 서주 왕조의 정권 구조를 파악해 볼 필요가 있다. 전통적인 관념에 의하면, 주왕은 '왕기천리(王畿千里)'혹은 '방기천리(邦畿千里)'[53]라 불리는 지역을 직접적으로 다스렸다고 한다. 왕기 내에 있었던 귀족은 '환내제후(寰內諸侯)'[54] 혹은 '기내제후(畿內諸侯)'[55]라 일컬어지기도 하였는데, 또 소위 '기내제후'는 또한 주왕에 의해 분봉된 봉군으로, 소위 '기외제후(畿外諸侯)'와 비교했을 때, 주왕의 통치를 직접적으로 받고 있었기 때문에, 상대적으로 독립성이 약했던 것으로 인식되었다. 그러나 최근 지속적으로 소위 '왕기천리'혹은 '방기천리'설에 대한 의문이 제기되면서, 전통적인 관념에 대한 재고가 필요하다는 분위기가 형성되었다.

왕젠(王健)은 이른 바 '왕기천리'라는 관념이 후대에 나타났을 가능성을 제기하였다. 왕젠에 따르면 상주(商周) 시기는 지리구조적인 기내와 기외가 아직 나타나지 않았고, 다만 정치구조적인 내복(內服)과 외복(外服)만 존재하였다고 한다. 여기서 내복은 중앙에서 왕관(王官)을 구성했고, 외복은 지방 제후를 구성했다. 만약 왕젠의 설을 따라 '왕기'라는 말을 주왕이 직접 다스리는 지역으로 이해할 수 있다면, 일단 제후를 책봉하여 나누어 준 영지는 더 이상 '왕기'에 속하지 않게 된다는 것이다.[56]

상주 시기의 지리적 구조를 도식화 해 보면, 천하에 분포되어 있는 성읍은 '점'이라 할 수 있고, 성읍과 성읍을 연결하는 교통로는 '선'이라 할 수 있다. 왕위저(王玉哲)[57]와 이토 미치하루(伊藤道治)[58]는 '점'과 '점'을 연결하는 '선'을 중시하였는데, 상주 시기에 아직 지리적으로 '면'을 중시하는 단계(곧 영역국가)에 이르지 않았기 때문이다. 따라서 '면'으로 왕의 영역을 파악한 '왕기천리'라는 개념은 영역국가의 단계에 들어선 이후에 나타난 산물이 분명하기 때문에, 상주 시기에는 적용될 수 없다. 이러한 맥락에서 필자는 왕젠의 생각에 동의한다.

최근의 연구경향에 의하면, 서주 왕조의 정치 지리적 구조상 변역[59]에 있었던 '후(侯)'는 여타 봉군들

53　『毛詩正義』卷20-3「商頌·玄鳥」, 623쪽, "邦畿千里, 維民所止, 肇域彼四海." 정현의 전(箋)에서는 '방기천리'를 다음과 같이 '왕기천리'라 하였다. "王畿千里之內, 其居民安, 乃後兆域正, 天下之經界, 言其爲政自內及外."

54　『春秋穀梁傳註疏』卷1, 隱公元年, 2366쪽, "寰內諸侯, 非有天子之命, 不得出會諸侯." 범녕(范寧)은 주석에서 다음과 같이 말하였다. "天子畿內大夫有采地, 謂之寰內諸侯."

55　『毛詩正義』卷17-3「大雅·假樂」, 541쪽, "百辟卿士, 媚於天子." 정현은 '백벽(百辟)'을 '기내제후(畿內諸侯)'라 하였다.

56　王健, 『西周政治地理結構研究』, 鄭州, 中州古籍出版社, 2004, 84~130쪽.

57　王玉哲, 「殷商疆域史中的壹個重要問題: "點"和"面"的概念」, 『鄭州大學學報』 1982-2.

58　伊藤道治, 『中國古代王朝の形成』, 東京, 創文社, 1978, 247~284쪽.

59　서주 시대는 아직 영역국가의 개념으로 나라의 경계선을 획정할 수 없기 때문에, 서주의 영향력이 직간접적으로 미치는 한

과 그 책봉 목적 및 그 봉군이 갖는 권리 상에 차이가 존재하는 것으로 보인다. 예컨대, 주펑한은 과거 추시구이(裴錫圭)의 연구성과[60]를 기초로 새로운 관점을 제시하기도 하였는데, '후'는 주왕이 왕조의 변역에 책봉한 봉군으로, 외적의 내침을 방어하는 군사장관의 임무를 담당한, 곧 군사직관적 성격을 띤다는 것이다.[61] 이는 '후'의 성격을 새롭게 인식한 중요한 연구 성과라 할 수 있다.

한편 김정렬은 제후의 책봉(册封)에 대하여 주왕이 직접 통제할 수 없는 지역에 '후'를 설치하여 주왕을 대신해 그 지역을 대신 다스리게 한 양상이 보인다는 것을 제기한 바 있다.[62] 이는 주 왕조의 지방 정권적 성격을 강조한 것으로 분석된다.

'후'를 군사 직관적 성격으로 이해한 주펑한과 지방 정권적으로 이해한 김정렬의 주장은 해석적으로 차이가 존재하는 것처럼 보이지만, 문제의식 면에서 '후'가 책봉된 지역이 주왕의 통제가 직간접적으로 미치는 한계지점이라고 인식한 데에는 그 맥락을 같이 한다.

그렇다면 '후'와 여타 봉군들 사이에 어떠한 차이가 있을까? 이러한 의의에서 왕즈궈(王治國)의 성과는 주목할 만하다. 한대 이후 학자들은 '후'도 소위 '기내제후'처럼 왕조 중앙에 들어가 관직을 받을 수 있다고 생각했지만, 왕즈궈는 유관 자료의 정리를 통해, 아직까지 '후'가 중앙에 들어가 관직을 받은 일이 없다는 것을 발견하였다.[63] 이는 '후'가 서주의 중앙 권력과 거리를 두고 있었다는 것을 말해준다. 다시 말해 서주의 봉군들 가운데 '후'가 갖는 의의가 다른 봉군들에 비해 특별하다는 것을 알 수 있다.

위의 논의를 종합해 보면, 서주 시기의 정치 지리적 구조를 분석할 때, 그 기준점을 두 가지 설정할 수 있는데, 바로 주왕의 통제력이 강한 '왕기', 그리고 변역에서 군사적 성격과 지방 정권적 성격을 갖춘 '후'이다. 여기서 한 가지 의문을 던질 수 있다. 정치 지리적으로 '왕기'와 변역 사이에 책봉된 '기외봉군(畿外封君)'[64]들은 어떠한 성격을 갖고 있었을까?

계지역을 '변경' 혹은 '경계'라는 말로 표현할 수 없다. 주펑한은 이에 대하여 '변역'이라는 개념을 제기하였는데, 바로 '후'의 책봉지를 중심으로 그 주변지역을 일컫는 말이다(朱鳳瀚, 「關於西周封國君主稱謂的幾點認識」, 『西周封國論衡: 陝西韓城出土芮國文物暨周代封國考古學研究國際學術研討會論文集』, 2014, 272~285쪽). 당시 서주의 변역을 지금의 국경선 나누듯이 확정할 수는 없지만, '후'의 분봉지를 파악하다보면, 당시 서주의 영향력이 정치 지리적으로 어느 정도까지 이르렀는지를 대체적으로 파악할 수 있을 것이다.

60 裴錫圭, 「甲骨卜辭中所見的'田'·'牧'·'衛'等官職的研究」, 『文史』第19輯, 北京, 中華書局, 1982, 1~13쪽.

61 朱鳳瀚, 「關於西周封國君主稱謂的幾點認識」, 『西周封國論衡: 陝西韓城出土芮國文物暨周代封國考古學研究國際學術研討會論文集』, 272~285쪽.

62 김정렬, 「邦君과 諸侯」, 『東洋史學研究』106, 2009.

63 王治國, 「西周諸侯入爲王官有無考」, 『史學月刊』2014-5.

64 현재 '王畿'와 '諸侯' 사이의 여러 封君을 가리키는 전문 용어는 없다. 과거에는 '畿內諸侯'라는 말로 이들을 아우르기도 했지만, 엄격하게 이야기해서 서주시기의 '諸侯'는 邊城에 책봉 받은 '侯'만 가리키는 개념이기 때문에, 이들에게 적용시키기에는 무리가 있다. 따라서 필자는 지도교수인 朱鳳瀚 선생과 상의한 끝에, '畿外封君'이라는 용어를 만들어 쓰기도 하였다. '畿外封君'이라는 말은 넓게 보면 邊域의 '侯'도 포함하기 때문에 아주 적절한 표현은 아니다. 따라서 본문의 '畿外封君'은 어디까

'왕기'와 '후'사이의 넓은 지역에 책봉 받았던 '기외봉군'은 분명 적지 않았을 것이다. 그러나 지금까지 확인할 수 있는 실례는 그리 많지 않다. 그 까닭은 여러 가지가 있겠지만, 필자가 생각했을 때 전적으로 이들을 지칭하는 호칭이 없었던 것이 가장 큰 요인이라 생각된다. 변역에 있었던 군사적, 지방 정권적 성격을 지닌 봉군은 '후'라고 지칭되어 구분하기가 편하다. 그러나 '후'를 제외한 여러 봉군들은 대체로 '백(伯)'이라 불리고 있다. 이 '백'가운데는 '패백(覇伯)'과 같이 방군(邦君)적 성격을 지닌 자도 있었고,[65] 주왕을 따라 군사적인 임무를 수행한 '과백(過伯)',[66] 그리고 변역의 '사(自)'에서 이민족의 침입을 방어하면서 공을 세웠던 녹백(彔伯) 같은 자들도 있었으며,[67] 기내에서 주왕의 통제를 받던 귀족들도 '형백(邢伯)', '혜백(兮伯)'처럼 '백'으로 불렸다.[68] 따라서 이러한 여러 '백'들 가운데서 '기외봉군'을 구분해 내기란 그리 쉽지 않은 작업이다. 그러나 이 작백정 명문이 학계에 소개되면서, 이 '기외봉군'의 성격을 추측해 볼 수 있는 실마리가 발견되었다.

앞에서 언급한 대로, 작백은 '혼읍'을 정벌하는 전쟁에서 10명을 죽이고 2명을 사로잡는 전과를 올렸다. 혼읍 정벌전은 '대외정벌전'에 속하는 전역으로 그 규모적으로 결코 작지 않았을 것으로 추정되지만, 그 전쟁 규모에 비해 작백의 전과는 상대적으로 적은 편이다. 그러나 이것이 어쩌면 곧 작백의 '기외봉군'으로서의 성격을 암시해 주는 것인지도 모른다.

춘추시대 '후'국의 굴기는 그들의 군사적 성격과 연관되어 있다. 주 왕조가 '후'를 책봉한 목적은 변역에서 외적을 방어하는 동시에 변역 및 그 주변에 있었던 작은 방국들을 통제하기 위한 것이었다. 따라서 제후는 자연스럽게 군사적 역량을 키워 나갈 수 있었다. 그러나 '기외봉군'은 상대적으로 그렇지 않았던 것으로 보인다.

여기서 '여백(呂伯)'의 사례를 들어보도록 하자. 여백은 반궤(班簋, 집성 4341) 명문에 보이고, 또 여강(呂棡)라는 이름으로 정궤(靜簋, 집성 4273) 명문에도 보이는데, 비록 '기외봉군'의 신분이었지만, 목왕(穆王) 시기에는 왕관까지 역임하기도 하였다. 『상서(尙書)』에 보면 목왕 시기 '여후(呂侯)'[69]가 「여형(呂刑)」을

지나 연구적 편의상 사용하는 개념으로, '王畿'外, '邊域'內의 封君만 가리키는 개념으로 사용될 것이다.

65 '覇伯'등의 '邦君'에 대해서는 김정렬의 「邦君과 諸侯」(『東洋史學研究』 106, 2009)와 「橫北村과 大河口: 최근 조사된 유적을 통해 본 서주시대 지역정치체의 양상」(『東洋史學研究』 120, 2012)을 참조하라.

66 과백궤(過伯簋, 집성 3907), 과백작(過伯爵, 집성 8991) 등의 명문에 보인다.

67 녹백동궤개(彔伯或簋蓋 집성 4302) 명문을 근거로, 앞에서 사례로 열거했던 동궤의 작기자 '동'을 녹백(彔伯)으로 보기도 한다.

68 정백(井伯)은 정백언(井伯甗 집성 873), 두폐궤(豆閉簋 집성 4276) 등의 명문에 보이는데, 서주 중기의 유력한 귀족으로 보이고, 혜백(兮伯)은 혜갑반(兮甲盤 집성 10174)과 혜백길보수(兮伯吉父盨 집성 4426) 등에 보이는데, 서주 후기의 유력한 귀족이었다.

69 왕즈궈가 이미 증명 했듯이 「여형(呂刑)」에 보이는 '여후(呂侯)'는 '여백(呂伯)'을 잘못 기록한 것이다. 王治國, 「西周諸侯入爲王官有無考」, 『史學月刊』 2014-5.

편찬했다고 하는데, 양수다(楊樹達)는 '여후'가 곧 반궤에 보이는 '여백'으로 당시 지금의 허난성(河南省) 난양시(南陽市) 일대에 있었다는 설을 제기하였다.[70]

서주 시기, 지금의 난양 지역은 교통의 중심지였다. 앞에서 언급한 대로 서주 시기에는 거점과 거점을 연결하는 교통노선을 특별히 중시하였다. 이는 서주의 여러 봉국이 교통노선을 따라 설치되었다고 하는 연구 성과를 통해서도 확인할 수 있다.[71] 당시의 난양 지역은, '성주(成周)'와 창장(長江) 중류 지역을 잇는 '선'상의 '점'일 뿐만 아니라, '종주(宗周)'와 창장 중류지역을 잇는 '선'상의 '점'이기도 하다. 곧 서주의 두 도읍인 '종주'와 '성주'에서 창장 중류지역으로 갈 때 반드시 지나는 교통 요지였던 것이다. 바로 이 지역에 '여백'을 책봉한 목적을 유추해 보면, 이 교통요지를 관리하면서 교통노선의 원활한 소통을 담보하기 위해 책봉된 것으로 생각된다.

이는 작백이 있었던 허난성 신샹시(新鄉市) 옌진(延津)의 지리적 조건에서도 파악이 가능하다. 이 지역은 당시 북으로는 황하(黃河)가 흐르고, 남으로는 제수(濟水)가 흐르던 수로 교통의 요지로 파악된다.[72] 따라서 이곳에 작국을 책봉한 목적도 또한 교통적 중요성에 의한 것으로 생각된다. 따라서 이를 근거로 '작백'과 '여백'을 비롯한 여러 '기외봉군'의 책봉 목적을 유추해 보면, 교통요지에서 교통노선의 원활한 소통을 담보하는 데에 있었던 것으로 파악된다.

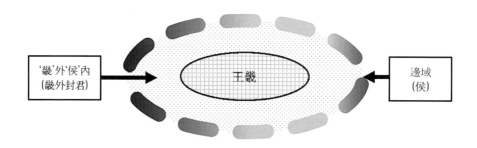

〈그림 3〉 서주 시대의 '기외봉군'과 '후'의 정치 지리적 위치

---

70 楊樹達, 『積微居金文說』(增訂本), 北京, 中華書局, 1997, 104쪽.

71 伊藤道治, 『中國古代王朝の形成』, 247~284쪽; 민후기, 「서주시대의 남방: 청동기 명문 출토지 분석을 중심으로 본 지리적 환경과 봉건」, 『중국학보』 76, 2016.

72 譚其驤主編, 『中國歷史地圖集』第1冊, 北京, 中國地圖出版社, 1982, 17~18쪽.

4. 맺음말

지금까지 작백정(柞伯鼎)에 보이는 군사에 대한 필자의 개인적인 의견과 서주 왕조 내에서 작백정의 '기외봉군(畿外封君)'으로서의 지위에 대해 살펴보았다.

작백(柞伯)은 주공(周公)의 후손으로써, 주공의 업적을 본받아 주 왕조를 위해 힘써 일해야 하는 의무가 있었기 때문에, 괵중(虢仲)은 이를 상기시켜 작백의 출정을 독려하여 채후(蔡侯)를 이끌고 전쟁을 치르게 하였다. 작백정 명문에 보이는 주방(周邦)과 '혼(昏)'의 전쟁은 '혼' '〈주의〉 남국을 광범위하게 정벌[廣伐南國]'한 것에 대한 대응 차원에서 일어난 것으로, 이는 내침한 적을 물리치는 '각퇴전(卻退戰)'과 그 본거지인 '혼읍(昏邑)'을 정벌하는 '대외정벌전(對外征伐戰)'의 성격을 갖는다. '혼'이 주의 '남국을 광범위하게 정벌'한 목적에 대해 필자는 유관 금문을 분석하여, 주방의 토지를 경영하려는 목적이 아니라 주방의 주민과 물자를 약탈하려는 데에 있었고, 주방이 그들의 침입을 격퇴하고 그들의 본거지를 정벌한 것은, 저들에 약탈당한 주민과 물자를 탈환함으로써 손실을 최소화 하려는데 목적이 있다고 보았다.

작백은 '기외봉군'으로서, 도읍 주변의 왕이 직접 통제하는 '왕기(王畿)'와 변역(邊域)에서 군사적인 임무를 담당하던 '후(侯)' 사이에 위치한 봉군(封君)이었다. 이는 왕기와 변역 사이의 교통 요지에 책봉된 나라로 군사적인 목적으로 설치된 '후'와는 그 성격이 달랐다. 이는 작백이 수행한 전쟁의 규모에 비해 그 전공이 적은 것을 통해서도 엿볼 수 있다.

지금까지 '기외봉군'에 대한 학계의 연구는 아주 미비했다. 본문의 논의 또한 문제를 제기하는 수준을 벗어나지 못했다. 따라서 앞으로 더욱 심도 있는 연구가 필요하다. 예컨대, 여러 출토 자료를 보면 '위(衛)'와 '응(應)'처럼 시대에 따라 '백(伯)'으로 불리기도 하고, '후'로 불리기도 하는 봉군들이 있는데, 어쩌면 당시 국제적인 양상의 변화에 따라 주 왕조의 변역이 확대되기도 하고 축소되기도 했던 상황을 반영하는 것인지도 모른다. 이를 심도 있게 연구한다면, '기외봉군'에 대해 진일보 발전된 논의를 할 수 있지 않을까 생각된다.

시기	명문	저록(著錄)	작기자(作器者)	전쟁유형				전과	
				갑	을	병	정	사람	물자
서주 초기	寧정(寧鼎)	『집성』2740	寧	○					孚(俘)貝
	체정(鼒鼎)	『집성』2731	체(鼒)	○					孚(俘)戈
	소신호궤(小臣𧫥簋)	『집성』4238	소신호(小臣𧫥)	○					征自五齵貝
	소우정(小盂鼎)	『집성』2839	우(盂)	○				(1)馘□, 執酋三人, 獲馘四千八百又二馘, 孚(俘)人萬三千八十一人 (2)執酋一人, 獲馘二百卅七馘, 孚(俘)人□□人	(1)孚(俘)馬□□匹, 孚(俘)車卅兩(輛), 孚(俘)牛三百五十五牛, 羊卅八羊 (2)孚(俘)馬百三(四)匹, 孚(俘)車百□兩(輛)
	원유(員卣)	『집성』5387	원(員)	○					孚(俘)金
	과백궤(過伯簋)	『집성』3907	과백(過伯)	○					孚(俘)金
	재궤(𣪊簋)	『집성』3732	재(𣪊)	○					孚
	여호(呂壺)	『집성』9689	여(呂)	○					寽(捋)兕
서주 중기	동궤(𢀛簋)	『집성』4322	동(𢀛)				○	獲馘百, 執訊二夫……寽(捋)戎孚(俘)人百又(有)十又(有)三(四)人	孚(俘)戎兵；盾·矛·戈·弓·箙·矢·裨·胄, 凡百又(有)卅又(有)五叒
	사밀궤(史密簋)	『근출』489	사밀(史密)	○			○	隻(獲)百人	
	昌정(昌鼎)	『近出』352	昌				○	又(有)禽(擒)	
	패백반(霸伯盘)	『2010中國重要考古發現』71쪽	패백(霸伯)				○	執訊	
	舊궤(舊簋)	『근2』424	舊				○	執訊獲馘	
서주 후기	진후동인(晉侯銅人)	『근2』968	진후(晉侯)				○	獲厥君𢓊師	
	요생수(蓼生盨)	『집성』4459	요생(蓼生)	○				執訊折首,	孚(俘)戎器, 孚(俘)金
	백섬보궤(伯戈父簋)	『명도』5276	백섬보(伯戈父)	○				親執訊十夫·馘廿,	得孚(俘)金五十勻(鈞)
	작백정(柞伯鼎)	『근2』327	작백(柞伯)	○			○	執訊二夫, 獲馘十人	

서주 후기	명문	출전	인물	갑	을	병	정		
	다우정 (多友鼎)	『집성』2835	다우 (多友)				○	郟 : 多友右(有)折首執訊 : 凡以公車折首二百又□又五人, 執訊廿又三人, …… 衣(卒)復筍人孚(俘) 龏 : 折首卅又六人, 執訊二人 世 : 多友或(又)右(有)折首執訊 ; 楊冢 : 公車折首百又十又五人, 執訊三人	郟 : 孚(俘)戎車百乘一十又七乘 龏 : 孚(俘)車十乘 楊冢 : 唯孚(俘)車不克, 以衣(卒)焚, 唯馬毆盡, 復奪京師之孚(俘)
	어궤(敔簋)	『집성』4323	어(敔)				○	長榜載首百, 執訊卅, 奪孚(俘)人三(四)百	
	중최보정 (仲催父鼎)	『집성』2734	심백변 (噂伯邊)	○					孚(俘)金
	혜갑반 (兮甲盤)	『집성』10174	혜갑 (兮甲)				○	折首執訊	
	괵계자백반 (虢季子白盤)	『집성』10173	괵계자백 (虢季子白)				○	折首五百, 執訊五十	
	불기궤개 (不其簋蓋)	『집성』4329	불기 (不其)				○	伯氏 : 禽(擒) 不其 : 折首執訊	
서주 후기	응후시공정 (應侯視工鼎)	『근2』323	응후시공 (應侯視工)	○					多孚(俘)戎
	응후시공궤 (應侯視工簋)	『명도』5311	응후시공	○					孚(俘)戈
	우정(禹鼎)	『집성』2833	우(禹)			○		獲厥君馭方	
	진후소종 (晉侯穌鐘)	『근출』35-50	진후소 (晉侯穌)				○	宿夷 : 晉侯穌折首百又廿, 執訊廿又三夫 匍城 : 折首百, 執訊十又一夫 淖列夷 : 晉侯穌折首百又十, 執訊廿夫, 大室小臣車仆折首百又五十, 執訊六十夫	
	사환궤 (師袁簋)	『집성』4313	사환 (師袁)	○				即貮厥邦酋, 曰冑·曰㝕·曰鈴·曰達, 師袁虔不墜 折首執訊	毆孚(俘)士女·羊牛, 孚(俘)吉金
	42년호정 (卌二年逨鼎)	『근2』328	호(逨)				○	執訊獲馘	孚(俘)器車馬。

※ 전쟁유형: 갑-대외정벌(對外征伐), 을-대내정토(對內征討), 병-수수(戍守), 정-각퇴(卻退)

※ 작기자 이름 가운데 현행 한자음으로 읽을 수 없는 경우, 필자의 독법 습관에 따라 번역하거나, 원문 그대로 두었다.

3부 • 14. 작백정(柞伯鼎) 명문에 보이는 전쟁과 작백(柞伯)의 '기외봉군(畿外封君)'적 지위　**355**

이 글은 같은 제목으로 「중국고중세사연구」 제43집 (2017)에 게재한 논문을 수정 보완한 것이다.

15

주대(周代) '선(單)' 족·국의 위치와
세계(世系)의 재구성

민 후 기 (중앙대)

1. 서론

선(單)은 서주(西周), 춘추(春秋)시기에 존재했던 주요 족(族)·국(國) 가운데 하나였다. 특히 『춘추(春秋)』와 『좌전(左傳)』을 보면 춘추시기 '선'은 그 대부분의 기간 동안 유(劉)와 함께 동주(東周) 왕실의 패권을 장악한 기내(畿內) 왕신(王臣) 가운데 가장 중요한 족·국 가운데 하나였다. 그렇지만, 서주시기 '선'에 대해서는 『일주서(逸周書)』, 『죽서기년(竹書紀年)』, 『서경(書經)』 등에 기록이 거의 남아있지 않아,[1] 그 위치와 활동 등에 대해서 거의 알 수 없었다.

그런데, 2003년 1월 19일 샨시성(陝西省) 바오지시(寶雞市) 마자진(馬家鎭) 양자촌(楊家村)의 벽돌공장 북쪽 언덕에서 흙을 채취하던 5명의 농부가 12정(鼎), 9격(鬲), 2호(壺), 1반(盤), 1이(匜), 1우(盂), 1화(盉) 등 모두 27개의 청동기가 매장된 구덩이를 발견했다. 이들 청동기들은 모두 명문(銘文)을 가지고 있었는데,[2]

---

[1] 『逸周書』, 『竹書紀年』, 『書經』 周書 등에는 '單'과 관련된 인물은 보이지 않는다.

[2] 楊家村에서 발견된 27개의 청동기는 명문의 내용에 따라 〈四十二年逨鼎〉 甲, 乙, 〈四十三年逨鼎〉 甲, 乙, 丙, 丁, 戊, 己, 庚, 辛, 壬, 癸, 〈單叔鬲〉 甲, 乙, 丙, 丁, 戊, 己, 庚, 辛, 壬, 〈單五父方壺〉 甲, 乙, 〈逨盤〉, 〈逨盉〉, 〈叔五父匜〉, 〈盂〉로 나눌 수 있다. 이를 종합하면 전체 27개의 청동기는 청동기의 용도에 따라 鼎, 鬲, 壺, 盤, 匜, 盂, 盉의 7종류, 명문의 전체적인 내용으로는 〈四十二年逨鼎〉, 〈四十三年逨鼎〉, 〈單叔鬲〉, 〈單五父方壺〉, 〈逨盤〉, 〈逨盉〉, 〈叔五父匜〉, 〈盂〉의 8종류로 나눌 수 있다. 명문은 글자수는 〈盂〉가 12글자로 가장 적고, 〈逨盤〉이 372자로 가장 많다. 출토 청동기의 전반적인 상황에 대해서는 陝西省考古研究所·寶雞市考古研究所·眉縣文化館 편저, 『盛世吉金-寶雞眉縣楊家村單氏靑銅器窖藏-』(北京: 文物出版社, 2008), 32~217쪽을 참조하라.

발견된 청동기들의 연대[3]와 그 명문에 대한 연구[4]를 통해 서주시기 '선'의 위치와 세계[5] 등이 상당 부분 알려지게 되었다.

그렇지만 기존 연구들이 미처 주목하지 못한 부분도 있는데, 그 가운데 하나는 서주시기 '선'의 위치 문제이다. 물론 양자촌에서 〈래반(逨盤)〉 등이 발견됨으로써 서주시기 '선'이 이 지역에 있었던 것은 분명해졌다. 하지만 '선'과 관련된 서주시기 청동기는 양자촌뿐만 아니라 성주(成周) 인근이었던 허난(河南) 명진현(孟津縣) 일대에서도 발견되었다. 그렇다면 '선'과 관련된 청동기가 발견된 샨시 메이현과 허난 명진현 일대의 '선'일족은 어떤 관계에 있었을까? 일부 논자들의 설처럼 서주 말기 샨시 메이현 일대에 살던 '선'일족이 서주왕조의 멸망과 동천(東遷)에 따라 함께 이주하여 허난 명진현 일대로 옮긴 것일까? 또한, 춘추시기 동주왕실에서 경사(卿士)로 활동했던 '선'일족은 과연 동천한 '선'일족의 후예일까? 이런 문제들을 지금까지 발견된 '선'과 관련된 청동기 명문들을 검토하여 살펴보고자 한다.

2. 서주시기 선(單)의 위치

서주시대를 다룬 대표적 문헌사료인 『일주서』와 『죽서기년』, 『서경』 등에 선이라는 족·국이 등장하지 않지만,[6] 양자촌에서 〈선숙격(單叔鬲)〉, 〈선오보방호(單五父方壺)〉, 〈래화(逨盉)〉, 〈래반(逨盤)〉 등의 청동기가 발견되고, 이들 청동기들의 명문에 모두 '선(單)'이라는 족·국의 이름이 나타남으로서,[7] 서주시기

---

3 서주 후기 연대학과 청동기 연대설정에 대해서는 다음을 참고하라. 「陝西眉縣出土窖藏發掘銅器筆談」, 『文物』 2003-6, 43~65쪽; 李學勤, 「眉縣楊家村器銘曆日的難題」, 『寶雞文理學院學報』 2003-5, 1~3쪽. 9쪽; 常金倉, 「眉縣青銅器和西周年代學研究的思路調整」, 『寶雞文理學院學報』 2003-5, 4~9쪽; 夏含夷, 「42年43年兩個吳逨鼎的年代」, 『中國歷史文物』 2003-5. 49~52쪽.

4 眉縣出土 청동기 명문에 대한 대표적인 考釋으로는 다음을 들 수 있다. 劉源, 「逨盤銘文考釋」, 『中國史研究』, 2003-4; 李學勤, 「眉縣楊家村新出青銅器研究」, 『文物』 2003-6; 董珊, 「略論西周單氏家族害藏青銅器銘文」, 『中國歷史文物』, 2003-4; 裘錫圭, 「讀逨盤銘文札記三則」, 『文物』 2003-6; 周曉陸, 「徠盤讀箋」, 『北京師範大學學報』 2003-5; 彭曦, 「逨盤銘文的注譯及簡析」, 『寶雞文理學院學報』 第23卷 5期; 王輝, 「逨盤銘文箋釋」, 『考古與文物』 2003-3. 국내의 연구로는 朴惠淑, 「西周青銅器〈逨盤〉銘文研究」, 『中國文化研究』 7(2005), 61~102쪽을 들 수 있다.

5 江林昌, 「眉縣新出青銅器與西周王室世系·年代學及相關問題」, 『文史哲』 2003-5.

6 이러한 현상은 單의 선조들이 일찍부터 서주 王室에서 상당히 중요한 역할을 했음을 기술한 〈逨盤〉의 기재와는 차이가 있는데, 그 이유에 대해서는 앞으로 신중한 검토가 이루어져야 할 것으로 보인다.

7 單과 散의 관계에 대해서도 두 개의 족·국이 동일하다는 설과 그렇지 않다는 설이 제기되었다. 李慈銘(淸)은 蘇時學이 『爻山筆話』에서 『博古圖』에 보이는 〈單疑生盂銘〉 중의 單이 『春秋』에 나타나는 單子이며 그 音은 '善'으로, '散'과 비슷하게 때문에 銘文중의 單疑生은 散宜生이라고 하였고, 李慈銘 역시 서주 초기의 功臣 散宜生이 周公, 召公의 지손으로 그 후손에 대해서는 알려진 것이 없는데 蘇時學의 설을 따르면, 聲音通假法에 들어맞는다고 주장하였다. 陳槃은 蘇時學, 李慈銘의 설을 반대하면서 '單'이라는 글자는 唐代 『元和姓纂』 이래 모두 單으로 쓰고 이 글자는 寒과 同韻으로 최소한 六朝 이래 이 글

'선'의 일부가 양자촌 일대에 있었음이 분명해졌다.

　　그러면 우선 '선'이라는 족·국이 춘추시기에 어디에 있었을까를 먼저 살펴보고, 이를 실마리로 서주시대 선 일족의 지리적 위치를 정리해보자. 춘추시기 '선'과 관련된 언급이 최초로 나타나는 자료는 『춘추』 노(魯) '장공(莊公) 원년'의 "여름에 선백(單伯)이 왕희(王姬)를 보냈다(夏, 單伯送王姬)."라는 기사이다. 그런데, 이 기사에 보이는 선백은 성주(成周) 왕기(王畿) 내의 신하가 아니라 노(魯)의 지방 방백(方伯)이었을 가능성이 높다(이에 대해서는 3장의 서술을 보라). 이 기사를 제외하면 『좌전』 노 '성공 원년'에 융(戎)을 천자와 화목하게 중재한 것에 대한 보답으로 천자가 진(晉)에 파견했던 선양공이 춘추시기의 대부분의 시간동안 주 왕실의 정권을 좌우했던 '선'의 군주에 대한 최초의 기록일 가능성이 높다.[8]

　　그렇다면 선양공(單襄公)의 '선'은 어디에 있었을까? 이에 대해 최초로 말한 사람은 『춘추』와 『좌전』에 나타나는 지명에 대해 지금 그 유래를 찾아올라갈 수 있는 최초의 언급을 상당수 남긴 두예(杜預)이다. 그는 『춘추좌씨전정의(春秋左氏傳正義)』에서 『춘추』 장공 원년의 기사에 주를 달아 선이 "천자기내"에 있었다고 하였다.[9] 그 이후 고조우(顧祖禹)는 『독사방여기요(讀史方輿紀要)』 권1에서 춘추시대 열국을 회맹참가 14국,[10] 자남(子男)·부용 112국, 구주이예(九州夷裔)로 열국 사이에 섞여있는 것 16국으로 분류하면서, '선'을 자남·부용 112국 가운데 하나로 비정하였다. 그리고 또한 '선'이 기내국이었으며, "혹왈(或曰)"을 인용하여 그 위치가 허난 멍진현 동남에 있었다고 하였다.[11] '선'의 위치에 대한 상세한 언급은 필자의 관견으로는 이것이 최초이다.[12] 고조우보다 약간 늦은 시기의 고동고(顧棟高)는 『춘추대사표(春秋大事表)』

자는 '善'으로 읽었으며, 音에서도 '散'과 거리가 있기 때문에 通假될 수 없으며, 『元和姓纂』이나 이후 『路史』에서 제기된 그 시조가 成王 幼子라는 설은 의심의 여지가 있다고 주장하였다(陳槃, 『不見于春秋大事表之春秋方國稿』, 臺北: 中央研究院 歷史語言研究所專刊59, 1970, 124쪽). 散의 위치는 〈散氏盤〉이 발견된 陝西 寶雞 鳳翔 일대로 西北으로 矢과 경계를 이루었다는 설과 전래의 陝西 寶雞 西南 大散關 一帶라는 설이 있다(史爲樂, 『中國歷史地名大辭典』 中國社會科學出版社 北京, 2005, 2513쪽).

8　『左傳』 成公 元年, "元年春. 晉侯使瑕嘉平戎於王, 單襄公如晉拜成. 劉康公徹戎, 將遂伐之. 叔服曰, '背盟而欺大國, 此必敗. 背盟, 不祥. 欺大國, 不義. 神人弗助, 將何以勝?' 不聽, 遂伐茅戎. 三月癸未, 敗績於徐吾氏."

9　『春秋』 莊公 元年, "夏, 單伯送王姬."에 대한 杜預의 『春秋左傳正義』의 疏, "單者, 天子畿內地名."

10　顧祖禹의 『讀史方輿紀要』 卷1에 나오는 國을 분류하면 다음과 같다. ① 회맹참가 14국: 魯, 衛, 齊, 晉, 宋, 鄭, 陳, 蔡, 曹, 許, 秦, 楚, 吳, 越. ② 子男·附庸: 邾, 杞, 茅, 滕, 薛, 莒, 向, 紀, 夷, 邧, 鄅, 遂, 偪陽, 郜, 鑄, 卦, 鄟, 宿, 任, 須句, 顓臾, 鄑, 州, 於餘 邱, 牟, 鄫, 郕, 郿, 極, 根, 牟, 陽, 介, 萊, 虞, 虢, 祭, 共, 南燕, 凡, 蘇, 原, 周, 召, 毛, 甘, 單, 成, 雍, 樊, 尹, 劉, 鞏, 芮, 魏, 荀, 梁, 賈, 耿, 霍, 冀, 崇, 黎, 鄧, 申, 滑, 息, 黃, 江, 弦, 道, 栢, 沈, 頓, 項, 郯, 胡, 隨, 唐, 房, 戴, 葛, 蕭, 徐, 六, 蓼, 宗, 巢, 英氏, 桐舒, 鳩, 舒庸, 鍾吾, 穀, 貳, 軫, 鄖, 絞, 羅, 賴, 州, 權, 鄘, 庸, 麇, 夔, 巴, 邢, 北燕, 焦, 揚, 韓, 不羹. ③ 九州夷裔로 列國사이에 섞여 있는 자: 戎蠻, 陸渾, 鮮虞, 無終, 潞氏, 廧咎如, 白狄, 驪戎, 犬戎, 山戎, 茅戎, 盧戎, 鄋瞞, 北狄, 淮夷, 肥, 鼓, 戎, 濮.

11　顧祖禹, 『讀史方輿紀要』, 歷代州域形勢紀要 권1, 歷代州域形勢一(唐虞三代春秋戰國秦), "單, 或曰今在河南孟津縣東南 亦 畿內國."

12　따라서, '선'의 위치에 대한 '或'의 언급은 굉장히 중요한데도 불구하고, 顧祖禹가 말한 '或'이 누구인가는 『四庫全書』 검색 등을 통해서도 찾을 수 없었다.

를 통해『춘추』와『좌전』에 보이는 주요 사건들을 주제별로 정리하였는데, 그 가운데 한 장인〈춘추열국작성급존멸표(春秋列國爵姓及存滅表)〉를 통해 춘추 열국의 작(爵), 성(姓), 존멸(存滅)을 정리하였다. 그렇지만 여기에 '선'은 보이지 않는다.[13]

근대 이후에도 '선'의 위치에 대해 여러 선학들이 논했다. 천판(陳槃)은 고동고의〈춘추열국작성급존멸표〉를 보충하여『춘추대사표열국작성급존멸표선이(春秋大事表列國爵姓及存滅表譔異)』를 썼지만,[14] 여기에도 '선'은 빠져있었다. 이후 천판은 자신이 저술한『춘추대사표열국작성급존멸표선이』에 빠진 춘추 족·국들을 정리하여『불견우춘추대사표지춘추방국고(不見于春秋大事表之春秋方國稿)』을 저술했는데,[15] 여기에 보충된 57의 춘추 족·국 가운데 하나로 '선'이 들어 있다. 그렇지만, 그는 춘추시기 '선'의 위치에 대해 앞서 살펴본『춘추』장공 원년의 기사에 대해 두예가『정의』에서 "천자기내"에 있었다고 한 사실만을 인용하면서 '선'의 위치를 알 수 없다고 적고 있다.

지금까지 춘추시기 '선'의 위치를 고조우는 허난 멍진현 동남, 고동고는 선을 누락했고, 천판은 알 수 없다고 했음을 살펴보았다. 하지만, 고조우와 견해를 달리하는 의견도 제시되었는데, 이 견해는 '단(檀)'이라는 지명과 관계 깊은 것으로 보인다. '선'과 '단'에 대해 고조우의『독사방여기요』에는 앞서 살펴본 것처럼 '선'만 있고, '단'은 제외되어 있다. 반면, 고동고의『춘추대사표』〈춘추열국작성급존멸표〉에는『독사방여기요』와 반대로 선은 없고, '단'에 대해서만 그 작(爵)을 백(伯), 그 도(都)를 허난(河南) 회경부(懷慶府) 제원현(濟源縣) 경내로 설정하고 있다.[16]

그렇다면 춘추시기 '단'의 위치를 허난 회경부 제원현 경내로 설정한 것은 어디로부터 유래한 것일까? 이 역시『좌전』의 다음 기사에 대한 두예의 주석과 관련이 깊은 것으로 보인다.

진(晉)의 극지(郤至)가 주(周)와 후(郟)의 땅을 다투었는데, 왕이 유강공(劉康公)과 선양공(單襄公)에게 그 문제를 진(晉)과 소송하도록 하였다. 극지가 말하였다. "온(溫)은 이전부터 저의 것이기 때문에 잃을 수는 없습니다." 유자(劉子)와 선자(單子)가 말하였다. "옛날에 주(周)가 상(商)을 쳐 이기고, 제후(諸侯)들을 위무하여 봉했는데, 소분생(蘇忿生)이 온(溫)에 봉해져 사구(司寇)가 되어, 단백달(檀伯達)과 더불어 하(河)에 봉해졌습니다. 소분생이 적(狄)에 나아가다가, 적(狄)을 감당하지 못하고 위(衛)로 달아났던 것입니다. (周의) 양왕(襄王)이 문공(文公)을 위로하여 온(溫)을 하사하니, 호씨(狐氏)와 양씨(陽氏)가 먼저 이곳에 거처하다가 뒤에 그대에게 갔던 것입니다. 만일 그 유래를 따지자면 왕에게 나아가 관

---

13 顧棟高,『春秋大事表』권5,「春秋列國爵姓及存滅表」(北京: 中華書局, 1993), 제1책, 561~608쪽.

14 陳槃,『春秋大事表列國爵姓及存滅表譔異』(臺北: 中央研究院歷史語言研究所專刊52, 1969).

15 陳槃,『不見于春秋大事表之春秋方國稿』(臺北: 中央研究院歷史語言研究所, 1970).

16 顧棟高,『春秋大事表』권5,「春秋列國爵姓及存滅表」(北京, 中華書局, 1993), 제1책, 594쪽.

직을 맡은 자들의 읍(邑)이라고 할 것이니, 그대가 어찌 이것을 얻을 수 있겠습니까?" 진후(晉侯)가 극지에게 다투지 말도록 했다.[17]

위의 『좌전』 '성공(成公) 11년' 기사의 밑줄 친 부분의 "단백달과 더불어 하에 봉해졌습니다(與檀伯達封于河)"라는 기사를 두예는 『춘추좌전정의』에서 "단백달과 더불어 하내(河內)에 봉해졌습니다(與檀伯達俱封于河內)"로 해석하였다. 두예는 '하'를 '하내'로 해석한 것인데, 널리 알려진 것처럼, 하내는 『좌전』과 『맹자』에 나타나는 것처럼,[18] 현재 허난성의 황하 북쪽을 가리킨다.

고사기(高士奇)는 두예의 주석에서 한 발 더 나아가 '단'의 위치에 대한 두예의 주를 인용하고 이를 자신이 살던 시대의 행정구역으로 치환하여 하내를 허난(河南) 회경부(懷慶府)에 해당한다고 하였다.[19] 고사기가 말한 회경부는 명(明) 홍무(洪武) 원년(1368)에 회경로(懷慶路)를 고쳐 설치한 행정구역으로 치소는 하내현(河內縣-오늘날의 河南 沁陽市)에 있었으며, 허난성의 황하 북쪽지역 중 슈우현(修武縣), 우즈현(武陟縣)의 서쪽을 관할하다가, 청대(淸代)에 오늘날의 위안양현(原陽縣)까지 넓혀 관할했다.[20] 이 지역은 오늘날의 행정구역으로 허난성 자오쭤시(焦作市), 지위안시(濟源市) 전체와 신샹시(新鄕市) 위안양현 일부를 포함한다.

고사기가 말한 허난 회경부에서 한 발 더 나아가 '단'의 위치를 보다 구체적으로 말한 사람은 고동고이다. 앞서 살펴본 것처럼 그는 〈춘추열국작성급존멸표〉에서 허난 회경부 제원현 경내에 '단'이 있었다고 서술하였다. 그렇지만 그는 왜 하내에서도 가장 서쪽에 해당하는 제원현 경내에 '단'이 있었는가에 대한 구체적 근거나 이유는 서술하지 않았다.

지금까지 살펴본 내용을 정리하면 다음과 같다. 우선, '선'의 위치에 대해서는 두예가 "천자기내"라고 한 것을 고조우가 『독사방여기요』에서 "혹왈(或曰)"을 인용하여 허난 멍진현 동남으로 설정하였다. 이에 반해, 그는 '단'이라는 지명을 언급하지 않았다. '단'의 위치에 대해서는 두예가 "하내"라고 한 것을 고사기가 청대의 회경부라고 하였으며, 고동고가 『춘추대사표』에서 허난 회경부 제원현 경내에 있었다고 하였다. 반면, 고동고는 선을 그의 책에서 언급하지 않았다.

---

17 『左傳』 成公 11년, "晉郤至與周爭鄇田, 王命劉康公·單襄公訟諸晉. 郤至曰, '溫, 吾故也, 故不敢失.' 劉子·單子曰, '昔周克商, 使諸侯撫封, 蘇忿生以溫爲司寇, 與檀伯達封于河. 蘇氏卽狄, 又不能於狄而奔衛. 襄王勞文公而賜之溫, 狐氏·陽氏先處之, 而後及子. 若治其故, 則王官之邑也, 子安得之? 晉侯使郤至勿敢爭.'

18 河內는 『周禮』 夏官, 職方氏의 "河內曰冀州."와 같이 黃河 북쪽 지역을 가리키는 경우도 있지만, 대체로 『左傳』 定公 13년의 "銳師伐河內, 傳必數日而後及絳."이나 『孟子』 梁惠王上의 "河內凶, 則移其民於河東, 移其粟於河內."와 같이 현재 河南省의 黃河 북쪽 지역을 가리키는 경우가 많다.

19 高士奇, 『春秋地名攷畧』 卷1, "檀: 蘇忿生與檀伯達俱封於河, 杜注河內. 今在河南懷慶府."

20 史爲樂 主編, 『中國歷史地名大辭典』, 1311쪽.

사실 고조우가 말한 '선'의 위치 허난 멍진현 동남과 고동고가 말한 '단'의 위치 허난 회경부 제원현 경내는 황하의 남안과 북안이라는 차이는 있지만, 두 지점간의 거리가 그리 멀지 않다. 또한, 고조우는 '선'만을 말하고 '단'을 누락시켰고, 고동고는 '단'만을 말하고, '선'을 누락시킨 것을 고려하면, 두 지명이 동일지명의 두 가지 표기일 가능성도 검토하게 된다. 이에 근거한 것인지는 몰라도 탄치샹(譚其驤)의 『중국역사지도집』에서는 '선'과 '단'을 일치시켜 '單(檀)'으로 표기하고 그 위치를 황하 북안의 허난 지위안시(濟源市) 다위현(大峪縣)의 동쪽에 위치시키고 있다.[21] 탄치샹이 『중국역사지도집』에서 '선(단)'의 위치를 허난 제원시 다위현 동쪽에 설정한 구체적인 이유는 알 수 없지만, 추측컨대 국명에서는 고조우의 설을 채택하고, 지명의 위치에서는 고동고의 설을 채택하여 두 지명을 하나로 합쳤을 가능성도 있는 것으로 보인다.

최근에 들어와서는 '선'과 '단'을 각기 다른 지명이나 족·국으로 보는 논자들이 대부분이다. 대표적으로 뤼원위(呂文郁)는 『노사(路史)』 국명기(國名紀)를 인용하여 '단'은 염제(炎帝)의 후손으로 강성(姜姓)이며, 『한서(漢書)』 고금인표(古今人表)의 안사고(顏師古)의 주석에 나오는 무왕(武王)의 신하 단백달(檀伯達)이 서주시기 '단'의 주요 인물이라고 보았다.[22] 또한, 그는 '선'은 희성(姬姓)의 분족(分族)으로 『국어(國語)』에 보이는 춘추시대 선양공(單襄公)이 그 후예로, 〈래반(逨盤)〉의 발견으로 '선'이 이미 문왕, 무왕시기에 봉건된 가장 오래된 서주 족·국 가운데 하나라는 사실이 밝혀졌으며, 따라서 '선'에 성왕(成王)의 소자(小子)가 봉건되었다거나 '선'이 처음 봉건된 시기가 성왕때라는 등의 『노사』 등에 나타난 설 등이 오류로 판명되었다고 보았다. 그리고 서주시기 '선'은 〈래반〉 등이 발견된 샨시 메이현 양자촌 일대에 위치한 것으로 보았다.[23]

사실 『좌전』에서도 "가을에, 정백(鄭伯)이 역인(櫟人)을 인하여 단백(檀伯)을 죽이고, 드디어 역(櫟)에 거했다."[24]라는 기사처럼 '단'이 '선'과 구별되어 나타나고 있다. 이 점을 고려하면 '단'과 '선'을 다른 지명으로 보는 것이 타당한 것으로 보인다.

이제 '선'과 '단'은 서로 다른 족·국이며 서주 말기 선은 〈래반〉 등의 출토로 샨시 메이현 양자촌 일대에 있었음이 비교적 분명해졌다.[25] 그렇다면 서주왕실의 동천 이후 양자촌 일대에 있었던 선 일족은 어떻게 되었을까? 이들은 과연 청대 정발인(程發軔)의 주장처럼 서주왕실의 동천을 따라 이주하여 오늘날의

---

21 譚其驤, 『中國歷史地圖集』(北京: 地圖出版社, 1982) 1권 24~25쪽, ④-3에 위치.

22 呂文郁의 『周代采邑制度研究』(臺北: 文津出版社, 1992)에서는 서주 王畿 내에 자리잡았던 畿內諸侯로 西虢, 東虢, 周, 召, 溫(蘇), 檀, 榮, 管, 蔡, 康, 毛, 畢, 豐, 南, 成, 邰, 原, 霍, 芮, 虞, 邢, 應, 凡, 胙, 祭, 滑, 尹, 單, 甘, 邢, 樊, 鄭을 들고 있다.

23 呂文郁, 앞의 책, 單에 대해서는 62~68쪽, 檀에 대해서는 69~70쪽을 참조.

24 『左傳』 桓公 15년, "秋, 鄭伯因櫟人殺檀伯, 而遂居櫟."

25 檀의 위치에 대해 小川茂樹는 檀과 澶淵과 같은 지명이며, 이 땅은 商代 河澶甲이 거처하던 곳으로 檀과 澶은 通假字로 河南省 濮陽縣에 있었으며, 濮陽縣에서 가까운 浚縣에서 출토된 〈康侯簋〉 등이 그 증거라고 하고 있다(小川茂樹, 「新出檀伯達器考」, 『東方學報』 京都, 제8책).

허난성 멍진현 동남 일대에 읍(邑)을 잡았던[26] 것일까? 이들 문제들을 상(商)과 서주시대 '선'관련 청동기 명문들을 통해 살펴보자.

상대(商代) 금문을 보면 '선'이 족휘로 쓰인 경우가 많은데, '선'이 단독으로 족휘로 쓰인 경우는 선부정 (單父丁)[27]을 들 수 있다. 또한 이 글자는 상대 족휘 가운데 유일하게 방향을 나타내는 동·서·남·북과 결합하여 복합족휘로 사용된 경우가 많다(다만 이 경우 우리말 발음이 '선'보다 '단'일 가능성이 큰 것으로 생각된다). 서와 관련된 경우로는 서단(西單),[28] 서단광(西單光),[29] 서단획(西單獲),[30] 서단무(西單冊),[31] 서단 眉(西單眉),[32] 서단𩵋(西單𩵋)[33]을 들 수 있고, 남과 관련된 경우로는 남단(南單),[34] 남단구(南單菁)[35]를 들 수 있고, 북과 관련된 경우로는 북단(北單),[36] 북단과(北單戈),[37] 북단시(北單戠)[38]를 수 있다. 기타 '선'과 관련된 복합 족휘로는 선근(單斤),[39] 선병(單竝),[40] 선무(單冊),[41] 유선신(酉單眉),[42] 각선신(角單眉),[43] 일선 (日單),[44] 동신선(冬臣單),[45] 자선(子單)[46]을 들 수 있다. 이상에서 은상시대의 선과 관련된 청동기 명문에 보이는 족휘들을 모두 정리하여 보았지만, 이들 가운데 출토지가 명확한 것은 『집성』 편호 3239, 6384,

---

26 程發軔, 『春秋左傳地名圖考』(臺北: 廣文書局有限公司, 1969), 2절 春秋地名今釋 莊公 元年 單 참조.

27 中國社會科學院考古研究所編, 『殷周金文集成(修訂增補本)』(北京, 中華書局, 2007) 편호 9212, "單父丁." 『殷周金文集成』 은 이하에서는 『集成』으로 표기.

28 『集成』 7015, 7016, 8257, 8258, 8259(1940년 河南 安陽 출토로 전함), 『集成』 9200, "西單." 『集成』 6384(1940년 河南 安陽), "西單父乙." 『集成』 8884, "西單父丙." 『集成』 6396, 9230, "西單父丁." 『集成』 7193, "西單己"

29 『集成』 7192, "西單光." 『集成』 2001, "西單光父乙"

30 『集成』 3243. 5007, "西單獲."

31 『集成』 5156, "西單冊父丁."

32 『集成』 6364, "西單眉."

33 『集成』 7194, "西單𩵋."

34 『集成』 7014, "南單."

35 『集成』 7191, "南單菁."

36 『集成』 3120, 6188, 7017(安陽 출토), 11411, 11445, 11446, "北單." 『集成』 2173, "北單乍從旅彝". 『集成』 8178, "北干(單)"

37 『集成』 1747, 1748, 1749, 1750, 7195(1950년 安陽 武官村 大墓(E9)), 8806(1950년 河南 安陽 武官村 大墓 陪葬墓), 8807, 9389, 9508(河南 安陽市郊 殷墓라고 전함), 9868, 10047, "北單戈"

38 『集成』 3239(1950년 河南 安陽 殷墟), "北單戠"

39 『集成』 10770, "𧆞(單斤)"

40 『集成』 8180, "單竝."

41 『集成』 8937, "單冊父己."

42 『集成』 8808, "酉單眉."

43 『集成』 3417, "角單眉祖己."

44 『集成』 6784, "日單"

45 『集成』 7203(1942년 安陽 출토), "冬臣單."

46 『集成』 8760, 8761, "子▮單."

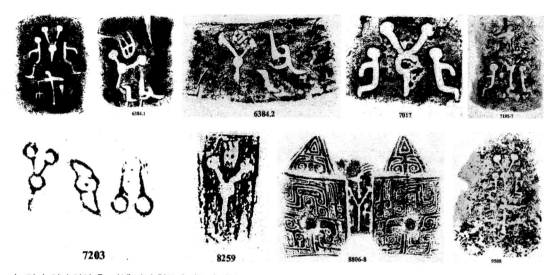

〈그림 1〉 허난 안양 출토 '선' 관련 청동기 명문의 탁본들
(위쪽 왼쪽부터 차례로 『집성』 편호 3239, 6384, 7017, 7195, 7203, 8259, 8806, 9508)

7017, 7195, 7203, 8259, 8806, 9508인데, 이들 청동기는 모두 그 출토지가 허난 안양이다.

다음으로 선과 관련된 족휘 가운데 '은 혹은 서주 초기'로 그 시대가 비정되는 청동기 명문은 시책북단(歔册北單)[47]으로 출토지는 미상인데, 이 족휘는 그 시기가 '은'으로 비정된 1950년 허난(河南) 안양(安陽) 은허(殷墟)에서 출토된 『집성』 편호 3239와 동일한 형태의 족휘라는 점에서 이 청동기 역시 그 출토지가 안양일 가능성이 매우 높은 것으로 생각된다.

다음으로 '선'과 관련된 명문을 가진 '서주 초기'로 비정된 청동기들은 베이징(北京) 팡산(房山) 류리허(琉璃河), 샨시(陝西) 푸펑현(扶風縣) 쫭바이촌(莊白村), 그리고 허난(河南) 멍진현(孟津縣)에서 집중적으로 발견되었다.

이 가운데, 우선 베이징 팡샨 류리허 251호묘에서 발견된 '선'과 관련된 서주 초기 청동기는 "선자▮ 부무(單子▮父戊)"[48]라는 명문을 가지고 있다. 명문의 글자를 보면 '부무(父戊)'라는 은상(殷商) 청동기 명문 양식에 전형적으로 나타나는 천간(天干)을 표시하여 조상의 이름을 나타내고 있다. 또한, 명문에 보이는 '선'과 결합한 ▮은 은허에서 발견되는 족휘 글자이다.[49] 이 두 가지 점을 고려하면 서주왕조의 극상(克商)이후 안양의 대읍상(大邑商)에 살던 상족(商族)의 일부가 서주 초기 연(燕)의 분봉과정에서 연후(燕侯)

---

47 『集成』 3717, "歔册北單, ▮(奴)乍(作)父辛尊彝."

48 『集成』 5195(北京 房山 琉璃河 251호묘), 서주 초기, "單(干)子▮父戊"

49 『集成』 4848, 6910, 8111(1983년 河南 安陽市 供電局小工廠墓葬), 8112, 10853(安陽), 10854, "子▮". 11752, "子▮(▮)". 6410, "子▮父辛"

휘하에 재배치되었을 가능성이 높은 것으로 생각된다.[50] 그리고 류리허에서 발견된 명문은 '단(單)' 내지 '간(干)'으로 해석되는 도상의 형태가 ⚇(『집성』 5195)으로, 이후 살펴볼 허난 멍진현 출토의 ⚇(『집성』 5701), ⚇(『집성』 7273)이나 샨시 푸펑현 좡바이촌 구덩이 출토의 ⚇(『집성』 9816)과는 그 중간 부분의 형태가 다르다. 이것이 단순한 서사 형태의 차이인지에 대해서는 확실하지 않다.[51]

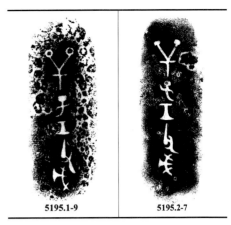

〈그림 2〉 『集成』 편호 5195

다음으로 그 시기가 '서주 초기'로 비정된 '선'과 관련된 청동기 명문이 발견된 곳은 샨시 푸펑현 좡바이촌 구덩이이다. 여기에서 발견된 청동기 가운데 하나는 "릉(陵)이 부일을(父日乙)의 보배로운 뢰(罍)를 만들었다. ◊선(◊單)."[52]이라는 명문을 가지고 있다. 그 명문의 조상명에 '부일을(父日乙)'과 같이 천간이 포함되고 '◊선(◊單)'이라는 족휘가 있는 것으로 볼 때, 은상시기 청동기 명문 양식을 충실하게 따르고 있다. 은허 지역에서 발견된 상대(商代) 청동기 명문이나 베이징 류리허 지역에서 발견된 서주 초기 명문뿐만 아니라 서주 초기 푸펑현 좡바이촌 지역에 있었던 '선'의 일족 역시 상(商) 양식의 명문을 썼다는 사실을 알 수 있다.

그리고 좡바이촌에서 멀지 않은 푸펑현 류둥촌(柳東村)[53]과 윈탕촌(雲塘村)[54]에서도 '◊선(◊單)'이라는 족휘를 가진 청동기 명문이 발견되었다. 『은주금문집성』(수정증보본) 편집조[55]는 류둥촌과 윈탕촌에서 발견된 청동기의 시기를 상대 중기로 상정하고 있다. '◊선(◊單)' 족휘를 가진 청동기가 좡바이촌(서주 초기), 류둥촌과 윈탕촌 일대(서주 중기)에서 발견됨을 알 수 있다. 따라서 족휘의 분포 양상을 고려하면 서주 초기와 중기에 샨시성 푸펑현 좡바이촌, 류둥촌, 윈탕촌에서 살던 사람들이 서주 말기에 〈래반〉이 발견된 샨시성 바오지시 마지아진 양자촌 일대로 이주한 것으로 추정된다.

그리고 좡바이촌 출토의 "능(陵)이 부일을(父日乙)의 보배로운 뢰(罍)를 만들었다. ◊선(◊單)."[56]이라는 청동기 명문에서 주인(周人)들이 몇몇 예외적인 경우를 제외하고는 청동기 명문에 일명(日名)이나 족

---

50 燕과 주변 지역의 상황에 대해서는 閔厚基, 「서주왕조의 晉, 豫, 燕 지역의 封建」(『東洋史學研究』 13집, 2016)을 참고하라.

51 '單'과 '干'이 같은 글자로 쓰였다는 것에 대해서는 李圃 主編, 『古文字詁林』(上海: 上海敎育出版社, 2004) 2책 164~182쪽을 보라.

52 『集成』 9816(1976년 陝西 扶風縣 莊白村 窖藏), 서주 초기, "陵乍父日乙寶罍(雷, 罍). ⚇(◊單)."

53 『集成』 1485(1964년 陝西 扶風縣 柳東村), 서주 중기, "⚇(◊單)"

54 『集成』 9328(1958년 陝西 扶風縣 雲塘村), 서주 중기, "⚇(◊單)"

55 中國社會科學院考古硏究所編, 『殷周金文集成』(修訂增補本), 中華書局, 2007년.

56 『集成』 9816(1976년 陝西 扶風縣 莊白村 窖藏), "陵乍父日乙寶罍(雷, 罍). ⚇(◊單)."

〈그림 3〉 왼쪽부터 샨시 푸펑현, 쫭바이촌 (서주 초기, 『집성』 편호 9816), 류둥촌 (서주 중기, 『집성』 편호 1485), 원탕촌 (서주 중기, 『집성』 편호 9328)의 탁본

휘(族徽)를 쓰지 않았다는 설에 근거하면, 쫭바이촌의 구덩이에서 발견된 청동기의 주인공들 역시 주인(周人)이 아닐 가능성을 제기할 수 있다. '선'의 성씨와 관련된 사료 가운데, 『원화성찬(元和姓纂)』, 『노사(路史)』 국명기(國名紀), 『통지(通志)』 씨족략(氏族略) 등에서 주의 성왕이 그 아들 진(臻)을 선읍(單邑)에 봉했으며[57] 따라서 그 성씨가 희성(姬姓)이라는 설은 천판(陳槃)이 지적한 것처럼 근거가 불분명한 것이 확실하다.[58]

그렇지만, 춘추시기의 기록으로 『국어(國語)』 주어중(周語中)에 (주의) 정왕(定王)이 선양공(單襄公)에게 송(宋)을 빙문(聘問)하게 했을 때 진(陳)의 박절한 대접에 대해 선양공이 "지금 저 조(朝)는 비록 재능이 없을지라도 주(周)의 분족으로[有分族於周], 왕명을 받아 진(陳)의 빈객으로 지나가는 데도 해당 관원[司事]은 오지 않으니 이는 선왕(先王)이 임명한 관(官)을 멸시하는 것입니다."[59]라고 한 기사를 보면 '선'일족이 자신들을 주(周)의 분족, 즉 희성(姬姓)으로 인식한 것은 분명한 것으로 보인다.[60]

그리고 1975년 샨시 치산현(岐山縣) 둥자촌(董家村) 1호 구덩이에서 출토된 〈구위화(裘衛盉)〉는 서주 중기로 그 시기가 비정되는데, 명문의 주체는 구백(矩白)이지만 백읍보(伯邑父), 영백(焂[榮]伯), 정백(定

---

57 『元和姓纂』 권4, "周成王封少子臻於單邑, 爲甸內侯, 因氏焉.". 『路史』 國名紀, "單, 成王子單子國." 그러나 『元和姓纂』과 『路史』에서 근거는 제시하지 않고 있다. 『通志』 氏族略에서도 "單氏, 周氏卿大夫, 成王封蔑單邑……二十餘代爲周卿士."라고 하고 있으나 梁玉繩의 『漢書人表考』 卷6에서는 "『通志』作蔑, 誤. 單蔑見左襄三十."이라고 하여 『通志』 氏族略의 기록이 잘못되었음을 지적하고 있다.

58 陳槃, 『不見于春秋大事表之春秋方國稿』(中央研究院歷史語言研究所專刊59), 124쪽.

59 『國語』 周語中, "今雖朝也不才, 有分族於周. 承王命以爲過賓於陳, 而司事莫至, 是蔑先王之官也."

60 "(周)定王使單襄公聘於宋" 『國語』 周語中, "今雖朝也不才."에 대해 韋昭注云: "朝, 單子(指單襄公)之名也. 有分族, 王之族親也." 또한, 앞서 살펴본 〈逨盤〉의 명문에 따르면 單 일족이 이미 文王과 武王시기에 采邑을 받아 일족을 형성하여 서주왕실을 도운 것을 볼 때 成王의 아들을 봉했다는 설, 成王때 봉건되었다는 설 등은 근거가 희박한 것으로 생각된다.

伯), 경백(瓊伯)과 함께 선백(單伯)이 명문에 언급되고 있다. 이것을 볼 때 서주 중기까지도 '선'일족이 건재했으며,[61] 여기에 언급된 선백 역시 서주 후기 〈래반〉의 주인공 래(逨)와 혈연적으로 직계든, 방계든 관련되었을 가능성이 매우 높은 것으로 생각된다. 어쨌든 웨이허(渭河) 평원에서 발견된 청동기 명문을 통해 '선'일족의 발자취는 서주 초기, 중기, 후기를 통해 모두 확인됨을 알 수 있다. 그리고 서주 중기로 비정된 출토지가 밝혀지지 않은 3점의 청동기 역시 발견되었는데, 각기 "리(貍)가 부계(父癸)의 보배로운 존이(障彝)를 만들었다. 선(單)", "선(單)이 부을(父乙)의 여존이(旅障彝)를 만들었다. 자집(子廏)", "선🔲(單🔲)가 부계(父癸)의 보배로운 존이(障彝)를 만들었다."라는 명문을 가지고 있다.[62]

베이징 팡샨 류리허, 샨시 푸펑현 쫭바이촌과 더불어 그 시기가 서주 초기로 비정된 '선'과 관련된 명문을 가진 청동기가 발견된 곳은 허난 멍진현이다. 여대림(呂大臨)의 『고고도(考古圖)』에 따르면 멍진현에서는 출토지가 알려진 '선'의 명문을 가진 청동기 1개와,[63] '선광(單光)'[64]이라는 명문을 가진 청동기 5개가 발견되었다.[65] '선'내지 '선광'의 명문을 가진 청동기들이 허난 멍진현에서 집중적으로 출토된 것을 고려할 때 이 지역 역시 서주 초기 '선'일족의 근거지 가운데 하나였을 가능성이 크다.

그리고 '선광(單光)'의 명문을 가지고 있지만, 출토지가 밝혀지지 않은 청동기 3개[66]도 허난 멍진현과 관련이 깊을 가능성이 높은 것으로 생각된다.

앞서 살펴본 것처럼, 여대림의 『고고도』에 따르면 이들 '선'내지 '선광'의 명문을 가진 청동기들이 허난 하청(河淸: 오늘날의 멍진현)에서 출토되었기 때문에, 이후 고조우의 『독사방여기요』나 단장기(段長基)의 『역대강역표(歷代疆域表)』에서 '선'이 허난 멍진현 동남에 있었다고 한 것으로 보인다. 그리고 일부 논자들은 〈래반(逨盤)〉이 발견된 샨시 메이현의 '선'과 허난 멍진현의 '선'을 동천을 전후로 나타난 시간의 선후라고 해석하였다. 실례로 정발인의 경우 원래 '선'일족이 샨시 바오지 메이현 양자촌 일대에서 살다가 주왕실의 동천에 따라 허난 멍진현으로 이주한 것으로 이해하였다.

그렇지만, 허난 하청(오늘날의 멍진현)에서 발견된 '선'과 관련된 명문을 가진 청동기들의 시대가 〈래

---

61 『集成』9456(1975년 陝西 岐山縣 董家村 1호 窖藏), "隹三年三月, 旣生霸壬寅, 王在旂于豐, 矩白庶人取堇(瑾)章(障)于裘衛, 才(裁)八十朋, 厥貯(賈)其舍(捨)田十田, 矩或取赤虎(琥)兩, 麀朿(韐)兩, 牽(賁)輪一, 才(裁)廿朋, 其舍(捨)田三田, 裘衛㲒(矢)告于白邑父, 燮(榮)白, 定白, 瓊白, 單〔白〕. 白邑父, 燮(榮)白, 定白, 瓊白, 單白酒(乃)令參有嗣, 嗣土敫(微)邑, 嗣馬單旟, 嗣工邑人服眔受田, 㲒(嗣)逋衛小子🔲逆者(諸)其鄕, 衛用乍朕文考惠孟寶般(盤), 衛其萬年, 永寶用."

62 『集成』5904, "貍乍(作)父癸寶障彝, 單". 5920, "單乍(作)父乙旅障彝, 子廏". 5905, "單🔲(異, 具)乍父癸寶障(尊)彝."

63 『集成』5701(河南 河淸), 서주 초기, "乍(作)從, 單."

64 『集成』2055, 2056, 3441, 7273(모두 河南 河淸), 서주 초기, "單光乍(作)從彝". 5401(河南 河淸), 서주 초기, "文考日癸, 乃沈子壴乍父癸筆宗障彝, 其厶父癸殂夕鄕爾百聯遣, 單光."

65 呂大臨의 『考古圖』에 따르면 河淸縣의 黃河 기슭이 무너졌을 때 彝器 10여건이 발견되었는데 명문에 모두 "單乍從彝"라고 써 있었다고 한다.

66 『集成』7018, 8163 "單光". 9396 (A) "單光乍從彝." (B) "單光從彝."

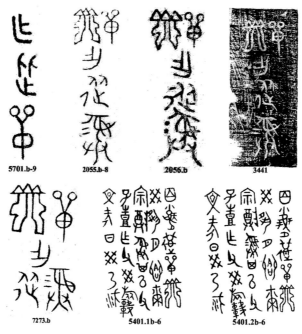

〈그림 4〉河南 孟津縣 출토 선 관련 청동기 명문의 탁본들

위 왼쪽부터 『집성』 편호 5701, 2055, 2056, 3441, 7273, 5401, 5401.

반〉보다 훨씬 이른 시기인 서주 초기로 그 연대가 판명되고 있다는 점을 고려할 필요가 있다. 따라서 서주 후기로 비정된 〈래반〉을 제작한 샨시 바오지 메이현 양자촌 일대에서 살던 '선'일족이 주왕실의 동천에 따라 그 시대가 서주 초기로 비정되는 허난 하청으로 이주하는 것은 시간적으로 불가능하게 된다. 따라서 서주 초기에 이미 '선'일족이 샨시 양자촌 일대와 허난 멍진현에 각기 존재했던 것으로 해석할 수밖에 없다. 그리고 이를 뒷받침하는 근거는 앞서 살펴본 샨시 푸펑 좡바이촌, 류둥촌, 윈탕촌 일대에서 서주 초기에 거주하던 '선'일족이 '◊선(◊單)'이라는 족휘를 사용한 반면, 허난 하청(멍진현)에서 서주 초기에 거주하던 '선'일족은 '단광(單光)'이라는 족휘를 사용한 것이라고 생각된다.

따라서 서주 초기의 지도를 그린다면 베이징 팡샨 류리허의 일부에는 "선자◀(單子◀)", 샨시 푸펑 좡바이촌, 류둥촌, 윈탕촌 일대에는 '◊선(◊單)', 허난 멍진현에는 '선광(單光)'을 표기해주어야 할 것으로 생각된다. 다만 베이징 팡샨 류리허의 '선'자는 샨시 푸펑이나 허난 멍진현의 '선'과 글자 형태에서 차이가 있고, 삼자(류리허, 푸펑, 멍진), 혹은 이자(푸펑, 멍진)간에 어떤 혈연적 관계가 있는가에 대해서는 추가적인 고고학적 증거나 좀 더 확실한 복합도상기호에 대한 연구의 진전을 기다려야 할 것이다.

또한, '선'이라는 명문을 가진 서주 초기로 비정되는 청동기 1개가 허난 뤄양에서도 발견되었다.[67] 이

---

67 『集成』 7648(河南 洛陽), 서주 초기, "單."

것으로 볼 때, 성주(成周)에서 기내 왕신이었던 '선'일족의 수장이 멍진현에 '단광(單光)'이라는 성주 기내 채읍을 가졌을 가능성을 상정해볼 수 있지만, 보다 확실한 증거가 나오지 전까지는 추론의 수준이다.

그리고 출토지가 밝혀지지 않은 서주 초기로 그 시기가 비정된 청동기 명문 가운데 상대 명문 양식인 '부갑(父甲)'이 제사 대상으로 언급되거나, '선자백(單子白)', '숙선(弔單)'이 청동기 제작자로 나타나거나 '선공(單公)'이 제사대상으로 나타나는 청동기들은[68] '선족·국과 깊은 관련이 있는 것으로 보이지만, 이들 청동기들은 출토지가 밝혀지지 않아 더 이상의 자세한 분석은 어렵다. 이밖에 극상 직후 성주에서 주공에게 상으로 패(貝) 10붕(朋)을 하사받은 소신선(小臣單)이 나오는 청동기 명문의 경우[69] 소신이라는 직책 뒤에는 대개 족휘가 아니라 이름이 나온다는 점에서 이 청동기 명문과 '선'일족과의 관계는 분명하지 않다.

서주 후기로 비정된 '선'과 관련된 청동기로는 '선백昊생(單白昊生)'과 관련된 명문,[70] 사도선백(嗣徒單白)이 양(揚)이라는 인물의 우자(右者)로 나타나는 〈양궤(揚簋)〉[71]의 명문 등이 있다. 일부에서는 사도선백에 근거하여 '선'일족이 서주시기의 상당 기간 동안 사도의 직을 수행했을 것으로 추정하기도 한다.[72]

그리고 '선'과 관련된 청동기 명문은 춘추 초기에도 나타난다. "선자백(單子白)이 숙강(叔姜)의 여수(旅盨)를 만들었다. 그 자자손손 만년토록 영원히 보배로 사용할지어다."[73]라는 명문은 춘추 초기 '선'이 강성(姜姓)의 족국과 "선백원부(單伯邊父)가 중길(仲姞)의 존격(尊鬲)를 만들었다. 자자손손 그 만년토록, 영원히 보배로 사용하여 제사지낼지어다."[74]라는 명문은 '선'이 춘추 초기에 길성(姞姓)의 족국과 혼인관계가 있었음을 나타내는 것으로 보인다.[75]

---

68 『集成』5308, "蘁(盉)乍父甲寶障彝, 單." 『集成』70, "單子白(日)乍寶般(盤)." 『集成』2270, "弔乍單公寶障彝." 『集成』3624, "弔單乍義公障彝."

69 『集成』6512, "王後坂(返?)克商, 才成師, 周公易小臣單貝十朋, 用乍寶障彝."

70 『集成』82, "單白昊生(甥)曰, 不(丕)顯皇且剌(烈)考, 徉(徙)匹先王, 㸚肇(肇)堇(勤)大令, 余小子@帥井(型)朕皇且考懿德, 用保奠." 4672 "單昊生(甥)乍(作)羞豆用亯(享)."

71 『集成』4294, 4295, "隹王九月, 既眚霸庚寅, 王才周康宮, 旦, 各大室, 卽立, 嗣徒單白內右揚, 王乎內史, 史寿冊令揚, 王若曰, 揚, 乍嗣工, 官量田甸, 眔嗣立, 眔嗣苑, 眔嗣寇, 眔嗣工, 司易女赤㡩市, 緣旂, 訊訟, 叏價五夽, 揚拜手頴首, 敢對揚天子不顯休, 余用乍朕剌考宮白寶毁, 子子孫孫其萬年永寶用."

72 그리고 1976년 陝西 臨潼縣 靈口村에서 발견된 서주 후기로 비정된 〈왕화(王盉)〉의 "王이 豐妊單의 보배로운 盉를 만들었다. 그 萬年토록 영원히 보배로 사용할지어다(『集成』9438(1976년 陝西 臨潼縣 靈口村), 서주 말기, "王乍(作)豐妊單寶盉, 其萬年永寶用.")라는 명문과 〈채후신반(蔡侯申盤)〉의 "蔡侯가 姬單의 媵匝를 만들었다(『集成』10195, "蔡厌(侯)乍(作)姬單媵也(匝).")"라는 명문은 單이 인명으로 쓰인 사례로 單 族國과는 직접 관련이 없는 것으로 보인다.

73 『集成』4424, "單子白乍(作)叔姜旅盨, 其子子孫孫萬年永寶用."

74 『集成』737, "單伯邊父乍(作)仲姞尊鬲, 子子孫孫, 其邁(萬)年, 永寶用享."

75 그 외 單이라는 글자가 들어간 세 청동기 명문은 單과 직접적인 관련은 없는 것으로 보인다. 『集成』2657, 唯黃孫子𣂪(傒)君弔(作)單自乍(作)貞(鼎). 其萬年無疆, 子孫孫永寶用亯(享).; 『集成』10132 奚君單自乍(作)盤, 其萬年無疆, 子子孫孫永寶用享.; 10235 奚君單自乍(作)寶也(匝), 其萬年子子孫孫用之.

지금까지 청동기 명문들을 중심으로 '선'일족의 흔적을 추적해보았다. 그 결과 다음의 사실들은 비교적 분명해진 것으로 보인다. 첫째, 은허에서 발견된 청동기 명문에 나타나는 상(商)의 족휘 '선'과 베이징 팡산 류리허에서 발견된 서주 초기 족휘 '선'은 인과관계로 유추할 때 상호 관련이 있을 가능성이 높다. 이 해석에 따른다면 은허에서 살던 '선'일족이 상의 멸망 이후 류리허 지역에 재배치되었을 가능성이 높은 것으로 보인다. 둘째, '선'이라는 같은 족휘를 사용하지만, '선'과 관련된 서주 초기의 청동기 명문이 발견된 샨시 푸펑 좡바이촌이나 서주 중기의 명문이 발견된 류둥촌, 윈탕촌 일대 그리고 서주 초기의 명문이 발견된 허난 멍진현 등의 지역이 상의 세력권이었던 은허나 서주 초기 류리허 지역에서 발견된 족휘와 관련되었을 가능성은 현재로서는 추론하기 어렵다. 셋째, 현재의 샨시 지역의 청동기 명문의 출토 정황으로 볼 때, '선'일족은 서주 초기에는 샨시 푸펑 좡바이촌, 서주 중기에는 류둥촌, 윈탕촌 일대에 살다가 서주 말기에는 바오지시 메이현 마지아진 양자촌 일대에서 거주한 것으로 보인다. 넷째, 서주시기 샨시 푸펑현과 메이현 일대에 거주한 '선'일족은 '◇선(◇單)', 서주 초기 허난 하청(오늘날의 멍진현)에 살던 '선'일족은 '선광(單光)'의 족휘를 사용하였다. 두 지역이 '선'이 본족과 지족관계인가는 분명하지 않다. 또한, 서주왕조의 동천 이후 샨시 지역에 거주하던 '◇선(◇單)' 일족이 성주 뤄양 인근으로 이주하여 '선광(單光)'일족과 합쳤는가, 아니면 다른 지역으로 이주했는가는 분명하지 않다. 여섯째, 3장에서 살펴볼 춘추시기 선양공(單襄公) 이후의 '선'일족이 '◇선(◇單)과 '선광(單光)'중 '선광'과 관련이 깊을 가능성이 현재로서는 높은 것으로 생각된다.

3. 선(單) 세계(世系)의 재구성

서주시기에 존재했던 선(單)이라는 족·국에 대한 기록은 문헌사료에는 거의 나타나지 않아, 서주시대 '선'의 세계(世系)에 대해서도 전혀 알 수 없었다. 하지만 샨시 바오지 메이현 양자촌 청동기들의 출토, 특히, 373자에 이르는 〈래반〉의 발견[76]으로 '선'의 위치와 서주 왕들과 '선'일족 수장들의 계보가 명확해지게

---

76 〈逨盤〉 "逨曰: 不(丕)顯朕皇高且(祖)單公, 趩=克明哲乎(厥)德, 夾召文王·武王, 撻殷, 膺受天魯命, 匍(敷)有四方, 竝(并)宅, 乎(厥)董(勤)疆土, 用配上帝. 雩朕皇高且(祖)公叔, 克逨匹成王, 成受大命, 方狄(逖)不(丕)享, 用奠四或(域)萬邦. 雩朕皇高且(祖)新室中(仲), 克幽明乎(厥)心, 柔遠能爾(邇), 會召康王, 方裒(懷)不廷. 雩朕皇高且(祖)惠中(仲)盠(鑫)父, 盭(戾)龢于政, 有成于猷(猷), 用會卲(昭)王, 穆王, 盈(盜)政四方, 厤伐楚刑(荊). 雩朕皇高且(祖)零白(伯), 粦明乎(厥)心, 不彖(墜)[於]服用辟皸(共)王, 懿王. 雩朕皇亞且(祖)懿中(仲), 敄諫=, 克匍(敷)保乎(厥)辟考(孝)王, 夷王, 又(有)成于周邦. 雩朕皇考龏(共)叔, 穆=趩=, 龢訇(均)于政, 明齊于德, 享辟剌(厲)王. 逨肈厤朕皇且(祖)考服睦, 虔夙夕敬朕死事, 肆天子多易(賜)逨休. 天子其萬年無疆, 耆黃耇, 保奠周邦, 諫辥四方. 王若曰: 逨, 不(丕)顯文武, 膺受大命(命), 匍(敷)有四方, 則緐隹(唯)乃先聖且(祖)考, 夾召(紹)先王, 舝(爵,勞)董大令(命). 今余佳(唯)巠乃先聖且(祖)考, 霝申蒙(就)乃令(命), 令(命)女(汝)疋榮兌, 蒭鍺四方吳(虞)林, 用宮

되었다. 이 장에서는 〈래반〉에 나타나는 기존 연구들을 참고하여 서주 왕들과 '선'일족 수장들의 계보를 정리하고, 이후 『춘추』와 『좌전』에 나타나는 춘추시기 '선백(單伯)'과 '선공(單公)'의 관계를 정리하고 이를 기초로 춘추시대 성주(成周) 지역에 거주하던 '선'일족의 계보를 정리하고자 한다.

먼저 〈래반〉에 나타난 서주시기 산시 푸펑현과 메이현 지역에 거주하던 '선'일족의 수장들과 서주왕실의 계보를 정리해보자. 작기자 래(逑)는 자신의 선조들의 업적을 열거하면서 1) 선조들의 특성과 '선'족·국에 대한 공헌, 2) '선'군주들의 서주 왕들에 대한 공헌, 3) '선'군주들의 보좌를 받은 주왕들의 주방(周邦)에 대한 공헌의 내용들을 기술하고 있다.

이를 간단히 표로 나타내면 다음과 같다.

〈표 1〉 〈래반〉에 나타난 선(單)과 서주의 세계

	선(單)의 세계		서주왕	선(單) 군주들의 서주 왕들에 대한 공헌	주왕(周王)의 주방(周邦)에 대한 공헌
	호칭	이름			
1	황고조 (皇高祖)	선공(單公)	문왕(文王)· 무왕(武王)	문왕과 무왕을 도움 (夾召文王·武王)	은을 정벌하시고 하늘의 큰 명을 응하여 받으셔서, 널리 사방을 두시고, 아울러 거처로 삼으시고, 강토를 다스리시는데 진력 (膺受天魯命, 甫有四方, 并宅, 厥(厥)菫(勤)疆土)
2	황고조	공숙(公叔)	성왕(成王)	성왕을 보좌 (克逑匹成王)	큰 명을 받드시어, 봉헌하지 않는 자들을 쳐서, 사역, 만방을 평정 (受大命, 方狄不(丕)享, 用奠四域萬邦)
3	황고조	신실중(新室仲)	강왕(康王)	강왕을 도움(會召康王)	조회하지 않는 나라를 안무(方襄(懷)不廷)
4	황고조	혜중리부 (惠仲盠父)	소왕(昭王)· 목왕(穆王)	소왕과 목왕과 회합 (會昭王, 穆王)	사방을 쳐서 바르게 하고, 초형을 정벌 (盭(盜)政四方, 廗伐楚荊)
5	황고조	영백(零白)	효왕(孝王)· 이왕(夷王)	효왕과 이왕을 보좌 (甫保厥辟孝王, 夷王)	주방에 공로 세움(有成于周邦)
6	황고(皇考)	공숙(共叔)	여왕(厲王)	여왕에게 헌신 (享辟厲王)	
7		래(逑)	선왕(宣王)		

御. 易(賜)女(汝)赤市, 幽衡, 攸(鋚)勒. 逑敢對天子不(丕)顯魯休揚. 用乍(作)朕皇且(祖)考寶尊般(盤), 用追享孝于前文人, 嚴在上, 燺(翼)在下, 鼓=燺=, 降逑魯多福, 眉壽綽綰, 受(授)余康爲(睿), 純又(祐), 通彔(祿), 永令(命), 霝(靈)冬(終), 逑畯臣天子, 子孫=永寶用享." 명문과 출토정황 등에 대해서는 陝西省考古研究所·寶鷄市考古研究所·眉縣文化館 편저, 『盛世吉金-寶鷄眉縣楊家村單氏青銅器窖藏-』, 文物出版社, 2008년, 184~191쪽 참조.

위의 〈래반〉의 내용처럼 샨시 지역에 살던 '선'일족의 세계는 서주왕실의 세계와 대응하여 문왕(文王)·무왕(武王)[서주]—선공(單公)[單], 성왕(成王)[서주]—공숙(公叔)[單], 강왕(康王)[서주]—신실중(新室仲)[單], 소왕(昭王)·목왕(穆王)[서주]—혜중리보(惠仲盠父)[單], 효왕(孝王)·이왕(夷王)[서주]—영백(零白)[單], 여왕(厲王)[서주]—공숙(共叔)[單], 선왕(宣王)[서주]—래(逨)[單]의 관계가 성립한다는 것을 알 수 있다.

그렇다면 주선왕(周宣王)과 '선'일족의 마지막 수장 래(逨) 이후의 '선'의 세계는 어떻게 이어지는 것일까? 그리고 〈래반〉에 나타나는 서주시대 '선'일족의 계보와 『춘추』와 『좌전』에 나타나는 '선'일족의 계보는 어떤 관계가 있을까? 〈래반〉 이후 '선'이라는 족·국에 관한 기록에 가장 먼저 보이는 것은 『춘추』 노(魯) '장공(莊公) 원년'(693 B.C.)의 "여름에, 선백(單伯)이 왕희(王姬)를 보냈다."[77]라는 기사이다.[78] 이 기사에 대해 『춘추공양전』과 『춘추곡량전』에서는 "선백은 누구인가? 우리(魯) 대부의 천자에게 명을 받은 사람이다."[79]라고 하여 선백을 노의 국경(國卿)으로 해석하고 있다. 이에 반해, 두예는 『춘추좌전정의』에서 "『춘추』 경문(經文)의 위, 아래를 조사해보면 공경(公卿)은 작(爵)을 쓰고, 대부(大夫)는 자(字)를 쓴다. 선백은 작을 썼기 때문에 경임을 알 수 있다. '선'은 천자 기내(畿內)의 지명으로, 인군이 신하에게 읍으로 주어, 그에게 부세를 채취하도록 하였기 때문에, 그 토지를 채지(采地)라고 한다."[80]라고 하고 있다. 두예는 선백이 천자 기내에 채읍을 가진 천자의 공경이었음을 주장하고 있다.[81]

선백이 『공양전』과 『곡량전』의 주장처럼 주왕의 기내 왕신이냐, 아니면 두예의 주장처럼 노의 국경이냐에 따라 『춘추』 '장공 14년'의 "여름에, 선백이 회합하여 송(宋)을 쳤다.",[82] "겨울에, 선백이 제후, 송공, 위후, 정백과 견(甄)에서 회동했다.",[83] 『춘추』 문공(文公) 14년 "겨울에, 선백이 제에 갔다. 제의 사람들이 선백을 붙잡았다.",[84] 『춘추』 문공 15년의 "선백이 제로부터 돌아왔다."[85]라는 기사에 나오는 선백이 주의

---

77 『春秋』 莊公 元年, "夏, 單伯送王姬."

78 魯莊公 元年(693 B.C.)은 〈逨盤〉의 작기자 逨가 살았던 당시의 군주 周宣王(재위 828~783 B.C.)이 사망하고 90년이 흐른 이후이다.

79 『春秋公羊傳』 莊公 元年, "單伯者何? 吾大夫之命乎天子者也.", 『春秋穀梁傳』 莊公 元年, "單伯者何, 吾大夫之命乎天子者也."

80 杜預는 『春秋左傳正義』에서 "正義曰: 檢經上下公卿書爵, 大夫書字. 單伯書爵, 故爲卿也. 單者, 天子畿內地名, 人君賜臣以邑, 令采取賦稅, 謂之采地."라고 하고 있다.

81 陳槃도 이에 동의하고 있다. 『不見于春秋大事表之春秋邦國稿』, 62쪽.

82 『春秋』 莊公14년의 "夏, 單伯會伐宋."와 그에 대한 『左傳』의 "十四年春, 諸侯伐宋. 齊請師于周. 夏, 單伯會之. 取成于宋而還."라는 해설.

83 『春秋』 莊公14년, "冬, 單伯會齊侯, 宋公, 衛侯, 鄭伯, 于甄." 이 구절에 대해 『左傳』에서는 "冬, 會于甄, 宋服故也."이라고 하고 있다.

84 『春秋』 文公14년, "冬, 單伯如齊. 齊人執單伯." 이 구절에 대해 『左傳』에서는 "冬, 單伯如齊請子叔姬, 齊人執之. 又執子叔姬."이라고 하고 있다.

85 『春秋』 "單伯至自齊." 이에 대해 『左傳』에서는 "齊人許單伯請而赦之, 使來致命. 書曰'單伯至自齊', 貴之也."라고 하고 있다.

기내 왕신이냐, 노의 국경이냐가 달라진다.

이 문제에 대한 역대『춘추』와『좌전』의 주석가들 또한 그 견해를 제기하지 않은 사람이 드물 정도인데, 몇 사람의 견해를 살펴보면 송엽몽(宋葉夢), 손각(孫覺)은 '왕신(王臣)'으로, 소철(蘇轍)은 "천자지경(天子之卿)"으로, 최자방(崔子方)은 "봉읍을 잃은 군주로 노에 더부살이 하는 사람.", 유창(劉敞)은 '노인(魯人)' 등으로 해석하고 있다.[86] 견해는 다양하지만 기본적으로 선백을 노의 경대부로 해석하는『춘추공양전』,『춘추곡량전』의 입장을 지지하는 쪽과 선백이 천자의 기내 왕신이라는 두예의 견해를 지지하는 쪽으로 견해가 갈리고 있음을 알 수 있다.

필자는 생각으로는 이 문제를 푸는 방법 중의 하나는『춘추』와『좌전』에서 회맹의 주체가 되는 사람이 누구인가를 조사하는 것이라고 생각된다. 그러면 회맹의 주체 문제를 통해 선백이 주인(周人)인가, 노인(魯人)인가를 살펴보자.『춘추』'장공 14년'의 "겨울에 선백이 제후, 송공, 위후, 정백과 견에서 회동했다."라는 기사를 보면 선백이 문장의 주어 내지 행동의 주체가 되어 제후, 송공, 위후, 정백과 견에서 회동하고 있음을 알 수 있다.『춘추』의 회맹관련 용례를 검토해보면 "A가 B, C, D…와 회동했다(A會B, C, D…)"에서, 회동의 주체로 나타나는 문장의 주어 A는 예외 없이 노의 군주나 경대부이다.[87] 또한, 선백의 사례와 같이 춘추 열국에서 "○백"의 사례를 가진 사람이 국군 휘하의 경대부로 나타는 경우가 있는데, 진(晉) 곡옥장백(曲沃莊伯)[88]의 사례는 국군인 진후 아래에 '○백'이 있었음을 보여준다. 따라서 춘추 회맹의 주체로 나타나는 사람이 예외 없이 노의 군주나 경대부이고, 선백이 노후(魯侯) 아래 있었을 가능성을 고려하면『춘추』와『좌전』에 보이는 선백은『공양전』이나『곡량전』의 견해처럼 노의 경대부일 가능성이 매우 높은 것으로 생각된다. 이런 관점에서 보면 선백은 노의 초봉(初封) 또는 동천 이후 어느 시기에 '선'의 한 갈래가 노의 영역 안에 들어와 노의 경대부로 봉건되었을 가능성이 매우 높다.

'선백'이 노의 경대부였다면, 천자 기내에 존재했던 '선'족·국의 흔적은 어디에서 찾을 수 있을까? 노(魯) 성공(成公) 원년(590 B.C.)에 진후(晉侯)가 하가(瑕嘉)를 시켜 융(戎)을 천자와 화목하게 하자 천자가 진(晉)에 감사를 표시하기 위해 파견했던 선양공(單襄公)이 춘추시기에 보이는 최초의 '선'의 군주이다.[89]

---

86 宋葉夢(宋),『春秋三傳讞』중의『春秋左傳讞』, 권3, "王臣". 孫覺(宋),『孫氏春秋經解』권3, "王臣". 蘇轍(宋),『蘇氏春秋集解』권3, "天子之卿". 崔子方(宋),『崔氏春秋經解』권3, "失地之君而寓於魯者也". 劉敞(宋),『春秋權衡』권3, "魯人" 등으로 해석하고 있다.

87 『春秋』隱公 10년, "十年, 春, 王二月, 公會齊侯, 鄭伯, 于中丘.";『春秋』"夏, 翬帥師會齊人, 鄭人, 伐宋.".『春秋』隱公 10년, "冬, 十有二月, 公孫茲帥師會齊人, 宋人, 衛人, 鄭人, 許人, 曹人, 侵陳.".『春秋』僖公 4년, "夏, 六月, 公孫敖會宋公, 陳侯, 鄭伯, 晉士縠, 盟于垂隴."와 같이 "A會B,C,D于○○"의 사례들에서 A에는 모두 魯와 관련된 魯公이나 魯의 卿大夫가 온다.

88 『左傳』隱公 5년, "曲沃莊伯以鄭人·邢人伐翼, 王使尹氏·武氏助之. 翼侯奔隨."

89 『左傳』成公 元年, "元年春. 晉侯使瑕嘉平戎於王, 單襄公如晉拜成. 劉康公徹戎, 將遂伐之. 叔服曰, "背盟而欺大國, 此必敗. 背盟, 不祥. 欺大國, 不義. 神人弗助, 將何以勝?" 不聽, 遂伐茅戎. 三月癸未, 敗績於徐吾氏."

『춘추』와 『좌전』의 기사를 검토하면 그는 노 성공 2년에 진후(晉侯)가 공삭(鞏朔)에게 제(齊)로부터 뺏은 전리품을 주 천자에게 바치자 천자를 대신하여 파견되어 사양의 말을 전하는 일을 맡았고,[90] 후전(郇田)의 토지에 대한 영유권을 두고 진(晉)의 극지(郤至)와 주왕실이 분쟁을 벌일 때 주왕실의 입장을 대변하고,[91] 진후(晉侯)가 극지를 시켜 초(楚)와의 전쟁에서 얻은 전리품을 바치게 했을 때 극지와 이야기를 나누고,[92] 노 성공17년(574 B.C.) 노의 성공, 윤자, 진후, 제후, 송공, 위후, 조백, 주인(邾人)과 회합하여 정(鄭)을 정벌하고,[93] 같은 해 겨울 다시 노의 성공, 진후, 송공, 위후, 조백, 제인, 주인과 회합하여 정을 정벌하였다.[94]

다음으로 나타나는 '선'의 군주는 노 양공3년(570 B.C.)에 노양공, 진후, 송공, 위후, 정백, 거자, 주자, 제의 세자 광과 계택(雞澤)에서 회맹한 선경공(單頃公)이다.[95]

다음으로 나타나는 '선'의 군주는 왕숙(王叔) 진생(陳生)과 백여(伯輿)의 정권쟁탈과정에서 경사(卿士)가 되어 주왕실을 돕고,[96] 왕후(王后)를 제에서 맞아들이는 역할을 한 선정공(單靖公)이다.[97]

다음으로 나타나는 '선'의 군주는 『좌전』 소공(昭公) 7년의 기사에 나타나는 친족을 버리고 외지인을 등용했다가 양공(襄公)과 경공(頃公) 족속들의 반격을 받아 살해된 선헌공(單獻公)이다.[98]

---

90 『左傳』成公 2년, "晉侯使鞏朔獻齊捷于周. 王弗見, 使單襄公辭焉, 曰, "蠻夷戎狄, 不式王命, …""

91 『左傳』成公 11년, "晉郤至與周爭郇田, 王命劉康公·單襄公訟諸晉. 郤至曰, "溫, 吾故也, 故不敢失." 劉子·單子曰, "昔周克商, 使諸侯撫封, 蘇忿生以溫爲司寇, …"

92 『左傳』成公 16년, "晉侯使郤至獻楚捷于周, 與單襄公語, 驟稱其伐. 單子語諸大夫曰, "溫季其亡乎!位於七人之下, 而求掩其上. 怨之所聚, 亂之本也. 多怨而階亂, 何以在位? 夏書曰, '怨豈在明?不見是圖.' 將愼其細也. 今而明之, 其可乎?'

93 『春秋』成公 17年, "夏, 公會尹子·單子·晉侯·齊侯·宋公·衛侯·曹伯·邾人, 伐鄭." 『左傳』에서는 "夏五月, 鄭大子髡頑·侯獳爲質於楚, 楚公子成·公子寅戍鄭. 公會尹武子·單襄公及諸侯伐鄭, 自戲童至于曲洧."이라고 하고 있다.

94 『春秋』成公 17년, "冬, 公會單子·晉侯·宋公·衛侯·曹伯·齊人·邾人, 伐鄭." 이에 대해 『左傳』成公 17년에서는 "冬, 諸侯伐鄭. 十月庚午, 圍鄭."이라고 하고 있다.

95 『春秋』襄公 3년, "六月, 公會單子·晉侯·宋公·衛侯·鄭伯·莒子·邾子·齊世子光, 己未, 同盟于雞澤." 『左傳』襄公 3년에서는 "晉爲鄭服故, 且欲脩吳好, 將合諸侯. 使士匄告于齊曰, '寡君使匄, 以歲之不易, 不虞之不戒, 寡君願與一二兄弟相見, 以謀不協. 請君臨之, 使匄乞盟.' 齊侯欲勿許, 而難爲不協, 乃盟於耏外. …六月, 公會單頃公及諸侯. 己未, 同盟于鷄澤. 晉侯使荀會逆吳子于淮上, 吳子不至."이라고 하고 있다.

96 『左傳』襄公 10년, "王叔陳生與伯輿爭政, 王右伯輿. 王叔陳生怒而出奔. 及河, 王復之, 殺史狡以說焉. 不入, 遂處之. 晉侯使士匄平王室, 王叔與伯輿訟焉. 王叔之宰與伯輿之大夫瑕禽坐獄於王庭, 士匄聽之. 王叔之宰曰, '篳門閨竇之人而皆陵其上, 其難爲上矣.' 瑕禽曰, '昔平王東遷, 吾七姓從王, 牲用備具, 王賴之, 而賜之騂旄之盟, 曰,「世世無失職.」若篳門閨竇, 其能來東底乎? 且王何賴焉? 今自王叔之相也, 政以賄成, 而刑放於寵. 官之師旅, 不勝其富, 吾能無篳門閨竇乎? 唯大國圖之! 下而無直, 則何謂正矣?' 范宣子曰, '天子所右, 寡君亦右之. 所左, 亦左之.' 使王叔氏與伯輿合要, 王叔氏不能擧其契. 王叔奔晉. 不書, 不告也. 單靖公爲卿士以相王室."

97 『春秋』襄公 15년, "劉夏逆王后于齊." 이 구절에 대해 『左傳』에서는 "官師從單靖公逆王后于齊. 卿不行, 非禮也."라고 하고 있다.

98 『左傳』昭公 7년, "單獻公棄親用羈. 冬十月辛酉, 襄·頃之族殺獻公而立成公."

다음으로 나타나는 '선'의 군주는 살해된 선헌공의 뒤를 이어, 주왕의 관백(官伯) 자격으로 한선자(韓宣子)와 척(戚)에서 회합하고 노 소공(昭公) 11년(531 B.C.)에 사망한 선성공(單成公)이다.[99]

다음으로 나타나는 '선'의 군주는 선목공(單穆公－이름은 旗)이다. 선목공은 노소공(魯昭公) 22년, 즉, 주경왕(周景王) 25년(520 B.C.)에 시작된 동주(東周)왕실의 권력투쟁을 둘러싼 분쟁 당사자 중의 일인이다. 주경왕은 왕자 조(朝)와 빈기(賓起: 賓孟)를 총애했는데, 당시 유헌공(劉獻公)의 서자(庶子) 백분(伯㙻: 이름은 劉狄)이 선목공의 휘하에 있었다. 당시 '선'과 유(劉)는 왕자 조와 빈기를 제거하여 주왕실의 정권을 차지하고자 하였다. 주경왕 역시 북산(北山)에서의 사냥을 통해 선자(單子)와 유자(劉子)를 제거하려 하였으나 실패하고 죽음에 이르게 된다. 이후 백분이 선목공의 지휘를 받아 '유'의 군주가 되면서 '선'과 '유'의 동맹이 더욱 확고해진다. 이에, 왕자 조는 '선'과 '유'의 정권 담당에 반대하여 구관(舊官)·백공(百工)으로 직질(職秩)을 상실한 자들과 영왕(靈王)과 경왕(景王)의 후예들을 규합하여 '선'과 '유'일족의 제거를 시도하게 된다.[100] 양측의 공방전이 전개되다가[101] 진(晉)이 개입하여 반란의 주동세력들인 왕자 조, 소씨(召氏) 일족, 모백득(毛伯得), 윤씨고(尹氏固), 남궁은(南宮囂)이 축출되고 이들이 초(楚)로 달아나게 된다.[102] 이로써 주의 경왕이 죽고 소왕(昭王)이 즉위하는 과정에서 일어난 왕자 조가 주동하여 영왕과 경왕의 후예를 중심으로 왕성(王城)의 사람들을 규합하여 일으킨 주왕실의 난리는 일단락되고 구세족인 '선'

---

[99] 『左傳』昭公 11년, "單子會韓宣子于戚, 視下, 言徐. 叔向曰, '單子其將死乎! 朝有著定, 會有表, 衣有襘, 帶有結. 會朝之言必聞于表著之位, 所以昭事序也. 視不過結襘之中, 所以道容貌也. 言以命之, 容貌以明之, 失則有闕. 今單子為王官伯, 而命事於會, 視不登帶, 言不過步, 貌不道容, 而言不昭矣. 不道, 不共. 不昭, 不從. 無守氣矣.' 十二月, 單成公卒."

[100] 『左傳』昭公 22년, "王子朝·賓起有寵於景王, 王與賓孟說之, 欲立之. 劉獻公之庶子伯㙻事單穆公, 惡賓孟之為人也, 願殺之. 又惡王子朝之言, 以為亂, 願去之. …夏四月, 王田北山, 使公卿皆從, 將殺單子·劉子. 王有心疾, 乙丑, 崩于榮錡氏. 戊辰, 劉子摯卒, 無子, 單子立劉蚠. 五月庚辰, 見王, 遂攻賓起, 殺之, 盟群王子于單氏. …丁巳, 葬景王. 王子朝因舊官·百工之喪職秩者與靈·景之族以作亂. 帥郊·要·餞之甲, 以逐劉子. 壬戌, 劉子奔揚. 單子逆悼王于莊宮以歸. 王子還夜取王以如莊宮. 癸亥, 單子出. 王子還與召莊公謀曰, '不殺單旗, 不捷. 與之重盟, 必來. 背盟而能克者多矣.' 從之, 樊頃曰, '非言也, 必不克.' 遂奉王以追單子, 及領, 大盟而復. 殺摯荒以說. 劉子如劉, 單子亡. 乙丑, 奔于平時, 群王子追之, 單子殺還·姑·發·弱·鬷·延·定·稠, 子朝奔京. 丙寅, 伐之. 京人奔山. 劉子入于王城. 辛未, 鞏簡公敗績于京. 乙亥, 甘平公亦敗焉. 叔鞅至自京師, 言王室之亂也. 閔馬父曰, '子朝必不克. 其所與者, 天所廢也.'"

[101] 『左傳』昭公 22년, "單子欲告急於晉. 秋七月戊寅, 以王如平時, 遂如圃車, 次于皇. …劉子如劉, 單子使王子處守于王城. 盟百工于平宮. 辛卯, 鄩肸伐皇. 大敗, 獲鄩肸. 壬辰, 焚諸王城之市. 八月辛酉, 司徒醜以王師敗績于前城, 百工叛. 己巳, 伐單氏之宮, 敗焉. 庚午, 反伐之. 辛未, 伐東圉. 冬十月丁巳, 晉籍談·荀躒帥九州之戎及焦·瑕·溫·原之師, 以納王于王城. 庚申, 單子·劉蚠以王師敗績于郊, 前城人敗陸渾于社. 十一月乙酉, 王子猛卒. 不成喪也. 己丑, 敬王卽位. 館于子旅氏. 十二月庚戌, 晉籍談, 荀躒·賈辛·司馬督帥師軍于陰, 于侯氏, 于谿泉, 次于社. 王師軍于氾, 于解, 次于任人. 閏月, 晉箕遺·樂徵·右行詭濟師取前城, 軍其東南. 王師軍于京楚. 辛丑, 伐京, 毁其西南."

[102] 『春秋』昭公 26년, "冬, 十月, 天王入于成周, 尹氏, 召伯, 毛伯, 以王子朝奔楚.". 『左傳』昭公 26년, "冬十月丙申, 王起師于滑. 辛丑, 在郊, 遂次于尸. 十一月辛酉, 晉師克鞏. 召伯盈逐王子朝, 王子朝及召氏之族·毛伯得·尹氏固·南宮囂奉周之典籍以奔楚. 陰忌奔莒以叛. 召伯逆王于尸, 及劉子·單子盟. 遂軍圉澤, 次于隄上. 癸酉, 王入于成周, 甲戌, 盟于襄宮. 晉師使成公般戍周而還. 十二月癸未, 王入于莊宮."

과 '유'가 계속하여 주왕실의 정권을 확보하게 된다. 주왕실의 혈족에서 오래전에 갈라져 나와 당시 정권을 장악했던 '선'과 '유'로 대표되는 구세족과 영왕과 경왕의 후예로 정권에서 소외당한 신세족의 갈등이 당시 극에 달했음을 알 수 있다.

다음으로 나타나는 '선'의 군주는 선무공(單武公)이다. 그는 노정공(魯定公) 7년(503 B.C.) 유환공(劉桓公)과 더불어 윤씨(尹氏)를 궁곡(窮谷)에서 물리치고,[103] 주왕을 경씨(慶氏)에서 맞이하여 왕성에 맞아들인다.[104] 노정공 8년 2월에는 유자(劉子)와 더불어 곡성(穀成), 의율(儀栗), 간성(簡成), 우(盂)를 쳐서 왕실을 안정시킨다.[105]

『춘추』와 『좌전』에 나타나는 마지막 '선'의 군주는 선평공(單平公)이다. 그는 노애공(魯哀公) 13년(482 B.C.) 노후(魯侯), 진정공(晉定公), 오(吳) 부차(夫差)와 황지(黃池)에서 회맹하고,[106] 노애공 16년 괴외(蒯聵)가 위후(衛侯)가 되자 주왕실을 대리하여 파견되어 주천자의 책명을 대리한다.[107]

이상이 춘추시기 『춘추』와 『좌전』에 나타나는 춘추시기 '선'의 세계로, 양공(襄公)→경공(頃公)→정공(靖公)→헌공(獻公)→성공(成公)→목공(穆公)→무공(武公)→평공(平公)의 순서로 나타난다.[108] 기록에 근거하면 이들은 선양공 이래 '유'와 더불어 동주 왕실의 정권을 장악하다가 이후 '유'까지 축출하고 주왕실의 실권을 장악한다. 『한비자』에서는 이러한 상황을 "들은 바로는 전성자(田成子)는 제(齊)를 취하고, 사성자한(司城子罕)은 송(宋)을 취하고, 태재흔(太宰欣)은 정(鄭)을 취하고, 선씨(單氏)는 주(周)를 취하고, 역아(易牙)는 위(衛)를 취하고, 한(韓)·위(魏)·조(趙)의 삼자(三子)는 진(晉)을 분할했으니, 이들 여섯 명은 신하가 그 군주를 시해한 자들입니다."[109]라고 표현하고 있다.

지금까지 〈래반〉의 출토로 알게 된 서주시기 '선'의 세계와 『춘추』와 『좌전』에 나타나는 동주시기 주왕실 기내의 신하 '선'의 세계를 정리해보고, 아울러 『춘추』와 『좌전』에 나타나는 선백(單伯)이 기내의 신하가 아니라 노후(魯侯)의 경대부일 가능성을 추론해 보았다. 그렇다면 서주시기 '선'의 세계와 동주시기 주왕

---

103 『左傳』定公 7년, "夏四月, 單武公·劉桓公敗尹氏于窮谷."

104 『左傳』定公 7년, "冬十一月戊午, 單子·劉子逆王于慶氏. 晉籍秦送王. 己巳, 王入于王城, 館于公族黨氏, 而後朝于莊宮."

105 『左傳』定公 8년, "二月己丑, 單子伐穀成, 劉子伐儀栗. 辛卯, 單子伐簡成, 劉子伐盂, 以定王室."

106 『左傳』哀公 13년, "夏, 公會單平公·晉定公·吳夫差于黃池."

107 『左傳』哀公 16년, "十六年春, 瞞成·褚師比出奔宋. 衛侯使鄢武子告于周曰, '蒯聵得罪于君父·君母, 逋竄于晉. 晉以王室之故, 不棄兄弟, 寘諸河上. 天誘其衷, 獲嗣守封焉, 使下臣肸敢告執事.' 王使單平公對, 曰, '肸以嘉命來告余一人, 往謂叔父, 余嘉乃成世, 復爾祿次, 敬之哉!方天之休, 弗敬弗休, 悔其可追?'"

108 『左傳』昭公 11년, "單子會韓宣子于戚, 視下, 言徐. 叔向曰, '單子其將死乎!朝有著定, 會有表, 衣有襘, 帶有結. 會朝之言必聞于表著之位, 所以昭事序也. 視不過結襘之中, 所以道容貌也. 言以命之, 容貌以明之, 失則有闕. 今單子爲王官伯, 而命事於會, 視不登帶, 言不過步, 貌不道容, 而言不昭矣. 不道, 不共. 不昭, 不從. 無守氣矣.' 十二月, 單成公卒."

109 『韓非子』說疑 第44, "以今時之所聞, 田成子取齊, 司城子罕取宋, 太宰欣取鄭, 單氏取周, 易牙之取衛, 韓·魏·趙三子分晉, 此六人, 臣之弑其君者也."

실 기내의 신하 '선'의 세계는 어떤 관계에 있을까? 2장에서 살펴보았듯이 일부 논자들이 이야기하는 것처럼 원래 서주시기 〈래반〉 등이 발견된 현재의 샨시성 메이현, 푸펑현 등지에 살던 '선'일족이 서주가 멸망한 이후 뤄양 인근으로 옮겨 동주 왕실의 기내 왕신이 된 것이 아니라면 춘추시기 왕기 경사로 활약한 '선'일족은 2장에서 살펴본 '단광(單光)'이라는 족휘를 사용한 '선'일족의 후예일 가능성이 매우 높다고 생각된다.

4. 맺음말

선(單)은 동주(東周) 거의 전시기를 통해 때로 '선'과 유(劉)의 정치적 동맹을 통해 이후 단독으로 동주 왕실의 정권을 장악한, 어떤 면에서는 춘추오패와 비슷한 정도의 중요성을 가졌던 족국이었지만, 그 역사에 대해서는 알려진 것이 많지 않았다. 그렇지만 샨시 바오지시 메이현 양자촌 출토 청동기와 거기에 새겨진 명문들을 통해 서주에서 동주에 이르는 '선'일족의 역사를 영성하게나마 얽는 일이 가능해졌다. 이 글에서는 2장에서는 '선'의 지리위치를, 3장에서는 '선'의 세계를 살펴보았다. 이를 통해 다음과 같은 사실들을 알 수 있었다.

첫째, '선'과 단(檀)은 서로 다른 족·국이며 서주시기 '선'은 〈래반(逨盤)〉 등의 출토로 샨시 메이현 양자촌 일대에 있었음이 분명해졌다.

둘째, 일부에서는 〈래반〉을 비롯한 샨시 메이현에 있었던 '선'일족은 서주시대의 '선'이며, 허난 멍진현에서 발견된 '선'과 관련된 청동기를 다수 주조한 '선'일족은 춘추시대의 '선'으로 이해하여 샨시 바오지 메이현 양자촌 일대에서 살던 '선'일족이 주왕실의 동천에 따라 허난 멍진현으로 이주한 것으로 이해하기도 하였다. 그렇지만 허난 하청(오늘날의 멍진현)에서 발견된 '선'과 관련된 청동기들의 연대가 메이현 양자촌 출토 청동기들의 시대와 동일한 서주 초기라는 점을 고려하면 '선'일족이 샨시 바오지 메이현 양자촌 일대에서 살다가 주왕실의 동천에 따라 허난 하청으로 이주한 것은 아니게 된다. 따라서 서주 초기에 이미 '선'일족이 샨시 바오지 메이현 양자촌 일대와 허난 멍진현에 각기 존재했던 것으로 해석할 수밖에 없다.

셋째, 샨시 푸펑 좡바이촌, 류둥촌과 윈탕촌 일대에서 서주 초기에 거주하던 '선'일족은 '◇선(◇單)'이라는 족휘를 사용하고, 허난 멍진현에서 서주 초기에 거주하던 '선'일족은 '선광(單光)'이라는 족휘를 사용한 것으로 분리하여 이해할 필요가 있다고 생각된다. 서주 초기에는 현재의 샨시 푸펑에서 살다가 서주 말기에는 메이현으로 이주한 '선'일족이 멍진에 살던 '선'일족이 일족인가의 여부 등에 대해서는 추가적인 고고학 자료의 발굴이나 좀 더 확실한 복합도상기호에 대한 연구의 진전을 기다려야 할 것으로 생각된다.

넷째, 〈래반〉의 내용처럼 샨시 지역에 살던 '◊선(◊單)'이라는 족휘를 사용한 '선'일족은 서주왕실의 세계와 대응하여 문왕(文王)·무왕(武王)[서주]−선공(單公)[單], 성왕(成王)[서주]−공숙(公叔)[單], 강왕(康王)[서주]−신실중(新室仲)[單], 소왕(昭王)·목왕(穆王)[서주]−혜중리보(惠仲盠父)[單], 효왕(孝王)·이왕(夷王)[서주]−영백(零白)[單], 여왕(厲王)[서주]−공숙(共叔)[單] , 선왕(宣王)[서주]−래(逨)[單]의 세계를 가지고 있었다.

다섯째, 『춘추』와 『좌전』에 보이는 '선백(單伯)'은 기내 왕신과 관련 없는 노후(魯侯)의 방백(方伯)으로 보인다.

여섯째, 『춘추』와 『좌전』에 보이는 성주 기내 왕신이었던 '선'일족의 세계는, 양공(襄公)→경공(頃公)→정공(靖公)→헌공(獻公)→성공(成公)→목공(穆公)→무공(武公)→평공(平公)의 순서로 정리할 수 있으며, 이들은 서주 초기부터 허난 멍진현에 거주하던 '선광(單光)'일족의 후예일 가능성이 높은 것으로 생각된다.

이 글은 같은 제목으로 『中國古中世史硏究』 제45집 (2017)에 게재한 논문을 수정 보완한 것이다.

16

서주 '약제(約劑)' 명문에 보이는
분쟁 방지 목적의 법적 장치

김 신 주 (서울여대)

1. 들어가며

다소 생소하게 느껴질 수도 있는 '약제(約劑)'란 말은 『주례(周禮)』의 기록에서는 어렵지 않게 볼 수 있다.

『주례』「추관사구(秋官司寇)·사약(司約)」: 사약은 국가와 백성 간의 약제를 관장하는데, 신과 관련된 약속을 관장하는 것을 가장 중요한 것으로 삼고, 백성과 관련된 약속을 다스리는 것을 그 다음으로 여기며, 토지와 관련된 약속을 주관하는 것이 그 다음이고, 공적과 관련된 약속을 관리하는 것이 그 다음이며, 각종 기물과 관련된 약속을 처리하는 것이 그 다음이고, 폐백을 맡아 관리하는 것을 그 다음으로 여긴다. 무릇 중대한 약제는 종묘의 이기(彝器)에 기록하고, 작은 약제는 단도(丹圖)에 기록한다.[1]

『주례』「추관사구·사사(士師)」: 모든 재물로 인한 소송은 부별(傅別)[2]과 약제로 판결한다.[3]

---

1 『周禮』「秋官司寇·司約」: "司約, 掌邦國及萬民之約劑, 治神之約爲上, 治民之約次之, 治地之約次之, 治功之約次之, 治器之約次之, 治摯之約次之. 凡大約劑書於宗彝, 小約劑書於丹圖."

2 2장 1절 '析'에서 '傅別'에 대한 설명을 하겠다.

3 『周禮』「秋官司寇·士師」: "凡以財獄訟者, 正之以傅別約劑."

정현(鄭玄, 127~200) 『주(注)』는 「사약」편에서 "제(劑)는 증서이다", [4] "대약제(大約劑)는 국가 간의 약속이다", [5] "소약제(小約劑)는 백성 간의 약속이다"[6]라고 했다. 「사사」편에 대해서는 정현이 "약제는 각자가 소지하는 증서이다"[7]라고 했으며, 정사농(鄭司農, ?~83)도 "오늘날의 거래와 같은 것으로, 계약서를 작성하여 나누고 각자 하나씩 가지며, 소송이 생기면 계약서를 꼼꼼하게 검토함으로써 이를 판결한다"[8]라고 설명하고 있다. 즉, 광의의 '약제'는 제도, 규정, 공문서 등 일체의 시비를 판단할 수 있는 문자 자료를 일컫는 것이고, 협의의 '약제'는 각종 계약이나 약속의 범위로 포괄될 수 있는 내용을 담은 일종의 계약 증서를 뜻한다고 볼 수 있다.

지금까지 발견된 청동기 명문 중에도 이러한 '약제'와 관련된 기록들을 볼 수 있는데, 대표적인 것이 '치민지약(治民之約)' 및 '치지지약(治地之約)'과 관련된 내용이다. '치민지약'은 세수(稅收), 매매(賣買), 송사(訟事) 등 각종 민사(民事) 및 그로 인한 분쟁과 관련된 내용을 포괄하는 것이고, '치지지약'은 토지의 사용, 분배, 교역, 양도와 관련된 내용을 뜻하는 것으로, 서주 시기의 금문에서 그 흔적을 찾을 수 있다. 이 밖에 군정(軍政)의 명령이나 율령(律令) 등도 큰 범주에서는 '약제'의 일종이라고 볼 수 있다.[9] 『주례』의 기록대로라면 청동기에 새겨진 내용은 '대약제'로서 '방국약(국가 간의 약속)'이어야 하나, 민사로 볼 수 있는 내용들도 적지 않음을 볼 때 이것이 절대적인 기준은 아닌듯하다.

무릇 상술한 내용을 담은 명문을 혹자는 『주례』를 따라 '약제' 명문이라 부르기도 하고, 또는 '법률계약(法律契約)' 명문으로 지칭하기도 하는데, 현대 사회에서의 '계약'의 의미로는 상술한 내용을 다 반영하는 데 한계가 있으므로, 본고에서는 '약제' 명문이란 용어를 사용하도록 하겠다.

주지하듯이 중국 고대의 청동기 명문은 제사(祭祀), 송양(頌揚), 책명(册命), 상사(賞賜), 정벌(征伐), 훈고(訓誥) 등 다양하고 풍부한 내용을 담고 있으며, 이러한 1차 자료는 중국의 언어학, 역사학, 고고학, 문헌학 등 여러 연구 영역에 심대한 영향을 미쳐왔다. 그 중에서도 소위 약제 명문은 중국 고대 경제와 법제를 이해할 수 있는 중요 실물 자료로서 그 가치가 매우 높다고 할 수 있다. 약제 명문에는 재화 거래와 토지 양도를 비롯해서 소송과 판결에 이르는 내용이 망라되어 있기 때문에, 중국의 가장 오래된 '약제' 관련 정보는 물론이고, 중국 고대의 민사 관련 제 분야에도 신빙성 높은 자료를 제공해주고 있다.

약제 명문의 중요 가치로 빼놓을 수 없는 한 가지는 사건의 서술 형식으로, 사건 당사자들의 신분, 사

---

4 劑, 謂券書也.

5 大約劑, 邦國約也.

6 小約劑, 萬民約也.

7 約劑, 各所持券也.

8 若今時市買, 爲券書以別之, 各得其一, 訟則案券以正之.

9 馬承源, 『中國青銅器』(上海: 上海古籍出版社, 1996), 366~367쪽.

건 발생의 원인, 상급자에 대한 보고(報告), 조정, 판결, 서약, 계약 성립 등에 이르는 일련의 처리 과정이 오롯이 담겨있어, 중국 고대의 약제 과정을 재구성할 수 있는 토대 자료가 된다. 특히, 거래나 소송의 마무리 단계에서는 이후 분쟁이 발생했을 때를 대비하기 위한 증빙물 작성이나 특정 행위를 하는 상황이 보이는데, 이러한 법적 장치들은 계약을 성립 및 유지시키고 분쟁을 해결하는 수단이 된다는 점에서 중요한 의의가 있다. 이에 본고에서는 관련 명문 및 전래문헌에 대한 검토를 통해 약제 명문에 보이는 분쟁 방지 목적의 법적 장치를 고찰해보되, 특히 시각적인 증거물이나 구체적인 행동으로 나타나는 형태에 초점을 맞추어 살펴보고자 한다. 그런 면에서 볼 때, 약제 명문 중의 판사(判辭) 부분도 분쟁 발생 시 사건 처리 기준과 증거로서의 기능을 지니고 있긴 하나, 그 가시성이나 구체성이 상대적으로 결여되어 있다고 판단되어 본고에서는 잠시 논외로 하였다.

2. 약제 명문 중 보이는 분쟁 방지 목적의 법적 장치

약제(約劑) 명문 중 분쟁 방지를 목적으로 하는 법적 장치로 볼 수 있는 것은 '석(析)', '요(繚)', '서(誓)', '전(典)'의 네 가지로, 아래에서 차례대로 논의해보도록 하겠다.

1) 석(析)

① 붕생궤(倗生簋): 왕께서 성주에 계셨다. 격백(格伯)이 붕생(倗生)에게서 준마 네 필을 얻었으니, 그것을 토지 삼십 전(田)과 바꾸고,[10] 각각 계약서를 나누어 가졌다(則析) ...... 서사(書史) 시무(夎武)가 현장에 도착해서 토지의 경계를 확정지었다. 귀중한 궤(簋)를 제작함으로써 격백의 토지(에 관한 변경 사항)를 기록으로 남겨둔다.[11]

위 기물은 일부 저록에서는 격백궤(格伯簋)로 명명하고 있지만, 기물 제작자가 붕생(倗生)일 것이라

---

10 '氒(厥)貯(賈)卅田'을 '그 가치가 토지 삼십 田이다'라는 뜻으로 해석하는 견해도 있으나, 필자는 彭裕商의 견해를 취해 '貯(賈)'를 '교역'의 의미로 보았다. 彭裕商, 「西周金文中的"賈"」, 『考古』 2003-2, 59쪽.

11 格伯簋(『殷周金文集成』 4265): 王才(在)成周, 格白(伯)取良馬乘于倗生, 氒(厥)貯(賈)卅田, 則析. ...... 氒書史夎武立(莅)盫成壘, 鑄保簋, 用典格白(伯)田. 본고에 인용된 청동기 명문 중 中國社會科學院考古研究所에서 편찬한 『殷周金文集成』(北京: 中華書局, 1984-1994)의 탁본을 참고로 한 것은 이후 『集成』으로 표기하며, 기물의 명칭 역시 이를 따르기로 하겠다.

는 판단에 따라 현재는 붕생궤(倗生簋)로 부르고 있다.[12] 명문의 대략적인 내용을 살펴보면, 붕생의 말 네 필과 격백 소유의 토지 삼십 전(田)에 대한 거래가 성사된 후, 격백이 수행원들을 데리고 절차에 따라 토지 측량 작업을 진행하였으며, 최종적으로 관리의 확인 작업을 통해 토지 삼십 전의 소유권이 붕생에게 있음을 기록하고 있다. 본 명문에서 쌍방 간의 거래가 합의에 도달했음을 '석(析)'으로 나타내고 있는데, 이에 대해 양수다(楊樹達)는 증서를 쓰고 반으로 나누어 각자가 하나씩 가지는 것이라고 했고, 궈모뤄(郭沫若)와 마청위안(馬承源)도 거의 비슷한 견해를 보이고 있다.[13] 다만 궈모뤄와 마청위안은 '즉석(則析)'을 묶어서 언급하고 있는데, '析'이 '나누다' 혹은 '가르다'의 의미이므로 이 명문에서의 쓰임이 자연스럽게 이해가 되지만, '즉(則)'이 여기서 정확하게 어떤 것을 의미하는지에 대해서는 자세한 설명이 없다. 롄사오밍(連劭名)은 '則'이 계약서의 뜻이라고 간단히 언급하긴 하였으나,[14] '則'이 계약을 증빙하는 도구를 나타내는 실사(實詞)로 사용된 사례가 아직까지는 보이지 않으므로, 본고에서는 잠정적으로 '則'을 '내(乃, 이에)'나 '취(就, 바로)'의 뜻으로 해석하도록 하겠다.

명문 중의 '析'이 거래나 계약 관련 내용을 명시한 증서를 쌍방이 한 쪽씩 나누어 갖는 행위 자체를 표현하는 말이라면, 전래문헌에는 이러한 신표(信標)의 역할을 하는 물건들이 조금씩 다른 명칭으로 출현하고 있다.

> 『주례』「천관총재(天官冢宰)·소재(小宰)」: 네 번째, 빚을 내는 것에 대한 일을 판단하는 데는 부별(傅別)로써 한다. …… 여섯 번째, 받는 것과 주는 것에 관한 일을 판단하는 데는 서계(書契)로써 한다. 일곱 번째, 매매 관련 일을 판단하는 데는 질제(質劑)로써 한다.[15]

정사농(鄭司農)은 "부별(傅別)은 권서(券書)이다. 빚과 관련한 소송의 판결은 권서로 결정한다. 부(傅)는 약속을 문서에 기록한 것이고, 별(別)은 두 개로 나누어 양측에서 하나씩 갖는 것이다. 서계(書契)는 장부이다"[16]라고 하였고, 정현(鄭玄)은 "부별은 하나의 찰(札)에 글자를 크게 쓰고 가운데를 잘라 나눈 것

---

12 명문 중 '取'字에 대한 誤讀으로 인해 오랫동안 정반대의 내용으로 이해가 되었으며, 아직도 적지 않은 중국 고대 法制 관련 저작에서는 잘못된 해석을 따르고 있다.

13 "書券契而中分之, 兩人各執其一, 故云析也."(楊樹達, 『積微居金文說(增訂本)』(北京: 中華書局, 1997), 11쪽) 郭沫若은 "계약서를 나누어 협의를 달성하는 것"(析券成議)이라고 하였고, 馬承源 역시 "계약서를 쪼개어서 나눈 후 지니는 것"(剖析約劑券書分而執之)이라고 하였다. (郭沫若, 『兩周金文辭大系圖錄考釋』[下] (上海: 上海書店出版社, 1999), 82쪽; 馬承源, 『商周青銅器銘文選』[三] (北京, 文物出版社, 1988), 144쪽)

14 連劭名, 「『倗生簋』銘文新釋」, 『人文雜誌』 1986-3, 80쪽.

15 『周禮』, 「天官冢宰·小宰」: 四曰, 聽稱責以傅別. …… 六曰, 聽取予以書契, 七曰, 聽賣買以質劑.

16 傅別, 謂券書也. 听訟責者, 以券書決之. 傅, 傅著約束於文書. 別, 別爲兩, 兩家各得一也. 書契, 符書也.

이다. 서계는 나가고 주고받고 들어오는 것의 총목록을 말한다. 무릇 부서(簿書, 재물의 출납을 기록한 책자)의 총목과 소송 사건의 진술 내용을 모두 계(契)라고 한다. …… 질제(質劑)는 하나의 찰(札)에 같은 내용을 두 번 쓰고 이를 나눈 것이다. 긴 것을 질(質)이라고 하고, 짧은 것을 제(劑)라고 한다. 부별과 질제는 모두 지금의 권서이다. 사안이 달라서 그 이름을 달리한 것뿐이다"[17]라고 해석하고 있다. 서계의 형식에 대해서는 『주례』 「지관사도(地官司徒)・질인(質人)」의 "시장의 서계를 관리하고 조사하다(掌稽市之書契)"에 대한 정현 『주』를 참고할 수 있는데, "서계는 물품을 주고받은 증서이다. 증서의 모양은 두 개의 찰(札)에 쓰고 그 측면을 새긴다"[18]라고 밝히고 있다. 쑨이랑(孫詒讓) 역시 "측면을 새긴다는 것은 출납되는 수량에 따라 그 옆을 새겨 기록으로 삼는다는 것이다. …… 서계는 부별 및 질제와 모양은 대략 같으나, 양쪽의 측면을 새긴다는 점이 다를 뿐이다"[19]라고 설명을 덧붙이고 있다.[20]

정리하면, 부별, 서계 및 질제는 각각의 용도와 상이한 모양을 지닌 일종의 고대 증서로, 채무 관련 증서인 부별은 중앙에 글자를 쓴 후 가운데를 잘라 합치할 수 있도록 한 것이고, 서계는 일종의 출납 관련 장부로, 각각에 내용을 쓰고 측면에는 숫자를 나타낼 수 있는 부호를 새긴 것이며, 질제는 매매 관련 증서로, 한 곳에 동일한 내용을 두 번 쓰고 이를 나눠서 하나씩 보관하는 형식으로 되어 있음을 알 수 있다.

세 가지 증서 모두 양측이 한 쪽씩 소지하는 방식이라는 점에서 '析'과 공통점이 있지만, 그 성질과 용도상 가장 가까운 것으로 판단되는 것은 질제이다. 『주례』 「지관사도・사시(司市)」에 "질제로써 매매 쌍방의 신용을 형성하고 쟁송(爭訟)을 방지한다"[21]라는 기록이 있는데, 이를 근거로 '析'의 기능 역시 거래 기록을 남겨 이후 발생 가능한 분쟁에 대비하고, 동시에 국가 법률의 승인과 보장을 받기 위함임을 추측할 수 있다.

2) 요(繇)

② 산씨반(散氏盤): (관리가(혹은 이에)) 지도를 작성하였고, 측왕(矢王)은 두(豆) 지역에 있는 신궁(新宮)의 동정(東廷)에 있었다. (측왕이) 계약서의 왼쪽을 소유하였고, 이 모든 과정의 관리 및 감독자는

---

17 傅別, 謂爲大手書於一札, 中字別之. 書契, 謂出予受入之凡要. 凡簿書之最目, 獄訟之要辭, 皆曰契. …… 質劑, 謂兩書一札, 同而別之, 長曰質, 短曰劑. 傅別・質劑, 皆今之券書也, 事異, 異其名耳.

18 書契, 取予市物之券也. 其券之象, 書兩札, 刻其側.

19 刻其側者, 蓋依其取予之數, 刻其旁爲紀. …… 蓋書契與傅別・質劑形制略同, 惟以兩札刻側爲異.

20 孫詒讓, 『周禮正義』 [第四册], 1078~1079쪽.

21 質劑結信而止訟.

사정(史正) 중농(中農)이다.[22]

산씨반은 알려진 대로 측국(矢國)이 산국(散國)을 침략하여 강탈한 토지에 대하여 반환 및 배상하는 과정이 기록된 서주 후기의 중요 기물이다. 명문의 내용은 토지 반환의 배경, 산국(散國)에 반환할 토지의 경계 확정 작업 과정 및 참여인원, 선(鮮), 차(且), 무보(武父) 등 측국 관원 6인의 두 차례에 걸친 서약의 순서로 구성되어 있으며, 위에 인용한 부분은 명문의 마지막 문장이다. 위 명문에서 한두 글자를 제외하고는 자형의 판독에 큰 어려움이 없기 때문에 언뜻 해석에도 큰 무리가 없는 것처럼 보이나, 의외로 다양한 의견들이 존재하고 있다. 이에 먼저 명문의 내용을 자세히 파악함과 동시에 분쟁 방지를 위한 법적 장치나 요소들에는 어떤 것들이 있는지 살펴보도록 하겠다.

(1) 乎(厥)爲圖

인용한 산씨반 명문에서 자형 판독에 이견이 있는 글자는 '궐(乎)'뒤의 '𤔲'로, 『금문편(金文編)』에서는 '위(爲)'자(字)에 수록하고 있고, 왕궈웨이(王國維), 위싱우(于省吾), 천멍자(陳夢家), 마청위안(馬承源) 등의 견해 역시 이와 같다.[23] 그러나 양수다(楊樹達), 궈모뤄(郭沫若), 시라카와 시즈카(白川靜), 왕후이(王輝) 등 더 많은 학자들은 이 글자를 '수(受)'로 보고 '수(授, 주다)'로 바꿔 읽고 있다.[24] 여기서 '도(圖)'는 측국이 산국에 반환할 토지의 구역을 그린 지도, 즉 수정된 경계도라고 볼 수 있는데, 만약 '𤔲'를 '爲'로 본다면 '지도를 완성하다'로 해석할 수 있고, '受'자라면 '지도를 주다'는 뜻으로 볼 수 있다.

필자는 이 글자를 '爲'라고 보는데, 그 근거는 다음과 같다. 먼저, 본고에 일일이 다 열거할 수는 없지만, 청동기 명문에서 '受'가 '授'로 읽히는 경우, 그 문형은 '受(授)+(간접 목적어)+직접 목적어'의 형태를 띠며, 수여자는 '천자(天子)'나 '왕(王)'처럼 피수여자보다 더 높은 지위에 있는 경우가 일반적이다. 그러므로 양수다의 견해처럼 '受圖矢王'을 '지도를 수여하는 矢王(授圖之矢王)'으로 해석한다거나 '矢王授圖'의 도치문으로 보는 것은 무리가 있다고 본다. 또 다른 근거는 붕생궤(倗生簋) 명문을 보면, 교환 대상이 되는 토지의 구획을 조사한 후, 이를 확정하는 단계를 '成畢'로 표현하고 있는데, 산씨반 명문의 '爲圖'가 곧 이와 같은 과정이라고 할 수 있겠다.

---

22 散氏盤(『集成』10176): 乎(厥)爲圖, 矢王于豆新宮東廷. 乎(厥)左執緌(要), 史正中(仲)農.

23 容庚, 『金文編』(北京: 中華書局, 1985), 440條; 王國維, 「散氏盤考釋」, 『古史新證―王國維最後的講義』(北京: 淸華大學出版社, 1996), 100쪽; 于省吾, 『雙劍誃吉金文選』(北京: 中華書局, 1998), 216쪽; 陳夢家, 『西周銅器斷代』(北京: 中華書局, 2004), 345쪽; 馬承源, 『商周靑銅器銘文選』[三], 298쪽. 陳夢家는 '爲'라고 하긴 하였으나 확실치 않다고 했다.

24 楊樹達, 『積微居金文說(增訂本)』, 19쪽; 郭沫若, 『兩周金文辭大系圖錄考釋』[下], 131쪽; 白川靜, 『金文通釋』[卷三・上](東京: 平凡社, 2004), 203쪽; 王輝, 『商周金文』(北京: 文物出版社, 2006), 229쪽.

앞서 인용한 산씨반 명문 중 맨 앞에 출현하는 '哺(厥)'이 지시하는 대상이 무엇인지에 대해서도 견해가 다른데, 양수다와 주치즈(朱其智)는 지도를 수여하는 주체인 측왕이라고 했고, 시라카와 시즈카는 '산(散)'을 가리킨다고 보았다.[25] 그 외 귀모뤄와 리차오위안(李朝遠)은 지도를 수여받는 대상을 측왕이라고 분석했으나 수여 주체가 누구인지 혹은 '哺(厥)'이 무엇을 의미하는지에 대해서는 밝히지 않고 있다.[26] 필자는 '哺(厥)'의 해석에 두 가지 가능성이 있다고 보는데, 하나는 지도를 제작하는 정부 기관 혹은 관원을 가리키는 지시대명사 용법이고, 다른 하나는 '내(乃, 이에)'나 '우시(于是, 이에)'의 뜻을 지닌 접속사 용법이다. 우리는 앞서 ①붕생궤 명문을 통해 지도 제작의 주체를 확인해볼 수 있는데, 토지 측량은 격백(格伯)과 그 수행원들이 진행했지만, 그 결과를 바탕으로 최종적으로 지도를 작성 및 확인한 사람은 관원인 서사(書史) 시무(戠武)였다. 『주례』「지관사도·소사도(小司徒)」에 "토지에 관련된 소송은 지도로써 경계를 결정한다"[27]란 기록이 보이는데, 이에 대해 정사농은 "지송(地訟)이란 경계를 다투는 것이다. 도(圖)란 나라의 본래 지도이다"[28]라고 했고, 가공언(賈公彦, ?~?, 唐代)『소(疏)』는 정사농의 '도란 나라의 본래 지도이다'에 대해 "토지를 측량하여 고을을 정하는데, 처음 봉할 때 측량한 후 지도를 정부 기관에 보관하고 나중에 백성 간에 송사가 생기면 본래 지도로써 이를 판결한다"[29]라고 설명하고 있다. 즉 토지 분쟁과 관련하여 사용되는 지도 제반에 관한 사항들은 관청에서 관리 감독하고 있음을 알 수 있다. 필자는 ①붕생궤 명문의 내용과 『주례』의 기록에 근거하여 산씨반 명문에서도 바로 뒤에 언급되는 사정 중농이 토지 경계도를 작성 및 확인하는 작업을 했을 것으로 판단하며, 측왕이 두(豆) 지역에 있는 신궁(新宮)의 동정(東廷)에 있으면서, 이와 관련된 의식에 참여했을 것으로 본다. '哺(厥)'을 접속사로 보는 것도 문맥상 가능하나,[30] 그렇다 하더라도 '爲圖'의 주체는 결국 정부 기관이나 관리가 된다. 설사 수정된 지도를 '주다'는 의미(즉 受圖)로 본다고 해도 토지 구획 작업에 모두 참여한 소송 쌍방이 아닌 토지를 배상하는 일방(矢王)에게만 지도를 준다거나 혹은 배상하는 쪽이 지도를 수여는 하는 상황은(양수다, 리쉐친[31]의 견해) 쉽게 납득하기 어렵다.

25 楊樹達, 『積微居金文說(增訂本)』, 19쪽; 朱其智, 「散氏盤還是矢人盤?」, 『中山大學學報』(社會科學版) 2013-1, 90쪽; 白川靜, 『金文通釋』[卷三·上], 203쪽.

26 郭沫若, 『兩周金文辭大系圖錄考釋』[下], 131쪽; 李朝遠, 『西周土地關係論』 (上海: 上海人民出版社, 1997), 296쪽.

27 地訟, 以圖正之.

28 地訟, 爭疆界者. 圖謂邦國本圖.

29 凡量地以製邑, 初封量之時, 即有地圖在於官府, 於後民有訟者, 則以本圖正之.

30 全廣鎭, 「散氏盤銘文考釋」, 『中國文化研究』 2002-1, 195쪽.

31 李學勤, 「西周金文中的土地轉讓」, 『新出青銅器研究』 (北京: 文物出版社, 1990), 108쪽.

(2) 乎(厥)左執纓(要), 史正中(仲)農[32]

'요(纓)'는 산씨반 명문에만 보이는 글자로, '요(要)'와 통가(通假)되어 '계약' 혹은 '맹약'을 뜻하며,[33] 여기서는 실질적으로 계약서 혹은 증서를 의미한다. 일반적으로 '左'는 계약서의 왼쪽을 가리킨다고 보는데, 결국 '纓'는 좌우 양쪽으로 나뉘는 형태의 계약서로 최종 합의의 결과물이자 향후 쟁송 발생 시 증빙으로 활용될 수 있는 도구라 할 수 있다. 왕후이는 계약서의 왼쪽을 정부 기관에서 보관한다고 보았고, 전광진은 '좌집(左執)'을 앞서 제작된 '圖'의 부본(副本)으로 이해하고 이를 사정 중농이 보존한다고 보았는데,[34] 필자는 계약서의 정본은 계약 쌍방이 소지하고 동시에 그 부본을 관아에서도 보관하였을 것이라 본다. 먼저 '圖'에 관해서는 앞서 『주례』의 기록과 '矢王于豆新宮東廷'의 내용을 통해 그 작성 및 관리 상황에 대해 알아보았고,[35] 계약서의 경우 ①붕생궤 명문의 '析'이 보여주듯 계약 당사자들이 나누어 가짐과 동시에 『주례』「추관사구(秋官司寇)·사맹(司盟)」의 "백성 중 계약 증서가 있는 자는 그 부본을 사맹에 보관한다"[36]라

---

32 '乎(厥)左執纓(要), 史正中(仲)農'와 관련하여 郭沫若은 鬲比盨(『集成』4466) 명문 중의 '乎(厥)右鬲比, 善(膳)夫克' 역시 이와 유사한 형식과 의미로 이해하고, '계약서의 오른쪽은 鬲比가 보관하고, 膳夫克은 증인이 된다'라고 해석하였으며, 지금껏 많은 학자들이 이 견해를 취하여 왔다. 그러나 필자는 두 명문이 실제로는 유사한 내용이 아님을 지적한 楊樹達과 黃天樹의 견해가 더 타당하다 생각되어 본고에서는 논의의 대상으로 삼지 않았다. 楊樹達은 두 문장이 형식상 같아 보일 뿐, 伊簋(『集成』4287): '籲(申)季內右(佑)伊'와 免尊(『集成』6006): '丼(邢)弔(叔)右(佑)免'에 보이는 '右(佑)'의 의미로 鬲比盨 명문을 해석해야 하며, 실제로는 '善(膳)夫克右鬲比'의 뜻이라고 보았다.(楊樹達, 『積微居金文說(增訂本)』, 249~250쪽) 黃天樹 역시 楊樹達의 견해에 동의하였는데, 최근에 출토되었으며 鬲比盨 명문처럼 王命으로 타지의 田邑을 교부받는 내용이 담긴 吳虎鼎(『近出殷周金文集錄』364) 명문 중의 '道入(人名)右吳虎'를 그 근거로 제시하였다. 즉, 鬲比盨 명문에서는 鬲比가 册名을 받을 때의 '右者'인 '膳夫克'이 後置되어 있는 것일 뿐이라는 주장이다.(黃天樹,「鬲比盨銘文補釋」,『黃盛璋先生八秩華誕紀念文集』(北京: 中國教育文化出社, 2005), 188쪽) 필자 역시 鬲比와 吳虎가 토지를 교부받게 된 배경에 주목을 해야 한다고 생각하는데, '析'이나 '纓'가 출현한 ①倗生簋나 ②散氏盤 명문의 배경은 각각 교역과 배상인 반면, 鬲比盨와 吳虎鼎 명문은 册名 및 賞賜가 토지 교부의 원인이 되고 있다. 특히 吳虎鼎 명문의 경우, 초반에 賞賜 의식이 거행되는 부분의 묘사는 다른 일반 賞賜 명문과 다를 바가 없기 때문에 '右(佑)'는 被賞賜者가 册命이나 賞賜를 받을 때 의례에 규정된 특정한 위치로 나아갈 수 있도록 어떤 신하가 '인도하고 돕는다'는 뜻이며, 명문의 내용과 성질이 비슷한 鬲比盨 명문의 '乎(厥)右鬲比, 善(膳)夫克'도 '鬲比를 (책명 받는 자리에 나아갈 수 있도록)인도하고 도와준 사람은 膳夫克이었다'로 풀이하는 것이 타당하다고 생각한다.

33 '要'가 '약속'이나 '맹약' 등 '約'의 의미로 쓰인 예는 『論語』「憲問」에 보인다. "見利思義, 見危授命, 久要不忘平生之言, 亦可以爲成人矣(이익을 보면 의리를 생각하고, 위태로움을 보면 목숨을 내놓으며, 오래된 약속일지라도 옛날에 한 말을 잊지 않는다면 이 또한 全人이라 할 수 있다)" 何晏 『論語集解』는 孔安國의 말을 인용하여 "久要, 舊約也."(久要는 오래된 약속이다)라고 하였다.

34 王輝, 『商周金文』, 235쪽; 全廣鎭,「散氏盤銘文考釋」, 196쪽.

35 '圖'를 관청과 당사자 쌍방이 모두 소지하고 있다는 사실은 알 수 있으나, 정부본의 정확한 보관 사항에 대해서는 향후 면밀한 고찰이 필요하다. 필자 개인의 의견으로는 지도의 작성, 확인 및 이후 수정사항 반영 등에 이르는 과정을 국가에서 주도적으로 담당하고 있었다는 점과 앞서 살펴본 賈公彦 『疏』: '凡量地以製邑, 初封量之時, 卽有地圖在於官府, 於後民有訟者, 則以本圖正之'의 기록을 근거로 지도의 정본은 나라에서, 부본은 당사자들이 가지고 있었을 것으로 판단한다.

36 凡民之有約劑者, 貳在司盟.

는 기록을 통해 원본과 동일한 문서가 공공 기관에도 보존되어 있음을 알 수 있다.

계약서의 왼쪽을 소송 쌍방 중 어느 쪽이 보관하느냐에 대해서도 의견이 나뉘는데, 장전린(張振林)은 "오른쪽은 교부하는 쪽이 갖고, 왼쪽은 수취하는 쪽이 가져서 각자 증빙으로 삼는다"라고 한 반면,[37] 마청위안, 주치즈, 리차오위안 등은 이와는 반대로 측국 측이 계약서의 왼쪽을 소지하고, 산국 측은 그 오른쪽을 가지게 된다고 보았다.[38] 주치즈는 왼쪽보다 오른쪽을 더 존귀한 것으로 여겼던 전통적 관념을 전래문헌으로써 증명한 가오밍(高明)의 견해에[39] 전래본 『노자(老子)』와 『마왕두이노자갑본(馬王堆老子甲本)』 및 그 『을본(乙

〈그림 1〉 산씨반 명문(『集成』10176)

本)』을 비교하고, 장전린의 신처호부(新郪虎符)에 대한 해석을 교정함으로써 계약서의 오른쪽은 교부받는 쪽 혹은 채권자가 갖고, 왼쪽은 교부하는 쪽이나 채무자가 소지하게 된다는 사실을 증명하였다.[40] 필자 또한 주치즈의 견해에 동의하며, 산씨반 명문에서 계약서 왼쪽을 소지하는 쪽은 결국 측왕(矢王)이 된다고 본다. 일부 학자들이 계약서 왼쪽을 사정 중농이 보관하는 것으로 생각한데는 산씨반의 명문 탁

---

37 張振林,「先秦'要'·'婁'二字及相關字辨析—兼議散氏盤之主人與定名」,『第三屆國際中國古文字學硏討會論文集』(香港: 香港中文大學, 1997), 739~740쪽.

38 馬承源,『商周青銅器銘文選』[三], 298쪽; 朱其智,「散氏盤還是矢人盤?」, 91쪽; 李朝遠,『西周土地關係論』, 296쪽.

39 高明,『帛書老子校注』(北京: 中華書局, 1996), 215쪽.

40 전래본 『老子』와 『馬王堆老子乙本』에 각각 '是以聖人執左契而不責於人'(성인은 계약서 왼쪽(즉, 채권문서)를 가지고 있으면서도 남에게 독촉하지 않는다)와 '是以取人執左芥而不以責於人'으로 되어 있는 구절이 『馬王堆老子甲本』에는 '聖' 뒤에 '人執'이 누락되어 '是以聖右介而不責於人'으로 되어 있다. 朱其智는 秦代에 篆書로 쓰인 『甲本』이 漢代에 隸書로 쓰인 『乙本』보다 더 오래된 판본이라는 점과 『乙本』과 같이 계약서의 왼쪽을 소지한 사람이 그 오른쪽을 가진 사람에게 채무 상환을 재촉하는 상황은 오른쪽이 더 숭상되어 오던 전통 정서 및 고대 계약 제도에 위배된다는 점 등을 들어 『甲本』이 올바른 문장이라 주장하였다. 또한, 新郪虎符 명문에 "甲兵之符, 右在王, 左在新郪. 凡興士披甲, 用兵五十人以上, [必]會王符, 乃敢行之"라는 기록은 張振林이 이해하는 것처럼 군사를 동원하고자 하는 左符方이 右符方인 왕에게 가서 그 兵符가 맞으면 출병을 허락받는다는 의미가 아니라, 역사적으로 볼 때 왕의 사자가 右符를 지니고 군대가 주둔하고 있는 곳으로 파견되어 左符와 맞춰본다는 뜻으로, 右符를 소지한 王이 受方(받는 쪽)이자 權力方(권리자)가 되며, 左符를 소지한 쪽은 付方(내어주는 쪽)이자 義務方(의무자)가 된다고 설명하였다. 朱其智,「散氏盤還是矢人盤?」, 90~91쪽.

본에서 보는 바와 같이 "㐀(厥)左執縷(要), 史正中(仲)農" 부분이 줄을 바꾸어 기록되었기 때문에 이 부분 전체를 사정 중농과 관련이 있거나 사정 중농의 서명과 같은 개념으로 파악했기 때문인 것으로 보인다. 천명자는 '㐀(厥)左執縷(要), 史正中(仲)農'의 윗부분이 훼손된 것이라 추측하기도 했는데, 필자가 『고궁서주금문록(故宮西周金文錄)』에 수록된 컬러의 확대된 탁본을 검토한 결과 이 부분의 명문 훼손은 없는 것으로 판단된다.[41]

사정 중농은 지도 제작에서부터 계약서의 쌍방 교부에 이르기까지 전 과정을 감찰하고 이를 정부의 장부에 기록하는 역할을 맡은 관리이다. 이처럼 관리가 거래나 쟁사(訟事)의 현장에 입회하는 사례는 앞서 ①붕생궤 명문 중의 '立(莅)盅'에서 그 일단을 엿볼 수 있으며, 구위화(裘衛盉,『集成』9456) 명문에서도 확인할 수 있다.

③ 구위(裘衛)는 이에 백읍보(伯邑父), 영백(榮伯), 정백(定伯), 경백(㼱伯), 단백(單伯)에게 자세하게 상황을 고하였다. 백읍보, 영백, 정백, 경백, 단백은 이에 3인의 유사(有司)인 사도미읍(司徒微邑), 사마단여(司馬單旟), 사공읍인복(司空邑人服)에게 현장에 도착해서 토지를 교부하도록 명했다.[42]

구위화 명문의 내용을 보면, 구백서인(矩伯庶人)은 구위(裘衛)로부터 옥기(玉器)와 호랑이 가죽 등을 매입하고 그 대가로 토지 사십 전을 넘겨주는데, 이러한 사실을 집정대신 5인에게 보고하자 세 명의 다른 관리를 현장에 파견시켜 그들의 입회하에 토지 교부가 진행되게끔 한다. 이는 서주 왕조가 토지 거래의 합법성을 인정하고, 관리들은 토지 거래의 증인이자 감독자로서, 거래를 촉성시킨 후에는 법률상의 보호작용을 책임지며, 교역이나 소송을 통하여 얻은 토지에 소유권을 부여해주었음을 보여준다.[43] 또한, 대궤(大簋,『集成』4298), 역비수(𤔲比盨,『集成』4466), 영우(永盂,『集成』10322) 및 오호정(吳虎鼎,『近出殷周金文集錄』364) 명문처럼 교역이나 쟁사(訟事)가 아닌 상사(賞賜)에 의해 토지의 소유권을 넘겨주는 상황에서도 왕의 명령을 집행하는 관리가 제반 절차나 의식(儀式)을 관장하는 것을 볼 때, 산씨반 명문 중 사정 중농의 위치와 임무를 가늠해볼 수 있다.

①붕생궤나 ②산씨반 모두 기물 명칭에 있어서 줄곧 쟁의가 있어왔던 청동기들로서, 붕생궤는 격백궤로 불리기도 했고, 산씨반은 측인반(夨人盤)으로 칭해야 한다는 의견이 최근까지도 제기되어

---

41 國立故宮博物院編輯委員會,『故宮西周金文錄』(臺北: 國立故宮博物院, 2001), 194~195쪽.

42 裘衛盉(『集成』9456): 裘衛廼(乃)戾(矢)告于白(伯)邑父・棥(榮)白(伯)・定白(伯)・㼱白(伯)・單白(伯). 白(伯)邑父・棥(榮)白(伯)・定白(伯)・㼱白(伯)・單白(伯)廼(乃)令(命)參(三)有嗣(司): 嗣(司)土(徒)散邑・嗣(司)馬單旟・嗣(司)工(空)邑人服(服), 眾受(授)田.

43 王輝,『商周金文』, 137쪽.

왔다.[44] 주지하듯이 청동기의 명칭은 기물 제작자의 이름을 취해 명명하는 것이 일반적인 관례이나 두 기물의 경우 명문 내용에 제작자명이 분명하게 언급되지 않은 상황에서 명문의 전체 흐름이 오히려 토지를 내어주는 쪽을 중심으로 기술되어 있기 때문에 위와 같은 의견의 차이가 있었던 것으로 생각된다. 그러나 토지의 교역 및 송사와 관련한 다른 명문을 보면 토지를 수여받거나 소유한 일방이 이를 증거로 남기기 위해 청동기물을 제작하는 것이 보편적이었기 때문에 이를 근거로 지금은 대부분 붕생궤나 산씨반으로 부르고 있다. 필자 또한 사건을 기록으로 남기고 싶은 쪽인 붕생이나 산국이 청동기를 제작했을 것이라는 데에는 심정적으로는 동의를 하는 바이나, 명문 중의 '典格白(伯)田', '矢王于豆新宮東廷', '乎(厥)左執緩(要)'와 같이 토지를 내어주는 일방을 두드러지게 드러내는 표현들로 인해 격백궤나 측인반의 가능성에 대해서도 일말의 여지는 남겨두고자 한다.

3) 서(誓)

『상서(尚書)』의 「감서(甘誓)」, 「탕서(湯誓)」, 「목서(牧誓)」 등에 보이는 '서(誓)'는 전쟁을 앞두고 왕이나 제후가 군대를 통솔하며 선포하는 훈계나 명령의 내용을 담고 있으며, 명령을 불이행하였을 시에 따르는 처벌도 함께 기록되어 있다. 청동기 명문에 보이는 '誓'의 경우, 위약 시 처벌 사항이 명기되어 있다는 점에서는 공통적이나, 그 성립 배경이나 구체적 성질에 있어서는 『상서』의 '서(誓)'와 다분히 이질적이다. 『설문해자(說文解字)』에서는 '誓'를 '약속하다(約束也)'의 뜻으로 풀이하고 있는데, 금문의 '誓'는 이러한 의미를 잘 표현해주고 있다. 청동기 명문에서 '誓'가 '약속하다' 혹은 '맹세하다'의 뜻으로 쓰인 사례는 모두 다섯 가지로 조사되는데, 그 중 네 가지가 약제 명문에 출현하고 있다. 나머지 하나는 최근에 출토된 걸화(乞盉)인데, 이에 대해서는 뒤에 따로 논하도록 하겠다. 먼저 아래의 명문을 보자.

④ 역유비정(隙攸比鼎): 왕이 조사를 명하시자 사남(史南)이 이로써 괵숙려(虢叔旅)에게 나아가니, 괵숙려는 이에 유위목(攸衛牧)으로 하여금 맹세케 하고 (다음과 같이)말하게 했다: 감히 역비(隙比)에게 모두 주지 않고 앞으로 (서약을)어기고 전읍(田邑, 토지와 촌락)을 나누어 준다면,[45] 죽임을 당할 것

---

44 劉心源, 『奇觚室吉金文述』(光緖二十八年(1902) 石印本), 八・二一; 郭沫若, 『兩周金文辭大系圖錄考釋』[下], 131쪽; 朱其智, 「散氏盤還是矢人盤?」, 90쪽.

45 '且射'에 대해서는 학자들의 해석이 매우 분분하다. 郭沫若과 楊樹達은 모두 '租謝'로 읽었는데, 楊樹達은 '租'는 '田賦'로, '謝'는 '錢財'로 보고, '□弗其付隙比其且射'로 끊어 읽어 '隙比에게 토지세와 돈을 다 주지 않는다'는 뜻으로 해석했다. (郭沫若, 『兩周金文辭大系圖錄考釋』[下], 127쪽; 楊樹達, 『積微居金文說(增訂本)』, 12쪽) 馬承源은 '沮厭'로 읽고 '損毁'의 뜻으로 보아 '서약을 훼손한다'는 의미로 풀이했고(馬承源, 『商周靑銅器銘文選』[三], 296쪽), 王輝는 '沮'를 '助'로 바꿔 읽고 '益'의 의미로 보아 '助射'를 '益取, 多取, 大取'의 뜻으로 해석했다. (王輝, 『商周金文』, 228쪽) 劉桓은 '且'는 곧 '助'로 '藉'과 통하며 '稅'의 뜻

입니다. 유위목이 이대로 맹세하였다.[46]

　⑤ 오사위정(五祀衛鼎): 형백(邢伯), 백읍보(伯邑父), 정백(定伯), 경백(瓊伯), 백속보(伯俗父)가 이에 결정하길 려(厲)로 하여금 맹세를 하게 하였다.[47]

　⑥ 산씨반(散氏盤): 주왕(周王) 9월 을묘일이었다. 측왕(夨王)은 선(鮮), 차(且), 畢, 려(旅)로 하여금 맹세케 하고 (다음과 같이) 말하게 했다: 우리는 이미 산국(散國)에게 농기구를 교부하였는데, 착오가 생겨 실로 우리가 산국 측의 마음을 상하게 한다면, 채찍 천 대면 천대를 맞을 것이며, 전차(傳車)에 태워 내버려져 추방될 것입니다.[48] 선, 차, 畢, 려가 이대로 서약하였다. 이에 서궁앙(西宮襄)과 무보(武父)로 하여금 서약하게 하고 (다음과 같이) 말하게 했다: 우리는 산국에게 습전(濕田)과 원전(原田, 높은 곳의 경작지)을 주었으니 우리에게 착오와 변고가 생기면 채찍 천 대면 천대를 맞을 것입니다. 西宮襄과 무보가 이대로 서약하였다.[49]

　⑦ 잉이(儑匜): 백양보(伯揚父)가 이에 다시 목우(牧牛)로 하여금 맹세케 하고 (다음과 같이) 말하게 했다: 앞으로 제가 어찌 감히 크고 작은 일로 폐를 끼치겠습니까? (백양보가 말하길)너의 상관이 다시 너를 고소하면 너를 채찍 천 대와 묵형에 처하겠다. 목우는 이대로 서약하였다.[50]

　④역유비정과 역비궤개(𧽡比簋蓋)에는 동일한 내용의 명문이 새겨져있는데, 그 주요 내용은 다음과 같다. 유위목(攸衛牧)이 역비(𧽡比)의 농지를 탈취한 일에 대해 왕에게 고소를 하였고, 이에 왕은 사남(史南)에게 조사를 명한다. 왕의 명을 받은 사남은 이 일의 처리를 괵숙려(虢叔旅)에게 위임하고, 이에 괵숙

이라 했고, '射'에 대해서는 '謝'로 보아 '謝罪'의 의미로 해석했다. (劉桓,「𧽡攸比鼎銘新釋」,『故宮博物院刊』2001-4, 16쪽) 여기서 필자는 잠정적으로 馬承源의 견해를 취하였다.

46　𧽡攸比鼎 (『集成』2818), 𧽡比簋蓋 (『集成』4278): 王令眚(省), 史南目(以)即虢旅, 虢旅廼(乃)事(使)攸衛牧誓曰: '□弗具(俱)付𧽡匕(比), 其且(沮)射(厭)分田邑, 則殺.' 攸衛牧則誓. 역유비정에 관한 전반적인 사항은 1장 3절에 수록된 박재복의 글에 자세하다.

47　五祀衛鼎 (『集成』2832): 丼(邢)白(伯)·白(伯)邑父·定白(伯)·瓊白(伯)·白(伯)俗父廼(乃)顜(講), 事(使)厲誓.

48　'傳棄之(出?)'에 대해서는 몇 가지 해석이 있는데, 필자는 뒤에 살펴볼 乞盉 명문에 근거하여 위와 같이 해석하였다.

49　散氏盤 (『集成』10176): 唯王九月, 辰才(在)乙卯, 夨卑(俾)鮮·且·畢·旅誓曰: '我既付散氏田器, 有爽, 實余有散氏心賊, 則鞭千罰千, 傳棄之(出?).' 鮮·且·畢·旅則誓, 廼(乃)卑(俾)西宮襄·武父誓曰: '我既付散氏溼(隰)田·牆田, 余又爽䜌(變), 鞭千罰千.' 西宮襄·武父則誓.

50　儑匜 (『集成』10285): 白(伯)揚父廼(乃)或事(使)牧牛誓, 曰: 自今余敢嬰(擾)乃小大事. 乃師或目(以)女(汝)告, 則辻(致)乃便(鞭)千, 嚴(黥)厰(墨).' 牧牛則誓.

려는 위 명문의 내용을 유위목에게 맹세시킴으로써 이후 이런 일이 재발하지 않도록 다짐을 받는다. 유위목이 한 맹세는 사실상 괵숙려의 본 사건에 대한 판결문이라고 봐도 무방할 것이며, 서약을 어길 경우 그에 따른 처벌이 죽임이라는 데서 그 엄혹성과 강제성을 가늠할 수 있다.

⑤오사위정 명문은 구위(裘衛)의 방군(邦君) 려(厲)에 대한 고소와 그 처리 과정을 담고 있다. 방군 려는 구위에게 토지 다섯 전(田)을 주기로 약속했으나, 려는 이를 이행하지 않았던 듯 하고,[51] 형백(邢伯), 백읍보(伯邑父), 정백(定伯), 경백(涼伯), 백속보(伯俗父)에게 려를 고소한다. 이에 이 다섯 명의 관원은 려에게 사건 경위를 확인하고 그것이 사실로 판단되자 세 명의 유사(有司)에게 구위가 받을 토지에 대한 답사를 실시하게 한 후 이를 구위에게 교부하기에 이른다. 방군 려의 서약은 사실 확인과 토지 측량 중간에 진행하는 것으로 나와 있는데, 명문에서는 서약의 내용이 드러나 있지 않아 그 구체적 내용은 알 수 없으나, 뒤에 구위에게 토지를 주는 것에 비춰볼 때 그 내용은 약속한 토지를 주겠다는 것임을 추측할 수 있다.

⑥산씨반 명문의 인용 부분은 앞서 살펴본 '氒(厥)爲圖, 矢王于豆新宮東廷. 氒(厥)左執緌(要), 史正中(仲)農'의 바로 앞에 기록된 내용이다. 측국(矢國)과 산국(散國)의 관원들이 측왕(矢王)이 반환할 토지에 대한 현장 조사를 마친 후 측국의 관리 여섯 명은 두 차례에 걸쳐 위와 같은 서약을 하는데, 두 번이라는 서약 횟수도 그렇지만, 서약 일시 및 그 내용이 상세히 기록되어 점이 다른 명문과 비교가 된다. 또한, 침탈한 토지를 반환하는 것 외에도 농기구와 다른 경작지로 배상을 하고, 위약 시에는 채찍형과 추방을 당할 수 있다고 명시하고 있다.

⑦잉이 명문은 전체가 백양보(伯揚父)의 목우(牧牛)에 대한 판결 과정으로 구성되어 있는 독특한 기록물이다. 목우는 그의 상관인 잉(僕)을 상대로 소송을 낸 것과 과거의 서약을 준수하지 못한 죄목으로 심판을 받게 되는데, 두 차례의 감형을 통해 최종적으로는 채찍 500대와 벌금형을 받게 된다. 서약 내용 중 "앞으로 제가 어찌 감히 크고 작은 일로 폐를 끼치겠습니까(自今余敢擾(擾)乃小大事)"는 피고인 목우가 말한 것이며, 이어지는 "너의 상관이 다시 너를 고소하면 너를 채찍 천 대와 묵형에 처하겠다(乃師或目(以)女(汝)告, 則到(致)乃便(鞭)千, 黥(黥)黥(黥))"는 주어는 없으나 정황상 목우가 아닌 심판관인 백양보의 말로 보이며, 끝에는 "목우는 이대로 서약하였다(牧牛則誓)"로 마무리하는 것으로 볼 때, 이 목양보의 말 역시 내용상으로는 목우의 서약에 포함되어 있음을 가늠할 수 있다. 명문에서는 목우가 어떤 사유로 잉(僕)에게 소송을 제기했는지, 또 과거에 했던 서약이 어떤 것인지에 대해서는 설명되어 있지 않으나, 기존의 서약을 이행하지 않을 경우 실제로 엄중한 처벌을 받게 되며, 송사(訟事)의 사유가 될 정도로

---

51 명문에 厲가 약속한 토지를 裘衛에게 주지 않았다는 내용은 나와 있지 않으나, 고소를 한 것으로 보아 약속을 이행하지 않아서였음을 추측할 수 있다.

강력한 법적 효력이 있음을 보여주고 있다.

여기까지 약제 명문 중 보이는 '서(誓)'의 상황에 대해 대략 살펴보았는데, 정리해보면 다음과 같다.

기물명	서약자	서약을 시킨 사람	서약의 배경	서약문 형식 (A: 서약을 시킨 사람, B: 서약인)	위약 시 처벌 사항
鬲攸从鼎 鬲比簋蓋	攸衛牧	虢叔旅	토지 침탈로 인한 소송	A使B誓曰 ……B則誓	사형
五祀衛鼎	厲	邢伯, 伯邑父, 定伯, 琼伯, 伯俗父	토지 교부 불이행으로 인한 소송	使B誓	미상
散氏盤	鮮, 且, 觷, 旅, 西宮襄, 武父	矢人	토지 침탈	A使B誓曰 ……B則誓	채찍형, 추방
儔匜	牧牛	伯揚父	상관에 대한 소송 및 과거 서약 불이행	A使B誓曰 ……B則誓	채찍형, 묵형

위에서 보듯 서약자들은 모두 피고인들이거나 배상을 해야 하는 입장에 놓인 일방으로, 이는 '서(誓)'가 쌍방이 동등하게 준수해야할 약속의 개념이 아니라 실질적으로는 피고인들이 판결 내용을 반드시 준수하도록 제어하는 수단임을 알 수 있다. 또한, 서약 내용을 어길 시에는 무거운 형벌이 따르는 것을 보아 '서(誓)'에는 법률관계를 유지시킬 수 있는 강한 구속력이 있는 것으로 보인다. 이밖에 피고인들이 서약을 하게 된 원인은 토지 관련 소송이 주를 이루고는 있으나 잉이(儔匜)처럼 기존의 서약을 준수하지 못한 것도 이유가 되며, 걸화(乞盃)처럼 토지와는 전혀 관련이 없는 경우도 있다.[52]

피고인들이 서약하는 문장의 형태는 비교적 일정한 패턴을 띠고 있는데, 사역문 형식을 통해 모두 심판관의 역할을 맡은 관리 혹은 제후 등의 상사가 피고인들에게 서약을 시키고 있음을 드러낸다. 서약을 마치고 난 다음에는 '서약자+즉서(則誓)'라고 끝을 맺는데, '즉(則)'의 의미에 대해서는 '내(乃, 이에)'나 '취(就, 바로)'의 뜻으로 새기는 것이 일반적이긴 하나, 문맥에 완전히 들어맞는다는 느낌은 들지 않는다.[53] 피고인의 서약이 자의가 아닌 타의에 의한 상황임을 고려한다면 서약문은 피고인 스스로가 작성하여 낭독했던 것이 아니라 심판관이 판결의 내용에 근거하여 입안한 후 피고인에게 제시했을 것으로 추측되며 (사역문의 형태도 이와 관련이 있다고 봄), 피고인은 이를 그대로 읽는 수순을 따랐을 것으로 보인다. 또

---

52 儔匜(『集成』10285)의 경우, 함께 출토된 裘衛盃(『集成』9456), 九年衛鼎(『集成』2831), 五祀衛鼎(『集成』2832) 명문이 모두 토지 거래나 소송 관련 내용이라는 점을 참고해볼 때, 과거의 서약 역시 토지와 관련된 것이 아니었을까 추측해본다.

53 于省吾는 '則誓'가 '畢誓'(서약을 마치다)와 같다고 했다. 于省吾, 『雙劍誃吉金文選』, 215쪽.

한, '즉(則)'의 본의(本義)가 『설문해자』의 "등화물(等畫物)", 즉 '똑같이 사물을 그리는 것'이고 여기서 '따르다(效法)'나 '법칙' 등의 의미가 파생된 사실에 비추어볼 때,[54] 여기서 '則'은 '乃'나 '就'의 뜻보다는 '제시된 판결문대로'나 '이대로'의 함의가 있을 것으로 판단한다.

서주 시기 청동기 명문에서 '誓'는 위와 같이 약제 명문에 주로 출현하나, 최근 출토된 걸화(乞盉)는 약간은 다른 상황을 보여준다.

⑧ 걸화(乞盉): 걸(乞)이 서약하며 말하길: 저는 공(公)의 명(命)에 반드시 복종할 것입니다. 제가 스스로 서약을 어긴다면 몸에 채찍질을 당하고 전차(傳車)에 태워 추방될 것입니다. 그 서약(앞에서 한 서약)에 답하여 말하길: 저는 이미 공(公)의 명(命)에 복종할 것이라고 말했습니다. 만약 제가 또한 저의 서약을 어긴다면, 추방되어 버려질 것입니다.[55]

학자들의 연구에 의하면 걸화 명문은 서주 시기 제후국 중의 하나인 패국(霸國)의 군주와 그의 수하인 걸(乞) 사이의 서언(誓言)으로 알려져 있다. 서언의 배경이 구체적으로 나와 있지 않아 그 정확한 면모를 파악하기 어려우나, 일종의 정치적 주종 관계가 반영된 내용으로, 앞서 고찰한 네 가지 기물 중의 서언과는 그 배경이 상당히 다르다고 할 수 있다. 명문 중의 "報乓(厥)訢(誓)日"은 기존에 보지 못했던 새로운 서약 형식으로, 이에 대해서는 몇 가지 해석이 있으나,[56] 필자는 '气(乞)訢(誓)日……報乓(厥)訢(誓)日'이 '使某誓……則誓'와 유사한 의미라고 생각한다. '气(乞)訢(誓)日……'은 '使某誓……'처럼 상관이 제시한 서언을 그대로 읽는 상황을 반영하고, '報乓(厥)訢(誓)日'은 '則誓'처럼 앞의 서언을 그대로 이행하겠다는 서약자의 다짐을 다른 형식으로 표현한 것이라 본다. 다만 '報乓(厥)訢(誓)日'은 '余既日余稱公命'이라는 부분에서 보여주듯 앞의 서언을 약간은 다른 어휘로 다시 한 번 반복한 것이고, '則誓'는 이를 반복하지 않았다는 데에 차이점이 있을 뿐이다.

---

54 季旭昇, 『說文新證』(福州: 福健人民出版社, 2010), 361쪽.

55 乞盉: 气(乞)訢(誓)日: 余某弗稱公命, 余自無, 則便(鞭)身, 笰傳出. 報乓(厥)訢(誓)日: 余既日余稱公命, 襄余亦改朕辭. 出棄.

56 董珊은 앞의 서약에 대한 '答對'로 이해하였고(董珊, 「翼城大河口鳥形盉銘文理解」, 復旦大學出土文獻與古文字研究中心網站, 2011년 5월 5일), 裘錫圭는 '報厥誓'까지를 乞의 발화 내용으로 보고, '報'는 '回報'나 '報應'의 의미이며, '厥誓'는 앞의 '余某弗稱公命'을 가리킨다고 보았다.(裘錫圭, 「翼城大河口西周墓地出土鳥形盉銘文解釋」, 『中國史研究』 2012-3, 9쪽) 李學勤은 '報'를 '反復'의 뜻으로 보고, 乞이 각지를 돌아다니며 자신의 서약을 반복하는 것이라 했고(李學勤, 「試釋翼城大河口鳥形盉銘文」, 『文博』 2011-4, 3쪽), 黃錦前 역시 '報'가 '反復'의 의미라고 하면서도, '對報'로 보는 것이 낫다는 견해를 피력하였다.(黃錦前, 「大河口墓地所出鳥尊形盉銘文略考」, 武漢大學簡帛研究中心網, 2011년 5월 4일)

4) 典

앞서 살펴본 '析', '緩', '誓'는 쌍방의 협의나 공권력에 의해 조성된 결과물 및 행위로서, 사건 당사자가 독자적으로 만들어낸 것이라기보다는 타자와의 상호 활동을 통해 이루어졌다는 것을 특징으로 꼽을 수 있다. 반면 이제 살펴볼 '典'은 앞의 세 형식보다는 사건 당사자의 주체적 행동이 강조되는 것으로, 사건의 결과를 기록으로 남겨 훗날 발생할 사안에 대한 증거로 삼고, 더 나아가 법적 구속력까지 부여하고자 했던 행위로 요약될 수 있다. 먼저 다음의 명문을 살펴보자.

⑨ 육년조생궤(六年琱生簋): 나는 전읍(田邑)에 관한 일로 유사(有司)에게 물었었고, 나는 (토지 소유의 변경 사항을)기록해두었으나, 감히 관청에 보존해 두진 않았다. 지금 내가 이미 유사에게 문의를 하였는데, (유사가) 명(命)대로 따르겠다고 하였다. 현재 나는 (토지의 변경에 관한 사항을 기록한)문서에 일일이 서명하기를 마쳤다.[57]

알려져 있듯이 육년조생궤 명문은 오년조생궤(五年琱生簋) 및 오년조생준(五年琱生尊) 명문과 함께 소씨(召氏) 가문의 토지 송사 관련 내용을 기록하고 있는 중요 기물이다. 전래 기물인 오년조생궤와 육년조생궤는 명문에 사용된 어휘가 심오하고 독특하며, 등장인물 또한 복잡하여 자구(字句)의 해독은 물론, 출현 인물들의 관계 및 명문 자체의 성질 등에 이르기까지 오랫동안 많은 논란이 있어왔다. 2006년 오년조생준이 발견된 후 오년조생궤-오년조생준-육년조생궤의 순서로 연독(聯讀)할 수 있게 됨에 따라 문제 해결의 실마리들이 제공되기는 하였으나, 아직도 많은 부분이 미제로 남아 있는 상태이다. 세 편의 명문은 일반적인 소송 명문의 형식을 갖추고 있지는 않지만, 중재의 과정이나 배상, 토지제도 및 종법제도를 새롭게 알 수 있는 귀중한 사료로 평가받고 있다.

위의 인용 명문에서 '읍(邑)'은 '전읍(田邑)'으로, 귀족에게 봉해진 토지와 그에 부속된 촌락을 의미하며, '여(余, 나)'로 지칭된 '소백호(召伯虎)'는 유사에게 자신의 소유로 변경된 '전읍'에 관한 문의를 하게 된다. 여기서 '전(典)'은 두 차례 출현하는데, 먼저 보이는 '典'에 대해서 학자들은 '등록하다' 혹은 '기재하다'라는 뜻의 동사로 보거나 토지의 수량이나 경계 등을 기록해놓은 문서를 의미하는 명사로 보기도 한다.[58] 필자는 문장 구조와 의미상 앞의 '典'은 동사로, 문장 맨 끝의 '典'은 명사로 보는 것이 자연스럽다

---

57 六年琱生簋(『集成』4293): 余昌(以)邑訊有嗣(司), 余典, 勿敢封. 今余既訊有嗣(司), 曰戻令. 今余既一名典.

58 '余典'에서의 '典'을 方述鑫(「召伯虎簋銘文新釋」,『考古與文物』1997-1, 68쪽), 朱鳳瀚(「琱生簋與琱生尊的綜合考釋」,『新出金文與西周歷史』(上海: 上海古籍出版社, 2011), 81쪽), 王沛(『金文法律資料考釋』(上海: 上海人民出版社, 2012), 82쪽) 등은 동사로 보았고, 林澐(「琱生簋新釋」,『古文字研究』第3輯 (北京: 中華書局, 1980), 130쪽), 李學勤(「琱生諸器銘文聯讀研

고 판단한다.

'典' 뒤의 '봉(封)'에 대해 주펑한(朱鳳瀚), 왕페이(王沛) 등은 '봉강(封疆)', 즉 봉토의 경계를 확정한다는 의미로 보고, '余典, 勿敢封'에 대해 '나는 이미 (토지와 관련된 사항을)등록하였으나, 그 구역을 획정하는 작업은 하지 않았다'라고 해석했지만,[59] ①붕생궤나 ⑥산씨반 명문을 보면 이와는 반대로 토지 구역을 먼저 확정한 후 그 다음 이를 기록으로 남기는 것이 일반적인 순서였음을 알 수 있다. 즉, 토지의 소유 및 경계 등의 내용이 담긴 문서를 작성하기 위해서는 먼저 이를 위한 실사(實査)가 선행되어야하므로, '封'은 '封疆'의 의미보다는 린윈(林澐)의 견해대로 '봉존(封存)'의 의미로 보는 것이 더 적합하며,[60] 이에 따라 '典'은 소백호가 소유하게 된 토지의 변경 내용을 '기록하다'라는 의미로, 아직 관청에 공식적으로 등록해놓은 상태는 아님을 나타낸다고 본다. 그 후 다시 한 번 유사에게 문의를 하여 토지 소유주의 변경 사항을 확인한 후, '명전(名典)'을 했다고 하는데, '名典'은 '문서에 기록하였다'라고 해석하기도 하고, '장부에 서명을 하였다'는 의미로 보기도 하나,[61] '名'을 어떤 의미로 해석하든지 이는 개인적으로 기록해둔 내용을 서명 등의 행위를 통해서 공식화하는 단계로 간주할 수 있다.

'典'이 이처럼 '기록하다'는 의미의 동사로 쓰인 예를 다른 명문에서도 찾아볼 수 있는데, 앞서 살펴본 ①붕생궤 명문의 '典格白(伯)田'이 그러하다. 그동안 이 명문 중의 '典'에 대해서는 '登錄', '典常', '奠', '主掌', '法' 등 여러 해석이 제시되어 왔으나,[62] ⑨육년조생궤 명문 중의 '典'의 의미를 참고한다면, '鑄保簋, 典格白(伯)田'은 청동기 제작을 통해 格伯이 말 네 필을 얻은 대가로 붕생에게 내어준 토지에 관한 소유권이 변경되었음을 기록한다는 뜻으로 풀이할 수 있다. 또, 토지 교역 명문은 아니지만 영작주공궤(癸作周公簋) 명문 중의 '典'도 주목해볼 필요가 있다.

⑩ 영작주공궤(癸作周公簋): 나는 천자를 (영원히)섬길 것이며, 왕의 명령을 기록으로 남기고자 주공(周公)을 기리기 위한 제기를 제작하노라.[63]

究」, 『文物』 2007-8, 73쪽), 陳絜(「琱生諸器銘文合研究」, 『新出金文與西周歷史』(上海: 上海古籍出版社, 2011), 99쪽) 등은 명사로 보았다.

59 朱鳳瀚, 「琱生簋與琱生尊的綜合考釋」, 81쪽; 王沛, 『金文法律資料考釋』, 82쪽.

60 林澐, 「琱生簋新釋」, 130쪽.

61 林澐, 陳絜, 王沛(『金文法律資料考釋』, 86쪽) 등은 '名典'을 '문서에 기록하다'의 뜻으로 해석했고, 郭沫若(『兩周金文辭大系圖錄考釋』[下], 145쪽)과 朱鳳瀚은 '장부에 서명을 하다'는 의미로 보았다.

62 郭沫若은 '登錄', '記錄'의 뜻이라 하였고(郭沫若, 『兩周金文辭大系圖錄考釋』[下], 82쪽), 楊樹達은 세 가지 해석을 제시했는데, '典常'의 의미로 새기고, '確定'으로 해석하는 것, '奠'으로 새기고, '定'로 풀이하는 것, 그리고 '冊書'의 의미로 보는 것이 모두 가능하다고 했다.(楊樹達, 『積微居金文說(增訂本)』, 11쪽) 馬承源은 '主掌', '統領'의 뜻이라 하였고,(馬承源, 『商周青銅器銘文選』[三], 144쪽) 連劭名은 '法'으로 풀이했다.(連劭名, 「『倗生簋』銘文新釋」, 81쪽)

63 癸作周公簋 (井侯簋, 『集成』 4241): 朕(臊)臣天子, 用典王令(命), 乍(作)周公彝.

정후(井侯)는 주왕(周王)으로부터 관직과 노예를 하사받고, 감사한 마음에 주왕을 찬양하고 충성을 맹세한 후, 위와 같은 내용으로 명문을 마무리하는데, '用' 뒤의 글자인 '𣍘'은 '冊'이나 '典'으로 고석(考釋)되어 왔다.[64] 『금문편(金文編)』에 수록된 '典'(725條)과 '冊'(308條)을 살펴보면 '典'은 '冊' 아래에 'ㅅ'의 두 획이 있는 것이 특징인데, 이러한 이유로 『금문편』에서도 ⑩영작주공궤 명문 중의 '𣍘'을 '典'에 수록했던 것으로 보인다. 그럼에도 일부 학자들이 이 글자를 '冊'으로 해석한 데에는 자형상의 유사성 외에도 '서사(書寫)'의 의미로 봄으로써 해석에 용이했기 때문으로 추측된다. 그에 반해 이 글자를 '典'으로 해석했던 탕란(唐蘭)은 '典'을 '主', 즉 '관장하다'는 뜻으로 봤는데, 자형 분석에 있어서는 타당성이 있지만, 풀이에 있어서는 매끄럽지 못한 부분이 있다. 우리는 ⑨육년조생궤와 ①붕생궤 명문 중의 '典'을 통해 이 글자가 '기록하다'의 의미가 있음을 확인한 바, 이를 ⑩영작주공궤 명문에도 그대로 적용시킨다면 금문 중의 동사 용법으로서의 '典'의 의미 파악에 일관성을 확보할 수 있게 된다.

앞에서 '典'은 '析', '縷', '誓'와는 달리 사건 당사자의 독자성이 강조되는 행위라고 설명했는데, 이는 '典'의 주어 고찰을 통해서도 알 수 있다. 세 명문 중에 나타난 '典'의 주체를 분석해보면, 각각 '나(余)', '붕생', '정후'로 개인이 두드러지며, 이는 곧 타자나 상사와의 상호 작용보다는 한 개인이 관련 사안을 기록으로 남긴다는 특징을 강하게 드러낸 것으로 파악된다. 그리고 이런 개인의 기록은 '名典'(⑨육년조생궤)이나 청동기 제작(①붕생궤, ⑩영작주공궤)를 통해 공식화하는 과정을 거친다고 봐야할 것이다.

이로써 명문에 보이는 '典'의 의미와 기능을 살펴보았는데, 전래 문헌에도 서주 시기 국가나 개인 간의 계약 관련 문서를 정부 기관에 보관했다는 기록이 있다.

> 『주례』「춘관종백(春官宗伯)·대사(大史)」: 무릇 방국이나 채읍(采邑) 및 백성에게 계약 증서가 있으면 이를 보관하는데, 육관(六官)에 보관할 부본(貳)으로 삼고, (계약서에 변동 사항이 생기면) 육관에 다시 등록한다. 약속의 내용을 담은 증서를 어기면 그 문서를 꺼내 검사 대조하고 약속을 지키지 못한 자는 징벌한다.[65]

위 「대사」의 내용에 대해 정현 『주』는 "'이(貳)'는 부본이다. 법과 계약 관련 문서를 보관하는 것은 육관(六官)의 부본으로 한다. 후에 일이 생기면, 육관에 다시 등록한다"[66]라고 설명하고 있다. 즉 계약이 성립

---

64 郭沫若(『兩周金文辭大系圖錄考釋』[下], 39쪽), 楊樹達(『積微居金文說(增訂本)』, 89쪽), 陳夢家(『西周銅器斷代』, 83쪽), 馬承源(『商周靑銅器銘文選』[三], 4쪽) 등은 '冊'으로 考釋했고, 于省吾(『雙劍誃吉金文選』, 162쪽), 唐蘭(『西周靑銅器銘文分代史徵』(北京: 中華書局, 1986), 162쪽), 王輝(『商周金文』, 63쪽) 등은 '典'으로 보았다.

65 『周禮』「春官宗伯·大史」: "凡邦國都鄙及萬民之有約劑者藏焉, 以貳六官, 六官之所登. 若約劑亂則辟法, 不信者刑之."

66 貳猶副也. 藏法與約劑之書, 以爲六官之副. 其有後事, 六官又登焉.

되면 계약 증서의 부본을 정부 기관에 등록하고, 이후 변동 사항이 생기면 다시 그 부본을 제출한다는 것이다. 이는 ⑨육년조생궤와 ①붕생궤 명문에서 보듯 토지의 소유주가 바뀔 경우, '典'이라는 절차를 통해 인증을 받는 상황과 일맥상통한다.

또 한 가지 이목을 끄는 것은, 서주시기에 토지는 국가 관리 하에 있었으므로 교역 물품이 토지일 경우 국가 기관에 이를 보고해야할 의무가 있었지만, 그 외의 교역 물품에 대해서는 그럴 필요가 없었던 것으로 보인다. 예를 들어, 서주 초기의 대표적 교역 명문인 항정(亢鼎, 『近出殷周金文集録二編』 321)을 보면, 공대보(公大保)가 미아(美亞)에게 큰 옥기(玉器)를 구입하고, 이에 대한 대가로 오십 붕의 패(貝), 띠풀 한 다발, 창주(鬯酒) 한 단지, 소 한 마리를 건네는데,[67] 이 과정에서 공공 기관의 개입은 전혀 보이지 않는다. 교역 명문의 수량이 많지 않기에 이 한 가지 사례로 비토지 교역에는 정부 기관에 대한 공식 기록이 불필요했다고 단정질 수는 없지만, 어느 정도 차이점이 존재한다는 사실을 짐작해볼 수 있다.

3. 나오며

다양한 내용들이 망라되어 있는 청동기 명문 중에는 재화(財貨) 및 토지와 관련된 교역이나 송사(訟事) 등 각종 민사(民事) 관련 기록들이 보이는데, 보통 이러한 내용의 명문들을 묶어 약제(約劑) 명문 혹은 계약 명문이라 부르며, 약제 명문 안에는 사건의 당사자, 배경 및 경과 등이 기술되어 있다. 사후에 사건의 내용을 청동기 명문으로 제작하는 것 자체가 계약이나 판결의 확실한 증거물을 남기기 위한 행위이지만, 이와는 별도로 약제 명문 안에서도 교역이나 송사가 종결된 후에 발생할지도 모르는 분쟁을 방지하고 이에 대비하기 위해 마련된 법적 장치들을 발견할 수 있다. 이러한 법적 조치들은 거래나 소송의 최종 결과를 기록하거나 이의 준수를 약속하는 형태 등으로 나타나는데, 약제 명문 중의 '析', '繏', '誓', '典'이 여기에 해당된다고 볼 수 있다.

먼저 붕생궤(倗生簋) 명문 중 보이는 '析'은 거래나 계약 관련 내용을 명시한 증서를 쌍방이 한 쪽씩 나누어 갖는 행위를 표현한 것으로, 전래문헌에 나와 있는 신표(信標)의 역할을 하는 고대 증서들 중 질제(質劑)와 내용과 형식면에서 가장 관련성이 깊은 것으로 보인다.

산씨반(散氏盤) 명문 중에 출현하는 '繏'는 계약이나 약속의 뜻으로 해석하는 글자로, 명문 내에서는 계약서나 증서를 의미하며, '左繏'라는 기록을 통해 '繏'가 좌우로 구성된 형태의 물건임을 알 수 있다. '左繏'를 누가 소지했는지에 대해서도 이견이 존재하는데, 전래문헌에 근거해 볼 때 일단 '繏'의 정본은

67 　公大保買大琕于美亞, 才五十朋. 公令亢歸美亞貝五十朋, 曰𣄴·鬯盡·牛一.

쌍방이 소지를 하되, 우측은 수여받는 일방이 소지하고, 좌측은 내어주어야 하는 일방이 가지는 것으로 보이며, '繇'의 부본은 관청에서도 보관하였음을 알 수 있다.

'析'이나 '繇'가 등장하는 현장에는 관리가 파견되어 수정된 경계도를 확정하는 역할을 수행하기도 했는데, 관리의 감독이 수반되지 않는 비토지 교역 명문과 비교해볼 때, 토지 관련 사안은 관리의 현장 입회와 승인이 필수적임을 짐작할 수 있다. 이는 전래문헌의 기록 중 토지 관련 분쟁은 관청에 보관되어 있는 원래 지도를 근거로 처리한다는 내용과도 일맥상통한다.

'誓'는 피고인이나 배상 의무가 있는 쪽에게 상관에 의해 요구되는 서약 행위로, 위약 시 그 처벌이 중함을 볼 때, 상당한 강제성과 법적 구속력이 있는 것으로 보이며, '析'이나 '繇'가 증빙 자료로서의 성격이 강하다면 '誓'는 판결 내용의 준수 및 이행에 그 주요 목적이 있다고 할 수 있다.

마지막으로 '典'은 사건과 관련된 내용 및 결과를 기록하는 행위를 나타내는 말로, '析', '繇', '誓'가 타자와의 관계에서 얻어진 결과물이라면, '典'은 당사자의 능동성이 강조된다는 차이점이 있다. 그렇지만, '典'은 개인이 작성한 사적인 문서에만 그치지 않고, 이를 관청에 공식적으로 등록하고 확인받는 과정을 통해 공문서화 하는 특징을 보여주고 있다.

종합해보면, 서주 시기 約劑 명문에 보이는 '析', '繇', '誓', '典'은 교역이나 소송이 완료된 후에 그 최종 결과를 확인시켜주는 법적 장치들로, 그 목적과 기능은 관련 사안에 법적 승인을 보장해줌으로써 향후 야기될 수 있는 분쟁을 해결하고 방지해주는데 있다. 또한, 이들 분쟁 방지 목적의 법적 장치들은 하나의 사안에 다중적으로 출현하기도 하는데, 붕생궤 명문에서의 '析'과 '典', 그리고 산씨반 명문의 '繇'와 '誓'가 여기에 해당된다.

이 글은 『中國文學硏究』 第60輯에 게재한 「西周 '約劑' 銘文 硏究 ─ 분쟁 방지 목적의 법적 장치를 중심으로」(2015) 를 수정 보완한 것이다.

중국 출토문헌의 새로운 세계
고대 동아시아의 원형을 찾아서